普通高等教育"十一五"国家级规划教材
教育部普通高等教育精品教材

道路勘测与设计

（第3版）

张金水　主　编
张廷楷　副主编

同济大学出版社
TONGJI UNIVERSITY PRESS

内 容 提 要

本书主要介绍公路与城市道路设计和勘测的基本理论、原理与实用方法。本书在编写过程中，充分吸取了国内外的先进理论与方法，以最新技术标准和规范为依据，内容全面、资料新颖、数据准确。本书内容主要包括汽车行驶理论，道路等级与技术标准的确定，可行性研究，交通量与通行能力，选线与定线，平面、纵断面和横断面设计，路线线形质量的分析与评价，道路交通安全，道路平面交叉与立体交叉设计等。

本书被教育部高等教育司评为普通高等教育"十一五"国家级规划精品教材，其实用性较广。本书可作为高等学校道路与桥梁工程专业、交通工程专业以及土木工程专业公路与城市道路专业方向的教学用书，也可供从事公路、城市道路及有关道路工程的设计、施工、科研人员及管理人员学习参考。本书从实用方面考虑，提供了较多的实例与例题，每章均附有大量复习思考题与习题，因此，特别适用于道路专业方向、桥梁专业方向以及交通工程专业方向等专业作为培训教师、学生的参考用书。本书对本科生准备研究生入学考试也极具价值，受到广大师生的一致好评。

图书在版编目(CIP)数据

道路勘测与设计/张金水主编. —3 版. --上海：同济大学出版社，2015.9

ISBN 978-7-5608-5989-7

Ⅰ. ①道… Ⅱ. ①张… Ⅲ. ①道路测量—高等学校—教材 ②道路工程—设计—高等学校—教材 Ⅳ. ①U412

中国版本图书馆 CIP 数据核字(2015)第 202009 号

普通高等教育"十一五"国家级规划教材

道路勘测与设计(第 3 版)

张金水 主编

责任编辑 张智中 **责任校对** 徐春莲 **封面设计** 潘向蓁

出版发行 同济大学出版社 www.tongjipress.com.cn

(地址：上海市四平路 1239 号 邮编：200092 电话：021-65985622)

经 销 全国各地新华书店

印 刷 大丰科星印刷有限责任公司

开 本 787mm×1 092mm 1/16

印 张 34

印 数 5 101—7 200

字 数 848 000

版 次 2015 年 9 月第 3 版 2021 年 1 月第 2 次印刷

书 号 ISBN 978-7-5608-5989-7

定 价 68.00 元

第3版前言

在新的《公路工程技术标准》(JTG B01—2014)实施后，同行迫切希望能将新的公路工程技术指标在《道路勘测与设计》教材中反映出来，由此萌生了修订《道路勘测与设计》(第2版)的念头，对于同行的支持与帮助，表示由衷的感谢。

《公路工程技术标准》(JTG B01—2014)(简称《新标准》)已于2014年9月30日正式签发，并于2015年1月1日起施行。

《新标准》是我国交通实际工程经验的高度总结。从《新标准》与国外代表性国家的标准对比来看，技术指标的确定充分考虑了与我国国情、经济社会发展阶段、土地资源现状和建设条件的适应和协调，整体特点是安全、实用、经济，在国际标准体系中属于技术先进、特色突出的公路工程建设标准。

《公路工程技术标准》(JTG B01—2014)在《03版标准》9章107个条文的基础上，调整为10章135个条文，主要在12个方面进行了修订和完善。为适应《公路工程技术标准》(JTG B01—2014)的修订内容，有必要对原《道路勘测与设计》(第2版)教材中已显得陈旧的内容进行修订和更新，以满足今后一段时期我国公路建设和管理的需要。

《道路勘测与设计》(第3版)着重对第1、2、3、4、5、6章及11章中与《新标准》的技术指标有关章节内容进行修订与补充。其他章节内容基本保持不变。同时，考虑到使用本教材作为高等学校道路与桥梁工程专业、交通工程专业以及土木工程专业公路与城市道路专业方向的教学用书的师生使用方便，这次修订对教材中的章节编排，未作任何更改，甚至连各章节的名称也保持不变，但是对各章节中的相关内容进行了修改和补充。

本书可作为高等学校道路与桥梁工程专业、交通工程专业以及土木工程专业公路与城市道路专业方向的教学用书。本教材适用性较广，且符合新颁布的技术标准与规范，对生产建设有直接的技术指导作用。也可供从事公路、城市道路及有关道路工程的设计、施工、科研人员及管理人员学习参考。

本书对于相关专业的学生准备研究生入学考试也极有价值，受到广大学生的一致好评。

本书由张金水主编、张廷楷副主编，全书由张金水统稿。各章编者为：张金水——第1，2，4，5，6，7，10章；张廷楷——第3，9，11章；王士林(上海市政工程设计研究总院教授级高工)——第12章；栗振锋(太原科技大学教授)——第8章，第10章第5节；景天然——第7章

第6节;方守恩——第7章第7节。

值此《道路勘测与设计》(第3版)出版之际,对于同济大学出版社和国内市政、设计、交通等有关部门及个人对本书的关心和支持,谨在此表示衷心的感谢。

由于编著者水平所限,本教材中若有疏漏和谬误,敬请读者批评指正。

张金水　于同济园

2015年8月

第2版前言

翻开中国公路交通地图，横贯中国东西南北的五纵七横高速公路如条条巨龙，舞动在中国大地上。到2007年底，中国高速公路通车总里程已经达到5.39万km，连续6年成为世界第二高速公路大国。迅猛发展的高速公路是古老的东方大国快速走向现代化、走向民族复兴的标志性丰碑。

改革开放30年来，我国公路建设发展迅速，作为国民经济的基础性产业，公路建设的发展对加快建设统一市场、实现资源有效配置、促进区域协调发展、提高对外开放程度、推动国民经济发展和社会进步发挥了重要作用。便捷高效的公路交通也日益改变着人们的思想观念和生活方式，扩大了出行半径，极大地提高了人民的生活水平。

改革开放30年来，我国的公路交通发生了历史性的巨变。

一、公路建设规模快速增长。30年来，全国公路网通车总里程由1978年改革开放初期的89万km增长到358.37万km，全国公路的密度，即公路网的密度到2007年年底为37.3 km/100 km^2，比改革开放初路网的密度提高了近3倍。公路建设年投资规模由1978年的4.9亿元增长到2007年的6 490亿元，提前13年实现了总长35 000 km的“五纵七横”国道主干线的基本贯通。

二、高速公路从无到有，发展迅速。从1988年第一条高速公路沪嘉高速公路建成通车，到2007年年底，我国高速公路通车里程达5.39万km，稳居世界第二。

三、农村公路建设稳步推进。改革开放初期，我国农村公路只有59万km，到2007年，农村公路总里程达到了313万km。目前，全国已有99.0%的乡镇和88.2%的建制村通了公路。

四、桥隧建设举世瞩目。我国相继建成一批深水基础、大跨径、施工难度高的大桥或特大桥。2007年，我国又有两座世界一流的桥梁建成通车，一座是36 km长的杭州湾跨海大桥，一座是世界上首座跨径超过1 000 m的斜拉桥——苏通长江公路大桥，这标志着我国桥梁建设已由桥梁大国步入桥梁强国。在隧道建设方面，我国相继建成了中梁山、六盘山等一批(特)长隧道。2008年，世界上建设规模最大的高速公路隧道，总长18 km的西安秦岭终南山隧道顺利建成。

五、科技创新实现跨越式发展。在软基处理、冻土施工、路面材料及路面结构设计、桥梁隧道建设等方面，一批新材料、新工艺、新技术得到推广应用。其中，苏通长江公路大桥是桥梁创新建设的典型代表，带动了我国桥梁建设在标准规范、计算理论、结论分析、模型实验、材料科学、施工工艺、监测控制、专业设备等方面的进步。

根据《国家高速公路网规划》，中国高速公路仍在快速建设中。如果说始建于20世纪40

年代的"艾森豪威尔州际与国防公路系统"是推动美国40年来经济持续繁荣的发动机，那么，更加全面、完善、系统的国家高速公路网，将承载起推动我国社会经济飞速前进的滚滚车轮，释放出中国发展的无穷潜力。到2020年，中国高速公路网将要达到10万km，可以覆盖10多亿人口，接近高速公路世界第一的美国的规模，将为中华民族实现伟大复兴铺设坚实的腾飞跑道。

由于公路与城市道路建设的迅猛发展，近几年，我国已对有关设计标准、规范作了大量的修订，同时增加了新的标准、规范和指南，以适应新时期对公路与城市道路发展的需要。

为适应这一变化，根据学科的发展、社会对人才的需要和人才培养的实践要求，有必要对原《道路勘测与设计》教材中已显得陈旧的内容进行修订和更新，为此，我们对本书进行修订编写工作。

本教材内容涵盖汽车行驶理论，道路等级与技术标准的确定，可行性研究，交通量与通行能力，选线与定线，平面、纵断面和横断面设计，路线线形质量的分析评价，道路交通安全，道路平面交叉与立体交叉设计等。

本书为适用于道路与桥梁工程专业、交通工程专业以及土木工程专业公路与城市道路专业方向的道路勘测设计教材。在这次修订编写中，按"道路勘测设计"课程教学大纲的要求，除维持原教材总体框架，即保证公路与城市道路路线设计基本理论的前提下，重点介绍路线几何设计的实用方法，另外，本教材充分吸收国内外的先进理论与方法，紧密结合我国国情及最新技术标准与规范，并力图反映当前道路设计领域的新理论、新技术、新方法。例如，对我国《公路工程技术标准》(JTG B01—2003)、《公路路线设计规范》(JTG B20—2005)的主要修订内容：公路等级、设计速度、交通量、通行能力、车辆折减系数、服务水平、"安全、环保、可持续发展"的原则、"运行速度"、"安全性评价"检验设计的方法、"公路与公路平面交叉"、"公路与公路立体交叉"，在教材中作了充分的补充与修改，其次，对教材第8章"道路可行性研究"进行了重新编写，第10章则增加了"航测与遥感技术在道路选线中的应用"一节，以充分反映当前道路设计领域的新理论、新技术、新方法。

现行《城市道路设计规范》(CJJ37—90)系1991年建设部批准的中华人民共和国行业标准，自1991年8月1日起实施至今已有18年之久，已远不能适应当前城市交通运输快速发展的需要。经过近5年的工作，目前已完成对《城市道路设计规范》(CJJ37—90)的修订，即将以《城镇道路工程技术标准》取代《城市道路设计规范》(CJJ37—90)。在城镇道桥专业技术标准体系中，即将颁布的《城镇道路工程技术标准》作为城镇道路通用标准，对城镇道路的专用标准具有宏观指导和控制作用，该标准的编制内容和深度，其内容全面，深度适宜，规定指标具有宽容性和适用性，而不仅仅是对现行《城市道路设计规范》(CJJ37—90)的修订。对此，教材中对最新的《城镇道路工程技术标准》的主要内容和最新技术标准悉数收入其中，作了较为全面的反映。

对我国首次颁布的《公路项目安全性评价指南》(JTG/T B05—2004)，在教材第7章中增加了三节的篇幅，介绍公路交通安全的内容，以期让读者对欧美等国家对道路安全性评价的最新进展，以及我国对公路安全性评价的开展和要求有一个初步的了解。

在编写中，我们将公路与城市道路两方面的道路线形设计理论融合在一起，力求内容全面，资料新颖，数据准确。并力求系统性、实用性，从实用方面考虑，提供了较多的实例与例题，每章均列有复习思考题和习题，便于自学提高。本教材为适用于高等学校道路与桥梁工程专业、交通工程专业以及土木工程专业公路与城市道路专业方向的教学用书，也可供从事公路、城市道路及有关道路工程的设计、施工、科研人员及管理人员学习参考。本教材适用性较广，且符合新颁布的技术标准与规范，对生产建设有直接的技术指导作用。

本书由张金水主编、张廷楷副主编，全书由张金水统稿。各章编者为：张金水——第1，2，4，5，6，7，10章；张廷楷——第3、9、11章；王士林（上海市政工程设计研究总院教授级高工）——第12章；栗振锋（太原科技大学副教授）——第8章、第10章第5节；景天然——第7章第6节；方守恩——第7章第6节。除注明者外，其余编者均为同济大学交通运输工程学院教授。

在教育部高等教育司和同济大学出版社的支持下，本书列入普通高等教育"十一五"国家级教材规划。对于教育部高教司、同济大学出版社和同济大学有关部门对本书的关心和扶持，谨在此表示衷心的感谢。

由于编著者水平所限，本教材中疏漏和谬误在所难免，敬请读者批评指正。

张金水　于同济园

2009年4月

目 录

第 1 章 绪 论

1.1 道路运输概论

1.1.1 道路运输的特点

交通运输是国民经济的大动脉，是联系工业和农业、城市和乡村、生产和消费的纽带，是国民经济的"先行官"。交通运输的发展，有利于促进整个社会的经济发展和人民物质文化生活水平的提高，有利于加强国防建设。交通运输是一个国家得以繁荣昌盛所必需的重要的物质基础。因此，要实现国民经济的高度发展与现代化，就要首先实现交通运输的现代化。

一个完整的交通运输体系是由铁路、道路、水运、空运、管道运输等组成的。铁路运输运量大、运程远，在交通运输中起着主要作用；水运则以其低廉的运价显现其经济效益；航空运输在快速运送旅客、运载贵重紧急物资方面起着重要作用；管道运输多用于液态、气态及散装粉状货物（如石油、煤气、水泥等）的运输；而道路运输机动灵活，分布广，对于客货运输，特别是短途运输有着显著的效益。

在综合运输体系中，上述各种运输方式各具特点，各自适应一定的条件和运输需要。而道路运输可承担其他运输方式的客货集散与联系，承担铁路、水运、空运固定路线之外的延伸运输任务。道路运输最大的特点是：投资少，机动灵活，能做到从"门"到"门"的直达运输。同时，它可深入广大中、小城市及偏僻山区、农村，加速货物的送达和流动资金的周转，这是其他运输方式所不能比拟的。尤其是近几年来，随着高等级公路在全国的修建，公路运输不仅在短途运输中显示出它的优势，而且在中、长途运输中也在发挥越来越大的作用。

交通运输是国民经济的动脉。道路是交通的基础，是国家经济活动的基础和人民生活的基本设施，并可作为全国土地利用结构的骨架。

公路和城市道路是道路运输的基础设施。公路是指城市郊区以外的道路，连接城乡间的较长距离的道路。而城市道路是指城市范围内的道路，主要担负交通运输任务，并能反映城市建设水平及建筑面貌的布局风格。城市道路作为城市的公共空间，是城市建设的基础，是城市交通、生产和生活的必要设施，是城市总平面布置的骨架。城市道路交通是指车辆和行人在城市道路上行驶所完成的客货交通运输任务，包括动态交通（车、人流动）、静态交通（车、人停驻）。城市道路的规划设计应把车（机动车、非机动车）、人（行人、司机）与周围环境有机地联系、综合地研究，以使城市道路交通能达到安全、快速、经济、便利和舒适的要求。

1.1.2 我国道路发展概况

道路的历史，就是人类社会的发展史。我国的道路发展史可以追溯到2300年前（公元前3世纪）那长达7 000 km的"丝绸之路"，它是当时欧亚大陆的通商交通动脉。它东起我国长安(今西安),经陕西、甘肃、新疆,越过帕米尔,再经中亚、西亚,西至大秦(即罗马帝国,今地中海东部意大利等国)。这条路线连接着世界上最古老文化的发祥地中国、印度、埃及和著名的古希腊、罗马文化的所在地。这条路线蜿蜒于高山、沙漠和草原之间,是中西文化、宗教交流的主要路线,它促进了世界文明(中国文明、罗马、埃及文明等)的孕育和发展,成为我国人民和中西亚、欧洲人民友好往来的象征。

秦始皇(公元前259—210年)统一六国后,为巩固政权、便利通商,大修驰道(我国秦朝专供帝王行驶马车的道路),形成了全国性的基本道路网。例如:秦"直道"是秦统一后所修筑的军事要道,供征军、邮驿及商旅通行。它南起陕西淳县、北至内蒙古包头,全长近千 km,从其规模和筑路技术来看是堪与万里长城媲美的又一巨型工程。整个封建社会在道路方面还只是在进行有限的扩充和保养,道路运输发展缓慢。

直至清光绪三十六年(1906年),我国才开始修建汽车公路,从动工修建广西友谊关—龙州公路始,至1949年的43年间,旧中国只修建公路13万 km,而且路况差,标准不一,其中通车里程仅有8.1万 km。经过60多年的努力,全国公路事业发展很快,到2014年年底,中国公路通车总里程已达到446.39万 km(不包括港、澳、台地区),居世界第三位,比1949年增长55.1倍。我国高速公路的建设,虽然起步比发达国家晚了半个世纪,但起点高、速度快,到2014年底,高速公路的通车里程达到11.19万 km,跃居世界第二。

到2014年底,中国公路通车总里程已达到446.39万 km,居世界第三位,其中高速公路通车总里程达到11.19万 km,稳居世界第二。资料显示出我国高速公路世界罕见的增长幅度:1998年末达到8 733 km,居世界第六;1999年10月,突破了1万 km,跃居世界第四位;2000年末,达到1.6万 km,跃居世界第三;2001年末,达到1.9万 km,跃居世界第二;2002年10月达到2万 km;2003年底为2.97万 km;2004年底为3.42万 km;2012年底为9.62万 km;2014年底则达到11.19万 km。中国高速公路发展仅用二十多年的时间走过了发达国家半个世纪的发展历程。11.19万 km的高速公路及446.39万 km的公路通车总里程,使公路密度达到46.50 km/百 km^2,100%的县、99.98%的乡(镇)、99.82%的行政村均通了公路。已初步形成了以国家干线公路为骨架的四通八达的公路运输网。图1-1为我国高速公路发展里程示意图。

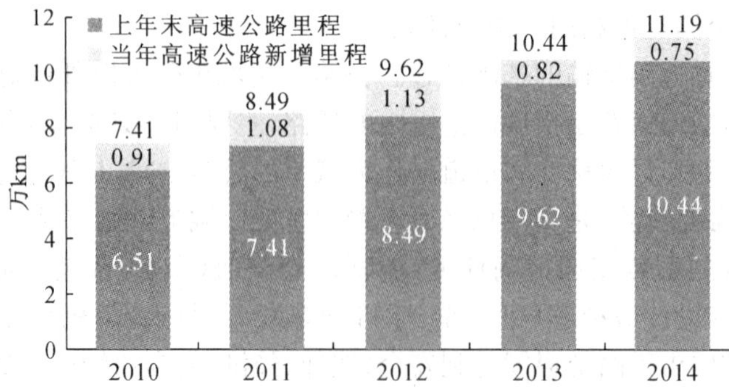

图1-1　我国高速公路发展里程示意图

我国的桥隧建设举世瞩目。2007年,我国相继建成两座世界一流的桥梁,一座是36 km长的杭州湾跨海大桥。一座是世界上首座跨径超过1 000 m的斜拉桥——苏通长江公路大桥，这标志着我国桥梁建设已由桥梁大国步入桥梁强国。在隧道建设方面，我国相继建成了中梁山、六盘山等一批(特)长隧道。2008年，世界上建设规模最大的高速公路隧道，总长18 km的西安秦岭终南山隧道顺利建成。

至2014年年底，中国公路交通统计主要指标详见表1-1。(香港和澳门特别行政区及台湾省统计数据未包括在内。)

表1-1　　2014年全国交通统计主要指标

指　标　名　称	计算单位	2014年年底
一、全国公路里程	万 km	446.39
1. 按技术等级分		
(1) 等级公路	万 km	390.08
高速公路	万 km	11.19
(2)等外公路	万 km	56.31
等级公路占总里程比重	%	87.4
二级及以上公路	%	12.2
2. 按路面等级分		
(1) 有路面里程	万 km	279.86(2012年底)
高级、次高级路面	万 km	229.51(2012年底)
(2) 无路面里程	万 km	143.89(2012年底)
有路面里程占总里程比重	%	66.0(2012年底)
高级、次高级路面	%	54.16(2012年底)
3. 全国公路桥梁、隧道		
(1) 桥梁:数量	万座	75.71
长度	万 m	4 257.89
(2) 隧道:数量	处	12 404
长度	万 m	1 075.67
4. 公路密度及通达情况		
公路密度	km/百 km^2	46.50
通公路的乡镇比重	%	99.98
通公路的行政村比重	%	99.82
二、公路运输汽车拥有量	万辆	1 537.94
客车	万辆	84.58
货车	万辆	1 453.36

注：1. 资料源自：2014年04月30日中华人民共和国交通运输部综合规划司正式公报。
2. 本公报为年报正式统计数据。
3. 香港和澳门特别行政区及台湾省统计数据未包括在本公报内。
4. 从2006年起，村道正式纳入公路里程统计。
5. 公路水路运输量占综合运输体系比重依据国家统计局提供的年快报数据计算。
6. 从2005年开始，交通量计算单位使用标准小客车当量数。

60多年来,我国公路路面有很大改善,质量显著提高。根据路面面层类型不同,公路路面分为高级、次高级、中级和低级四个等级。除此之外,还有路面面层未铺筑路面材料的无路面公路。建国初期,有路面公路约占公路总里程的4%,其中高级、次高级公路只有300 km,2012年年底全国有路面的公路已达279.86万km,占总里程比重的66.0%,其中高级、次高级路面229.51万km,占54.16%。

我国的公路建设虽然取得了很大的成就,但与发达国家相比还有很大差距,远远不能适应现代化建设的需要。从通车里程来看,我国仅为美国的1/4。美国人口约占世界的5%,而公路里程占世界的28%;我国人口约占世界的25%,但公路里程仅占世界的7%。我国公路不仅数量少,而且等级偏低,多为三、四级公路,且路面质量差。2014年底的数据显示,在通车的446.39万公里中,尚有56.31万公里为等外级公路,占12.6%;高速公路及一、二级公路只占12.2%。2012年底,无路面里程为143.89万公里,约占34%。因而,远远不能适应现代化建设的需要。

1.1.3 我国道路发展规划

公路交通是衡量一个国家经济实力和现代化水平的重要标志,是国民经济发展、社会发展和人民生活必不可少的公共基础设施。公路建设的发展速度对于促进国民经济的发展,拉动其他相关产业的发展具有非常重要的意义。

根据我国国民经济和社会发展的长远规划,我国公路交通事业的发展可分为3个阶段。

第一阶段:是从“瓶颈”制约、全面紧张走向“两个明显”,即交通运输的紧张状况有明显缓解,对国民经济的制约状况有明显的改善,这个目标已基本实现。

第二阶段:是从“两个明显”到基本适应国民经济和社会发展的需要,这个目标将在2020年左右实现。

第三阶段:是从“基本适应”到基本实现交通运输现代化,达到中等发达国家水平,这个目标将在21世纪中叶达到。

我国公路21世纪头20年发展主要目标:

到2010年,全国公路总里程达到210万~230万km(2000年是140万km)。全面建成“五纵七横”国道主干线,基本建成西部开发8条省际通道,高速公路连接90%目前人口在20万以上的城市,东部地区基本形成高速公路网,高速公路总里程达到5万km。改善农村交通条件,所有具备通车条件的乡镇与行政村通公路;基本建立起全国快速客货运输网络;通公路的行政村班车通达率达到95%以上。至2007年底我国公路21世纪头20年发展主要目标已提前实现。

根据全国公路发展规划,我国“十五”期间公路交通建设的重点是:全面建成“两纵两横三个重要路段”,“五纵七横”国道主干线系统建成75%。这样,到2010年国道主干线和公路主枢纽系统可望全部建成,从而构筑成以高速公路为主体的“全国公路主骨架系统”。以上目标至2007年底已提前完成。

为此,我国确定70条国道,总长约10.9万km。

(1) 以首都北京为中心的放射线12条:序号为:101—112,约2.3万km。

(2) 南北纵线28条:序号为:201—228,约3.7万km。

(3) 东西横线30条:序号为:301—330,约4.9万km。

国道主干线系统详见表1-2。

表1-2 **国道主干线系统**

编号	主要控制点	km	备注
101	北京—承德—沈阳	858	
102	北京—山海关—沈阳—长春—哈尔滨	1231	
103	北京—天津—塘沽	142	
104	北京—南京—杭州—福州	2284	
105	北京—南昌—广州—珠海	2361	
106	北京—兰考—黄冈—广州	2494	
107	北京—郑州—武汉—广州—深圳	2449	
108	北京—太原—西安—成都—昆明	3356	
109	北京—银川—兰州—西宁—拉萨	3763	
110	北京—呼和浩特—银川	1063	
111	北京—通辽—乌兰浩特—加格达奇	2034	
112	北京环线:宣化—唐山宁河—涞源	942	
201	鹤岗—牡丹江—大连	1822	
202	黑河—哈尔滨—吉林—沈阳—大连—旅顺	1696	
203	明水—扶余—沈阳	656	
204	烟台—连云港—上海	918	
205	山海关—淄博—南京—屯溪—深圳	2755	
206	烟台—徐州—合肥—景德镇—汕头	2324	
207	锡林浩特—张家口—长治—襄樊—常德—梧州—海安	3566	
208	二连浩特—集宁—太原—长治	737	
209	呼和浩特—三门峡—柳州—北海	3315	
210	包头—西安—重庆—贵阳—南宁	3005	
211	银川—西安	604	
212	兰州—广元—重庆	1084	
213	兰州—成都—昆明—景洪—磨憨	2852	
214	西宁—昌都—景洪	3008	
215	红柳园—敦煌—格尔木	645	
216	阿勒泰—乌鲁木齐—巴仑台	826	
217	阿勒泰—独山子—库车	1082	
218	清水河—伊宁—库尔勒—若羌	1129	
219	叶城—狮泉河—拉孜	2139	
220	东营—济南—郑州	526	
221	哈尔滨—同江	639	
222	哈尔滨—伊春	332	
223	海口—榆林东线	322	

续表

编号	主 要 控 制 点	km	备注
224	海口一榆林中线	296	
225	海口一榆林西线	431	
226	楚雄一墨江		(取消待批)
227	西宁一张掖	345	
228	台湾环线		
301	绥芬河一哈尔滨一满洲里	1448	
302	珲春一图们一吉林一长春一乌兰浩特	1024	
303	集安一四平一通辽一锡林浩特	1265	
304	丹东一通辽一霍林河	818	
305	庄河一营口一敖汉旗一林东	561	
306	绥中一克什克腾旗	689	
307	黄骅一石家庄一太原一银川	1193	
308	青岛一济南一石家庄	659	
309	荣成一济南一宜川一兰州	1961	
310	连云港一徐州一郑州一西安一天水	1153	
311	徐州一许昌一西峡	694	
312	上海一南京一合肥一西安一兰州一乌鲁木齐一霍尔果斯	4708	
313	安西一敦煌一若羌		(取消待批)
314	乌鲁木齐一喀什一红其拉甫	2073	
315	西宁一若羌一喀什	2746	
316	福州一南昌一武汉一兰州	1985	
317	成都一昌都一那曲	1917	
318	上海一武汉一成都一拉萨一聂拉木	4907	
319	厦门一长沙一重庆一成都	2631	
320	上海一南昌一昆明一畹町一瑞丽	3315	
321	广州一桂林一贵阳一成都	1749	
322	衡阳一桂林一南宁一凭祥一友谊关	1045	
323	瑞金一韶关一柳州一临沧	2316	
324	福州一广州一南宁一昆明	2201	
325	广州一湛江一南宁	771	
356	秀山一毕节一个旧一河口	1239	
327	连云港一济宁一荷泽	395	
328	南京一扬州一南通	243	
329	杭州一宁波一沈家门	190	
330	温州 - 寿昌	160	

全国公路网主骨架系统:“两纵两横三个重要路段”和“五纵七横”国道主干线系统,总长约3.5万km,均由高等级公路组成。

国道主干线“五纵七横”:

五纵:①黑龙江同江—海南三亚(含吉林长春至黑龙江珲春线);②北京—福州(含天津至

塘沽支线和泰安至淮安连接线);③北京—珠海;④二连浩特—河口;⑤重庆—湛江。

七横:①绥芬河—满洲里;②丹东—拉萨(含天津至唐山支线);③青岛—银川;④连云港—霍尔果斯;⑤上海—成都(含万县至南充至成都支线);⑥上海—瑞丽(含宁波至杭州至南京支线);⑦衡阳—昆明(含南宁至友谊关)。

"两纵两横三个重要路段":

两纵:①黑龙江同江—海南三亚线;②北京—珠海线。

两横:①连云港—霍尔果斯线;②上海—成都线。

三个重要路段:①重庆—北海(西南地区出海通道);②北京—沈阳;③北京—上海。

到2020年,全国公路总里程达到260万~300万km(该目标已提前实现)。高速公路里程达到10万km左右,连接所有目前人口在20万以上的城市,基本形成国家高速公路网。乡到行政村公路基本达到高级、次高级路面标准。建成比较完善的全国快速客货运输网络。基本实现通公路的行政村通班车。

城市道路是随着城市的建立与社会生产力的发展而发展的。从奴隶社会进入封建社会,城市规模的发展对城市道路提出平、直的要求,出现棋盘式的路网。

例如,洛阳周王城,距今已有3000年的历史。据晋《元康地道记》载,王城城廓四方各开三门,共12门。每门有三个门道,道宽20步,男子走左,女子走右,车辆走中。城内道路与门道相对应,有经纬各九条,建筑布局合理,规划井然有序,如图1-2(a)所示。从秦始皇(公元前221年)在城市划分街坊,长达两千多年的封建社会使城市布局得到发展,道路系统分明,如唐长安、宋汴梁(开封)、平江(苏州)、临安(杭州)、元北京、明大同等城市都有典型的城市道路图式。图1-2(b)为明大同城市道路网,城市平面规则对称,主要街道为十字形,直通城门,街巷主次分明,官衙、寺庙等重要建筑分布在主要街道附近,并在十字路口建鼓楼钟楼,构成城市立体轮廓。

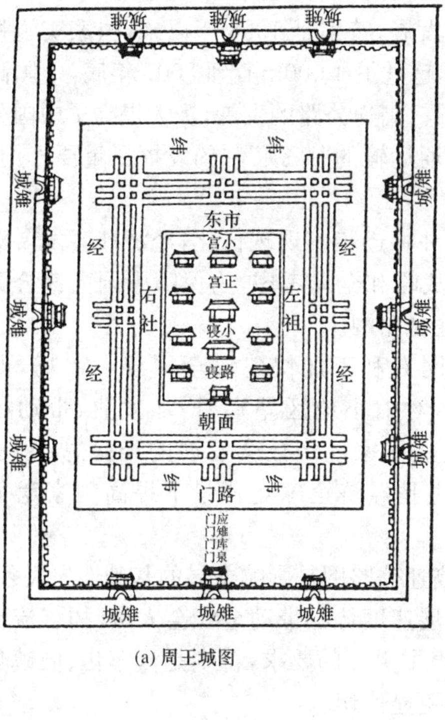

(a) 周王城图

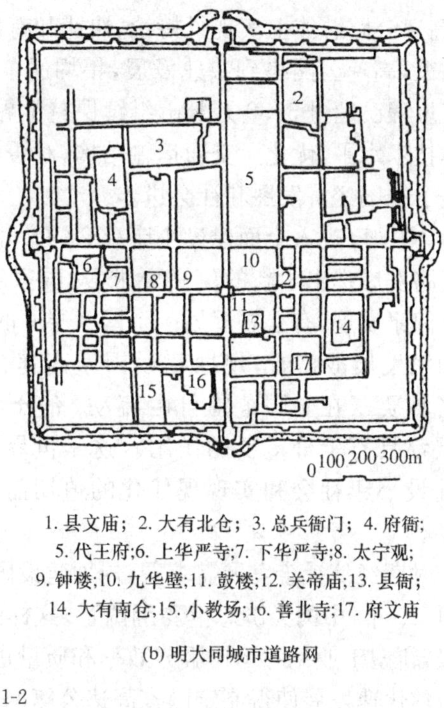

(b) 明大同城市道路网

图1-2

解放后，我国城市建设得到大力发展，目前，我国的城市规模市级城市有662个。人口在100万以上的特大城市达38个(其中超过200万人以上的特大城市有23个)；50万～100万人口的大城市为55个；20万～50万人口的中等城市有217个；20万以下人口的小城市有352个，中小城市进入发展最快时期。县级城市1 446个，地区级城市201个，镇17 770个。全国各城市结合自己地区的特点，正在抓紧城市道路的规划与建设。北京、上海、广州等特大城市的地下铁道及轻轨交通已具相当规模。除了新建城市外，一般大中城市，总的发展方向是在原有城市道路网的基础上，重新调整规划道路网，使之更能适应城市交通和城市发展的需要。按城市道路网规划逐步建设城市直达快速道路、环城快速道路以及放射状快速出入道路；积极修建城市与卫星城高速公路、机场高速公路、港口高速公路、经济开发区高速公路、旅游风景区高速公路；一些大城市已修建或正在拟建城市快速高架道路；同时对原有道路的拓宽改造和重要交叉口的渠化交通或修建立体交叉也在快速发展。

1.2 我国国家高速公路网规划

1.2.1 规划背景和意义

高速公路是20世纪30年代在西方发达国家开始出现的专门为汽车交通服务的基础设施。高速公路在运输能力、速度和安全性方面具有突出优势，对实现国土均衡开发、建立统一的市场经济体系、提高现代物流效率和公众生活质量等具有重要作用。目前全世界已有80多个国家和地区拥有高速公路，通车里程超过了35万km。高速公路不仅是交通现代化的重要标志，也是国家现代化的重要标志。

从1988年上海至嘉定高速公路建成通车至今20年间，在“国道主干线系统规划”的指导下，中国高速公路总体上实现了持续、快速和有序的发展，特别是1998年以来，国家实施积极的财政政策，高速公路得到快速发展，年均通车里程超过了4 000km，到2007年底，中国高速公路通车里程已超过5.39万km，继续保持世界第二。高速公路的发展，极大提高了中国公路网的整体技术水平，优化了交通运输结构，对缓解交通运输的“瓶颈”制约发挥了重要作用，有力地促进了中国经济发展和社会进步。

当前，中国已进入全面建设小康社会的新时期，并将逐步实现现代化，经济社会发展对中国高速公路发展提出了新的更高要求，从国家发展战略和全局考虑，为保障中国高速公路快速、持续、健康发展，有必要规划一个国家层面的高速公路网。

从国家发展战略看，规划建设国家高速公路网有利于加快建设全国统一市场，促进商品和各种要素在全国范围自由流动、充分竞争，对缩小地区差别、增加就业、带动相关产业发展都具有十分重要的作用。这是世界各发达国家经济社会发展的经验总结，是中国全面建设小康社会和实现现代化的迫切需要，也是经济全球化背景下提高国家竞争力的重要条件。

从新时期经济社会发展需求看，规划建设国家高速公路网是影响全局的基础性先决条件。21世纪头20年，中国经济总量要翻两番，这样的发展速度势必带动全社会人员、物资流动总量的升级，新型工业化对运输服务效率和质量也提出了更高的要求，特别是汽车化、城镇化和现代物流的快速发展使得制定国家高速公路网规划更显迫切。

从高速公路建设的现实需要看，迫切需要统一全面的总体规划指导布局和投资决策。一方面，中国虽然已有5万多km的高速公路，但相对于中国广阔的国土、众多的人口和快速增长的交通需求，中国高速公路总量不足，覆盖能力有限，尚未形成网络规模效益。另一方面，由于没有制定全国统一的高速公路网规划，缺乏对各地高速公路建设进行指导和协调的强有力手段，不利于合理利用交通通道资源，不利于搞好跨区域通道的布局和衔接，无法统一命名和编号，特别是标志的混乱和不规范给使用者带来了许多不便。

规划建设国家高速公路网还有利于保证土地资源的合理和集约利用，有利于国家环境保护和能源节约；同时，对于加强国防以及应对重大自然灾害和突发事件都具有重大意义。

总之，随着新时期经济的快速发展，随着生活方式的转变和生活质量的提高，为满足对交通服务越来越高的要求，搞好公共服务，优化跨区域资源的配置和管理，很有必要规划和建设一个统一的国家级高速公路网。近几年交通部和国家发改委组织开展了大量调查、研究和论证工作，并广泛听取了各省、自治区、直辖市，以及国家有关部门和专家的意见建议，进一步修改完善了规划。2004年12月17日，《国家高速公路网规划》业经国务院审议通过，标志着中国高速公路建设发展进入了一个新的历史时期。

1.2.2　国家高速公路网规划方案

国家高速公路网是中国公路网中最高层次的公路通道，服务于国家政治稳定、经济发展、社会进步和国防现代化，体现国家强国富民、安全稳定、科学发展，建立综合运输体系以及加快公路交通现代化的要求；主要连接大中城市，包括国家和区域性经济中心、交通枢纽、重要对外口岸；承担区域间、省际间以及大中城市间的快速客货运输，提供高效、便捷、安全、舒适、可持续的服务，为应对自然灾害等突发性事件提供快速交通保障。

国家高速公路网规划采用放射线与纵横网格相结合的布局方案，形成由中心城市向外放射以及横连东西、纵贯南北的大通道，由7条首都放射线、9条南北纵向线和18条东西横向线组成，简称为“7918网”，总规模约8.5万km，其中：主线6.8万km，地区环线、联络线等其他路线约1.7万km。具体是：

首都放射线：

7条：北京—上海、北京—台北、北京—港澳、北京—昆明、北京—拉萨、北京—乌鲁木齐、北京—哈尔滨。

南北纵向线：

9条：鹤岗—大连、沈阳—海口、长春—深圳、济南—广州、大庆—广州、二连浩特—广州、包头—茂名、兰州—海口、重庆—昆明。

东西横向线：

18条：绥芬河—满洲里、珲春—乌兰浩特、丹东—锡林浩特、荣成—乌海、青岛—银川、青岛—兰州、连云港—霍尔果斯、南京—洛阳、上海—西安、上海—成都、上海—重庆、杭州—瑞丽、上海—昆明、福州—银川、泉州—南宁、厦门—成都、汕头—昆明、广州—昆明。

此外，规划方案还有：辽中环线、成渝环线、海南环线、珠三角环线、杭州湾环线共5条地区性环线、2段并行线和30余段联络线。

我国国家高速公路网布局方案见图1-3。

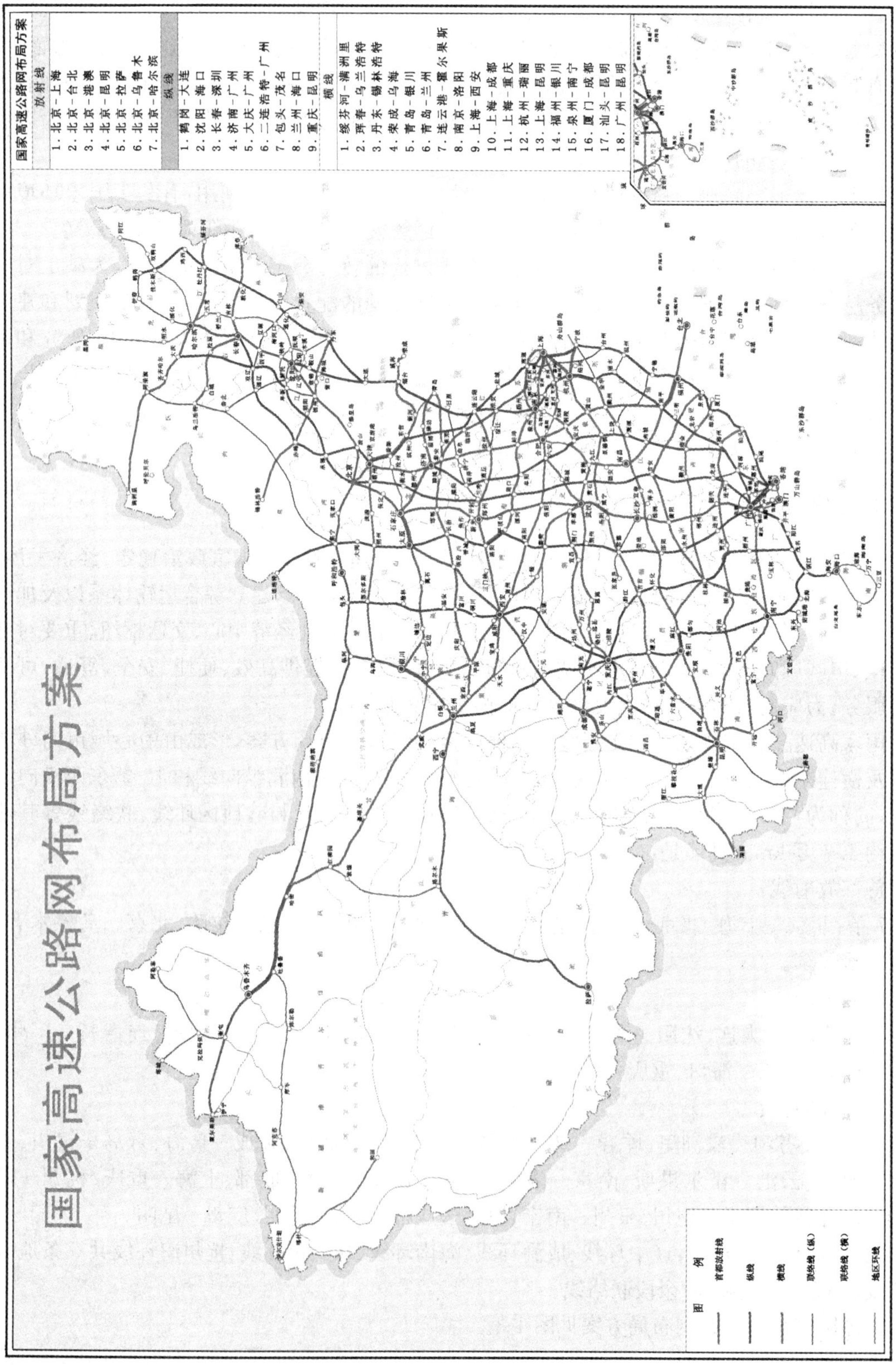

图1-3　中国国家高速公路网布局方案

1.2.3　国家高速公路网规划的特点及效果

国家高速公路网规划的编制，坚持以人为本，运用全面、协调、可持续的科学发展观，切实贯彻“五个统筹”的要求，按照“把握全局、突出重点，立足现实、着眼未来，布局合理、注重效率”的原则；规划方案总体上贯彻了“东部加密、中部成网、西部连通”的布局思路，建成后可以在全国范围内形成“首都连接省会、省会彼此相通、连接主要地市、覆盖重要县市”的高速公路网络。规划方案的特点和效果是：

1. 充分体现“以人为本”

最大限度地满足人的出行要求，创造出安全、舒适、便捷的交通条件，使用户直接感受到高速公路系统给生产、生活带来的便利。

——规划方案将连接全国所有的省会城市、目前城镇人口超过 50 万的大城市以及城镇人口超过 20 万的中等城市，覆盖全国 10 多亿人口；

——规划方案将实现东部地区平均 30 min 上高速，中部地区平均 1 h 上高速，西部地区平均 2 h 上高速，从而大大提高全社会的机动性；

——规划方案将连接国内主要的 AAAA 级著名旅游城市，为人们旅游、休闲提供快速通道。

2. 重点突出“服务经济”

强化高速公路对于国土开发、区域协调以及社会经济发展的促进作用，贯彻国家经济发展战略。

——规划方案加强了长三角、珠三角、环渤海等经济发达地区之间的联系，使大区域间有 3 条以上高速通道相连，还特别加强了与香港、澳门的衔接，在三大都市圈内部将形成较完善的城际高速公路网，为进一步加快区域经济一体化和大都市圈的形成，加快东部地区率先实现现代化奠定了基础；

——规划方案将显著改善和优化西部地区及东北等老工业基地的公路路网结构，提高区域内部及对外运输效率和能力，进一步强化西部地区西陇海兰新线经济带、长江上游经济带、南贵昆经济区之间的快速联系，改善东北地区内部及进出关的交通条件，为“以线串点、以点带面”，加快西部大开发和实现东北等老工业基地的振兴奠定坚实基础；

——规划方案将连接主要的国家一类公路口岸，改善对外联系通道运输条件，更好地服务于外向型经济的发展；

——规划方案覆盖地区的 GDP 占到全国总量的 85%以上，规划的实施将对促进经济增长、带动相关产业发展、扩大就业等做出重要贡献。

3. 着力强调“综合运输”

注重综合运输协调发展，规划路线将连接全国所有重要的交通枢纽城市，包括铁路枢纽 50 个、航空枢纽 67 个、公路枢纽 140 多个和水路枢纽 50 个，有利于各种运输方式优势互补，形成综合运输大通道和较为完善的集疏运系统。

4. 全面服务“可持续发展”

规划的实施将进一步促进国土资源的集约利用、环境保护和能源节约，有效支撑社会经济的可持续发展。据测算，在提供相同路网通行能力条件下，修建高速公路的土地占用量仅为一般公路的 40%左右，高速公路比普通公路可减少 1/3 的汽车尾气排放，交通事故率降低 1/3，车辆运行燃油消耗也将有大幅度降低。

1.3 道路的分类、分级与技术标准

1.3.1 国内外道路分类及分级概况与沿革

1. 我国公路工程技术标准的历史沿革

我国公路工程技术标准的制定始于20世纪50年代初。

中华人民共和国成立以来，于1951年9月颁发了中华人民共和国《公路工程设计准则(草案)》。

1954年9月颁发了中华人民共和国《公路工程设计准则(草案)》。同时废止了1951年9月颁发的中华人民共和国《公路工程设计准则(草案)》。

1956年6月颁发了中华人民共和国《公路工程设计准则(修订草案)》,同时废止了1954年9月颁发的《公路工程设计准则(草案)》。

1972年3月颁发了中华人民共和国交通部部标准《公路工程技术标准(试行)》,同时废止了1956年6月颁发的《公路工程设计准则(修订草案)》。

1981年5月22日批准,中华人民共和国交通部部颁《公路工程技术标准》,编号为JTJ 01—81,同时废止了1972年3月颁发的《公路工程技术标准(试行)》。

1988年12月3日批准,中华人民共和国交通部部颁《公路工程技术标准》,编号为JTJ 01—88,同时废止了1981年5月22日颁布的《公路工程技术标准》。

《公路工程技术标准》(JTJ 001—97)于1997年11月26日经交通部公路发[1997]755号文批准发布,自1998年1月1日起施行。同时废止1988年12月3日发布的《公路工程技术标准》。

《公路工程技术标准》(JTG B01—2003)于2004年1月29日经交通部批准发布,自2004年3月1日起施行。原《公路工程技术标准》(JTJ 001—97)同时废止。

《公路工程技术标准》(JTG B01—2014)于2014年9月30日经交通运输部批准发布,自2015年1月1日起施行。原《公路工程技术标准》(JTG B01—2003)及其英文版和法文版同时废止。

六十多年来,编制和修订了九次《公路工程技术标准》。此外,编制《简易公路标准》,修订《公路桥涵车辆荷载及净空标准暂行规定》等局部修订还有三次,尚不包括在内。

2. 我国城镇道路工程技术标准的历史沿革

我国城镇道桥专业技术标准的制定始于20世纪80年代,目前共有标准24项,尚未形成完整的工程技术标准体系,缺乏具有宏观指导作用的行业通用技术标准。

现行《城市道路设计规范》(CJJ37—90)系1991年3月4日中华人民共和国建设部批准的中华人民共和国行业标准,自1991年8月1日起实施,实施至今有18年之久,已远不能适应当前城市交通运输发展的需要。

现行《城市道路设计规范》(CJJ37—90)为适应编制时期的使用需求,各章节涵盖了多个类别的标准化对象,随着社会和科学技术的发展,其中部分标准化对象已逐步发展为独立的分支,并已颁布了相应的专项标准。如道路绿化设计已形成《城市道路绿化规划与设计规范》(CJJ75—97),城市道路照明由《城市道路照明设计规程》(CJJ45—91)代替,人行天桥、人行地

道部分由《城市人行天桥与人行地道技术规程》(CJJ74—99)代替，城市快速路、道路平面交叉与立体交叉部分由在编的《城市快速路设计规程》及《城市道路交叉设计规程》代替，城市道路路面、路基及交通设施标准也将分别代替道路设计规范的部分章节。随着各专项标准编制工作的陆续开展，具有全面综合和宏观指导意义的城镇道路工程通用技术标准的编制显得极为紧迫和重要。

为适应新的材料技术、设计技术、施工技术的发展，2002 年建设部发布的《工程建设标准体系》(城乡规划城镇建设房屋建筑部分)考虑国内城镇道桥标准的发展情况，兼顾相关行业工程标准现状，结合国内外标准模式，对现行城镇道桥技术标准体系进行了完善和补充，形成了系统化、规范化、完整化的专业标准体系。在体系中提出并确定《城镇道路工程技术标准》为通用标准。

根据建设部文“关于印发《2002—2003 年度工程建设城建、建工行业标准制订、修订计划》的通知第 29 项《城镇道路工程技术标准》(修订)任务，为适应我国城镇的建设和发展，统一城镇道路工程技术标准，进行《城镇道路工程技术标准》的编制工作。

在城镇道桥专业技术标准体系中，《城镇道路工程技术标准》作为城镇道路通用标准，应对城镇道路的专用标准具有宏观指导和控制作用，从而确定了本标准的编制内容和深度，其内容应全面，深度适宜，规定指标应具有宽容性和适用性，而不仅仅是对现行《城市道路设计规范》(CJJ37—90)的修订。

本次标准适用范围增加了特大城市和建制镇级别，并结合目前我国城市规划建设和发展格局，扩大了适用范围，增加了开发区和与枢纽工程有关的道路，并增加了桥梁、隧道以及与道路密切相关的附属设施等部分内容。

这次《城镇道路工程技术标准》修订时，将特大、大城市的卫星城以及开发区纳入上级城市总体规划的主要道路，其设计标准与上级城市标准一致，卫星城、开发区内部道路根据独立卫星城的规模确定设计标准。

《城镇道路工程技术标准》的使用强调应遵循以下主要原则：

体现可持续发展的科学发展观和以人为本的服务宗旨，保障交通安全。

根据城镇规划确定的道路类别、等级、红线宽度以及与周围环境和地上、地下构筑物的关系，处理好近期与远期、新建与改建、局部与整体的关系，合理采用技术标准。

根据道路使用功能要求，体现城镇特点和特色，处理好行人、非机动车、机动车和附属设施的关系；处理好动态交通与静态交通的关系；并在设计中考虑无障碍设施的设置条件。

体现“公交优先”的交通发展战略，处理好公共交通与个体交通的关系。注意节约用地，合理拆迁，妥善处理文物、名木、古迹等。

由于《城镇道路工程技术标准》不是现行设计规范的简单修订，本标准的实施不能代替各专项标准，本标准中有规定者应遵照执行，未规定者仍执行现行设计规范和相关专项设计标准。如引用的专项标准进行修编，应采用修订后的技术标准。

从城市规划法的定义来看，“城市”包含了“城市”和“镇”，所以这次标准称为《城市道路工程技术标准》应更准确。

（一）道路分类

1. 我国目前道路分类

由于目前我国各种道路管理机构不同，道路分类处于多样化的状态。大体上分为公路、城市道路、村镇道路、厂矿道路、林区道路、居住区道路等,其中部分道路颁发了相应的技术标准。

公路:《公路工程技术标准》(JTG B01—2014)根据公路使用任务、功能和适应的交通量分为高速公路、一级公路、二级公路、三级公路、四级公路五个等级。

城市道路:目前世界各国基本均按人口规模来确定城市的等级分类,但各国标准差异悬殊,我国现行统计规定按市区非农业人口数确定城市人口规模的等级如表1-3,已经增加了特大城市一级。

表1-3　　我国现行城市等级划分标准

级　别	级　名	人口规模
1	小城市	20万以下
2	中等城市	20万～50万
3	大城市	50万～100万
4	特大城市	100万以上

《城市道路交通规划设计规范》(GB 50220—95)和《城市道路设计规范》(CJJ37—90)根据城镇道路在道路网中的地位、交通功能以及对沿线建筑物的服务功能等,分为四类:快速路、主干路、次干路、支路。小城市规划道路网分为干路和支路,可对应于低级的次干路和支路。

村镇道路:在《村镇规划标准》(GB 50188—93)中分为一、二、三、四级,但没有相应的设计标准。在目前"大力推进新农村建设"政策的推动下,村镇道路等基础设施的建设尚缺乏相应的依据。

厂矿道路:在《厂矿道路设计规范》(GBJ 22—87)中分为厂内道路和厂外道路,厂外道路分为一、二、三、四级,厂内道路分为主干道、次干道、支道、车间引道和人行道。

居住区道路:在《城市居住区规划设计规范》(GB 50180—93)中分为居住区道路、小区路、组团路和宅间小路。

林区道路:目前我国尚无林区道路的相关规范。

另外,尚有其他分类方法,如根据承担主要交通运输性质分为:客运道路、货运道路、客货混行道路等;亦可分为交通性道路、生活性道路、商业性道路等。根据服务车辆类型不同分为:混行道路、小汽车专用道路、公交车专用道路、非机动车专用道路、人行专用道路等。但在相应的技术标准中并无特殊体现。

我国台湾地区道路分类

根据台湾《市区道路及附属工程设计标准》,其道路根据功能分为快速道路、主要道路、次要道路及服务道路四类。

2. 其他国家的道路分类

(1) 美国道路分类

在AASHTO2004中,根据区域的不同分为城市道路和乡村道路。根据功能,乡村道路分为主要干道(含高速公路和其他主干道)、次要干道、集散道路和地方道路。城市道路分为主要干道(州际、其他高速公路、其他主干道——部分控制或不控制出入)、次干道、集散道路和地方道路。

(2) 日本道路分类

在《道路构造令的说明和运用》(2004)中,道路的划分是根据道路种类、规划交通量、道路所在地区及地形状况来确定的。共分为两类四种，各类下再分级，详见表1-4。

表1-4　　日本道路分类

高速国道及汽车专用道路		其他道路	
非市区	市区	非市区	市区
第一种	第二种	第三种	第四种
分4级	分2级	分5级	分4级

另外，对于各种划分的道路，又分为普通道路和小型道路两种。

(3) 加拿大道路分类

加拿大的道路分为城市道路和公路，城市道路和公路均分为四级，分别为地方道路、集散道路、干道和快速路，详见表1-5。

表1-5　　加拿大道路分类

项目类别	城市地方道路	城市集散道路	城市干道	城市快速路
交通服务功能	交通为第二位	交通与用地出入同等	交通为第一位	最优的流动性
用地服务	用地出入第一位		用地出入第二位	无用地出入口
日交通量(辆/日)	＜3 000	1 000～20 000	5 000～30 000	＞20 000
交通流特征	间断流	间断流	仅在信号交叉口 及行人过街横道上间断	间断流
设计速度	30～50	50～80	50～100	80～120
自由流状态下 平均运行速度	20～40	30～70	40～90	70～100
车辆类型	小客车及服务性车辆	各种类型	各种类型 货车＜20%	各种类型 重型车＜20%
道路之间的衔接	地方道路 集散道路	地方道路 集散 道路干路	集散道路 干道 快速路	干道 快速路

(4) 德国道路分类

德国按道路功能分为：高速公路、快速干线、主干线、干线道路、集散道路、小区道路。后面4种主要在城市内部。

根据国内外城市道路的分类对比，以及国内目前的使用情况调研，我国原城市道路的分类方法还是比较合理的，与其他部分国家的道路分类方法差别不大。这次我国《城镇道路工程技术标准》中延用原分类方法，即分为快速路、主干路、次干路和支路4种类型。

随着区域经济发展，我国经济圈和城市群逐渐形成，城际间的联系日益紧密，采用高速公路或一般的城市快速路存在不满足交通功能的可能，下阶段可进行城际快速路标准与定义的研究。

(二) 道路分级

道路分级是在道路分类的基础上进一步的细化，各国在道路分类上均有明确的规定，但对于道路分级，许多国家并未作明确的规定。这次我国《城镇道路工程技术标准》参考目前的分级标准及使用情况调查,确定各类道路分级,目的是对同类道路设计速度的选择进行必要的控制。

(1) 我国《公路工程技术标准》(JTG B01—2014)在等级分类的基础上没有再进行分级,但设计速度有较宽的变化幅度。

(2)《城市道路设计规范》(CJJ37—90)中除城市快速路未进行分级外,各类城市道路根据城市规模、设计交通量、地形等分为Ⅰ、Ⅱ、Ⅲ级。

(3) 根据调查和资料收集,大部分国家未对城市道路再进行明确的分级,只有日本根据道路所在地区、地形状况及规划交通量将位于城市地区的第2种、第4种道路分别分为2级和4级。并在各分级下又分为供所有机动车通行的普通道路和只供小型汽车通行的小型道路。

(4)《城市道路交通规划设计规范》(GB 50220—95)根据城市规模在道路交通量上的不同反映,进行城市道路的分类。目前各国城市规模分类标准尚无统一的规定,各国城市道路分级标准也均未按城市规模来划分。根据调研和目前的使用情况,认为不应把城市规模作为道路分类和分级的唯一标准。城市道路的分类应根据交通功能及路网结构在交通规划阶段确定,道路分级不宜完全根据城市规模划分。

(5) 城镇道路的分级应根据道路功能、设计交通量、地形条件、工程建设性质等因素综合确定。许多国家的道路并没有完全分为公路和城市道路的概念,其分级及设计速度的选择考虑的主要因素为道路所在地区的地形及规划交通量,这些因素对于公路比较合适,而对于城市道路的网状路网结构,应考虑的是区域的地形条件;交通量在路网上表现为分配的自协调性和自适应性,且交通量预测在城市道路中存在更多的不确定因素,国内多数业内专家认为预测的设计交通量应作为设计考虑因素之一,而不是唯一依据。对于新建和改扩建工程的控制条件也应具有一定的差异,本次《城镇道路工程技术标准》中考虑作为分级的一个因素,但应经过技术经济论证。

虽然我国道路目前种类很多,有公路、城市道路、村镇道路、厂矿道路、林区道路、居住区道路等,但由于相应的道路标准体系不齐全,存在部分道路设计依据不足的情况。为了使目前各类道路的设计、建设有一定的标准和参照依据,适当扩大《城镇道路工程技术标准》的涵盖面,提高标准的适应性,并增加设计的灵活性,将快速路、主干路、次干路、支路均分为3个等级,以利于与公路系统和村镇道路的协调衔接,另外也可作为开发区、居住区等内部道路的参考,同时考虑满足山区城镇建设的需求。

由于行人和非机动车的交通功能与机动车不同,对应这些功能的专用道路不按道路等级划分,而应根据地区状况机动灵活地确定。

1.3.2 我国道路的分类

道路是供各种车辆和行人等通行的工程设施。按其使用特点共分为公路、城市道路、厂矿道路、林区道路以及乡村道路等。

1. 公路

公路是指连接城市、乡村,主要供汽车行驶的具备一定技术条件和设施的道路。根据公路的作用及使用性质,又将公路划分为国家干线公路(简称国道)、省级干线公路(简称省道)、县级公路(简称县道)、乡级公路(简称乡道)以及专用公路。

国道——是指具有全国性政治、经济、国防以及文化意义的公路,包括重要的国际公路、国防公路以及以首都为中心、连接各省、直辖市、自治区、重要大中城市、港口枢纽、工业基地等的主要干线公路。

省道——在省公路网中，具有全省性的政治、经济、国防意义并经确定为省级干线的公路。

县道——具有全县性的政治、经济意义并经确定为县级的公路。

乡道——主要为乡村生产、生活服务并经确定为乡级的公路。

专用公路——由工矿、农林等部门投资修建，主要供部门使用的公路。

2. 城市道路

城市道路是指在城、镇范围内，供汽车及行人通行的，具备一定技术条件和设施的道路称作城市道路。

城市道路的功能除了把城市各部分联系起来为城市各种交通服务外，还起着形成城市结构布局的骨架；提供通风、采光；保持城市生活环境空间以及为防火、绿化提供场地的作用。

3. 厂矿道路

厂矿道路是指主要为工厂、矿山运输车辆通行的道路。通常分为场内道路和场外道路及露天矿山道路等。场外道路为厂矿企业与国家公路、城市道路、车站、港口相衔接的道路或厂矿企业分散的车间、居住区之间连接的道路。

4. 林区道路

林区道路是指修建在林区，主要供各种林业运输工具通行的道路。由于林区地形及运输木材的特征，其技术要求应按专门制定的林区道路工程技术标准执行。

5. 乡村道路

乡村道路是指修建在乡村、农场，主要供行人及各种农业运输工具通行的道路。由于乡村道路主要为农业生产服务，一般不列入国家公路等级标准。

各类道路由于其位置、交通性质及功能均不相同，在设计时，其依据、标准及具体要求也不相同，要特别注意。

本教材以介绍公路和城市道路工程为主。

1.3.3　我国公路的分级与技术标准

1. 公路等级的划分

按交通运输部颁布的《公路工程技术标准》(JTG B01—2014)，公路建设应按地区特点、交通特性、路网结构综合分析确定公路的功能，根据功能结合交通量、地形条件等选用技术等级和主要技术指标。公路分为高速公路、一级公路、二级公路、三级公路及四级公路等五个技术等级。

(1) 高速公路为专供汽车分方向、分车道行驶，全部控制出入的多车道公路。

高速公路的年平均日设计交通量宜在15 000辆小客车以上。

(2) 一级公路为供汽车分方向、分车道行驶，可根据需要控制出入的多车道公路。

一级公路的年平均日设计交通量宜在15 000辆小客车以上。

(3) 二级公路为供汽车行驶的双车道公路。

二级公路的年平均日设计交通量宜为5 000～15 000辆小客车。

(4) 三级公路为供汽车、非汽车交通混合行驶的双车道或单车道公路。

三级公路的年平均日设计交通量宜为2 000～6 000辆小客车。

(5) 四级公路为供汽车、非汽车交通混合行驶的双车道或单车道公路。

双车道四级公路年平均日设计交通量宜在2 000辆小客车以下;单车道四级公路年平均日设计交通量宜在400辆小客车以下。

2. 公路设计小时交通量

公路设计小时交通量宜采用年第30位小时交通量,也可根据项目特点与需求,在当地年第20～40位小时交通量之间取值。

设计小时交通量是确定公路等级、评价公路运行状态和服务水平的重要参数。设计小时交通量越小,所选用的车道数越少,公路的建设规模就越小,建设费用也就越低。但是,不恰当地降低设计小时交通量,会使公路的交通条件恶化、交通阻塞和交通事故增多,公路的综合经济效益降低。因此,将全年小时交通量从大到小按序排列,设计小时交通量的位置一般采用第30位小时,或根据项目特点与需求,结合当地调查结果和经济承受能力,控制在第20～40位小时交通量之间取值。

3. 公路服务水平

服务水平(level of scrvice)术语:驾驶员感受公路交通流运行状况的质量指标,通常用平均行驶速度、行驶时间、驾驶自由度和交通延误等指标表征。

公路服务水平根据公路设施所提供的服务程度分为六级。各级公路服务水平规定见表1-6。

表1-6　各级公路设计服务水平

公路等级	高速公路	一级公路	二级公路	三级公路	四级公路
服务水平	三级	三级	四级	四级	—

(1) 一级公路用作集散公路时,设计服务水平可降低一级。

(2) 长隧道及特长隧道路段、非机动车及行人密集路段、互通式立体交叉的分合流区段以及交织区段,设计服务水平可降低一级。

服务水平划分为六个等级,是为了清楚地说明公路交通负荷状况,以 v/C(饱和度)值为划分条件,定性地描述交通流从自由流、稳定流到饱和流和强制流的变化阶段。因此,采用六级服务水平体系,可以方便地评价公路运输的运行质量。

服务水平的划分,这次《公路工程技术标准》(JTG B01—2014)的修订,采用 v/C(饱和度)值来衡量拥挤程度,作为评价服务水平的主要指标,同时采用小客车实际行驶速度与自由流速度之差作为次要评价指标,将服务水平分为六级。

根据交通流状态,各级服务水平定性描述如下:

一级服务水平:

交通流处于完全自由流状态。交通量小,速度高,行车密度小,驾驶员能自由地按照自己的意愿选择所需速度,行驶车辆不受或基本不受交通流中其他车辆的影响。在交通流内驾驶的自由度很大,为驾驶员、乘客或行人提供的舒适度和方便性非常优越。较小的交通事故或行车障碍的影响容易消除,在事故路段不会产生停滞排队现象,很快就能恢复到一级服务水平。

二级服务水平:

交通流状态处于相对自由流的状态,驾驶员基本上可以按照自己的意愿选择行驶速度,但是开始要注意到交通流内有其他使用者,驾驶人员身心舒适水平很高,较小交通事故或行车障碍的影响容易消除，在事故路段的运行服务情况比一级差些。

三级服务水平：

交通流状态处于稳定流的上半段，车辆间的相互影响变大，选择速度受到其他车辆的影响，变换车道时驾驶员要格外小心，较小交通事故仍能消除，但事故发生路段的服务质量大大降低，严重的阻塞后面形成排队车流，驾驶员心情紧张。

四级服务水平：

交通流状态处于稳定流范围下限，但是车辆运行明显地受到交通流内其他车辆的相互影响，速度和驾驶的自由度受到明显限制。交通量稍有增加就会导致服务水平的显著降低，驾驶人员身心舒适水平降低，即使较小的交通事故也难以消除，会形成很长的排队车流。

五级服务水平：

为交通流拥堵流的上半段，其下是达到最大通行能力时的运行状态。对于交通流的任何干扰，例如车流从匝道驶入或车辆变换车道，都会在交通流中产生一个干扰波，交通流不能消除它，任何交通事故都会形成长长的排队车流，车流行驶灵活性极端受限，驾驶人员身心舒适水平很差。

六级服务水平：

是拥堵流的下半段，是通常意义上的强制流或阻塞流。这一服务水平下，交通设施的交通需求超过其容许的通过量，车流排队行驶，队列中的车辆出现停停走走现象，运行状态极不稳定，可能在不同交通流状态间发生突变。

公路规划设计时，既要保证必要的车辆运行质量，同时又要兼顾公路建设的投资成本。在服务水平由四级改为六级基础上，高速公路与一级公路以不低于三级服务水平进行设计，既可以保持设计等级与《公路工程技术标准》(JTG B01—2003)版保持一致，又突出了依据功能选用服务水平的理念，扩大了设计服务水平选用范围，以保证高峰期交通的运行质量及达到预测交通量使用年限。同样，当一、二、三级公路的功能类别高时，应该选用较高的服务水平，功能类别低时，也可降低一级，节约工程投资。

4. 设计速度

各级公路设计速度应符合表1-7的规定。

表1-7　各级公路设计速度

公路等级	高速公路			一级公路			二级公路		三级公路		四级公路	
设计速度(km/h)	120	100	80	100	80	60	80	60	40	30	30	20

设计速度的选用应根据公路的功能与技术等级，结合地形、工程经济、预期的运行速度和沿线土地利用性质等因素综合论证确定，并应符合下列规定：

(1) 高速公路设计速度不宜低于100 km/h，受地形、地质等条件限制时，可以选用80 km/h。

(2) 作为干线的一级公路，设计速度宜采用100 km/h；受地形、地质等条件限制，可采用80 km/h。作为集散的一级公路，设计速度宜采用80 km/h；受地形、地质等条件限制，可采用60 km/h。

(3) 高速公路和作为干线的一级公路的特殊困难局部路段，且因新建工程可能诱发工程地质病害时，经论证，该局部路段的设计速度可采用60 km/h，但长度不宜大于15 km，或仅限于相邻两互通式立体交叉之间的路段。

(4) 作为干线的二级公路，设计速度宜采用 80 km/h；受地形、地质等条件限制，可采用 60 km/h。作为集散的二级公路，设计速度宜采用 60 km/h；受地形、地质等条件限制，可采用 40 km/h。

(5) 三级公路设计速度宜采用 40 km/h；受地形、地质等条件限制，可采用 30 km/h。

(6) 四级公路设计速度宜采用 30 km/h；受地形、地质等条件限制，可采用 20 km/h。

5. 设计路段

(1) 公路设计应采用运行速度进行检验。相邻路段运行速度之差应小于 20 km/h，同一路段运行速度与设计速度之差宜小于 20 km/h。

(2) 公路限制速度应根据设计速度、运行速度及路侧干扰与环境等因素综合论证确定。

鉴于目前我国公路限速值多采用设计速度，且由于限速值确定不合理，影响了公路的运行效率，在社会上也造成了一定负面影响。因此，本次《公路工程技术标准》(JTG B01—2014)版的标准修订把限制速度设计作为公路设计的一个重要环节提出，以便在设计阶段科学合理地确定限速值以及限速方式和方法，在保障车辆安全运行的情况下，充分发挥道路的运输效率。

6. 公路等级的选用

理念转变：公路功能决定技术等级的选用

一直以来，在确定公路技术等级的诸多考虑因素中，由于交通量是唯一可以明确量化的指标，我国各地往往都以交通量作为技术等级选用的决定性要素，造成路网等级结构不合理，功能与需要脱节。

《公路工程技术标准》(JTG B01—2014)新标准打破了传统观念，明确公路功能作为确定技术等级和主要技术指标的主要依据。要求在公路建设时，首先要根据项目的地区特点、交通特性、路网结构，分析拟建项目在路网中的地位和作用，明确公路功能及类别；然后以功能为主，结合交通量、地形条件选用技术等级；再以技术等级为主，结合地形条件选用设计速度，并由设计速度控制路线平纵设计；最后，根据公路功能、等级、设计速度，结合交通量、地形条件、通行能力等因素综合考虑选用车道数、横断面各组成部分的尺寸、各类构造物的技术指标或参数、各类设施的配置水平等。这项调整将对路网结构的形成产生深远影响。

公路按照交通功能分为干线公路、集散公路和支路三类。干线公路分为主要干线公路和次要干线公路，集散公路细分为主要集散公路与次要集散公路。分述如下：

(1) 主要干线公路

① 连接 20 万人口以上的大中城市、交通枢纽、重要对外口岸和军事战略要地。

② 提供省际间及大中城市间长距离、大容量、高速度的交通服务。

(2) 次要干线公路

① 连接 10 万人口以上的城市和区域性经济中心。

② 提供区域内或省域内中长距离、较高容量和较高速度的交通服务。

(3) 主要集散公路

① 连接 5 万人口以上的县(市)、主要工农业生产基地、重要经济开发区、旅游名胜区和商品集散地。

② 提供中等距离、中等容量及中等速度的交通服务。

③ 与干线公路衔接,使所有的县(市)都在干线公路的合适距离之内。

(4) 次要集散公路

① 连接1万人口以上的县(市)、大的乡镇和其他交通发生地。

② 提供较短距离、较小容量、较低速度的交通服务。

③ 衔接干线公路、主要集散公路与支线公路,疏散干线公路交通、汇集支线公路交通。

(5) 支线公路

① 以服务功能为主,直接与用路者的出行提供源点相衔接。

② 衔接集散公路,为地区出行提供接人与通达服务。

公路功能类别可按下列步骤确定:

(1) 依据行政属性、用地性质、交通需求等实施区域划分,并将区域抽象为节点。

(2) 确定节点重要度。节点重要度是定量描述区域内各节点间相对重要程度的指标,主要以总人口、工业总产值、人均收入等指标作为定量分析各节点重要度的指标。节点的层次结构见表1-8。

当一条公路的主要控制点为A层节点时,该公路为主要干线公路;

当主要控制点为B层节点时,该公路应为次要干线公路;

当主要控制点为C层节点时,该公路应为主要集散公路;

当主要控制点为D层节点时,该公路为次要集散公路;

当主要控制点为E层节点时,该公路为支线公路。

表1-8　　节点的层次结构

节点层次	中心节点	主要节点
A	北京	各省会、自治区首府、直辖市、特区
B	省会或自治区首府	各地市政府所在地
C	地市政府所在地	各县市政府所在地
D	县市政府所在地	各乡、镇政府所在地
E	乡镇政府所在地	各行政村

(3) 当同一区域内存在主要控制点相近的两条或两条以上公路时,应通过路网服务指数确定其功能类别。路网服务指数为公路车公里比率与公路里程比率之比。路网服务指数越大,则公路功能类别越高。其计算方法如下:

规划区域内有n条公路,则第$i(i=1, \cdots, n)$条公路的车公里比率R_{VMT_i}、里程比率R_{k_i}及路网服务指数R_i按下列公式计算。

车公里比率:
$$R_{VMT_i}=\frac{VKT_i}{\sum_i VKT_i}\times 100\%$$

里程比率:
$$R_{k_i}=\frac{K_i}{\sum_i K_i}\times 100\%$$

路网服务指数:
$$R_i=\frac{R_{VMT_i}}{R_{k_i}}$$

式中　VKT_i——路网中第i条公路的车公里(pcu·km),即该公路上通过的车辆数与平均行驶距离的乘积；

$\sum_i VKT_i$ ——规划区域内路网中所有公路的车公里之和(pcu·km)；

K_i ——第 i 条公路的里程(km)；

$\sum_i K_i$ ——规划区域内路网中所有公路的总里程(km)。

(4) 公里功能分类指标包括区域层次、路网连续性、交通流特性和公路自身特性等定性和定量指标。不同地区经济发展水平与地形、地貌差异直接影响到分类指标的选取。各地区可根据规划区的实际情况自行确定。推荐的公路功能分类量化指标规定列入表1-9。

表1-9　　公路功能分类指标

分类指标	功能分类				
	主要干线公路	次要干线公路	主要集散公路	次要集散公路	支线公路
适应地域与路网连续性	人口20万以上的大中城市	人口10万以上重要的市县	人口5万以上的县城或连接干线公路	连接干线公路与支线公路	直接对应于交通发生源
路网服务指数	≥15	10～15	5～10	1～5	<1
期望速度	80 km以上	60 km以上	40 km以上	30 km以上	不要求
出入控制	全部控制出入	部分控制出入或接入管理	接入管理	视需要控制横向干扰	不控制

确定一条公路的等级，应首先确定该公路的功能，是干线公路(可为国道、省道等干线)，还是集散公路(不排除有些省道起集散作用)，即属于直达还是连接，以及是否需要控制出入等，然后根据预测交通量初拟公路等级；最终结合地形、交通组成等，确定设计速度、路基宽度。

应树立以功能作为选用公路等级和确定设计目标的理念。如：干线特性强的公路，控制出入程度应相应越高，等级也应高；交通量大的公路，应该有高的标准和大的投入，以及愈完善的控制出入。高速公路应作为干线考虑，即应位于国省道，特别是重要的国省道上，并同时具有高速的特点，因此各方面应具备高速和安全的保证。

公路等级一经确定，则工程的规模、设计的技术标准、设计原则以及工程投资等就基本确定下来。如果公路等级确定不当，不是使工程设计标准过高、投资过大，就是使工程设计标准太低，建成后不久就不适用，造成资金上的浪费。因此，按《公路工程技术标准》(JTG B01—2014)规定，公路技术等级选用应遵循下列原则：

(1) 公路技术等级选用应根据路网规划、公路功能、并结合交通量论证确定。

各级公路设计交通量的预测应符合下列规定：

高速公路和一级公路设计交通量预测年限为20年；二、三级公路设计交通量预测年限为15年；四级公路可根据实际情况确定。

设计交通量预测年限的起算年为该项目可行性研究报告中的计划通车年。

设计交通量的预测应充分考虑走廊带范围内远期社会、经济的发展和综合运输体系的影响。

(2) 主要干线公路应选用高速公路。

(3) 次要干线公路应选用二级及二级以上公路。

(4) 主要集散公路应选用一、二级公路。

(5) 次要集散公路宜选用二、三级公路。

(6) 支线公路宜选用三、四级公路。

7. 公路工程技术标准

公路工程技术标准，是法定的技术要求。它是根据理论和实践经验而制定的。反映了我国公路建设的技术方针，设计公路时都应当遵守。

同一公路等级依设计速度不同而有不同的标准，各级公路主要技术指标汇总如表 1-10。

不同等级的公路，适应于不同的行车速度、交通量和载重量，这就为车辆的行驶提供了不同的条件，而不同的行驶条件是由技术指标及其相互配合决定的。因此，为了满足公路的使用要求，应当规定各级公路各项技术指标的极限值。

表 1-10　　各级公路主要技术指标汇总表(JTG B01—2014 标准)

公路等级	高速公路			一级公路			二级公路		三级公路		四级公路	
设计速度(km/h)	120	100	80	100	80	60	80	60	40	30	30	20
车道数	≥4						2				2(1)	
车道宽度(m)	3.75					3.50	3.75	3.50	3.50	3.25	3.25	3.00
极限最小半径(m)	650	400	250	400	250	125	250	125	55	30	30	15
停车视距(m)	210	160	110	160	110	75	110	75	40	30	30	20
最大纵坡(%)	3	4	5	4	5	6	5	6	7	8	8	9
桥涵设计车辆荷载	公路—Ⅰ级						公路—Ⅰ级		公路—Ⅱ级		公路—Ⅱ级	

注：1. 八车道及以上公路在内侧车道(内侧第 1、2 车道)仅限小客车通行时，其车道宽度可采用 3.5 m。

2. 以通行中、小型客运车辆为主且设计速度为 80 km/h 及以上的公路，经论证车道宽度可采用 3.5 m。

3. 设置慢车道的二级公路，慢车道宽度应采用 3.5 m。

4. 需要设置非机动车道和人行道的公路，非机动车道和人行道等的宽度，宜视实际情况确定。

5. 四级公路应采用双车道，交通量小或困难路段可采用单车道。四级公路采用单车道时，车道宽度应采用 3.5 m。

1.3.4 设计速度与运行速度

《公路工程技术标准》中的设计速度是确定公路几何形状的基本车速，是用以设计各级公路受限制部分(最小平曲线半径、最大纵坡等)的主要依据。通常可认为"是在气象条件良好，车辆行驶只受公路本身条件影响时，具有中等驾驶技术的人员能够安全、顺适驾驶车辆的速度"。因此它与运行速度有密切关系。根据国内外观测研究发现，当设计速度高时，运行速度低于设计速度，而当设计速度低时，运行速度高于设计速度。这也说明设计速度与运行安全有关。

设计速度是公路设计时确定几何线形的最关键参数，设计速度作为路线设计的基础指标，根据车辆动力性能和地形条件，确定了不同等级公路的设计速度指标，各级公路按地形条件的差别，从 20 km/h 到 120 km/h。设计速度一经选定，公路的所有相关要素如视距、超高、纵坡、竖曲线半径等指标均与其配合以获得均衡设计。

实践证明，设计速度对一特定路段而言是一固定值，这一值作为基础参数，用于规定一个路段的最低设计标准,但在实际的驾驶行为中,没有一个驾驶员自始至终地去恪守这一固定车速。现有路段观测结果表明,设计速度的设计方法不能保证线形标准的一致性。实际的行驶速度总是随公路线形、车辆动力性能及驾驶员特性等各种条件的改变而变化。只要条件允许,驾驶者总是倾向于采用较高的速度行驶。从公路使用者的安全角度考虑,在进行公路路线设计时,不能简单地以设计速度来控制公路线形指标,因为车辆是连续行驶的,需要以动态的观点来考虑车辆进入曲线时的运行速度,所选择的设计速度要与车辆运行速度相适应,从而提高公路的安全性。

针对设计速度方法存在的主要问题,德、法等欧洲国家和美国、澳大利亚等发达国家广泛运用了以运行速度概念为基础的路线设计方法。因为运行速度考虑了公路上绝大多数驾驶员的交通心理需求,以车辆的实际运行速度作为线形设计速度,从而有效地保证了路线所有相关要素如视距、超高、竖曲线半径等指标与设计速度的合理搭配,可以获得连续、一致的均衡设计。

运行车速的引入,可以有效地解决路线设计指标与实际行驶速度所要求的线形指标脱节的问题。《公路工程技术标准》建议设计人员在设计速度变化路段、爬坡车道、超高等受限制路段进行验算。

自《公路工程技术标准》(JTG B01—2003)正式引入运行速度概念和开展安全性评价工作以来,采用运行速度的方法进行检验的理论与方法已基本成熟,并且已有了上万公里的工程实践。因此,本次《公路工程技术标准》(JTG B01—2014)标准修订明确规定公路设计应采用运行速度对线形设计进行检验,保证相邻路段运行速度的协调性和一致性,提高公路运行安全和使用质量。

《公路路线设计规范》提出设计速度的选用应符合下列要求:

(1) 各级公路设计速度应根据公路的功能、等级、交通量,并结合沿线地形、地质等状况,经论证确定。

(2) 高速公路特殊困难的局部路段,且因新建工程可能诱发工程地质病害时,经论证并报主管部门批准,该局部路段的设计速度可采用 60 km/h,但长度不宜大于 15 km,或仅限于相邻两互通式立体交叉之间的路段,且相邻路段的设计速度不应大于 80 km/h。

(3) 一级公路作为干线公路,且纵、横向干扰小时,设计速度宜采用 100 km/h 或 80 km/h。

一级公路作为集散公路时,根据混合交通量、平面交叉间距等因素,设计速度宜采用 60 km/h 或 80 km/h。

(4) 二级公路作为干线公路时,设计速度宜采用 80 km/h。

二级公路作为集散公路时,混合交通量较大、平面交叉间距较小的路段,设计速度宜采用 60 km/h。

二级公路位于地形、地质等自然条件复杂的山区,经论证该路段的设计速度可采用 40 km/h。

《公路路线设计规范》在设计速度的选用方面体现了倡导干线公路,优先考虑较高的设计速度,而集散公路或连接线宜选用较低设计速度的概念,即倡导按公路的功能选择设计速度。

1.3.5 城市道路分类与技术分级

城市道路依所在道路网中的地位、交通功能以及对沿线建筑物的服务功能等，分为以下四类：

快速路、主干路、次干路、支路。

根据城市道路功能、设计交通量、地形条件等，将各类道路均分为3个等级。

1. 快速路——较高车速的长距离交通的重要通道。其所具特征如下：

(1) 对向车道间设中间带，有自行车通行时，加设两侧带。

(2) 进出口采用全控制或部分控制。

(3) 与高速公路、快速路、主干道相交采用立体交叉；与交通量较小的次干路相交可采用平面交叉；与支路不能直接相交；过路行人集中点设置过街行人天桥或地道。

2. 主干路——是城市道路网的骨架，是连接城市各主要分区的交通干路。自行车交通多时，采用机、非分流的断面型式。

3. 次干路——是城市的交通干路，兼有服务功能。次干路配合主干路组成道路网，具有连接城市各部分与集散交通的作用。

4. 支路——次干路与街坊路的连接线，解决局部地区交通，以服务功能为主。

城镇道路设计速度的规定见表1-11。

表1-11　城镇道路等级分类及设计速度

道路类别	快速路			主干路			次干路			支路		
道路级别	Ⅰ	Ⅱ	Ⅲ	Ⅰ	Ⅱ	Ⅲ	Ⅰ	Ⅱ	Ⅲ	Ⅰ	Ⅱ	Ⅲ
设计速度(km/h)	100	80,60	60	60	60,50	40	50	40,30	30	40	30,20	20

同等道路等级设计速度的选择，主要与交通量、地形、沿线土地利用、经济发展、工程投资等有关。新建道路根据等级分类设计速度宜采用高值，改造或改建工程受限制时可采用低值。

改造或改建工程有特殊困难时，如商业街、文化街、文物保护等，经技术经济比较论证，可适当降低设计速度。

立交主线设计速度应与路段一致，匝道设计速度应根据立交等级、匝道形式、匝道交通量等条件确定，宜为主线车速的0.5～0.7倍。

城市快速路或主干路的辅路设计速度宜为主线车速的0.4～0.6倍。机、非分行的辅路宜取高值，机、非混行辅路宜取低值。

平面交叉口内的设计速度宜按相交道路等级设计速度的0.5～0.7倍计算。立体交叉中的平交路口可参照执行。

城镇道路的分类及主要技术指标见表1-12。

快速路为交通性干道，主要根据设计交通量和地形条件进行分级选择，设计交通量较大且位于平原区应采用I级，低山、丘陵区宜采用II级，山区城市可采用III级，并应结合车道数的计算满足通行能力和服务水平的要求。

表 1-12　　城镇道路分类及主要技术指标

类别＼项目	道路级别	设计速度(km/h)	双向机动车车道数(条)	机动车道宽度(m)	分隔带设置	横断面采用型式
快速路	Ⅰ	100	≥4	3.75	必须设	三、四幅路
	Ⅱ	80、60	≥4	3.75	必须设	三、四幅路
	Ⅲ	60	≥4	3.75	必须设	三、四幅路
主干路	Ⅰ	60	≥4	3.75	应设	单、双、三、四
	Ⅱ	60、50	3～4	3.75	应设	单、双、三
	Ⅲ	40	2～4	3.5～3.75	可设	单、双、三
次干路	Ⅰ	50	2～4	3.75	可设	单、双、三
	Ⅱ	40、30	2～4	3.5～3.75	不设	单
	Ⅲ	30	2	3.5	不设	单
支　路	Ⅰ	40	2	3.5	不设	单
	Ⅱ	30、20	2	(3.25～)3.5	不设	单
	Ⅲ	20	2	(3.0～)3.5	不设	单

其他等级的道路根据其功能和地形条件进行分级选择，以交通功能为主的平原区采用Ⅰ级，以服务功能为主的低山、丘陵区和山区城市宜采用Ⅲ级，其他可采用Ⅱ级。

特殊困难情况下，经技术经济论证后可采用较低一级的等级标准；有特殊功能需要的城市道路亦可提高道路等级。需变更道路等级性质时，应经规划审批部门批准后采用。

有特殊功能的专用道路，如货运专用通道、防洪专用通道、消防专用通道、旅游道路等应根据规划等级执行相应的技术标准，并须满足通行车辆的特殊要求。

人行专用道路、非机动车专用道路不列入道路分类等级，可参照执行。

1.3.6　道路设计的其他指标及要求

1. 设计年限规定

城镇道路满足交通量预测的道路设计年限规定如下：快速路、主干路为 20 年；次干路为 15 年，支路为 10～15 年。

2. 路面结构设计使用年限

与以往标准不同的是，本次《公路工程技术标准》(JTG B01—2014)的修订增加了对路面结构设计使用年限的条文规定。主要是基于下列三个方面的理由：

① 随着我国公路网的不断完善，为了确保发挥路网的运营效率，减少路面结构性的频繁维修对路网运输效率和交通安全带来的不利影响，对路面结构设计使用年限做出规定是必要的。

② 与国际发达国家相比，我国公路路面结构设计使用年限仍然偏低。例如：欧盟中多数国家的路面结构设计使用年限在 15～30 年间，普遍比我国的规定要高。英国路面结构设计使用年限为 40 年。法国国家公路网，高速公路和快速路设计使用年限为 30 年，城镇道路和其他等级公路路面结构设计使用年限为 20 年，地方上的低交通量道路路面结构初始设计使用年限为 12 年。德国高速公路、州级公路和低等级公路一般为 30 年。澳大利亚路面结构设计年为：

新建柔性路面为20～40年，罩面为10～20年；刚性路面为30～40年。日本路面结构设计使用年限为：对于主要的干线公路、高速公路为40年，国道20年；隧道内的路面为20～40年，对于大交通量的交叉口（立交）和城市的干线公路为大于20年。

③ 从我国公路建设与工程实践经验看，京津塘高速公路、广深高速公路、济青高速公路路面结构的设计使用年限都已超过15年，并超过或接近了20年，其他等级的公路路面的实际使用年限也有很多路段远远超过了初期的设计使用年限。2000年以后，随着针对路面早期损坏开展的相关研究成果的不断应用和公路建设管理技术的不断进步，路面结构的使用年限不断提高，逐步朝耐久性方向发展。通过对过去二十多年路面设计与施工技术进步成功经验的总结看，无论是在原材料控制、混合料设计、施工关键技术方面，还是在路面施工质量控制以及交通运营管理方面，都为路面结构设计使用年限的提高打下了基础。因此，对路面结构设计使用年限做出规定是可行的。

为此，《公路工程技术标准》（JTG B01—2014）修订增加的对路面结构设计使用年限的条文规定如下：

（1）公路路面结构设计使用年限应不小于表1-13的规定。

表1-13　　公路路面结构设计使用年限

公路等级		高速公路	一级公路	二级公路	三级公路	四级公路
设计使用年限（年）	沥青混凝土路面	15	15	12	10	8
	水泥混凝土路面	30		20	15	10

（2）城镇道路保证路面平整并具有足够强度的年限为路面结构的设计基准期，根据路面结构类型规定如下：

① 水泥混凝土路面的设计基准期根据交通等级分别确定，并符合表1-14的规定。

表1-14　　水泥混凝土路面设计基准期

道路技术等级	快速路	主干路	次干路	支 路
设计基准期（年）	30	30	20	15

② 沥青混凝土路面、沥青碎石路面为15年，支路采用沥青混凝土路面时，可采用10年，沥青表面处治路面为8年。

③ 道路罩面大修的年限根据道路当时的使用状况和经济技术论证后确定。

桥梁、隧道结构和与桥梁相连的重要附属构筑物的设计基准期为100年。

3. 荷载标准

路面上行驶的车辆种类很多，轴载大小不同，对路面造成的损害相差很大，为方便计算，必须选用一种轴载作为标准轴载。公路规范与城镇道路路面设计荷载采用相同设计标准。

（1）公路和城镇道路的沥青混凝土路面和水泥混凝土路面设计均以双轮组单轴载100 kN为标准轴载，以BZZ-100表示，轮胎压力0.7 MPa（在2004年实施的国标《道路车辆外廓尺寸、轴荷及质量限值》（GB 1589—2004）中，对单轴汽车及挂车单轴的最大允许轴荷做出了规定，明确客车、半挂牵引车及三轴以上（含三轴）货车，每侧双轮胎的最大允许轴荷为：驱动轮115 kN，非驱动轮100 kN，装备空气悬挂时为115 kN，实际上小幅度提高了货运汽车制造的轴载标准。重载交通路段可根据实际调查的轴载谱采用分向、分道方式进行路面结构设计。

这次《标准》修订在综合考虑原有标准(《03版标准》)的延续性、我国现行汽车轴荷标准、公路路网运营养护以及公路工程建设实际情况的基础上,补充增加了在重载交通条件下可灵活选择路面设计轴载标准的方法,既可有效解决公路工程建设和运营过程中遇到的重载交通的实际问题,又可对合理延长路面使用寿命起到引导作用。修订提出的可采用轴载谱方法进行路面设计的要求对原标准起到了进一步细化和灵活运用的作用。

(2) 城市道路新建和改建永久性桥梁和地道的设计荷载须满足《城市桥梁设计通用规范》的规定。

4. 抗震(防灾标准)

《公路工程技术标准》要求抗震设计应符合以下规定:

(1) 地震动峰值加速度系数小于或等于0.05地区的公路工程,除有特殊要求外,可采用简易设防。

(2) 地震动峰值加速度系数等于0.05、小于0.40地区的公路工程,应进行抗震设计。

(3) 地震动峰值加速度系数大于或等于0.40地区的公路工程,应进行专门的抗震研究和设计。

(4) 做过地震小区划地区的公路工程,应按主管部门审批的地震动峰值加速度系数进行抗震设计。

《城镇道路工程技术标准》要求道路抗震设防应满足如下规定:

(1) 地震区的道路工程及重要的附属构筑物应按国家规定工程所在地区的设防要求,进行抗震设防。

(2) 道路工程设防地震动峰值加速度系数起点一般为0.20g。以下情况设防起点应为0.10g,地震动峰值加速度系数为0.10g以下不设防:

高填方路基边坡或深挖方路堑边坡,地震时可能产生大规模滑坡、塌方的重要路段。

重要附属构筑物如高挡土墙、高护坡、高护岸等。

软土层或可液化土层上的道路工程。

以上《标准》中规定地震动峰值加速度系数在0.05～0.40范围内地区的公路工程,应进行抗震设计;对地震动峰值加速度系数大于或等于0.40地区的公路工程,应进行专门的抗震研究和设计。这是总结了我国云南、四川、山东、广东、江苏、辽宁等地的部分震害调查资料,并结合国家的抗震防灾的基本要求提出的。从多年来的应用情况看,一般条件下,公路工程能够经受住地震动峰值加速度系数为0.05的地震的影响。简支梁桥等桥梁结构可通过一些简单的抗震措施(如防止落梁措施等)提高抗震设防能力,化费不大,而效果是比较明显的。

对于地震动峰值加速度系数小于或等于0.05的地区,除有特别规定以外,可不进行专门的抗震设计,而采用简易设防。

《标准》对公路工程和城市道路工程的抗震设计只提出了一般性的要求。由于地震作用的计算与结构本身的自身特性直接相关,故地震作用及结构对地震作用的响应分析在《公路工程抗震设计规范》(JTJ004)中作具体规定。

根据《中国地震动参数区划图》(GB 18306—2001),不再采用地震基本烈度的概念,取之为地震动峰值加速度系数。地震基本烈度与地震动峰值加速度系数之间的关系如表 1-15 所示。

表 1-15　　地震基本烈度与地震动峰值加速度系数的对应关系

地震动峰值加速度系数(*g*)	<0.05	0.05	0.10	0.15	0.20	0.30	≥0.40
地震基本烈度值	<Ⅵ	Ⅵ	Ⅶ	Ⅶ	Ⅷ	Ⅷ	≥Ⅸ

5. 防洪、防涝标准

《城镇道路工程技术标准》要求道路工程应满足如下防洪、防涝标准：

(1) 城市桥梁设计宜采用百年一遇的洪水频率，对特别重要的桥梁可提高到三百年一遇。防洪标准较低的地区，若按此标准导致桥面高程较高而引起困难时可按实际情况考虑，并不得低于所在河道或排洪沟渠的防洪标准，但仍须确保桥梁结构在百年一遇或三百年一遇的洪水下的安全。

(2) 城市跨河桥梁、涵洞的线位、桥下净空必须满足《城市防洪工程设计规范》(CJJ50)的规定。

6. 城市道路选线

城市道路选线应避开泥石流、滑坡、崩塌、地面沉降、塌陷等自然灾害，不可避开时必须在建设之初进行路线方案比选和技术经济的论证，并提出切实可行的防治或减轻灾害的措施。

1.4　道路的基本组成

1.4.1　公路工程的基本组成

公路是一种线形工程结构物，它由线形和结构两大部分组成。

(一) 线形组成

公路路线即指公路的中线。公路为平面有曲线、纵断面有起伏的立体空间线形。平面由直线、曲线(圆曲线、缓和曲线)组成；纵面由坡道线及竖曲线组成。

作为立体空间线形的图形显示由平面图、纵断面图及横断面图表示。

(二) 结构组成

公路是交通运输结构物，它不仅承受荷载的作用，而且受着自然条件的影响，其结构组成主要包括：路基路面工程、排水工程(桥涵、渗水路堤、过水路面等)、防护工程(挡土墙、护坡、护栏等)、特殊构造物以及交通服务设施。

1. 路基

路基是行车部分的基础，断面形状一般可有路堤、路堑、半填半挖三种路基形式，如图 1-4 所示。路基结构必须稳定、坚实并符合规定的尺寸，以承受汽车和自然因素的作用。

2. 路面

路面是用坚硬材料铺筑于路基上供汽车直接行驶的地带，通常路面由基层及面层两部分组成，如图 1-5 所示。如沪嘉高速公路路面结构厚为 69 cm，面层由 5 cm 中粒式沥青混凝土(防滑面)、6 cm 粗粒式沥青混凝土组成；基层由 8 cm 贯入式碎石、35 cm 粉煤灰三渣、15 cm 砾石砂组成。

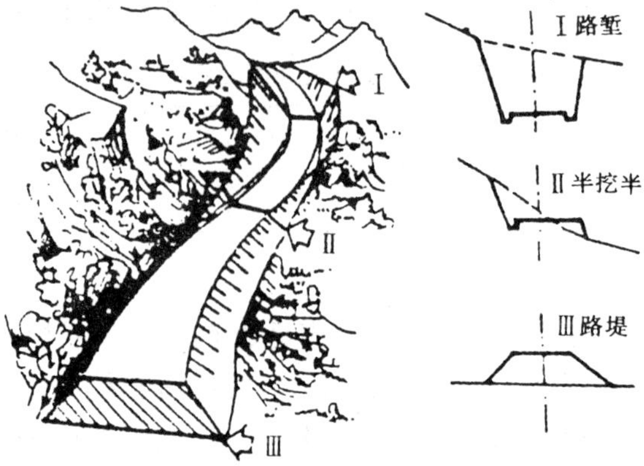

图 1-4　路基横断面形式

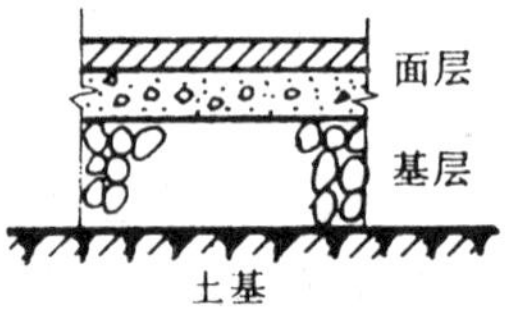

图 1-5　路面结构

路面按其使用品质、材料组成和结构强度可有高级、次高级、中级、低级之分。按其力学性质可分为柔性路面和刚性路面两大类。常用材料有沥青、水泥、碎(砾)石、砂、黏土等。

3. 排水构造物

主要为桥梁及涵洞。山区及宽浅水流处有时修筑渗水路堤及过水路面。

4. 桥涵

桥涵为跨越水流供汽车行驶的构造物。图 1-6 所示为小桥及涵洞。

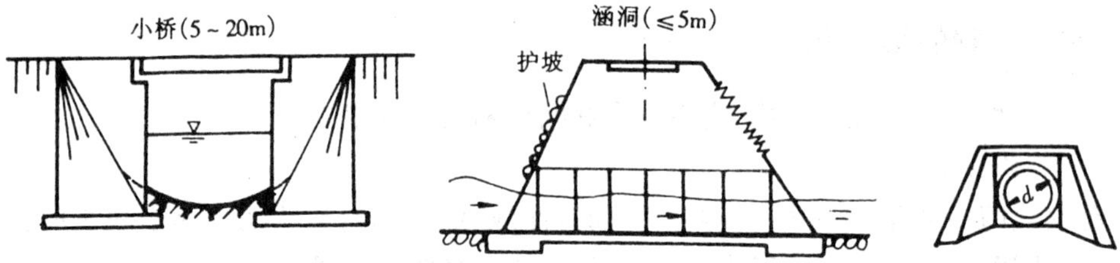

图 1-6　小桥及涵洞

5. 渗水路堤

渗水路堤是用石块堆砌成的路堤,用以通过流量不大的季节性水流(图 1-7)。

6. 过水路面

过水路面是容许周期性水流从路表面通过的行车部分(图 1-8)。

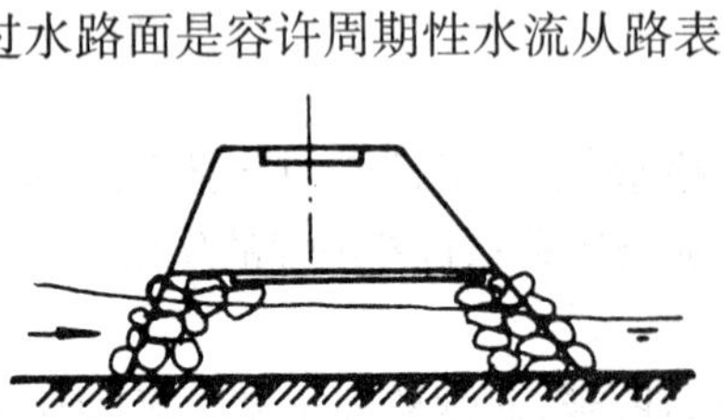

图 1-7　渗水路堤

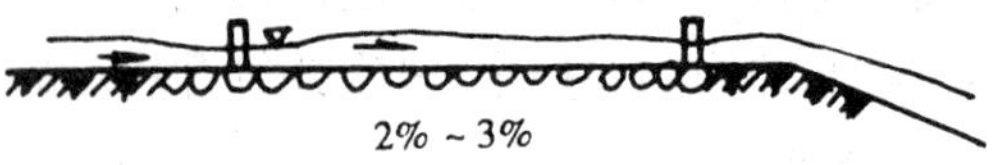

图 1-8　过水路面

7. 防护工程

防护工程是为保证路基稳定或行车安全所修筑的工程设施,如挡土墙、护坡、护栏等(图 1-9)。

8. 特殊构造物

例如隧道，是穿越山岭为改善线形、缩短路线长度所修筑的山峒。半山桥(峒)是山区路基悬出一半所修筑的桥梁或所开挖的部分路宽的山峒。路台，是在悬崖峭壁上所修筑的悬臂式构造物(图 1-10)。

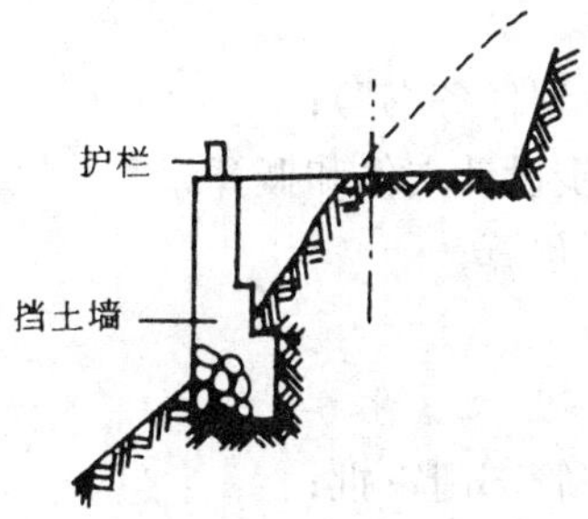

图 1-9 挡土墙

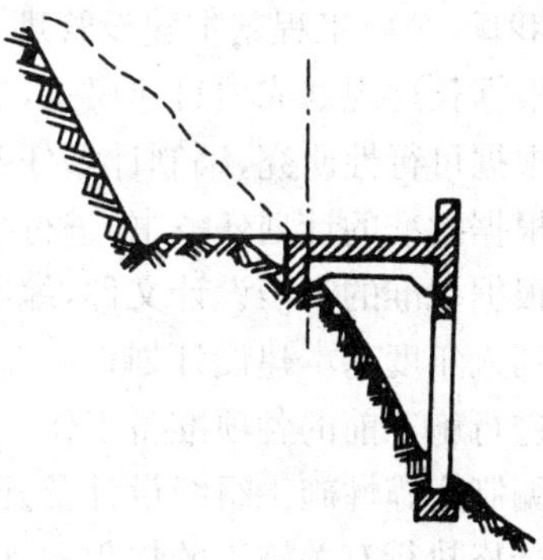
图 1-10 半山桥

9. 交通服务设施

包括：

(1) 照明设施。如灯柱、弯道反光镜等。

(2) 交通标志。使驾驶员知道前面路段的情况和特点，有下列四类：

① 警告标志。指明前面有行车障碍物和行车危险的地点，促使驾驶员集中注意力；

② 禁令标志。指明各种必要遵守的交通限制，如车速限制、不准停车等；

③ 指示标志。指示驾驶员行驶的方向、里程等；

④ 指路标志。表示行政区划分界、地名、预告出入口等。

(3) 服务设施。如加油站、汽车站、养路站、食宿站等。

(4) 植树绿化与美化工程。是美化公路环境的必要组成部分，它为道路使用者提供一个安全、舒适的行车环境。环境绿化有利于净化空气、舒畅人们的心情，且可提高行车的安全。

1.4.2 城市道路的组成

城市道路应将城市各主要组成部分如居民区、市中心、工业区、车站、码头、文化福利设施之间联系起来，形成一个完整的道路系统，方便城市的生产和生活活动，从而充分发挥城市的经济、社会和环境效益。通常其组成部分如下：

(1) 供汽车行驶的机动车道，供有轨电车行驶的有轨电车道，供自行车、三轮车等行驶的非机动车道；

(2) 专供行人步行交通用的人行道(地下人行道、人行天桥)；

(3) 交叉口、交通广场、停车场、公共汽车停靠站台；

(4) 交通安全设施，如交通信号灯、交通标志、交通岛、护栏等；

(5) 排水系统，如街沟、边沟、雨水口、窨井、雨水管等；

(6) 沿街地上设施，如照明灯柱、电线杆、邮筒、给水栓等；

(7) 地下各种管线，如电缆、煤气管、给水管等；

(8) 具有卫生、防护和美化作用的绿化带；

(9) 交通发达的现代化城市,还建有地下铁道、高架道路等。

1.5 道路勘测设计程序

根据我国《公路工程基本建设管理办法》的规定,公路基本建设程序如下:

(1) 根据长远规划或项目建议书,进行可行性研究;

(2) 根据可行性研究,编制计划任务书(也称"设计计划任务书");

(3) 根据批准的计划任务书,进行现场勘测,编制初步设计文件和概算;

(4) 根据批准的初步设计文件,编制施工图和施工图预算;

(5) 列入年度基本建设计划;

(6) 进行施工前的各项准备工作;

(7) 编制实施性施工组织设计及开工报告,报上级主管部门审批;

(8) 严格执行有关施工的规程和规定,坚持正常施工秩序,做好施工记录,建立技术档案;

(9) 编制竣工图表和工程决算,办理竣工验收。

1.5.1 公路工程可行性研究

"可行性研究"是基本建设前期工作的一项重要内容,是建设程序的组成部分,是建设项目决策和编制计划任务书的科学依据,可定义为"论证工程(或产品)项目技术上的可能性和经济上的合理性,并论证何时修建及分期修建,提供决策依据,保证工程的经济效果"。

公路建设必须严格遵守国家规定的基本建设程序。所有大中型项目应根据批准的项目建议书(或委托书)进行可行性研究,可行性研究工作完成后,应进行评估。

公路可行性研究一般包括下列内容:

(1) 总论。论述建设项目的任务依据、历史背景和研究范围,提出可行性研究的主要结论。

(2) 现状及问题。调查及论述建设地区综合运输网的交通现状和建设项目在交通运输网中的地位与作用。论述原有公路的工程技术状况以及不适应的程度。

(3) 发展预测。进行全面的交通调查和经济调查,论述建设项目所在地区的经济特征,研究建设项目与经济发展的内在联系,预测交通运输量的发展情况。

(4) 公路建设标准和规模。论述项目建设规模和采用的等级及其主要技术指标。

(5) 建设条件和方案选择。调查建设项目所处地理位置的地形、地质、地震、气候、水文等自然特征,建筑材料来源及运输条件;进行路线方案的比选,提出推荐方案的走向和主要控制点;评价建设项目对环境的影响,并编制环境影响报告书。

(6) 投资估算与资金筹措。包括主要工程数量、公路建设用地和拆迁、单价拟定、投资估算及资金筹措等。

(7) 工程建设实施计划。包括勘测设计和工程施工的计划与要求、工程管理和技术人员的培训等。

(8) 经济评价。包括运输成本等经济参数的确定,建设项目的直接经济效益和费用的估算,进行经济评价敏感性分析,建设项目的间接经济效益分析。收费公路还需做财务分析。

经过综合分析后,提出投资少、效益好的建设方案。

可行性研究工作是交通建设综合管理的手段,必须从运输生产的目的出发。研究技术可行性必须与经济效益相结合，研究经济效益必须考虑采用新技术的可能，重视运输领域的综合效益。

可行性研究报告应附有必要的图表，其中包括路线方案(及比较方案)图、历年工农业总产值与客货运量统计表、公路客货运量、交通量预测表、效益计算表等。

与可行性研究同时，应进行环境影响分析，即依工程性质、路线位置、资源利用、环境影响等为依据，与可行性研究一起对工程进行宏观分析，确定项目是否成立。在计划任务书下达、进行初步设计的同时，应编制环境影响评价书(environmental impact statement, EIS)，即根据预测工程对环境的影响，提出对环境污染和破坏的防治措施。

1.5.2　计划任务书

公路勘测设计工作是根据批准的计划任务书进行的。计划任务书应包括下述内容：① 建设的依据和意义；② 路线的建设规模和修建性质；③ 路线的基本走向和主要控制点；④ 工程技术等级和主要技术标准；⑤ 勘测设计的阶段划分及各阶段完成的时间；⑥ 建设期限，投资估算，需要钢、木、水泥的数量；⑦ 施工力量的原则安排。

计划任务书经上级批准后，如对建设规模、期限、技术等级标准及路线走向等重大问题有变更时，应报原批准机关审批同意。

1.5.3　勘测设计的阶段划分

公路勘测设计根据路线的性质和要求，可分为两阶段测设、一阶段测设和三阶段测设。

1. 两阶段测设

两阶段测设为公路测设的主要程序，即通常一般公路所采用的测设程序。其步骤为：先进行初测、编制初步设计和工程概算；经上级批准初步设计后，再进行定测、编制施工图和工程预算。

也可直接进行定测、编制初步设计；然后根据批准的初步设计，通过补充测量编制施工图。

高速公路、一级公路必须采用两阶段设计。

2. 一阶段测设

一阶段测设适用于技术简单、方案明确的小型公路工程。即进行一次详细的定测，据以编制施工设计和工程预算。

3. 三阶段测设

三阶段测设对于技术上复杂而又缺乏经验的建设项目或建设项目中的个别路段、特殊大桥、互通式立体交叉、隧道等，必要时，应采用三阶段设计。即分初步设计、技术设计和施工图设计三个阶段。

技术设计阶段主要是对重大、复杂的技术问题，落实技术方案，计算工程数量，提出修正的施工方案，修正设计概算。其深度和要求介于初步设计和施工图设计之间。

不论采用哪种划分阶段设计，在勘测前，都要进行实地调查(或称视察)，它是勘测前不可缺少的一个步骤，也可与可行性研究结合在一起，但不作为一个阶段。

1.5.4　设计文件编制

设计文件是公路勘测设计的最后成果，经审查批准后是公路施工的依据。其组成、内容和要求随设计阶段不同而异。

根据《公路工程基本建设项目设计文件编制办法》规定,设计文件组成和内容如下:

1. 初步设计文件

由总说明书、总体设计*[①]、路线、路基路面、桥梁涵洞、隧道、路线交叉、交通工程及沿线设施、环境保护与景观设计、其他工程、筑路材料、施工方案、设计概算共13篇和附件所组成。其表达形式有文字说明、设计图、表格三种。

2. 施工图设计文件

由总说明书、总体设计[①]、路线、路基路面、桥梁涵洞、隧道、路线交叉、交通工程及沿线设施、环境保护与影观设计、其他工程、筑路材料、施工组织设计、施工图预算共13篇及附件所组成。

1.5.5 城市道路的红线规划

道路红线指城市道路用地的分界控制线,通常由城市规划部门确定。红线宽度为道路用地的规划范围,包括车行道、人行道、绿化带等在内的规划道路的总宽度,或称规划路幅。

城市道路的红线规划,是依据城市总体规划确定道路网的形式、道路的功能、走向和位置、一次修建还是分期逐步改造、新建道路还是旧路改造等因素而定。

城市道路网的主要形式计有方格网(棋盘)式、环形放射式、自由式和混合式。

1. 方格网式

呈方格棋盘形状,是常见的一种形式,干道间距为800～1000 m,干道之间再布置次要道路,将用地分为大小合适的街坊。多适用于地势平坦的中小城市或大城市的局部地区。例如,我国西安、洛阳、太原、郑州、石家庄、开封、福州、苏州等均属于方格网式。图1-11为西安市道路网。

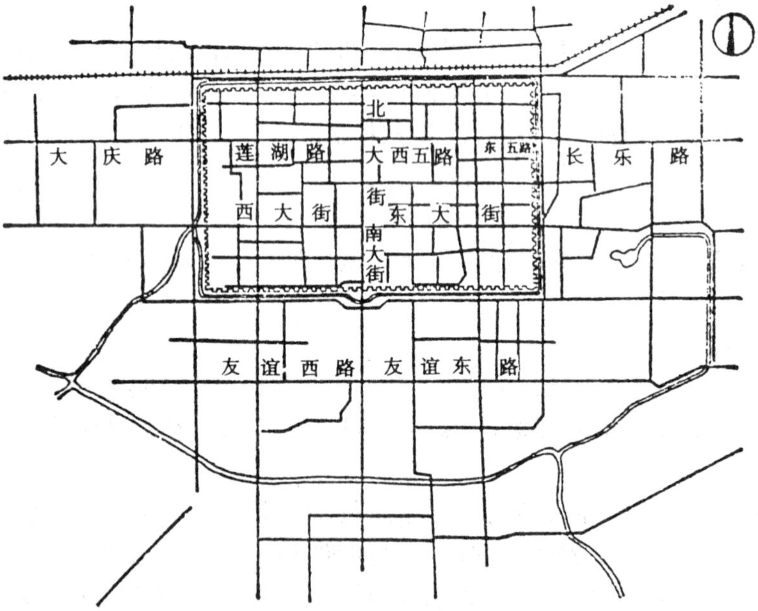

图1-11 西安市道路网

干线道路间距,由于干线道路连络城市主要地区,决定了城市空间构成,具有诱导功能,因

① 注:凡标有*号的用于高速公路、一级公路。

此，从街区利用效率观点出发，城市商业区以 300～500 m 为宜，居民区兼顾邻区大小和居住环境，以 1 000 m 为宜，工业区则以工业规模和种类而定。城市规模、土地使用和干线道路密度的规划指标应符合表 1-16 和表 1-17 的规定(《城市道路交通规划设计规范》，建设部，中国计划出版社，1995 年)。选定路线后，还应注意交通公害、城市景观、区域的维持与发展等问题。

表 1-16　　大、中城市道路网规划指标

项　目	城市规模与人口/万人		快速路	主干路	次干路	支　路
机动车设计速度(km/h)	大城市	＞200	80	60	40	30
		≤200	60～80	40～60	40	30
	中等城市		—	40	40	30
道路网密度(km/km^2)	大城市	＞200	0.4～0.5	0.8～1.2	1.2～1.4	3～4
		≤200	0.3～0.4	0.8～1.2	1.2～1.4	3～4
	中等城市		—	1.0～1.2	1.2～1.4	3～4
道路中机动车车道条数(条)	大城市	＞200	6～8	6～8	4～6	3～4
		≤200	4～6	4～6	4～6	2
	中等城市		—	4	2～4	2
道路宽度(m)	大城市	＞200	40～45	45～55	40～50	15～30
		≤200	35～40	40～50	30～45	15～20
	中等城市		—	35～45	30～40	15～20

表 1-17　　小城市道路网规划指标

项　目	城市人口/万人	干　路	支　路
机动车设计速度(km/h)	＞5	40	20
	1～5	40	20
	＜1	40	20
道路网密度(km/km^2)	＞5	3～4	3～5
	1～5	4～5	4～6
	＜1	5～6	6～8
道路中机动车车道条数(条)	＞5	2～4	2
	1～5	2～4	2
	＜1	2～3	2
道路宽度(m)	＞5	25～35	12～15
	1～5	25～35	12～15
	＜1	25～30	12～15

为便利方格网对角线方向交通,形成方格对角线式,如我国长春、沈阳等城市,但所形成的三角形街坊及畸形复杂的交叉口,对建筑布置和交通组织不便。

2. 环形放射式

由市中心向外辐射路线,四周以环路沟通(图1-12)。多为旧城中心区向外发展而成,有利于市中心与各区之间的交通联系,多适用于大城市和特大城市。例如,我国成都市即由八条放射路和两条环路所组成(图1-13)。

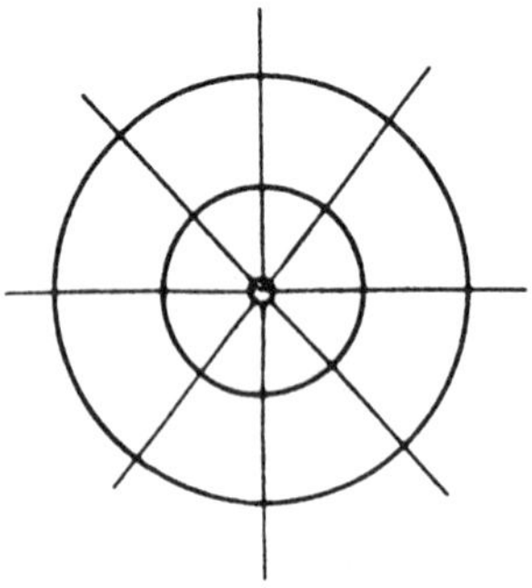

图1-12 环形放射式

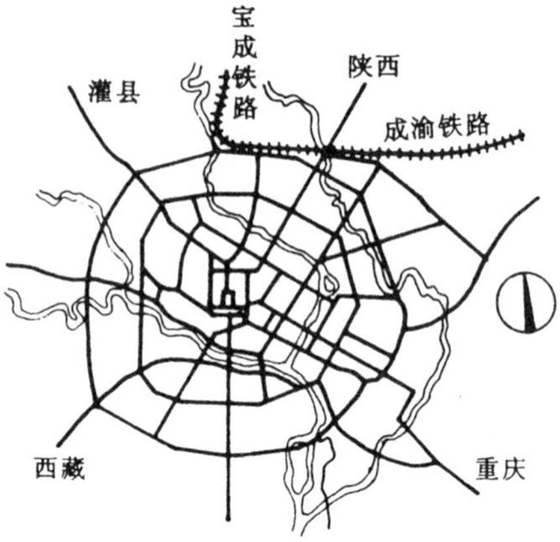

图1-13 成都市道路系统图

(1) 放射环道的布置。

应保证使过境交通沿环道行驶,参见图1-14。设 R 为外环半径(m),r 为内环半径(m),V_{k1} 为外环平均车速(km/h),V_k 为内环平均车速(km/h),V_p 为沿辐射状道路通过市中心的车速(km/h)。

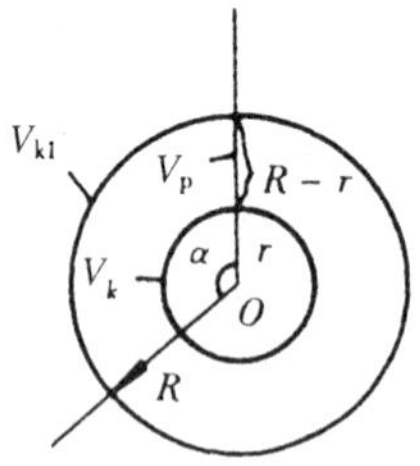

图1-14 放射环道的布置

为保证汽车沿内环环道行驶而不通过中心,必须使

$$V_k > \frac{\pi V_p}{2} \quad 或 \quad V_k > 1.57V_p$$

为使车流通过外环环道行驶,车速必须具有下列关系:

$$V_{k1} > V_k \frac{\pi R}{\pi r + 2(R-r)\dfrac{V_k}{V_p}}$$

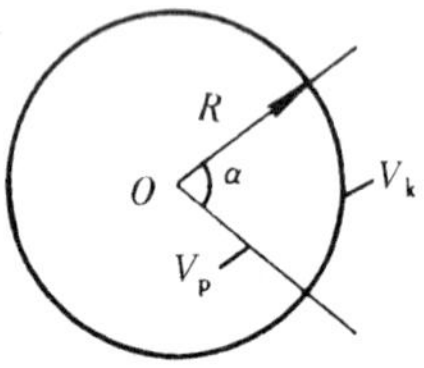

图1-15 辐射路交角

(2) 辐射路交角(图1-15)

当车速相同、车流通过环道与经过市中心时间相同时,则

$$2R = \frac{2\pi R\alpha}{360}$$

故

$$\alpha = 114°39'$$

当车速不同时,则

$$\frac{2R}{V_p} = \frac{2\pi R\alpha}{360V_k}$$

故
$$\alpha=\frac{360V_k}{\pi V_p}=114°39'\frac{V_k}{V_p}$$

即辐射线布置，α 应小于 $114°39'\frac{V_k}{V_p}$，使过境交通不通过市中心区。

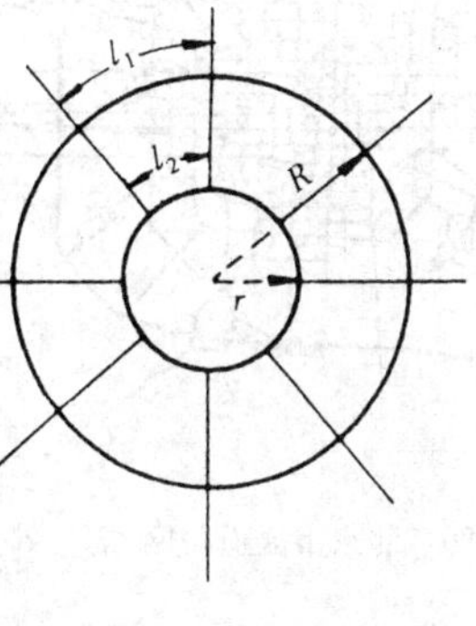

图 1-16　放射环道的中心位置

(3) 放射环道的中心位置(图 1-16)

由图 1-16 可知

$$Rl_2=rl_1$$

故
$$r=R\frac{l_2}{l_1}$$

若取 $l_1=1\,000$ m，$l_2=200$ m，则中心区环道半径 $r\nless 0.2R$。

3. 自由式

结合地形为主，路线弯曲无一定几何图形。我国许多建立在山丘上城市地形起伏大，道路选线时，为减少纵坡，常沿山麓或河岸布线，形成自由式道路网，如我国青岛、重庆、南宁、九江、芜湖和渡口等城市。其优点为能充分结合自然地形，节省道路工程造价，缺点为非直线系数大，不规则街坊多，建筑用地较分散。图 1-17 为青岛市道路系统图；图 1-18 为重庆市干道系统图，重庆为山区城市，地形特陡处的干道之间采用隧道连接。

图 1-17　青岛市道路系统图

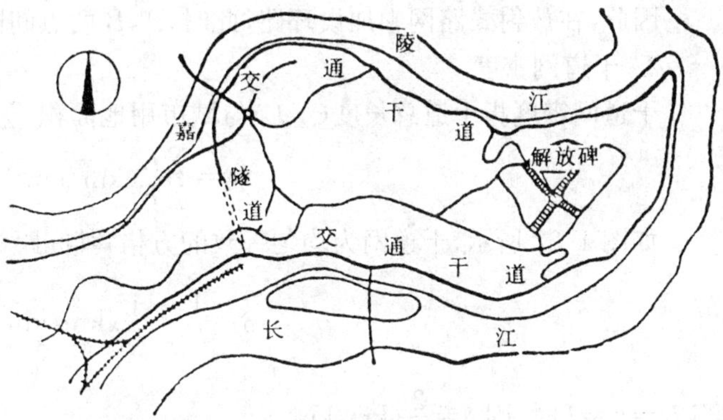

图 1-18　重庆市区干道系统图

4. 混合式

混合式为上述三种形式的组合。我国大多数城市多采用混合式，如上海、北京、南京、合肥等多数城市保留原旧城的方格网，为减少市中心交通压力，都设置有环路和放射路。图 1-19 为上海市干道系统图；图 1-20 为北京市区道路网。

1.5.6　道路网规划的技术指标

1. 非直线系数

非直线系数指道路起讫点间的实际道路距离与此两点间空间直线距离之比，它是衡量路线便捷程度的一个指标。

由图 1-21 可知，方格网式道路非直线系数为

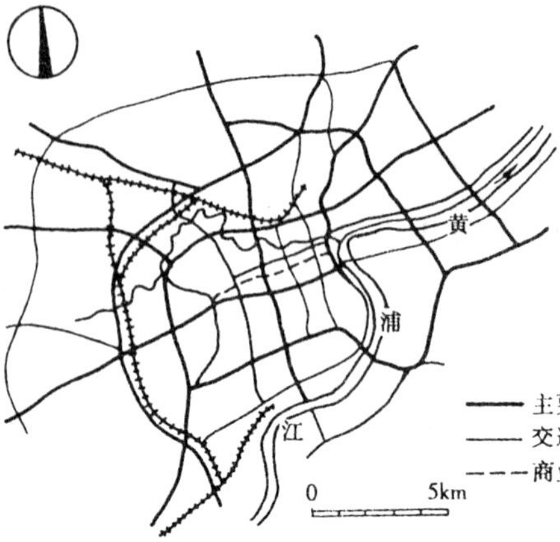

图 1-19　上海市干道系统图

图 1-20　北京市区道路网

$$\rho=\frac{a+b}{\sqrt{a^2+b^2}}$$

当方格为正方形时，即 $a=b$，则 $\rho=1.41$，放射式道路非直线系数为

$$\rho=\frac{a+b}{\sqrt{a^2+b^2-2ab\cos\alpha}}$$

以 ABC 近似为一个三角形，当 $a=b$，$\alpha=45°$时，则 $\rho=2.6$。

因此，在放射式路网中加设环路，此时，A，B 两点间则可降低非直线系数为 1.1～1.2。

2. 干道网密度

干道网密度指干道总长度($\sum L$)与城市用地面积($\sum F$)之比，即

$$\delta=\frac{\sum L}{\sum F}(\text{km/km}^2)$$

如图 1-22 所示，干道网为均匀一致的方格，其间距为 l_1 和 l_2 时，则

$$\delta=\frac{1}{l_1}+\frac{1}{l_2}(\text{km/km}^2)$$

当 $l_1=l_2=l$ 时，则 $\delta=\frac{2}{l}(\text{km/km}^2)$。

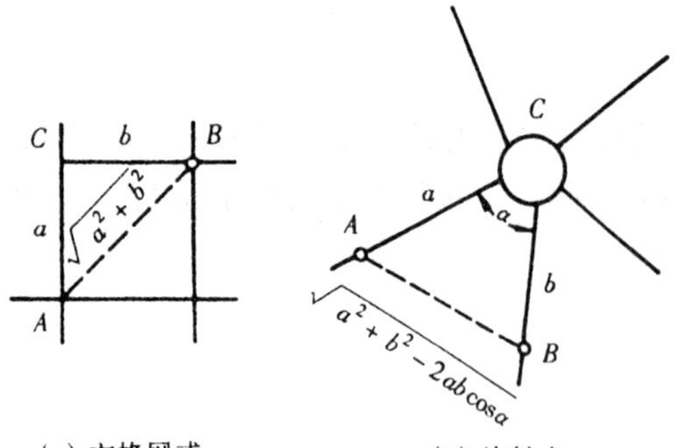

(a) 方格网式　　(b) 放射式

图 1-21　道路网非直线系数

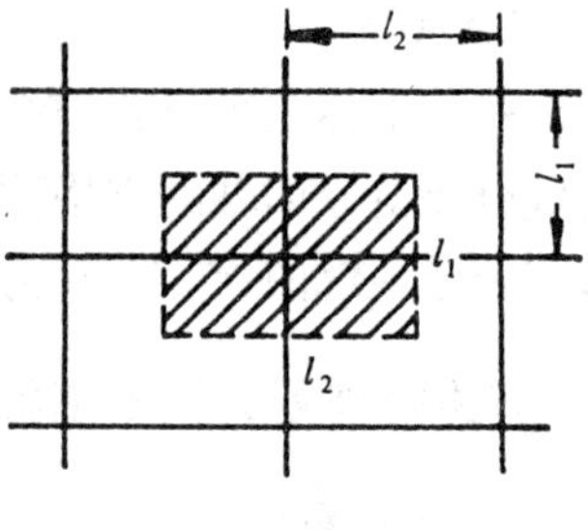

图 1-22　干道网密度计算

干道网密度越大，交通联系越便捷，但密度过大，会使用地不经济，增大道路投资，使交叉

口过多,反而影响车速和通行能力。一般认为,干道的合适间距为 800～1 000 m,即相当于干道网密度为 2～2.5 km/km^2。

3. 道路面积密度

指道路用地总面积(包括广场、停车场及交通设施用地)与城市用地面积之比,亦称道路用地率。

由于干道网密度仅考虑干道,不包括一般道路,也未计入道路宽度的影响,因而,道路面积密度能反映城市道路交通设施的发达程度,它可采用下式表达:

$$r=\frac{\sum(L\times B)}{\sum F}(\mathrm{m}^2/\mathrm{km}^2)$$

式中 r——道路面积密度($\mathrm{m}^2/\mathrm{km}^2$);

L——道路长度(m);

B——道路宽度(m);

F——道路所服务的城市用地面积(km^2)。

4. 居民拥有的道路面积密度

指道路用地总面积与人口之比,亦称道路占有率。它能综合反映城市的交通拥挤程度。

由道路用地率 r 和人口密度 m 可求得

$$\lambda=\frac{r}{m}=\frac{\sum(LB)}{n}(\mathrm{m}^2/\text{人})$$

式中 r——道路面积密度(%);

m——人口密度(人/m^2);

L——道路长度(m);

B——道路宽度(m);

n——道路服务地区的城市人口(人)。

1.6 本课程的任务

1.6.1 本课程的性质和学习本课程的基本要求

道路勘测设计,是公路与城市道路专业的一门主要专业课。它主要介绍道路勘测设计的基本理论、原则和方法,是实践性很强、与理论紧密结合的课程。因此,学习本课程,必须贯彻理论与实践相结合的原则,通过学习,应能掌握道路路线线形的基本设计方法。课程除讲课外,平时需布置习题,放映结合课程的电影、录像及幻灯片,结合课程完成一个道路定线的课程作业,并争取在条件许可的情况下,进行一些专门性问题的参观或调查,生产实践方面的内容可在道路勘测设计生产(或毕业)实习中得到锻炼与掌握。

1.6.2 本课程的特点

道路是一条带状的空间三维结构物,它涉及人、车、路和环境等诸多因素的影响和约束。道路交通特性、驾驶者的心理状态与道路几何设计都有着密切的关系,这就要求在设计时要深入调查、综合研究各方面产生的作用,从而设计出技术先进、方案合理、坚固耐用、经济节约的道路。

本课程与各基础课程及其他专业课程有着密切的联系,涉及较多的如工程制图、工程测量、工程地质、桥涵水文、桥梁工程、路基路面、道路建筑材料、道路工程经济与管理等等。本课程与这些课程应紧密结合、综合运用。

1.6.3 本课程的主要内容

本课程的内容包括汽车行驶理论,交通量与通行能力,道路可行性分析,平面线形、纵断面、横断面、平面交叉口、立体交叉等项设计以及道路线形的优化与质量的评定,其中均包含公路与城市道路两个系统的内容。

如何进行合理的道路线形几何设计和路线勘测是本课程研究的重点。有关道路结构设计的内容将在路基路面、桥梁工程、隧道工程、桥涵水文等专业课中学习。

复习思考题

1-1 作为道路设计指标的设计速度,其数值应考虑哪些因素来确定?

1-2 同一条路线,各个路段的设计行车速度不应差别太大,为什么?

1-3 道路设计为什么除应满足近期交通量需要外,还应满足远期交通量的需要?近远期的年限的界定一般为多少年?

1-4 城市道路网有哪些技术指标?这些技术指标有什么区别?如何应用于道路网规划?

1-5 试述道路工程可行性研究在道路勘测设计中的意义和作用。

1-6 初步设计文件由哪几部分内容组成?

1-7 技术设计(施工图)的内容是什么?与初步设计有何不同?

第 2 章 汽车行驶理论

2.1 概 述

2.1.1 研究汽车行驶理论的意义

道路是一种线形的交通运输工程结构物，主要供汽车行驶，因此，必须了解汽车的性能及其行驶对道路的要求。

汽车行驶理论是一门在分析汽车行驶基本规律的基础上，研究汽车行驶原理、使用性能和行驶性能的学科。通过上述研究，进一步分析影响汽车使用和行驶性能的各种因素，就可最大限度地从汽车构造、道路设计以及其他行车条件等方面发挥汽车的使用效益。

道路是为汽车行驶服务的，要满足汽车在道路上行驶安全、迅速、经济、舒适、低公害的要求，就必须从驾驶者、汽车、道路和交通管理等方面来保证。在上述因素中，道路的线形设计与汽车行驶的各主要性能关系最密切。道路线形设计的保证措施主要包括：

(1) 为保证汽车在路上行驶的稳定性，即保证安全行车、不翻车、不倒溜或不侧滑，就需要研究汽车行驶的力系平衡、稳定性、合理设置纵横坡度、弯道以及保证车轮与路面的附着力等。

(2) 尽可能提高车速。评价运输效率的指标是汽车运输生产率(t·km/h)和运输成本(元/(t·km))，车速是影响的主要因素，因此，为提高车速，就需要充分发挥汽车行驶的动力性能。

(3) 为保证道路行车畅通，必须使行车不受或少受阻碍，要有足够的视距和路面宽度，合理地设置平竖曲线，以及减少道路交叉等。

(4) 尽量满足行车舒适。线形设计时，需要考虑平纵线形的合宜组合，采用符合视觉舒顺要求的曲线半径，注意线形与景观的协调、沿线的植树绿化等。

因此，汽车行驶理论是道路线形设计的基础，是制定道路线形几何标准(如平曲线半径、纵坡坡度等)的理论依据。掌握应用汽车行驶理论对于指导道路线形设计、研究和制订道路技术标准有着重要意义。

2.1.2 汽车的一般构造及主要技术参数

1. 汽车的一般构造

汽车由发动机、底盘、车身和电气设备等四部分组成，如图 2-1 所示。

发动机是汽车的动力装置，底盘是汽车的主体(包括传动系、行驶系、转向系和制动系四部分)。

汽车动力的传递是由传动系来完成的。传动系将发动机曲轴上产生的扭矩传递给驱动轮，再通过车辆与地面的作用产生牵引力，以推动汽车行驶。

2. 汽车的主要技术参数

(1) 整车装备质量

整车装备质量是指汽车完全装备好的质量(以 kg 为单位，以下各质量单位相同)，包括汽

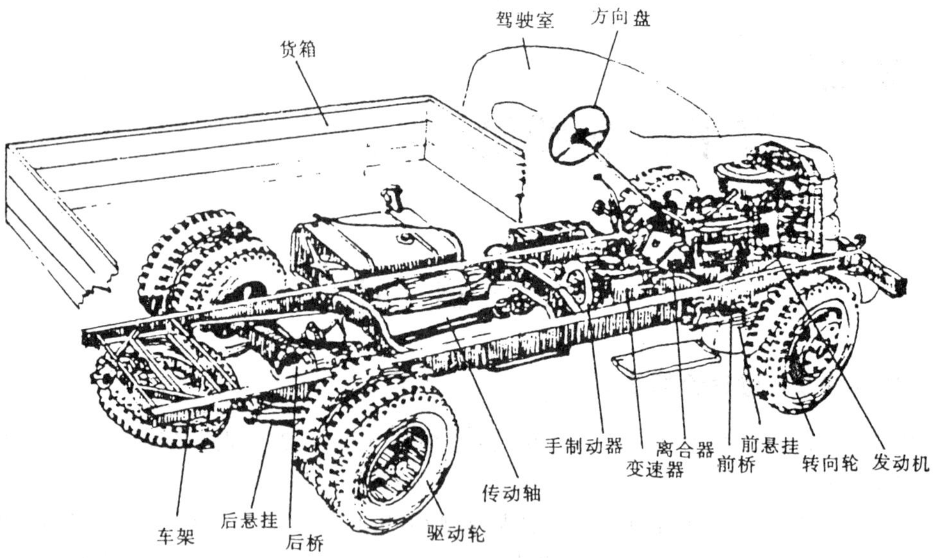

图 2-1　汽车的总体结构

车全部设备(主体设备及辅助设备),并加足润滑油、燃料、冷却液,再加上备用车轮、随车工具及其他备用品的质量。通常又称为空车质量。

(2) 最大总质量

最大总质量是汽车满载时的总质量。对于货车,还应包括驾驶室规定数量乘员的质量。

(3) 最大装载质量

是指最大总质量与整车装备质量之差,简称载质量。客车以客座计,每个乘员一般按 65 kg 计算。

(4) 轴载质量

指汽车单轴承载的质量。分空载和满载两种情况列出。

(5) 车长 L

指汽车长度方向两极端点间的距离(以 mm 为单位,以下各尺寸单位相同),如图 2-2 中的 L。

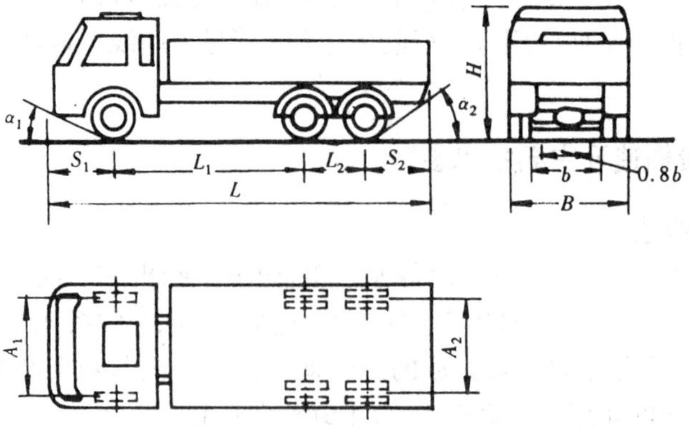

L—车长;B—车宽;H—车高;L_1,L_2—轴距;A_1,A_2—轮距;

S_1—前悬;S_2—后悬;α_1—接近角;α_2—离去角

图 2-2　汽车结构参数

(6) 车宽 B

指汽车宽度方向两极端点的距离。

(7) 车高 H

指汽车最高点到车辆支承平面间的距离。

(8) 轴距

指汽车前轴中心至后轴中心的距离。如为三轴车，则为前轴中心至后轴与中轴中心间的距离(图 2-2)：

$$轴距=L_1+\frac{L_2}{2}$$

(9) 轮距 A_1,A_2

指同一车桥左右轮胎胎面中心线间的距离 A_1，如为双轮时，则为同一车桥一端轮胎中心至另一端轮胎中心间的距离 A_2。

(10) 前悬 S_1

汽车最前端至前轴中心间的距离。

(11) 后悬 S_2

汽车最后端至后轴中心的距离。

(12) 最小离地间隙

汽车满载时，汽车最低点至地面的距离(最低点的范围指图 2-2 中 $0.8b$ 区域内)。

(13) 接近角 α_1

汽车前端突出点向前轮引的切线与地面的夹角。

(14) 离去角 α_2

汽车后端突出点向后轮引的切线与地面的夹角。

(15) 最小转弯半径

汽车外转向轮(方向盘转到极限位置)的中心平面在车辆支承平面上的轨迹圆半径。

(16) 最高车速

汽车在平坦公路上行驶时能达到的最高速度。

(17) 最大爬坡度

汽车满载时的最大爬坡能力。

2.1.3　汽车的行驶性能

汽车的行驶性能随汽车类型而不同，一般，归纳起来，可包括动力性能、运动性能以及环境性能等，与道路设计关系密切的主要有：

1. 动力性能

动力性能指汽车所具有的牵引能力，亦即指决定汽车加速、爬坡和最大速度的性能。汽车的动力性能越好，就会有较高的车速、较好的爬坡能力和加速能力。

2. 通过性(又称越野性)

通过性指汽车在各种道路和无路地带行驶的能力。汽车通过性能越好，汽车使用的范围就越广。

表 2-1　　**几种国产汽车的主要技术性能表**

汽车型号		解放 CA-10B	解放 CA140	东风 EQ140	黄河 JN150	黄河 JN151	北京 BJ130	上海 SH130	奥迪 Audi100	桑塔纳 SANTANA	标致 505SW5	富康 ZX	夏利 TJ7100	依维柯 45·10
生产厂名		第一汽车制造厂	第一汽车制造厂	第二汽车制造厂	济南汽车制造厂	济南汽车制造厂	北京汽车二厂	上海汽车制造厂	第一汽车制造厂	上海大众汽车有限公司	广州标致汽车公司	第二汽车制造厂	天津市汽车工业公司	南京汽车制造厂
外形尺寸	全长(mm)	6660	6895	6910	7600	7600	4710	4635	4793	4546	4901	4070	3610	6000
	总宽(mm)	2460	2438	2470	2400	2400	1850	1800	1814	1690	1737	1700	1600	2000
	总高(mm)	2200	2350	2325	2600	2600	2100	2070	1446	1407	—	1404	1385	2730
	自重(kg)	3800	4190	4080	6800	6600	1800	1755	1160	1030	1340	955	740	—
	总重(kg)	8000	9415	9290	15060	14860	4075	3950	1710	1460	1980	1355	1170	4500
	轴距(mm)	4000	4000	3950	4000	4000	2800	2500	2687	2548	2900	—	2340	3310
轮距	前桥(mm)	1700	1800	1810	1927	1927	1480	1440	1476	1414	1496	—	1385	1692
	后桥(mm)	1740	1800	1800	1744	1744	1470	1440	1483	1422	1400	—	1365	1544
发动机	最大功率(kW)/(r/min)	99.9	103/—	99.3/—	117.7/—	117.7/—	55.2/—	55.2/—	66/5500	62.7/5200	72/5500	54/5600	38/5600	76/3800
	最大扭矩(N·m)/(r/min)	303.8	392/—	352.8/—	686/—	607.6/—	171.5/—	156.8/—	145/3300	138/3300	167/3000	120/3600	75.5/3200	230.3/—
	油耗(L/100km)/(km/h)	29.0	—	28/—	25/—	24/—	15/—	14/—	5.9/90 7.7/120	6.3/90 8.3/120	—	4.9/90 6.7/120	4.5/60	8.0/—
技术性能	最高车速(km/h)	75	88	90	71	67	85	85	175	169	160	170	145	~120
	最大爬坡度(%)	20	20	28	27	27	36	31.5	—	—	22	—	—	≥30°
	最小转弯半径(m)	9.2	8.0	8.0	8.25	8.25	5.7	6.0	5.8	10.85/2	11.10/2	10.45/2	4.5	12.10/2
变速箱速比 i_k	一挡	6.24	7.70	7.48	7.64	7.64	6.09	5.000	3.545	3.445	3.592	0.2926	3.090	6.194
	二挡	3.32	4.10	4.31	4.27	4.27	3.09	2.807	2.105	1.789	2.088	0.5526	1.842	3.894
	三挡	1.9	2.34	2.45	2.60	2.60	1.71	1.633	1.300	1.286	1.367	0.7837	1.230	2.260
	四挡	1.0	1.51	1.54	1.59	1.59	1.00	1.000	0.943	0.909	1.000	1.0256	0.864	1.428
	五挡	0.81	1.00	1.00	1.00	1.00	—	—	0.789	—	0.823	1.3030	—	1.000
	倒挡	6.7	8.27	8.19	5.95	5.95	4.95	6.180	3.500	3.167	3.634	0.2790	3.142	5.692
传动器速比 i_0		7.63	6.39	6.33	4.88	5.79	5.83	6.167	4.111	—	4.222	—	4.500	3.910

3. 制动性

制动性指汽车强制停车和降低车速的能力。汽车制动性的好坏，直接关系到行车安全。制动性越好，汽车才能以较高的车速行驶。

4. 行驶稳定性

行驶稳定性指汽车遵循驾驶者指定方向行驶的能力。汽车行驶稳定性直接关系到行车的安全。

5. 行驶平顺性

行驶平顺性指汽车在不平道路上行驶时，汽车免受冲击和震动的能力。汽车行驶平顺性，对汽车平均技术车速、驾驶员和乘客的乘车舒适性、运货的完整性等有很大影响。

6. 操纵稳定性

操纵稳定性指汽车是否按照驾驶员的意图控制汽车的性能。它包括汽车的转向特性、高速稳定性和操纵轻便性。

国产汽车的主要技术性能见表 2-1。

我国公路设计采用的车辆外廓尺寸见图 2-3 及表 2-2。

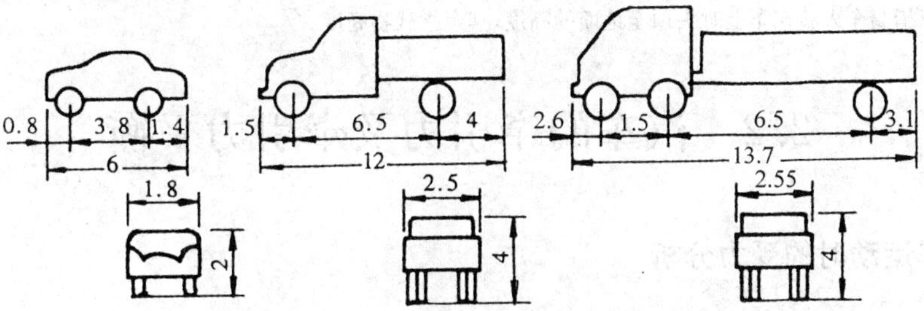

图 2-3　设计车辆外廓尺寸(单位:m)

表 2-2　　**公路设计车辆外廓尺寸**

车辆类型	总长(m)	总宽(m)	总高(m)	前悬(m)	轴距(m)	后悬(m)
小客车	6	1.8	2	0.8	3.8	1.4
大型客车	13.7	2.55	4	2.6	6.5+1.5	3.1
铰接客车	18	2.5	4	1.7	5.8+6.7	3.8
载重汽车	12	2.5	4	1.5	6.5	4
铰接列车	18.1	2.55	4	1.5	3.3+11	2.3

注:铰接列车的轴距(3.3+11)m:3.3 m 为第一轴至铰接点的距离,11 m 为铰接点至最后轴的距离。

我国城镇道路设计采用的机动车设计车辆包括小轿车、小型客(货)车、大型客(货)车、铰接客车四种，外轮廓尺寸见表 2-3(a)。

表 2-3(a)　　**机动车设计车辆外廓尺寸(m)**

车辆类型	总长	总宽	总高	前悬	轴距	后悬	最小转弯半径
小轿车	5	1.8	1.6	1.0	2.7	1.3	6
小型客(货)车	6	2.3	3	1.0	3.7	1.3	7
大型客(货)车	12	2.5	4	2.0	6.5	3.5	12.5
铰接客车	18	2.5	4	2.0	5.5+7	3.5	12.5

注:表中各术语的含义如下:

① 总长为车辆前保险杠至后保险杠的距离；
② 总宽为车厢宽度(不包括后视镜)；
③ 总高为车厢顶或装载顶至地面的高度；
④ 前悬为车辆前保险杠至前轴轴中线的距离；
⑤ 轴距为从前轴轴中线到后轴轴中线的距离，铰接车时分别为前轴至中轴、中轴至后轴轴中线的距离；
⑥ 后悬为车辆后轴轴中线至后保险杠的距离；
⑦ 最小转弯半径指车辆在车速控制在5 km/h～10 km/h时，行驶半个圆周所经过的通道圆半径。

我国城市道路非机动机设计车辆包括自行车、三轮车、板车和兽力车等。其外廓尺寸见表2-3(b)。

表2-3(b)　非机动车设计车辆外廓尺寸(m)

车辆类型	总　长	总　宽	总　高
自行车	1.8	0.6	2.0
三轮车	3.4	1.25	2.5
板　车	3.7	1.50	2.5
兽力车	4.2	1.70	2.5

* 总高：自行车指骑车人骑在车上时头顶至地面的高度，其余指载物高度。

2.2　汽车的牵引力及牵引力平衡

2.2.1　汽车运动时的受力分析

汽车在道路路面上行驶时，汽车牵引力将克服行驶的阻力，并受到弯道超高、加减速、制动、路面凹凸不平等因素的影响。

汽车运动时所受的力可分为：

1. 路面摩擦力

由汽车轮胎与路面接触而产生。司机可通过加速、制动而改变作用力，以控制汽车的运行(图2-4)。

(1) 加速时的作用力——牵引力

加速力＝牵引力－滚动阻力－空气阻力(图2-5)

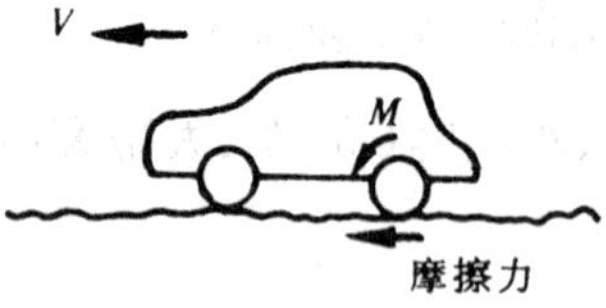

图2-4　路面摩擦力

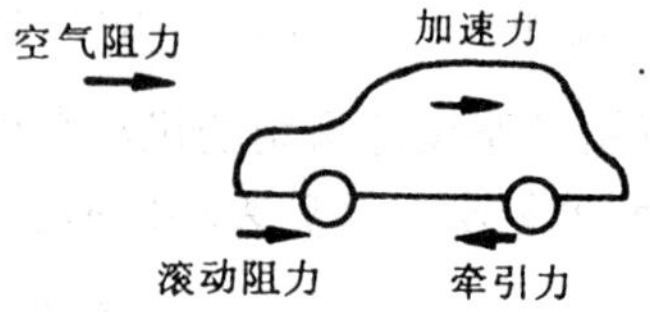

图2-5　加速力

(2) 制动时的作用力——制动力

减速力＝制动力＋空气阻力(图2-6)

(3) 转向时的作用力——侧向力

平衡离心力的力＝前轮转向侧向力＋后轮转向侧向力(图 2-7)

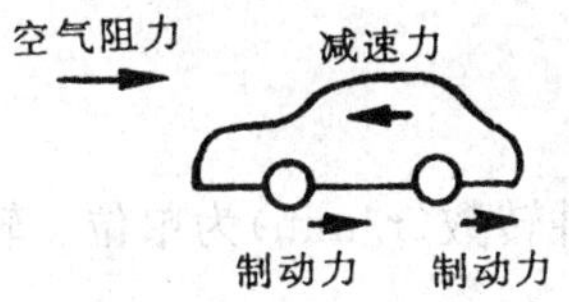

图 2-6　制动力

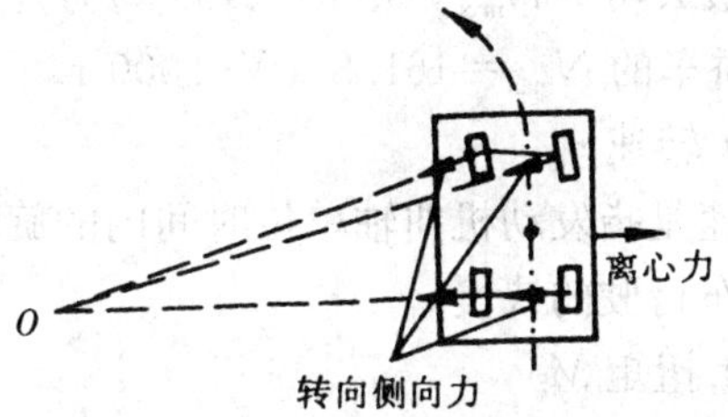

图 2-7　转向侧向力

2. 因路面凹凸不平而产生的力

包括垂直方向及前后、左右的力，它恶化了汽车的耐久性和平顺性，影响了行驶的稳定性。

3. 由于路面结构而产生的力

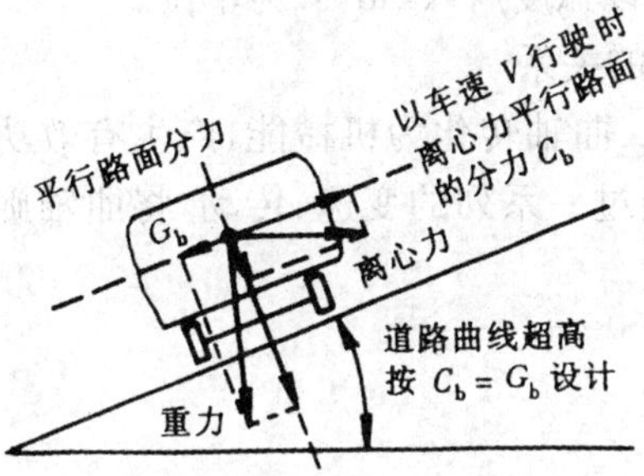

图 2-8　路拱(超高)侧向力

(1) 路拱(超高)侧向力。在双向路拱或超高(单向横坡)路面上车重所产生的平行路面的侧向分力，见图 2-8 所示。

(2) 由于路表面形状而产生的力。例如高速道路路面为表面迅速排水常采用沿车行进方向的凹槽(槽深宽各约 3～6 mm，间隔 10～50 mm)，行驶时会产生左右方向的力。

(3) 弯道引起的力。主要是曲率半径及超高变化带来侧向力的变化，设计时，应使侧向力匀顺变化以减小对行驶的影响。

2.2.2　牵引力的产生及传递

汽车的行驶需要克服各种行驶阻力，因而必须具备足够的动力——牵引力，而牵引力取决于发动机的性能。

汽车的动力传递如下(图 2-9)：

动力扭矩(发动机)→离合器→变速箱→传动轴(万向节头轴)→主传动器及车轴→驱动轮

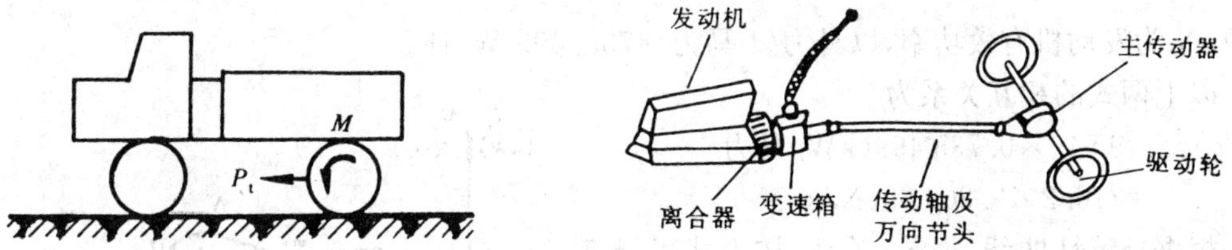

图 2-9　汽车的动力传递

1. 汽车发动机基本指标

汽车行驶时的牵引力来自内燃发动机。燃料在发动机内燃烧，将热能转变为机械能。表征发动机特性的指标主要有以下几个：

(1) 有效功率 N_e

有效功率是指汽车在单位时间内所具有的做功的能力。单位为千瓦(kW)。不同的汽车，发动机性能不同,所发出的有效功率也不相同。如解放CA-141,在发动机转速为3000 r/min时,所发出的最大功率 $N_{max}=99$ kW(135 马力),黄河 JN-150 的 $N_{max}=117.6$ kW/1800 r,红旗 CA-772 小轿车的 $N_{max}=161.8$ kW/4000 r。

(2) 转速 n_e

转速是指发动机曲轴单位时间内的旋转次数,以每分钟转数(r/min)为单位。转速的大小影响汽车行驶的快慢。

(3) 扭矩 M_e

扭矩是指汽车发动机产生于曲轴上的转动力矩,以牛顿·米(N·m)为单位。解放CA-141的最大扭矩 $M_{max}=372$ N·m/1200 r。汽车发动机扭矩的大小,决定了汽车产生牵引力的大小。

(4) 转动角速度 ω

转动角速度是指单位时间内发动机曲轴转动的角度,以弧度/秒(rad/s)为单位。

2. 发动机有效功率 N_e(kW)与曲轴扭矩 M_e(N·m)的关系

汽油和空气混合在发动机内燃烧产生热能,通过活塞、曲轴转化为机械能,产生有效功率 N_e,驱使曲轴以每分钟为 n_e 的转速旋转,产生扭矩 M_e,经过一系列的变速、传动,将曲轴旋转扭矩 M_e 传给驱动轮,产生扭矩 M_k,推动汽车前进。

由功率的基本公式得

$$N_e = M_e\omega \quad (\text{W})$$

$$= \frac{M_e\omega}{1000} \quad (\text{kW})$$

$$\omega = \frac{2\pi\, n_e}{60} \quad (\text{rad/s})$$

代入得发动机有效功率 N_e 和曲轴扭矩 M_e 的关系为

$$N_e = \frac{2\pi\, M_e\, n_e}{1000\times 60} = \frac{M_e n_e}{9549} \quad (\text{kW})$$

$$M_e = 9549\,\frac{N_e}{n_e} \quad (\text{N}\cdot\text{m}) \tag{2-1}$$

或

$$M_e = 716.2\,\frac{N}{n_e} \quad (\text{kg}\cdot\text{m})$$

其中,N 为发动机有效功率,以马力(1 马力=735.499 W)计。

以上两式的相互关系为

$$9549\times 0.735499(\text{kW/马力})$$
$$=716.2\times 9.80665(\text{N/kg})$$

根据外特性曲线 N_e-n_e 关系,按上式可计算得到相应的 M_e-n_e 扭矩曲线(图2-10)。

图 2-11(b)所示为解放牌 CA-10B 型载重汽车的外特性曲线。

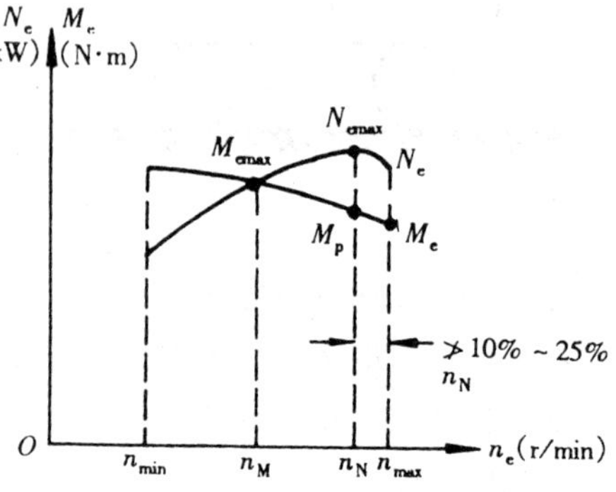

图 2-10　外特性曲线与扭矩曲线

为求取任一转数 n_e 相应的功率 N_e,当已知最大功率 N_{emax} 及相应的曲轴转数 n_N 时,则可依下式求取:

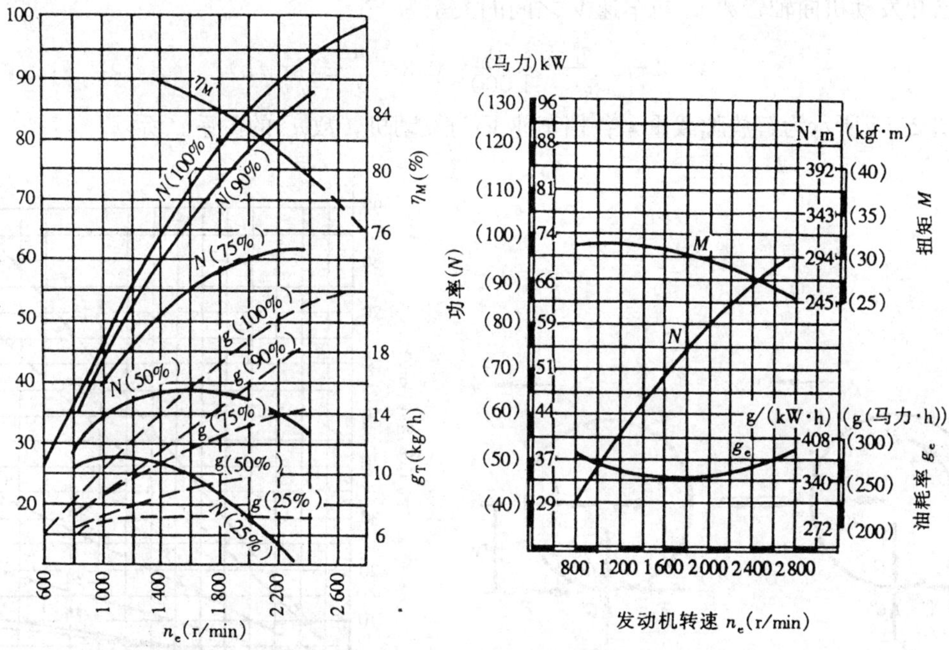

(a) 解放牌汽车发动机特性图　　　　(b) 解放牌 CA-10B 型发动机外特性曲线

图 2-11

$$N_e = N_{emax}\left[\frac{n_e}{n_N}+\left(\frac{n_e}{n_N}\right)^2-\left(\frac{n_e}{n_N}\right)^3\right](\mathrm{kW}) \tag{2-2}$$

如再给出 M_{emax} 及 n_M，则可求得相应于 n_e，N_e 时的扭矩 M_e：

$$M_e = M_{emax}-\frac{M_{emax}-M_p}{(n_N-n_M)^2}(n_M-n_e)^2 \quad (\mathrm{N\cdot m}) \tag{2-3}$$

式中，M_p 为最大功率时相应的扭矩。

3. 驱动轮扭矩 M_k 及牵引力 P_t

发动机曲轴扭矩 M_e 通过离合器、变速箱，随所用排档的变速比 i_k 和机械效率 η_k，传至万向节头轴上的扭矩为 M_n，此时，$M_n=M_e i_k \eta_k$。万向节头轴上的扭矩 M_n 再传至主传动器，并随主传动器的减速比率 i_0 及机械效率 η_0，经车轴传到驱动轮上的扭矩为 M_k，此时

$$M_k = M_n i_0 \eta_0 = M_e i_k i_0 \eta_k \eta_0$$

取

$$\eta_M = \eta_k \eta_0$$

所以

$$M_k = M_e i_k i_0 \eta_M \tag{2-4}$$

一般汽车，后轮驱动，前轮从动；而越野车及小客车，则为前、后轮驱动。

驱动轮的受力分析　为推求牵引力 P_t，采用图 2-12 所示的受力分析。汽车行驶时，共有以下几个力：作用于驱动轮上的扭矩 M_k，在驱动轮上的汽车重力 G 及与之相平衡的反力 G'，为克服行驶阻力 T，路面具有一水平反力 F。

此时，可把驱动轮上的扭矩 M_k 用一对力偶 P_t 和 P 代替，P 作用在轮缘上与路面水平反力 F 抗衡，P_t 作用在轮轴上推动汽车前进，与汽车的行驶阻力 T 抗衡。所以

$$\text{牵引力 } P_t = \frac{M_k}{r_k} = \frac{M_e i_k i_0 \eta_M}{r_k} \tag{2-5}$$

已知发动机曲轴转数 n_e 与车速 V 之间的关系为

$$V=2\pi r_k \frac{n_e}{i_k i_0}\times\frac{60}{1\,000}=0.377\frac{n_e r_k}{i_k i_0}(\text{km/h}) \tag{2-6}$$

图 2-13 所示为解放牌载重车各档车速 V 与发动机转数 n_e 的关系。所以

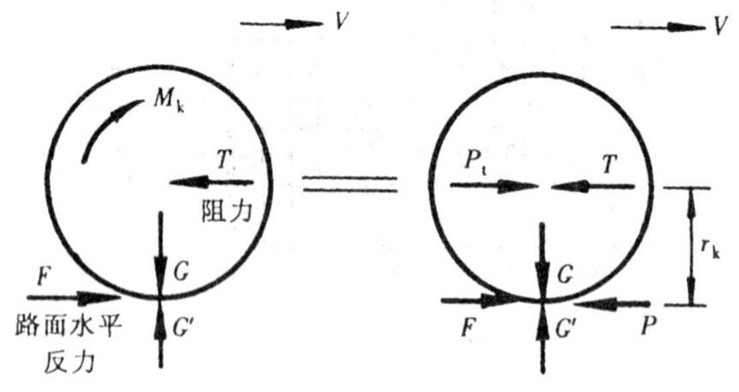

图 2-12 驱动轮的受力分析

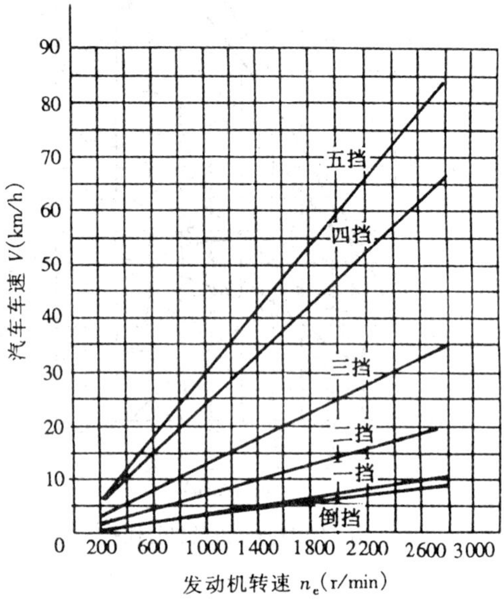

图 2-13 CA-10B 型解放牌载重车各档车速与发动机转速的对应关系

$$\text{牵引力 } P_t=0.377\frac{n_e}{V}M_e\eta_M=3\,600\frac{N_e\eta_M}{V}(\text{N}) \tag{2-7}$$

如果要求汽车具有较大的牵引力 P_t，则必须采用较大的速度比 i_k，i_0，但随着 i_k，i_0 的增大，车速 V 则会降低，因此，汽车设有几个排档，各档具有固定的速度比或最大速度值。

采用低速档，速比 i_k，i_0 较大，能获得较大的牵引力和较低的车速；采用高速档，速比 i_k，i_0 较小，能获得较高的车速和较小的牵引力。

例如，解放牌 CA-10B 型载重车的数据为：

$M_{emax}=31\ \text{kg}\cdot\text{m}\times9.81$，$i_0=7.63$，$\eta_M=0.80\sim0.85$，$r_k=0.482\ \text{m}$(变形后≈0.459 m)，车重 $G_a=8\,025\ \text{kg}\times9.81$

解放牌 CA-10B 型载重汽车的变速比 i_k 及其相应的 δ 值(汽车回转质量换算系数)见表 2-4。

表 2-4　　解放牌 CA-10B 型载重汽车的变速比 i_k 及其相应的 δ 值

排　挡	变速比 i_k	δ
Ⅰ	6.24	2.32
Ⅱ	3.32	1.40
Ⅲ	1.90	1.16
Ⅳ	1.00	1.07
Ⅴ(超速挡)	0.81	1.06

其他类型汽车的数据均可在汽车性能资料手册中查到。

2.2.3　汽车的行驶阻力

汽车运动时，需要不断克服运动中所遇到的各种阻力，这些阻力包括滚动阻力(p_f)、空气阻力(p_w)、坡度阻力(p_i)和惯性阻力(p_j)。

上述这些阻力中，滚动阻力和空气阻力存在于任何行驶条件下，而坡度阻力和惯性阻力则存在于某种行驶条件下，例如，汽车在水平路段上作等速行驶时，坡度阻力和惯性阻力均不存在；若在纵坡路段上作变速行驶，就有坡度阻力和惯性阻力。

1. 滚动阻力

车轮在路面上滚动所产生的阻力，是由路面与轮胎变形而引起的。它与路面种类、状态、车速、轮胎结构及充气压力有关。

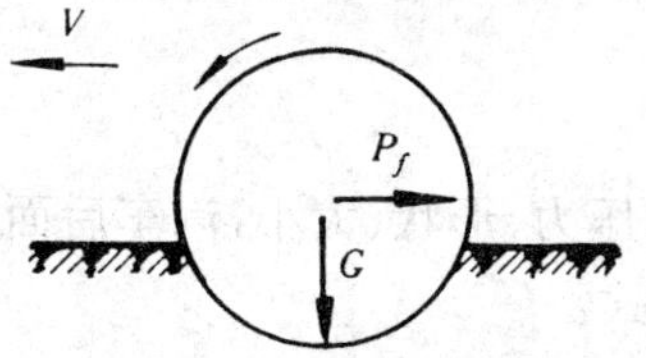

图 2-14　滚动阻力

滚动阻力 P_f 与轮胎负荷 G 成正比(图 2-14)，即

$$P_f = fG(\mathrm{N}) \tag{2-8a}$$

全部车轮上的滚动阻力即为

$$P_f = fG_a \tag{2-8b}$$

其中　G——车轮负荷(N)；

G_a——汽车总重量(N)；

f——滚动阻力系数。

滚动阻力系数 f 是车辆在一定条件下滚动时所需的推力与车轮总重之比，即单位车重所需的推力。滚动阻力系数 f 是一个综合性的阻力系数，其影响因素较多。它与轮胎的变形、轮胎与路面间的摩擦、路面的平整度、路面的干燥潮湿程度、路面的清洁及油污程度、汽车的行驶速度以及汽车的构造、量测 f 值的方法等都有关系。

(1) 路面种类

不同种类路面其表面的平整度、形状和刚度均不相同，其滚动阻力系数相差很大。当车速在 50 km/h 且轮胎类型和压力一定时，f 可由路面类型确定，如表 2-5 所示。

表 2-5　　滚动阻力系数 f

路面类型	滚动阻力系数 f
水泥混凝土及沥青混凝土路面	0.01～0.02
表面平整的黑色碎石路面	0.02～0.025
碎石路面	0.03～0.05
干燥平整的土路	0.04～0.05
潮湿不平整的土路	0.07～0.15

(2) 行驶速度

滚动阻力系数受行车速度影响很大。货车及轿车轮胎在车速低于 100 km/h 时，滚动阻力系数随车速增加而逐渐增大，但变化不大。轿车轮胎在 140 km/h 以上时，增长较快，车速达到某一临界车速如 200 km/h 时，滚动阻力系数迅速增大，此时，轮胎发生驻波现象，轮胎周缘不再是圆形而呈明显的波浪状，轮胎温度也很快增加到 100℃以上，胎面与轮胎帘布层脱落,几分钟内就会出现爆破现象,这对高速行车是一件很危险的事情。因此,在汽车高速行驶时,应考虑车速对 f 的影响。

在进行动力分析时,当 $V>50$ km/h 时,良好路面上轿车的 f 值可用下式计算:

$$f=0.0165[1+0.01(V-50)] \tag{2-9}$$

对于货车,一般轮胎气压高、行驶速度低,推荐用下式估算:

$$f=0.0076+0.000056V \tag{2-10}$$

(3) 轮胎的性质

轮胎的性质包括轮胎的气压、材料和结构等。轮胎气压越高,变形越小,滚动阻力也越小。轮胎的材料及结构直接影响轮胎的变形和刚度,对滚动阻力影响很大。对轮胎的胎面橡胶材料、花纹形式和轮胎内部结构进行合理选择,有利于滚动阻力系数的减小,这也是提高汽车燃料经济性的重要措施之一。

2. 空气阻力

汽车在行驶中迎风面空气受阻所引起的阻力与汽车迎风的压力、形状、大小,汽车后面因空气稀薄产生的吸力及汽车表面与空气的摩阻等有关。详见下式:

$$P_w=\frac{KFV^2}{13}\quad(\mathrm{N}) \tag{2-11}$$

式中 V——汽车车速(km/h);

F——汽车迎风面面积,即正面投影面积(m^2)(可查表2-5,为概略计算);

对载重和公共汽车:

$$F=BH(\mathrm{m^2})$$

其中 B——汽车轮距(m);

H——汽车总高(m);

对小客车:

$$F=0.78B_1H(\mathrm{m^2})$$

其中 B_1——汽车最大宽度(m);

K——空气阻力系数,即汽车以1 m/s速度行驶时在单位正投影面积(m^2)上所受的力(N),单位为 N/m^3,见表2-6。

表2-6　不同车型的空气阻力系数及正投影面积表

车　型	$K(N/m^3)$	$F(m^2)$	$KF(N/m)$
闭式车身小客车	0.20～0.35	1.6～2.8	0.3～0.9
敞式车身小客车	0.40～0.50	1.5～2.0	0.6～1.0
载重汽车	0.50～0.70	3.0～5.0	1.5～3.5
车厢式车身大客车	0.25～0.40	4.5～6.5	1.0～2.6

系数 KF 称为汽车流线形系数,可用以评定汽车的整体流线形程度。一般汽车的空气阻力系数、迎风面积和流线形数值列于表2-6。国产及部分国外车型的 KF 试验值可参见表2-7。

表 2-7　国产及部分国外车型的 **KF** 试验值

车　型	KF(N/m)	车　型	KF(N/m)
北京 BJ-130	1.58	红星-621	1.05
长春 CC-130	1.60	格斯-69	1.70
上海 SH-130	1.52	格斯-63	2.40
解放 CA-10B	2.90	吉斯-150	3.00
黄河 JN-150	3.10	吉斯-130	2.40～2.80
天津 TJ-620	0.91	格斯-51	2.20～2.40
红旗 CA-770A	0.84	吉斯-110	1.00
红旗 CA-774	0.56	伏尔加 M-21	0.60
天津 TJ-740	0.53		

注：表 2-6，表 2-7 中系数单位换算时，为方便计，g 均取 10m/s^2。

3. 坡度阻力

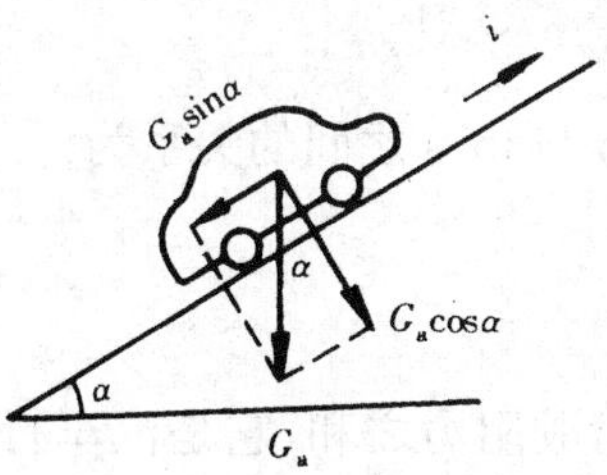

图 2-15　坡度阻力

汽车爬坡时作用于汽车上的阻力(图 2-15)：

$$P_i = \pm G_a \sin\alpha \qquad \text{上坡为正，下坡为负。}$$

因为道路纵坡度不会大于 10°，可用 $\tan\alpha$ 代替 $\sin\alpha$，即

$$\tan\alpha = \sin\alpha = i$$

故

$$P_i = \pm G_a \tan\alpha = \pm G_a i(\text{N}) \tag{2-12}$$

4. 惯性阻力

汽车变速行驶时，需要克服其质量变速运动时所产生的惯性力和惯性力矩，即为惯性阻力(P_j)。

惯性阻力由两部分组成：① 汽车加速或减速前进产生的惯性力 $\frac{G_a}{g}\frac{\mathrm{d}v}{\mathrm{d}t}$；② 汽车上机械转动部分(飞轮、离合器、车轮等)因加速或减速旋转产生的回转惯性力矩。即

$$P_j = \delta \frac{G_a}{g}\frac{\mathrm{d}v}{\mathrm{d}t} = (1+\delta_1+\delta_2 i_k^2)\frac{G_a}{g}\frac{\mathrm{d}v}{\mathrm{d}t} \tag{2-13}$$

式中　δ——汽车回转质量换算系数，与车速、变速比有关；

δ_1——考虑汽车车轮惯性影响的系数，一般在 0.03～0.05 之间；

δ_2——考虑发动机飞轮惯性影响的系数，对小客车：$\delta_2 = 0.05 \sim 0.07$，对载重车：$\delta_2 = 0.04 \sim 0.05$。

当汽车总重为 G_x 而不是满载重量 G_a 时，则

$$\delta = (1+\delta_1+\delta_2 i_k^2)\frac{G_x}{G_a}$$

当满载、汽车滑行或制动时，则

$$\delta = 1+\delta_1$$

$\frac{\mathrm{d}v}{\mathrm{d}t}$——汽车的加速(或减速)度，以 m/s^2 计。

上述四种阻力，空气阻力 P_w 和滚动阻力 P_i 永为正值，亦即在汽车行驶的任何情况下都

存在;坡度阻力 P_i 当上坡时为正值,平坡为零,下坡为负值;而惯性阻力 P_j 则是:加速为正值,等速为零,减速为负值。

2.2.4 牵引平衡和汽车行驶的条件

1. 牵引平衡

为使汽车运动,汽车的牵引力必须与运动时所遇到的各项阻力之和平衡,即

$$P_t = P_f \pm P_i + P_w \pm P_j \tag{2-14}$$

或

$$\frac{M_e i_k i_0 \eta_M}{r_k} = G_a f \pm G_a i + \frac{KFV^2}{13} \pm \frac{G_a}{g}\frac{dv}{dt}\delta$$

式中,P_i 前之"+"表示上坡,"−"表示下坡;P_j 前之"+"表示加速,"−"表示减速;P_f 与 P_w 永为正值;V 表示汽车车速(km/h);$\frac{dv}{dt}$表示汽车的加(减)速度,以 m/s^2 计。

本书中,凡汽车车速 km/h 以 V 表示,m/s 则以 v 表示,km/h 与 m/s 之间的关系为

$$km/h = \frac{1\,000}{3\,600} = \frac{1}{3.6}(m/s)$$

式(2-14)即称为牵引平衡方程,即汽车的牵引力 P_t 必须等于各行驶阻力之和,它是汽车行驶的必要条件(即驱动条件)。

2. 汽车行驶的两个条件

由上面分析可知,汽车行驶的第一个必要条件是:汽车在道路上行驶,必须有足够的牵引力来克服各项行驶阻力,即汽车的牵引力必须大于等于汽车的行驶阻力。但仅有这一条还不能保证汽车正常行驶。根据前面的分析,牵引力的产生,还必须靠路面对轮胎提供足够的切向反力才能起作用。若轮胎与路面间摩擦力很小,不能提供足够的附着力,则轮胎将在路面上打滑,甚至空转,汽车仍不能前进。所以,汽车牵引力的发挥必须受到驱动轮与路面的附着力限制,由此可得汽车行驶的第二个必要条件是:牵引力必须小于或等于轮胎与路面间的最大摩擦力(即附着力),这是汽车行驶的充分条件(亦称"附着条件")。

路面的附着力取决于驱动轮的荷载与附着系数的乘积,即

$$P_t \leqslant G_{驱}\varphi \tag{2-15}$$

式中 φ——附着系数,随路面类别、潮湿程度而异,见表2-8所示;

$G_{驱}$——作用在所有驱动轮上的荷载。载重车 $G_{驱}$ 约占总重 G_a 的0.66~0.76,小客车 $G_{驱}$ 约占总重 G_a 的0.50~0.65。

表2-8　附着系数 φ

路面类型	路面状况			
	干燥	潮湿	泥泞	冰滑
水泥混凝土路面	0.7	0.5	—	—
沥青混凝土路面	0.6	0.4	—	—
沥青表面处治路面	0.4	0.2	—	—
中级及低级路面	0.5	0.3	0.2	0.1

附着程度取决于轮胎与路面在接触处变形后相互摩擦的情况。附着系数 φ 主要与下述因素有关:① 路面的粗糙程度和潮湿泥泞程度;② 轮胎花纹和轮胎气压;③ 车速;④ 荷载。车速愈高,路表面愈光滑而潮湿,则附着系数 φ 愈低。

2.2.5　动力因素

将牵引平衡方程中的 P_w 移至等号前面,则得出

$$P_t - P_w = G_a(f \pm i) \pm G_a \frac{\delta}{g} \frac{dv}{dt}$$

式中,等号前面 $P_t - P_w$ 称为汽车的有效牵引力,其值与汽车构造及车速有关,后面各项阻力与道路状况及行驶方式有关。

如以 $\psi = f \pm i$ 表示道路阻力系数,即阻力仅与道路状况和坡度有关,则

$$\frac{P_t - P_w}{G_a} = \psi \pm \frac{\delta}{g} \frac{dv}{dt}$$

式中,$\frac{P_t - P_w}{G_a}$ 为汽车的动力特性,称为动力因素,以 D 表示,即代表汽车单位重量的有效牵引力,为能够克服道路阻力和惯性阻力的能力,该值 D 不是一个固定值,其大小随车速而变化。故

$$D = \frac{P_t - P_w}{G_a} = \psi \pm \frac{\delta}{g} \frac{dv}{dt} \tag{2-16}$$

因为牵引力与驱动轮功率的关系为

$$P_t(\text{N}) = 3\,600 \frac{N_k(\text{kW})}{V(\text{km/h})}, \quad N_k = N_e \eta_M$$

而空气阻力与所消耗功率的关系为

$$P_w = 3\,600 \frac{N_w}{V}$$

故

$$D = 3\,600 \frac{N_k - N_w}{G_a V}$$

即

$$D = 3\,600 \frac{N_e \eta_M - N_w}{G_a V} \tag{2-17}$$

式中

$$N_e = \frac{M_e n_e}{9\,549}$$

$$N_w = \frac{P_w V}{3\,600} = \frac{KFV^3}{3\,600 \times 13}$$

若汽车外特性 N_e-n_e 曲线已知,依

$$V = 0.377 \frac{r_k n_e}{i_k i_0}(\text{km/h}) \tag{2-18}$$

可算出某一排挡不同曲轴转数 n_e 时的车速,即 $V = f(i_k, n_e)$,代入式(2-17),即可求出相应的 D,因而可绘制出如图 2-16 所示的动力特性图,即

$$D = f(i_k, n_e) = f(i_k, V)$$

动力特性图是按照海平面及汽车满载情况下绘制的，对不同海拔、荷载下的动力因素，应乘以折减系数λ，即

$$\lambda=\frac{\xi G_a}{G_x} \tag{2-19}$$

式中 λ——海拔荷载折减系数；

ξ——海拔系数；

G_a——满载时汽车的重力(N)；

G_x——实际装载时汽车的重力(N)。

考虑海拔折减系数后，则

$$\lambda D=\lambda\frac{P_t-P_w}{G_a}=\psi\pm\frac{\delta}{g}\frac{dv}{dt}$$

所以

$$D=\frac{1}{\lambda}\left(\psi\pm\frac{\delta}{g}\frac{dv}{dt}\right) \tag{2-20}$$

亦即汽车单位重量的有效牵引力应增大$\frac{1}{\lambda}$倍，此时，λ值可由图2-17查得。

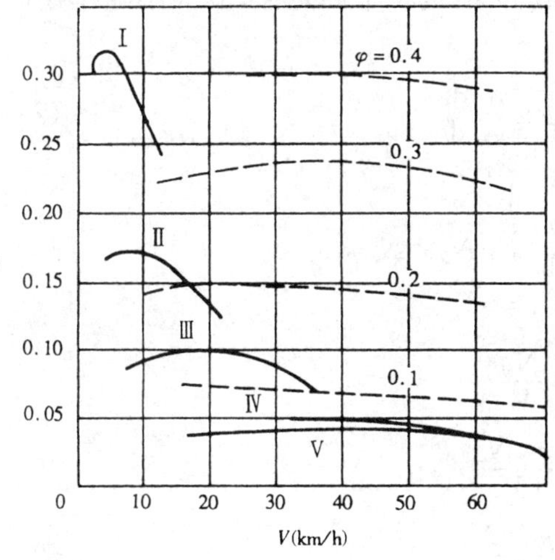

图2-16 解放牌汽车CA-10B型的动力特性图

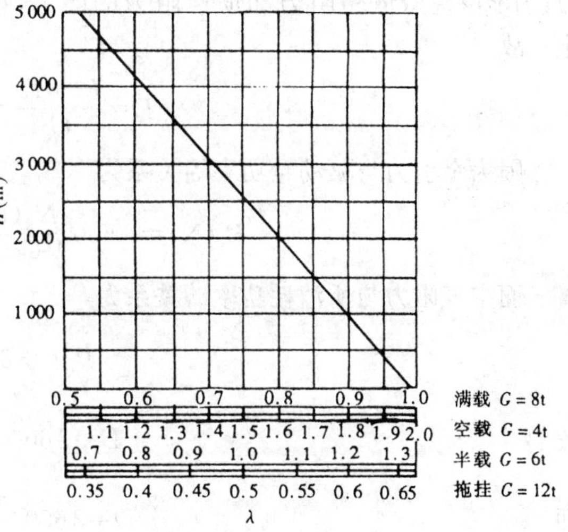

图2-17 海拔荷载折减系数图

1. 附着力的动力因素曲线

为保证汽车行驶的充分条件，即牵引力的最大值受驱动轮与路面间附着力的限制，$P_t \leqslant G_{驱}\varphi$，否则，汽车将发生滑转。

所以，受附着力所限制的动力因素为

$$D_\varphi=\frac{G_{驱}\varphi-P_w}{G_a} \tag{2-21}$$

D_φ值受附着系数φ大小的影响。φ大，则D_φ大，φ小，则D_φ小。所绘出的D_φ曲线如图2-16所示虚线，即只有在D_φ曲线以下的动力特性部分，才是汽车的可能运动区($D<D_\varphi$)，曲线以上部分则表示滑磨(非工作)区。

利用动力特性图，可以求出汽车在某一行驶条件(ψ)下所能保持的速度 V，并可决定汽车克服此行驶阻力所采用的排挡，同时还可近似地决定在比最高速度为低的任何速度下所能发出的加速度，以及求得任一排挡时汽车所能克服的坡度。

2. 动力特性图的绘制步骤

为获得某种汽车类型的动力特性图，可依据上述理论及计算公式，按下列步骤进行：

① 例如解放牌载重车 CA-10B 型，根据发动机转数 n_e 查图 2-11 可得到油门全开(100%)时的功率 N 和效率 η_M；② 根据 n_e 计算 V 和 D(或由图 2-13 查得 V)；③ 以 V 为横坐标，以 D 为纵坐标，可点绘各排档的 D-V 曲线。

2.2.6　动力特性图的运用

根据表达汽车行驶性能的动力特性图，可以推求道路线形设计所需要的车速、行程时间的变化及坡度性能等数据。下面分别予以说明。

1. 求得汽车在某一道路条件($\psi=f\pm i$)下等速行驶的最大速度

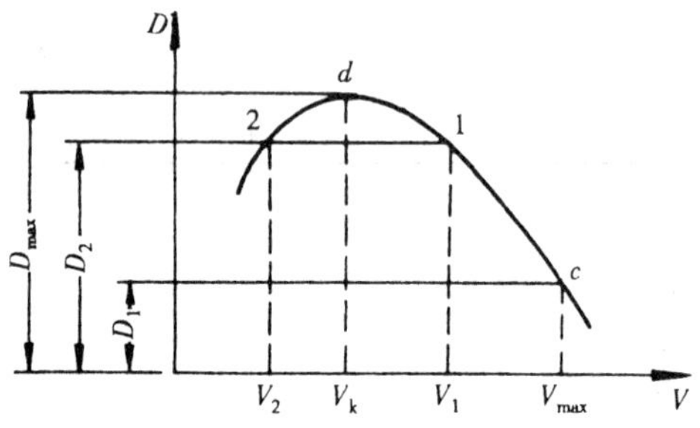

图 2-18　汽车一个排档的动力特性图

如图 2-18 所示为汽车一个排档的动力因素。汽车在不同的行驶条件下作稳定行驶时，就有不同的 ψ 值，也即有不同的 D 值，而在动力特性曲线上就可找到其相应的速度 V 值。因此，当道路条件已知时，可在动力特性图上求出在该条件下汽车行驶的最大速度。取 $D_1=\psi$ 的直线与 $D=f(V)$ 曲线的交点 C 为汽车在道路阻力系数为 ψ 时的最大行驶速度 V_{max}。

对不同排挡的动力特性曲线来说，动力特性值 D 均有一定的使用范围。档位愈低，D 值就愈大，速度亦愈低。对每一档位来说，又存在着一个 D_{max} 值，此最大值所对应的速度即为临界速度 V_k，V_k 即为汽车稳定运动的极限速度。

由图 2-18 可知，当 $D_2=\psi_2$ 时，汽车可以 V_1 或 V_2 任一速度行驶，其中，$V_1>V_k$，$V_2<V_k$ 分别为两种速度的行驶情况。

(1) 当 $V_1>V_k$ 行驶时，若遇额外阻力，汽车可降低车速，以较大的 D 值来克服额外阻力，待阻力消失再恢复到原先的速度行驶，这样的行驶状况，称为稳定行驶。

(2) 当 $V_2<V_k$ 行驶时，若遇额外阻力，汽车降低车速反使 D 值减小，车速愈来愈小，D 值愈来愈低，直至汽车熄火停止，这种行驶状况，称为不稳定行驶。

因此，临界速度 V_k 是汽车稳定运动的极限速度，一般，汽车行驶的速度均采用大于同一档位的临界速度 V_k 时的速度值。

2. 求算汽车的加速性能

汽车的加速性能是指汽车在各种使用条件下迅速增加行驶速度的能力。实际上，道路的纵坡经常变化，路面的滚动阻抗也可能有变化，此外，道路上的各种障碍(交叉口、桥梁、居民点、弯道、交通稠密的路段以及车速限制路段等)也会迫使司机降低车速，在通过这些障碍后，又要增加车速。所以，汽车在道路上行驶时，其速率也是经常变化的。汽车从静止或低速转换到高速行车，需要一定的时间和行程。汽车在遇到障碍停车或降速后，总希望能在最短的时间和行程内恢复高速行驶。因此，汽车加速所需要的时间和行程是汽车性能的一项重要指标，可

用加速度、加速时间和加速行程来评定。汽车的加速度愈大,加速时间和加速行程愈短,则汽车的加速性能愈好,其动力性能也愈佳,汽车将获得较高的平均行驶速度。

(1) 汽车的加速度

汽车的加速度用行驶时节流阀全开情况来计算。

$$j_a=\frac{dv}{dt}=\frac{g}{\delta}(D-\psi) \quad (m/s^2) \tag{2-22}$$

即汽车的加速度与动力因素、道路阻力系数及回转质量换算系数有关。此时,可在图2-16上查得$(D-\psi)$再乘以$\frac{g}{\delta}$,即可得到加速度值$\frac{dv}{dt}$。加速度最大值一般可参见表2-9。

表2-9　各种类型汽车的加速度最大值

类　　型	最大加速度 j_{amax}(m/s²)	
	头　档	高　档
小客车	2.0～2.5	0.8～1.2
载重车	1.7～2.0	0.25～0.5
公共汽车	1.8～2.3	0.4～0.8

(2) 加速时间

加速时间指一定速度范围内加速时所需要的时间。

$$dt=\frac{dv}{j_a}$$

故

$$t=\int_0^t dt=\int_{v_0}^{v_n}\frac{1}{j_a}dv \quad (s)$$

由上式可知,绘出加速度倒数$(1/j_a)$随速度(v)变化的曲线,则得出曲线下的面积Δ,根据面积,即可计算出加速时间t。

由图2-19可知,$\frac{1}{j}$-V曲线下的面积为

$$\Delta_1=\text{加速时间 } t_1$$

$$\Delta_1+\Delta_2=\text{加速时间 } t_2$$

$$\Delta_1+\Delta_2+\Delta_3=\text{加速时间 } t_3$$

$$\cdots$$

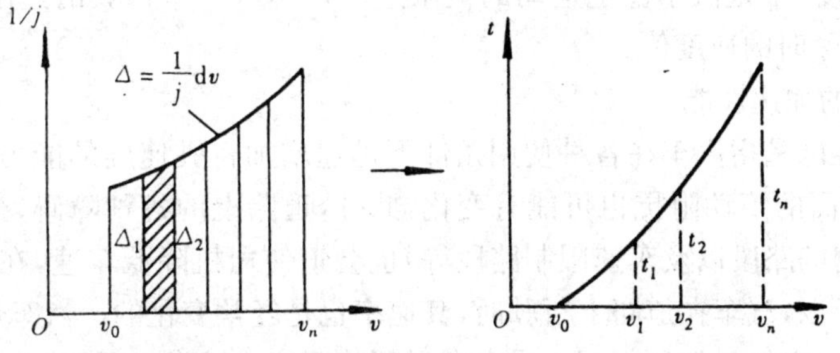

(a) 加速度倒数曲线　　(b) 加速度时间曲线

图2-19　加速度时间曲线

(3) 加速行程

加速行程指在一定速度范围内加速时汽车所行驶的距离。

$$s = \int_0^t v\mathrm{d}t = \frac{1}{3.6}\int_0^t V\mathrm{d}t(\mathrm{m}) \tag{2-23}$$

根据加速时间曲线与加速时间坐标轴之间的面积(Δ)(图 2-20)按所用比例尺,即可换算为加速行程 s。

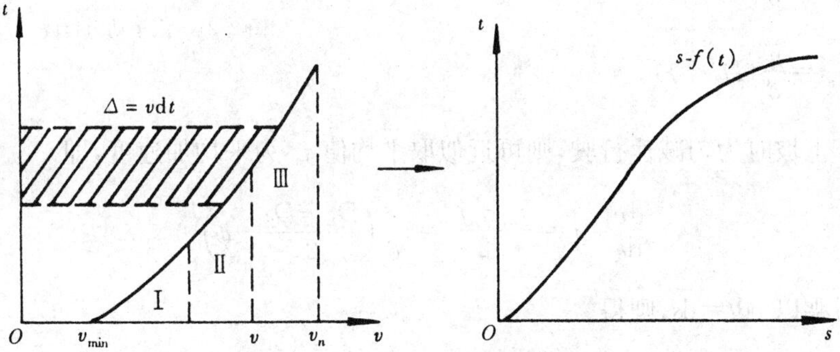

(a) 加速度时间曲线　　(b) 加速时间 t 与行程 S 的关系曲线

图 2-20　加速行程与时间关系曲线

3. 求算汽车的爬坡性能

(1) 汽车最大爬坡度

所谓汽车的爬坡性能,是指汽车能克服坡度的能力,常用最大爬坡度指标来评定。

由式(2-20),当汽车上坡以等速稳定行驶时,$\frac{\mathrm{d}v}{\mathrm{d}t}=0$,且不考虑海拔系数 λ 的影响时,则可决定不同排挡一定车速下汽车能克服坡度的大小,此时所能克服的坡度值为

$$i=D-f$$

在低排挡时,由于汽车爬坡能力大,坡度角 α 较大,此时,$\cos\alpha<1$,则 $\sin\alpha\neq i\%$,则

$$D_{\max}=f\cos\alpha+\sin\alpha$$

解此三角函数方程,即可求得最大坡度角:

$$\alpha_{\max}=\arcsin\frac{D_{\max}-f\sqrt{1-D_{1\max}^2+f^2}}{1+f^2} \tag{2-24}$$

则

$$i_{1\max}=\tan\alpha_{1\max}$$

式中　$\alpha_{1\max}$——用最低排挡可爬的最大坡度角;

$D_{1\max}$——用最低排挡的最大动力因素;

$i_{1\max}$——用最低排挡可爬的最大纵坡。

(2) 汽车的动力爬坡

在实际行驶时,汽车通常在上坡之前加速,让汽车得到较高的车速,然后利用上坡时的减速惯性力来提高爬坡能力,这种用惯性力克服坡度的方法叫动力爬坡。

假定汽车用某一排挡动力爬坡,以速度 V_1 驶入坡段并以速度 V_2 驶出坡段,则可能克服

的坡度 i_c 和相应的坡长 s_c,可用图 2-21 所示的方法求得。

由速度 V_1 和 V_2,在动力特性图上可求得相应的动力因素 D_1 和 D_2。则由式(2-22)可得相应的加速度:

$$j_{a1}=\frac{g}{\delta}(D_1-\psi)$$

$$j_{a2}=\frac{g}{\delta}(D_2-\psi)$$

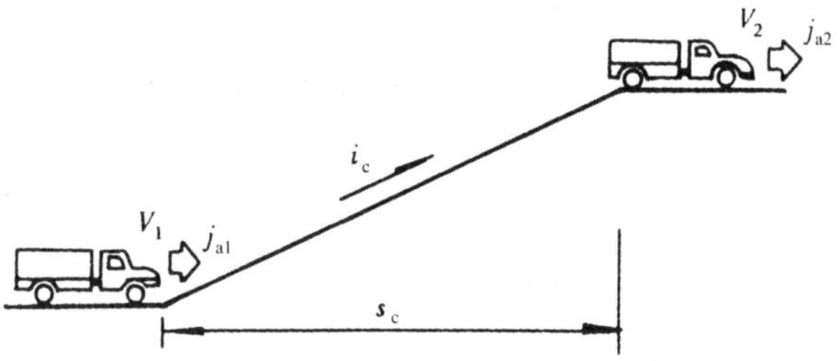

图 2-21　汽车动力爬坡

假定汽车上坡时为匀减速行驶,则可近似取平均值 j_v 为平均加速度,即

$$\frac{dv}{dt}=j_v=\frac{j_{a1}+j_{a2}}{2}=\frac{g}{\delta}\left(\frac{D_1+D_2}{2}-\psi\right)$$

两端同时乘以 $v\mathrm{d}t=\mathrm{d}s$,则得

$$v\mathrm{d}v=\frac{g}{\delta}\left(\frac{D_1+D_2}{2}-\psi\right)\mathrm{d}s$$

积分

$$\frac{g}{\delta}\int_{v1}^{v2}v\mathrm{d}v=\left(\frac{D_1+D_2}{2}-\psi\right)\int_0^{s_c}\mathrm{d}s$$

$$\frac{\delta(v_1^2-v_2^2)}{2g}=\left(\frac{D_1+D_2}{2}-\psi\right)s_c$$

如以 km/h 表示,则公式变为

$$\frac{\delta}{254}(V_1^2-V_2^2)=\left(\frac{D_1+D_2}{2}-f-i_c\right)s_c$$

$$s_c=\frac{\delta(V_2^2-V_1^2)}{254\left(\frac{D_1+D_2}{2}-f-i_c\right)}(\mathrm{m}) \tag{2-25}$$

$$i_c=\frac{D_1+D_2}{2}-f-\frac{\delta(V_2^2-V_1^2)}{254s_c} \tag{2-26}$$

式中　D_1,D_2——速度为 V_1 和 V_2 时对应的动力因素;

i_c,s_c——汽车变速度行驶所能克服的坡度及坡长(m)。

由式(2-25)和式(2-26)可知,汽车在动力上坡时,坡度 i_c 和坡长 s_c 是相互关联的,当 i_c 大时,s_c 就小,反之,i_c 小,则 s_c 就大。

在计算时,通常取某一排挡的最大速度 V_{max} 为 V_1,取该排挡的临界车速 V_k 为 V_2。

【例题 1】　在海拔高程 $H=900$ m 的碎石路面上,公路纵坡为 3%,某解放牌 CA-10B 型满载汽车以 $V=25$ km/h 的速度行驶于该路上,试计算该车所产生的加速度和所能达到的最大等速度为多少?

解　查表 2-5,得碎石路面的滚动阻力系数 $f=0.04$,公路纵坡 $i=0.03$,海拔荷载折减系

数 λ 由图 2-17 查得为 0.9。

查解放牌 CA-10B 型汽车的动力特性图(图 2-16)，$V=25$ km/h 时，Ⅲ挡的动力因数 $D=0.09$，Ⅳ挡的动力因数 $D=0.055$。

由公式(2-20)得

$$D=\frac{1}{\lambda}\left(\psi+\frac{\delta}{g}\cdot\frac{\mathrm{d}v}{\mathrm{d}t}\right)$$

$$\frac{\mathrm{d}v}{\mathrm{d}t}=(\lambda D-f-i)\frac{g}{\delta}$$

汽车旋转部分影响系数为

$$\delta=1+\delta_1+\delta_2 i_k^2$$

式中　δ_1——汽车车轮惯性影响系数，对于解放牌 CA-10B 型载重汽车，取 0.032；

δ_2——汽车发动机飞轮惯性影响系数，对于载重汽车，取 0.05；

i_k——变速箱的变速比，Ⅲ挡时，取 1.9，Ⅳ挡时，取 1.0，则

Ⅲ挡时　$\delta=1+0.032+0.05\times1.9^2=1.213$

Ⅳ挡时　$\delta=1+0.032+0.05\times1.0^2=1.082$

$g=9.81\mathrm{m/s^2}$

求算所产生的加速度：

Ⅲ挡时，将上述数据代入公式，得

$$\frac{\mathrm{d}v}{\mathrm{d}t}=(0.9\times0.09-0.04-0.03)\times\frac{9.81}{1.213}=0.09\ \mathrm{m/s^2}$$

同理，Ⅳ挡时，有

$$\frac{\mathrm{d}v}{\mathrm{d}t}=(0.9\times0.055-0.04-0.03)\times\frac{9.81}{1.082}=-0.19\ \mathrm{m/s^2}\text{(舍去)}$$

由上述计算知，该车只能以Ⅲ挡行驶，其产生的加速度为 0.09 $\mathrm{m/s^2}$。

如汽车以某一等速行驶，即$\frac{\mathrm{d}v}{\mathrm{d}t}=0$，则公式变为

$$\lambda D=f+i$$

所以

$$D=\frac{f+i}{\lambda}=\frac{0.04+0.03}{0.9}=0.078$$

查图 2-16，Ⅲ挡曲线，得 $V_{max}=32$ km/h。

故该车所产生的加速度为 0.09 $\mathrm{m/s^2}$，所能达到的最大等速度为 32 km/h。

【例题 2】 一辆满载的解放牌 CA-10B 型汽车在三级公路碎石路面上，以 35 km/h 的速度上坡行驶，用Ⅲ挡驶入 $i=+6\%$ 的坡度。如要求全开油门而不换挡驶完这坡段，则此坡段最大坡长是多少？

解　查图 2-16 解放牌 CA-10B 型汽车的动力特性图，汽车用Ⅲ挡行驶，$V_1=35$ km/h 时，$D_{35}=0.07$。

汽车以Ⅲ挡行驶的临界速度 $V_k=13$ km/h 时，$D_{max}=0.104$。

汽车变速比，当用Ⅲ挡时，$i_k=1.9$，系数 δ_1 取 0.032，系数 δ_2 取 0.05，则汽车旋转部分影

响系数为

$$\delta=1+\delta_1+\delta_2 i_k^2=1+0.032+0.05\times1.9^2=1.213$$

碎石路面的滚动阻力系数为

$$f=0.05$$

坡段的最大长度为

$$s_c=\frac{\delta(V_2^2-V_1^2)}{254\left(\frac{D_1+D_2}{2}-f-i\right)}=\frac{\delta(V_k^2-V_1^2)}{254\left(\frac{D_{35}+D_{\max}}{2}-f-i\right)}$$

$$=\frac{1.213\times(13^2-35^2)}{254\times\left(\frac{0.07+0.104}{2}-0.05-0.06\right)}=219\text{(m)}$$

【例题3】 试求解放牌CA-10B型满载汽车在沥青混凝土路面上以等速35 km/h行驶时可以克服的最大纵坡度是多少？并验算当路面在潮湿状态时，车轮是否会产生空转现象？(海拔高度 $H=0$，$G_{驱}=60$ kN)

解 (1) 查表2-5，取滚动阻力系数 $f=0.02$。由式(2-20)得

$$\lambda D=f+i+\frac{\delta}{g}\frac{dv}{dt}$$

因为等速，故 $\frac{dv}{dt}=0$，且由题意知 $\lambda=1$，故

$$D=f+i$$

由图2-16查得：

Ⅲ挡，当 $V=35$ km/h 时，$D_{Ⅲ}=0.07$

Ⅳ挡，当 $V=35$ km/h 时，$D_{Ⅳ}=0.054$

故用Ⅲ挡速度行驶时，可以克服的最大纵坡度为

$$i_{\max}=D_{Ⅲ}-f=0.07-0.02=0.05$$

用Ⅳ挡速度行驶时，可以克服的最大纵坡度为

$$i_{\max}=D_{Ⅳ}-f=0.054-0.02=0.034$$

(2) 验算车轮是否会发生空转

由式(2-6) $V=0.377\frac{n_e r_k}{i_k i_0}$ 及式(2-7) $P_t=3\,600\frac{N_e\eta_M}{V}$

Ⅲ挡行驶时：$i_k=1.9$，$i_0=7.63$，$r_k=0.482$ m，$V=35$ km/h

则发动机转速 $n_e=\frac{V i_k i_0}{0.377 r_k}=\frac{35\times1.9\times7.63}{0.377\times0.482}=2\,800$ r/min

由图2-11查得，当 $n_e=2\,800$ r/min 时，$N_e=99$ 马力，$\eta_M=0.76$。

由公式(2-15)　$P_t \leqslant G_{驱}\varphi$ 知，若满足牵引力小于或等于轮胎与路面间的附着力，则汽车车轮就不会发生空转。所以

$$P_t = 3600\frac{N_e \eta_M}{V} = \frac{3600 \times 0.735 \times 99 \times 0.76}{35} = 5.7(\text{kN})$$

查表 2-8，取 $\varphi = 0.4$，且 $G_{驱} = 60\text{kN}$。

附着力为

$$P_{附} = G_{驱}\varphi = 60\ \text{kN} \times 0.4 = 24\ \text{kN}$$

所以

$$P_t = 5.7\ \text{kN} < P_{附} = 24\ \text{kN}$$

因此，满足验算公式要求，所以，汽车在Ⅲ挡以 $V=35$ km/h 行驶时车轮不会发生空转现象。

Ⅳ挡行驶时：$i_k = 1.0, i_0 = 7.63, r_k = 0.482, V = 35$ km/h

则

$$n_e = \frac{V i_k i_0}{0.377\ r_k} = \frac{35 \times 1 \times 7.63}{0.377 \times 0.482} = 1470\ \text{r/min}$$

由图 2-11 查得，$n_e = 1470$ r/min 时，$N_e = 66$(马力)，$\eta_M = 0.85$。

所以

$$P_t = 3600\frac{N_e \eta_M}{V} = \frac{3600 \times 66 \times 0.735 \times 0.85}{35} = 4.24(\text{kN})$$

$$P_{附} = G_{驱}\varphi = 60\ \text{kN} \times 0.4 = 24\ \text{kN}$$

即

$$P_t = 4.24\ \text{kN} < P_{附} = 24\ \text{kN}$$

所以，汽车以Ⅳ挡　$V=35$ km/h 行驶时，车轮不会发生空转现象。

2.3　汽车在道路上行驶的稳定性

汽车行驶稳定性是指汽车在行驶过程中，受外部因素作用，能保持或很快恢复原行驶状态和方向而不失去控制发生侧滑、倾覆等现象的能力。

汽车行驶的稳定性从不同方向来看，可有纵向稳定性和横向稳定性两种。从丧失稳定的方式来看，可有滑动稳定性和倾覆稳定性两种。分析和确保汽车行驶的稳定性对于合理设计汽车结构尺寸、正确设计公路、保证行车安全、提高运输生产率、减轻驾驶员的疲劳强度有着十分重要的意义。

影响汽车行驶稳定性主要有以下三方面的因素：

(1) 汽车本身的结构参数

如汽车的整体布置、几何参数、质量参数、轮胎特性、前后悬架的形式等。

(2) 驾驶员的因素

如驾驶员开车时的思想集中状况、反应快慢、技术熟练程度、动作灵敏程度等因素对于驾驶员能否做出准确判断、及时采取措施使汽车趋于稳定、确保行车稳定有着直接关系。

(3) 作用于汽车的外部因素

主要是汽车和路面间的相互作用因素(如公路的纵向、横向坡度，路面附着情况等)以及汽

车作不等速行驶和曲线运动时惯性力的作用。

2.3.1 纵向稳定性

1. 汽车在直坡道上的受力分析

图 2-22 所示为后轴驱动的双轴汽车在硬路面直坡道上低等速行驶时,忽略滚动阻力、空气阻力影响时的受力情况。

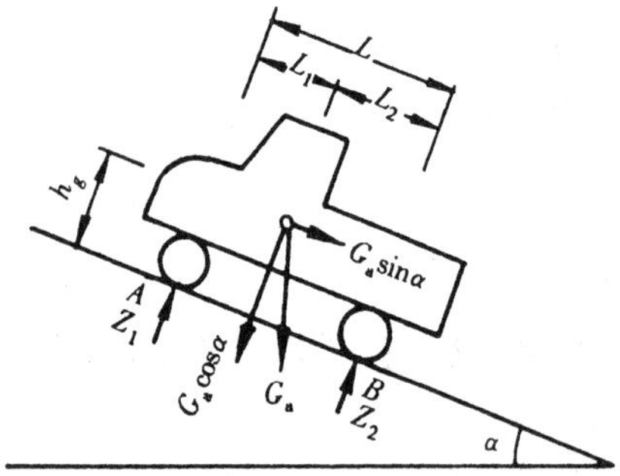

图 2-22 汽车行驶的纵向稳定

图中 G_a——汽车总重(N);

h_g——汽车重心高度(m);

α——道路坡度角(°);

Z_1, Z_2——作用于前后轮上的法向反力(N);

L——汽车轴距(m);

L_1, L_2——汽车重心至前后轴距间距离(m)。

对汽车后轮着地点 B 取矩,则可求得前轮垂直反力:

$$Z_1 L = G_a \cos\alpha L_2 - G_a \sin\alpha h_g$$

$$Z_1 = \frac{G_a \cos\alpha L_2 - G_a \sin\alpha h_g}{L} \tag{2-27}$$

对前轮着地点 A 取矩,则可得后轮垂直反力:

$$Z_2 L = G_a \cos\alpha L_1 + G_a \sin\alpha h_g$$

$$Z_2 = \frac{G_a \cos\alpha L_1 + G_a \sin\alpha h_g}{L} \tag{2-28}$$

2. 纵向倾覆

当汽车前轮离地即法向作用力为零时,将导致汽车绕后轮纵向倾覆,此时,$Z_1=0$(图 2-22)。由于汽车低等速上陡坡行驶,可以忽略次要因素,由式(2-27),令 $Z_1=0$,即得纵向倾覆稳定条件:

$$G_a \cos\alpha_0 L_2 - G_a h_g \sin\alpha_0 = 0$$

所以

$$\tan\alpha_0 = \frac{L_2}{h_g} \tag{2-29}$$

式中,α_0 为汽车产生纵向倾覆时的道路纵向极限坡度角。

由上式可知,当 $\alpha > \alpha_0$ 时,汽车失控产生纵向倾覆;纵向倾覆稳定性仅与汽车结构参数 L_2 和 h_g 有关。L_2 越大,则 α_0 越大,纵向倾覆稳定性好;汽车重心位置越高,则 α_0 越小,纵向稳定性越差。一般,L_2,h_g 的数值在汽车设计中考虑,其比值 $L_2/h_g \gg 1$,因此,一般来说,纵向倾覆稳定条件容易满足。

3. 纵向倒溜

从驱动轮的附着条件可知,当汽车上坡时产生倒溜极限状态时,下滑力与最大附着力平

衡，略去次要因素，则

$$下滑力=G_a \sin\alpha_\varphi$$

$$附着力=Z_2\varphi$$

将式(2-28)代入，得

$$G_a \sin\alpha_1=\frac{G_a \cos\alpha_\varphi L_1+G_a \sin\alpha_\varphi h_g}{L}\varphi$$

$$\tan\alpha_\varphi=\frac{L_1+h_g \tan\alpha_\varphi}{L}\varphi \tag{2-30}$$

因 $h,\tan\alpha_\varphi$ 较小，可略去不计，并且$\frac{L_1}{L}\approx\frac{G_{驱}}{G_a}$，所以

$$\tan\alpha_\varphi\approx\frac{L_1}{L}\varphi\approx\frac{G_{驱}}{G_a}\varphi$$

式中　α_φ——汽车发生倒溜时的道路极限坡度角(°)；

$G_{驱}$——驱动轮的轴重(N)；

G_a——汽车总重(N)。

由以上分析可知，当 $\alpha\geqslant\alpha_\varphi$ 时，汽车将发生纵向倒溜。

4. 纵向稳定性的保证

$\alpha_0>\alpha_\varphi$，即倒溜在倾覆前出现，因此，汽车的设计应满足 $\tan\alpha_\varphi<\tan\alpha_0$ 的条件，即

$$\frac{L_1\varphi}{L-h_g\varphi}<\frac{L_2}{h_g},$$

故

$$\varphi<\frac{L_2}{h_g} \tag{2-31}$$

上式即为后轮驱动汽车保证纵向稳定的条件。一般，汽车的构造都可以得到满足。

道路应保证纵向不倾覆不倒溜，即

$$\tan\alpha<\tan\alpha_\varphi<\tan\alpha_0$$

亦即

$$\tan\alpha<\frac{G_{驱}}{G_a}\varphi<\frac{L_2}{h_g} \tag{2-32}$$

一般，载重车满载时，$\frac{G_{驱}}{G_a}=0.66\sim0.76$，附着系数 φ 值见表 2-8 所示，泥泞时，可为 0.2，冰滑时，为 0.1，代入式(2-32)，则得出：泥泞时，$\tan\alpha<0.132\sim0.152$，冰滑时，$\tan\alpha<0.06\sim0.076$，据此可作为确定最大纵坡 i_{max}、超高值 $i_{超}$、合成坡度 $i_{合}$ 指标的依据。

2.3.2　横向稳定性

汽车行驶时，常受到横向力(例如，重力、惯性力等的横向分力)的影响。因而，汽车行驶时，在横向力作用下，有可能产生横向滑移或横向倾覆。为保证行车的安全稳定，必须分析研究行驶的横向稳定性。

1. 汽车在曲线行驶所产生的横向力

见图 2-23,横向力为

$$Y=C\cos\alpha\pm G_a\sin\alpha$$

因为 $\cos\alpha\approx1,\quad \sin\alpha=\tan\alpha=i_0,$

所以 $Y\approx C\pm G_a i_0$

式中,“+”表示路拱双坡外侧,“−”表示路拱双坡内侧。

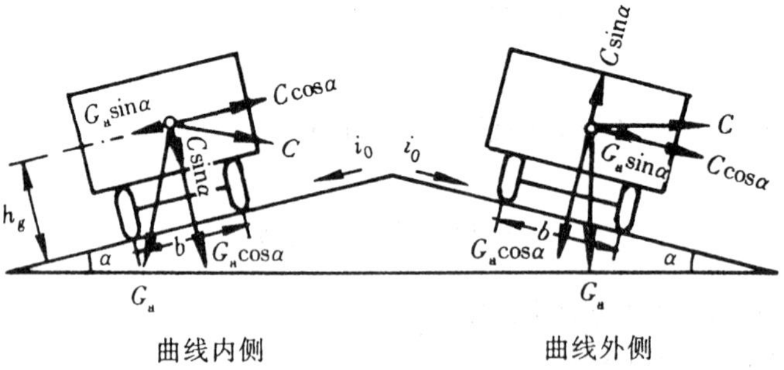

图 2-23　汽车在曲线上行驶的横向力

离心力 $$C=\frac{G_a}{g}\cdot\frac{v^2}{R}$$

所以 $$Y=\frac{G_a v^2}{gR}\pm G_a i_0 \tag{2-33}$$

所以 $$\begin{cases} R=\dfrac{v^2}{g\left(\dfrac{Y}{G_a}\mp i_0\right)} \\ v=\sqrt{gR\left(\dfrac{Y}{G_a}\mp i_0\right)} \end{cases} \tag{2-34}$$

由上式可知,R,v 值取决于$\frac{Y}{G_a}$,即取决于汽车单位质量的横向力。取 $\mu=\frac{Y}{G_a}$,称为横向力系数,则

$$\begin{cases} R=\dfrac{v^2}{g(\mu\pm i_0)} \\ v=\sqrt{gR(\mu\pm i_0)} \end{cases} \tag{2-35}$$

2. 横向倾覆稳定

产生横向倾覆的极限条件为横向力 Y 引起的倾覆力矩等于车重所产生的稳定力矩。

倾覆力矩为 $Yh_g=(C\cos\alpha\pm G_a\sin\alpha)h_g$

稳定力矩为$(G_a\cos\alpha\pm C\sin\alpha)\frac{b}{2}$,其中,$b$ 为汽车轮距;

二者平衡,则

$$Yh_g=(G_a\cos\alpha\pm C\sin\alpha)\frac{b}{2}\approx(G_a\pm Ci_0)\frac{b}{2}$$

式中，i_0 与 G_a 相比甚小，可忽略不计，则

$$Yh_g \approx G_a \frac{b}{2},$$

所以

$$\frac{Y}{G_a}=\frac{b}{2h_g}=\mu \tag{2-36}$$

由式(2-36)即可得到汽车不产生倾覆的稳定条件为

$$\mu \leqslant \frac{b}{2h_g} \tag{2-37}$$

而在倾覆极限状态时，$\mu=\dfrac{b}{2h_g}$，代入式(2-35)，即得到汽车在曲线上行驶时不发生倾覆的最大车速 v_{max} 和最小平曲线半径 R_{min}，即

$$\begin{cases} v_{max}=\sqrt{gR\left(\dfrac{b}{2h_g}\pm i_0\right)} \\ R_{min}=\dfrac{v^2}{g\left(\dfrac{b}{2h_g}\pm i_0\right)} \end{cases} \tag{2-38}$$

由此可见，若 $v>v_{max}$ 或 $R<R_{min}$，则汽车都将发生横向倾覆。

3. 横向滑移稳定

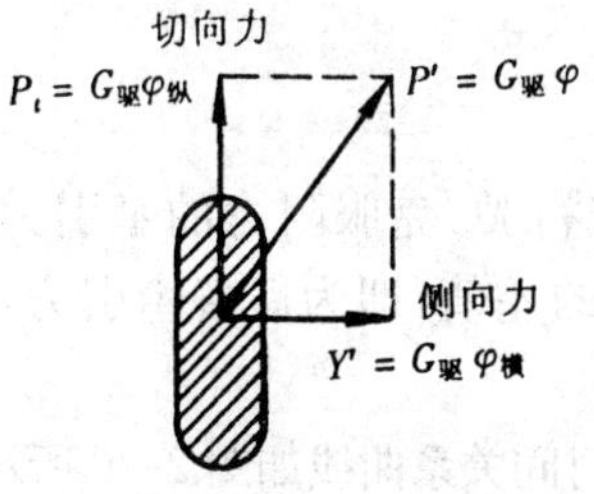

图 2-24　曲线行驶驱动轮上的作用力

研究汽车在曲线行驶时驱动轮上的作用力可知，除去切向力 P_t 外，还有侧向力 Y'，此时，车轮与路面间产生一总反作用力 P'(图 2-24)。因为

$$P'^2=P_t^2+Y'^2$$

所以

$$\varphi^2=\varphi_纵^2+\varphi_横^2$$

式中，φ 为附着系数(表 2-7)，$\varphi_纵$ 为纵向附着系数，$\varphi_横$ 为横向附着系数，一般可采用

$$\varphi_纵=0.7\sim0.8\varphi,\quad \varphi_横=0.6\sim0.7\varphi$$

此时，汽车全部车轮的总横向附着力即为阻止汽车向外侧滑移的横向反力，即

$$Y'_{max}=G_a\varphi_横$$

当横向力与横向附着力相平衡时，有

$$Y=Y'_{max}$$

则

$$Y=G_a\varphi_横$$

所以

$$\varphi_横=\frac{Y}{G_a}=\mu$$

此时

$$\begin{cases} v_{max}=\sqrt{gR(\mu\pm i_0)} \\ R_{min}=\dfrac{v^2}{g(\mu\pm i_0)} \end{cases} \tag{2-39}$$

若 $v>v_{max}$ 或 $R<R_{min}$，则汽车将发生横向滑移。

4. 横向稳定性的保证

比较公式(2-37)及式(2-38),倾覆与滑移何者出现,取决于$\frac{b}{2h_g}$与$\varphi_横$的数值。

若$\frac{b}{2h_g}>\varphi_横$,滑移先于倾覆;

若$\frac{b}{2h_g}<\varphi_横$,倾覆先于滑移。

现代汽车,一般$\frac{b}{2h_g}$均大于$\varphi_横$(通常,$\frac{b}{2h_g}\approx 1$,而$\varphi_横$小于0.5),滑移发生先于倾覆。

道路设计如能保证汽车不滑移($\mu<\varphi_横$),则也能保证汽车不倾覆。但若汽车装货过高,使重心提高,则也有可能出现倾覆现象,故对装载高度应有所限制。

2.4 汽车的加速行驶与燃料消耗

2.4.1 汽车的加速行驶

汽车的加速行驶性能可分为起步加速和定速加速两种。

1. 起步加速

由停止状态起步的最大加速,节气阀门全开,此时的牵引力变化如图2-25所示,从Ⅰ挡开始加速,至发动机达到最高转速时,即转入Ⅱ挡(图中②点),然后再加速转入Ⅲ挡……,一直至最高挡,这是起步加速。

2. 定速加速

即从某一定速度开始的最大加速,如图2-25所示A点,Ⅳ挡行驶,克服阻力的牵引力为③,节气阀门突然全开,则牵引力就会瞬间由③增至④,④与③点的差值,即为后备牵引力,它可使汽车加速。

汽车加速行驶时的速度与时间关系以及两种加速情况的距离与时间关系曲线如图2-26所示。

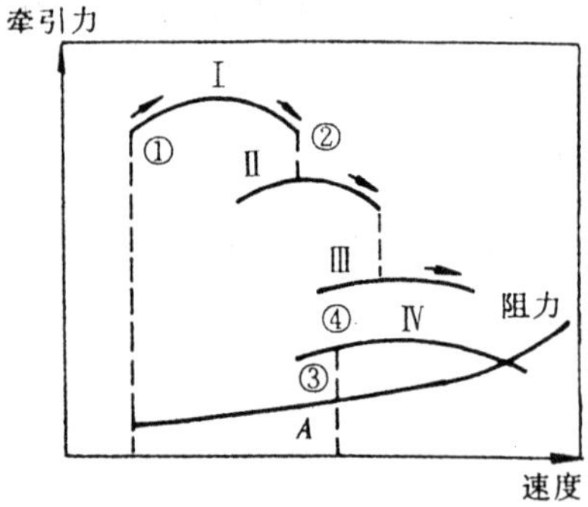

图2-25 起步加速和定速加速

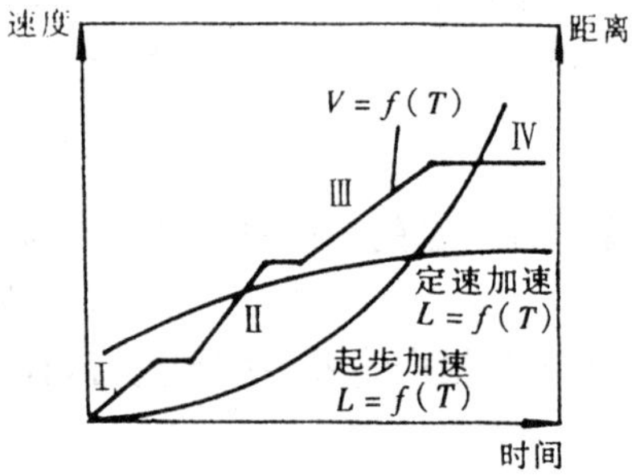

图2-26 加速行驶时的速度与时间、距离与时间的关系

2.4.1 燃料消耗

1. 汽车发动机的消耗功率

汽车在行驶过程中,克服运动阻力,发动机所消耗的功率可以下式计算:

$$N_e=\frac{\left(G_a\psi+\frac{KFV^2}{13}\pm\frac{\delta G_a}{g}\frac{dv}{dt}\right)V}{3\,600\eta_M}(kW) \tag{2-40}$$

燃料消耗率按下式计算：

$$g_e=\frac{Q_t}{N_e}1\,000(g/kW\cdot h) \tag{2-41}$$

式中，Q_t 为发动机发出 N_e 功率时，每小时的燃料消耗量(kg/h)。

发动机的燃料消耗率随曲轴转速 η_e 与发出的功率 N_e 的不同而异。如图 2-27 所示，燃料消耗率在某转速下降至最小，当转速增高或降低时均增大。节气阀全开或供油量最大时所发出的功率用 100% 表示。当发动机以同一转速、节气阀未开或供油量不是最大时所发出的功率，用占上述功率的百分数率表示。

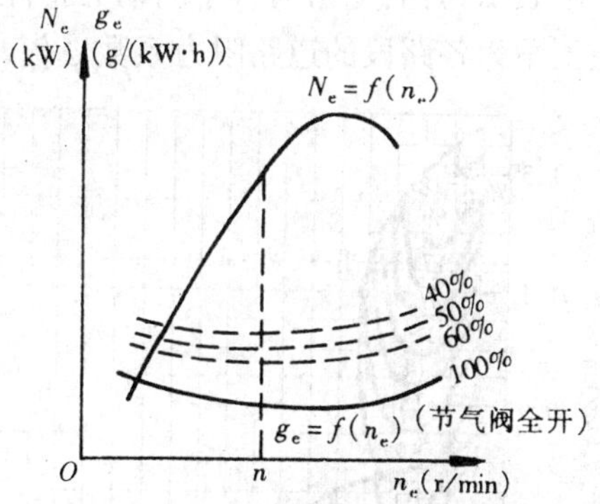

图 2-27　汽车发动机的燃料消耗率

由图可知，发动机的经济性不仅与转速有关，且受发动机的功率利用率的影响。功率利用率愈高，燃料消耗率愈小。

2. 汽车燃料经济指标

汽车行驶的耗油量除发动机本身经济性能外，还受到行驶道路的状况、交通情况、驾驶习惯及环境等方面的影响，因此，可用下述指标作为评价汽车燃料经济性的指标。

(1) 每 100 km 行程燃料消耗 kg 数 Q_s

$$Q_s=100\frac{Q_t}{V}(kg/100\ km) \tag{2-42}$$

(2) 每 t·km 的燃料消耗 kg 数 Q_{sG}

$$Q_{sG}=\frac{Q_s}{100G_i}=\frac{Q_t}{VG_i}(kg/(t\cdot km)) \tag{2-43}$$

式中，G_i 为汽车载重总吨数。

(3) 每 kg 燃料所行驶的里程 L

$$L=\frac{1}{Q_s}=\frac{V}{Q_t\cdot 100}(km/kg) \tag{2-44}$$

① 汽车燃料消耗方程式

用以表示汽车的燃料消耗量与其影响因素(发动机经济性、汽车结构参数、行驶条件等)之间的关系。

此式的来源为以式(2-40)，式(2-41)代入式(2-42)而得

$$Q_s=\frac{g_e}{36\,000\eta_M}\left(G_a\psi+\frac{KFV^2}{13}\pm\frac{\delta G_a}{g}\frac{dv}{dt}\right)(kg/100\ km) \tag{2-45}$$

② 汽车经济特性曲线

用汽车燃料消耗方程式求算燃料消耗往往使用不便，为此，常采用试验方法测定，以获得某一类型汽车的燃料消耗 q_k 与车速 V（等速）在不同排档、不同阻力系数 ψ 时的关系。图2-28所示为解放牌CA-10B型汽车经济特性 $q_k=\frac{Q_s}{100}=f(V)$ 图，图中每一条曲线都相当于一定的道路阻力 ψ，以 ψ/λ 表示，其中 λ 为海拔荷载折减系数。

③ 汽车行驶燃料消耗图

为评价汽车沿道路行驶的燃料消耗，可利用图2-29所示汽车行驶燃料消耗图。图上四个象限表示为：右上角为汽车的动力特性曲线，右下角为燃料消耗特性曲线，即如图2-29所示，左上角为各路段的道路阻力系数 ψ 值，左下角上的面积即为全线的燃料消耗量。

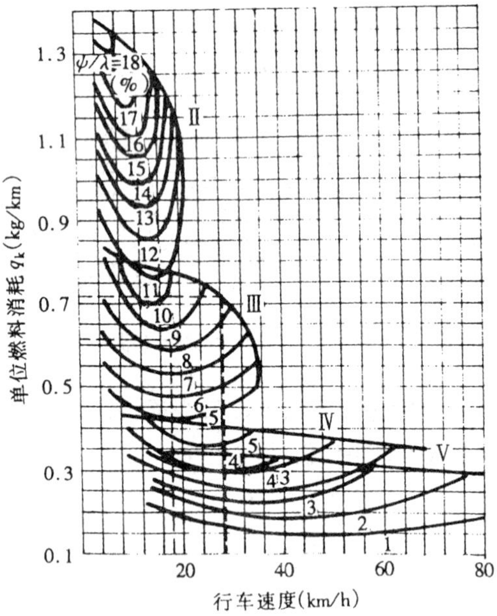

图2-28 解放牌CA-10B型汽车经济特性图

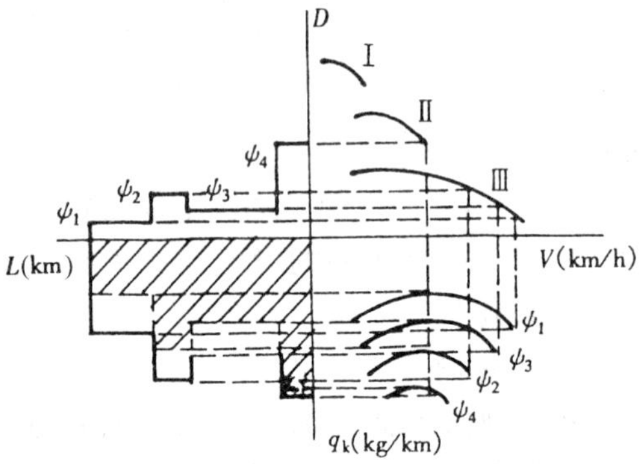

图2-29 汽车行驶燃料消耗图

根据已知路段的道路阻力与相应排档的最大车速，可从汽车经济特性图中求出路段每km行程的燃料消耗量，将各路段的燃料消耗量总和，即可得到全线的燃料消耗总量。图的左下角面积即是各路段的距离 L 与 q_k 值的乘积，表示各路段汽车的燃料消耗量，各路段面积的总和，即为全线燃料消耗总量。

如汽车车速小于最大车速，则燃料消耗量降低如斜线所绘，此时，行程时间增加，运输效率降低，因此，汽车行驶速度的确定，不仅要考虑它的燃料经济性，还要考虑到其他影响汽车运输成本的因素。实际上，燃料消耗还受到行驶排档、路面的强度、平整度、驾驶技术、海拔高度的影响，故实际的燃料消耗值应通过对上述理论计算值予以修正后才能获得。

2.5 汽车的制动

汽车的制动性是汽车在行驶中强制降低车速以至停车，或在下坡时保持一定速度行驶的能力。制动性能的好坏，影响到行车的安全，直接关系到行车速度和运输生产率的发挥。

2.5.1 最大制动力

车轮上的最大制动力，取决于轮胎与路面的附着力。最大制动力可按下式计算：

$$P_{T(\max)}=G\varphi \tag{2-46}$$

式中 G——制动轮上的车重力，当前后轮都制动时，则 $G=G_a$；

φ——附着系数，见表2-7，可按一般潮湿状态采用。

2.5.2 汽车制动性的评价指标

1. 制动减速度 j_s

制动减速时，作用于车轮上的力矩方向与行驶方向相反。汽车牵引力平衡方程为

$$-P_T=P_f\pm P_i+P_w+P_j$$

由于制动时速度迅速下降，故空气阻力可略去不计，即 $P_w\approx 0$。

所以

$$0=P_T+P_f\pm P_i+P_j$$

即

$$-\frac{\delta G_a}{g}\frac{\mathrm{d}v}{\mathrm{d}t}=G_a\varphi+G_a\psi,\quad \psi=f\pm i$$

所以制动减速度 $j_s(\mathrm{m/s^2})$为

$$j_s=\frac{\mathrm{d}v}{\mathrm{d}t}=-\frac{g}{\delta}(\varphi+\psi) \tag{2-47}$$

为防止轮胎损耗及为了乘客舒适，一般情况下，$j_s\not>1.5\sim2.5(\mathrm{m/s^2})$，紧急情况下，$j_s\not>4.0(\mathrm{m/s^2})$。

2. 制动时间 t_s

等减速行驶，则

$$t_s=\int_0^t \mathrm{d}t=-\frac{\delta}{g(\varphi+\psi)}\int_{v_B}^0\frac{\mathrm{d}v}{3.6}=\frac{\delta V_B}{3.6g(\varphi+\psi)} \tag{2-48}$$

式中，V_B 为汽车在开始制动时的速度(km/h)。

实际制动时间因司机反应及制动生效延迟，要比上式计算值大，通常，司机反应时间可取 $t_s=1.2$ s。

3. 制动距离 L_s

$$L_s=\int_0^s \mathrm{d}s=-\frac{\delta}{g(\varphi+\psi)}\int_{V_1}^{V_2}\frac{V\mathrm{d}v}{13}=\frac{V_1^2-V_2^2}{254(\varphi+\psi)}$$

式中，V_1，V_2 为制动时的初速及减速(km/h)。

若制动完全停止，$V_2=0$，则

$$L_s=\frac{V_1^2}{254(\varphi+\psi)}$$

考虑到司机反应及制动有效系数，汽车制动减速的制动距离为

$$L_s = \frac{V_1}{3.6} t_s + \frac{K(V_1^2 - V_2^2)}{254(\varphi + \psi)} \tag{2-49}$$

式中,K 为制动使用系数,一般可取 1.2。

2.6 汽车在弯道上的行驶轨迹

汽车在弯道上行驶时,由于受到横向力的影响,为保证行车的安全,必须相应地进行与直线段不同的线形设计。这其中包括行驶轨迹上需设置缓和曲线,并在该路段上进行超高、加宽等设计。因此,研究汽车在弯道上实际的行驶轨迹将为进一步改善路线线形设计提供科学的依据。

2.6.1 汽车在弯道上行驶的力

汽车在弯道上行驶除牵引力及路面附着力外,由于曲线的存在还有离心力及四个车轮上的向心力即转向侧向力(图 2-30)。

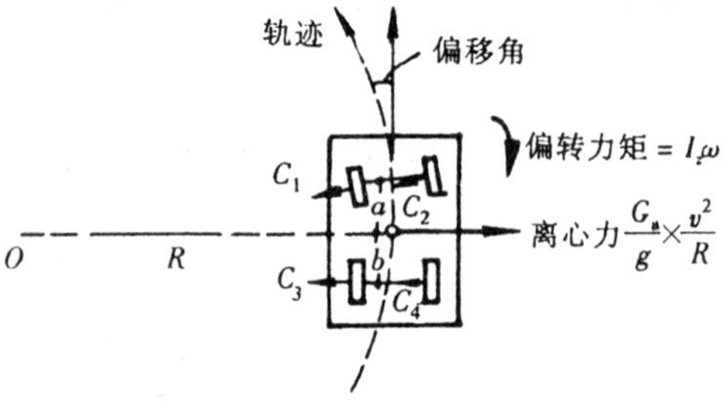

图 2-30 汽车在弯道上行驶的力

为取得横向稳定,力的平衡为

$$\frac{G_a}{g}\frac{v^2}{R} = C_1 + C_2 + C_3 + C_4$$

同时,绕纵轴的力矩平衡为

$$I_z\omega = a(C_1 + C_2) - b(C_3 + C_4)$$

式中 a, b——前、后轴到重心的距离;

I_z——汽车重心惯性力矩;

ω——绕重心的回转角加速度;

v——汽车车速(m/s)。

2.6.2 汽车在弯道上行驶的轨迹

设汽车方向盘转动角为 φ,前轮转向角为 ϕ(图 2-31)。

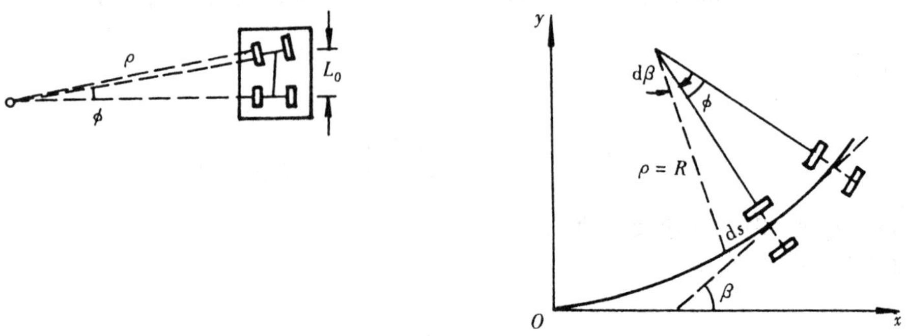

图 2-31 汽车在弯道上行驶的轨迹

则
$$\phi=K\varphi \quad (K\leqslant 1)$$

即
$$\varphi=\frac{1}{K}\phi$$

设汽车旋转半径为 ρ,汽车轴距为 L_0,则

$$\rho=\frac{L_0}{\sin\phi}\approx\frac{L_0}{\phi}=\frac{L_0}{K\varphi} \tag{2-50}$$

设行驶距离为 s,旋转切线角为 β,则

$$\begin{cases}\rho=\dfrac{\mathrm{d}s}{\mathrm{d}\beta}\\ \dfrac{1}{\rho}=\dfrac{\mathrm{d}\beta}{\mathrm{d}s}\end{cases}$$

方向盘转动角速度为 ω(°/s),汽车加速度为 a(m/s^2),汽车速度为 v(m/s),则

$$v=\frac{\mathrm{d}s}{\mathrm{d}t}$$

$$a=\frac{\mathrm{d}v}{\mathrm{d}t}=\frac{\mathrm{d}s^2}{\mathrm{d}t^2}$$

$$\omega=\frac{\mathrm{d}\varphi}{\mathrm{d}t}=\frac{1}{K}\ \frac{\mathrm{d}\phi}{\mathrm{d}t}$$

车体的转动角速度$\left(\dfrac{\mathrm{d}\beta}{\mathrm{d}t}\right)$及角加速度$\left(\dfrac{\mathrm{d}\beta^2}{\mathrm{d}t^2}\right)$为

$$\frac{\mathrm{d}\beta}{\mathrm{d}t}=\frac{\mathrm{d}\beta}{\mathrm{d}s}\ \frac{\mathrm{d}s}{\mathrm{d}t}=\frac{1}{\rho}v=\frac{K\varphi v}{L_0} \tag{2-51}$$

$$\frac{\mathrm{d}^2\beta}{\mathrm{d}t^2}=\frac{K}{L_0}\left(v\frac{\mathrm{d}\varphi}{\mathrm{d}t}+\varphi\frac{\mathrm{d}v}{\mathrm{d}t}\right)=\frac{Kv\varphi}{L_0}(v\omega+a\varphi) \tag{2-52}$$

已知汽车的车速 v 及方向盘转动角度 φ,如以时间函数表示,则

$$s=\int v\mathrm{d}t$$

行驶路线轨迹的转动角 β 可从式(2-44)求得

$$\beta=\frac{K}{L_0}\int v\varphi\mathrm{d}t \tag{2-53}$$

所以直角坐标式的表达即为

$$\begin{cases}x=\int\cos\beta\mathrm{d}s=\int v\cos\beta\mathrm{d}t\\ y=\int\sin\beta\mathrm{d}s=\int v\sin\beta\mathrm{d}t\end{cases} \tag{2-54}$$

当速度一定,即以 $v=v_0$ 操作方向盘行驶时,可求出汽车的行驶轨迹。

1. 设方向盘转动角度 $\varphi=\varphi_0$ 不变时,则

$$\rho=\frac{L_0}{K\varphi_0}=R$$

从式(2-53),式(2-54)得 $\beta=\frac{Kv_0\varphi_0}{L_0}t$,故

$$\begin{cases} x=\dfrac{L_0}{K\varphi_0}\sin\left(\dfrac{Kv_0\varphi_0}{L_0}t\right) \\ y=\dfrac{L_0}{K\varphi_0}\left\{1-\cos\left(\dfrac{Kv_0\varphi_0}{L_0}t\right)\right\} \end{cases} \tag{2-55}$$

此时的行驶轨迹即为圆弧。

2. 方向盘的转动角速度为定速时,此时的行驶轨迹为回旋线

$$\frac{d\varphi}{dt}=\omega_0,\quad \varphi=\omega_0 t$$

由式(2-50)得

$$\rho=\frac{L_0}{K\omega_0 t} \tag{2-56}$$

由式(2-53)和式(2-54),初期转动角 $\beta_0=0$,则

$$\beta=\frac{Kv_0\omega_0}{2L_0}t^2$$

$$\begin{cases} x=v_0\int\cos\left(\dfrac{Kv_0\omega_0}{2L}t^2\right)dt \\ y=v_0\int\sin\left(\dfrac{Kv_0\omega_0}{2L}t^2\right)dt \end{cases}$$

取

$$\beta=\sqrt{\frac{L_0 v_0}{2K\omega_0}} \tag{2-57}$$

则

$$t=\sqrt{\frac{2L_0}{Kv_0\omega_0}\beta}=\frac{2\beta}{v_0}\sqrt{\beta}$$

$$dt=\frac{\beta}{v_0}\frac{d\beta}{\sqrt{\beta}}$$

所以

$$s=v_0 t=2\beta\sqrt{\beta}$$

$$\rho=\frac{ds}{d\beta}=\frac{\beta}{\sqrt{\beta}}$$

即随切线角 β 的增大,曲线半径逐渐减小,此种曲线即为回旋线。

行驶轨迹的曲线长度 $L=s=v_0 t=v_0\left(\frac{L_0}{K\omega_0}\right)\left(\frac{1}{\rho}\right)$,式中,$t=\left(\frac{L_0}{K\omega_0}\right)\frac{1}{\rho}$ 可由式(2-56)得出,如以 A^2 表示 $v_0\left(\frac{L_0}{K\omega_0}\right)$,$\frac{1}{R}$ 表示 $\frac{1}{\rho}$,则 $L=\frac{A^2}{R}$,即 $RL=A^2$ 回旋线方程。故

$$\begin{cases} x=\beta\int \dfrac{\cos\beta}{\sqrt{\beta}}\mathrm{d}\beta \\ y=\beta\int \dfrac{\sin\beta}{\sqrt{\beta}}\mathrm{d}\beta \end{cases} \tag{2-58}$$

3. 变速度的缓和曲线

为保持速度的连续性，从高速的直线段进入降速的圆曲线，其中间的缓和曲线的速度必须是变化的，因此，依变速设计的缓和曲线能给出符合行驶轨迹的合适的路线。

设离心力的变化是常数，取 P＝常数，把速度表示为时间的函数 $V(t)$，即

$$\frac{\mathrm{d}\dfrac{V^2}{\rho}}{\mathrm{d}t}=P$$

式中　ρ——所在点的曲率半径；

V——车速；

P——离心力的变化率。

上式积分，则

$$\frac{1}{\rho}=\frac{Pt}{[V(t)]^2}$$

此处　　$V(t)=\dfrac{\mathrm{d}t}{\mathrm{d}s}$

缓和曲线用直角坐标表示(图 2-32)，即

$$\begin{cases} \mathrm{d}x=\mathrm{d}s\cos\beta \\ \mathrm{d}y=\mathrm{d}s\sin\beta \\ \mathrm{d}s=\rho\mathrm{d}\beta \end{cases}$$

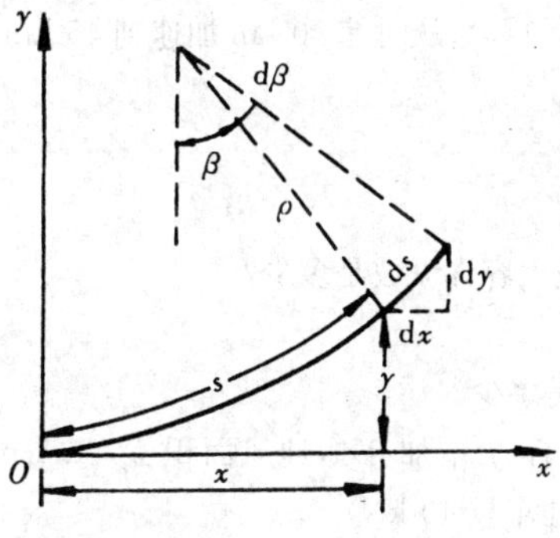

图 2-32　变速度的缓和曲线

式中　s——所在点的缓和曲线长；

β——相对于初始原点切线的缓和曲线上所在点的切线角。

故

$$\begin{cases} \dfrac{\mathrm{d}x}{\mathrm{d}s}=\cos\beta \\ \dfrac{\mathrm{d}y}{\mathrm{d}s}=\sin\beta \\ \dfrac{\mathrm{d}t}{\mathrm{d}s}=\dfrac{1}{V} \\ \dfrac{\mathrm{d}\beta}{\mathrm{d}s}=\dfrac{1}{\rho}=\dfrac{Pt}{V^2} \end{cases}$$

如果离心加速度$\dfrac{[V(t)]^2}{\rho}=K$＝常数，则

$$\frac{\mathrm{d}\beta}{\mathrm{d}s}=\frac{1}{\rho}=\frac{K}{[V(t)]^2}$$

按上式即可依缓和曲线确定的起速、终速、$P(m/s^3)$及减速(m/s^2)值,列表$t,V(t),\beta,x,y,s$及ρ,可求出缓和曲线坐标的位置、曲率及速度变化(详见辽宁交通科技译丛,1978年2月,"考虑速度变化的缓和曲线"(美)一文)。

复习思考题

2-1 为什么汽车的车速越大时,作用在汽车上的牵引力反而小?

2-2 汽车在路上不更换排档作稳定行驶时,道路阻抗越__________,则车速越__________,发动机曲轴的转速越__________,曲轴的扭矩越__________,发动机的功率越__________,汽车的牵引力越__________,动力因数越__________,轮胎与路面间的附着系数越__________。

2-3 汽车在小半径平面弯道上作高速行驶时,为什么会表现出横向的不稳定情况?为什么汽车高速行驶在弯道的内侧要比在外侧显得稳定?

2-4 试计算并绘制解放牌CA-10B型载重汽车的动力特性图(仅绘出Ⅲ,Ⅳ两挡的曲线)。已知$i_0=7.63$,$r_k=0.482$ m,$G_T=80$ kN,n,N,η_M查图,各排挡的i_k查表。

2-5 已知青岛市市郊某公路为沥青路面($f=0.02$),纵坡为5%,试问满载的解放牌CA-10B型载重汽车($G_T=80$ kN)能否以等速$V=40$ km/h上坡行驶?能上坡行驶的最大等速为多少?要用哪一个排挡?

2-6 一辆满载的解放牌汽车在纵坡$i=3\%$的坡道上以Ⅳ排挡等速前进(路面系沥青路面,干燥,摩阻系数$\varphi=0.5$,滚动阻力系数$f=0.02$),前方遇到5%的纵坡,问该车能否上去?如不能,应采用何种措施?请计算说明之(空气阻力可忽略不计,$G_k=60$ kN)。并验算附着力。

2-7 应用动力特性图,分别计算解放牌汽车在上下坡时(坡度均为1%),从时速40 km加速到45 km的加速时间和加速行程(设滚动阻力系数$f=0.02$,海拔高程$H=0$)。

2-8 对解放牌汽车,要求不查动力特性图进行计算:

(1) 为维持40 km的时速,道路的最大容许纵坡是多少?

(2) 若拖带一挂车,重40 kN,仍要求维持40 km的时速,道路的最大容许纵坡是多少?

(3) 带了挂车以后,遇到雨天泥泞道路能否行驶?

(4) 带了挂车以后,为克服3%的道路纵坡,汽车这时的最大车速是多少?

(条件:汽车满载总重$G=80$ kN,滚动阻力系数$f=0.02$,带挂车后,f增加8%,迎风面积$\omega=4.2\ m^2$,$r_k=0.482$ m,$K=0.60$,$\eta_M=0.85$,带挂车后,空气阻力P_ω增加32%,挂车重40 kN)。

2-9 汽车在弯道上行驶,如果弯道半径很小,路面横坡不当,汽车轮距窄且装载重心h过大,且车速v很高,汽车可能产生倾覆危险,试求汽车开始倾覆时上述诸因素的关系。假设$b=1.7$ m,$h_g=1.8$ m,$R=50$ m,$G_a=80$ kN,路面外侧行驶横坡(反超高)$i_0=0.03$,试求倾覆时的临界速度v_{max}为多少?

2-10 在气候良好、交通量不大时,部分汽车会采用较设计车速更高的速度,特别是在低速公路上。据测,一些艺高胆大的司机采用的μ可大至0.3。问:在半径为50 m、超高率为0.06的弯道上,这类汽车的时速可高至多少千米?

2-11 在冰雪覆盖的光滑路面上,一般司机会降低车速,以保持转弯时μ不超出0.07,以策安全。问:在半径为50 m、超高率为0.06的弯道上,时速应不超出多少千米?

第 3 章 交通量与通行能力

道路的交通状况与道路线形几何设计、环境条件等有关，特别在车速、交通量等方面表现着相关性的变化。为了新建或改建道路，或提高运输能力，必须研究交通的性质、交通量与速度的关系以及道路的通行能力等问题，这些都是确定道路几何组成部分的重要因素。

对道路交通问题进行科学分析的新学科即为“交通工程”(Traffic Engineering)。从道路方面看，所谓交通工程，是结合客货运输的安全、便利与经济，综合探讨公路、城市道路及其连接的整体规划、交通流、几何线形设计和营运管理等问题的学科。“道路是交通的基础”。交通工程学研究道路与车辆在发展变化中的相互关系。通常，三大交通调查(交通量、交通始终点、交通速度)是研究交通工程学的基础资料。交通工程学是综合治理交通，特别是综合治理城市交通的一门科学，又称它为“5E”科学，即法规(管理)(Enforcement)、教育(Education)、工程(Engineering)、环境(Environment)、能源(Energy)综合研究的科学。

3.1 交通量的观测与计算

3.1.1 交通量的类别与计算

交通量是指道路上某一断面在单位时间内通过的车辆数量，一般用 1h、1d 表示，分别称为小时交通量(辆/h)、日交通量(辆/d)。交通量随季节、气候、时间而变化。其中常用的为下述四种：

1. 年平均日(双向)交通量 N

一年 365 天交通量观测的平均值，用以决定道路等级及拟定道路修建次序的依据。

2. 最大日(双向)交通量 N_1

一年 365 天交通量中的最大值，用以研究道路交通的不均衡性。

3. 最大高峰小时(双向)交通量 N_2

以小时为单位所观测交通量的最大值，用以确定道路几何线形的标准。

4. 日平均小时(双向)交通量 N_3

一昼夜小时观测交通量的平均值。目前公路上采用上午 5:00—晚上 9:00 期间 16 个小时的交通量的平均值，即能正确反映日平均小时交通量，因为该期间约占 24 h 总交通量的 96%，已足够准确。城市道路控制测站一天调查 24 h，辅助测站一天调查 12 h 或 14 h，一般采用 6:00—18:00 或 6:00—20:00。

它们之间的关系如下：

$\frac{N_1}{N}=F$ 称为一年中昼夜不均衡系数，可采用 1.6；

$\frac{N_2}{N_3}=F_1$ 称为一昼夜的小时不均衡系数，可采用 2.1。

计算交通量时,应将行驶中的各种车辆,折算为某种标准车辆。我国公路及城市道路以小客车为准。汽车代表车型分为小客车、中型车、大型车和拖挂车四类。因此,在换算车辆时应引入车辆折算系数,通常以车辆宽度 B 与平均行车速度 V 比值的对比来加以确定,即以选定的车辆的 B/V 为1,以其他车型的 B/V 与选定车辆对比求得。

交通量换算采用小客车为标准车型。各汽车代表车型及车辆折算系数规定见表3-1。拖拉机和非机动车等交通量换算应符合下列规定:

表3-1　　各汽车代表车型及车辆折算系数

汽车代表车型	车辆折算系数	说　明
小客车	1.0	座位≤19座的客车和载质量≤2 t的货车
中型车	1.5	座位>19座的客车和2 t<载质量≤7 t的货车
大型车	2.5	7 t<载质量≤20 t的货车
汽车列车	4.0	载质量>20 t的货车

(1) 蓄力车、人力车、自行车等非机动车按路侧干扰因素计。

(2) 公路上行驶的拖拉机每辆折算为4辆小客车。

(3) 公路通行能力分析所要求的车辆折算系数应针对路段、交叉口等形式,按不同的地形条件和交通需求,采用相应的折算系数。

路侧干扰因素分为6类5个等级,分类标准见表3-2(a)。

表3-2(a)　　路侧干扰因素分类

等级＼类别	拖拉机 *TRA* (辆/(200 m·h))	支路车辆 *EEV* (辆/(200 m·h))	路侧停车 *PSV* (辆/(200 m·h))	行人数量 *PED* (人/(200 m·h))	非机动车 *SMV* (辆/(200 m·h))	街道化程度 *LU* (%)
1	≤2	≤1	≤2	≤6	≤50	≤20
2	≤4	1<*EEV*≤2	2<*PSV*≤4	6<*PED*≤12	≤100	20<*LU*≤40
3	≤6	2<*EEV*≤3	4<*PSV*≤6	12<*PED*≤18	≤150	40<*LU*≤60
4	≤8	3<*EEV*≤4	6<*PSV*≤8	18<*PED*≤24	≤200	60<*LU*≤80
5	≤10	>4	>8	>24	>200	80<*LU*≤100

根据各影响因素的权重与级别,路侧干扰因素级别变量值(*FRIC*),按公式(3-1)计算:

$$FRIC = INT(0.25TRA + 0.2EEV + 0.18PSV + 0.15PED + 0.12SMV + 0.10LU + 0.5) \quad (3\text{-}1)$$

路侧干扰按影响程度不同分为5个等级。首先按表3-2(a)中填写公路两侧每200 m范围内各种干扰事件出现频率的观测值,以确定每类干扰事件的等级。路侧干扰事件的含义如下:

—*TRA*:路侧每200 m范围、1 h内拖拉机流量(辆/(200 m·h)),当拖拉机流量小于10辆/h时才填写;

—*EEV*:路侧每200 m范围、1 h内进出公路的机动车数量(辆/(200 m·h));

—*PSV*:路侧每200 m范围、1 h内的停靠车辆数(辆/(200 m·h));

—*PED*:路侧每200 m范围、1 h内行人数量和横穿公路的行人数量(人/(200 m·h));

—SMV：路侧每 200 m 范围、1 h 内非机动车流量，包括自行车、三轮车、畜力车、人力车等(辆/(200 m·h))；

—LU：路侧每 200 m 范围内的街道化程度(%)。

将各干扰事件等级与公式 3-1 中干扰事件的权重相乘，再将各干扰因素和街道化程度的加权等级值相加，便可得到分析路段最终的路侧干扰等级值 $FRIC$。

如果无法得到详细的路侧干扰数据，也可根据表 3-2(b)中对各干扰等级的典型条件描述，粗略确定分析路段的路侧干扰等级。

表 3-2(b)　　公路设施的路侧干扰等级

路侧干扰等级		典型状况描述
1	轻微干扰	公路条件符合标准、交通状况基本正常、各类路侧干扰因素很少
2	较轻干扰	公路设施两侧为农田、有少量自行车、行人出行或横穿公路
3	中等干扰	公路穿过村镇或路侧偶有停车、被交支路有少量车辆出入
4	严重干扰	公路交通流中有较多的非机动车或拖拉机混合行驶
5	非常严重干扰	路侧设有集市、摊位、交通管理或交通秩序很差

公路通行能力分析所要求的车辆折算系数应针对路段、交叉口等形式，按不同的地形条件和交通需求，采用相应的折算系数，详见第三节通行能力。

为了判断交通量饱和与否，可按下述三种情况进行研究：

(1) 驾驶操纵不感困难，一般用常速或略减速会车、超车时不感困难，汽车时速与行车密度较小时无明显区别，行车无拥挤或繁忙感，路面养护不感繁重，则交通量未饱和；

(2) 驾驶操纵稍感不便，但不过分妨碍超车、会车，汽车可以维持一定车速，行车虽稍感拥挤或有繁忙感，但交通秩序尚好，路面养护虽较繁重，但可通过改善路况来适应，则交通量接近饱和；

(3) 驾驶操纵很感困难，有拥挤压车情况，影响会车、超车以致换档频繁，车速低，交通秩序不良，路面养护繁重，非仅靠改善路面类型所能解决，则交通量已达拥挤。

3.1.2　交通量的观测

为了获得交通量、交通性质及变化情况，进而推求远景设计交通量，必须对当前的道路交通情况进行观测。

观测的方式有下述两种：①人工与计数器相结合；②自动观测记录，利用固定式或便携式计数器，可进行长期的连续观测。

目前，常用人工与计数器相结合的观测方式，其步骤如下：

1. 选定观测地点

观测路段上的交通量，宜选择在车流比较稳定的断面。

观测交叉口的流量流向，则需在进入交叉口的每条相交道路上各选一个断面，观测站点可设在停车线附近。

观测全市交通的分布状况。需在各交叉口之间的各个路段上设置观测断面同时进行观测，这样可显示出整个道路网交通流量的分布情况。

2. 确定观测日期和时间

人工观测应选择有代表性的日期和时间进行短期的抽样观测，要考虑工作日、假日、上下班时间、季节、气候状况等因素,决定一年中观测的次数、每次观测的天数和一天观测的时数,例如每一周观测一次,每次观测的周日数轮换。

3. 统计表格的设计

路段交通量观测统计及交叉口机动车流量观测统计表格如表3-3和表3-4所示。

表3-3　　路段交通量观测统计表

日　期______　　　　　　　　　　　　观　测______

星　期______　　　　　　　　　　　　整　理______

天　气______　　　地　点:××路　　　校　核______

交通分类 / 流向 / 时间	机动车																					非机动车									行人
	客车									货车									其他			自行车			小型			大型			
	公交车			大客车			小客车			二轴			三轴			＞三轴															
	向东南	向西北	双向	向东南	向西北	双向	向东南	向西北	双向	向东南	向西北	双向	向东南	向西北	双向	向东南	向西北	双向	向东南	向西北	双向	向东南	向西北	双向	向东南	向西北	双向	向东南	向西北	双向	
6:00—7:00																															
⋮																															
12:00—13:00																															
⋮																															
17:00—18:00																															
小　计																															
总　计																															
附　注	表列交通量为双向(或单向)																														

4. 绘制统计图表

图3-1为全市干道网上某种交通流量分布图。图3-2为交叉口交通流量流向分布图。图3-3为环形交叉交通量流向网络图。图3-4为高峰小时各种机动车辆比重变化。图3-5为交叉口各种交通流量时间分布曲线。

表 3-4　　　　　　　　　　交叉口机动车流量观测统计表

日　期______　　　　　　　　　　　　　　　　　　　　　　　　观　测______

星　期______　　　　　　　　　　　　　　　　　　　　　　　　整　理______

天　气______　　　　　　　地　点：××路与××路交叉口　　　　　校　核______

方向 / 车种 / 时间	右转							直行							左转							三向合计
	客车			货车			小计	客车			货车			小计	客车			货车			小计	
	公交车	大客车	小客车	二轴	三轴	大于三轴		公交车	大客车	小客车	二轴	三轴	大于三轴		公交车	大客车	小客车	二轴	三轴	大于三轴		
6:00—7:00 7:00—8:00 ⋮ 18:00—19:00																						
小　计																						
总　计																						
附　注	1. 本表用于四路交叉口，每个路口用一表 2. 车流量为驶入交叉口数据																					

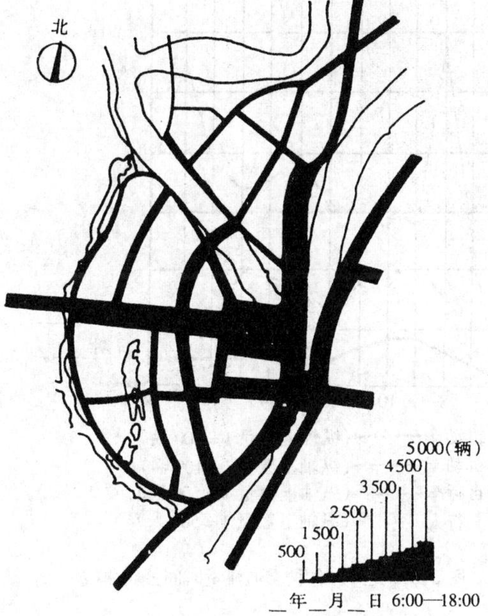

图 3-1　全市干道网上某种交通流量分布

进或出交叉口	流量(辆)	百分比(%)
左转	337	17
直行	1 290	64
右转	394	19
总计	2 021	100

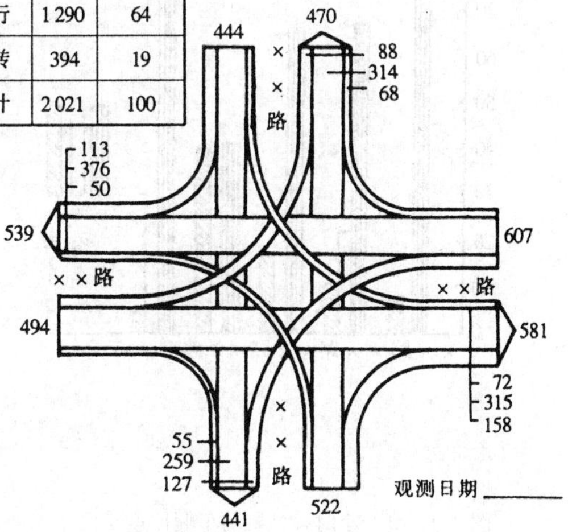

图 3-2　交叉口交通流量流向分配

3.2　行车速度

3.2.1　行车速度的类别与测定方法

行车速度泛指各种车辆的速度。除计算行车速度、平均技术速度外尚有下述几种车速：

1. 地点车速

地点车速指车辆通过道路某一地点的瞬时车速。

2. 时间平均车速

时间平均车速指车辆通过某指定断面测得全部地点车速的算术平均数。

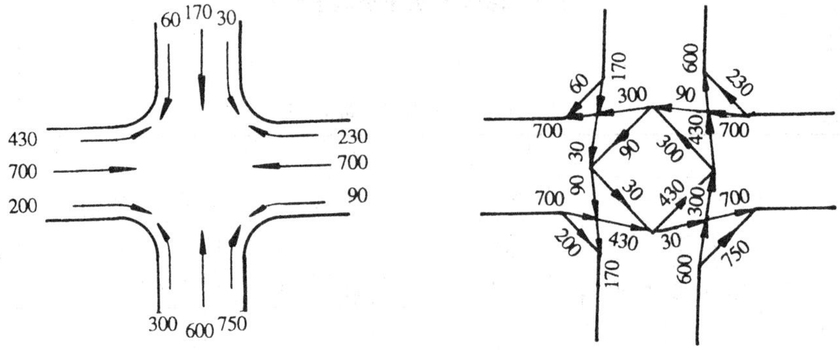

(a) 交通量流向图　　　　(b) 网络图

图 3-3　环形交叉交通量流向网络图

(注:图中数字为折算为标准车辆的设计小时流量)

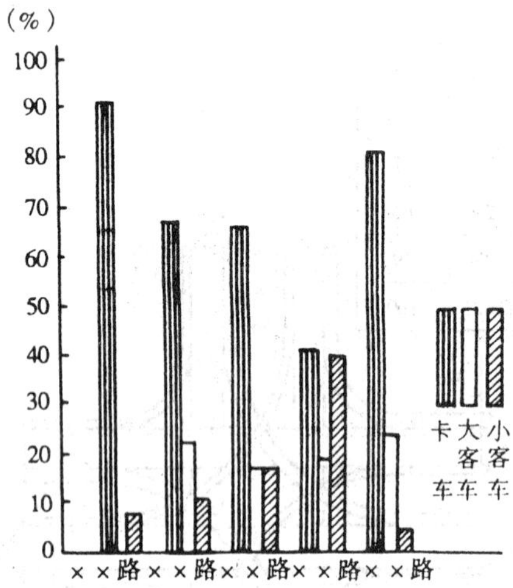

图 3-4　高峰小时各种机动车辆比重变化

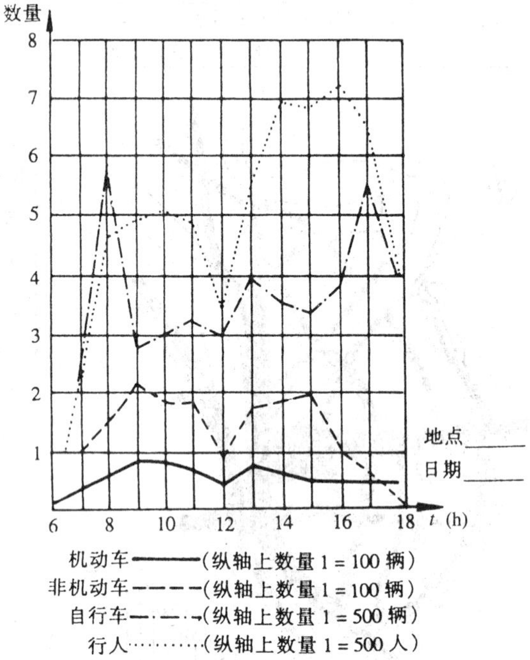

图 3-5　交叉口各种交通流量时间分布曲线

3. 空间平均车速

空间平均车速指所有车辆驶过路段 L 时的车速的平均值。通常采用划定路段间距 L 除以若干次所测车辆的行驶时间的平均值求取,即

$$v_1=\frac{nL}{\sum t_i} \tag{3-2}$$

式中　n——测定次数,即观测的车辆数;

L——在测定时间内车辆通过的路段长度(m);

$\sum t_i$——各车辆行程时间测定值之和(s)。

4. 全程车速

全程车速指道路全程距离除以车辆行经全程所需的时间,包括延误时间在内。

可依据距离长、短两种情况及设备、条件等来选用道路实际车速的测定方法，具体如下：

距离长时：

(1) 牌照法。沿路线起、终点分别记录发车和到车的牌照号码、时间，加以对照整理。依平面图量出距离，即可算出车速。这种方法宜用于定线交通车辆或测定不太长距离内的路段车速。

(2) 试验车测速。用五轮仪或测速仪置于试验车上，在测定的路线上跟车行驶，直接读出或自动记录车辆的行驶速度、距离或时间。

(3) 测试车测速。测试车先向路段某一方向行驶，车中的观测者记录与测试车对向驶来的车辆数 x_a、同向超越测试车的车数，被测试车超越的车数及行驶于该路段的行程时间，然后测试车反向行驶作同样观测，一般需 6～8 个往返。

汽车车流量及平均车速按下述方法计算：

① 汽车车流量

$$q_c=\frac{X_a+Y_c}{t_a+t_c} \tag{3-3}$$

式中　q_c——待测定方向的路段车流量(单向)(辆/h)；

X_a——与测试车对向行驶的来车数(辆)；

Y_c——在待测定方向上，超越测试车的车辆数减去被测试车超越的车辆数(辆)；

t_a——测试车与待测定车流方向反向行驶时的行驶时间(min)；

t_c——测试车顺待测定车流方向行驶时的行驶时间(min)。

② 平均行程时间

$$t=t_c-\frac{Y_c}{q_c} \tag{3-4}$$

式中，t 为待测定路段的平均行程时间(单向)(min)。

③ 平均车速

$$V_m=\frac{l}{t}\times 60 \tag{3-5}$$

式中　V_m——待测定路段的平均车速(单向)(km/h)；

l——观测路段的长度(km)。

距离短时(如点车速)：

(1) 机械方式观测，可用雷达测速仪，或用道路检测仪器测定车速(如超声波、环状线圈式、电感性等仪器)；

(2) 用人工观测，可将路段划线，车辆通过标志线分别启闭秒表，记录车辆行经两标志线的时间，用距离相除即得车速值。

【例题 1】　测试车在长 5 000 m 路段上往返行驶 12 次，数据整理如表 3-5 所示(数据都是平均值)，求东行的车流量与车速。

表 3-5　　**测试结果**

行驶时间 t(min)	与测试车对向行驶的来车数 X(辆)	测试车的被超车数减超车数 Y(辆)
东行 6 次　4.60	90.5	1.5
西行 6 次　4.70	85.0	−1.0

解 (1) $q_{东}=\frac{X_{西}+Y_{东}}{t_{东}+t_{西}}=\frac{85.0+1.5}{4.6+4.7}=9.3$ 辆/min=558 辆/h。

(2) $t_{东}=t_{c东}-\frac{Y_{东}}{q_{东}}=4.6-\frac{1.5}{9.3}=4.44$ min。

(3) $Y_{东m}=\frac{l}{t_{东}}\times 60=\frac{5\times 60}{4.44}=67.6$ km/h。

3.2.2 行车速度数据的整理

车速与观测次数一般呈正态分布曲线，如图 3-6(a)所示。为获得典型车速值，一般可以路段某点观测值计算，并取 85%的汽车不超过的某个车速为标准。具体计算步骤以下述例题加以阐明。

【例题 2】 路段某点车速观测值如表 3-6 所列，试求取路段该点的车速值。

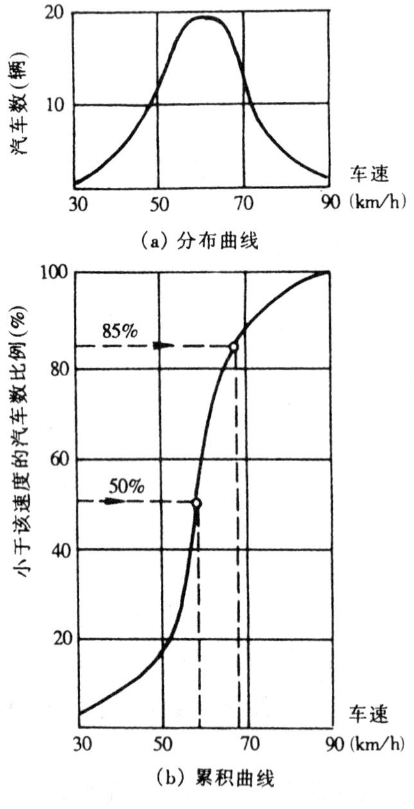

图 3-6 车速保证率曲线

表 3-6 车速观测值

车速 (km/h)	观测次数 (f)	观测次数百分比 (%)	累计百分比 (%)
24	1	5	5
25	1	5	10
26	1	5	15
27	2	10	25
28	3	15	40
29	2	10	50
30	5	25	75
31	1	5	80
32	2	10	90
34	1	5	95
39	1	5	100
	$\sum f=20=N$	100	

解 (1) 计算车速平均值 V_m

根据表 3-6，计算得表 3-7。所以

$$V_m=\frac{\sum f\cdot x}{N}=\frac{589}{20}=29.45(\text{km/h})$$

表 3-7　　根据表 3-6 的计算结果

x	f	fx	x^2	fx^2
24	1	24	576	576
25	1	25	625	625
26	1	26	676	676
27	2	54	729	1456
28	3	84	786	2358
29	2	58	841	1682
30	5	150	900	4500
31	1	31	961	961
32	2	64	1024	2048
34	1	34	1156	1156
39	1	39	1521	1521
	$\sum f=20=N$	$\sum fx=589$		$\sum fx^2=17559$

注：x 为车速(km/h)，f 为观测次数。

(2) 计算标准差

$$\sigma=\sqrt{\frac{\sum(fx^2)-V_m^2}{N}}=\sqrt{\frac{17559-(29.45)^2}{20}}=3.24(\text{km/h})$$

(3) 计算代表性车速

代表性车速为

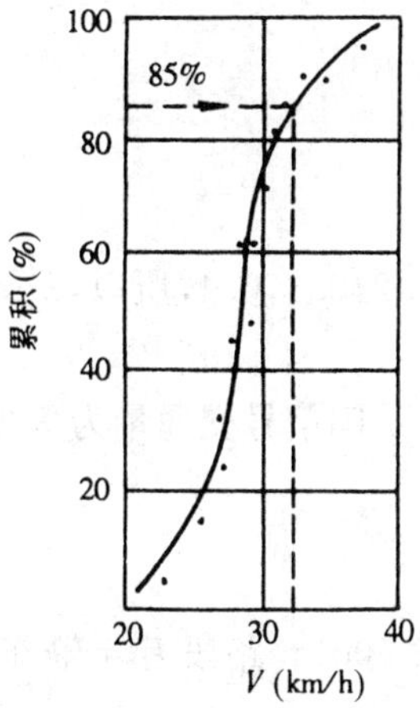

图 3-7　车速累积曲线

$$V=V_m\pm E$$

E 为误差范围，$E=\pm t_a\frac{\sigma}{\sqrt{N-1}}$

式中　σ——标准差；

N——观测次数；

t_a——系数，根据可靠度查表 3-8 求得。

本例题可靠度为 98%，得 $t_a=2.50$，所以

$$E=\pm2.50\times\frac{3.24}{\sqrt{19}}=1.86(\text{km/h})$$

代表性车速 $V=29.45\pm1.86=27.6\sim31.31$(km/h)。

道路车速标准，从图 3-7 上选取以 85%汽车不超过的某个车速为标准，得 $V_{85\%}=31.50$(km/h)。

表 3-8 系数 t_a 值

可靠(%)	68.3	86.6	90.0	95.0	98.8	99.0	99.7
系数 t_a	1.00	1.50	1.64	1.96	2.50	2.58	3.00

3.2.3 交通流的分布

交通流随时间的分布,通常认为符合概率论中的"泊松分布",即随机性、不规则性。因此,在实地进行一定数量的观测,就可得到某一时间间隔内的随机来车数目和该时间间隔内出现某车辆的次数。此时,可用下式求算在单位时间间隔 t 内,某一地点通过 x 辆车的概率 $P(x)$,即

$$P(x)=\frac{m^2 e^{-m}}{x!} \tag{3-6}$$

式中,m 为单位时间间隔内通过的交通流的平均值:

$$m=\frac{Nt}{3\,600}$$

其中 N——交通量(辆/h);

t——时间间隔(s);

x——在单位时间间隔内通过的车辆数(辆);

e——常数(e=2.71828)。

交通流符合泊松分布的特征为:①是离散型随机变量;②事件的出现是相互独立的;③是属于试验次数 n 很大而每次试验出现的概率 P 很小的稀有事件。

当交通流为连续流时,分布规律不符合泊松分布。

【例题 1】 某路每小时交通量为 360 辆,求在 1 s 时间内完全没有车辆行驶的概率。

解 1 s 平均交通量为 $m=\frac{360}{3\,600}=0.1$,所以

1s 完全没有车辆行驶的概率为

$$P_0=\frac{m^x e^{-m}}{x!}=\frac{0.1^0\times e^{-0.1}}{0!}=e^{-0.1}=0.905$$

同样,2 s,3 s,4 s 时间没有车辆行驶的概率,由于平均值各为 0.2,0.3,0.4,所以,2 s 的概率为 0.8187,3 s 为 0.7408,4 s 为 0.6703。

【例题 2】 某交叉口进口道交通量为 300 辆/h,信号周期长 120 s,问信号交通量为多少?

解

$$m=\frac{Nt}{3\,600}=\frac{300}{3\,600}\times 120=10\ 辆/周期$$

【例题 3】 设有 60 辆汽车随意分布在 5 km 道路上,试求任意 500 m 路段有 4 辆车的概率。

解 任一 500 m 路段的平均车数为 $m=\frac{60}{10}=6$ 辆。

所以有 4 辆车的概率为

$$P_4=\frac{m^x e^{-m}}{x!}=\frac{6^4\times e^{-6}}{4!}=\frac{1296e^{-6}}{24}=0.1339$$

即概率为 13.39%。

3.3　通行能力

通行能力指汽车以正常速度、保证行车安全舒适、车流无阻碍条件下，单位时间内通过道路某一断面的最大车辆数，以辆/h 或辆/d 表示，它是正常条件下道路交通的极限值。

3.3.1　基本通行能力

基本通行能力是指一般道路与交通条件下，每条车道以一定车速连续安全行驶每小时能通过的最大车辆数(不包含交叉口等影响)。

通行能力的计算可采用“车头间距”或“车头时距”(车头间隔时间)推求。车头间距是指交通流中连续两车之间的距离。而车头时距则是指连续两车通过车道或道路上同一点的时间间隔。

车头间距(图 3-8)为

$$L=l+vt+s_{制}+l_0=l+vt+\frac{K_2-K_1}{2g(\varphi+f\pm i)}v^2+l_0 \tag{3-7}$$

式中　v——汽车车速(m/s)；

t——司机反应时间，取 $t=1.2\sim1.8$ s。一般可取 1.2 s；

l——汽车长度(m)。取值为：小汽车 5 m，普通汽车 12 m，铰接车 18 m；

l_0——汽车间距(m)，可取 3～5 m；

φ——附着系数，通常取 0.5～0.2，见表 2-8；

f——滚动阻力系数，可取 0.02，见表 2-5；

i——道路纵坡，上坡取正号，下坡取负号；

K_2，K_1——制动使用系数。后车 K_2 可取 1.7，前车 K_1 可取 1.0。

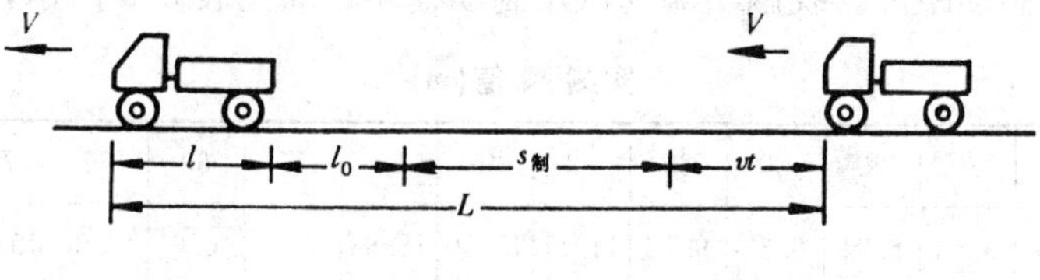

图 3-8　车头间距 L

故通行能力 N(辆/h)为

$$N=\frac{3600}{L/v}=\frac{3600v}{l+vt+kv^2+l_0}，\quad 取 K=\frac{K_2-K_1}{2g(\varphi+f\pm i)}$$

$$N=\frac{3600}{t+Kv+\frac{l+l_0}{v}} \tag{3-8}$$

通行能力最大时的车速为最佳车速。此时

$$\frac{\mathrm{d}N}{\mathrm{d}v}=0$$

故
$$\frac{\mathrm{d}N}{\mathrm{d}v}=\left(0+K-\frac{l+l_0}{v^2}\right)=0,\quad K=\frac{l+l_0}{v^2}$$

故
$$v_{最佳}=\sqrt{\frac{l+l_0}{K}} \tag{3-9}$$

按公式(3-8)计算可绘制如图 3-9 所示的车速与通行能力关系图。通行能力开始随车速增大而增大,但车速增大到某一数值后,通行能力逐渐降低。通常可取 $\varphi=0.4$,为简化计,则 $K=\dfrac{K_2-K_1}{2g(\varphi+f\pm i)}$ 值,对高速公路取 0.125;对公路干线、城市道路取 0.087 5。所以,车速为 30~40(km/h)时,一条车道的通行能力约为1 200 ~1 500(辆/h)。

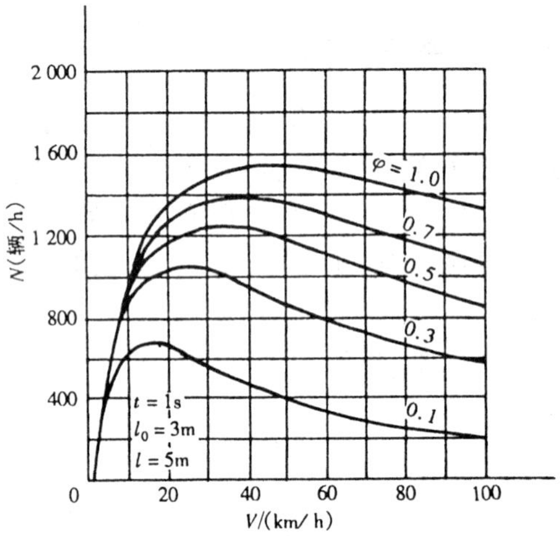

图 3-9 一条车道通行能力与车速关系曲线

美国对高速公路和多车道公路在连续流理想条件下的基本通行能力平均值取为 2 000 辆小客车/h/车道。

如以车头时距(间隔时间)表示,则

$$N=\frac{3\,600}{t_i}(辆/h) \tag{3-10}$$

式中,t_i 为连续车流平均车头间隔时间(s),可按下式计算:

$$t_i=\frac{L}{v}=t+\frac{s_{制}+l+l_0}{v}$$

式中,$s_{制}$ 为汽车的制动距离。我国实测的汽车制动拖印距离见表 3-9 所示,可供参考。

表 3-9　　实测 $s_{制}$ 值(m)

车速	km/h	10	15	20	25	30	35	40	45	50	55	60	65	70	75	80
	m/s	2.78	4.17	5.56	6.94	8.33	9.72	11.11	12.50	13.88	15.28	16.67	18.06	19.44	20.83	22.22
干燥的沥青、水泥、碎石路面		0.66	1.47	2.62	4.09	5.90	8.03	10.49	13.23	16.33	19.84	23.84	27.70	32.13	36.88	42.00
潮湿的沥青、水泥、碎石路面		0.79	1.76	3.14	4.91	7.08	9.64	12.59	15.94	19.60	23.81	28.33	33.24	38.56	44.26	50.40

我国对不同车种的平均车头时距 t_i 值,经观测整理得出表 3-10,可供计算时参考使用。

表 3-10　　平均车头时距 t_i 值

车种 \ t_i(s) \ 计算行车速度(km/h)	50	46	40	35	30	25	20
小客车	2.13	2.16	2.20	2.26	2.33	2.44	2.61
普通汽车	2.71	2.75	2.80	2.87	2.97	3.12	3.34
铰接车	—	3.50	3.56	3.63	3.74	3.90	4.14

对城市道路因车种混合行驶，一般车速在 $V=25\sim40$ km/h，混行的平均车头时距约为 $t_i=3.2\sim3.5$ s，所以，一条车道的最大通行能力为 $N=1\,000\sim1\,100$ 辆/h(平均 1 050 辆/h)。

当城市道路资料缺乏而无法计算时，一条车道小客车基本通行能力可采用表 3-11 所列值。

表 3-11　　一条车道小客车基本通行能力

计算车速(km/h)	20	30	40	50	60
一条车道的基本通行能力(辆/h)	1 400	1 600	1 650	1 700	1 800

3.3.2　设计通行能力

基本通行能力是理论上的数值，实际上因受车道数、车道宽度、自行车影响及交叉口等的影响，通行能力会有所降低，此时，设计所采用的通行能力值即为设计通行能力。

设计通行能力分为两种情况：

1. 不受平面交叉路口影响的设计通行能力

按下式计算：

$$N_s=N\varphi_q \tag{3-11}$$

式中，φ_q 为机动车车道等级的折减系数，见表 3-12。

表 3-12　　φ_q 值

分　类	φ_q	分　类	φ_q
快速路	0.75	次干路	0.85
主干路	0.80	支路	0.90

2. 受平面交叉、行人过街等影响的设计通行能力

应对基本通行能力乘以总折减系数，即

$$N_\alpha=\frac{3\,600v}{L}\alpha \tag{3-12}$$

式中，α 为综合考虑各项因素后的总折减系数，其中包括道路平面交叉、行人过街、车道宽度、

多车道、铁路道口等影响,并分别以 $\alpha_{交}$,$\alpha_{人}$,$\alpha_{条}$,$\alpha_{车道}$,$\alpha_{铁}$ 表示。

下面对路段通行能力的折减系数分别予以说明:

(1) 交叉口的折减系数 $\alpha_{交}$

$$\alpha_{交}=\frac{交叉口间无阻时的行程时间(s)}{交叉口间实际的行程时间(s)}$$

① 路段行驶车辆受信号灯红灯影响时(图3-10),折减系数为 $\alpha_{交1}$

$$\alpha_{交1}=\frac{t_{AB}}{t_1+t_2+t_3+t_4+\Delta}=\frac{l/v}{v/a+l_2/v+v/b+\Delta}=\frac{l/v}{l/v+v/2a+v/2b+\Delta} \tag{3-13}$$

式中 a——启动时的平均加速度(m/s^2),混合行驶时取 $a=0.50(m/s^2)$;

b——制动时的平均减速度(m/s^2),混合行驶时取 $b=1.5(m/s^2)$;

Δ——车辆交叉口停候时间(s),取红灯时间的一半,$\Delta=15\sim20s$。

按式(3-13)计算得出表3-13,可供设计时参考采用。

表3-13　交叉口折减系数 $\alpha_{交1}$ ($a=0.5m/s^2$, $b=1.5m/s^2$, $\Delta=15s$)

车速		交叉口之间的距离 l(m)											
V(km/h)	v(m/s)	100	200	300	400	500	600	700	800	900	1 000	1 100	1 200
20	5.56	0.45	0.62	0.71	0.76	0.80	0.83	0.85	0.87	0.88	0.89	0.90	0.91
25	6.94	0.37	0.54	0.64	0.70	0.75	0.78	0.81	0.83	0.84	0.86	0.87	0.88
30	8.33	0.31	0.48	0.58	0.65	0.70	0.73	0.76	0.79	0.81	0.82	0.83	0.85
35	9.72	0.27	0.42	0.52	0.60	0.65	0.69	0.72	0.75	0.77	0.79	0.80	0.82
40	11.11	0.23	0.38	0.48	0.55	0.60	0.64	0.68	0.71	0.73	0.75	0.77	0.78
45	12.50	0.20	0.34	0.43	0.50	0.56	0.60	0.64	0.67	0.69	0.72	0.74	0.75
50	13.88	0.18	0.30	0.39	0.46	0.52	0.56	0.60	0.63	0.66	0.68	0.70	0.72

② 交叉口不设红绿灯时(图3-11),折减系数为 $\alpha_{交2}$:

车辆通过交叉口仅为减速,无需停车等候,$\Delta=0$;

设到达交叉口时 A 和 B 的车速为 v_A 和 v_B,可得

$$\alpha_{交2}=\frac{t_{AB}}{t_1'+t_2'+t_3'}=\frac{l/v}{\dfrac{v-v_A}{a}+\dfrac{l_2'}{v}+\dfrac{v-v_B}{b}} \tag{3-14}$$

式(3-14)经整理,得

$$\alpha_{交2}=\frac{l/v}{\dfrac{l}{v}+\dfrac{v}{2a}\left(1-\dfrac{v_A}{v}\right)^2+\dfrac{v}{2b}\left(1-\dfrac{v_B}{v}\right)^2}$$

取

$$\beta_1=\left(1-\frac{v_A}{v}\right)^2$$

$$\beta_2=\left(1-\frac{v_B}{v}\right)^2$$

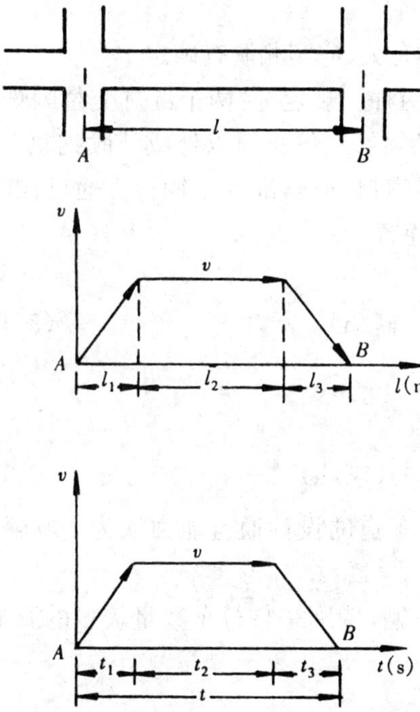

图 3-10　交叉口受信号灯影响时的车速变化

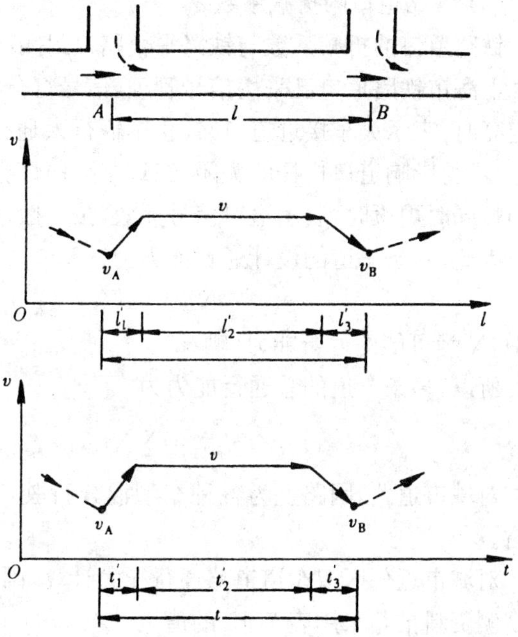

图 3-11　交叉口不设红绿灯时的车速变化

故
$$\alpha_{交2}=\frac{l/v}{\frac{l}{v}+\beta_1\frac{v}{2a}+\beta_2\frac{v}{2b}} \tag{3-15}$$

通常，在交叉口减速行驶处，可取$\frac{v_A}{v}\approx 0.7$。

(2) 行人过街折减系数 $\alpha_人$

行人过街折减系数与行人过街密度有关，应实地调查确定。据北京市调查，当双向过街人数达 500 人次/h 时，取 $\alpha_人=0.63$。

(3) 多车道的折减系数 $\alpha_条$

无分隔的同向车行道，靠路中心车道通行能力最大，靠侧右车道通行能力最小。自路中心起，第一条车道 $\alpha_条=1.00$，第二条车道 $\alpha_条=0.80\sim0.89$，第三条车道 $\alpha_条=0.65\sim0.78$，第四条车道 $\alpha_条=0.50\sim0.65$，第五条车道 $\alpha_条=0.40\sim0.52$。因此，通常道路最多的车道数为 4～6 车道。

(4) 车道宽度的折减系数 $\alpha_{车道}$

当车道宽度小于 3.50 m 时，应按表 3-14 予以折减。

表 3-14　　$\alpha_{车道}$

车道宽度 (m)	$\alpha_{车道}$	车道宽度 (m)	$\alpha_{车道}$
3.50	1.00	3.00	0.85
3.25	0.94	2.75	0.77

(5) 铁路道口的折减系数 $\alpha_{铁}$

铁路道口的折减系数与铁路平交路口封闭次数、时间有关，应实测调查确定。

上海市铁路道口已采用信号管理，信号灯分为红、白两种。规定为：两个红灯交替闪烁或稳定亮时，表示火车接近道口，禁止车辆行人通行，行人必须停在停止线以外或外股钢轨 5 m 以外，不得影响道口栏杆的关闭；红灯熄灭白灯亮时，表示道口开通，准许车辆行人通过；红灯和白灯同时熄灭时，表示道口信号无效，按一般道口规定通行。

因此，一条车道的设计通行能力为

$$N_{路段}=N(\alpha_{交}\ \alpha_{人}\ \alpha_{条}\ \alpha_{车道}\alpha_{铁})(辆/h) \tag{3-16}$$

式中，N 为可能的通行能力(辆/h)。

所以，多条车道的总通行能力为

$$N_{路段}=\sum_{1}^{n}N(\alpha_{交}\ \alpha_{人}\ \alpha_{条}\ \alpha_{车道}\alpha_{铁}\cdots)(辆/h) \tag{3-17}$$

对城市道路，因路上为各种车型混合行驶，通常一条车道的设计通行能力取为 500 辆/h 左右。

对城市近郊区双车道道路通行能力计算，因受混合车辆，特别是自行车数量较多的影响，按观测资料推荐采用表 3-15 的值。

表 3-15　近郊区双车道道路通行能力

路面宽度(m)	路基宽度(m)	行驶速度(km/h)	双向最大通行能力推荐值(辆/h)	
			机动车	自行车
7	12	35～40	500	500
9	11～12	40～45	620	500
14	≮16	45	1 000	≯1 000

3.3.3　通行能力与服务水平

在公路规划和设计中，应进行通行能力和服务水平分析与评价。对于高速公路、一级公路的路段和互通式立体交叉的匝道及其交织区段必须分别进行通行能力的分析、评价，使全线服务水平保持均衡一致。对二级公路、三级公路的路段和一级公路的平面交叉，应进行通行能力与服务水平的分析、评价。对二级公路、三级公路的平面交叉，根据其重要程度宜进行通行能力与服务水平的分析、评价。

服务水平划分为六个等级，是为了清楚地说明公路交通负荷状况，以 v/C (饱和度)值为划分条件，定性地描述交通流从自由流、稳定流到饱和流和强制流的变化阶段。因此，采用六级服务水平体系，可以方便地评价公路运输的运行质量。

服务水平的划分，这次《公路工程技术标准》(JTG B01—2014)的修订，采用 v/C (饱和度)值来衡量拥挤程度，作为评价服务水平的主要指标，同时采用小客车实际行驶速度与自由流速度之差作为次要评价指标，将服务水平分为六级。

根据交通流状态，各级服务水平定性描述如下：

一级服务水平：

交通流处于完全自由流状态。交通量小，速度高，行车密度小，驾驶员能自由地按照自己的意愿选择所需速度,行驶车辆不受或基本不受交通流中其他车辆的影响。在交通流内驾驶的自由度很大,为驾驶员、乘客或行人提供的舒适度和方便性非常优越。较小的交通事故或行车障碍的影响容易消除,在事故路段不会产生停滞排队现象,很快就能恢复到一级服务水平。

二级服务水平:

交通流状态处于相对自由流的状态,驾驶员基本上可以按照自己的意愿选择行驶速度,但是开始要注意到交通流内有其他使用者,驾驶人员身心舒适水平很高,较小交通事故或行车障碍的影响容易消除,在事故路段的运行服务情况比一级差些。

三级服务水平:

交通流状态处于稳定流的上半段,车辆间的相互影响变大,选择速度受到其他车辆的影响,变换车道时驾驶员要格外小心,较小交通事故仍能消除,但事故发生路段的服务质量大大降低,严重的阻塞后面形成排队车流,驾驶员心情紧张。

四级服务水平:

交通流状态处于稳定流范围下限,但是车辆运行明显地受到交通流内其他车辆的相互影响,速度和驾驶的自由度受到明显限制。交通量稍有增加就会导致服务水平的显著降低,驾驶人员身心舒适水平降低,即使较小的交通事故也难以消除,会形成很长的排队车流。

五级服务水平:

为交通流拥堵流的上半段,其下是达到最大通行能力时的运行状态。对于交通流的任何干扰,例如车流从匝道驶入或车辆变换车道,都会在交通流中产生一个干扰波,交通流不能消除它,任何交通事故都会形成长长的排队车流,车流行驶灵活性极端受限,驾驶人员身心舒适水平很差。

六级服务水平:

是拥堵流的下半段,是通常意义上的强制流或阻塞流。这一服务水平下,交通设施的交通需求超过其容许的通过量,车流排队行驶,队列中的车辆出现停停走走现象,运行状态极不稳定,可能在不同交通流状态间发生突变。

公路规划设计时,既要保证必要的车辆运行质量,同时又要兼顾公路建设的投资成本。在服务水平由四级改为六级基础上,高速公路与一级公路以不低于三级服务水平进行设计,既可以保持设计等级与《公路工程技术标准》(JTG B01—2003)保持一致,又突出了依据功能选用服务水平的理念,扩大了设计服务水平选用范围,以保证高峰期交通的运行质量及达到预测交通量使用年限。同样,当一、二、三级公路的功能类别高时,应该选用较高的服务水平,功能类别低时,也可降低一级,节约工程投资。

公路服务水平根据公路设施所提供的服务程度分为六级。各级公路服务水平规定见表 3-16。

表 3-16　　各级公路设计服务水平

公路等级	高速公路	一级公路	二级公路	三级公路	四级公路
服务水平	三级	三级	四级	四级	—

(1) 一级公路用作集散公路时,设计服务水平可降低一级。

(2) 长隧道及特长隧道路段、非机动车及行人密集路段、互通式立体交叉的分合流区段以及交织区段,设计服务水平可降低一级。

原《公路工程技术标准》(JTG B01—2003)四级服务水平等级划分偏粗、级差偏大,特别是设计的二级服务水平,交通流运行质量变化范围大,不能很好地确定改扩建时机。同时,密度作为服务水平的衡量指标,使用上没有饱和度(v/C)方便。所以,这次《公路工程技术标准》(JTG B01—2014)的修订,采用 v/C 值来衡量拥挤程度,作为评价服务水平的主要指标,同时采用小客车实际行驶速度与自由流速度之差作为次要评价指标,将服务水平分为六级,分别代表一定运行条件下驾驶员的感受。

具体的服务水平划分如表3-17—表3-19所示。

表3-17　高速公路路段服务水平分级

服务水平等级	v/C 值	设计速度(km/h)		
		120	100	80
		最大服务交通量[pcu/(h·ln)]	最大服务交通量[pcu/(h·ln)]	最大服务交通量[pcu/(h·ln)]
一	$v/C \leqslant 0.35$	750	730	700
二	$0.35 < v/C \leqslant 0.55$	1 200	1 150	1 100
三	$0.55 < v/C \leqslant 0.75$	1 650	1 600	1 500
四	$0.75 < v/C \leqslant 0.90$	1 980	1 850	1 800
五	$0.90 < v/C \leqslant 1.00$	2 200	2 100	2 000
六	$v/C > 1.00$	0~2 200	0~2 100	0~2 000

注:v/C 是在基准条件下,最大服务交通量与基准通行能力之比。基准通行能力是五级服务水平条件下对应的最大小时交通量。

表3-18　一级公路路段服务水平分级

服务水平等级	v/C 值	设计速度(km/h)		
		100	80	60
		最大服务交通量[pcu/(h·ln)]	最大服务交通量[pcu/(h·ln)]	最大服务交通量[pcu/(h·ln)]
一	$v/C \leqslant 0.3$	600	550	480
二	$0.3 < v/C \leqslant 0.5$	1 000	900	800
三	$0.5 < v/C \leqslant 0.7$	1 400	1 250	1 100
四	$0.7 < v/C \leqslant 0.9$	1 800	1 600	1 450
五	$0.9 < v/C \leqslant 1.0$	2 000	1 800	1 600
六	$v/C > 1.0$	0~2 000	0~1 800	0~1 600

注:v/C 是在基准条件下,最大服务交通量与基准通行能力之比。基准通行能力是五级服务水平条件下对应的最大小时交通量。

表3-19　二、三、四级公路路段服务水平分级

服务水平	延误率(%)	设计速度(km/h)										
		80				60				40		
		速度(km/h)	v/C			速度(km/h)	v/C			v/C		
			禁止超车区(%)				禁止超车区(%)			禁止超车区(%)		
			<30	30~70	≥70		<30	30~70	≥70	<30	30~70	≥70
一	≤35	≥76	0.15	0.13	0.12	≥58	0.15	0.13	0.11	0.14	0.12	0.10
二	≤50	≥72	0.27	0.24	0.22	≥56	0.26	0.22	0.20	0.25	0.19	0.15

续表

服务水平	延误率(%)	设计速度(km/h)										
		80				60				40		
		速度(km/h)	v/C			速度(km/h)	v/C			v/C		
			禁止超车区(%)				禁止超车区(%)			禁止超车区(%)		
			<30	30～70	≥70		<30	30～70	≥70	<30	30～70	≥70
三	≤65	≥67	0.40	0.34	0.31	≥54	0.38	0.32	0.28	0.37	0.25	0.20
四	≤80	≥58	0.64	0.60	0.57	≥48	0.58	0.48	0.43	0.54	0.42	0.35
五	≤90	≥48	1.00	1.00	1.00	≥40	1.00	1.00	1.00	1.00	1.00	1.00
六	>90	<48	—	—	—	<40	—	—	—	—	—	—

注：1. 设计速度为 80 km/h、60 km/h 和 40 km/h 时，路面宽度为 9 m 的双车道公路，其基准通行能力分别为：2 800 pcu/h、2 500 pcu/h 和 2 400 pcu/h。

2. v/C 是在基准条件下，最大服务交通量与基准通行能力之比。基准通行能力是五级服务水平条件下对应的最大小时交通量。

3. 延误率为车头时距小于或等于 5 s 的车辆数占总交通量的百分比。

3.3.4　高速公路的设计通行能力

从规划设计的角度，通行能力分为基本通行能力和设计通行能力两种。基本通行能力是公路所能疏导交通流的能力，反映了在保持规定的运行质量前提下公路所能通行的最大小时交通量。高速公路规划设计时，既要保证提供的服务水平和车辆运行质量高，避免通车不久就因交通量不适应造成交通阻塞，同时也要兼顾我国的经济水平和公路建设投资的力量。因此，以二级服务水平作为高速公路通行能力的设计依据。高速公路每车道的基本通行能力与设计通行能力如表 3-20 所示。典型的速度与流量关系曲线应按图 3-12 选用。

表 3-20　　高速公路的基本通行能力与设计通行能力

设计速度(km/h)	120	100	80
基本通行能力(pcu/h/ln)	2 200	2 100	2 000
设计通行能力(pcu/h/ln)	1 600	1 400	1 200

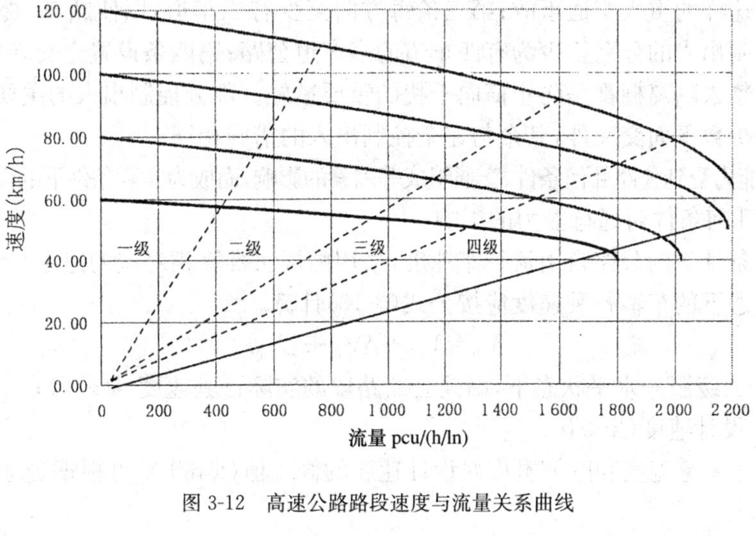

图 3-12　高速公路路段速度与流量关系曲线

公路通行能力是指在正常的道路条件、交通条件和人为度量标准下,在一定的时段内(通常取1 h)可能通过公路设施的最大车辆数。将这些条件用服务水平标准来衡量时,就得到各级服务水平下的通行能力或服务交通量。公路通行能力反映了公路设施所能疏导交通流的能力,作为公路规划、设计和运营管理的重要参数,根据通行能力的使用性质和使用要求,通常可分三种形式:

1. 基本通行能力

其含义是"理想条件"下,公路设施在四级服务水平时所能通行的最大小时交通量,即理论上所能通行的最大小时交通量。

2. 设计通行能力

其含义是设计某道路设施时,根据对交通运行的质量要求,即在一定服务水平要求下,公路设施所能通行的最大小时交通量。因此,它与选取的服务水平级别有关。

3. 实际通行能力

其含义是设计或评价具体路段时,根据该设施具体的道路、交通条件以及交通管理水平,对不同服务水平下的服务交通量(如基本通行能力或设计通行能力),按实际设计条件进行相应的修正后的小时交通量。

高速公路是完全控制出入的公路;作为国、省干线的一级公路根据其在公路网中的作用,为充分发挥快速舒适的使用功能,应视需要在长距离内采取控制出入的措施;而位于城市出入口或经济开发区的集散公路和一般双车道公路均为不控制出入的公路。从以上规定可以看出只准四车以上的多车道公路才控制出入,而双车道公路不控制。

控制出入就是对进、出主路的数目、进路和主线的连接位置以及连接方式加以控制。其作用主要是排除交通流中车辆运行的纵向和横向干扰,提高公路服务质量,促进交通流中车辆有规则地流畅运行,以提高平均运行速度、公路的可能通行能力和交通安全程度。控制出入分为完全控制和部分控制出入。

控制出入只对所选定的横交公路或道路提供出入连接;禁止平面交叉;禁止任何单位或个人将公路或道路接入干线公路。完全控制出入的公路有五项主要措施,第一条是对允许进入的车辆加以限制,主要是减小车速差,排除纵向干扰;第二条是设置中央带将上下行交通有效地分隔开来,使其互不干扰和影响,中央带的作用有好几种,但主要的是防止车辆与对向汽车发生迎面相撞这样的重大交通事故;第三条每方向至少有二车道,以便超车,提高车速和通行能力,因此,控制出入的公路至少为有四车道的多车道公路;第四条设置立交,限制进路数目以及第五条设置禁入隔离栅都是防止横向干扰的重要措施。部分控制出入的主要措施除允许特定条件下设置少数平面交叉外,其余与完全控制出入的措施相同。

设计通行能力受到公路几何条件、交通组成等因素的影响,而成为实际条件下的设计通行能力。

(1) 公路几何条件对通行能力的影响

各种几何条件下的公路自由流行车速度,采用内插法推算相对应的速度与流量关系曲线,其中自由流状态下的车辆行驶速度应按公式(3-18)计算。

$$V_R=V_D+\Delta V_w+\Delta V_N \tag{3-18}$$

式中 V_R——二级服务水平状态下,高速公路路段的实际行驶速度(km/h);

V_D——设计速度(km/h);

ΔV_w——车道宽度和路侧宽度对设计速度的修正值(km/h),可根据当地观测资料确定或按表3-21选取；

ΔV_N——车道数对设计速度的修正值(km/h)，按表3-22选取。

表3-21　车道宽度和路侧宽度对设计速度的修正值

位置	宽度(m)	设计速度修正值 ΔV_w(km/h)	
		高速公路	一级公路
车　道	3.25	−5.0	−8.0
	3.50	−3.0	−3.0
	3.75	0.0	0.0
左侧路缘带	0.25	−3.0	−5.0
	0.50	−1.0	−3.0
	0.75	0.0	0.0
右侧路肩	≤0.75	−5.0	−8.0
	1.00	−3.0	−5.0
	1.50	−1.0	−3.0
	≥2.00	0.0	0.0

表3-22　车道数对设计速度的修正值

车道数(单向)	设计速度修正值，ΔV_N(km/h)
≥4	0
3	−4.0
2	−8.0

(2) 车道数对流量的修正系数

以实际速度-流量关系曲线为基础，六车道以上高速公路的交通量在车道上的不均匀分布系数为0.98～0.99。

(3) 交通组成影响的修正系数，按公式(3-19)计算。

$$f_{HV}=\frac{1}{1+\sum p_i(E_i-1)} \tag{3-19}$$

式中　p_i——车型 i 的交通量占总交通量的百分比；

E_i——车型 i 的小客车折算系数，见表3-23。多车道公路车型 i 包括中型车、大型车和拖挂车。

表3-23　高速公路、一级公路通行能力分析车辆折算系数

车型	交通量(pcu/h/ln)	实际行驶速度(km/h)			
		120	100	80	60
中型车	≤500	1.5	2	3	3
	500～1 000	2	3	4	5
	1 000～1 500	3	4	5	6
	≥1 500	1.5	2	3	4

续表

车型	交通量(pcu/h/ln)	实际行驶速度(km/h)			
		120	100	80	60
大型车	≤500	2	2	3	3
	500～1 000	4	5	6	7
	1 000～1 500	5	6	7	8
	≥1 500	2	3	4	5
拖挂车(含集装箱车)	≤500	3	4	6	7
	500～1 000	5	6	8	10
	1 000～1 500	6	7	10	12
	≥1 500	3	4	5	6

(4) 驾驶者总体特性对流率的修正系数

驾驶者总体特征影响修正系数通过调查工作日、休息日的交通流率和速度确定，应在0.95～1.00之间。

高速公路路段的实际通行能力：

高速公路通行能力应按方向和车道分别考虑。实际交通条件下的通行能力按公式(3-20)计算：

$$C_r = C_D f_{HV} f_N f_p \tag{3-20}$$

式中 C_r——实际通行能力(veh/h/ln)；

C_D——与实际行驶速度相对应的设计通行能力(pcu/h/ln)；

f_p——驾驶者总体特征修正系数；通过调查车辆在桥、隧等大型构造物的平均行驶速度，以及工作日和休息日的交通流量和速度来确定该修正系数，取值通常在0.95～1.00之间。

f_N——车道数修正系数，六车道及其以上高速公路，取0.98～0.99；

f_{HV}——交通组成修正系数。

互通立交区的匝道通行能力：

互通式立体交叉匝道的通行能力由匝道，匝道出、入口端部、匝道收费站以及匝道与被交公路的平面交叉的通行能力所决定。匝道的通行能力按(表3-24)选取。

表 3-24 匝道的通行能力

匝道设计速度(km/h)	通行能力(pcu/h)	
	单车道匝道	双车道匝道
80	2 000	3 800
60	1 800	3 200
40	1 600	2 800
≤30	1 400	2 200

高速公路与高速公路相交，匝道通行能力通常由匝道与主线连接处的通行能力所控制。分、合流区的基本通行能力由表 3-25 确定。高速公路与一般公路相交，匝道通行能力由匝道与被交通路连接处的信号交叉口或无信号平面交叉口的通行能力所控制。

表 3-25 匝道出、入口端部基本通行能力

高速公路设计速度(km/h)	上、下游主线的基本通行能力 C_{FO}(pcu/h) 单方向车道数			匝道出口分流区通行能力 C_{R12}(pcu/h)	匝道入口合流区通行能力 C_{R12}(pcu/h)
	2	3	4		
120	4 000	6 000	8 000	3 400	3 600
100	3 800	5 700	7 600	3 400	3 600
80	3 600	5 400	7 200	3 400	3 600

互通式立体交叉的匝道设置收费站时，其匝道通行能力由该收费站的通行能力所控制。

交织区的通行能力：

(1) 交织区的基本通行能力

交织区按交织车辆变换车道次数分为三种构造型式，即 3 车道交织区、4 车道交织区和 5 车道交织区。其中互通式立体交叉匝道交织区的基本通行能力，应根据设计速度、交织类型、交织流量比、交织长度和车道数按表 3-26 和表 3-27 选取。

表 3-26 匝道交织区的基本通行能力值

匝道交织区——设计速度为 120 km/h					
流量比 Q_R	交织段长度(m)				
	150	300	450	600	750[a]
3 车道交织区(pcu/h)					
0.10	4 500	5 300	5 700[b]	5 700[b]	5 700[b]
0.20	4 000	4 750	5 200	5 500	5 500
0.30	3 500	4 300	4 700	5 000	5 300
0.40	3 150	3 800	4 000	4 300[c]	4 500[c]
0.45[d]	3 000	3 500[c]	3 750[c]	4 000[c]	4 300[c]
4 车道交织区(pcu/h)					
0.10	6 000	7 000	7 600[b]	7 600[b]	7 600[b]
0.20	5 300	6 300	7 000	7 400	7 600
0.30	4 700	5 500[c]	6 100[c]	6 500[c]	7 350
0.35[e]	4 300	5 100[c]	5 700[c]	6 000[f]	6 000[f]
5 车道交织区(pcu/h)					
0.10	7 500	8 800	9 500[b]	9 500[b]	9 500[b]
0.20[g]	6 650	8 000[c]	8 700[c]	9 300[c]	9 500[b]

续表

匝道交织区——设计速度为 100 km/h					
流量比 Q_R	交织段长度(m)				
	150	300	450	600	750[a]
3 车道交织段(pcu/h)					
0.10	4 300	4 900	5 300	5 500	5 700
0.20	3 800	4 350	5 000	5 100	5 300
0.30	3 400	4 050	4 300	4 700	4 900
0.40	3 100	3 700	3 800[c]	4 050[c]	4 250[c]
0.45[d]	2 800	3 300[c]	3 600[c]	3 800[c]	4 000[c]
4 车道交织段(pcu/h)					
0.10	5 700	6 550	7 050	7 350	7 600
0.20	5 050	5 900	6 400	6 700	7 000
0.30	4 050[c]	5 200[c]	5 700[c]	6 050[c]	6 300[c]
0.35[e]	4 200[c]	4 900[c]	5 400[c]	5 700[c]	6 000[c]
5 车道交织段(pcu/h)					
0.10	7 000	8 300	9 000[b]	9 000[b]	9 000[b]
0.20[g]	6 150	7 500[c]	8 200[c]	8 800[c]	9 000[b]

匝道交织区——设计速度为 80 km/h					
流量比 Q_R	交织段长度(m)				
	150	300	450	600	750[a]
3 车道交织段(pcu/h)					
0.10	3 850	4 400	4 750	4 900	5 100
0.20	3 400	4 000	4 350	4 500	4 700
0.30	2 900	3 550	4 000	4 200	4 400
0.40	2 750	3 100[c]	3 400[c]	3 650[c]	3 850[c]
0.45[d]	2 550	2 900[c]	3 100[c]	3 400[c]	3 600[c]
4 车道交织段(pcu/h)					
0.10	5 100	5 650	6 300	6 550	6 800
0.20	4 500	5 300	5 700	6 000	6 250
0.30	4 000[c]	4 550[c]	5 100[c]	5 400[c]	5 600[c]
0.35[e]	3 700[c]	4 350[c]	4 800[c]	5 100[c]	5 300[c]
5 车道交织段(pch/h)					
0.10	6 400	7 350	7 800	8 250	8 500
0.20g	5 800[c]	7 200[c]	7 200[c]	7 600[c]	7 600[c]

表 3-27　　车道平衡构造的匝道交织区基本通行能力值

有车道平衡构造的匝道交织区——设计速度为 120 km/h					
流量比 Q_R	交织段长度(m)				
	150	300	450	600	750[a]
3 车道交织段(pcu/h)					
0.10	5 700[b]	5 700[b]	5 700[b]	5 700[b]	5 700[b]
0.20	5 300	5 700[b]	5 700[b]	5 700[b]	5 700[b]
0.30	4 600	5 200	5 500	5 700[b]	5 700[b]
0.40	4 050	4 600	4 900	5 100	5 750
0.50	3 600	4 100	4 450	4 650	4 850
0.60	3 250	3 750	4 050	4 300	4 500
0.70	2 700	3 500	3 700	3 200	4 100
0.80[h]	2 400	3 300	3 500[f]	3 500[f]	3 500[f]
4 车道交织段(pcu/h)					
0.10	9 600[b]	9 600[b]	9 600[b]	9 600[b]	9 600[b]
0.20	910	9 600[b]	9 600[b]	9 600[b]	9 600[b]
0.30	8 170	8 910	9 350	9 600[b]	9 600[b]
0.40	7 400	8 140	8 570	8 890	9 130
0.50	6 670[c]	7 500	7 930	8 000[f]	8 000[f]
0.60	6 070[c]	6 670[f]	6 670[f]	6 670[f]	6 670[f]
0.70	5 580[c]	5 760[f]	5 760[f]	5 760[f]	5 760[f]
0.80[h]	5 000[f]	5 000[f]	5 000[f]	5 000[f]	5 000[f]
5 车道交织段(pcu/h)					
0.10	12 000[b]	12 000[b]	1 200[b]	12 000[b]	12 000[b]
0.20	11 390	12 000[b]	12 000[b]	12 000[b]	12 000[b]
0.30	10 210	11 140	11 690	12 000[b]	12 000[b]
0.40	9 270[c]	10 000[f]	10 000[f]	10 000[f]	10 000[f]
0.50	8 000[f]	8 000[f]	8 000[f]	8 000[f]	8 000[f]
0.60	6 670[f]	6 670[f]	6 670[f]	6 670[f]	6 670[f]
0.70	5 760[f]	5 760[f]	5 760[f]	5 760[f]	5 760[f]
0.80[h]	5 000[f]	5 000[f]	5 000[f]	5 000[f]	5 000[f]

续表

有车道平衡构造的匝道交织区——设计速度为 100 km/h					
流量比 Q_R	交织段长度(m)				
	150	300	450	600	700[a]
3 车道交织段(pcu/h)					
0.10	5 750	6 900[b]	6 900[b]	6 900[b]	6 900[b]
0.20	6 070	6 510	6 750	6 900[b]	6 900[b]
0.30	5 490	5 950	6 210	6 400	6 540
0.40	5 010	5 470	5 740	5 930	6 070
0.50	4 620	5 070	5 340	5 530	5 680
0.60	4 330	4 760	5 020	5 220	5 360
0.70	4 120	4 530	4 790	4 970	5 120
0.80[h]	3 600	4 380	4 630	4 620	4 960
4 车道交织段(pcu/h)					
0.10	9 000	9 200[b]	9 200[b]	9 200[b]	9 200[b]
0.20	8 100	8 680	9 010	9 200[b]	9 200[b]
0.30	7 320	7 930	8 280	8 530	5 710
0.40	6 680	7 290	7 650	7 900	8 100
0.50	6 060[c]	6 760	7 120	7 370	7 580
0.60	5 540[c]	6 340	6 670[f]	6 670[f]	6 670[f]
0.70	5 130[c]	5 640[b]	5 760[f]	5 760[f]	5 760[f]
0.80[h]	4 800[c]	5 000[f]	5 000[f]	5 000[f]	5 000[f]
5 车道交织段(pcu/h)					
0.10	11 250	115 000[b]	11 500[b]	11 500[b]	11 500[b]
0.20	10 120	10 850	11 260	11 500[b]	11 500[b]
0.30	9 150	9 910	10 350	10 660	10 890
0.40	8 370[c]	9 110	9 560	9 880	10 000
0.50	7 570[c]	8 000[f]	8 000[f]	8 000[f]	8 000[f]
0.60	6 670[f]	6 670[f]	6 670[f]	6 670[f]	6 670[f]
0.70	5 760[f]	5 760[f]	5 760[f]	5 760[f]	5 760[f]
0.80[h]	5 000[f]	5 000[f]	5 000[f]	5 000[f]	5 000[f]

续表

有车道平衡构造的匝道交织区——设计速度为 80 km/h					
流量比 Q_R	交织段长度(m)				
	150	300	450	600	700[a]
3 车道交织段(pcu/h)					
0.10	6 270	6 600	6 750[b]	6 750[b]	6 750[b]
0.20	5 570	6 050	6 270	6 410	6 520
0.30	5 150	5 560	5 790	5 960	6 070
0.40	4 720	5 130	5 370	5 540	5 670
0.50	4 370	4 770	5 010	5 190	5 320
0.60	4 110	4 500	4 730	4 900	5 030
0.70	3 910	4 290	4 520	4 690	4 820
0.80[h]	3 440	4 150	4 380	4 540	4 670
4 车道交织段(pcu/h)					
0.10	8 350	8 800	9 000[b]	9 000[b]	9 000[b]
0.20	7 560	8 070	8 360	8 550	8 690
0.30	6 870	7 410	7 720	7 940	8 100
0.40	6 290	6 840	7 160	7 390	7 560
0.50	5 740[c]	6 360	6 680	6 920	7 090
0.60	5 270[c]	5 990	6 310	6 530	6 670[f]
0.70	4 890[c]	6 350[c]	5 760[f]	5 760[f]	5 760[f]
0.80[h]	4 590[c]	5 000	5 000[f]	5 000[f]	5 000[f]
5 车道交织段(pcu/h)					
0.10	10 440	10 990	11 250	11 250	11 250
0.20	9 450	10 090	10 440	10 680	10 860
0.30	8 580	9 260	9 650	9 920	10 120
0.40	7 890[c]	8 550	8 950	9 230	9 450
0.50	7 170[c]	7 960	8 000[f]	8 000[f]	8 000[f]
0.60	6 580[c]	6 670[f]	6 670[f]	6 670[f]	6 670[f]
0.70	5 760[f]	5 760[f]	5 760[f]	5 760[f]	5 660[f]
0.80[h]	5 000[f]	5 000	5 000[f]	5 000[f]	5 000[f]

注：表中数字上角标分别表示：a 长度超过 750 m 的交织段看作分离的合流区和分流区；b 基本通行能力受高速公路理想路段通行能力的约束；c 约束运行状态下出现的通行能力；d 在大于 0.45 的流量比条件下，3 车道的匝道交织段不能稳定运行，出现排队现象；e 在大于 0.35 的流量比条件下，4 车道的交织段运行紊乱；f 通行能力受最大允许的交织流率 3 500 辆小客车/h 的限制。

(2) 交织区与分、合流区的服务水平

评价互通立体交叉匝道分、合流区与交织区服务水平的指标为车流密度，其服务水平应符合表3-28规定。

表3-28　　匝道分、合流区与交织区的服务水平

服务水平	一级	二级	三级	四级
车流密度(veh/km)	≤7	≤18	≤25	>40

综上所述，高速公路通行能力应对基本路段、匝道和交织区分别进行分析，以评价可能成为“瓶颈”的最低通行能力点，并提出改善措施使全线服务水平保持一致。

3.3.5　一级公路的设计通行能力

一级公路每条车道的设计通行能力应根据公路控制出入的程度按表3-29选取。具有干线功能的一级公路基本路段上的速度与流量关系曲线应按图3-13选用。

表3-29　　一级公路每条车道的设计通行能力

设计速度(km/h)	100	80	60
具干线功能的一级公路(pcu/h/cm)	1300	1100	900
具集散功能的一级公路(pcu/h/cm)	850～1000	700～900	550～700

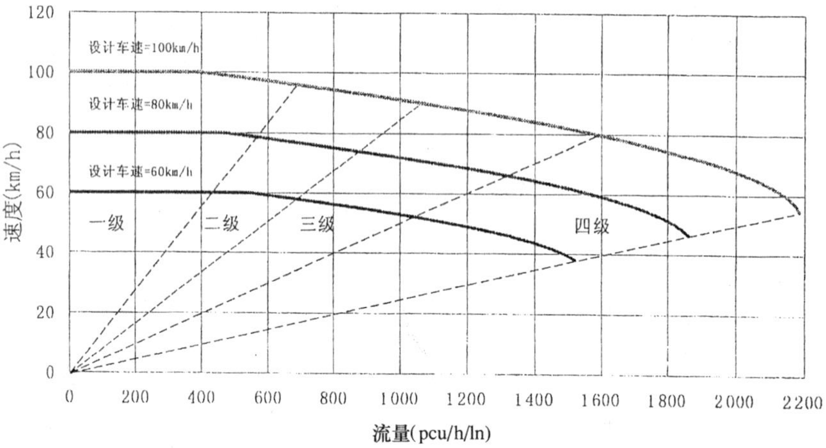

图3-13　具干线功能的一级公路路段速度与流量关系曲线

通行能力受到公路几何条件、车道数、交通组成、横向干扰、平面交叉以及驾驶者特性等因素影响，最后才是实际的通行能力。

(1) 车道与路侧对设计速度的影响

车道宽度和路侧宽度对设计速度的影响可按表3-21选取。车道数对设计速度的影响可按表3-22选取。一级公路路段的实际行驶速度可根据当地观测资料确定或按公式(3-18)计算。

(2) 一级公路路段的通行能力受车道数、车道和路侧宽度的影响。二级服务水平，不同行驶速度状态下一级公路路段的设计通行能力，应根据实际行驶速度对表3-29所列的设计通行能力进行修正后确定。

一级公路路段实际通行能力按公式(3-21)计算：

$$c_r = c_d \times f_{HV} \times f_N \times f_p \times f_j \times f_f \tag{3-21}$$

式中　c_r——一级公路路段的实际通行能力(veh/h·ln)；

c_d——与实际行驶速度相对应的一级公路路段设计通行能力(pcu/h·ln)；

f_{HV}——交通组成修正系数，按式(3-19)计算；

f_N——车道数修正系数，取0.95～0.97；

f_p——驾驶者总体特征修正系数，通过调查确定，通常在0.95～1.00之间；

f_j——平面交叉修正系数；一级公路不单独进行平面交叉通行能力分析时，平面交叉的修正系数可按表3-30选用。

f_f——路侧干扰修正系数，可按表3-31选用。

表3-30　　平面交叉修正系数

平面交叉间距(m)	设计速度(km/h)	平面交叉平均停车延误(s)			
		15	30	40	50
2000	100	0.60	0.53	0.51	0.48
	80	0.68	0.61	0.59	0.57
	60	0.77	0.70	0.68	0.66
1000	100	0.42	0.36	0.34	0.32
	80	0.56	0.48	0.46	0.44
	60	0.63	0.54	0.51	0.48
500	100	0.28	0.23	0.20	0.18
	80	0.35	0.28	0.25	0.22
	60	0.46	0.37	0.33	0.30
300	100	0.18	0.15	0.13	0.12
	80	0.24	0.20	0.18	0.15
	60	0.35	0.26	0.23	0.20

表3-31　　路侧干扰修正系数

路侧干扰等级	1	2	3	4	5
通行能力修正系数	0.98	0.95	0.90	0.85	0.80

3.3.6　二、三级公路的设计通行能力

二、三级公路的设计通行能力应根据设计速度、路段中不准超车区比例，按表3-32选用。速度与饱和度(V/C比)之间的关系应按图3-14选用。

表 3-32　　二、三级公路的设计通行能力

公路等级	设计速度(km/h)	基本通行能力(pcu/h)	不准超车区比例(%)	V/C	设计能行能力(pcu/h)
二级公路	80	2 500	<30	0.64	550～1 600
	60	1 400	30～70	0.48	
	40	1 300	>70	0.42	
三级公路	40	1 300	<30	0.54	400～700
	30	1 200	>70	0.35	

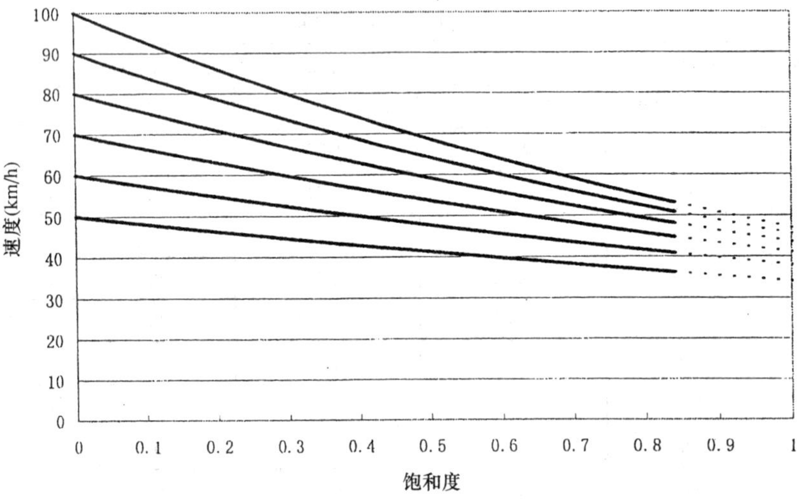

图 3-14　速度与饱和度(V/C)之间的关系

二级、三级公路路段的实际通行能力按公式(3-22)计算：

$$C_r = C_d \times f_{HV} \times f_d \times f_w \times f_f \tag{3-22}$$

式中　c_r——实际通行能力(veh/h·ln)；

C_d——与实际行驶速度相对的二级、三级公路路段的设计通行能力(pcu/h·ln)；

f_{HV}——交通组成修正系数，按式(3-19)和表 3-33 计算；

f_d——方向分布修正系数，按表 3-34 取值；

f_w——车道宽度、路肩宽度修正系数，按表 3-35 取值；

f_f——路侧干扰修正系数，按表 3-36 取值。

表 3-33　　二级、三级公路通行能力分布车辆折算系数

车　型	交通量(veh/h)	车辆折算系数(小客车为 1.0) 实际行驶速度(km/h)		
		80	60	≤40
中型车	≤600	1.5	1.5	2.0
	600～1400	2.0	2.0	3.5
	1400～2800	2.5	3.0	5.5
	≥2800	1.5	2.5	4.0
大型车	≤500	2.0	2.0	3.0
	500～1200	2.5	3.0	6.0
	1200～2400	3.5	5.0	8.0
	≥2400	3.0	4.0	5.0
拖拉机	≤400	3.0	3.0	5.0
	400～1000	3.5	4.0	7.0
	1000～2000	4.5	6.0	10.0
	≥2000	4.0	5.0	8.0

表 3-34　　方向分布对通行能力的修正系数

方向分布(%)	50/50	55/45	60/40	65/35	70/30
修正系数	1.00	0.97	0.94	0.91	0.88

表 3-35　　车道与路肩宽度对通行能力的修正系数

路肩宽度(m)	0	0.5	1.0	1.5	2.5	3.5	≥4.5
车道宽度(m)	3.0	3.25	3.5	3.75			
修正系数	0.52	0.56	0.84	1.00	1.16	1.32	1.48

表 3-36　　路侧干扰对通行能力的修正系数

路侧干扰等级	1	2	3	4	5
修正系数	0.95	0.85	0.75	0.65	0.55

3.3.7　城市道路的设计通行能力

1. 城市快速路的设计通行能力

城市快速路根据交通流行驶特征分为基本路段、分/合流区、交织区。

基本路段在理想条件、不同行驶速度下，一条车道基本通行能力值如表 3-37(a)。二级服务下一条车道的设计通行能力值如表 3-37(b)。

表 3-37(a)　　快速路基本路段一条车道的基本通行能力

设计速度(km/h)	100	80	60
通行能力(pcu/h/车道)	2200	2100	1800

表 3-37(b)　　快速路基本路段一条车道的设计通行能力

设计速度(km/h)	100	80	60
设计通行能力(pcu/h/车道)	1 500	13 00	1 000

计算快速路基本路段通行能力时,各种车辆类型换算系数如表 3-38 所示。

表 3-38　　快速路基本路段车辆折算系数

车型	小客车	小型客(货)车	大型客(货)车	铰接客车
折算系数	1	1	1.5	2.0

快速路合流区基本通行能力主要由合流区下游快速路段最大交通流率决定,并受到进入合流影响区的总交通流率的极限的影响;分流区通行能力取决于上、下游快速路路段的最大交通流率,并受到进入分流影响区的总交通流率的限制。

城市快速路交织区通行能力主要影响因素是交织构型、交织长度、车道数和交织流量。

城市快速路基本路段、分/合流区、交织区服务水平分为四级。基本路段设计中应采用二级服务水平,特殊情况可采用三级服务水平。分、合流区和交织区以车流密度作为服务水平划分的主要指标,设计中应采用三级。

2. 一般城市道路的设计通行能力

城市道路根据交通流行驶特性、交通组织形式、交通管理方式等分为一般路段、信号交叉口、无信号交叉口和环形交叉口等。

城市道路路段一条车道的基本通行能力如表 3-39 所示。城市道路路段的设计通行能力,可根据一个车道的基本通行能力修正确定,对基本通行能力的修正应包括车道数、车道宽度、自行车影响及交叉口影响。城市道路路段服务水平可采用平均行驶速度或饱和度指标进行分析评价。

表 3-39　　一条车道基本通行能力

设计速度(km/h)	20	30	40	50	60
基本通行能力(pcu/h)	1 400	1 600	1 650	1 700	1 800

3.3.8 无信号平面交叉的通行能力

1. 无信号交叉不同方向车流的优先通行等级规定如表 3-40 所示。

表 3-40　　不同方向车流的优先通行等级

优先等级	车流流向
1	主路直行车流、主路右转车流
2	主路左转车流、支路右转车流
3	支路直行车流
4	支路左转车流

2. 无信号交叉各流向交通流的冲突交通量

无信号交叉各流向交通流的冲突交通量计算公式如表 3-41 所示。

表 3-41　　无信号交叉冲突交通量计算公式

车流流向	冲突交通量计算公式	
主路左转	$Q_{c,1}=Q_5+Q_6^{①}$	$Q_{c,4}=Q_2+Q_3^{①}$
支路右转	$Q_{c,9}=\frac{Q_2^{②}}{N}+0.5Q_3^{③}$	$Q_{c,12}=\frac{Q_5^{②}}{N}+0.5Q_6^{③}$
支路直行	第一阶段：$Q_{c,\text{I},8}=2Q_1+Q_2+0.5Q_3^{③}$	第一阶段：$Q_{c,\text{I},11}=2Q_4+Q_5+0.5Q_6^{③}$
	第二阶段：$Q_{c,\text{II},8}=2Q_4+Q_5+Q_6^{③}$	第二阶段：$Q_{c,\text{II},11}=2Q_1+Q_2+Q_3^{③}$
支路左转	第一阶段：车流 7：$Q_{c,\text{I},7}=2Q_1+Q_2+0.5Q_3^{③}$	
	第二阶段：车流 7：$Q_{c,\text{II},7}=2Q_4+\frac{Q_5}{N}+0.5Q_6^{④}+0.5Q_{12}^{⑤}+0.5Q_{11}$	
	第一阶段：车流 10：$Q_{c,\text{I},10}=2Q_4+Q_5+0.5Q_6^{③}$	
	第二阶段：车流 10：$Q_{c,\text{II},10}=2Q_1+\frac{Q_2}{N}+0.5Q_3^{④}+0.5Q_9^{⑤}+0.5Q_8$	

注：$Q_{c,i}$—流向 i 的冲突交通量，辆/h；$Q_{c,j,i}$—流向 i 中阶段 j 的冲突交通量，辆/h。

① 当支路中右转车流被分流岛分开，且设置有停、让车标志时，可不考虑主路右转车辆的影响；

② 当主路有 N 条直行车道时，与支路右转冲突的交通量只有主路直行交通量的 $1/N$，或者采用实测的外侧车道分布比例来代替 $1/N$；

③ 当主路中有右转专用道时，不必考虑右转交通量的影响；

④ 当主路是多车道公路时，忽略右侧主路引道中右转车流对支路左转车流的影响；

⑤ 当支路中右转车流被分流岛分开，且设置有让车或停车标志时，忽略对向支路中右转对支路左转车流的影响。

3. 无信号交叉各流向的基本通行能力

双车道公路与双车道公路相交或双车道公路与四车道公路相交的各流向冲突交通量对应的基本通行能力，按图 3-15 和图 3-16 选取。

4. 无信号交叉设计通行能力

无信号交叉口设计通行能力为主要道路上的交通量加上次要道路上车辆穿越空档能通过的车辆数。

无信号交叉的设计通行能力按式(3-23)计算。

$$C_d=\sum q_i+\sum c_{pi} \tag{3-23}$$

式中　C_d——无信号交叉的设计通行能力(pcu/h)；

q_i——第 1 级车流 i 的流量(pcu/h)，$i=2,5$；

c_{pi}——次要等级车流 i 的可能通行能力(pcu/h)，$i=1,3,4,6,7,8,9,10,11,12$。

无信号灯控制平面交叉的通行能力应与路段服务水平保持一致，亦应按三级服务水平设计。十字交叉、T 形交叉的设计通行能力应参照表 3-42 选用。

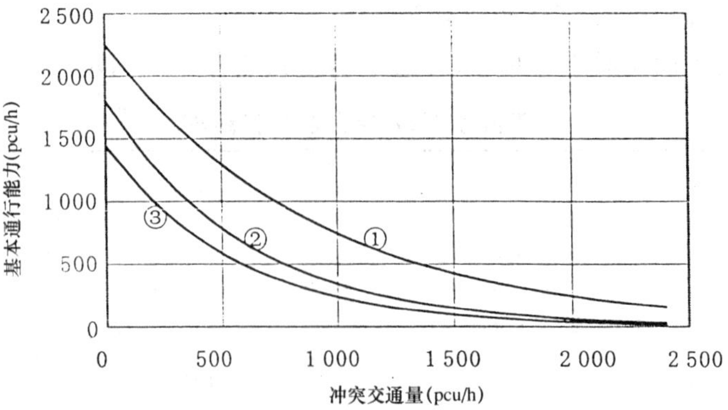

(①主路左转与支路右转；②支路直行；③支路左转)

图 3-15 双车道公路与双车道公路相交各流向冲突交通量与基本通行能力关系

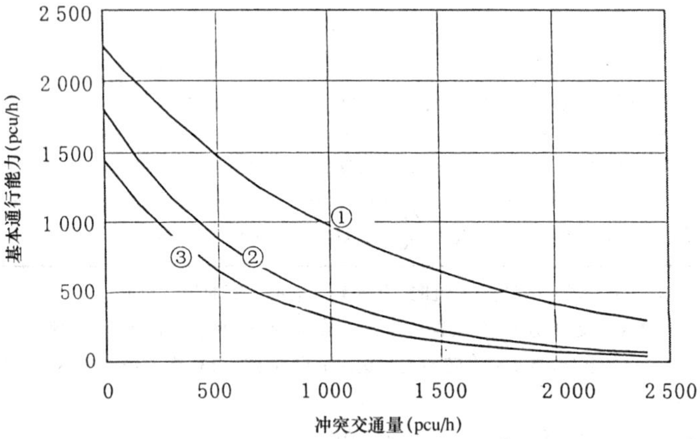

(①主路左转与支路右转；②支路直行；③支路左转)

图 3-16 双车道公路与四车道公路相交各流向冲突交通量与基本通行能力关系

表 3-42　　不同类型交叉设计通行能力

交叉类型	双车道与双车道十字交叉	双车道与四车道十字交叉	双车道与双车道T形交叉	双车道与四车道T形交叉
设计通行能力(pcu/h)	1 600	2 300	1 300	1 800

(1) 车辆折算系数

无信号灯控制交叉通行能力分析的车型分类和车辆折算系数规定如表 3-43 所示。

表 3-43　　无信号平面交叉的车辆折算系数

坡度(%) 车型	−4	−2	0	2	4
小型车	1.0	1.0	1.0	1.0	1.0
中型车	2.0	2.0	2.0	2.5	3.0
大型车	3.5	3.0	3.5	4.0	5.0
拖挂车	4.5	4.0	4.5	5.0	7.0

（2）交叉通行能力影响系数

交叉通行能力影响系数应考虑支路/主路流量比、横向干扰、左右转比率与交通组成等因素。

① 支路与主路流量比修正系数

主路/支路流量不平衡对通行能力的修正系数应按表 3-44 选用。

表 3-44　主支路流量不平衡修正系数

主支路流量比	1	1.1	1.2	1.3	1.4	1.5	1.6	1.7	1.8
修正系数	1.00	0.97	0.94	0.92	0.89	0.87	0.85	0.83	0.81
主支路流量比	1.9	2	2.1	2.2	2.3	2.4	2.5	2.6	2.7
修正系数	0.79	0.78	0.76	0.75	0.73	0.72	0.71	0.69	0.68
主支路流量比	2.8	2.9	3	3.1	3.2	3.3	3.4	3.5	3.6
修正系数	0.67	0.66	0.65	0.64	0.63	0.62	0.61	0.60	0.59

② 左、右转修正系数应分别按表 3-45、表 3-46 选用。

表 3-45　左转影响修正系数

左转车比例	0.05	0.1	0.15	0.2	0.25	0.3	0.35	0.4	0.45
修正系数	0.98	0.96	0.94	0.92	0.9	0.88	0.86	0.84	0.82

表 3-46　右转影响修正系数

右转车比例	0.05	0.1	0.15	0.2	0.25	0.3	0.35	0.4	0.45
修正系数	1.01	1.01	1.02	1.02	1.03	1.03	1.04	1.04	1.05

③ 横向干扰修正系数应按表 3-47 选用。

表 3-47　横向干扰修正系数

横向干扰等级	等级描述	修正系数
1	轻微	0.95～1.00
2	较轻	0.90～0.95
3	中等	0.80～0.90
4	严重	0.70～0.80
5	非常严重	0.55～0.70

3.3.9　信号交叉口设计通行能力

信号交叉口设计通行能力可按停车线断面法计算，整个交叉口设计通行能力为各个进口道设计通行能力之和。信号交叉口服务水平划分为五个等级,见表3-48。一般情况下宜采用三级服务水平。

表3-48　　信号交叉口服务水平分级

指标＼等级	一	二	三	四	五
交通负荷系数	<0.6	0.6～0.7	0.7～0.8	0.8～0.9	>0.9
效率系数	>0.8	0.8～0.65	0.65～0.5	0.5～0.35	<0.35
交叉口受阻车辆比例%	<10	10～15	15～20	20～30	>30
延误时间,s/辆	<30	30～40	40～50	50～60	>60
排队长度,m	<30	30～60	60～80	80～100	>100

3.3.10　环形交叉口的通行能力

环形交叉口包括常规环形交叉口、小型环形交叉口和微型环形交叉口。

1. 常规环形交叉口设计通行能力计算如下(图3-17):

(1)“环道优先”条件下,交织段的设计通行能力按式(3-24)计算。

$$C_D=\frac{160w\left(1+\frac{e}{w}\right)}{1+\frac{w}{l}}\times 85\% \tag{3-24}$$

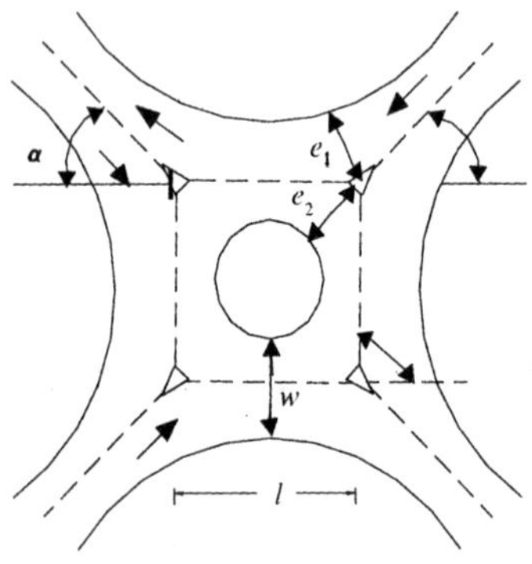

图3-17　常规环形交叉口通行能力计算图式

式中　C_D——交织段设计通行能力,此时重型车比例不超过15%,如果重型车比例超过15%,应对该式进行修正;

l——交织段长度(m);

w——交织段宽度(m);

e——环交入口平均宽度,$e=\frac{1}{2}(e_1+e_1)$(m);

e_1——入口引道宽度(m);

e_2——环道突出部分的宽度(m)。

(2) 无通行优先权的环形交叉口设计通行能力可按式(3-25)计算。

$$C=\frac{4C_w}{2-p_R+p_L} \tag{3-25}$$

式中　C_w——交织段通行能力,取1 700 pcu/h;

p_R——右转车比例(%);

p_L——左转车比例(%)。

(3) 常规环形交叉口有自行车交通流存在时,应考虑自行车流对环形交叉口通行能力的影响。

环形交叉口的设计通行能力按表3-49采用。

表 3-49　　环形交叉口设计通行能力

机动车设计通行能力(pcu/h)	2 700	2 400	2 000	1 750	1 600	1 350
相应自行车数(辆/h)	2 000	5 000	10 000	13 000	15 000	17 000

注:① 表列机动车道的设计通行能力,包括有 15%的右转车,当右转车为其他比例时,需予以调整。
② 表列数值适用于交织长 $l_w=25\sim30$ m。若 $l_w=30\sim60$ m时,表中数值按下式修正

$$\varphi_w=3l_w/(2l_w+30)$$

2. 小型环形交叉口设计通行能力按下式计算:

$$C_D=K(\sum w+\sqrt{A})\times 80\% \tag{3-26}$$

式中　C_D——环形交叉口设计通行能力(pcu/h);
$\sum w$——所有引道基本宽度的总和(m),见图 3-18;
A——引道拓宽增加的面积(m^2);$A=\sum a$,即图 3-18 中阴影部分;
K——系数(pcu/(h·m));三路交叉,$K=70$;四路交叉,$K=50$;五路交叉,$K=45$。

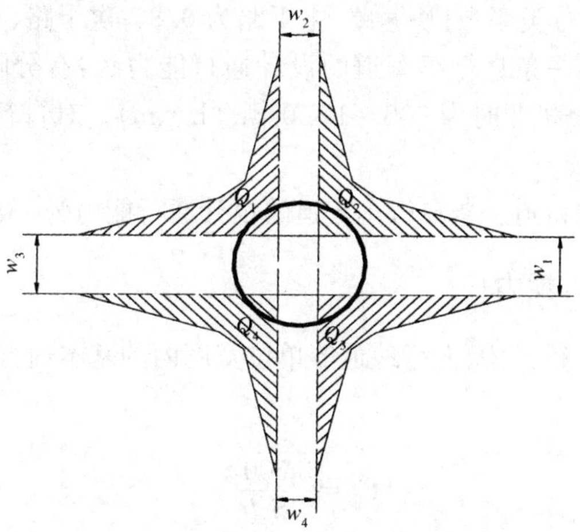

图 3-18　小型环形交叉通行能力计算图

3.3.11　公交车道的通行能力

公交车道的通行能力主要受车辆停靠站控制,一条公交车道的设计通行能力可按下式计算:

$$C_{公}=\frac{3\,600}{T}\times 0.8 \tag{3-27}$$

式中　$C_{公}$——一条公交车道的设计通行能力(辆/h);
T——1 辆车占用停车站的总时间(s)。

混行公交车道的通行能力参考相应道路的通行能力,通过车型换算进行计算。

分时段公交车道通行能力根据控制时段,分别按照公交专用车道和混行车道进行计算。

3.3.12　自行车道通行能力

不受平面交叉口影响等,自行车道(宽 1 m)路段的可能通行能力,按下式计算:

$$N_{pb}=\frac{3\,600N_{bt}}{t_f(\omega_{pb}-0.5)} \tag{3-28}$$

式中 N_{pb}——一条自行车车道路段的可能通行能力(辆/h・m);

t_f——连续车流通过观测断面的时间段(s);

N_{bt}——在 t_f 时间段内通过观测断面的自行车数(辆);

ω_{pb}——自行车道路面宽度(m);从 ω_{pb} 中减去的 0.5 m 为两侧安全带各 0.25 m 之和。

路段可能通行能力推荐值:有分隔设施时为 2 100 辆/(h・m);无分隔设施时为 1 800 辆/(h・m)。它相当于自行车在一般车速(14~17 km/h)下连续匀速行驶时,车头间距 $L=7\sim9$ m 或车头时距 $t_i=2$ s 的情况。

不受平面交叉口影响等,一条自行车车道的设计通行能力按下式计算:

$$N_b=\alpha_b N_{pb} \tag{3-29}$$

式中 N_b——一条自行车道路段的设计通行能力(辆/h・m);

α_b——自行车道的分类系数:快速路、主干路为 0.80;次干路、支路为 0.90。

受平面交叉口影响的一条自行车车道的设计通行能力为:有分隔设施时为 1 000~1 200 辆/(h・m);路面划线分隔机非时为 800~1 000 辆/(h・m)。对自行车交通量大的城市采用大值,小的采用小值。

信号灯管制交叉口进口道一条自行车车道的设计通行能力为 1 000 辆/(h・m)。

3.3.13 人行设施的通行能力

人行道、人行横道、人行天桥、人行地道等单位宽度内的基本通行能力可根据行走速度、纵向间距和占用宽度计算。

$$C_p=\frac{3\,600\,v_p}{S_p b_p} \tag{3-30}$$

式中 C_p——人行设施的基本通行能力(p/h・m);

v_p——人行设施的步行速度(m/s),参见表 3-50;

S_p——行人行走时纵向间距,取 1.0 m;

b_p——行人(一条步行带)占用的横向宽度(m),参见表 3-50。

表 3-50　不同人行设施的参数选取

人行设施	步行速度(m/s)	一条步行带的宽度(m)
人行道	1	0.75
人行横道	1~1.2	0.75
人行天桥、通道	1	0.75
车站、码头等处的人行天桥、通道	0.5~0.8	0.9

注:① 人行横道的基本通行能力计算结果为绿灯小时的通过量。

② 实际使用时应结合单位步行带的宽度合理确定人行设施的宽度。

人行道、人行横道、人行天桥、人行地道的基本通行能力可参见表 3-51(a)。

表 3-51(a)　　各种通道的基本通行能力(人/(h·m))

类　别	人行道	人行横道	人行天桥地道	车站码头的人行天桥地道
基本通行能力	2400	2700	2400	1850

通行能力的基本原理为 $N_{人条}=\frac{1000\,V}{L}$人/(h·条)。如取 $V=3.6$ km/h,$L=2$ m,可得 $N_{人条}=1800$ 人/(h·条)。以人行道每条 0.75 m 计,则基本通行能力为 $\frac{1800}{0.75}=2400$ 人/(h·m)。

人行道(人行横道、人行天桥、人行地道)设计通行能力折减系数规定如下:

(1) 全市性车站、码头、商场、公园及市中心区行人集中的人行道(人行横道、人行天桥、人行地道)为 0.75;

(2) 大商场、商店、公共文化中心及区中心等行人较多的人行道(人行横道、人行天桥、人行地道)为 0.80;

(3) 区域性文化商业中心地带行人多的人行道(人行横道、人行天桥、人行地道)为 0.85;

(4) 支路、住宅区周围道路的人行道(人行横道)为 0.90。

人行道(人行横道、人行天桥、人行地道)的设计通行能力见表 3-51(b)。

表 3-51(b)　　人行道的设计通行能力(人/(h·m))

类别 \ 折减系数	0.75	0.80	0.85	0.90
人行道	1800	1900	2000	2100
人行横道	2000	2100	2300	2400
人行天桥地道	1800	1900	2000	—
车站码头的人行天桥地道	1400	—	—	—

* 车站码头的人行天桥(地道)一条人行带宽为 0.9 m,其余情况为 0.75 m。

3.3.14　设计小时交通量

设计小时交通量是指设计年限主要方向的标准高峰小时交通量(例如第 30 个高峰小时),是确定车道数的依据。

公路设计小时交通量宜采用年第 30 位小时交通量,也可根据当地公路小时交通量的变化特征,采用第 20～40 位小时之间最为经济合理时位的交通量。

设计小时交通量按公式(3-31)计算:

$$DDHV=AADT\cdot D\cdot K \tag{3-31}$$

式中　DDHV——单向设计小时交通量(veh/h);

AADT——预测年度的年平均日交通量(veh/d);

D——方向不均匀系数(%),宜取 0.5～0.6,亦可根据当地交通量观测资料确定;

K——设计小时交通量系数(%),为选定时位的小时(通常指第 30 个高峰小时)交通量与年平均日交通量的比值,当不能取得年平均日交通量时,可用有代表性的平均日交通量代替。

新建公路的设计小时交通量系数,可参照公路功能、交通量、地区气候、地形等条件相似的公路的预测数据确定。缺乏资料地区的设计小时交通量系数,可按表3-52选取。对于城市道路,K 值可用11%。

表3-52　各地区设计小时交通量系数(%)

类别 \ 地区		华北 京、津、冀、晋、蒙	东北 辽、吉、黑	华东 沪、苏、浙、皖、闽、赣、鲁	中南 豫、湘、鄂、粤、桂、琼	西南 川、滇、黔、藏	西北 陕、甘、青、宁、新
城市近郊	高速公路	8.0	9.5	8.5	8.5	9.0	9.5
城市近郊	一级公路	9.5	11.0	10.0	10.0	10.5	11.0
城市近郊	二、三级公路	11.5	13.5	12.0	12.5	13.0	13.5
公路	高速公路	12.0	13.5	12.5	12.5	13.0	13.5
公路	一级公路	13.5	15.0	14.0	14.0	14.5	15.0
公路	二、三级公路	15.5	17.5	16.0	16.5	17.0	17.5

单向两车道以上的道路,设计小时交通量取单向交通量,即按公式(3-31)计算。如为双车道公路,设计小时交通量取双向交通量。

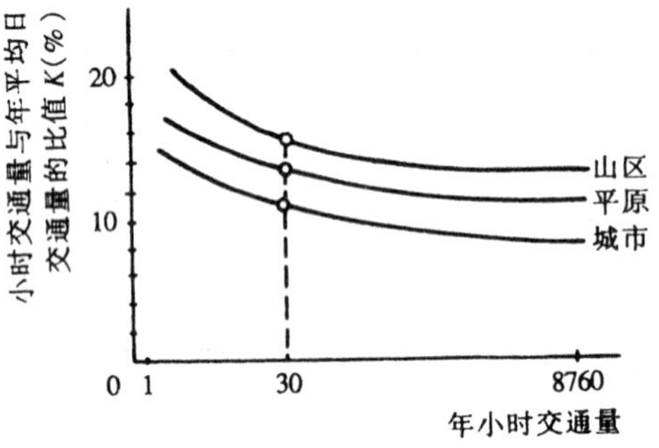

图3-19　交通量的频率曲线

标准高峰小时取第30个高峰小时的原因,是由于根据实测资料所点绘的交通量频率曲线,虽因地区、道路性质、年份而不同,但在第30个高峰小时附近曲线总有急剧变化,在该点前坡度剧增,该点后坡度迅速缓降。交通量频率曲线是把一年中所得8 760个小时交通量与年平均日交通量的比值按大小次序排列得出的,如图3-19所示。因此,以第30个高峰小时交通量作为设计依据,在一年当中,只有29个小时(占0.33%)超过设计值,由于设计小时交通量数值低,可能做出较为经济的设计。

目前,我国及美国、日本等国家都以第30个高峰小时作为设计依据。也可选用第20位至40位之间最为合理的高峰小时。香港地区研究认为,香港市区以第30个高峰小时交通量为依据,但在香港郊区,特别是游览区及经济条件要求较低时,一般可采用第80个高峰小时交通量作为设计依据。

行车道车道数可依下式计算确定并取为整数:

$$行车道车道数=\frac{高峰小时设计交通量}{一条车道的设计通行能力}$$

实际上的车道数尚应结合路上的车辆组成、道路的性质、投资力量及工程艰巨程度等因素综合考虑确定。

预测年平均日交通量依公路、城市道路的等级、性质,根据历年交通观测资料推求得知。

目前一般可按年平均增长率累计计算确定或依历年观测资料得出曲线(图 3-20)求得。

$$Q_{预测}=Q(1+K)^{n-1} \tag{3-32}$$

式中　$Q_{预测}$——预测年平均日交通量(辆/d)，即式(3-31)中的 AADT；

Q——起始年平均日交通量(辆/d)；

K——年平均增长率。例如：京津塘公路 1990 年前为 7%，1990—2000 年为 6%，2000 年以后按 5%计。

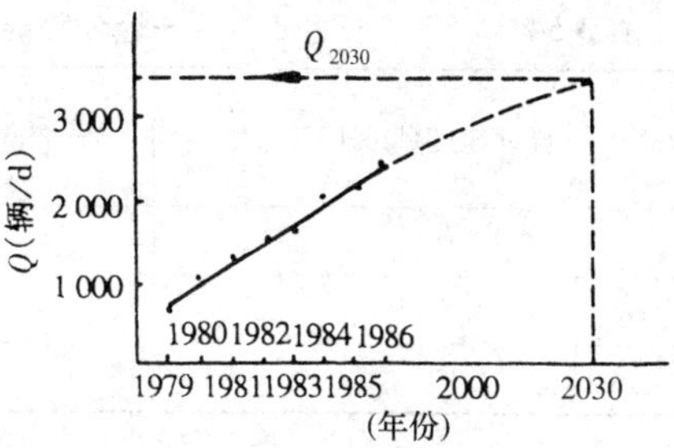

图 3-20　交通量增长变化曲线

实际上，交通量的增长随国民经济发展的增长而变化，为此，可通过数学回归求得二者之间的变化规律，从而可依国民经济产值的增长推求出交通量的增长。

各级公路所适应的年平均日交通量按下述方法推求及选取。

(1) 高速公路、一级公路的年平均日交通量

高速公路、一级公路应按单向单车道的设计小时交通量考虑，但为与我国一直沿用的适应交通量指标相衔接，标准仍沿用高速公路的年平均日交通量指标，其值按公式(3-33)计算：

$$\text{AADT}=\frac{C_D N}{KD} \tag{3-33}$$

式中　AADT——预测年的年平均日交通量；

C_D——每车道设计通行能力；

N——单向车道数；

D——方向分布系数；根据公路所在位置和功能，D 值范围为 50/50～40/60；亦可根据当地的交通量观测资料作适当调整；

K——设计小时交通量系数，根据公路所在位置、地区经济、气候特点等确定，K 值范围：近郊公路 0.085～0.11；公路 0.12～0.15；亦可根据当地交通量观测资料确定。

按公式(3-33)计算并取整后，高速公路能适应的年平均日交通量如表 3-53 所示。

表 3-53　　高速公路能适应的年平均日交通量(pcu/d)

设计速度(km/h)	四车道	六车道	八车道
120	40 000～55 000	55 000～80 000	80 000～100 000
100	35 000～50 000	50 000～70 000	70 000～90 000
80	25 000～45 000	45 000～60 000	60 000～80 000

同理，一级公路能适应的年平均日交通量按公式(3-34)计算：

$$\text{AADT}_{一级}=\frac{(0.6\sim0.76)C_{高速}\sum K_i}{KD} \tag{3-34}$$

按公式(3-34)计算并取整后，四、六车道一级公路能适应的年平均日交通量如表 3-54 所示。

表 3-54　　一级公路能适应的年平均日交通量(pcu/d)

设计速度(km/h)	四车道	六车道
	$\sum K_i=1.9$	$\sum K_i=2.65$
100	27000～30000	30000～55000
80	20000～27000	27000～45000
60	15000～25000	25000～35000

(2) 二、三、四级公路的适应交通量

二、三、四级公路由于运行质量受双方向流量比、超车视距、管理水平、路侧干扰等多项因素的影响，其设计通行能力与适应交通量的范围较大。根据交通调查资料统计：二、三、四级公路的设计小时交通量系数平均值在 0.09～0.18 之间；方向分布系数为 0.6 时，影响系数为 0.94。二、三、四级公路能适应的年平均日交通量如表 3-55 所示。

表 3-55　　二、三、四级公路能适应的年平均日交通量

公路等级	设计速度(km/h)	设计通行能力(pcu/h)	方向分布影响系数	设计小时交通量系数	适应的年平均日交通量(pcu/d)
二级	40～80	550～1600	0.94	0.09～0.18	5000～15000
三级	30～40	400～700	0.94	0.1～0.13	2000～6000
四级	20	<400	0.94	0.13～0.18	<2000

注：二级公路的 40km/h 是位于地形、地质等自然条件复杂的山区，经论证后可采用的设计速度。

由于二级公路的设计速度级差较大，路基宽度范围从 8.50 m 至 12.00 m，因此，二级公路的设计通行能力与适应交通量范围较大。

三级公路的设计速度为 40 km/h，位于平原微丘地区时，平、纵线形技术指标均较高，路基宽度同为 8.50 m，其设计通行能力要比位于地形、地质条件复杂的山区设计速度 40 km/h 的二级公路要大。故三级公路能适应的年平均日交通量为 2000～6000(pcu/h)。

四级公路考虑到当前公路建设的政策、各等级公路适应交通量范围的连续性等，能适应的年平均日交通量，双车道为 2000(pcu/d)以下；单车道为 400(pcu/d)以下。

设计交通量的预测年限，亦即“远景设计年限”，对高速公路和具干线功能的一级公路确定为 20 年；具集散功能的一级公路，以及二、三级公路的线位一旦选定，很难变动，同时要能适应一定时期内的正常使用，故规定预测年限为 15 年；四级公路交通量较小，可根据实际情况确定，不排除合理的延长或减少预测年。设计交通量预测的起草年为该项目可行性研究报告中的计划通车年。

3.4　交通量、交通密度与平均车速

交通密度是指某一瞬间在单位路段(例如：1 km)上的车辆数。

设交通量为 Q(辆/h)、交通密度为 K(辆/km)、路段平均车速为 V(km/h)，则有如下关系：

$$Q=KV \tag{3-35}$$

该式证明如下：

设路段为 L，T 时间通过某断面的车辆数为 n，车辆同向行驶时，交通量 Q 及交通密度 K 为

$$Q=\frac{n}{T}$$

$K=\frac{\sum_{i=1}^{n}t_i}{T}/L$ 即某一瞬间通过路段 L 的车辆数：

$$K=\frac{n}{T}/\frac{L}{\frac{1}{n}\sum_{i=1}^{n}t_i}=\frac{Q}{v_1}$$

式中　v_1——空间平均车速；

$\frac{\sum_{i=1}^{n}t_i}{T}$——行经 L 距离的平均车辆数。

故

$$Q=KV$$

实测得知，交通密度 K 与车速 V 成反比例，并显示如图 3-21 所示向右低下的直线关系，即车速与交通密度可表示为

$$V=a-bK \tag{3-36}$$

式中，a，b 为常数（正值）。

设最高速度为 V_{max}，此时，$K=0$，即 $a=V_{max}$。

$$V=V_{max}-bK \tag{3-37}$$

发生交通阻塞、交通车流受阻时，车速为零，而交通密度为最大，所以，$0=V_{max}-bK_{max}$

或

$$K_{max}=\frac{V_{max}}{b} \tag{3-38}$$

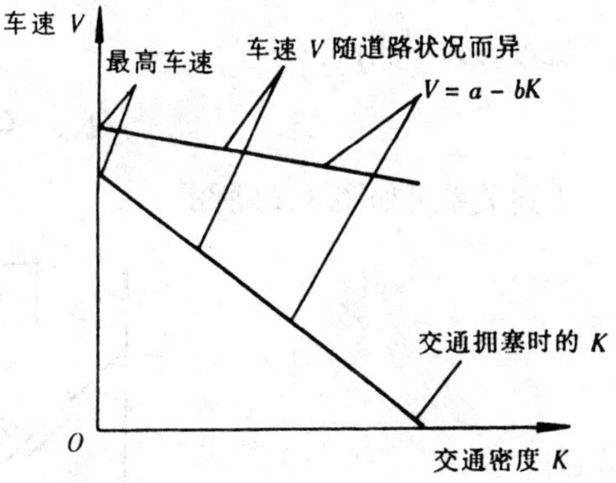

图 3-21　车速与交通密度的关系

亦即 b 为该直线的斜率：

$$b=\frac{V_{max}}{K_{max}}$$

将式(3-37)两边各乘以 K 值，并以式(3-35)代入，则得

$$Q=V_{max}K-bK^2 \tag{3-39}$$

或

$$Q=\frac{V_{max}}{b}V-\frac{1}{b}V^2 \tag{3-40}$$

对式(3-39)以 K 微分并使之为零，在给定最大交通量 Q_{max} 时的交通密度以 K_0 表示，则得

$$\frac{dQ}{dK}=V_{max}-2bK=0$$

所以

$$K_0=\frac{V_{max}}{2b} \tag{3-41}$$

以式(3-41)代入式(3-37)，得出最大交通量时的速度 V_0，即

$$V_0=\frac{V_{max}}{2} \tag{3-42}$$

以式(3-38)代入,则得

$$K_0=\frac{K_{max}}{2}$$

因此,$\frac{V_{max}}{2}$与$\frac{K_{max}}{2}$时给定最大交通量:

$$Q_{max}=K_0V_0=\frac{K_{max}}{2}\cdot\frac{V_{max}}{2}=\frac{V_0^2}{b}=bK_0^2$$

$$=\frac{V_{max}}{2b}\cdot\frac{V_{max}}{2}=\frac{V_{max}^2}{4b} \tag{3-43}$$

由此可见,Q与K以及Q与V均成抛物线关系。

将$K=\frac{V_{max}-V}{b}$代入式(3-39)得

$$Q=\frac{V(V_{max}-V)}{b}$$

也可写为下式:

$$Q_{max}-Q=\frac{1}{b}(V_0-V)^2 \tag{3-44}$$

上述关系可如图3-22所示。

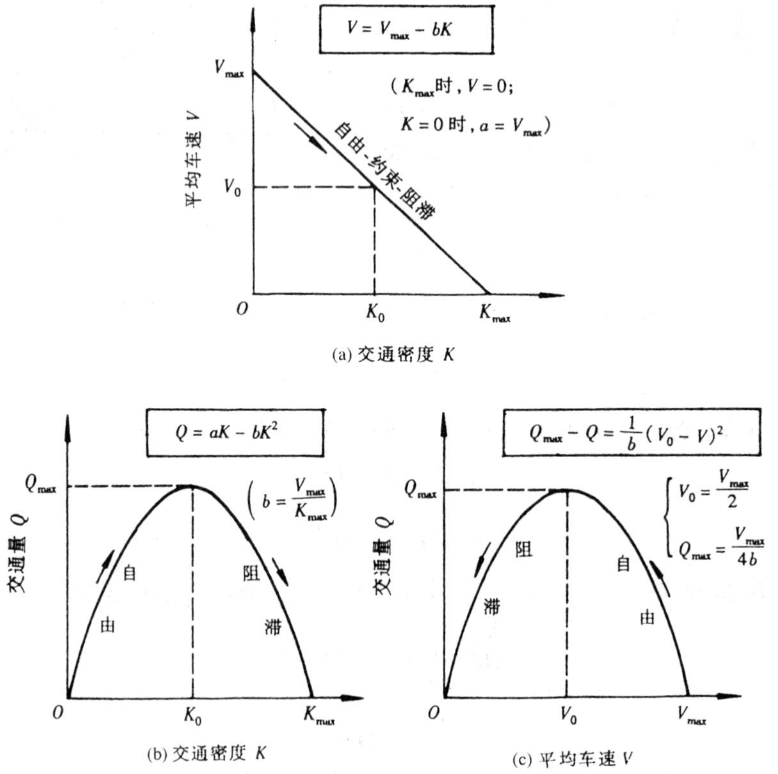

图3-22 交通量、交通密度与平均车速的关系

图 3-22 显示了交通量、交通密度与平均车速的关系。交通量小时，汽车以自由速度运行，作为整体来讲，平均车速高，随着交通量的增加，各辆汽车的车速差逐渐缩小的同时，平均车速逐渐降低。如图 3-22(a)所示，随着交通密度 K 的增大，平均车速 V 逐渐减小。图 3-22(b)显示出，随着 K 的增大，Q 逐渐增大至一定值后逐渐减小。图 3-22(c)说明，随着 V 的逐渐减小(即 K 的逐渐增大)，Q 逐渐增大至一定值后，逐渐减小。

国外研究得出的理论上的交通量、交通密度与平均车速的关系，如图 3-23 所示。而实际上的车流密度关系则如图 3-24 所示。

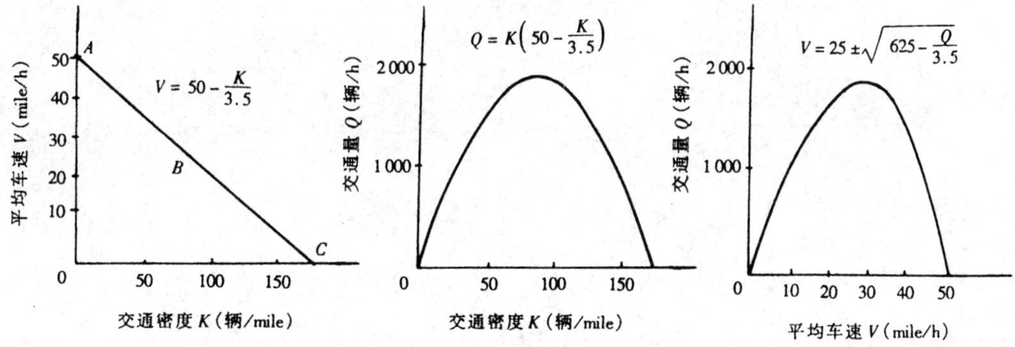

图 3-23　国外研究的交通量、交通密度与速度的关系

(1mile＝1 609.344 m)

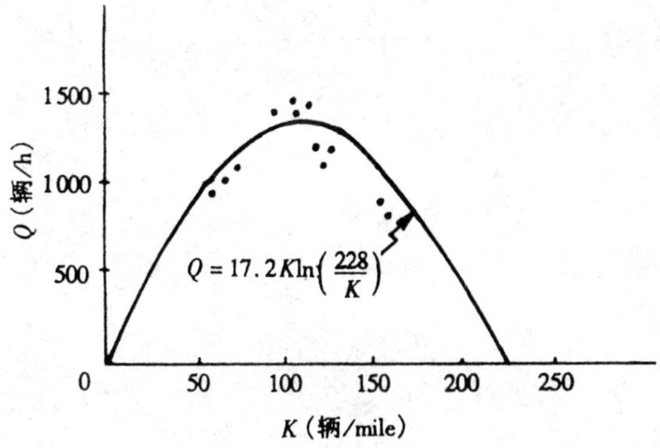

图 3-24　实际的车流密度与交通量的关系

复习思考题

3-1　试说明年平均日(双向)交通量的含义。它在道路设计中有什么作用?

3-2　为什么在计算交通量时，需将各种车辆换算为某种标准车辆? 我国公路和城市道路是如何规定的?

3-3　交通量和通行能力的单位都是辆/h，二者的含义有何不同?

3-4　汽车的车速越大，则道路的通行能力越大还是越小? 试说明之。

3-5　试说明设计小时交通量的含义。为何一般取第 30 个高峰小时交通量?

3-6　试说明服务水平的含义。为何公路服务水平分为四级?

3-7　试说明通行能力的三种形式——基本通行能力、设计通行能力、实际通行能力。

3-8　试绘制解放牌 CA-10B 型载重车的车速与通行能力(V-N)关系图(取 $\varphi=0.4$,$f=0.02$;车速间隔 10 km/h)。

3-9　某城市主干道沥青路面,为三幅路(三块板)型式,设计时速为 35 km/h,机动车道为双向四车道,每条车道宽度为 3.50 m,道路最大纵坡为 0.8%,交叉口平均间距为 800 m,均设置信号灯,在考虑多车道、交叉口、车道宽度等因素情况下,试用车头间距法计算该路机动车道双向总的通行能力(以小汽车为准,取 $l=5$ m)。

第 4 章 平面线形设计

4.1 概　述

道路是一个三维空间的实体。它的中线是一条空间曲线。中线在水平面上的投影称为路线的平面,如图 4-1 所示。沿着中线竖直地剖切,再行展开就成为纵断面。中线各点的法向切面是横断面。道路的平面、纵断面和各个横断面是道路的几何组成。

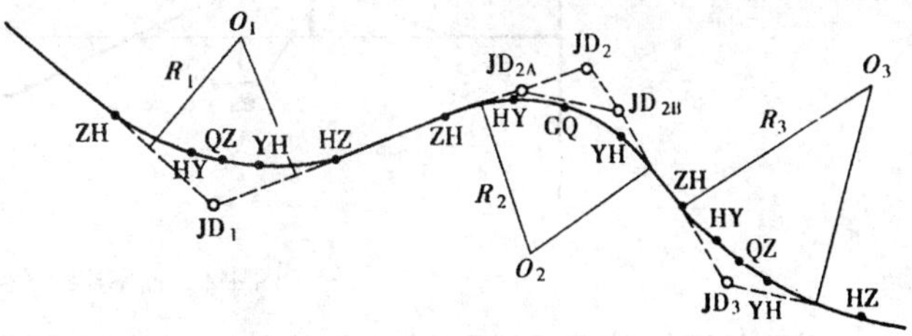

图 4-1　路线的平面

道路的平面线形设计是根据汽车行驶的力学性质和汽车行驶轨迹的要求,合理地确定各线形要素的几何参数。《公路路线设计规范》、《城镇道路工程技术标准》规定,平面线形必须与地形、景观、环境等相协调,同时注意线形的连续性和均衡性,并同纵断面、横断面相互配合。由于线形几何要素的确定是以设计速度为依据的,因此,对于车速较高的道路,线形设计还应考虑汽车行驶美学及驾驶员视觉和心理上的要求。

大量的观测研究表明,行驶中的汽车,其行驶轨迹在几何性质上有以下特征:

(1) 这个轨迹是连续的而且是圆滑的;

(2) 这个轨迹的曲率是连续的,即轨迹上任一点不出现两个曲率值;

(3) 这个轨迹的曲率变化率是连续的,即轨迹上任一点不出现两个曲率变化率值。

根据汽车行驶轨迹在几何性质上的以上特征,我们发现特征(1)仅满足了车辆的直行和转向要求,而在直线和圆弧相接处却出现了曲率的不连续(直线上曲率为 0,圆曲线上曲率为 $1/R$),与汽车行驶轨迹之间产生较大偏离。于是现代道路在直线和圆曲线之间引入了一条曲率逐渐变化的"缓和曲线",使整条线形符合汽车行驶轨迹特性(1)和特性(2)的要求,保持了线形的曲率连续,如图 4-2 所示。

汽车行驶轨迹与平面线形要素关系如下(表 4-1):

表 4-1　　汽车行驶轨迹与平面线形要素关系

汽车导向轮旋转面与车身纵轴之角度	汽车行驶轨迹线	
	曲率变化值	平面线形
0	0	直　线
常数	常数	圆曲线
变数	变数	缓和曲线

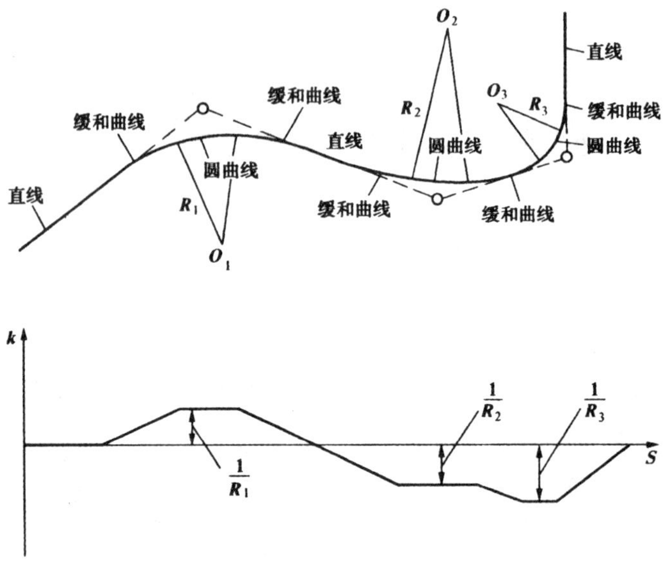

图 4-2　曲率连续的路线

道路的平面线形，当受地形、地物等障碍的影响而发生转折时，在转折处就需要设置曲线或组合的曲线。曲线一般为圆曲线，为保证行车的舒顺与安全，在直线、圆曲线间或不同半径的两圆曲线之间要插入缓和曲线。因此，直线、圆曲线、缓和曲线是平面线形的主要组成要素，称之为平面线形三要素。

在平面曲线中，圆曲线是最常用的基本线形，它在路线遇到障碍或地形需要改变方向时设置。各级公路、城市道路无论转角大小均应设置圆曲线。圆曲线如配合得当，可获得舒顺的路线。

为缓和汽车的行驶，符合汽车行驶的轨迹，在直线和曲线之间或在不同半径的两圆曲线之间，一般采用曲率半径不断变化的缓和曲线进行组合。缓和曲线的作用是缓和人体感到的离心加速度的急骤变化，且使驾驶员容易做到匀顺地操纵方向盘，提高视觉的平顺度及线形的连续性。缓和曲线是从曲率为零渐渐地向某一定值变化的曲线，很符合汽车行驶的自然轨迹。

公路平面线形，过去多采用长直线—短曲线的形式。随着车速的提高及交通量的增长，对于高速公路已趋于以曲线为主的设计，即结合地形拟定曲线，再连以缓和曲线或直线的方法(图 4-3)，使路线在满足行车动力要求的条件及线形视觉的舒顺下，增加了结合地形设置线形的自由，使线形的经济效益较为显著，并保证行车的高速与安全。但要说明，连续曲线的线形，特别适用于有山、谷的乡区道路线形设计，对于城市或平原地区，则首先应考虑敷设以直线为主的线形。高速公路线形多以圆曲线及回旋线为主，其间也可插入适当长度的直线，但以能更好地满足线形舒顺与地形的合理结合为原则。

所谓平面线形设计，即道路中线平面位置的确定，是在充分考虑社会经济、自然、地理条件和技术条件等因素以后，经过平、纵、横综合考虑，反复修正才确定下来的；沿道路中线的桩志进行高程测量和横断面测量，取得地面线和水文、地质及其他必要资料后再进行道路纵断面和横断面的设计。

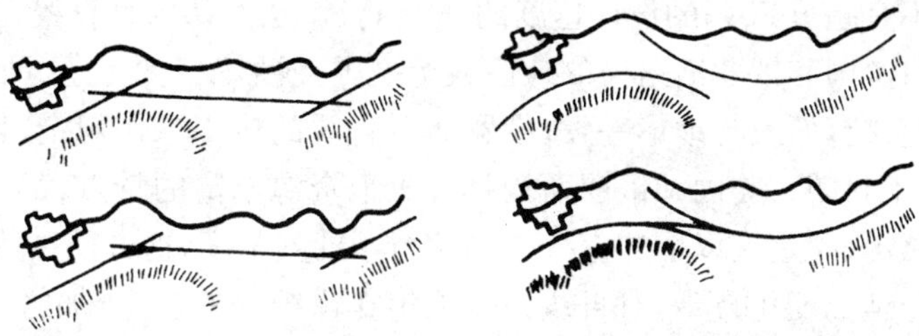

(a) 老方法：首先设置直线，然后用圆连接　　(b) 新方法：先设圆，然后用缓和曲线连接

图 4-3　平面线形的设置方法

4.2　直　线

4.2.1　直线的特点

直线是平面线形中的基本要素之一，具有能以最短的距离连接两控制点和线形易于选定的特点。

直线适用于地形平坦、视线目标无障碍处。在平原区，直线作为主要线形要素较为适宜。直线有测设简单、前进方向明确、路线短捷等优点，直线路段能提供较好的超车条件，对双车道公路有必要在间隔适当距离处设置一定长度的直线。

由于直线线形缺乏变化，在地形变化复杂地段，不易与地形相适应等原因，位于山岭重丘区公路，往往造成工程量增大、工程费用高、破坏自然环境等弊端；在高速公路、一级公路行车速度快的情况下，更易使驾驶者感到单调、疲乏、难以准确目测车间间距，增加夜间行车车灯眩目的危险，还会导致出现超高速行驶状态。因而在设计直线线形和确定直线长度时，必须慎重选用。

由于城市道路交叉口多、地下管线多，则应首先考虑敷设以直线为主的线形，尤其是长大桥梁、隧道等构造物路段，路线转折点尽量设在交叉口。为了保证车辆行驶安全与舒适，线形转折时要合理地设置平曲线。

4.2.2　直线的最大长度与最小长度

关于直线的最大与最小长度应有所限制，从理论上求解是非常困难的，主要应根据驾驶员的视觉反应及心理上的承受能力来确定。

采用直线线形时，设计人员应根据路线所处地段的地形，并考虑驾驶者的视觉、心理状态等合理布设。要避免使用过长的直线，并注意直线的设置要与地形、地物、环境相适应。对直线的的最大长度与最小长度应有所限制。

1. 直线的最大长度

直线在早期被认为是最好的线形，因为直线容易布置，直线所连接的两点间距离最短。但是运行过程中驾驶员在长直线上高速行车时由于景观平静单调所滋生的容易疲劳的反应，加之直线上公路环境不富变化，致使驾驶员注意力涣散，有时急于加速行驶往往对车距失去判断造成恶性交通事故。

有些国家在长直线的运用上有条件地加以限制。像意大利和日本这样的多山之国，高速公路平面线形以曲线为主，如日本、德国规定直线最大长度不宜超过设计速度的 20 倍，即 72 s

行程;西班牙规定不宜超过80%的设计速度的90 s行程;法国认为长直线宜采用半径5 000 m以上的圆曲线代替;美国和俄罗斯这样的地广人稀之国,线形以直线为主,而又有所区别:美国规定线形应尽可能直捷,而应与地形一致;俄罗斯对直线的运用未作规定,且部分类似于高速公路的快速干道则不封闭。美国和俄罗斯均具有土地资源丰富的特点,都采用宽中央分隔带改善路容,设置低路堤、缓边坡以增加直线上高速行车的安全度,这方面显然不适合我国国情。

我国地域辽阔,地形变化万千,对直线长度很难作出统一的规定,加之在混合交通的道路上,超车、会车、错车以及避让非机动车和行人的机会甚多,驾驶员的感觉与国外大不相同。因此,目前我国在《公路工程技术标准》中,未作明确规定,而在《公路路线设计规范》中仅规定"直线的长度不宜过长",给设计人员留下空间去做分析、判断,以使设计更加符合实际。

根据国内外研究相关资料,我国对长直线的运用参照日本经验并与德国相近,最大直线长度一般不超过20 V。

2. 直线的最小长度

平曲线间最小直线长度是基于保证线形的连续性考虑的。能通视的同向或反向平曲线之间如果直线过短,对同向曲线会被看成反向弯曲;对反向曲线如果半径不是足够大,除造成行车转向不便外,线形看起来不柔和。关于曲线长度设置的合理性,也是基于驾驶员在视觉判断和操纵方向盘的动作上,适应前方线形的改变,使乘客感到舒适。

(1) 同向曲线间的直线最小长度

同向曲线是指两个转向相同的相邻曲线之间连以直线而形成的平面线形,如图4-4(a)所示。其中间的直线长度是指前一曲线的终点到后一曲线的起点之间的距离。这种线形,当直线较短时,在视觉上容易形成直线与两端曲线构成反弯的错觉;当直线过短甚至把两个曲线看成是一个曲线,破坏了线形的连续性,形成所谓的"断背曲线"。因此,《公路路线设计规范》、《城镇道路工程技术标准》规定:当设计速度≥60 km/h时,同向曲线间的最小直线长度(以m计)以不小于设计速度(以km/h)的6倍为宜。

实际使用情况调研发现,平原区各级公路设计中均能满足曲线间直线长度设置要求,但山岭、重丘区受地形条件限制较严,当设计速度≥60 km/h时,局部路段同向曲线间很难达到6V要求,而且公路等级越高、设计速度越高越难满足。因此,《规范》考虑高速公路逐步从平原向山岭、重丘区转移的实际,规定受特殊地形条件严格限制时,同向曲线间最小直线长度不得小于3V。实际使用中,若曲线间的直线长度难以达到规定要求时,应通过技术措施尽可能将同向曲线设计为复曲线。

设计速度小于等于40 km/h的道路可参照上述做法。两同向圆曲线间应设有足够长度的直线,不得以短直线相连,否则应调整线形使之成为一个单曲线或复曲线或运用回旋线组合成卵型、凸形、复合形等曲线。

(2) 反向曲线间的直线最小长度

反向曲线是指两个转向相反的相邻曲线之间连以直线而形成的平面线形,如图4-4(b)所示。由于两弯道转弯方向相反,考虑到其超高和加宽缓和的需要,以及驾驶人员操作的方便,期间的直线最小直线长度应予限制。《规范》规定:当设计速度≥60 km/h时,反向曲线间的最小直线长度(以m计)以不小于设计速度(以km/h)的2倍为宜。

两反向圆曲线间不应设置短直线段,以设置不小于最小直线长度的直线段为宜,否则应调整线形或运用回旋线而组合成S形曲线。

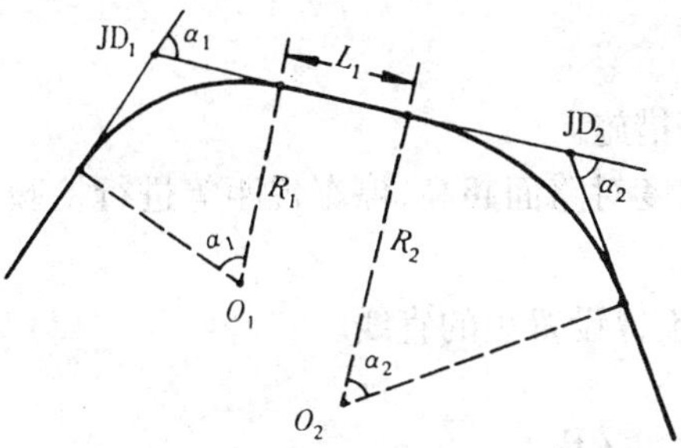

(a) 同向曲线

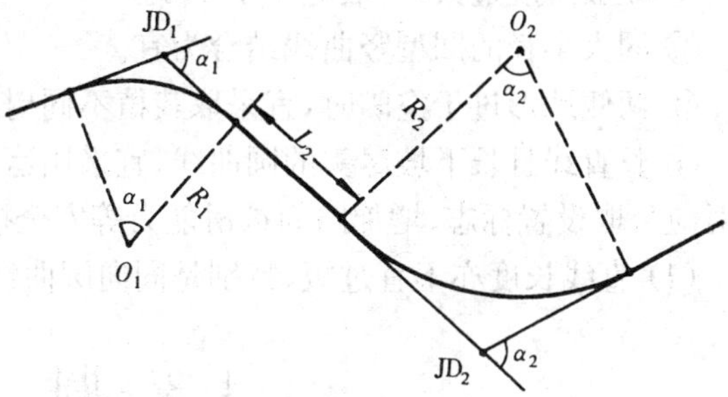

(b) 反向曲线

图 4-4　同向曲线与反向曲线

根据《规范》规定，曲线间的直线最小长度可参考表 4-2 规定。

表 4-2　　曲线间直线的最小长度

设计速度 V(km/h)		120	100	80	60	40	30	20
直线最小长度(m)	同向曲线间(6V)	720	600	480	360	—	—	—
	反向曲线间(2V)	240	200	160	120	—	—	—

注：设计速度≤40 km/h 时，可参照上述规定执行。

4.2.3　直线的运用

直线线形一般难与地形相协调，若运用不当将破坏线形的连续性。过长的直线易使驾驶者产生僵直、呆板、单调的感觉，容易导致困倦、注意力不集中、反应迟钝、难以准确判断车距。在长直线上司机一般会加速行使。如果纵坡坡率大于−3%，则更容易使汽车超速运行。多例事实表明，长直线下坡尽头是交通事故率高的地段。

由于长直线尽头汽车一般是超速运行的，为确保安全应对曲线半径、超高、视距等采用运行速度进行检验。

德国设计规范规定：当直线长度大于 300 m 时，平曲线半径 R 应大于 400 m；当直线长度小于 300 m 时，平曲线半径 R 应大于直线长度。由于具有同一纵坡的长直线易使驾驶疲劳、超速运行、知觉反应迟钝及夜间车头灯眩目，所以规定，具有同一纵坡的直线长度不得大于 20V。我们在使用长直线时，也应持谨慎的态度。

根据我国的具体情况，道路平面线形当采用直线线形时必须注意线形与地形的关系，并应符合上述直线的最大长度与最小长度的要求；在运用直线线形并决定其长度时，可据以下原则运用：

(1) 采用直线线形时，应注意直线同地形、环境的协调与配合，并不宜采用长直线。

(2) 下述路段可采用直线：

① 不受地形地物限制的平坦地区或山间的开阔谷地。

② 市镇及其近郊或规划方正的农耕区等以直线条为主体的地区。

③ 桥梁、隧道等长大构造物所处的路段。

④ 路线交叉点前后的路段。

⑤ 双车道公路为超车所提供的路段。

(3) 当采用长直线线形时，应注意：

① 纵坡不应过大，一般应小于3%。

② 同大半径的凹型竖曲线结合为宜。

③ 两侧地形过于空旷时，宜采取栽植不同树种等措施。

④ 长直线且长下坡尽头的圆曲线，宜采用运行速度对路面超高、停车视距等进行检验，必要时应采取设置标志、增加路面抗滑能力等安全措施。

(4) 直线长度亦不宜过短，特别是同向圆曲线间不得设置短的直线。

4.3 圆 曲 线

圆曲线也是平面线形中常用的线形。《公路路线设计规范》规定，各级公路不论转角大小均应设置圆曲线。平曲线技术标准主要有：圆曲线半径、平曲线最小长度以及回头曲线技术指标等。

4.3.1 圆曲线半径

1. 圆曲线半径计算的一般公式

半径是圆曲线的重要元素，半径一旦确定，则圆的大小和曲率就完全确定了。

由第2章汽车行驶理论可知，汽车行驶的横向稳定性先于纵向稳定性，因此，平曲线半径值的确定即依汽车行驶横向稳定性(滑移、倾覆)而定：

$$R=\frac{v^2}{g(\mu+i)}(\mathrm{m})$$

当设计速度以 V(km/h)代替 v(m/s)，则

$$R=\frac{V^2}{127(\mu+i)}(\mathrm{m}) \tag{4-1}$$

该式的推导如下：

由图4-5汽车在曲线上行驶的力可知：

横向力 $Y=C\cos\alpha-G_a\sin\alpha=C-G_a i$

附着力 $Y'_{max}=G_a\varphi_{横}$

故

$$Y=Y'_{max}=G_a\varphi_{横}$$

$$\mu=\frac{Y}{G_a}=\varphi_{横},\quad C=\frac{G_a}{g}\cdot\frac{v^2}{R}$$

故

$$\mu=\frac{v^2}{gR}-i,\quad R=\frac{v^2}{g(\mu+i)}$$

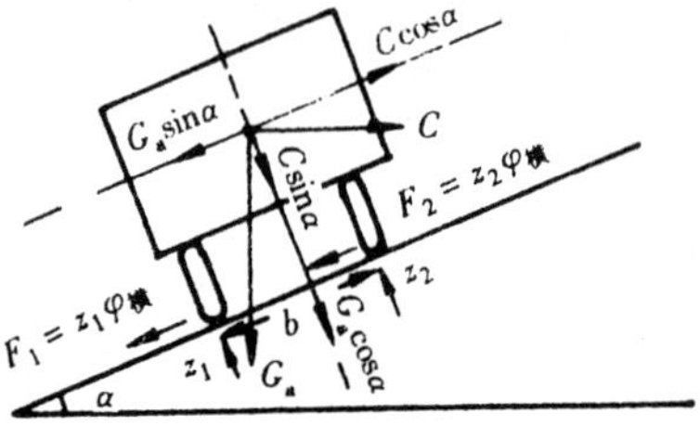

图4-5 汽车在有超高的曲线上行驶的力

式中 v——设计速度(m/s)；

V——设计速度(km/h)；

μ——横向力系数，取路面与轮胎间的横向摩阻系数；

i——路面超高横坡度(%)。

横向力系数 μ 的选用不仅需考虑汽车在弯道行驶时对行车的力学稳定性，还应考虑乘客的舒适程度以及汽车燃料和轮胎的消耗情况。

汽车在弯道上行驶的稳定性，主要是指横向抗滑稳定，即保证汽车不会在超高横坡路面上产生横向滑移。抗滑稳定取决于路面的潮湿程度、车速及路面类型等，其中与路面的潮湿程度关系最大。

横向力系数 μ 的大小影响着汽车的稳定程度、乘客的舒适感、燃料和轮胎的消耗以及其他方面，所以 μ 值的选用应保证汽车在圆曲线上行驶时的横向抗滑稳定性，以及乘客的舒适和运营经济的要求。具体数据如表 4-3 所示。

表 4-3　横向力系数 μ 对汽车行驶稳定性、乘客舒适感、运营经济的影响

影响项目	μ 值	影　响　程　度	
行驶稳定性	μ=0.15～0.16	干燥与潮湿路面均可以较高速度安全行驶	
	μ=0.07	路面结冰也能安全行驶	
乘客舒适感程度	<0.10	转弯时不感到有曲线存在，很平稳	μ 值最好≯0.10，最大≯0.20
	0.15	转弯时略感到有曲线存在，但尚平稳	
	0.20	转弯时已感到有曲线存在，并略感到不稳定	
	0.35	转弯时明显感到有曲线存在，并明显感到不稳定	
	≥0.40	转弯时感到非常不稳定，站立不住而有倾倒危险	
运营经济	μ≯0.15	实验得知，μ 值不同，燃料消耗和轮胎磨耗也不同，具体可见表 4-4 所列数据；据表 4-4 所列数据可知，取 μ 值小于 0.15 为宜	

表 4-4　μ 与燃料消耗、轮胎磨耗关系表

μ	燃料消耗/%	轮胎磨耗/%
0	100	100
0.05	105	160
0.10	110	220
0.15	115	300
0.20	120	390

综上所述，μ 值必须加以限制。根据我国研究资料，采用最大横向力值如表 4-5 所示。

表 4-5　最大横向力

设计速度 (km/h)	120	100	80	60	40	30	20
最大横向力系数(μ_{max})	0.10	0.12	0.13	0.15	0.15	0.16	0.17

各级公路圆曲线部分的最大超高值规定如表 4-6 所示。

表 4-6　各级公路圆曲线最大超高值(i_{max})

公　路　等　级	高速公路、一级公路	二级公路、三级公路、四级公路
一　般　地　区(%)	8 或 10	8
积雪冰冻地区(%)	6	

注：高速公路、一级公路正常情况下采用 8%；交通组成中小客车比例高时可采用 10%。

各级公路圆曲线部分的最小超高值应与该公路直线部分的正常路拱横坡度值一致。

城市道路圆曲线最大超高横坡度的规定见表 4-7。

表 4-7　城市道路圆曲线最大超高横坡度

设计速度(km/h)	100,80	60,50	40,30,20
最大超高横坡度(%)	6	4	2

2. 圆曲线最小半径

圆曲线最小半径有三类:极限最小半径(设超高最小半径)、一般最小半径(设超高推荐半径)、不设超高最小半径。在设计中应结合工程情况合理选用,不应只强调节约用地及投资而忽视行车安全因素。一般情况下应尽量采用不设超高最小半径值;受地形条件限制,可采用设超高推荐半径值;在不得已情况下方可采用设超高最小半径值;设超高路段应满足路面排水设计要求。

圆曲线最小半径是以汽车在曲线部分能安全而又顺适地行驶所需要的条件而确定的,即车辆行驶在道路曲线部分所产生的离心力等横向力不超过轮胎与路面的摩阻力所允许的界限。圆曲线半径的通用计算公式见式(4-1)为:$R=\dfrac{V^2}{127(\mu+i)}$。

《公路工程技术标准》圆曲线最小半径的规定值见表4-8,《城镇道路工程技术标准》城市道路圆曲线最小半径的规定值见表4-9。

表4-8　　公路圆曲线最小半径

设计速度(km/h)		120	100	80	60	40	30	20
最大超高	10%	570	360	220	115	—	—	—
	8%	650	400	250	125	60	30	15
	6%	710	440	270	135	60	35	15
	4%	810	500	300	150	65	40	20
不设超高最小半径(m)	路拱≤2.0%	5 500	4 000	2 500	1 500	600	350	150
	路拱>2.0%	7 500	5 250	3 350	1 900	800	450	200

注:"—"为不考虑采用最大超高的情况。

表4-9　　城市道路圆曲线最小半径

设计速度(km/h)	100	80	60	50	40	30	20
不设超高最小半径(m)	1600	1000	600	400	300	150	70
设超高推荐半径(m)	650	400	300	200	150	85	40
设超高最小半径(m)	400	250	150	100	70	40	20

注:当横坡值与上表不同时,应按公式计算最小半径值(具体计算,参见表4-12城市道路圆曲线半径计算实例)。

极限最小半径(即设超高最小半径)是指圆曲线最小半径采用的最小极限值。当地形困难或条件受限制时方可采用。道路曲线半径为极限最小半径时,设置最大超高。

《技术标准》(2014)规定的极限最小半径系根据最大横向力系数μ_{max}和超高最大值为8%时,按公式$R=\dfrac{V^2}{127(\mu+i)}$经计算调整而确定的。

例如,某四级公路,$V=20$(km/h),取$\mu=0.17$,$i=8\%$,则

$$R_{极限}=\frac{V^2}{127(\mu+i)}=\frac{20^2}{127\times(0.17+0.08)}=12.6\ \text{m}\quad(《标准》规定为15\ \text{m})$$

式中,$R_{极限}$为极限最小半径(m)。

改建公路工程中利用现有公路的个别路段,经论证设计速度为40 km/h的圆曲线最小半径极限值可采用50 m;设计速度为30 km/h的圆曲线最小半径极限值可采用25 m,并应设置限速标志等交通安全设施。

所谓不设超高的最小半径是指道路曲线半径放大、离心力较小时，汽车沿双向路拱(不设超高)外侧行驶的路面摩擦力足以保证汽车行驶安全稳定所采用的最小半径。(平曲线半径大于一定数值时，若把横向力系数控制到最小值，以保证行驶的稳定性，可以不考虑设置曲线超高，允许设置等于直线段路拱的反超高。《标准》(97)规定不设超高的圆曲线最小半径，是取用了 $\mu=0.035$，$i_0=-0.015$，并按各级公路设计速度代入公式进行计算并整理得出的结果。在《标准》2014 修订中，如 μ 值在计算不设超高的圆曲线最小半径时仍采用 0.035，则在目前路拱坡度一般最小采用 2%的情况下，会得出较大的一组不设超高最小半径值。考虑到这一实际情况，拟将 μ 值的采用以一个幅度的值来表示，所以在修订《标准》(2003)中，将 μ 值按0.035～0.040取用，并规定当路拱横坡为 1.5%时 μ 值采用 0.035；当路拱横坡为 2.0%时 μ 值采用 0.040，这样代入公式后进行计算并整理得出的结果，仍为《标准》(97)中的一组不设超高最小半径值。同时还应考虑到现实的路拱横坡在高速、一、二、三级公路上还有>2.0%的情况，如仅采用原来的一组不设超高最小半径值，会得出按公式推算的 μ 值过大。因此，建议当路拱横坡为 2.5%时 μ 值采用 0.040；当路拱横坡为 3.0%时 μ 值采用 0.045；μ 值在路拱横坡>2.0%的情况下，采用 0.040～0.045 的幅度来计算不设超高最小半径值还是比较合适的。)

《公路工程技术标准》(2014)规定的不设超高的最小半径值是按路面泥泞或结冰时的不利情况，并考虑线形的舒顺协调，参照横向力系数 $\mu=0.04$，路拱外侧横坡 $i_0=-2\%$，用公式 $R=\dfrac{V^2}{127(\mu-i_0)}$ 计算而确定的。

例如：某一级公路，沥青混凝土路面，$V=100(\text{km/h})$，取 $\mu=0.04$，$i_0=2\%$。

故
$$R_{不设}=\frac{V^2}{127(\mu-i_0)}=\frac{100^2}{127\times(0.04-0.02)}=3\,937\text{m}$$

(《公路工程技术标准》规定为 4000m)

式中，$R_{不设}$ 为不设超高的最小半径(m)。

所谓一般最小半径(即设超高推荐半径)，是指在通常情况下采用的最小半径。它介于极限最小半径与不设超高的最小半径之间，其超高值随半径增大而按比例减小。一般最小半径对按设计速度行驶的车辆能保证其安全性与舒适性，是设计时建议采用的值，参考国内外使用的经验，这次，《公路工程技术标准》(JTG B01—2014)修订版确定一般最小半径采用的最大超高为 $i=4\%$，而横向力系数则取用表 4-5 中各不同设计速度所对应的最大横向力系数值。将计算结果取整数，即得出一般最小半径值。《公路工程技术标准》(JTG B01—2014)所采用的一般最小半径值是按照表 4-10 所得出的($\mu+i$)值来确定的。其中，μ 值与 i 值均按道路的 $R_{极限}$ 与 $R_{不设}$ 数值的比例而变化。实际采用的超高值可见表 4-11。

表 4-10　　公路一般最小半径 μ、i 取值表

设计速度(km/h)	120	100	80	60	40	30	20
μ	0.10	0.12	0.13	0.15	0.15	0.16	0.17
i	0.04	0.04	0.04	0.04	0.04	0.04	0.04
$\mu+i=\dfrac{V^2}{127R}$	0.14	0.16	0.17	0.19	0.19	0.20	0.21
一般最小半径(m)	810	500	300	150	65	40	20

表 4-11　　圆曲线半径与超高值

设计速度 V (km/h) / 超高(%)	120			100			80			60			
	最大超高(%)			最大超高(%)			最大超高(%)			最大超高(%)			
	10	8	6	10	8	6	10	8	6	10	8	6	4
超高(%) 2	<5 500 (<7 550) ~2 950	<5 500 (<7 550) ~2 860	<5 500 (<7 550) ~2 730	<4 000 (<5250) ~2 180	<4 000 (<5 250) ~2 150	<4 000 (<5 250) ~2 000	<2 500 (<3 350) ~1 460	<2 500 (<3 350) ~1 410	<2 500 (<3 350) ~1 360	<1 500 (<1 900) ~900	<1 500 (<1 900) ~870	<1 500 (<1 900) ~800	<1 500 (<1 900) ~610
3	<2 950~2 080	<2 860~1 990	<2 730~1 840	<2 180~1 520	<2 150~1 480	<2 000~1 320	<1 460~1 020	<1 410~960	<1 360~890	<900~620	<870~590	<800~500	<610~270
4	<2 080~1 590	<1 990~1 500	<1 840~1 340	<1 520~1 160	<1 480~1 100	<1 320~920	<1 020~770	<960~710	<890~600	<620~470	<590~430	<500~320	<270~150
5	<1 590~1 280	<1 500~1 190	<1 340~970	<1 160~920	<1 100~860	<920~630	<770~610	<710~550	<600~400	<470~360	<430~320	<320~200	
6	<1 280~1 070	<1 190~980	<970~710	<920~760	<860~690	<630~440	<610~500	<550~420	<400~270	<360~290	<320~240	<200~135	
7	<1 070~910	<980~790		<760~640	<690~530		<500~410	<420~320		<290~240	<240~170		
8	<910~790	<790~650		<640~540	<530~400		<410~340	<320~250		<240~190	<170~125		
9	<790~680			<540~450			<340~280			<190~150			
10	<680~570			<450~360			<280~320			<150~115			

续表

超高(%) \ 设计速度 V (km/h)		40				30				20			
		最大超高(%)				最大超高(%)				最大超高(%)			
		8	6	4	2	8	6	4	2	8	6	4	2
超高(%)	2	<600 (<800) ~470	<600 (<800) ~410	<600 (<800) ~330	<600 (<800) ~75	<350 (<450) ~250	<350 (<450) ~230	<350 (<450) ~150	<350 (<450) ~40	<150 (<200) ~140	<150 (<200) ~110	<150 (<200) ~70	<150 (<200) ~20
	3	<470~310	<410~250	<330~130		<250~170	<230~140	<150~60		<140~90	<110~70	<70~30	
	4	<310~220	<250~150	<130~70		<170~120	<140~80	<60~35		<90~70	<70~40	<30~15	
	5	<220~160	<150~90			<120~90	<80~50			<70~50	<40~30		
	6	<160~120	<90~60			<90~60	<50~35			<50~40	<30~15		
	7	<120~80				<60~40				<40~30			
	8	<80~55				<40~30				<30~15			
	9												
	10												

注:括号值为路拱大于 2%时的不设超高最小半径。

选用圆曲线半径值时,应与当地地形、地物、经济等条件相适应,并应尽量采用大半径曲线,但圆曲线最大半径不宜超过10000 m(此规定的主要依据是,驾驶者在大半径圆曲线上行驶时,方向盘几乎与直线上一样无须调整。当圆曲线半径>9000 m,视线集中的300～600 m范围内的视觉效果同直线没有区别,因此,圆曲线半径不宜过大)。

我国《公路工程技术标准》采用的μ值较小,不设超高的圆曲线最小半径μ值按0.035～0.040取用,计算出的不设超高的最小半径值较大。以设计速度60 km/h为例,横坡度$i\leqslant$2.0%时,不设超高圆曲线最小半径为1500 m,这样小于1500 m的半径均需设超高。在城市道路建成区由于两侧建筑已形成,如设超高,则两侧建筑物标高不易配合而且影响街景美观,因此,城市道路可适当降低标准。结合我国城市大型客、货车即普通汽车较多的特点,半径小对行车不利。城市道路设计的经验数据为0.067,因此,《城镇道路工程技术标准》采用$\mu=$0.067,虽然比公路的0.040大些,但对乘客舒适感程度差别不大。由上述对乘客舒适程度的分析可以看出,$\mu\leqslant$0.1时,汽车转弯时乘客不感到有曲线存在,很平稳,因此规范采用$\mu=$0.067,以减少超高,对城市道路是合适的。

根据城市道路特点,超高横坡度规定值较小。城市道路由于非机动车的干扰,交叉口较多,一般车速偏低,因此μ值可加大些。在规范中,设超高的圆曲线最小半径,μ值采用0.14～0.16,超高值为0.02～0.06。设超高的推荐半径将μ值减小为0.067,以提高乘客的舒适程度。当受地形限制,条件困难时,采用设超高的最小半径。条件允许时,应采用设超高的推荐半径,以利行车安全及乘客的舒适程度。

城市道路圆曲线半径计算值与规范采用值见表4-12计算实例。

表4-12　城市道路圆曲线半径计算实例

设计速度(km/h)		100	80	60	50	40	30	20
不设超高最小半径(m)	横向力系数μ	0.067	0.067	0.067	0.067	0.067	0.067	0.067
	路面横坡度i	−0.02	−0.02	−0.02	−0.02	−0.02	−0.02	−0.02
	$R=\frac{V^2}{127(\mu+i)}$	1675	1072	603	419	268	151	67
	R采用值	1600	1000	600	400	300	150	70
设超高推荐半径(m)	横向力系数μ	0.067	0.067	0.067	0.067	0.067	0.067	0.067
	路面横坡度i	0.06	0.06	0.04	0.04	0.02	0.02	0.02
	$R=\frac{V^2}{127(\mu+i)}$	620	397	265	184	145	81	36
	R采用值	650	400	300	200	150	85	40
设超高最小半径(m)	横向力系数μ	0.14	0.14	0.15	0.16	0.16	0.16	0.16
	路面横坡度i	0.06	0.06	0.04	0.04	0.02	0.02	0.02
	$R=\frac{V^2}{127(\mu+i)}$	394	252	149	98	70	39	17
	R采用值	400	250	150	100	70	40	20

4.3.2 平曲线最小长度

汽车在道路曲线段行驶时,如果曲线很短,则司机操作方向盘频繁,在高速驾驶的情况下是危险的。同时,如不设置足够长度的曲线使离心加速度变化率小于一定数值,从乘客心理状态来看也是不好的。一方面,当转角在 7°以下时,曲线长度就显得比实际短,另一方面,也引起曲线长度很小的错觉,因此,具有一定的曲线长度是必要的。

因此,确定平曲线的最小长度应按下述三方面考虑:

(1) 曲线很短、司机操作困难。根据经验操作转向至少要有 6s 的行驶时间。因此,

平曲线的最小长度为:

$$L=vt=\frac{V}{3.6}\times 6=1.67V(\mathrm{m}) \tag{4-2}$$

当受条件限制时,汽车在圆曲线行驶至少要有 3s 的时间。所以,各级道路平曲线中,道路平曲线长度除应满足设置回旋线或超高、加宽过渡的需要外,还应保留一段圆曲线,以保证汽车行驶状态的平稳过渡。各级道路平曲线最小长度是按回旋线最小长度的 2 倍控制,实际上是一种极限状态,此时曲线为凸形回旋线,驾驶者会感到操作突变且视觉亦不舒顺。因此,最小平曲线长度理论上至少应该不小于 3 倍回旋线最小长度,即保证设置最小长度的回旋线后,仍保留一段相同长度的圆曲线。此时公路平曲线最小长度、城市道路平曲线最小长度需符合表 4-13、表4-14规定,而公路圆曲线最小长度、城市道路圆曲线最小长度应按表 4-15、表4-16 的规定采用。

各级道路设计平曲线长度不宜过短,从线形设计要求方面考虑,曲线长度按最小值的 5～8 倍即 1 000～1 500 m 较适宜,故公路规范中列出平曲线最小长度的"一般值",取"最小值"长度的 3 倍。

表 4-13　公路平曲线最小长度

设计速度(km/h)		120	100	80	60	40	30	20
平曲线最小长度(m)	一般值	600	500	400	300	200	150	100
	最小值	200	170	140	100	70	50	40

注:"一般值"为正常情况下的采用值;"最小值"为条件受限制时可采用的值。

表 4-14　城市道路平曲线最小长度

设计速度(km/h)	100	80	60	50	40	30	20
平曲线最小长度(m)	85	70	50	45	35	25	20

表 4-15　公路圆曲线最小长度

设计速度(km/h)	120	100	80	60	40	30	20
圆曲线最小长度(m)	100	85	70	50	35	25	20

表 4-16　城市道路圆曲线最小长度

设计速度(km/h)	100	80	60	50	40	30	20
圆曲线最小长度(m)	90	70	50	40	35	25	20

(2) 满足离心加速度变化率所要求的曲线长度。当平曲线由两个缓和曲线组成时,依离心加速度允许变化率确定。

设离心加速度变化率为 $p(\mathrm{m/s^3})$,则

$$p=\frac{v^2}{Rt}$$

其中 v——行车速度(m/s);

R——曲线半径(m);

t——曲线上行驶的时间(s)。

设一个缓和曲线行驶的长度为 l(m)则

$$l=vt$$

所以,$p=\frac{v^3}{Rl}$,一般离心加速度变化率 $p=0.6(\text{m/s}^3)$

$$L=2l=\frac{2V^3}{3.6^3\times0.6R}=0.072\frac{V^3}{R}(\text{m}) \quad (4\text{-}3)$$

式中,V 为行车速度(km/h)。

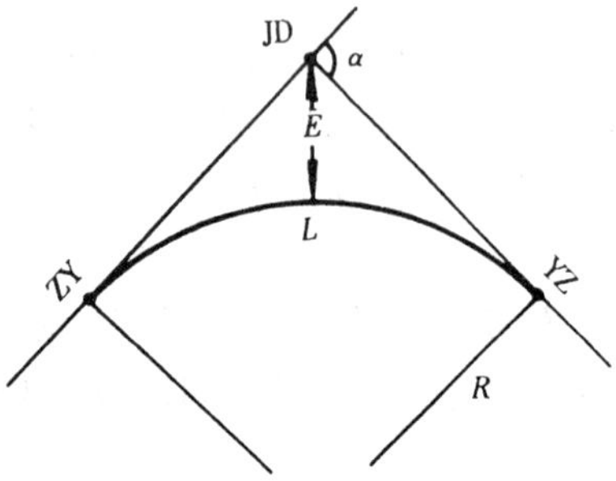

图 4-6 曲线外矢距 E

(3) 依视觉的要求。当曲线转角 $\alpha<7°$时,容易产生错觉,即不易识别出曲线,并会误认为比实际曲线长度要短,因此,为使司机不产生错觉,应使 $\alpha<7°$的曲线的外矢距 E 与 7°时曲线的 E 相等,即采用较长的曲线(图 4-6)。《公路路线设计规范》规定见表 4-17。规范规定,当路线转角等于或小于 7°时,应设置较长的平曲线,其长度应大于表 4-17 中规定的"一般值"。当地形条件及其他特殊情况限制时,其长度应大于表 4-17 中规定的"最小值"。城市道路 $V=20\sim100$ km/h 时的平曲线长度采用表 4-17 中的"一般值"。

表 4-17 公路、城市道路转角等于或小于 7°时的平曲线长度

设计速度 V (km/h)	最小缓和曲线长 l(m)	外距 E (m)	平曲线长度 L(m)	
			一般值	最小值
(1)	(2)	(3)	(4)	(5)
120	100	2.04	1400/α	200
100	85	1.73	1200/α	170
80	70	1.42	1000/α	140
60	50	1.02	700/α	100
50	45	0.92	600/α	90
40	35	0.71	500/α	70
30	25	0.51	350/α	50
20	20	0.41	280/α	40

注:表中 α 角为路线转角值(°),当 $\alpha<2°$时,按 $\alpha=2°$计算。

(1) 当平曲线由两个回旋线组成时,有

$$L=688\frac{E}{\alpha}(\text{m}) \tag{4-4}$$

式中　E——具有 7°转角的曲线外矢距(m)；

α——道路转角(°)；

L——具有与 7°转角相同曲线外矢距 E 时转角为 α 的道路曲线长(m)。

如图 4-7 所示，道路平曲线为由连接点为 R 的两个回旋线所组成，α 为道路转角(°)，E 为外矢距 BD(m)。

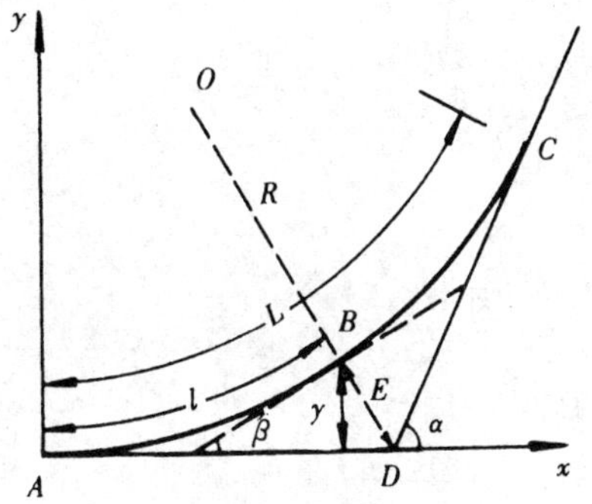

图 4-7　两个回旋线组成的平曲线

设 B 点纵距为 y，则 $E=\frac{y}{\cos\beta}$(β 以 rad 计)。

以　$y=\frac{\beta l}{3}\left(1-\frac{\beta^2}{14}+\frac{\beta^4}{440}-\cdots\right)$代入

故　$$E=\frac{1}{\cos\beta}\times\frac{\beta l}{3}\left(1-\frac{\beta^2}{14}+\frac{\beta^4}{440}-\cdots\right)$$

当 β 角很小时，$\beta^2,\beta^4,\cdots\approx0$，$\cos\beta\approx1$

故　$$E=\frac{\beta l}{3}$$

则 $l=\frac{3N}{\beta}$，β(rad)用 α(°)计，即 $\beta\times57.30\approx\alpha/2$。

故　$$l=344\frac{E}{\alpha}$$

最小曲线长 $L=2l=688\frac{E}{\alpha}$(m)。

表 4-17 中(5)栏即为行驶 6s 时间的曲线长(m)；(4)栏为 $\alpha<7°$时的最小曲线长，此时可以(4)，(5)两栏所得大值为最小曲线长度。

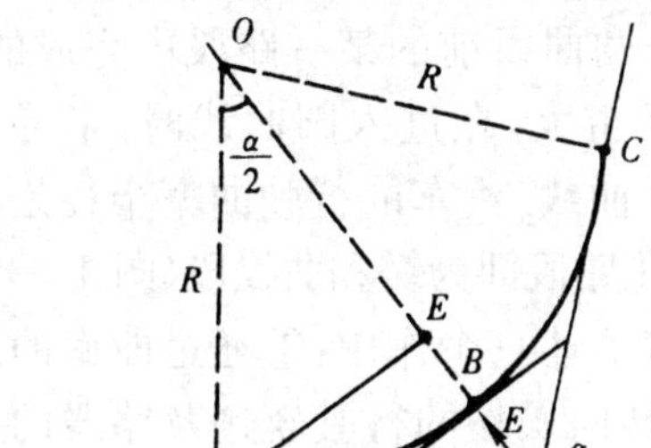

图 4-8　圆曲线的最小长度

例如，设计速度 $V=120$(km/h)时缓和曲线最小长度为 100 m(详见后述)，$\alpha=7°$，则

$$100\times2=688\frac{E}{\alpha}$$

所以　$$E=\frac{100\times2\times7}{688}=2.04$$

则　$$L=688\times\frac{2.04}{\alpha}=\frac{1400}{\alpha}$$

当 $\alpha<2°$时，曲线以 2°计，则

$$L=\frac{1400}{2}=700\text{ m}$$

(2) 当平曲线为圆曲线时，有

$$L=\frac{E\alpha}{57.3\times\left(\frac{1}{\cos(\alpha/2)}-1\right)}(\text{m}) \tag{4-5}$$

如图 4-8 所示，α 为道路曲线转角(°)，E 为外矢矩 BD 长。

$$\overline{AD}=R\tan\frac{\alpha}{2}$$

$$\overline{DE}=R\tan\frac{\alpha}{2}\sin\frac{\alpha}{2}=R\frac{\sin^2(\alpha/2)}{\cos(\alpha/2)}$$

故

$$E=(\overline{DE}+\overline{EO})-\overline{OB}$$

$$=R\frac{\sin^2(\alpha/2)}{\cos(\alpha/2)}+R\cdot\cos(\alpha/2)-R$$

$$=R\left(\frac{1}{\cos(\alpha/2)}-1\right)$$

因

$$R\approx\frac{57.30}{\alpha}L,$$

故

$$E=\frac{57.30L}{\alpha}\left(\frac{1}{\cos(\alpha/2)}-1\right)$$

当 $\alpha=7°$时,$E=0.0138\,6\ L\approx0.014L$(m),$L$ 为曲线长度(m)。

故

$$L=\frac{E\alpha}{57.30\left(\frac{1}{\cos(\alpha/2)}-1\right)}$$

4.4 缓和曲线

4.4.1 缓和曲线的作用与线形

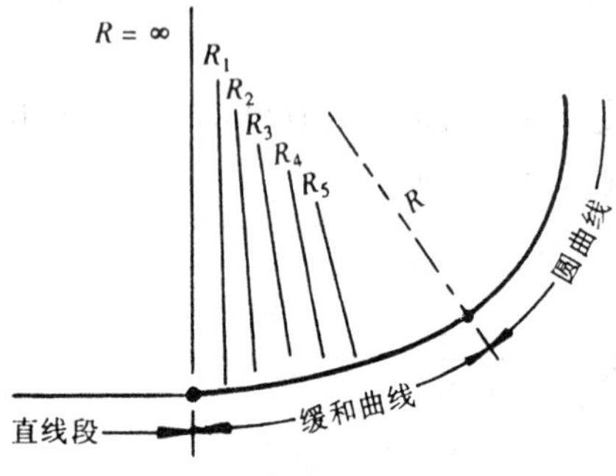

图 4-9 缓和曲线

当汽车从直线进入圆曲线时,司机应逐渐改变前轮的转向角,使其适应相应半径的圆曲线,前轮的逐渐转向是在进入圆曲线前的某一路段内完成的。在直线上半径为无穷大,在进入圆曲线时,半径为 R,从直线过渡到圆曲线,汽车的行驶曲率半径是不断变化的,这一变化路段即为缓和曲线段(图 4-9)。

缓和曲线具有下述三个作用:①通过曲率的逐渐变化,适应汽车转向操作的行驶轨迹及路线的顺畅,以构成美观及视觉协调的最佳线形;②离心加速度的逐渐变化,不致产生侧向冲击;③缓和超高,作为超高变化的过渡段,以减少行车震荡。

缓和曲线应采用与汽车行驶轨迹相一致的曲线形式。该轨迹的曲率半径 ρ 与汽车的转角 ϕ 成反比例变化,汽车的转角 ϕ 从道路直线段上的零逐渐增加到圆曲线上的固定值(图 4-10)。

设汽车在缓和曲线上的行驶速度为 v(m/s),行驶 t 秒后,方向盘转动角度为 φ,前轮的转动角为 ϕ,则二者关系为

$$\phi=K\varphi\quad(K\leqslant1)$$

方向盘的转动角速度为 ω,t 秒后转动角度为 $\varphi=\omega t$,前轮转动角度为 $\phi=K\varphi=K\omega t$,汽车

前后轮轴距为 L_0，则汽车的转动半径为

$$\rho=\frac{L_0}{\sin\phi}\approx\frac{L_0}{\phi}=\frac{L_0}{K\omega t}$$

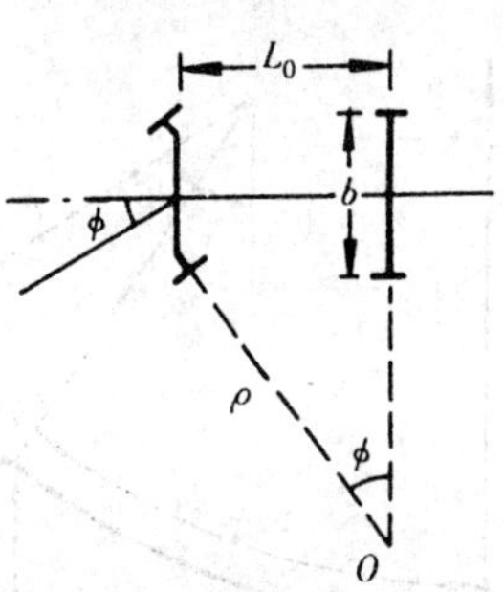

图 4-10　汽车的转弯

汽车沿缓和曲线行驶 t 秒后，在曲线上行驶的距离为 l，则

$$l=vt=v\left(\frac{L_0}{K\omega}\cdot\frac{1}{\rho}\right)$$

设 $v\dfrac{L_0}{K\omega}=C'=$ 常数，则

$$l=\frac{C}{\rho} \tag{4-6}$$

此式即为汽车等速行驶、以不变角速度转动方向盘所产生的轨迹。汽车行驶轨迹半径值随其行驶距离的增加而递减，即缓和曲线上任一点的半径与其距起点的距离成反比例。在缓和曲线终点处，$\rho=R$，$l=L$，则 $R=\dfrac{C'}{L}$，取 $C'=A^2$，则行驶轨迹方程为

$$RL=A^2 \tag{4-7}$$

一般，缓和曲线多采用回旋线方程，即曲线半径 R 与回旋长度 L 成反比：

$$\frac{1}{R}=C_0L$$

式中，C_0 为系数。

设 $\dfrac{1}{C_0}=A^2$，则 $RL=A^2$，A 称为回旋线参数。

因此可知，回旋线方程与汽车行驶轨迹是相一致的。

回旋线的数学表达式

回旋线为曲率半径随曲线长度增长而减小的曲线，其特点如图 4-11 所示。

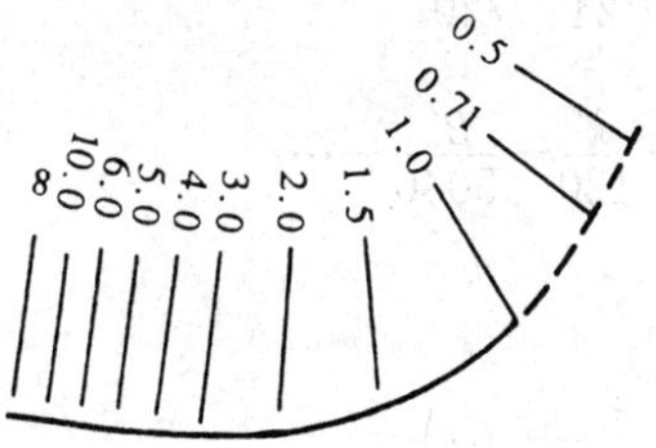

图 4-11　回旋线特性

∞：$\beta=0$(g)	$R=\infty$	3：$\beta=3.54$(g)	$R=3A$
10：$\beta=0.32$(g)	$R=10A$	2：$\beta=7.95$(g)	$R=2A$
6：$\beta=0.89$(g)	$R=6A$	1.5：$\beta=14.16$(g)	$R=1.5A$
5：$\beta=1.27$(g)	$R=5A$	1.0：$\beta=31.82$(g)	$R=A$
4：$\beta=1.99$(g)	$R=4A$		

(注)g 为德国百分度，即 360°=400(g)

回旋线的数学计算式，推导如下(图 4-12)：

由图可知回旋线的微分参数方程为

$$\begin{cases}\mathrm{d}l=\rho\mathrm{d}\beta\\ \mathrm{d}x=\mathrm{d}l\cos\beta\\ \mathrm{d}y=\mathrm{d}l\sin\beta\end{cases}$$

以 $\rho l=C'$ 代入 $\mathrm{d}l=\rho\mathrm{d}\beta$ 中，便得到

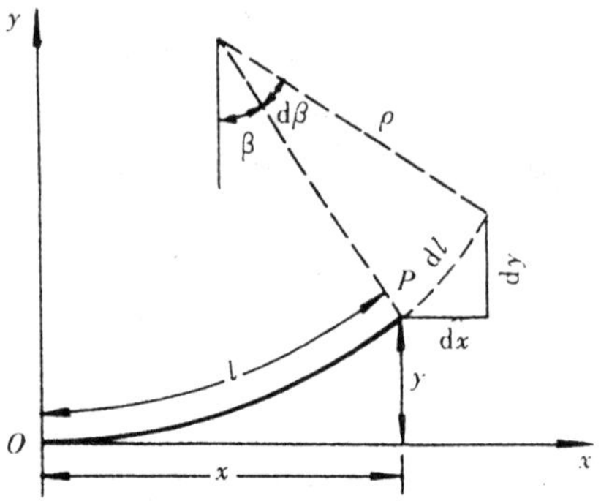

图 4-12　回旋线

$$dl=\frac{C'}{l}d\beta$$

当 $l=0$ 时，$\beta=0$，将 $l\,dl=C'd\beta$ 积分，得

$$l^2=2C'\beta$$

即

$$\beta=\frac{l^2}{2C'}$$

所以

$$R=\frac{C'}{l}=\frac{C'}{\sqrt{2C'\beta}}=\frac{\sqrt{C'}}{\sqrt{2\beta}}$$

$$dx=dl\cos\beta=\frac{C'}{l}\cos\beta d\beta=\frac{\sqrt{C'}}{\sqrt{2\beta}}\cos\beta d\beta$$

$$dy=dl\sin\beta=\frac{C'}{l}\sin\beta d\beta=\frac{\sqrt{C'}}{\sqrt{2\beta}}\sin\beta d\beta$$

所以，任意点 P 的坐标为

$$x=\frac{\sqrt{C'}}{\sqrt{2}}\int_0^\beta\frac{\cos\beta}{\sqrt{\beta}}=d\beta$$

$$y=\frac{\sqrt{C'}}{\sqrt{2}}\int_0^\beta\frac{\sin\beta}{\sqrt{\beta}}d\beta$$

此为菲涅尔(Fresnel)积分。将式中的 $\cos\beta$，$\sin\beta$ 分别以级数表示：

$$\cos\beta=1-\frac{\beta^2}{2!}+\frac{\beta^4}{4!}-\frac{\beta^6}{6!}+\cdots=1-\frac{\beta^2}{2}+\frac{\beta^4}{24}-\frac{\beta^6}{720}+\cdots$$

$$\sin\beta=\beta-\frac{\beta^3}{3!}+\frac{\beta^5}{5!}-\frac{\beta^7}{7!}+\cdots=\beta-\frac{\beta^3}{6}+\frac{\beta^5}{120}-\frac{\beta^7}{5040}+\cdots$$

则可得积分

$$\int_0^\beta\frac{\cos\beta}{\sqrt{\beta}}d\beta=2\sqrt{\beta}\left(1-\frac{\beta^2}{10}+\frac{\beta^4}{216}-\frac{\beta^6}{9\,360}+\cdots\right)$$

$$\int_0^\beta\frac{\sin\beta}{\sqrt{\beta}}d\beta=\frac{2}{3}\beta\sqrt{\beta}\left(1-\frac{\beta^2}{14}+\frac{\beta^4}{440}-\frac{\beta^6}{25\,200}+\cdots\right)$$

由此得到

$$x=l\left(1-\frac{\beta^2}{10}+\frac{\beta^4}{216}-\frac{\beta^6}{9\,360}+\cdots\right)$$

$$y=\frac{\beta l}{3}\left(1-\frac{\beta^2}{14}+\frac{\beta^4}{440}-\frac{\beta^6}{25\,200}+\cdots\right)$$

以 $\beta=\frac{l^2}{2C'}$，$C'=\rho l$ 代入，得

$$\left.\begin{aligned} x &= l-\frac{l^3}{40\rho^2}+\frac{l^5}{3456\rho^4}-\cdots \\ y &= \frac{l^2}{6\rho}-\frac{l^4}{336\rho^3}+\frac{l^6}{42\,240\rho^5}-\cdots \end{aligned}\right\} \tag{4-8}$$

在回旋线终点处，$l=L$（L 为回旋线长度），$\rho=R$，代入上式，便得

$$\left.\begin{aligned} x &= L-\frac{L^3}{40R^2}+\frac{L^5}{3\,456R^4}-\cdots \\ y &= \frac{L^2}{6R}-\frac{L^4}{336R^3}+\frac{L^6}{42\,240R^5}-\cdots \end{aligned}\right\} \tag{4-9}$$

回旋线要素及其计算公式如下（参看图4-13）：

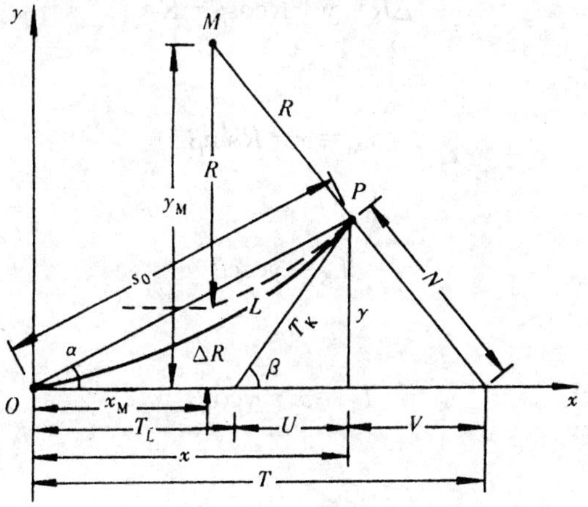

注：O—回旋线的原点；P—回旋线上的任意点；
M—回旋线上 P 点的曲率中心；α—P 点的偏角；
N—法线长；U—T_K 对主切线 Ox 的投影长；
V—N 对主切线 Ox 的投影长
$T=x+V=T_L+U+V$

图 4-13　回旋线要素

P 点处的曲率半径

$$R=\frac{A^2}{L}=\frac{A}{l}=\frac{L}{2\beta}=\frac{A}{\sqrt{2\beta}} \tag{4-10}$$

回旋线长

$$L=\frac{A^2}{R}=\frac{A}{r}=2\beta R=A\sqrt{2\beta} \quad \left(r=\frac{R}{A}\right) \tag{4-11}$$

P 点的转向角

$$\beta=\frac{L}{2R}=\frac{L^2}{2A^2}=\frac{A^2}{2R^2} \tag{4-12}$$

回旋线参数

$$A^2=LR=\frac{L^2}{2\beta}=2\beta R^2$$

$$A=\sqrt{RL}=lR=Lr=\frac{L}{\sqrt{2\beta}}=\sqrt{2\beta}\ R \tag{4-13}$$

P 点处坐标 x,y

$$x=L\left(1-\frac{L^2}{40R^2}+\frac{L^4}{3\,456R^4}-\cdots\right)$$

$$y=\frac{L^2}{6R}\left(1-\frac{L^2}{56R^2}+\frac{L^4}{7\,040R^4}-\cdots\right)$$

偏移值

$$\Delta R=y+R\cos\beta-R \tag{4-14}$$

M 点 x 坐标

$$x_{\mathrm{M}}=x-R\sin\beta \tag{4-15}$$

短切线长

$$T_{\mathrm{K}}=y\csc\beta \tag{4-16}$$

长切线长

$$T_{\mathrm{L}}=x-y\cot\beta \tag{4-17}$$

弦长

$$s_0=y\mathrm{cscec}\sigma \tag{4-18}$$

在 $R=A=L$ 附近范围,则有下列近似式:

$$\left.\begin{aligned}&B-s\approx\frac{B^3}{24R^2}\\&\Delta R\approx\frac{L^2}{24R}\\&x_{\mathrm{M}}\approx\frac{L}{2}\\&A\approx\sqrt[4]{24R^3\Delta R}\end{aligned}\right\}\quad(B\text{ 为曲线长},s\text{ 为弦长})$$

4.4.2 回旋线参数 A 的确定

回旋线是缓和曲线的常用曲线形式。所有的回旋线在几何上都是相似的,参数 A 是长度的量度,可认为是放大的倍率。$RL=A^2$,如设 $R/A=r$, $L/A=l$,则单位回旋线方程为 $rl=1$,即参数 A 愈大,对缓和曲线长度 L 来说,回旋线的弯曲度愈缓,回旋线的整体大小度也愈大。这种性质与圆曲线类同,圆曲线半径愈大,圆弧弯曲度愈平缓,整个圆也就变得愈大是一样的。例如,当 $A=40$ m,60 m,80 m 时,可将 L 和 R 数值计算如表 4-18 所示,回旋线的形状如图 4-14 所示。

表 4-18　　**A,R,L 关系**

A(m)	A^2	L(m)		
		R=50 m	R=100 m	R=200 m
40	1 600	32	16	8
60	3 600	72	36	18
80	6 400	128	64	32

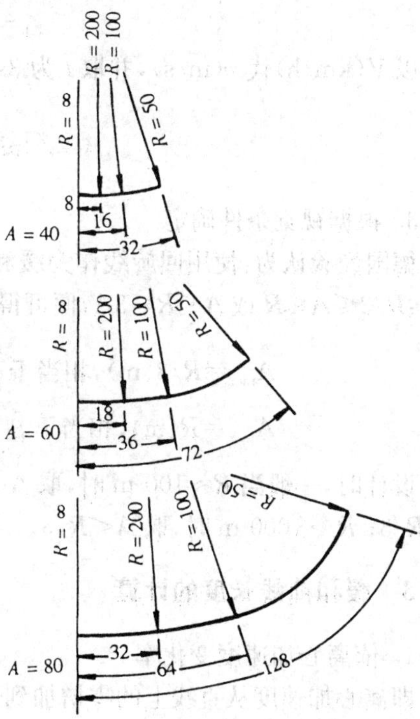

图 4-14　不同 A 值的回旋线形状
(单位:m)

参数 A 作为不同等级道路的回旋线标准,应根据下述几方面来计算,最后综合加以确定。

1. 从汽车在回旋线上缓和行驶确定

设 v 为汽车行驶速度(m/s),L 为缓和曲线长度(m),R 为圆曲线半径(m),则离心加速度变化率为

$$p=\frac{v^2/R}{L/v}=\frac{v^3}{LR}=\frac{v^3}{A^2}$$

若 V 以(km/h)计,则

$$p=\left(\frac{1\,000}{60\times60}\right)^3\frac{V^3}{A^2}=\frac{1}{47}\frac{V^3}{A^2}=0.021\,4\,\frac{V^3}{A^2}$$

所以
$$A=\sqrt{\frac{0.0214}{p}}\sqrt{V^3}\,(\mathrm{m})\tag{4-19}$$

p 值可参照下述规定:高速公路及快速路推荐值为 0.35、绝对最小值为 0.5;一般道路及 $V<60$(km/h)的匝道、地方道路为 0.6;山岭区公路为 0.75;其他特殊地区道路为 0.775。

依上式计算值见表 4-19。

表 4-19　　**回旋线最小参数 A**

A(m) / V(km/h)	$A=\frac{1}{4}\sqrt{V^3}$ (p=0.35)	$A=0.207\sqrt{V^3}$ (p=0.50)	$A=0.19\sqrt{V^3}$ (p=0.60)	$A=0.169\sqrt{V^3}$ (p=0.75)	$A=\frac{1}{6}\sqrt{V^3}$ (p=0.775)
120	325	280	—	—	—
100	250	210	—	—	—
80	180	150	150	—	120
60	120	100	90	80	80
40	—	—	50	40	40
30	—	—	35	30	27
20	—	—	20	15	15

2. 依行驶时间确定

设汽车在回旋线上行驶必要的最小时间为 t(s),汽车车速为 v(m/s),则 $L=vt$,所以

$$A=\sqrt{RL}=\sqrt{vRt}\text{(m)}$$

以 V(km/h)代 v(m/s),并取 t 为 3s,则

$$A=\sqrt{3vR}=\sqrt{\frac{3V}{3.6}R}=\sqrt{\frac{VR}{1.2}}\text{(m)} \tag{4-20}$$

3. 根据视觉条件确定

德国经验认为:使用回旋线作为缓和曲线时,回旋线参数 A 和连接的圆曲线间保持以下关系:$R/3\leqslant A\leqslant R$ 或 $A\leqslant R\leqslant 3A$,便可得到视觉上协调而又平顺的线形。

$$\left.\begin{aligned}&A_{min}=R/3\text{(m)},\text{相当于 }\hat{\beta}=0.0556,\text{即 }\beta=3°10'59'',\ R=3A\\&A_{max}=R\text{(m)},\text{相当于 }\hat{\beta}=0.5,\text{即 }\beta=28°38'52'',\ R=A\end{aligned}\right\} \tag{4-21}$$

设计时,一般当 $R\approx100$ m 时,取 $A=R$;$R<100$ m 时,取 $A\geqslant R$;$100<R<3000$ m 时,取 $A=R/3$;$R>3000$ m 时,取 $A<R/3$。

4.4.3 缓和曲线长度的计算

1. 依离心加速度变化率

即离心加速度从直线上的零增加到进入圆曲线时的最大值,离心加速度变化率限制在一定的范围内。

离心加速度变化率为

$$p=\frac{v^3}{LR}\text{(m/s}^3\text{)}$$

设置缓和曲线通常采用 $p=0.6$(m/s^3),并以 V(km/h)代替 v(m/s),则

$$p=\frac{\left(\dfrac{V}{3.6}\right)^3}{LR}=\frac{V^3}{47RL}\leqslant0.6$$

所以

$$L=0.036\frac{V^3}{R}\text{(m)} \tag{4-22}$$

2. 依司机操作反应时间

$$L=vt=\frac{1}{3.6}Vt\text{(m)}$$

一般采用 $t=3$s,则

$$L=\frac{3V}{3.6}=0.83V\text{(m)} \tag{4-23}$$

3. 依视觉条件

从回旋线特性知 $RL=C'$,经验认为 $C'=\frac{R^2}{9}\sim R^2$ 即可使线形舒顺协调。所以

$$L=\frac{R}{9}\sim R \tag{4-24}$$

根据实践研究,$L=\frac{R}{9}$是相当于缓和曲线最小转向角 $\hat{\beta}=0.0556\text{rad}=3°10'59''$。

由 $\beta=\frac{L}{2R}=\frac{A^2}{2R^2}$，$A^2=RL$，则

$$A=R\sqrt{\frac{2\times 0.0556}{1}}=R\sqrt{0.1112}\approx R/3$$

所以
$$L=\frac{A^2}{R}=\frac{R}{9}$$

$L=R$ 是相当于缓和曲线最大转向角 $\hat{\beta}=0.5\text{rad}=28°38'52''$。

$$A=R$$

所以
$$L=\frac{A^2}{R}=R$$

实际采用的缓和曲线长度应取上述计算中的大值(一般取 5 m 的整倍数)。《公路工程技术标准》规定见表 4-20。城市道路当 $V=80\sim20$(km/h)时，缓和曲线最小长度采用值见表 4-20括号内的数值。

表 4-20　　不同设计车速时的缓和曲线最小长度

设计车速(km/h)	120	100	80	60	50	40	30	20
最小缓和曲线长(m)	100	85	70	60 (50)	45	40 (35)	30 (25)	20 (20)

注：括号内为城市道路标准。

4.4.4　不设缓和曲线的圆曲线半径

在直线和圆曲线之间插入缓和曲线后，将产生一个位移量 ΔR，当此位移量 ΔR 与已包括在车道中的富裕宽度相比为很小时，则可将缓和曲线省略，直线与圆曲线可径相连接，因为它已能满足汽车行驶的轨迹，如图 4-15 所示。

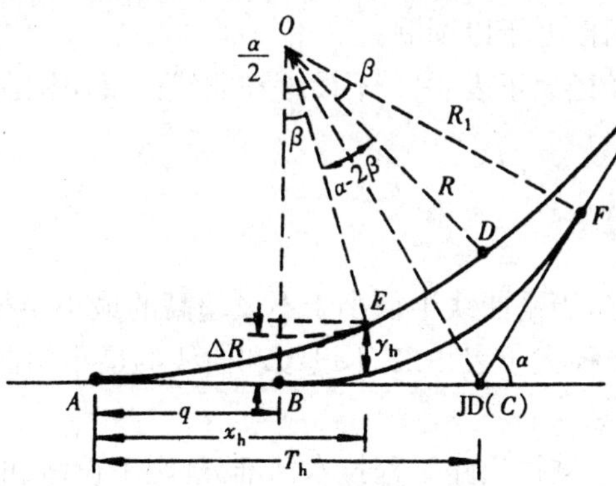

图 4-15　缓和曲线与圆曲线的衔接

设置缓和曲线的 ΔR 以 20 cm 的位移量为界限。当 $\Delta R<20$ cm 可不设缓和曲线，当 $\Delta R\geqslant20$ cm 时设缓和曲线。从回旋线数学表达式可知：

$$\Delta R=\frac{1}{24}\times\frac{L^2}{R},\quad 而\ L=\frac{V}{3.6}\times t$$

当采用$\Delta R=0.2$ m及$t=3$ s行驶时，即可得出不设缓和曲线的临界半径为：

$$R=0.144V^2(\mathrm{m}) \tag{4-25}$$

各种车速的公路临界曲线半径计算结果见表4-21。

表4-21　公路不设缓和曲线的圆曲线半径值

设计速度(km/h)		120	100	80	60	40	30	20
不设缓和曲线的临界圆曲线半径(m)		2100	1500	900	500	250	130	—
不设超高圆曲线最小半径(m)	路拱≤2%	5500	4000	2500	1500	600	350	150
	路拱>2%	7500	5250	3350	1900	800	450	200

考虑到司机的视觉与舒适感，我国《公路工程技术标准》规定的不设缓和曲线的半径与不设超高的平曲线半径相同，约相应于$\Delta R\approx0.07\sim0.08$ m，规定数值见表4-21所示。

各级公路在直线与半径小于表4-21所列的不设超高的圆曲线半径径相连接处，应设置缓和曲线。高速公路、一、二、三级公路缓和曲线采用回旋线，四级公路可将直线与圆曲线径相连接，用超高、加宽缓和段代替回旋线。

《城镇道路工程技术标准》规定，为不影响驾驶员在视觉和行驶上的顺适，城市道路不设缓和曲线的最小半径值为式(4-25)计算值的2倍，不设缓和曲线的最小半径计算值见表4-22。

表4-22　城市道路不设缓和曲线的最小圆曲线半径

设计速度(km/h)	100	80	60	50	40
计算值($R=2\times0.144V^2$)(m)	2880	1843	1037	720	461
不设缓和曲线的最小圆曲线半径(m)	3000	2000	1000	700	500

城市道路设计车速小于40 km/h时，缓和曲线可用直线代替。直线缓和段一端应与圆曲线相切，另一端与直线相接，相接处予以圆顺。

城市道路的圆曲线最小半径大于表4-22不设缓和曲线的最小圆曲线半径时，直线与圆曲线可径相连接。

4.4.5　缓和曲线要素的计算

《公路工程技术标准》规定，当平曲线半径小于不设超高的最小半径时，应设缓和曲线。

城市道路的圆曲线最小半径大于表4-22不设缓和曲线的最小圆曲线半径时，直线与圆曲线可径相连接。

城市道路圆曲线半径大于《城镇道路工程技术标准》规定不设缓和曲线的最小圆曲线半径数值时，可不设缓和曲线，直线与圆曲线可径相连接。缓和曲线的最小长度为20～85 m，视设计速度大小而定。

缓和曲线设置在直线与圆曲线间，在起点处与直线段相切，而在终点处与圆曲线相切，所以，圆曲线的位置必须向内移动一距离ΔR。通常公路上多采用圆曲线的圆心不动，使半径略为减小而向内移动。在图4-15中，JD是道路中线的交点，B点是原来圆曲线的起点，F点是原来圆曲线的终点，插入缓和曲线AE后，缓和曲线与圆曲线相接于E点，缓和曲线起点则为

A 点，而原来的圆曲线向内移动一距离 ΔR。在测设时，已知圆曲线半径 R、偏角 α、圆曲线起点 B 及终点 F 的位置，所以必须定出缓和曲线起点 A 的位置（q 值）、缓和曲线与圆曲线衔接点 E 的位置（x_h，y_h 值），以及原来的圆曲线向内移动的距离 ΔR。这三个数值确定后，即可设置缓和曲线。设置缓和曲线后，将减小圆曲线的中心角 α，减小后的中心角等于 $\alpha-2\beta$，因而设置缓和曲线的可能条件为 $\alpha \geqslant 2\beta$。

当 $\alpha=2\beta$ 时，两条缓和曲线将在弯道中央连接，而形成一条连续的缓和曲线。当 $\alpha<2\beta$ 时，则不能设置所规定的缓和曲线，这时，必须缩短缓和曲线的长度或增大圆曲线半径（直至不设缓和曲线的圆曲线半径）。

在计算时，为了保持圆曲线原来的半径，须将圆曲线半径增大，使增大值等于内移值 ΔR，即取 $R_1=R+\Delta R$（图 4-16），因此，设置缓和曲线后的圆曲线半径仍为 R。

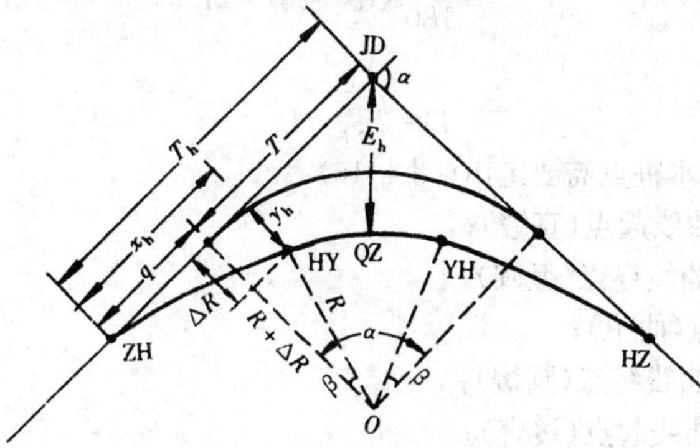

图 4-16　有缓和曲线的圆曲线的全部桩位

由图 4-12 可知，$d\beta=\frac{dl}{\rho}=\frac{l dl}{C'}$ 或 $\beta=\frac{l^2}{2C'}$，因为，$l=\frac{C'}{\rho}$，所以，在回旋线终点处，回旋线长为 L 时，$\beta=\frac{L^2}{2C'}$。

β，ΔR，q 的计算式如下：

$$\beta=\frac{L^2}{2C'}=\frac{L}{2R}(\text{rad}) \tag{4-26}$$

$$\Delta R=y_h-R(1-\cos\beta)$$

因为

$$y_h=\frac{L^2}{6R}-\frac{L^4}{336R^3}$$

$$\cos\beta=1-\frac{\beta^2}{2!}+\frac{\beta^4}{4!}-\cdots$$

$$\beta=\frac{L}{2R}$$

所以

$$\Delta R=\frac{L^2}{6R}-\frac{L^4}{336R^3}-\frac{L^3}{8R}+\frac{L^4}{384R^3}=\frac{L^2}{24R}-\frac{L^4}{2\,688R^3}(\text{m}) \tag{4-27}$$

$$q=x_h-R\sin\beta=x_h-R\left(\beta-\frac{\beta^3}{6}\right)=x_h-R\beta+R\frac{\beta^3}{6}$$

因为

$$\beta=\frac{L}{2R},\quad x_h=L-\frac{L^3}{40R^2}$$

故 $$q=L-\frac{L^3}{40R^2}-R\frac{L}{2R}+\frac{R}{6}\times\frac{L^3}{8R^3}=\frac{L}{2}-\frac{L^3}{240R^2}\text{(m)} \tag{4-28}$$

由上两式可知，内移值 ΔR 约等于缓和曲线中点纵坐标 y 的两倍，而 q 近似地等于缓和曲线中点的横坐标 x。

得出上列三值后，就可以进行缓和曲线要素的计算，参见图 4-16。

切线总长 $$T_h=T+q=(R+\Delta R)\tan\frac{\alpha}{2}+q \tag{4-29}$$

外矢距 $$E_h=(R+\Delta R)\sec\frac{\alpha}{2}-R \tag{4-30}$$

曲线总长

$$L_h=\frac{\pi}{180}R(\alpha-2\beta)+2L \tag{4-31}$$

超距

$$D=2T_h-L_h \tag{4-32}$$

全部曲线有五个基本桩点需要定出(图 4-16)：

ZH——第一缓和曲线起点(直缓)；

HY——第一缓和曲线终点(缓圆)；

QZ——圆曲线中点(曲中)；

YH——第二缓和曲线终点(圆缓)；

HZ——第二缓和曲线起点(缓直)。

【例题】 在平原区某二级公路(V=80 km/h)有一弯道 R=250 m，交点 JD 的桩号为 K17+568.38，转角 $\alpha=38°30'00''$，试计算该曲线上设置缓和曲线后的五个基本桩号。

解

(1) 缓和曲线长度 L

平原区二级公路设计速度为 80(km/h)，则

$$L=0.036\frac{V^3}{R}=0.036\times\frac{80^3}{250}=73.73\text{(m)}$$

$$L\geqslant\frac{V}{3.6}\times3=\frac{80}{3.6}\times3=66.67\text{(m)}$$

$$L=\frac{R}{9}\sim R=\frac{250}{9}\sim250=27.78\sim250\text{(m)}$$

取整为 5m 的倍数，采用缓和曲线长 75(m)(《公路工程技术标准》规定：V=80(km/h)时，最小缓和曲线长为 70m)。

(2) 圆曲线的内移值 ΔR

$$\Delta R=\frac{75^2}{24\times250}-\frac{75^4}{2\,688\times(250)^3}=0.94\text{(m)}$$

(3) 总切线长 T_h

$$\text{先求 } q=\frac{75}{2}-\frac{75^3}{240\times(250)^2}=37.47\text{(m)}$$

所以 $T_h=(250+0.94)\tan19°15'+37.47=87.63+37.47=125.10(m)$

(4) 曲线总长度 L_h

$$\beta=\frac{L}{2R}\rho=\frac{75}{2\times250}\times57.2958=8°35'39.72''$$

$$L_h=250\times(38°30'-2\times8°35'39.72'')\times\frac{1}{\rho}+2\times75=92.99+150=242.99(m)$$

满足表4-13关于平曲线最小长度的规定，其中，圆曲线长度为92.99(m)，符合表4-15所列圆曲线最小长度70 m的规定。

(5) 五个基本桩号

	JD	K17+568.38
−)	T_h	125.10
	ZH	K17+443.28
+)	L	75
	HY	K17+518.28
+)	(L_h-L)	167.99
	HZ	K17+686.27
−)	L	75
	YH	K17+611.27
−)	$\frac{1}{2}(L_h-2L)$	46.495
	QZ	K17+564.775

超距 $D=2T_h-L_h=2\times125.10-242.99=7.21(m)$。所以，由QZ桩号算出的JD桩号为 $K17+564.775+\frac{7.21}{2}=K17+568.38$，与原来的JD桩号相同，说明计算无误。

4.5 曲线的超高与加宽

4.5.1 超高设置与超高值

在弯道上，当汽车在双向横坡的车道外侧行驶时，车重的水平分力将增大横向侧滑力，所以，当采用的圆曲线半径小于不设超高的最小半径时，为抵消车辆在曲线路段上行驶时所产生的离心力，将曲线段的外侧路面横坡做成与内侧路面同坡度的单坡横断面，这样的设置称为超高。

超高计算公式为

$$i_{超}=\frac{V^2}{127R}-\mu \tag{4-33}$$

式中 V——设计速度(km/h)；

R——圆曲线半径(m);

μ——横向力系数。当极限最小半径时,μ 取 0.15,当不设超高的最小半径时,μ 取 0.035;城市道路采用不设超高的最小半径时,μ 取 0.067;介于中间的半径值 μ 按比例变化取用。

超高横坡度由车速确定,但过大的超高往往会引起车辆的横向滑移,尤其在潮湿多雨以及冰冻地区,当弯道车速慢或停止在圆曲线上时,车辆有可能产生向内侧滑移的现象,所以应对超高横坡度加以限制。快速路上行驶的汽车为了克服行车中较大的离心力,超高横坡度可较一般规定值略高。

我国《公路路线设计规范》规定的各级公路圆曲线部分最大超高值如表 4-23 所示。介于中间数值半径的圆曲线(小于不设超高最小半径)超高则依变动的横向力系数来计算,其变动范围为 $\mu=0.15\sim0.035$(即极限最小半径至不设超高的最小半径),并随半径 R 的增大而减小。其最小超高值应是该道路直线部分的路拱横坡值(表 6-11)。

表 4-23　各级公路圆曲线最大超高值

公路等级	高速公路、一级公路	二级公路、三级公路、四级公路
一般地区(%)	8 或 10	8
积雪冰冻地区(%)	6	

注:高速公路、一级公路正常情况下采用 8%;交通组成中小客车比例高时可采用 10%。

公路超高的横坡度应根据设计速度、圆曲线半径,路面类型、当地自然条件和车辆组成等情况确定,必要时应按运行速度予以验算。

各级公路圆曲线部分的最小超高值应与该公路直线部分的正常路拱横坡度值一致。

二级公路、三级公路、四级公路接近城镇且混合交通量较大的路段,车速受到限制时,其最大超高值可按表 4-24 规定执行。

表 4-24　车速受限制时最大超高值

设计速度(km/h)	80	60	40,30,20
最大超高值(%)	6	4	2

《公路路线设计规范》规定:各圆曲线半径所设置的超高值应根据设计速度、圆曲线半径、公路条件、自然条件等经计算确定。

城市道路由于受交叉口、非机动车以及街坊两侧建筑的影响,不宜采用过大的超高横坡度。综合各方面的情况,《城镇道路工程技术标准》对城市道路最大超高横坡度规定如表 4-25 所示。

表 4-25　城市道路最大超高横坡度

设计速度(km/h)	100,80	60,50	40,30,20
最大超高横坡度(%)	6	4	2

4.5.2　超高缓和段

从直线段上的路拱双坡断面过渡到曲线上具有超高横坡的单坡断面,要有一个逐渐变化的区段，这一变化段称为超高缓和段，见图 4-17。

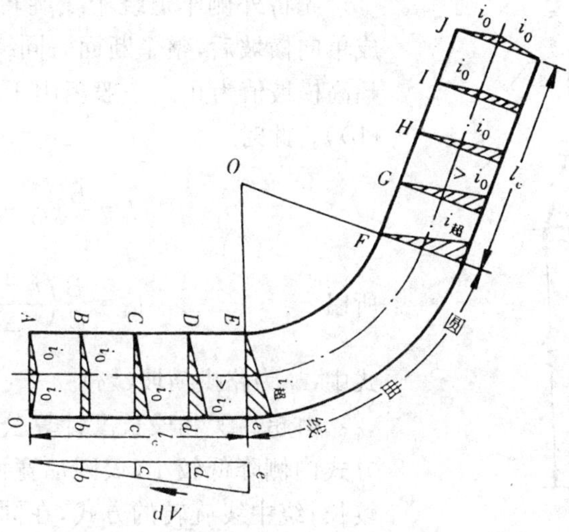

图 4-17　曲线的超高

超高缓和长度的计算随超高横坡过渡方式之不同而异。超高的过渡方式，应根据地形状况、车道数、中间带宽度、超高度、便于排水、路容美观等因素决定。通常超高横坡有下述两种过渡方式：

1. 绕内边缘旋转

先将外侧车道绕中线旋转，当达到与内侧车道构成单向横坡后，整个断面再绕未加宽前的内侧车道边缘旋转，直至达到超高横坡值为止。一般新建工程多采用此种方式(图 4-18(a))。此时，超高缓和段长度 L_c 按下式计算：

$$L_c=\frac{Bi_{超}}{\Delta P} \tag{4-34}$$

式中　B——双车道路面宽度(m)；

$i_{超}$——超高横坡(%)；

ΔP——超高渐变率，即旋转轴与车行道(设置路缘带时，则为路缘带)外侧边缘线之间相对升降的比率，其规定值参见表 4-26 和表 4-27。

表 4-26　公路超高渐变率

设计车速(km/h)	超高旋转轴位置	
	绕中线旋转	绕边缘旋转
120	1/250	1/200
100	1/225	1/175
80	1/200	1/150
60	1/175	1/125
40	1/150	1/100
30	1/125	1/75
20	1/100	1/50

表 4-27　城市道路超高渐变率

设计车速(km/h)	超高渐变率
100	1/175
80	1/150
60	1/125
50	1/115
40	1/100
30	1/75
20	1/50

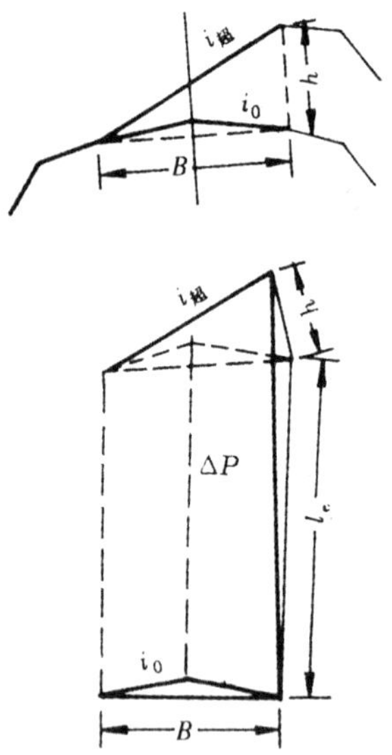

(a) 绕路面内侧边缘旋转

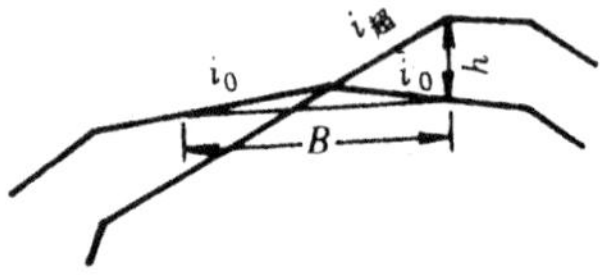

(b) 绕路中心旋转

图 4-18　曲线超高的构成

2. 绕中线旋转

先将外侧车道绕中线旋转，当达到与内侧车道构成单向横坡后，整个断面一同绕路中线旋转，直至达到超高横坡值为止。一般多用于旧路改建工程(图 4-18(b))。此时

$$h=\frac{B}{2}(i_0+i_{超})$$

所以
$$L_c=\frac{B}{2}\left(\frac{i_0+i_{超}}{\Delta P}\right) \tag{4-35}$$

式中，i_0 为路拱横坡(%)。

由超高缓和段长度计算公式可知，绕内边缘旋转方式内侧降低较小(仅因加宽而降低)，但需要缓和段较长；绕中线旋转的方式，在同样超高值下，缓和段长度较短，但内缘降低较多，在纵坡不大的挖方路段将不利于排水。这种旋转方式对纵断中心线设计标高无影响。所以，设计时，应从有利于边沟排水、保证最小填土高度及便于控制构造物标高等因素出发，合理选用。

对于有中间带的公路，可采用如下旋转方式：

(1) 绕中间带的中心线旋转：先将外侧行车道绕中间带的中心线旋转，待达到与内侧行车道构成单向横坡后，整个断面一同绕中心线旋转，直至达到超高横坡值为止。此时，中央分隔带呈倾斜状。采用窄中间带(中间带宽度≤4.5 m)的公路可选用此种方式(图 4-19(a))。

(2) 绕中央分隔带边缘旋转：将两侧行车道分别绕中央分隔带边缘旋转，使之各自成为独立的单向超高断面。此时，中央分隔带维持原水平状态。各种宽度中间带的公路均可选用此方式(图 4-19(b))。

(3) 绕各自行车道中线旋转：将两侧行车道分别绕各自的中线旋转，使之各自成为独立的单向超高断面。此时，中央分隔带两边缘分别升高与降低而成为倾斜断面。车道数大于 4 条的公路可采用此种方式(图 4-19(c))。

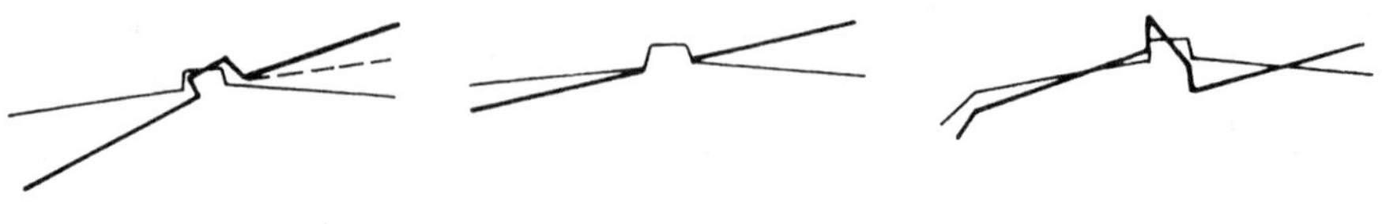

(a) 绕中间带的中心线旋转　(b) 绕中央分隔带边缘旋转　(c) 绕各自行车道中线旋转

图 4-19　有中间带公路的超高过渡方式

对于城市道路、单幅路及三幅路机动车道宜绕路中线旋转；双幅路及四幅路机动车道宜绕

中央分隔带边缘旋转，使两侧行车道各自成为独立的超高横断面。

超高过渡段应在回旋线全长（四级公路及 $V \leqslant 40$ km/h 的城市道路在超高加宽缓和段）范围内进行，但当超高渐变率过小时，超高过渡可不在回旋线全长范围内，而只在该回旋线某一区段范围内进行。回旋线过长，超高渐变率过小，将导致曲线段路面排水不畅。因此应按排水的最小坡率 0.3%计，其超高过渡段的纵向渐变率不得小于 1/330。

对超高缓和段起终点处行车道边缘出现的竖向转折，对高速公路、一级公路及城市快速路应在转折插入一段圆曲线或二次抛物线，以使连接圆滑舒顺。

4.5.3　加　宽

汽车沿曲线行驶时，各车轮行驶的轨迹不相同，靠近曲线内侧后轮行驶的曲线半径最小，靠曲线外侧的前轮行驶的曲线半径最大。所以，汽车在曲线上行驶时所占有的车道宽度比直线段大。为保证汽车在转弯中不侵占相邻车道，曲线路段的路面需要加宽。如图 4-20 所示，由三角形 COD 得出

$$L_0^2+(R-e_1)^2=R^2$$

所以

$$e_1=R-\sqrt{R^2-L_0^2}$$

若为双车道，取 $e=2e_1$，所以

$$e=2(R-\sqrt{R^2-L_0^2})$$

$$R^2-L_0^2=\left(R-\frac{e}{2}\right)^2=R^2-Re+\frac{e^2}{4}$$

因为$\frac{e^2}{4}$值与 R 相比甚小，可略去不计，所以

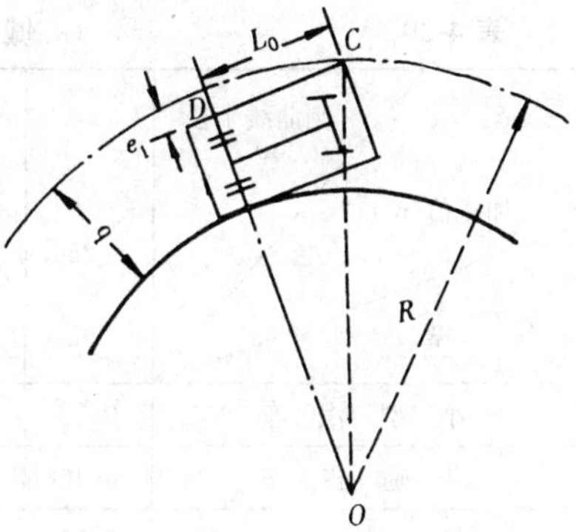

图 4-20　曲线上的路面加宽

$$e=\frac{L_0^2}{R}$$

考虑到车速的影响，曲线上双车道路面的加宽值按下式计算：

$$e=\frac{L_0^2}{R}+\frac{0.1V}{\sqrt{R}} \tag{4-36}$$

式中　e——双车道路面加宽值(m)；

L_0——汽车后轴至前沿的长度(m)，解放牌载重汽车为 5 m；

R——圆曲线半径(m)；

V——设计速度(km/h)；

e_1——一个车道路面的加宽值(m)；

b——一个车道的宽度(m)。

《公路工程技术标准》规定，二级公路、三级公路、四级公路的圆曲线半径小于或等于 250 m时，应在曲线内侧设置加宽，且加宽值不变。双车道公路路面加宽值规定见表 4-28。

表 4-28　　公路曲线双车道路面加宽值

加宽类别	圆曲线半径(m) / 加宽值(m) / 汽车轴距加前悬(m)	250～200	<200～150	<150～100	<100～70	<70～50	<50～30	<30～25	<25～20	<20～15
1	5	0.40	0.60	0.8	1.0	1.2	1.4	1.8	2.2	2.5
2	8	0.60	0.70	0.9	1.2	1.5	2.0	—		
3	5.2+8.8	0.80	1.0	1.5	2.0	2.5	—			

注:(1) 单车道公路的路面加宽值为表 4-28 中所列值的一半。

(2) 四级公路和设计速度 30 km/h 的三级公路可采用第 1 类加宽值。二级公路及设计速度为 40 km/h 的三级公路有集装箱半挂车通行时,应采用第 3 类加宽值。对不经常通行集装箱运输半挂车的公路,可采用第 2 类加宽值。

对城市道路,曲线半径等于或小于 250 m 时加宽,每条车道的路面加宽值见表 4-29。

表 4-29　　城市道路圆曲线每条车道的加宽值

圆曲线半径(m) / 加宽值(m) / 车型	200<R≤250	150<R≤200	100<R≤150	60<R≤100	50<R≤60	40<R≤50	30<R≤40	20<R≤30	15<R≤20
小型汽车	0.28	0.30	0.32	0.35	0.39	0.40	0.45	0.60	0.70
普通汽车	0.40	0.45	0.60	0.70	0.90	1.00	1.30	1.80	2.40
铰接车	0.45	0.55	0.75	0.95	1.25	1.50	1.90	2.80	3.50

4.5.4 加宽缓和段

在圆曲线范围内加宽为不变的全加宽值,两端设置加宽缓和段,其加宽值由直线段加宽为零逐渐按比例增加到圆曲线起点处的全加宽值。

加宽缓和段的长度可按如下两种情况确定:

1. 设置回旋线或超高缓和段时,加宽缓和段长度采用与回旋线或超高缓和段长度相同的数值。

2. 不设回旋线或超高缓和段时,加宽缓和段长度应按渐变率为 1∶15(城市道路为 1∶15～1∶30),且长度不小于 10 m 的要求设置。

加宽过渡的方法依道路的等级可按下述两种方法进行:

(1) 二、三、四级公路及一般的城市道路加宽缓和段的设置,采用在相应的回旋线或超高加宽缓和段全长范围内按其长度成比例增加的方法,即加宽缓和段上任一点的加宽值 E_x 与该点到加宽缓和段起点的距离 L_x 同加宽缓和段全长 L 的比率 $\left(K=\frac{L_x}{L}\right)$ 成正比,如图 4-21 所示。

$$E_x=KE \tag{4-37}$$

式中，E 为圆曲线部分的路面加宽值。

(2) 高速公路、一级公路及快速路设置加宽缓和段时，为使路面加宽后边缘线圆滑舒顺，可按图 4-21 采用下式计算：

$$E_x=(4K^3-3K^4)E \tag{4-38}$$

超高加宽缓和段长度，分别按超高、加宽求算，取其较大值，但最短应符合渐变率为 1∶15，且不小于 10m 的要求。地形困难处，允许将缓和段一部分插入圆曲线内，但长度不得超过超高加宽缓和段长度的一半。

四级公路及 $V\leqslant 40$km/h 的城市道路设置超高加宽缓和段，在圆曲线起终点内侧边缘往往产生突变的折点，为使连接顺适，使路面加宽边缘线与曲线路面加宽后的边缘圆弧相切，可参照下式近似计算(图 4-22)：

$$\alpha=\frac{-L+\sqrt{L^2+2(R-B)E}}{R-B} \tag{4-39}$$

$$l_j=R\alpha \tag{4-40}$$

$$E_j=L\tan\alpha \tag{4-41}$$

式中　l_j——圆曲线起终点至切点的距离(m)；

E_j——修正后圆曲线起终点处的路面加宽值(m)；

R——圆曲线半径(m)；

L——规定的超高、加宽缓和段长度(m)；

B——未加宽前的路面宽度(m)；

E——圆曲线部分路面加宽值(m)；

α——路面加宽边缘线与未加宽路面边缘线的夹角(°)。

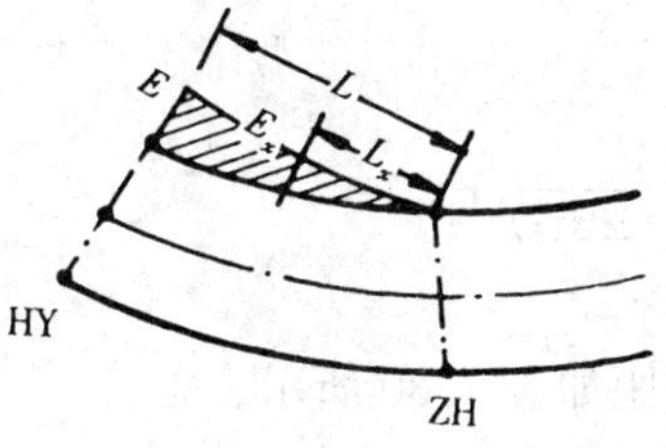

图 4-21　曲线路面加宽过渡方法

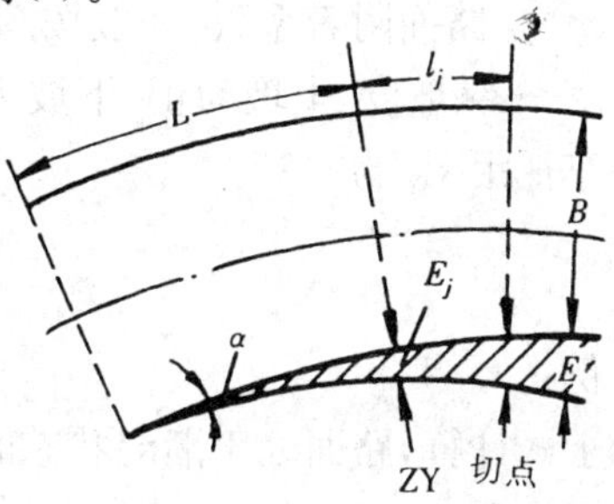

图 4-22　加宽超高缓和段边内侧边缘折点

当圆曲线路段需设置回旋线、加宽、超高时，超高加宽缓和段长度应与回旋线长度相一致，即选取大者作为统一的设计值。

4.6　行车视距

为保证行车安全，当司机看到一定距离处的障碍物或迎面来车时，进行汽车制动或绕过它们而在路上行驶所必需的安全距离，称为行车视距。无论在道路的平面或纵断面设计时，都应保证必要的行车视距。

4.6.1 行车视距计算

1. 停车视距

汽车在路上行驶时，司机看到前方障碍物，紧急安全制动所需的最短距离称作停车视距。此时，司机视线高度取1.2m，障碍物高出路面0.1m。

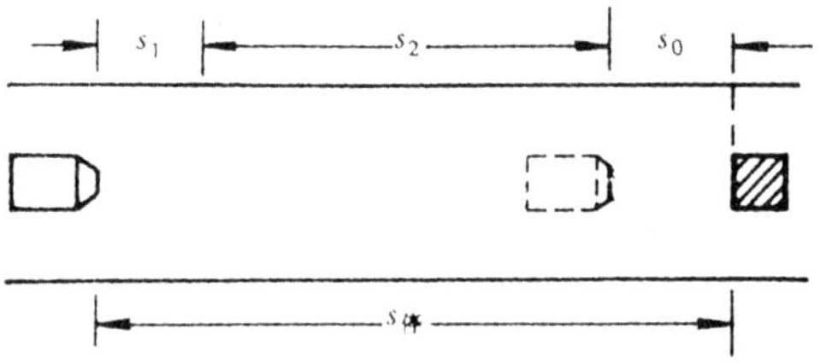

图4-23 停车视距

停车视距由三部分组成，见图4-23，即

$$s_停=s_1+s_2+s_0\text{(m)}$$

式中 s_1——司机反应时间所行驶的距离(m)；

s_2——制动距离，即司机开始制动到完全停止时所行驶的距离(m)；

s_0——安全距离，一般可取5～10(m)。

则

$$s_1=\frac{V}{3.6}t \quad \text{(m)}$$

制动距离 s_2 取决于制动力和车速的大小，当忽略滚动阻力系数 f 时，则其计算式为

$$s_2=\frac{V^2}{245(\varphi \pm i)} \quad \text{(m)}$$

式中 V——汽车行驶速度(km/h)：设计速度为120～80 km/h，采用设计速度的85%；设计速度为60～40 km/h，采用设计速度的90%；设计速度为30～20 km/h，采用原设计速度。

t——司机反应时间，可取2.5 s(判断时间1.5 s、运行时间1.0 s)。

φ——路面附着系数，一般按潮湿状态考虑，可查表2-8。

i——纵坡度，上坡为正，下坡为负。

所以停车视距 $s_停$ 为

$$s_停=s_1+s_2+s_0=\frac{V}{3.6}t+\frac{V^2}{254(\varphi \pm i)}+s_0 \tag{4-42}$$

计算示例：

依上式计算，路面处于潮湿状态时的小客车停车视距如表4-30所示。

表4-30　　潮湿状态下的停车视距

设计速度(km/h)	行驶速度(km/h)	φ	计算值(m)	规定值(m)
120	102	0.29	212.0	210
100	85	0.30	153.70	160
80	68	0.31	105.90	110
60	54	0.33	73.2	75
50	45	0.35	54.0	55
40	36	0.38	38.3	40
30	30	0.44	28.9	30
20	20	0.44	17.3	20

制动停车距离随纵坡不同而变化，表列计算值是采用纵坡为零时的平坦路面而求得，理论上下坡路段是危险的，上坡则比较有保障。但因采用值尚较富裕，当属安全。

我国《公路工程技术标准》、《城镇道路工程技术标准》中，对停车视距的规定值见表 4-31 和表 4-32。

表 4-31　公路停车视距

设计速度(km/h)	120	100	80	60	40	30	20
停车视距(m)	210	160	110	75	40	30	20

表 4-32　城市道路停车视距

设计速度(km/h)	100	80	60	50	40	30	20
停车视距(m)	160	110	75	60	40	30	20

《公路工程技术标准》规定：高速公路、一级公路的视距采用停车视距，二、三、四级公路的视距应满足会车视距要求，其长度应不小于停车视距的 2 倍。受地形条件或其他特殊情况限制而采取分道行驶措施的地段，可采用停车视距。

高速公路、一级公路以及大型车比例高的二级公路、三级公路的下坡路段，应采用下坡段货车停车视距对相关路段进行检验。公路下坡段货车停车视距规定如表 4-33。

城市货运干道，应采用货车停车视距对相关路段进行检验。城市道路货车的停车视距如表 4-34。

货车停车视距计算中的眼高和物高规定为：眼高 2.0 m，物高 0.1 m。

表 4-33　公路下坡段货车停车视距 (m)

设 计 速 度(km/h)		120	100	80	60	40	30	20
纵 坡 坡 度 (%)	0	245	180	125	85	50	35	20
	3	265	190	130	89	50	35	20
	4	273	195	132	91	50	35	20
	5		200	136	93	50	35	20
	6			139	95	50	35	20
	7				97	50	35	20
	8						35	20
	9							20

表 4-34　城市道路货车的停车视距

设计速度(km/h)	100	80	60	50	40
货车的停车视距	180	125	85	70	50

货车存在空车制动性能差、轴间荷载难以保证均匀分布、一条轴侧滑会引发其它车轴失稳、半挂车铰接制动不灵等现象。尽管货车驾驶员因眼睛位置高，比小客车驾驶员看得更远，但仍需要比小客车更长的停车视距。考虑到货车行驶的这一特性，规定对可能存在视距和潜在危险的下列区段按货车停车视距进行检验：①减速车道及出口端部；②主线下坡路段且纵面竖曲线半径小于一般值的路段；③主线分、汇流处，车道数减少、且该处纵面竖曲线半径小于一般值的路段；④要求保证视距的圆曲线内侧，当圆曲线半径小于 2 倍“一般值”或路堑边坡陡于 1∶1.5 的路段；⑤公路与公路、公路与铁路平面交叉口附近。

2. 会车视距

会车视距为两辆对向行驶的汽车能在同一车道上及时制动所必需的距离。

会车视距由三部分组成(图4-24):①双方司机反应时间所行驶的距离;②双方汽车的制动距离;③安全距离。

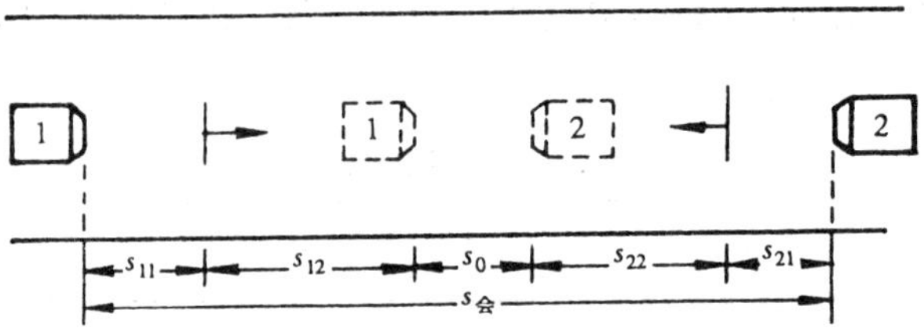

图4-24　会车视距

如果以 V_1 和 V_2 表示汽车1和汽车2的车速,而且它们是在 i_1 和 i_2 的纵坡上行驶,则

$$s_会=\frac{V_1+V_2}{3}+\frac{V_1^2}{254(\varphi\pm i_1)}+\frac{V_2^2}{254(\varphi\pm i_2)}+s_0$$

如果两汽车车速相同,均为 V(km/h),并在同一纵坡 i 路段上行驶(即一辆上坡,一辆下坡),则

$$s_会=\frac{V}{1.5}+\frac{V^2\varphi}{127(\varphi^2-i^2)}+s_0 \tag{4-43}$$

由上可知,会车视距≈2×停车视距。

3. 超车视距

汽车行驶时为超越前车所必需的视距称作超车视距。《公路工程技术标准》规定:双向行驶的双车道公路根据需要,应结合地形在适当间隔内保证具有超车视距的路段。《城镇道路工程技术标准》规定:车行道上考虑有超车要求的路段,应采用超车视距。其值为表4-32中停车视距的5倍。

如图4-25所示:

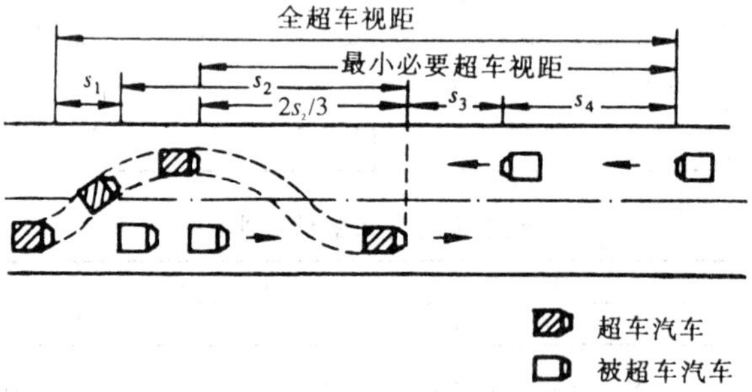

图4-25　超车视距

$$\left.\begin{aligned}&全超车视距=s_1+s_2+s_3+s_4\\&最小必要超车视距=\frac{2}{3}s_2+s_3+s_4\end{aligned}\right\} \tag{4-44}$$

计算如下:

(1) 加速行驶距离 s_1

当尾随在慢车后面的超车汽车经判断认为有超车的可能时,于是加速行驶移向对向车道,

在进入该车道之前的行驶距离 s_1

$$s_1=\frac{V_0}{3.6}t_1+\frac{1}{2}at_1^2(\mathrm{m}) \tag{4-45}$$

式中　V_0——被超汽车的速度(km/h)；

t_1——加速时间(s)；

a——平均加速度($\mathrm{m/s^2}$)。

(2) 超车汽车在对向车道上行驶的距离 s_2

$$s_2=\frac{V}{3.6}t_2(\mathrm{m}) \tag{4-46}$$

式中　V——超车汽车的速度(km/h)；

t_2——在对向车道上行驶的时间(s)。

(3) 超车完了时，超车汽车与对向汽车之间的安全距离 s_3

$$s_3=30\sim100(\mathrm{m}) \tag{4-47}$$

(4) 超车汽车从开始加速到超车完成，对向汽车的行驶距离 s_4

可取时间为$\frac{2}{3}t_2$，因为超车汽车在对向车道上追上被超汽车后，一旦发现对向有来车而其距离不足时，司机还可以回到原来的车道上。

所以

$$s_4=\frac{2}{3}s_2=\frac{V}{3.6}\times\frac{2}{3}t_2 \tag{4-48}$$

V 采用设计速度(km/h)，设超车汽车和对向汽车都按设计速度行驶，而 V_0 为被超汽车的速度，较设计速度低 5～20(km/h)。

我国《公路工程技术标准》规定值的计算列见表 4-35。

具有超车视距的路段占总长度比率一般为 10%～30%，并且应在全路线均匀地分布。当由于地形等原因不得已时，超车视距可适当缩减，但最短不得小于表 4-35 中所列的最小必要超车视距(或称超车视距低限值)。

表 4-35　　超车视距的计算

超车汽车及对向汽车速度(km/h)		80	60	(50)	40	30	20
被超汽车速度(km/h)		60	45	(37.5)	30	20	15
s_1	平均加速度 $a(\mathrm{m/s^2})$	0.65	0.63	(0.62)	0.61	0.60	0.60
	加速时间 t_1(s)	4.2	3.7	(3.4)	3.1	2.9	2.7
	加速行驶距离 s_1(s)	76	50	(39)	28	19	14
s_2	在对向车道行驶时间 t_2(s)	10.4	9.5	(9.0)	8.5	8.0	
	在对向车道上行驶距离 s_2(s)	231	159	(125)	95	67	42
s_3	对向车道的间距 s_3(m)	60	40	(30)	25	20	15
s_4	对向汽车行驶的距离 $s_4=\frac{2}{3}s_2$(m)	154	106	(83)	63	45	28
全超车视距($s_1+s_2+s_3+s_4$)(m)		550	350	(250)	200	150	100
最小超车视距($\frac{2}{3}s_2+s_3+s_4$)(m)		350	250	(200)	150	100	70

注：括号内数值为城市道路规定值。

由于满足超车视距的路段较长,三级公路、四级公路很难达到要求。故采取划分允许超车路段和禁止超车路段的方式。

具干线功能的二级公路交通量较大时,宜提供一定数量的满足超车视距的路段;位于中、小交通量的路段则可适当减少;位于地形比较复杂的山区,可设禁止超车标志。一般情况下,至少在3 min的行驶时间里,应提供一次满足超车视距的路段,超车路段的总长度以不小于路线总长度的10%~30%为宜。

4.6.2 视距的保证

汽车在弯道上行驶时,弯道内侧行车视线可能被树木、建筑物、路堑边坡等障碍物所阻挡而使行车视距受到影响。因此,在路线设计时,必须检查平曲线上的视距是否能得到保证,如有遮挡时,则必须清除视距区段内侧横净距内的障碍物,如图4-26所示。

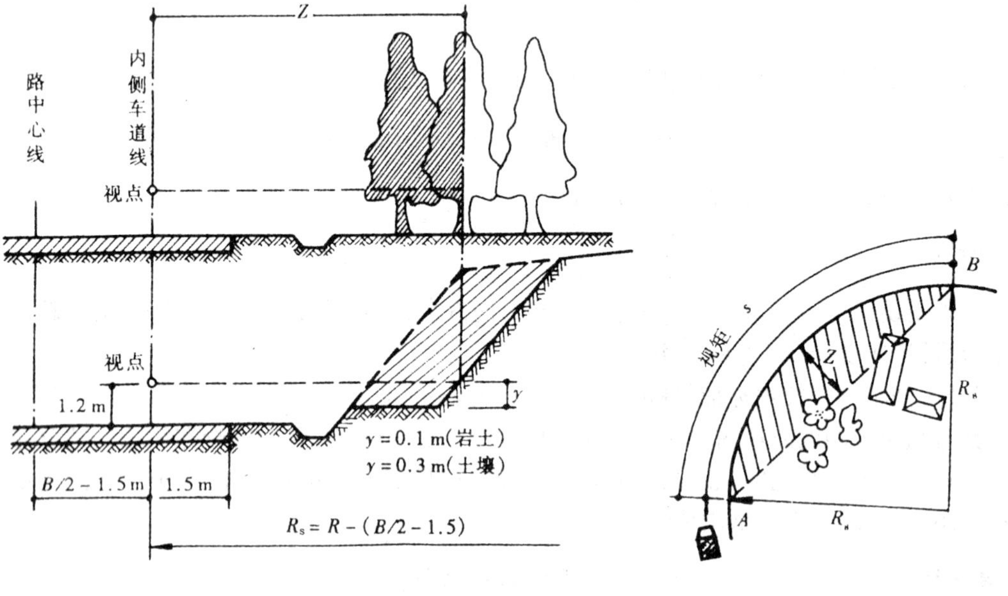

(a) 横净距立面图　　(b) 横净距平面图

图4-26 视线障碍与视距

图中阴影部分是阻碍司机视线的范围,范围以内的障碍物都应加以清除。Z为内侧车道上汽车应保证的横净距。所谓横净距,即道路曲线最内侧的车道中心线行车轨迹由安全视距两端点连线所构成的曲线内侧空间的界限线(即包络线)的距离(图4-26(b))。

1. 不设回旋线时平曲线内横净距计算

(1) 曲线长度$L>$视距s(图4-27(a))

$$Z=R_s\left(1-\cos\frac{\gamma}{2}\right)$$

$$\gamma=\frac{s}{R_s}\cdot\frac{180}{\pi}$$

因为
$$\cos\frac{\gamma}{2}=\cos\frac{s}{2R_s}=1-\frac{1}{2}\left(\frac{s}{2R_s}\right)^2$$

所以
$$Z\approx\frac{s^2}{8R_s} \tag{4-49}$$

式中　R_s——沿内侧车道行驶的曲线半径，即未加宽前路面内缘半径加 1.5 m(1.5 m 是司机位置至路面边缘的距离)；

s——视距(m)；

α——路线转角(°)；

γ——视距 s 所对应的曲线圆心角(°)。

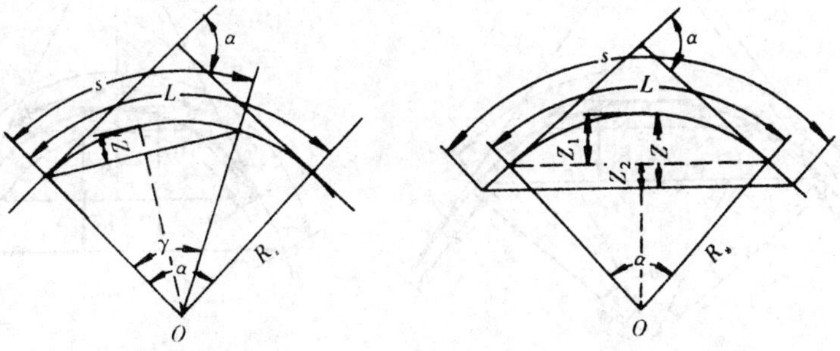

(a) $L > s$　　(b) $L < s$

图 4-27　不设回旋线时横净距计算

(2) 曲线长度 L<视距 s(图 4-27(b))

$$Z=Z_1+Z_2=R_s\left(1-\cos\frac{\alpha}{2}\right)+\frac{s-L}{2}\sin\frac{\alpha}{2}=R_s\left(1-\cos\frac{L}{2R_s}\right)+\frac{s-L}{2}\sin\frac{L}{2R_s}$$

故
$$Z\approx\frac{L}{8R_s}(2s-L) \tag{4-50}$$

2. 设置回旋线时

(1) 圆曲线长度 L'>视距 s

同 1.(1)情况，即

$$Z=R_s\left(1-\cos\frac{\gamma}{2}\right),\quad \gamma=\frac{s}{R_s}\times\frac{180}{\pi}$$

(2) 平曲线长度 L>视距 s>圆曲线长度 L'(图 4-28(a))

$$Z=Z_1+Z_2=R_s\left(1-\frac{\alpha-2\beta}{2}\right)+\sin\left(\frac{\alpha}{2}-\delta\right)(l-l') \tag{4-51}$$

$$\delta=\arctan\left\{\frac{l}{6R_s}\left[1+\frac{l'}{l}+\left(\frac{l'}{l}\right)^2\right]\right\}$$

$$l'=\frac{1}{2}(L_s-s)$$

式中　L_s——曲线内侧行驶轨迹长度(m)；

l——回旋线长度(m)；

β——回旋线角(°)。

(3) 平曲线长度 L<视距 s(图 4-28(b))

$$Z=Z_1+Z_2+Z_3=R_s\left(1-\cos\frac{\alpha-2\beta}{2}\right)+\sin\left(\frac{\alpha}{2}-\delta\right)l+\sin\frac{\alpha}{2}\times\frac{s-L_s}{2} \tag{4-52}$$

$$\delta=\arctan\frac{l}{6R_s}$$

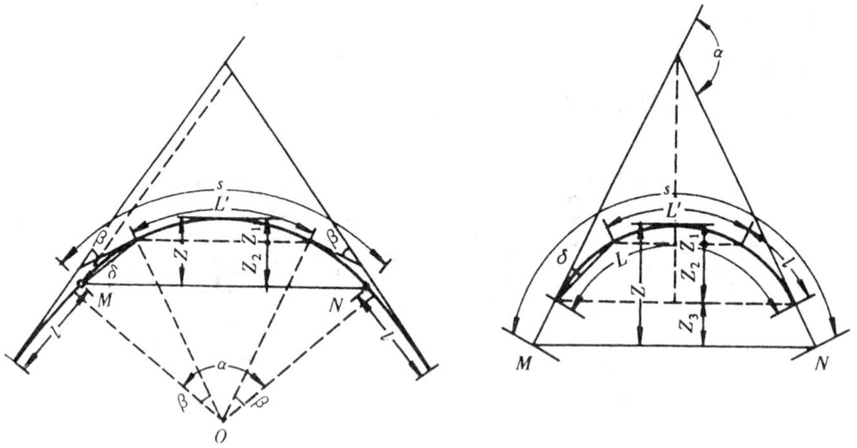

(a) $L>s>L'$

(b) $L<s$

图 4-28　设回旋线时横净距计算

对曲线内侧影响视距的切除范围一般均按图 4-29 所示的图解法进行。

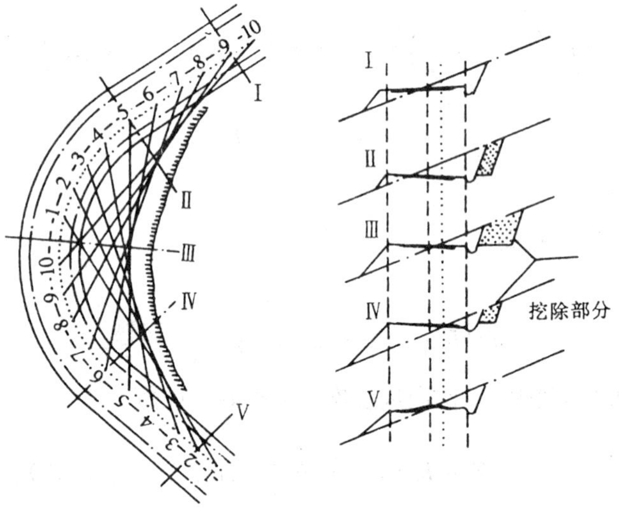

图 4-29　平曲线上的视距清除包络线

图解法如下：

(1) 按一定比例绘制弯道平面图,并示出行车轨迹线位置;

(2) 在轨迹线上从弯道两端相连直线上距曲线起点(或终点)为视距长度 s 的地方开始,按 s 距离定出多组视线 1—1,2—2,3—3,…,10—10 等;

(3) 绘出这些视线的包络线(内切曲线)即为视距曲线;

(4) 量出相应断面位置的横净距,即可按上面的方法确定相应断面上的视距切除范围。

4.7　平面线形的组合与衔接

4.7.1　直线与曲线的组合

路线的行车平顺性要求直线与曲线彼此协调而有比例地交替。路线直曲的变化应缓和匀顺。平面曲线的半径、长度与相邻的直线长度应相适应。过长的直线段会使司机感到疲倦，同时也是肇事的原因之一，只有在道路所指方向地平线处有明显目标时才允许采用长直线段。例如，德国的公路设计规范（RAL）规定，曲线半径的大小取决于相连接直线的长度 L。当 $L \leqslant 500$ m 时，$R \geqslant L$(m)；当 $L > 500$ m 时，$R \geqslant 500$ m。

直线与曲线配合不好的线形应予避免，例如，长直线顶端应避免小半径曲线。同向曲线间的短直线可用大半径的曲线来代替。反向曲线间应有适当长度的直线，这段直线也可用缓和曲线（回旋线）来代替。

因此，直线与曲线的组合得当，将能提高线形的行驶质量。例如，高速公路线形以圆曲线及回旋线为主，期间有适当长度的直线，将能给司机以适当的刺激。

《公路路线设计规范》规定平面线形设计的一般原则：

(1) 平面线形应直捷、连续、均衡，并与地形相适应，与周围环境相协调。

(2) 各级公路不论转角大小均应敷设曲线，并宜选用较大的圆曲线半径。转角过小时，应调整平面线形。当不得已而设置小于 7°的转角时，则必须按规定设置足够长的曲线。

(3) 两同向圆曲线间应设有足够长度的直线，否则应调整线形设置为单曲线或复曲线。

(4) 两反向圆曲线间不应设置短直线段，否则应调整线形设置为 S 形曲线。

(5) 六车道及其以上的高速公路，同向或反向曲线间插入的直线长度，还应符合路基外侧边缘超高过渡渐变率规定的要求。

(6) 设计速度等于或小于 40 km/h 的双车道公路，两相邻反向圆曲线无超高时可径相衔接，无超高有加宽时应设置长度不小于 10 m 的加宽过渡段；两相邻反向圆曲线设有超高时，地形条件特殊困难路段的直线长度不得小于 15 m。

(7) 设计速度等于或小于 40 km/h 的双车道公路，应避免连续急弯的线形。地形条件特殊困难不得已而设置时，应在曲线间插入规定的直线长度或回旋线。

4.7.2　曲线与曲线的组合

曲线之间的组合应使线形连续均匀，没有急剧的突变。

1. 圆曲线的组合

圆曲线是曲线组成的基本要素，它的组合有如下几种：

(1) 同向曲线

同向曲线是指转向相同的两相邻曲线（图 4-30(a)）。两同向曲线间以短直线相连而成的曲线称为断背曲线，它破坏了平面线形的连续性，应当避免。同向曲线间的直线最小长度应参照表 4-2 的规定。

(2) 反向曲线

反向曲线指转向相反的两相邻曲线（图 4-30(b)）。两反向曲线间最小直线长度宜大于或

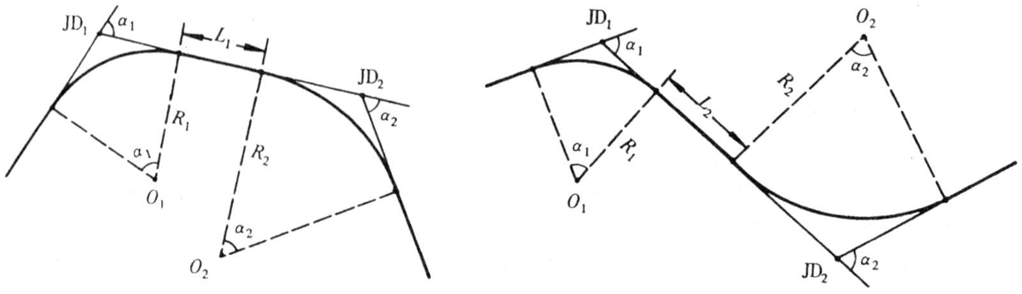

(a) 同向曲线　　(b) 反向曲线

图 4-30　同向曲线与反向曲线

等于两倍的设计速度值(表 4-2)。设计速度等于或小于 40 km/h 的双车道公路,两相邻反向曲线在无超高加宽时可径相衔接;在无超高而有加宽时,中间应有长度不小于 10 m 的加宽缓和段。地形条件特殊困难路段的直线长度不得小于 15 m。

(3) 复曲线

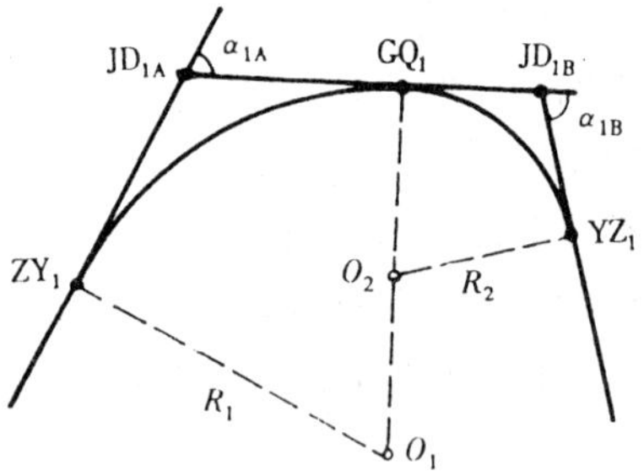

图 4-31　复曲线

复曲线是指两同向曲线直接相连、组合而成的曲线(图 4-31)。一、二、三级公路半径不同的圆曲线构成为复曲线时,应符合以下条件之一:

① 小圆半径大于表 4-21 所列不设缓和曲线的半径时;

② 小圆半径大于表 4-36 所列半径时,则

(a) 小圆曲线按规定设置最小缓和曲线长度且其大圆与小圆内移值之差不超过 0.10 m;

(b) 大圆半径(R_1)与小圆半径(R_2)之比:

设计速度 $V \geq 80$ km/h 时,$R_1 : R_2 < 1.5$;

设计速度 $V < 80$ km/h 时, $R_1 : R_2 < 2.0$。

当四级公路复曲线的两圆曲线超高不同时,应按超高坡差从公切点向较大半径曲线内插入超高加宽过渡段,其长度为两超高缓和长度之差或超高坡差相应的超高缓和长度。

表 4-36　　复曲线中小圆临界曲线半径

设计速度(km/h)	120	100	80	60	40	30
临界圆曲线半径(m)	2100	1500	900	500	250	130

2. 回头曲线

当山区因地形地质条件限制,自然展线困难时所设置的回头形状的曲线称作回头曲线(圆心角接近于或大于 180°)(图 4-32)。

回头曲线各部分的技术指标规定如表 4-37。

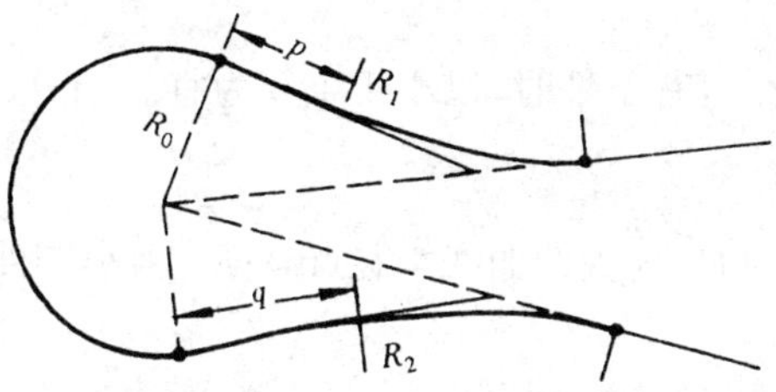

图 4-32　回头曲线

表 4-37　　回头曲线技术指标

主线设计速度(km/h)	40		30	20
回头曲线设计速度(km/h)	35	30	25	20
圆曲线最小半径(m)	40	30	20	15
回旋线最小长度(m)	35	30	25	20
超高横坡度(%)	6	6	6	6
双车道路面加宽值(m)	2.5	2.5	2.5	3.0
最大纵坡(%)	3.5	3.5	4.0	4.5

设计速度为 40 km/h 的公路根据地形条件可选用 35 km/h 或 30 km/h 的回头曲线设计速度。

越岭线应尽量利用有利地形自然展线，避免设置回头曲线。三、四级公路在自然展线无法争取需要的距离以克服高差，或因地形、地质条件所限不能采取自然展线而必须在同一山坡采取回头展线时，方可采用回头曲线。

两相邻回头曲线之间，应争取有较长的距离。由一个回头曲线的终点至下一个回头曲线起点的距离，在设计速度为 40 km/h，30 km/h，20 km/h 时，分别应不小于 200 m，150 m，100 m。

回头曲线前后的线形应连续、均匀、通视良好，两端以布设过渡性曲线为宜，且设置限速标志、交通安全设施等。

3. 平面线形的组合

(1) 基本型

直线—回旋线—圆曲线—回旋线—直线的组合(图 4-33)。

基本型的两个回旋线应符合缓和曲线的规定，但不必要求相等，也可根据地形等条件设计成非对称形曲线。

为使线形连续协调，回旋线—圆曲线—回旋线的长度之比最好设计成 1∶1∶1。并注意满足设置基本型曲线的几何条件：

$$2\beta \leqslant \alpha$$

式中　α——路线转角；

　　　β——缓和曲线角。

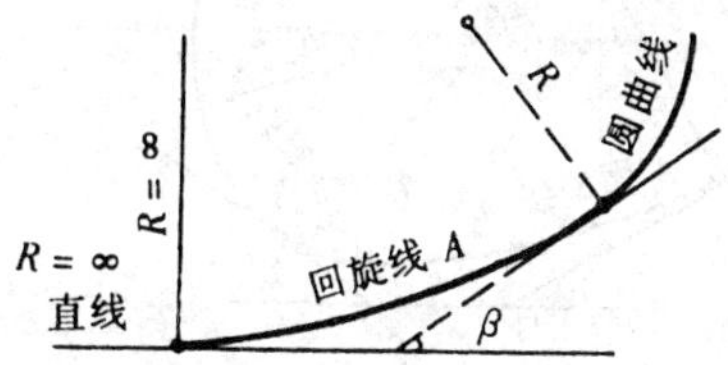

图 4-33　基本型

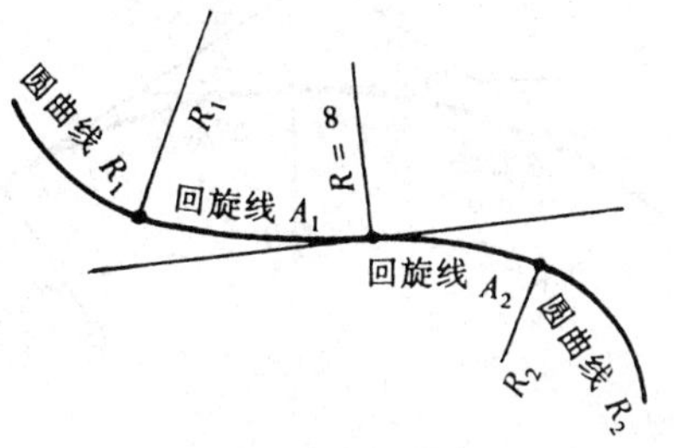

图 4-34　S 形

(2) S 形回旋线

用两个回旋线连接两个反向圆曲线的组合(图 4-34)。

S形相邻两个回旋线参数 A_1 与 A_2 宜相等。

当采用不同的参数时，A_1 与 A_2 之比应小于2.0，有条件时，以小于1.5为宜。当 $A_2 \leqslant 200$ 时，A_1 应不大于 A_2 的1.5倍。

两圆曲线半径之比不宜过大，以 $\frac{R_2}{R_1} \leqslant 2$ 为宜。(R_1 为大圆曲线半径(m)；R_2 为小圆曲线半径(m))。

(3) 卵形回旋线

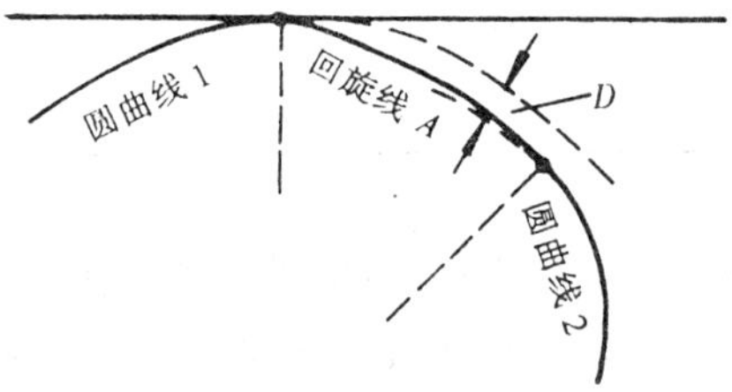

图4-35　卵形

用一个回旋线连接两个同向圆曲线的组合(图4-35)。

卵形回旋线的参数宜符合下式规定范围：

$$A=\frac{R_2}{2} \sim R_2$$

式中　A——回旋线参数(m)；

R_2——小圆的圆曲线半径(m)。

两圆曲线半径之比以 $\frac{R_2}{R_1}=0.2 \sim 0.8$ 为宜；

两圆曲线的间距，以 $\frac{D}{R_2}=0.003 \sim 0.03$ 为宜(D 为两圆曲线间的最小间距)。

(4) 凸形回旋线

两同向回旋线间不插入圆曲线而直接径向衔接的组合(图4-36)。

凸形曲线只有在路线严格受地形限制，且对接点的曲率半径相当大时方可采用。

凸形曲线的回旋线参数及其对接点的曲率半径，应分别符合容许最小回旋线参数和圆曲线最小半径的规定。

对接点附近的0.3 V(以m计：其中，V 为设计速度，按km/h计)长度范围内，应保持以对接点的曲率半径确定的路拱横坡度。

(5) 复合型回旋线

两个以上同向回旋线间在曲率相等处相互衔接的组合(图4-37)。

复合曲线的两个回旋线参数之比以小于1.5为宜。

复合曲线在受地形条件限制，或互通式立体交叉的匝道设计中可采用。

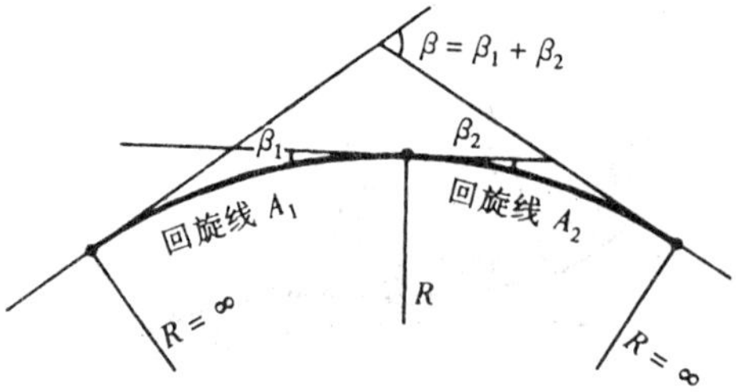

图4-36　凸　形

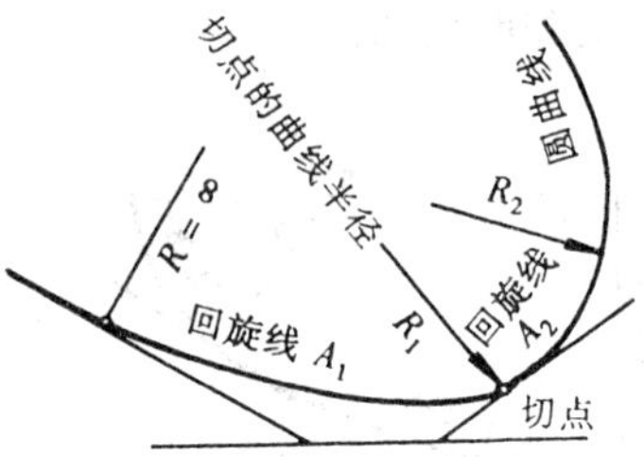

图4-37　复合型

复合型回旋线除因地形或其他特殊原因限制外，一般很少使用。

4.8　路线平面图的绘制

路线平面图是设计文件中的主要内容之一，是平面设计的主要成果之一。它综合反映了路线的平面位置、线形和尺寸，还反映了沿线人工构造物和工程设施的布置以及道路与周围环境、地形、地物的关系。

一般公路路线平面图采用 1∶2000 的比例尺，平原微丘区也可采用 1∶5000 的比例。路线平面图上应标出路中心线及其里程桩号、平曲线要素、水准点、大中桥、路线交叉(注明形式及结构类型)、隧道、主要沿线设施的位置及县以上分界线等，其带状宽度为中线两侧各 200～250 m。

高等级公路尚应示出坐标格网、导线点、交点坐标表、桥涵、隧道、路线交叉、沿线排水系统、沿线主要设施的布置等。路线位置应标出中心线、中央分隔带、路基边线、坡脚(或坡顶)线及曲线主要桩位，比例尺用 1∶1000 或者 1∶2000。带状宽度为路中线两侧各 100～200 m。

城市道路平面图一般采用的比例尺为 1∶500～1∶1000，两侧范围应在红线以外各 20～50 m，应标明路中心线，远、近期的规划红线、车行道线、人行道线、停车场、绿带、交通岛、人行横道线、沿街建筑物出入口(接坡)、各种地上地下管线的走向位置、雨水进水口、窨井等，注明交叉口及沿线里程桩。弯道及交叉口处应注明曲线要素、交叉口侧石的转弯半径等。

路线平面图实例详见图 4-38 和图 4-39。

根据交通部《公路工程基本建设项目设计文件编制办法》(交公路发[1995]1036 号)的规定，除路线平面图外，体现路线平面设计成果的表达方式还有路线设计的各种主要表格，如直线、曲线及转角表、逐桩坐标表、导线点一览表、路线固定表等。下面作一简单介绍。

1. 直线、曲线及转角表

直线、曲线及转角表是路线平面设计的重要成果之一，它集中反映了路线平面线形的成果和数

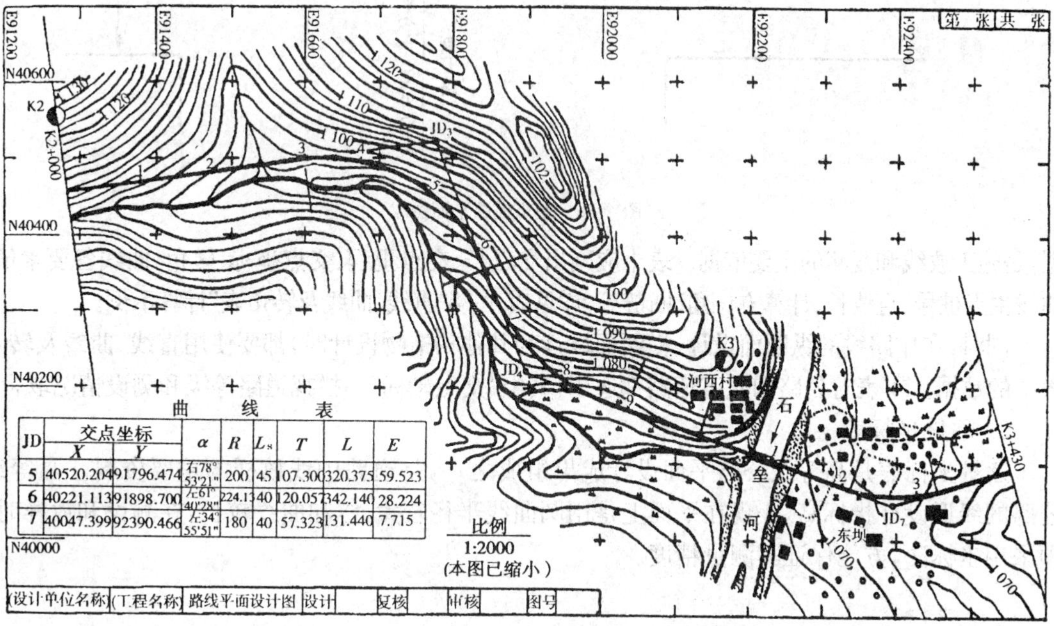

图 4-38　路线平面图

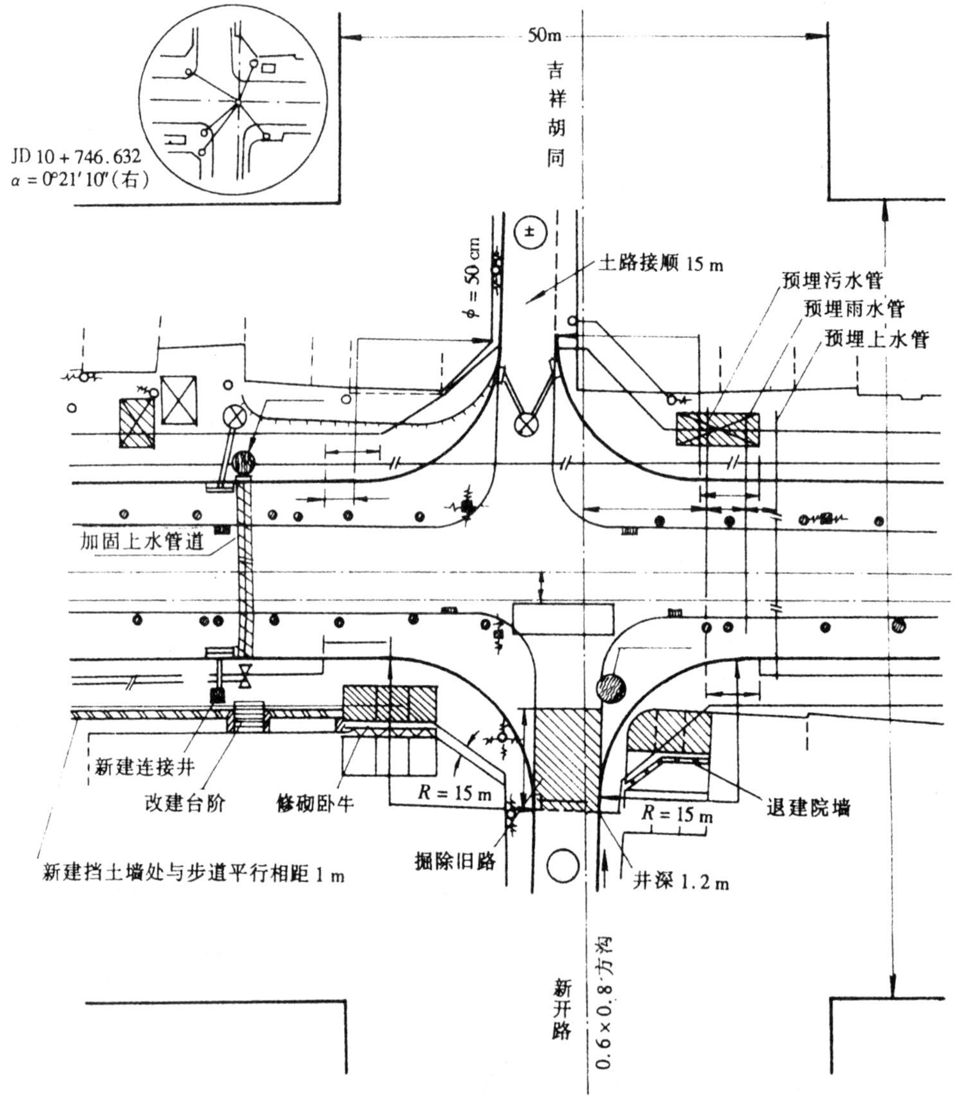

图 4-39 城市道路平面图

据,是施工放线和复测的主要依据。表中应列出交点号、交点里程、交点坐标、转角、曲线各要素值、曲线主点桩号、直线长、计算方位角、断链等,详见表 4-38"直线、曲线及转角表"计算示例。

同时,在作路线的纵断面设计、横断面设计和其他构造物设计时,都要使用直线、曲线及转角表中的数据。本表对公路和城市道路都适用,其中"交点坐标"一栏视道路等级和测设情况取舍。

2. 逐桩坐标表

逐桩坐标表是高等级公路平面设计成果组成之一,是道路中线放样的重要资料。高等级公路的线形设计指标高,表现在平面上是用圆曲线半径较大,缓和曲线较长,在测设和放样时,须采用坐标法,方能保证其测量精度。

表 4-38　　**直线、曲线及转角表**

交点号	交点坐标		交点桩号	转角值	曲线要素值（m）					
	X	Y			半　径	缓和曲线长度	切线长度	曲线长度	外　距	校正值
1	2	3	4	5	6	7	8	9	10	11
起点	41808.204	90033.595	K0+000.000							
2	41317.589	90464.099	K0+652.716	右 35°35′25.0″	800.00	0	256.777	496.934	40.199	16.620
3	40796.308	90515.912	K1+159.946	左 57°32′52.0″	250.00	50.00	162.511	301.100	301.100	23.922
4	40441.519	91219.007	K1+923.562	左 34°32′06.0″	150.00	40.00	66.753	130.412	130.412	3.091
5	40520.204	91796.474	K2+503.273	右 78°53′21.0″	200.00	45.00	187.380	320.375	320.375	54.385
6	40221.113	91898.700	K2+764.966	左 51°40′28.0″	224.130	40.00	128.667	242.140	242.140	15.191
7	40047.399	92390.466	K3+271.313	左 34°55′51.0″	150.000	40.00	67.323	131.449	131.449	3.197
8	40190.108	92905.941	K3+802.980	右 22°25′25.0″	600.00		118.932	234.820	234.820	3.044
终点	40120.034	93480.920	K4+379.175							

交点号	曲线位置					直线长度及方向			测量断链		备注
	第一缓和曲线起点	第一缓和曲线终点或圆曲线起点	曲线中点	第二缓和曲线或圆曲线终点	第二缓和曲线起点	直线长度(m)	交点间距(m)	计算方位角或计算方向角	桩号	增减长度(m)	
1	12	13	14	15	16	17	18	19	20	21	22
起点								138°44′00.0″			
2		K0+3953.939	K0+644.606	K0+892.873		395.939	652.716	174°19′25.0″			
3	K0+997.435	K1+047.435	K1+147.985	K1+248.535	K1+298.535	104.562	523.850	116°46′33.0″			
4	K1+856.809	K1+896.809	K1+922.015	K1+947.221	K1+987.211	558.274	787.538	82°14′27.0″			
5	K2+315.893	K2+360.893	K2+476.081	K2+591.268	K2+636.268	328.672	582.805	161°07′48.0″			
6	K2+636.299	K2+676.299	K2+757.369	K2+838.439	K2+878.439	0.031	316.078	109°27′20.0″			
7	K3+203.995	K3+243.995	K3+269.720	K3+269.444	K3+335.444	325.556	521.546	74°31′29.0″			
8		K3+684.048	K3+801.458	K3+918.868		348.604	534.859	96°56′54.0″			
终点					460.307	579.239					

逐桩坐标表即各个中桩的坐标(表式见表4-39),其计算和测量的方法是按“从整体到局部”的原则进行的。一般是根据导线点坐标用全站仪或GPS测量路线交点坐标或从图上直接量取(纸上定线时)交点坐标,计算交点转角和方位角、交点间距。再根据计算的结果、选定的曲线半径和缓和曲线长度,计算中线上各桩点坐标。计算方法参见第十章相关内容。

表4-39　逐桩坐标表

某公路某段

桩号	坐标/m		方向角	桩号	坐标/m		方向角
	X	Y			X	Y	
K1+500.00	40 632.336	90 840.861	116°46′33.0″	K2+140.00	40 471.158	91 436.529	82°14′27.0″
K1+540.00	40 614.316	90 976.527	116°46′33.0″	K2+160.00	40 473.858	91 456.346	82°14′27.0″
K1+570.00	40 600.801	90 903.355	116°46′33.0″	K2+180.00	40 476.558	91 476.463	82°14′27.0″
K1+600.00	40 587.286	90 930.139	116°46′33.0″	K2+200.00	40 479.258	91 495.980	82°14′27.0″
K1+630.33	40 573.623	90 957.216	116°46′33.0″	K2+220.00	40 481.959	91 515.797	82°14′27.0″
K1+669.00	40 556.202	90 991.561	116°46′33.0″	K2+240.00	40 484.659	91 535.613	82°14′27.0″
K1+680.00	40 551.246	90 991.740	116°46′33.0″	K2+260.00	40 487.359	91 555.430	82°14′27.0″
K1+700.00	40 542.236	91 019.416	116°46′33.0″	K2+280.00	40 490.059	91 575.247	82°14′27.0″
K1+720.00	40 533.226	91 037.272	116°46′33.0″	K2+300.00	40 492.759	91 595.064	82°14′27.0″
K1+750.00	40 519.711	91 064.055	116°46′33.0″	ZH+315.00	40 494.905	91 610.809	82°14′27.0″
K1+780.00	40 506.196	91 090.838	116°46′33.0″	K2+340.00	40 497.902	91 634.730	84°05′26.5″
K1+800.00	40 497.186	91 108.694	116°46′33.0″	HY+360.00	40 499.302	91 655.568	88°41′08.7″
K1+820.00	40 488.176	91 126.549	116°46′33.0″	K2+380.00	40 498.828	91 674.665	94°09′37.3″
K1+840.00	40 479.166	91 144.405	116°46′33.0″	K2+400.00	40 496.383	91 694.506	99°53′23.8″
ZH+856.31	40 471.593	91 159.412	116°46′33.0″	K2+420.00	40 491.969	91 714.005	105°37′10.3″
K1+870.00	40 465.708	91 171.216	115°56′42.1″	K2+440.00	40 485.631	91 732.965	111°20′56.7″
HY+896.81	40 455.191	91 195.860	109°08′09.7″	K2+460.00	40 477.431	91 751.198	117°04′43.2″
K1+900.00	40 454.177	91 198.885	107°55′03.1″	QZ+476.00	40 469.544	91 765.206	121°41′06.9″
QZ+922.01	40 448.963	91 220.253	99°38′19.1″	K2+500.00	40 455.794	91 784.761	128°32′16.2″
K1+940.00	40 447.061	91 238.126	92°38′19.1″	K2+520.00	40 442.573	91 799.757	134°32′16.2″
YH+947.00	40 446.902	91 245.344	89°52′50.9″	K2+540.00	40 427.920	91 813.357	139°59′49.1″
K2+960.00	40 447.413	91 258.112	85°46′43.6″	K2+560.00	40 411.983	91 825.427	145°43′35.6″
K1+980.00	40 449.567	91 277.993	82°29′23.3″	K2+580.00	40 394.921	91 835.845	151°27′22.1″
HZ+987.22	40 450.531	91 285.148	82°14′27.0″	K2+591.27	40 384.857	91 840.947	154°41′05.3″
K2+000.00	40 452.257	91 297.811	82°14′27.0″	K2+600.00	40 376.910	91 844.518	156°56′35.0″
K2+010.00	40 453.607	91 307.719	82°14′27.0″	K2+620.00	40 358.262	91 851.740	160°17′15.4″
K2+030.00	40 456.307	91 327.536	82°14′27.0″	GQ+636.27	40 342.893	91 857.077	161°07′48.0″
K2+050.00	40 459.007	91 347.353	82°14′27.0″	K2+650.00	40 329.916	91 861.563	160°31′48.6″
K2+070.00	40 461.707	91 367.170	82°14′27.0″	K2+670.00	40 311.219	91 866.655	157°30′02.7″
K2+100.00	40 465.757	91 396.895	82°14′27.0″	K2+700.00	40 284.324	91 881.898	149°57′30.4″
K2+120.00	40 468.459	91 416.712	82°14′27.0″				

复习思考题

4-1　平面定线应考虑哪些问题？

4-2　在怎样的情况下需要设置超高？如何计算？怎样设置？

4-3　在怎样的情况下需要加宽车道？如何计算？怎样设置？

4-4　为什么要设置缓和曲线？其作用何在？

4-5　为什么道路上设置的缓和曲线常采用回旋线？回旋线的方程如何表示？请说明方程中各参数的意义。

4-6　在怎样的情况下需要验算停车视距、会车视距、超车视距？如何计算？凡满足停车视距的要求，就一定能满足会车视距和超车视距的要求，这种说法对不对？为什么？

4-7　图 4-40 是六组路线图，每组包括两种不同的线形，试就行车质量（安全或美观）评价其优劣，并扼要说明理由。

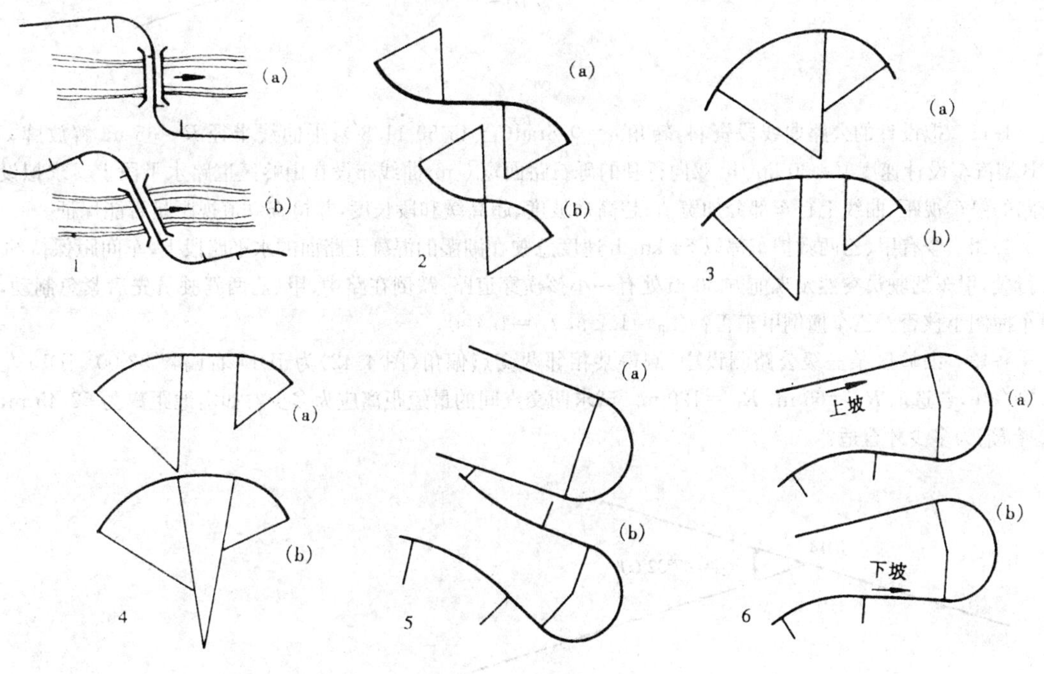

图 4-40　平面线形比较

4-8　山岭区某四级公路上有一平曲线，$R=15$ m。

(1) 如要求保证横向力系数 $\mu \not> 0.15$，试求超高横坡度 $i_{超}$ 应为多少？

(2) 如最大超高取 $i_{超}=0.08$，试问汽车通过此弯道时需要限制的车速是多少？

(3) 该弯道处的超高缓和长度应为多少？

4-9　设微丘区某二级公路，采用沥青混凝土路面，路面横坡为 2%，设计速度为80 km/h。

(1) 试求不设超高的平曲线半径以及设置超高（$i_{超}$ 取 0.08）的极限最小平曲线半径（建议 μ 分别取 0.040 和 0.15）。

(2) 当采用极限最小平曲线半径时，缓和曲线长度应为多少？

(3) 试计算会车视距和停车视距，并结合技术标准的规定加以分析。

4-10　道路中线一转折处 A，转折角 $\alpha=60°$，其旁有一重要建筑物，基础尺寸 5 m×8 m，外边缘距 A 点最短距离有 25 m,欲保留该建筑(图 4-41),试问该弯道可能最小的半径值为多少?已知该路设计速度为 40 km/h,道路宽度 24 m,路拱横坡 2%,μ=0.1。

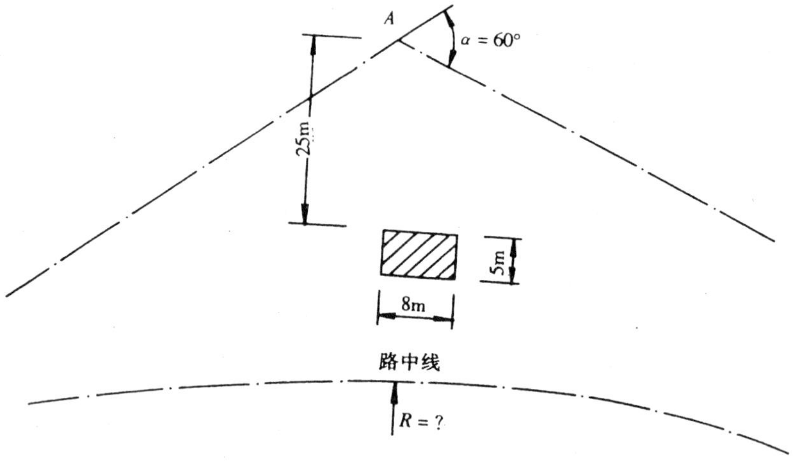

图 4-41

4-11 拟设计的公路曲线段资料,转角 α=0.8rad(合 45°50′11.8″),平曲线半径 R=65 m,解放牌 CA-10B 型汽车设计速度 V=30 km/h,双向行驶的砾石路面宽 6 m,曲线布设在山岭区道路水平段上。求拟设计公路的停车视距、曲线上行车部分加宽值、超高横坡度、超高缓和段长度,并检查弯道视距是否能保证。

4-12 今有甲、乙两救护车都以 54 km/h 速度急驶在潮湿的混凝土路面的水平路段上,车间距保持约 50 m 行驶,甲车驾驶员突然发现前方 50 m 处有一小孩横穿道路,跌倒在路中,甲、乙两驾驶员先后紧急制动,问甲车撞倒小孩否?乙车撞倒甲车否?($t_{甲}$=1.2 s,$t_{乙}$=1.4 s)。

4-13 山岭区某三级公路测设中,测得某相邻两交点偏角(图 4-42)为 JD14 右偏47°32′00″,JD15 左偏 11°20′30″,若选取 R_{14}=65 m,R_{15}=120 m。试求两交点间的最短距离应为多少?如实地距离为 52.45 m,应选择 R_{15} 为多少才合适?

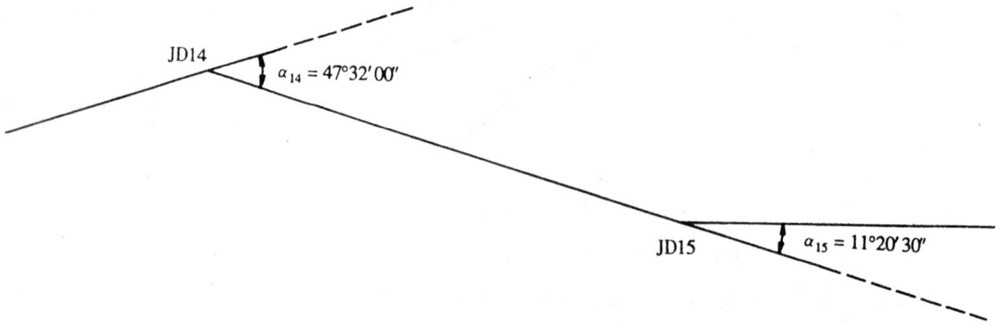

图 4-42

第 5 章 道路纵断面设计

5.1 概 述

通过道路中线的竖向剖面，称为纵断面。它是道路设计的重要技术图表之一，它主要反映路线起伏、纵坡与原地面的切割等情况，把道路的纵断面图与平面图、横断面图结合起来，就能够完整地表达出道路的空间位置和立体线形。

道路的纵断面线形应根据道路的性质、任务、等级和地形、地物、地质、水文等因素，考虑路基稳定、排水及工程量等的要求，对纵坡的大小、长短、前后纵坡情况、竖曲线半径大小以及与平面线形的组合关系等进行组合设计。

在路中线的原地面标高，称为地面标高，地面标高的连线称为地面线（又称黑线）。对于纵断面上的设计标高，即路基（包括路面厚度）的设计标高，有如下规定：

(1) 新建公路的路基设计标高：高速公路、一级公路宜采用中央分隔带的外侧边缘标高；二、三、四级公路宜采用路基边缘标高。在设置超高加宽的路段，是指超高加宽前该处原路基边缘的标高（图 5-1）。

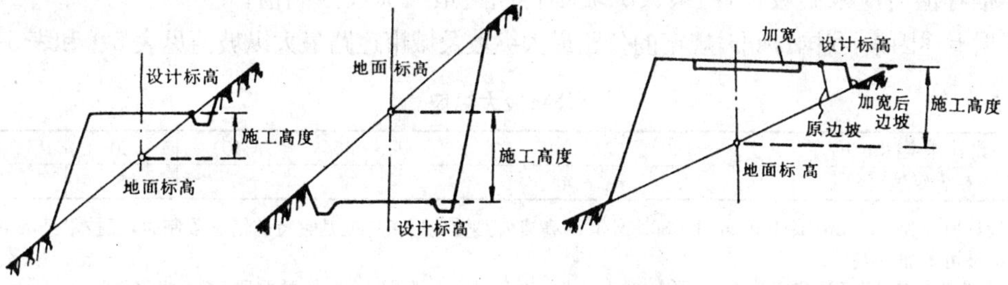

图 5-1 路基的地面标高与设计标高

(2) 改建公路的路基设计标高：宜按新建公路的规定办理，也可视具体情况而采用中央分隔带或行车道中线标高。对于城市道路，设计标高指建成后的行车道中线路面标高或中央分隔带中线标高。

在任一横断面上设计标高与地面标高之差，称为该处的施工高度（图 5-1）。施工高度的大小即决定了路堤的高度或路堑的深度。当设计线在地面线上面时，路基筑成路堤（填方），当设计线在地面线下面时修筑成路堑（挖方）。

5.2 纵坡设计

5.2.1 最大纵坡

最大纵坡是指在纵断面设计中各级道路允许采用的最大坡度值。它是路线设计中的一项重要控制指标。它直接影响着路线长短、使用质量的好坏、行车安全以及运输成本和工程的经济性。制定最大纵坡主要是依据汽车的动力特性、道路等级、自然条件、车辆安全行驶以及工程、运营经济等因素进行确定。汽车沿陡坡行驶时,因克服升坡阻力及其他阻力需增大牵引力,车速便会降低,若陡坡过长,将引起汽车水箱“开锅”(即沸腾)、气阻等情况,严重时,还可能使发动机熄火,使驾驶条件恶化;若沿陡坡下行,因制动次数增多,制动器易发热而失效,司机心理紧张,易引起交通事故。当道路泥泞时,情况更为严重。

为保证车辆能以适当的车速在道路上安全行驶,即上坡时顺利,下坡时不致发生危险的纵坡最大限值为最大纵坡。道路最大纵坡的大小直接影响行车速度和安全、道路的行车使用质量、运输成本以及道路建设投资等问题,它与车辆的行驶性能有密切关系。

目前,许多国家都以单位载重量所拥有的马力数(HP/t),即比功率作为衡量汽车爬坡能力的指标,认为 HP/t 数值相同的汽车,其爬坡能力大致相同。

小汽车爬坡能力大,纵坡大小对小汽车影响较小,而载重汽车及铰接车的爬坡能力低,纵坡大小对其影响较大。如以小汽车爬坡能力为准确定最大纵坡,则载重汽车及铰接车均需降速行驶,使汽车性能不能充分发挥,是不经济的;而且还会降低道路通行能力,下坡时更危险。在汽车选型时,既要考虑现状又要考虑发展。根据我国的实际情况规范确定以东风 EQ140 载重汽车及 SK661 铰接车为代表车型,其发动机型号均为 EQ140,最大功率为 135HP(即 99.3kW)。

《城镇道路工程技术标准》最大纵坡推荐值是根据汽车动力特征计算,并参照《公路路线设计规范》及《日本公路技术标准的解说与运用》标准确定。设计最大纵坡应考虑各种机动车辆的动力性能、道路等级、设计速度、地形条件等选用规范中最大纵坡推荐值。当受条件限制纵坡大于推荐值时应限制坡长,但最大纵坡不得超过最大纵坡限制值。

根据上述因素,我国《标准》规定的公路最大纵坡及城市道路最大纵坡值见表 5-1 和表 5-2。

表 5-1　　公路最大纵坡

设计速度(km/h)	120	100	80	60	40	30	20
最大纵坡(%)	3	4	5	6	7	8	9

注:① 设计速度为 120 km/h、100 km/h、80 km/h 的高速公路受地形条件或其它特殊情况限制时,经技术经济论证,最大纵坡可增加 1%。
② 公路改扩建中,设计速度为 40 km/h、30 km/h、20 km/h 的利用原有公路的路段,经技术经济论证,最大纵坡可增加 1%。
③ 二级及二级以下公路的越岭路线连续上坡(或下坡)路段,相对高差为 200~500 m 时,平均纵坡不应大于 5.5%;相对高差大于 500 m 时,平均纵坡不应大于 5%。任意连续 3 km 路段的平均纵坡不应大于 5.5%。
④ 高速公路、一级公路应论证采用合理的平均纵坡。对存在连续长、陡纵坡的路段应进行安全性评价。

表 5-2　　城市道路机动车道最大纵坡

设计速度(km/h)		100	80	60	50	40	30	20
最大纵坡(%)	推荐值	3	4	5	5.5	6	7	8
	限制值	5	6	7		8	9	

注:《城镇道路工程技术标准》规定:
① 机动车最大纵坡应采用小于或等于最大纵坡推荐值;改建道路、受地形条件或特殊情况限制时,方可采用最大纵坡限制值。
② 山岭重丘区道路或其它特殊性质道路,经技术经济论证,最大纵坡可增加 1%。
③ 越岭路线连续上坡(或下坡)路段,相对高差为 200~500 m 时,平均纵坡不应大于 5.5%;相对高差大于 500 m 时,平均纵坡不应大于 5%,且任意连续 3km 路段的平均纵坡不应大于 4.5%。
④ 高原城市道路的最大纵坡按表列数值可减小 1%,最大纵坡折减后若小于 4%,则仍可采用 4%。
⑤ 冰冻积雪地区快速路最大纵坡不得超过 3.5%,其他道路最大纵坡不得超过 6%。

桥梁及其引道的平、纵、横技术指标应与路线总体布设相协调。大、中桥上的纵坡不宜大于 4%，桥头引道纵坡不宜大于 5%，位于市镇附近非汽车交通较多的地段，桥上及桥头引道纵坡均不应大于 3%。引道紧接桥头部分的线形应与桥上线形相配合，其长度不宜小于 3s 设计速度行程长度。

隧道内的纵坡不应大于 3%并不小于 0.3%，但短于 100 m 的隧道不受此限。

位于市镇附近非汽车交通量大的路段，可根据具体情况将纵坡适当放缓：平原、微丘区宜不大于 2%～3%；山岭、重丘区宜不大于 4%～5%。

高速公路、一级公路的中、短隧道，当条件受限制时，经技术经济论证后最大纵坡可适当加大，但不宜大于 4%。

隧道内的纵坡可设置成单向坡；地下水发育的隧道及特长、长隧道可采用人字坡。

5.2.2 最小纵坡

根据《公路路线设计规范》规定，为保证挖方路段、设置边沟的低填方路段和横向排水不畅路段的排水，以防止积水渗入路基而影响其稳定性，应采用不小于 0.3%的纵坡。当必须设计小于 0.3%的纵坡时，边沟应作单独排水设计。

城市道路通常低于两侧街坊，两侧街坊的雨水排向车行道两侧的街沟，然后顺街沟的纵坡流入沿街沟设置的雨水口，再由地下的连管通到雨水管道排入水体。因此，道路最小纵坡应是能保证排水和防止管道淤塞所需的最小纵坡，其值为 0.3%。若道路纵坡小于最小纵坡值，则管道的埋深必将随着管道的长度而加深。为避免其埋设过深所致的土方量增大和施工困难，就需要在管道的一定距离设置泵站。所以，城市道路的最小纵坡应大于或等于 0.3%。如遇特殊困难，其纵坡必须小于 0.3%时，则应设置锯齿形街沟，保证路面排水畅通。

5.2.3 坡长限制

坡长是指变坡点间的水平直线距离，坡长限制包括最小坡长和最大坡长两个方面。

坡长限制，主要是指对较陡纵坡的最大长度和一般纵坡的最小长度加以限制。

1. 最大坡长

山岭重丘区公路，当连续纵坡大于 5%时，汽车上坡时为发挥更大的牵引力，多用低速挡(如一、二挡)。如坡长过长，长时间使用低速挡会使发动机发热过分而使效率降低、水箱沸腾、行驶无力。而下坡时，则因坡度过陡、坡段过长而使制动频繁，影响行车安全。因此，为保证行车安全，对较陡纵坡的坡长应加以限制(见表 5-3 和表 5-4)，并应在表列坡长处设置缓和坡段。缓和坡段的纵坡应不大于 3%，其长度应符合表 5-5 坡段最小长度的规定。

我国城市道路最大纵坡超过 5%，坡长超过表 5-4 规定时，应设纵坡缓和段，缓和坡段的纵坡应不大于 3%。其长度应符合表 5-6 中关于最小坡长的规定。

《城镇道路工程技术标准》规定纵坡坡长是根据汽车加、减速行程图求得，并参考《公路路线设计规范》与《日本公路技术标准的解说与运用》综合确定。根据不同设计速度、不同坡度做出坡长限制值。《城镇道路工程技术标准》规定：城市道路，当设计速度＜30 km/h 时，由于车速低，爬坡能力大，坡长可不受限制。

表 5-3 公路不同纵坡最大坡长（m）

设计速度(km/h)		120	100	80	60	40	30	20
纵坡坡度(%)	3	900	1000	1100	1200			
	4	700	800	900	1000	1100	1100	1200
	5		600	700	800	900	900	1000
	6			500	600	700	700	800
	7					500	500	600
	8					300	300	400
	9						200	300
	10							200

表 5-4 城市道路纵坡限制坡长

设计速度(km/h)	100			80			60			50			40	
纵坡(%)	4	4.5	5	5	5.5	6	6	6.5	7	6	6.5	7	6.5	7
最大坡长(m)	700	600	500	600	500	400	400	350	300	350	300	250	300	250

城市道路非机动车道纵坡宜<2.5%，纵坡≥2.5%时，应按表5-7规定限制坡长。

2. 最小坡长

最小坡长是指纵面线形上两个变坡点之间的最小长度。

最小坡长的限制是从汽车行驶平顺度、乘客的舒适性、纵断视距和相邻两竖曲线的布设等方面考虑的。纵断面上如变坡点太多，车辆行驶颠簸频繁，行车顺适性差，其长度太短，变坡点之间不能设置相邻两竖曲线的切线长，此外，对两凸形变坡点间的距离还应满足行车视距的要求。

在城市道路中，纵坡太短，转坡太多，纵向线形呈锯齿状，不仅路容不美观，影响临街建筑的布置，而且车辆行驶时驾驶员变换排档会过于频繁而影响行车安全，同时导致乘客感觉不舒适。

这次《公路工程技术标准》(JTG B01—2014)修订版中提出，经相关研究表明，在长陡纵坡中间设置缓坡，不利于下坡方向车辆减速，可能会给驾驶员造成进入平坡或反坡的错觉，本次修订取消关于长陡纵坡中间设置缓和坡段的规定。所以，公路新《标准》中已没有纵坡的最小坡长限制的规定。本次修订仅提出：高速公路、一级公路应采用合理的平均纵坡，以提高纵坡路段的通行能力和运行安全。这是对今后设计的原则性要求。具体项目中，对于可能存在连续纵坡的路段，均应进行安全性评价，基于运行速度等方法对各类指标、速度变化、安全设施等进行检验分析，进而通过优化线形设计、完善安全设施、实施速度管理等综合措施，提升公路的本质安全性。

我国城市道路坡段最小长度按表5-5规定。同时《城镇道路工程技术标准》规定，对于设计速度≥60 km/h时，坡长采用不小于9 s的汽车行驶距离，对于设计速度<60 km/h时，坡长采用不小于10 s的汽车行驶距离。另外，要求在坡段两端设置的两个竖曲线不得搭接。

表 5-5 城市道路最小坡长

设计速度(km/h)	100	80	60	50	40	30	20
坡段最小长度(m)	250	200	150	140	110	85	60

城市中非机动车主要是指自行车，其车行道也应考虑恰当的纵坡度与坡长。自行车爬坡能力低，因此，在机动车和非机动车混行的道路上，应按自行车爬坡能力控制。

3. 坡长的计算

当连续陡坡是由几个不同坡度值的坡段组合而成时，应按不同坡度的坡长限制折算确定。如公路坡段纵坡为 8%，长 160 m，该长度是相应限制坡长（400 m）的 2/5，如相邻坡段的纵坡为 7%，则其坡长不应超过相应坡长限制 600 m 的 3/5，即 600×3/5＝360 m，也就是说，8%纵坡设计 160 m 后，还可接着设计 7%纵坡段 360 m 长或 6%纵坡段 480 m 长，在其后面再设置 3%纵坡的按表 5-6 中山岭重丘区规定的缓和段长。考虑到兽力车行驶，应在不大于 500 m 的坡段设置不大于 2%的缓和坡段。

表 5-6　　非机动车道坡长限制

车种 / 坡长限制（m） / 坡度（%）	自行车	平板车、三轮车
3.5	150	—
3	200	100
2.5	300	150

5.2.4 高原纵坡折减

高原地区公路，随着海拔高度的增加，大气压力、空气温度密度都逐渐减小（表 5-7）。空气密度的减小，使汽车发动机的正常操作状态受到影响，从而使汽车的动力性能受损。

表 5-7　　海拔高度与空气密度、空气温度、空气充裕系数关系表

海拔高度（m）	压力、水银柱高（mm）	空气密度（kg/m³）	空气温度（℃）	沸　点（℃）	空气充裕系数 α
0	760.00	1.225	＋15.00	100.00	1.00
1 000	674.10	1.112	＋8.50	96.60	0.89
2 000	596.20	1.001	＋2.00	93.30	0.80
3 000	525.80	0.909	－4.50	90.00	0.71
4 000	452.80	0.819	－11.0	86.70	0.63
5 000	405.1	0.736	－17.50	83.30	0.56

发动机实际燃烧的空气量与理论上所必需的数量之比称空气充裕系数，表示燃烧混合物的成分。在一般条件下，汽车在空气充裕系数为 0.8～1.0 范围内的混合物燃烧下作用正常，空气充裕系数小于 0.8 的混合物燃烧较慢，而当系数小于 0.6 时，就完全不能燃烧。根据研究及试运转表明，解放牌汽车发动机平均功率在海拔 1000 m 处下降 11.3%；在海拔 2000 m 处下降 21.5%；在海拔 3000 m 处下降 33.3%；在海拔 4000 m 处下降 46.7%；在海拔 4500 处下降 52.0%。

空气密度变稀，使汽车散热器的空气重量减少，因此，散热能力减低，发动机易过热。经常持久使用低档，特别容易使发动机过热，并使汽车水箱中的水易沸腾而破坏冷却系统。相应地降低了汽车的爬坡能力。根据以上实验结果和分析，因此，对设计速度≤80 km/h 位于海拔 3 000 m以上高原地区的公路纵坡应按表 5-8 予以折减。

表 5-8　　高原纵坡折减值

海拔高度(m)	3 000～4 000	4 000～5 000	5 000 以上
纵坡折减(%)*	1	2	3

* 最大纵坡折减后若小于 4%时,则最大纵坡仍采用 4%。

5.2.5　平均纵坡

平均纵坡($i_{平均}$)是指路段高差与水平距离之比(%),它是衡量线形设计质量的重要指标之一,即

$$i_{平均}=\frac{H}{l}(\%)$$

式中　H——相对高度(m);

l——路段长度(m)。

为保证行车安全与平顺、避免过多地使用最大纵坡和缓和坡段,对山区公路连续纵坡组合路段,给以平均坡度的限制。《公路工程技术标准》规定:为使连续升坡(或下坡)路段的纵坡运用合理,二、三、四级公路越岭路段的平均纵坡应符合下述规定:①越岭路段相对高差为 200～500 m 时,平均纵坡不应大于 5.5%;越岭路段相对高差大于 500 m 时,平均纵坡不应大于 5%。②任一连续 3 km 范围内的平均纵坡不应大于 5.5%。

高速公路、一级公路越岭路线连续上坡(或下坡)路段,应采用运行速度对其安全性进行验算、评价,并设置相应交通安全设施。

5.2.6　合成坡度

合成坡度是指在有超高的平曲线上,路线纵坡与超高横坡所组成的坡度,计算公式为

$$i_{合}=\sqrt{i_{超}^2+i_{纵}^2} \tag{5-1}$$

即

$$i_{纵}=\sqrt{i_{合}^2-i_{超}^2}$$

式中　$i_{合}$——合成坡度(%);

$i_{超}$——超高横坡(%);

$i_{纵}$——路线纵坡(%)。

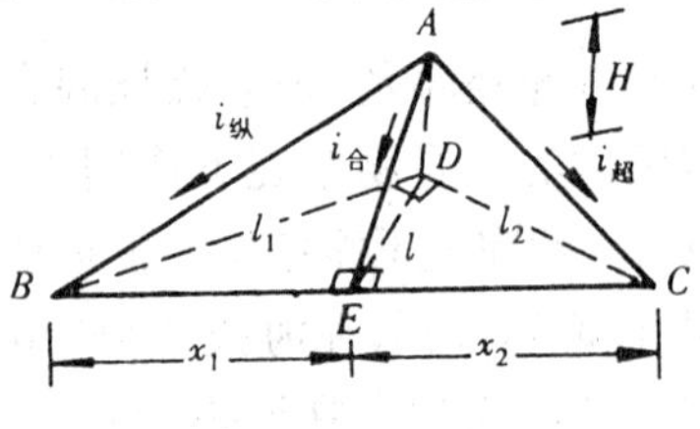

图 5-2　合成坡度的证明

上式证明如下(参见图 5-2):

$\triangle BDE \backsim \triangle BDC$　　$\frac{l_1}{l}=\frac{x_1+x_2}{l_2}$

由直角三角形$\triangle BDC$

$$x_1+x_2=\sqrt{l_1^2+l_2^2}$$

代入上式:

$$\frac{1}{l}=\frac{\sqrt{l_1^2+l_2^2}}{l_1 l_2}$$

两端平方

$$\frac{1}{l^2}=\frac{l_1^2+l_2^2}{l_1^2 l_2^2}$$

同乘 H^2
$$\frac{H^2}{l^2}=\frac{H^2}{l_2^2}+\frac{H^2}{l_1^2}$$
$$\left(\frac{H}{l}\right)^2=\left(\frac{H}{l_2}\right)^2+\left(\frac{H}{l_1}\right)^2$$
所以
$$i_{合}^2=i_{超}^2+i_{纵}^2$$

如果在小半径弯道上且伴有较大纵坡时，由于离心力作用会给汽车行驶造成危险。为防止汽车沿合成坡度方向滑移，应将超高横坡与纵坡的组合控制在适当范围内，以确保安全。《公路路线设计规范》规定最大合成坡度见表 5-9。

表 5-9　　公路最大合成坡度

公路等级	高速公路			一级公路			二级公路		三级公路		四级公路
设计速度(km/h)	120	100	80	100	80	60	80	60	40	30	20
合成坡度值(%)	10.0	10.0	10.5	10.0	10.5	10.5	9.0	9.5	10.0	10.0	10.0

注：① 在积雪冰冻地区，公路的合成坡度值应不大于 8%。
② 最小合成城度，不宜小于 0.5%；在超高过渡的变化处，合成坡度不应设计为 0%；当合成坡度小于 0.5%时，应采取综合排水措施，以保证路面排水畅通。

合成坡度的组合图解以及相应公路等级、车速的圆曲线半径见图 5-3 所示。

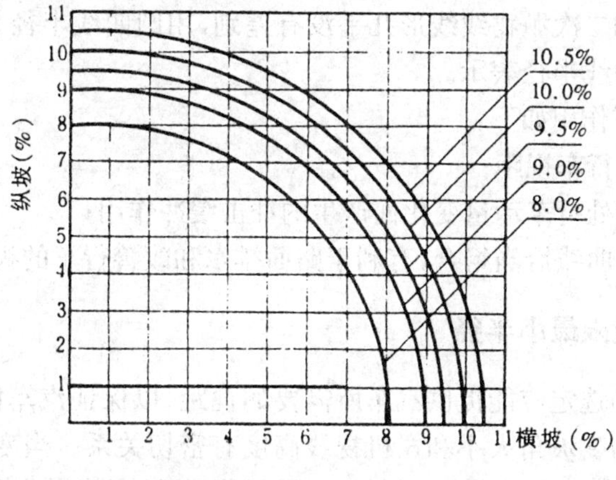

设计速度(km/h)	曲线半径(m)								
120	3240	2160	1620	1300	1080	930	810	720	650
100	1710	1220	950	770	650	560	500	440	400
80	1240	830	620	500	410	350	310	280	250
60	810	570	430	340	280	230	200	160	125
50	590	410	310	240	200	160	130	100	80
横坡度(%)	2	3	4	5	6	7	8	9	10

图 5-3　合成坡度临界线图

5.3 竖曲线设计

纵断面上两相邻纵坡线的交点为变坡点。为保证行车安全、舒顺及视距的需要而在变坡点处所设置的纵向曲线称为竖曲线。变坡点处的转角为变坡角，以 ω 表示，ω 的大小近似地等于相邻两纵坡度的代数差，即

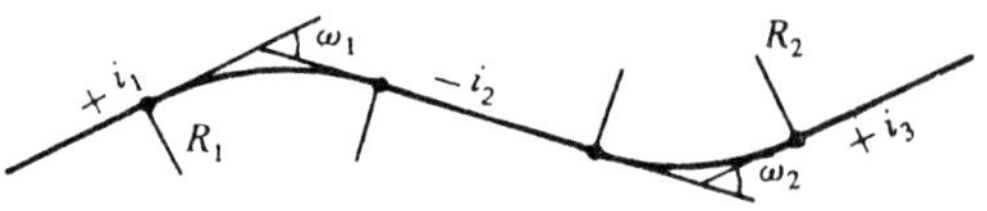

图 5-4 竖曲线的变坡角

$$\omega=i_1-i_2$$

式中，i_1，i_2 分别为相邻纵坡线的坡度值，上坡为正，下坡为负。

如图 5-4 所示：

$$\omega_1=i_1-(-i_2)=i_1+i_2$$

ω 为正，变坡点在曲线上方，为凸形竖曲线。

$$\omega_2=-i_2-i_3=-(i_2+i_3)$$

ω 为负，变坡点在曲线下方，为凹形竖曲线。

我国规定各级公路及城市道路在变坡点处均应设置竖曲线，竖曲线形式为二次抛物线，因为在应用范围内圆形和二次抛物线线形几乎没有差别，用圆曲线半径表示更为方便，所以，通常竖曲线半径均以圆曲线半径表示。

竖曲线设置的主要作用如下：

(1) 确保道路纵向行车视距；

(2) 缓和纵向变坡处行车动量变化而产生的冲击缓冲作用；

(3) 将竖曲线与平曲线恰当组合，有利于路面排水和改善行车的视线诱导和舒适感。

5.3.1 凸形竖曲线极限最小半径

凸形竖曲线半径的选定应能提供汽车所需要的视距，以保证汽车能安全迅速地行驶。而凸形变坡点处的视距与变坡角大小和司机视线高度有密切关系。当变坡角较小时，不设置竖曲线也能保证视距，但当变坡角较大时，如果不设竖曲线，就可能影响视距。

1. 需要设凸形竖曲线的变坡角

如图 5-5 所示凸形变坡点处，设 d_1 为 A 点处司机视线的高度，d_2 为 B 点处障碍物或司机视线的高度，r 为司机自 A 点看到 B 点时 AB 两点的距离，ω 为变坡角，φ 为司机自 A 点高 d_1 视线通过变坡点所夹的角度，因而可得

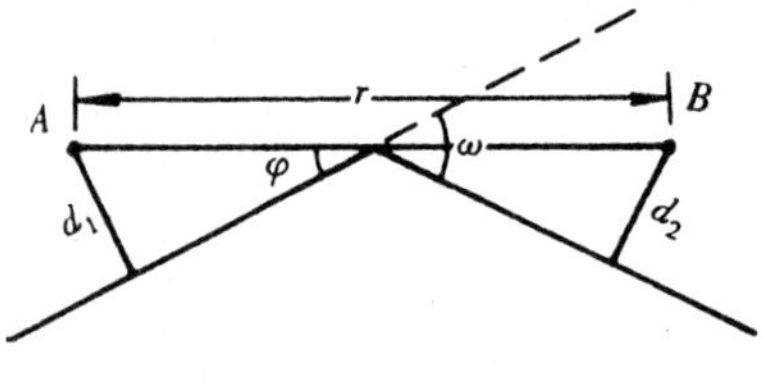

图 5-5 需设竖曲线的变坡角

$$r=\frac{d_1}{\sin\varphi}+\frac{d_2}{\sin(\omega-\varphi)}$$

由于 φ 与 ω 角度都很小，可以近似认为其正弦等于以弧度计的角。所以

$$r=\frac{d_1}{\varphi}+\frac{d_2}{\omega-\varphi} \tag{5-2}$$

对 φ 微分，并令其为零，可求出最小值 $r_{\min}$，即

$$\frac{dr}{d\varphi}=\frac{-d_1}{\varphi_2}+\frac{d_2}{(\omega-\varphi)^2}=0$$

所以
$$\frac{\sqrt{d_1}}{\varphi}=\frac{\pm\sqrt{d_2}}{\omega-\varphi}$$

$$\pm\sqrt{d_2}\varphi=(\omega-\varphi)\sqrt{d_1},\quad(\sqrt{d_1}\pm\sqrt{d_2})\varphi=\omega\sqrt{d_1}\quad(\text{因为 }\omega>\varphi\text{，应取}+\sqrt{d_2})$$

所以
$$\varphi=\frac{\omega\sqrt{d_1}}{\sqrt{d_1}+\sqrt{d_2}}\tag{5-3}$$

将 φ 值代入式(5-2)，可得

$$r_{\min}=\frac{\sqrt{d_1}+\sqrt{d_2})^2}{\omega}$$

如 $r_{\min}\geqslant s$(规定的行车视距)，则

$$\omega\leqslant\frac{(\sqrt{d_1}+\sqrt{d_2})^2}{s}$$

即表示变坡角 ω 很小时，视距可以得到保证。

如 $r_{\min}<s$，则

$$\omega>\frac{(\sqrt{d_1}+\sqrt{d_2})^2}{s}$$

即表示必须设置一定的凸形竖曲线，才能保证视距的要求。

当道路有明显分隔带仅需保证停车视距时，$d_1=1.2$ m，$d_2=0$，所以，保证停车视距时，不设竖曲线的变坡角为

$$\omega\leqslant\frac{d_1}{s_{停}}=\frac{1.2}{s_{停}}\quad(\text{rad})$$

当道路能保证对向行车、具有足够会车视距时，$d_1=d_2=d=1.2$ m，所以，保证会车视距时，不设竖曲线的变坡角为

$$\omega\leqslant\frac{4d}{s_{会}}=\frac{4.8}{s_{会}}\quad(\text{rad})$$

式中，d 表示驾驶员视线高度或物体的高度。

2. 凸形竖曲线极限最小半径

(1) 凸形竖曲线长度 L 大于视距 s 时，如图 5-6 所示，有

$$s=s_1+s_2$$

$\triangle AOM$ 中　$(R+d_1)^2=S_1^2+R^2$

$$s_1^2=(2R+d_1)d_1$$

因 d_1 与 $2R$ 相比很小，可略去 d_1，故

$$s_1=\sqrt{2Rd_1}$$

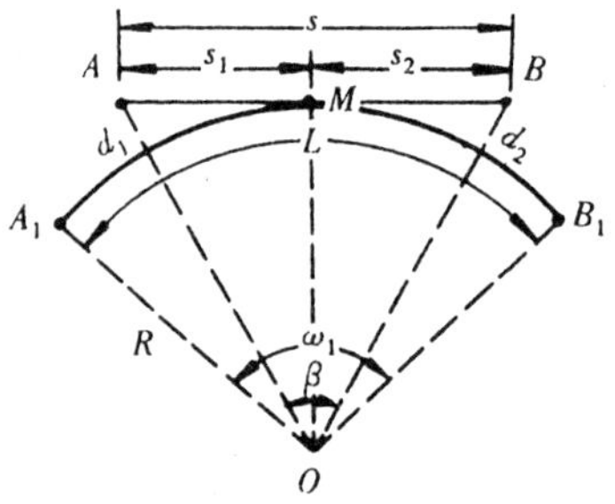

图 5-6　L>S 时 $R_凸$ 的确定

同理　　$s_2=\sqrt{2Rd_2}$

所以　　$s=s_1+s_2=\sqrt{2R}(\sqrt{d_1}+\sqrt{d_2})$

则凸形竖曲线极限最小半径为

$$R_凸=\frac{s^2}{2(\sqrt{d_1}+\sqrt{d_2})^2} \tag{5-4}$$

式(5-4)的计算条件为 $L>s$,即 $\omega>\beta$。如果近似地取 $s=R\beta$,即 $\beta=\frac{s}{R}$,则

$$\omega>\frac{s}{R} \tag{5-5}$$

以式(5-4)代入式(5-5),得计算条件为

$$\omega>\frac{2(\sqrt{d_1}+\sqrt{d_2})^2}{s}$$

如不符合这一条件,则按下述第(2)种情况(即按 $L<s$)计算。

当采用停车视距时,$d_1=1.2\ \text{m}$,$d_2=0.1\ \text{m}$,则

$$\omega>\frac{3.98}{s_停},\quad R_凸=\frac{s_停^2}{3.98}$$

当采用会车视距(即两倍停车视距)时,$d=d_1=d_2=1.2\ \text{m}$,则

$$\omega>\frac{9.6}{s_会}=\frac{4.8}{s_停},\quad R_凸=\frac{s_会^2}{9.6}=\frac{s_停^2}{2.4}$$

(2) 凸形竖曲线长度小于视距 s 时,因变坡角很小,近似地认为切线 CP_1P_2D(图 5-7)总长度等于竖曲线长度 L,则

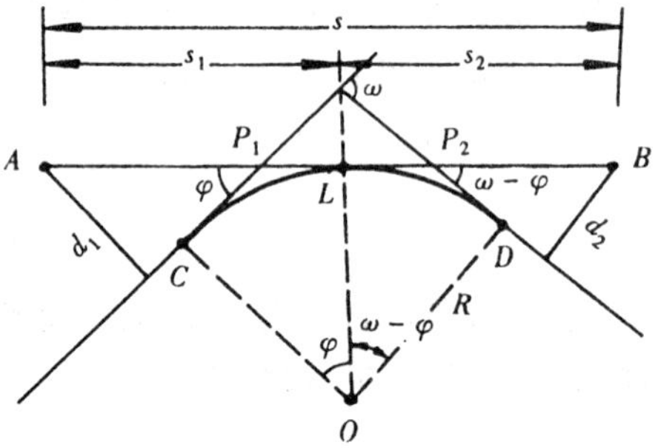

图 5-7　L<S 时 $R_凸$ 的确定

$$\overline{P_1P_2}\approx\frac{L}{2}=\frac{R\omega}{2}$$

所以　　$$s=AP_1+BP_2+P_1P_2=\frac{d_1}{\varphi}+\frac{d_2}{\omega-\varphi}+\frac{R\omega}{2}$$

根据前面计算结果

$$\frac{d_1}{\varphi}+\frac{d_2}{\omega-\varphi}=r_{\min}=\frac{(\sqrt{d_1}+\sqrt{d_2})^2}{\omega}$$

代入上式,则得

$$R_凸=\frac{2}{\omega}\left[s-\frac{(\sqrt{d_1}+\sqrt{d_2})^2}{\omega}\right] \tag{5-6}$$

当采用停车视距时,$d_1=1.2\ \text{m}$,$d_2=0.1\ \text{m}$,$s_2=s_停$,则

$$R_{凸}=\frac{2}{\omega}\left[s_{停}-\frac{(\sqrt{d_1}+\sqrt{d_2})^2}{\omega}\right]=\frac{2}{\omega}\left[s_{停}-\frac{1.99}{\omega}\right] \tag{5-7}$$

当采用会车视距时，$d=d_1=d_2=1.2\ \text{m}$，则

$$R_{凸}=\frac{2}{\omega}\left[s_{会}-\frac{4d}{\omega}\right]=\frac{2}{\omega}\left[2s_{停}-\frac{4.8}{\omega}\right] \tag{5-8}$$

如取 $d_1=1.2\ \text{m}$，$d_2=0.1\ \text{m}$，则

当 $L>s$ 时
$$R_{凸}=\frac{S_{停}^2}{2(\sqrt{d_1}+\sqrt{d_2})^2}=\frac{S_{停}^2}{2(\sqrt{1.2}+\sqrt{0.1})^2}=\frac{s_{停}}{3.98} \tag{5-9}$$

当 $L<s$ 时
$$R_{凸}=\frac{2}{\omega}\left[s_{停}-\frac{(\sqrt{d_1}+\sqrt{d_2})^2}{\omega}\right]=\frac{2}{\omega}\left[s_{停}-\frac{3.98}{2\omega}\right]$$

$$=\left[2s_{停}-\frac{3.98}{\omega}\right]\frac{1}{\omega} \tag{5-10}$$

(3) 依冲击缓冲要求

按不产生不舒适感的冲击变化控制，得

$$L=\frac{V^2|i_1-i_2|}{360},$$

则
$$R=\frac{V^2}{360}\times 100 \tag{5-11}$$

我国规定的公路竖曲线极限最小半径值是考虑了上述因素，并且主要是以 $L\geqslant s$ 的条件得到保证来确定的。详见表 5-10 所列。

表 5-10　　凸形竖曲线极限最小半径(m)

设计速度 V(km/h)	缓冲要求 $R=\frac{V^2}{360}\times 100$	视距要求 $R=\frac{s^2}{3.98}$	选定的竖曲线极限最小半径 $R_{凸}$
120	4000	11100	11000
100	2780	6450	6500
80	1780	3020	3000
60	1000	1410	1400
50	700	760	800
40	440	410	450
30	250	230	250
20	110	100	100

5.3.2　凹形竖曲线极限最小半径

凹形竖曲线主要为缓和行车时汽车的颠簸与震动而设置。汽车沿凹形竖曲线路段行驶时，在重力方向受到离心力作用而发生颠簸和引起弹簧负荷增加，因此，必须从控制离心力不致过大来限制竖曲线的极限最小半径。

汽车在凹形竖曲线路段行驶时，离心加速度为 $a=\frac{v^2}{R}(\text{m/s}^2)$。则凹形竖曲线极限最小半径为

$$R_{凹}=\frac{v^2}{a}=\frac{V^2}{(3.6)^2a}=\frac{V^2}{13a} \tag{5-12}$$

式中　v,V——分别为以(m/s)和(km/h)计的行车速度。

a——离心加速度(m/s²)。a一般控制在0.5～0.7(m/s²)内，但考虑到行驶的舒适、视觉的平顺及夜间行车的要求，取$a=0.277$(m/s²)时，则

$$R_{凹}\approx 0.278V^2\text{(m)} \tag{5-13}$$

凹形竖曲线要保证夜间行车灯光照射的要求。影响凹形竖曲线极限最小半径值的灯光视距情况主要有下述两种：

(1) 前灯照射要求(图5-8)

当$L\geqslant s_{停}$时，有

$$L=\frac{s_{停}^2|i_1-i_2|}{200(h_0+s_{停}\tan\delta)}$$

取汽车前灯高度$h_0=0.75$ m，灯光光束扩散角$\delta=1°$，故

$$L=\frac{s_{停}^2|i_1-i_2|}{200(0.75+s_{停}\tan1°)}=\frac{s_{停}^2|i_1-i_2|}{150+3.49s_{停}} \tag{5-14}$$

(2) 跨线桥下的视距要求(图5-9)

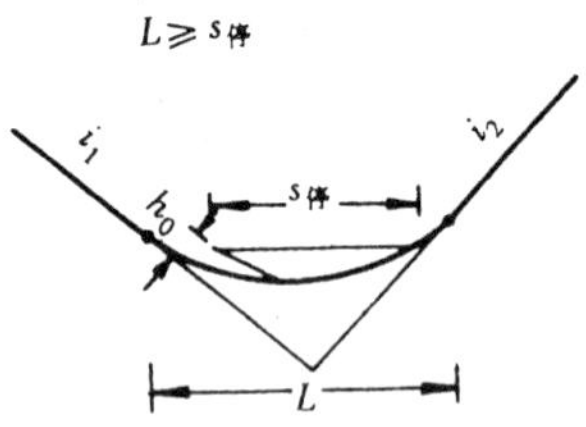

图5-8　灯光视距确定$R_{凹}$

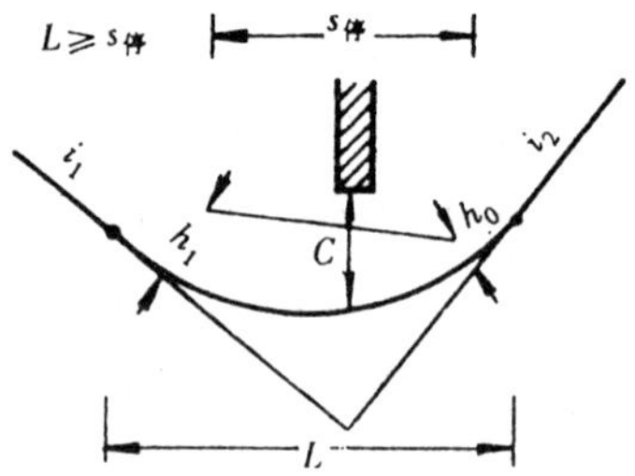

图5-9　跨线桥下视距确定$R_{凹}$

当$L\geqslant s_{停}$时，有

$$L=\frac{s_{停}^2|i_1-i_2|}{100\{\sqrt{2(C-h_1)}+\sqrt{2(C-h_0)}\}^2}$$

取$C=5$ m，$h_1=1.5$ m，则

$$L=\frac{s_{停}^2|i_1-i_2|}{3093}$$

取净空高$C=4.50$ m，视线高$h_1=1.50$ m，可得

$$L=\frac{s_{停}^2|i_1-i_2|}{2\,692} \tag{5-15}$$

因此，《公路工程技术标准》规定的公路凹形竖曲线极限最小半径是考虑了缓冲要求、前灯照射、跨线桥下视距的要求而确定的。详见表5-11。凹形竖曲线极限最小半径仅在受地形或条件限制不得已时方予采用。

表 5-11　　凹形竖曲线极限最小半径(m)

设计速度 V(km/h)	缓冲要求 $R=\frac{V^2}{360}\times100$	前灯照射要求 $R=\frac{s_{停}^2}{150+3.49s_{停}}\times100$	跨线桥下视距要求 $R=\frac{s_{停}^2}{2692}\times100$	选定的凹形竖曲线极限最小半径 $R_{凹}$
120	4000	5000	1688	4000
100	2780	3620	951	3000
80	1780	2210	449	2000
60	1000	1370	209	1000
50	700	1130	112	700
40	450	880	59	450
30	250	350	33	250
20	110	180	15	100

凹形竖曲线半径一般应尽量采用大于竖曲线一般最小半径的数值，它是通常情况下所采用的最小半径，其值约为极限最小半径的 1.5 倍，《公路工程技术标准》规定值见表 5-12。

表 5-12　　公路竖曲线一般最小半径(m)

设计速度(km/h)	120	100	80	60	50	40	30	20
凸　形	17000	10000	4500	2000	1200	700	400	200
凹　形	6000	4500	3000	1500	1000	700	400	200

凹形竖曲线路段为防止行车颠簸，保证行车安全，路面宜适当加宽，同时还应注意清除路旁植树的上部树枝对行车视线的障碍。

我国城市道路竖曲线半径可参照表 5-13 采用。

表 5-13　　城市道路竖曲线半径(m)

设计速度(km/h)		100	80	60	50	40	30	20
凸形	极限最小	6500	3000	1200	900	400	250	100
	一般最小	10000	4500	1800	1350	600	400	150
凹形	极限最小	3000	1800	1000	700	450	250	100
	一般最小	4500	2700	1500	1050	700	400	150

* 非机动车道，凸、凹形竖曲线最小半径为 500 m。

5.3.3　竖曲线最小长度

为满足汽车司机操作的需要，竖曲线最小长度按设计速度 3s 的运行距离计算。如以公式表示，即

$$L=\left(\frac{5}{6}\right)V(\mathrm{m}) \tag{5-16}$$

式中，V 为设计速度(km/h)。

我国《公路工程技术标准》规定见表 5-14。

表 5-14 竖曲线最小长度

设计速度(km/h)	120	100	80	60	50	40	30	20
竖曲线最小长度(m)	100	85	70	50	40	35	25	20

* 城市道路 $V=100\sim20$(km/h)时,采用与表列相同值。

5.3.4 公路竖曲最小半径与最小长度汇总

各级公路在纵坡变更处均应设置竖曲线,竖曲线的形式可采用抛物线或圆曲线。各级公路竖曲线最小半径与竖曲线长度规定见表 5-15。

竖曲线最小半径与竖曲线长度一般情况下应大于表 5-15 所列"一般值";当不得已时,方可采用小于表 5-15 所列"一般值"以至"极限值"或"最小值"。

表 5-15 公路竖曲线最小半径与竖曲线长度

设计速度(km/h)		120	100	80	60	40	30	20
凸形竖曲线最小半径(m)	一般值	17000	10000	4500	2000	700	400	200
	极限值	11000	6500	3000	1400	450	250	100
凹形竖曲线最小半径(m)	一般值	6000	4500	3000	1500	700	400	200
	极限值	4000	3000	2000	1000	450	250	100
竖曲线长度(m)	一般值	250	210	170	120	90	60	50
	最小值	100	85	70	50	35	25	20

注:"一般值"为正常情况下的采用值;"极限值"和"最小值"为条件受限制时,可采用的值。

5.3.5 竖曲线要素计算

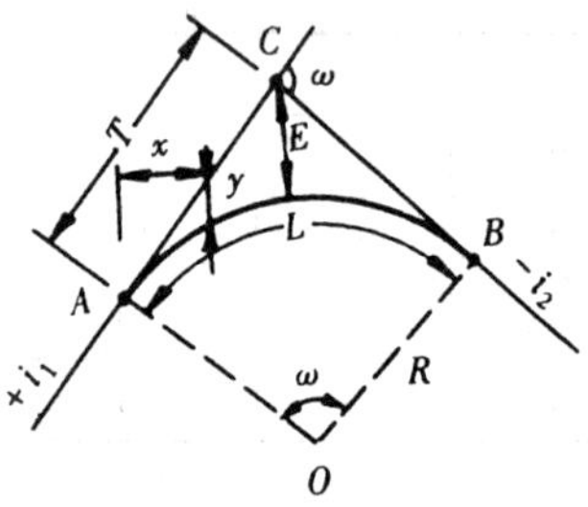

图 5-10 竖曲线要素

竖曲线的形式为二次抛物线,但在实用范围内圆形和二次抛物线形几乎没有差别,所以通常采用圆形竖曲线。竖曲线要素,主要包括竖曲线长度 L、切线长度 T 和外距 E,如图 5-10 所示。设 R 为竖曲线半径,ω 为两纵坡段的变坡角,当 ω 很小时,可以用两坡段斜率的代数差来代替,即 $\omega=(i_1-i_2)$,因纵坡很小,而高程变化值与水平距离之比相差很大,因而实际计算时,均假定竖曲线的切线长度 T、曲线长度 L 等于其水平投影长度。则由几何关系得

$$L=R\omega\frac{\pi}{180}\approx R(i_1-i_2) \tag{5-17}$$

$$T=R\tan\frac{\omega}{2}\approx\frac{L}{2}=\frac{R}{2}(i_1-i_2) \tag{5-18}$$

$$E=R\left(\sec\frac{\omega}{2}-1\right)$$

由△ACO 得出下列关系:

$$(R+E)^2-T^2=R^2$$

故
$$E=\frac{T^2}{2R+E}$$

E 与 $2R$ 相比甚小，可忽略不计，则

$$E=\frac{T^2}{2R}=\frac{L^2}{8R}=\frac{R(i_1-i_2)^2}{8}=\frac{T\omega}{4} \tag{5-19}$$

为了具体敷设竖曲线坐标，竖曲线中间各点纵横坐标 x，y 值按下式计算：

$$y=\frac{x^2}{2R} \tag{5-20}$$

式中　x——竖曲线起讫点至所求桩号之间的距离；

y——竖曲线各点的纵距，凸形竖曲线为负值，凹形竖曲线为正值。当 $x=T$ 时，$y=E$。

对于凸形竖曲线，设计标高＝未设竖曲线时的设计标高－y。

对于凹形竖曲线，设计标高＝未设竖曲线时的设计标高＋y。

【例题】 某二级公路上有一变坡点，桩号为 K10＋200，切线标高为 120.28 m，两相邻路段的纵坡为 $i_1=+5\%$ 和 $i_2=-3\%$，$R_{凸}=5\,000$ m。试设计该变坡处的竖曲线。

解

(1) 计算竖曲线的基本要素

竖曲线长度　$L=R\omega=5\,000\times[0.05-(-0.03)]=400$ (m)

切线长度　$T=\frac{L}{2}=200$ (m)

外距　$E=\frac{T^2}{2R}=\frac{200^2}{2\times5\,000}=4$ (m)

(2) 求竖曲线起点和终点桩号

① 竖曲线起点桩号：　K10＋200－200＝K10＋000

② 竖曲线终点桩号：　K10＋200＋200＝K10＋400

(3) 求各桩号的设计标高

① K10＋000 竖曲线起点

切线标高　120.28－200×0.05＝120.28－10.00＝110.28 (m)

设计标高　110.28 m

② K10＋100 处

至起点距离　$x=10\,200-10\,100=100$ (m)

切线标高　110.28＋100×0.05＝110.28＋5.00＝115.28 (m)

纵　　距　$y=\frac{x^2}{2R}=\frac{100^2}{2\times5000}=1.00$ (m)

设计标高　115.28－1.00＝114.28 (m)

③ K10＋200 竖曲线中点

切线标高　120.28 m

设计标高　120.28－4.00＝116.28 (m)

④ K10＋300 处

至终点距离　$x=10400-10300=100$ (m)

切线标高　120.28－100×0.03＝120.28－3.00＝117.28 (m)

纵　　距　$y=\frac{x^2}{2R}=\frac{100^2}{2\times5000}=1.00$ (m)

设计标高　117.28－1.00＝116.28 (m)

⑤ K10＋400 竖曲线终点

切线标高　120.28－200×0.03＝120.08－6.00＝114.28 (m)

设计标高　114.28 (m)

用上法计算得的竖曲线各桩号设计标高见表 5-16。

表 5-16　K10＋200 竖曲线计算表(m)

桩　号	坡段高程	标高改正 $y=\frac{x^2}{2R}$	竖曲线高程	备　注
K10＋000	110.28	0	110.28	竖曲线起点
＋020	111.28	0.04	111.24	
＋040	112.28	0.16	112.12	
＋060	113.28	0.36	112.92	
＋080	114.28	0.64	113.64	
＋100	115.28	1.00	114.28	
＋120	116.28	1.44	114.84	
＋140	117.28	1.96	115.32	
＋160	118.28	2.56	115.72	
＋180	119.28	3.24	116.04	
＋200	120.28	4.00	116.28	竖曲线中点
＋220	119.68	3.24	116.44	
＋240	119.08	2.56	116.52	
＋260	118.48	1.96	116.52	
＋280	117.88	1.44	116.44	
＋300	117.28	1.00	116.28	
＋320	116.68	0.64	116.04	
＋340	116.08	0.36	115.72	
＋360	115.48	0.16	115.32	
＋380	114.88	0.04	114.84	
＋400	114.28	0	114.28	竖曲线终点

5.4　高等级道路上的爬坡车道

为了在长陡的路段上，将大型车、慢速车从主线车流中分离出去，从而提高主线车辆的行驶自由程度，以增加该路段的通行能力而设置的附加车道，称为爬坡车道。

高速公路、一级公路以及二级公路纵坡大于 4%的路段当载重车混入率较大时，为了使小汽车尽量取得所要达到的车速，不影响通行能力，或为了不违反坡长限制规定，路线要做大的迂回或必须高填深挖时，沿上坡方向设爬坡车道作为附加车道是适宜的。在设计中，对需设置爬坡车道的路段，应对设置爬坡车道方案与改善主线纵坡（即降缓纵坡）不设爬坡车道的方案进行技术经济比选，以确定经济、合理的方案。但根本解决问题还在于选线时综合研究以选择纵坡较小而经济的路线。

我国《公路路线设计规范》规定：四车道高速公路、四车道一级公路以及二级公路连续上坡路段，应对载重汽车上坡运行速度的降低值和设计通行能力进行验算，符合下列情况之一者，在上坡方向行车道右侧设置爬坡车道：

(1) 沿连续上坡方向载重汽车的运行速度降低到表 5-17 的容许最低速度以下时，可设置爬坡车道。

表 5-17　　上坡方向容许最低速度(km/h)

设计速度	120	100	80	60	40
容许最低速度	60	55	50	40	25

(2) 上坡路段的设计通行能力小于设计小时交通量时，应设置爬坡车道。

(3) 经设置爬坡车道与改善主线纵坡不设爬坡车道技术经济比较论证，设置爬坡车道的效益费用比、行车安全性较优时。

爬坡车道的超高坡度规定见表 5-18。超高横坡的旋转轴为爬坡车道内侧边缘线。

表 5-18　　爬坡车道的超高值(%)

<table>
<tr><td>主线的超高坡度</td><td>10</td><td>9</td><td>8</td><td>7</td><td>6</td><td>5</td><td>4</td><td>3</td><td>2</td></tr>
<tr><td>爬坡车道超高坡度</td><td colspan="2">5</td><td colspan="5">4</td><td>3</td><td>2</td></tr>
</table>

爬坡车道的曲线加宽按一个车道曲线加宽规定执行。

高速公路、一级公路爬坡车道长度大于 500 m 时，应在其右侧按规定设置紧急停车带。

进行爬坡车道设计时，应综合考虑它与线形设计的关系。其起、终点应设置在通视良好、便于辨认和过渡顺适的位置。爬坡车道的长度应与主线相应纵坡长度一致。

爬坡车道的起点应设于陡坡路段上载重汽车运行速度降低至表 5-17 中“容许最低速度”处。

爬坡车道的终点，应设于载重汽车爬经陡坡路段后恢复至“容许最低速度”处，或陡坡路段后延伸的附加长度的端部。该陡坡路段后延伸的附加长度规定见表 5-19（不包括终点渐变段长度）。

表 5-19 陡坡路段后延伸的附加长度

附加路段的纵坡(%)	下　坡	平　坡	上　坡			
			0.5	1.0	1.5	2.0
附加长度(m)	100	150	200	250	300	350

爬坡车道起点、终点处应按规定设置分流、汇流渐变段,其长度规定见表 5-20。

表 5-20 爬坡车道分流、汇流渐变段长度(m)

公路等级	分流渐变段长度	汇流渐变段长度
高速公路、一级公路	100	150～200
二级公路	50	90

按爬坡车道的起点、终点规定所确定的爬坡车道长度(不含爬坡车道分流、汇流渐变段长度)小于 250 m 时,可不设爬坡车道。

相邻两爬坡车道相距较近时,宜将两爬坡车道直接连接。

爬坡车道在纵断面上的布设形式如图 5-11 所示。

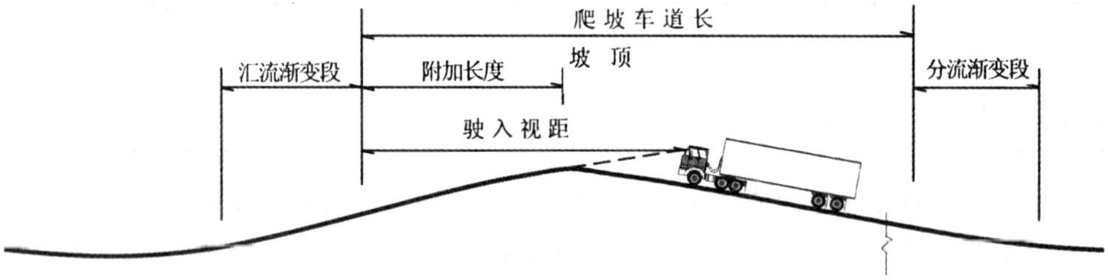

图 5-11　典型爬坡车道

5.5　纵断面设计的一般原则

进行道路纵坡设计时,一般应遵循以下原则:

(1) 应满足纵坡及竖曲线的各项规定(最大纵坡、坡长限制、坡段最小长度、竖曲线最小半径及竖曲线最小长度等)。

(2) 纵坡应均匀平顺。纵坡尽量平缓、起伏不宜过大和频繁;变坡点处尽量设置大半径竖曲线,尽量避免极限纵坡值;缓和段配合地形布设;垭口处纵坡尽量放缓;越岭线应尽量避免设置反坡段(升坡段中的下坡损失)。

城市道路还应考虑非机动车及自行车的行驶,桥上纵坡宜不大于 3%。

(3) 设计标高的确定应结合沿线自然条件如地形、土壤、水文、气候等因素综合考虑。例如:为利于路面及边沟排水,最小纵坡以不小于 0.5%为宜;城市道路纵坡<0.3%时应做锯齿形街沟设计;沿线路线标高应在设计洪水位 0.5 m 以上,并计入壅水高度及浪高的影响;稻田低湿路段还应有最小填土高度的保证。

通常，沿河及可能受水浸淹的路线，路基设计标高一般应高出表 5-21 所规定的洪水频率计算水位 0.5 m 以上。对于桥涵标高，应在桥涵设计洪水频率洪水位以上，设计洪水频率按表5-22 确定。

表 5-21　　路基设计洪水频率

公路等级	高速公路	一级公路	二级公路	三级公路	四级公路
设计洪水频率	1/100	1/100	1/50	1/25	按具体情况确定

表 5-22　　桥涵设计洪水频率

公路等级	设计洪水频率				
	特大桥	大桥	中桥	小桥	涵洞及小型排水构造物
高速公路	1/300	1/100	1/100	1/100	1/100
一级公路	1/300	1/100	1/100	1/100	1/100
二级公路	1/100	1/100	1/100	1/50	1/50
三级公路	1/100	1/50	1/50	1/25	1/25
四级公路	1/100	1/50	1/50	1/25	不作规定

注：通航河流，桥梁标高应在通航水位及通航净空高度以上。

（4）纵断面的设计应与平面线形和周围地形景观相协调，即应考虑人体视觉心理上的要求，按照平竖曲线相协调及半径的均衡来确定纵断面的设计线。

（5）应争取填挖平衡，尽量移挖作填，以节省土石方量，降低工程造价。

（6）依路线的性质要求，适当照顾当地民间运输工具、农业机械、农田水利等方面的要求。

（7）城市道路的纵坡及设计标高的确定，还应考虑沿线两侧街坊地坪标高及保证地下管线最小覆土深度的要求。一般应使侧石顶面标高低于两侧街坊或建筑物的地坪标高，如图 5-12 所示。管线最小覆土深度见表 5-23 规定。

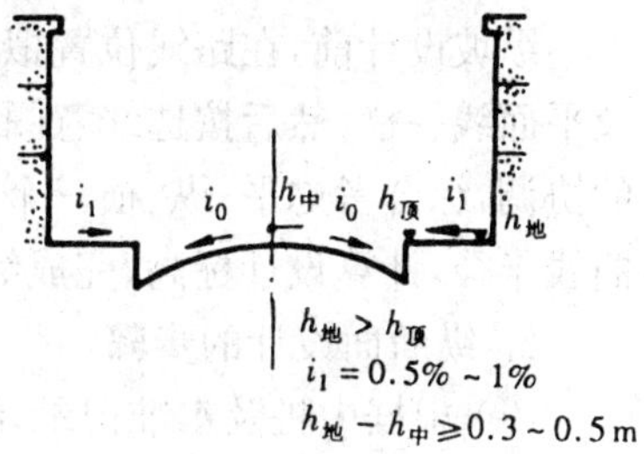

图 5-12　城市道路设计标高的确定

表 5-23　　管线最小覆土深度

管线名称		最小埋深(m)	备　注
电力电缆	10 kV 以下	0.7	
	20～35 kV	1.0	
电车电缆		0.7	

续表

<table>
<tr><th colspan="2">管线名称</th><th>最小埋深(m)</th><th>备　注</th></tr>
<tr><td colspan="2">电讯电缆</td><td>0.8</td><td>埋在人行道下可减少0.3 m</td></tr>
<tr><td colspan="2">电讯管道</td><td>0.7～0.8</td><td rowspan="3"></td></tr>
<tr><td rowspan="2">热管道</td><td>直接埋在土中</td><td>1.0</td></tr>
<tr><td>在地道中敷设</td><td>0.8</td></tr>
<tr><td colspan="2" rowspan="2">给　水　管</td><td>1.0</td><td>≥500 mm管径</td></tr>
<tr><td>0.7</td><td><500 mm管径</td></tr>
<tr><td rowspan="2">煤气管</td><td>干　煤　气</td><td>0.9</td><td rowspan="4"></td></tr>
<tr><td>湿　煤　气</td><td>1.0</td></tr>
<tr><td colspan="2">雨　水　管</td><td>0.7</td></tr>
<tr><td colspan="2">污　水　管</td><td>0.7</td></tr>
</table>

5.6　路线纵断面设计

5.6.1　纵断面设计的方法与步骤

1. 纵断面设计的方法

纵坡设计前，在路线位置拟定后，应先根据中桩的桩号和地面标高绘出纵断面图的地面线及平面线一栏，然后按选线意图决定控制点及其高程，考虑填挖等工程经济及与周围地形景观的协调，综合考虑平、纵、横三个方面试定坡度线，再对照横断面检查核对，确定纵坡值，定出竖曲线半径，计算设计标高，完成纵断面图。

2. 纵断面设计的步骤

(1) 根据中桩及水准记录，绘出纵断面图的地面线；

(2) 了解该路设计要求，熟悉全线有关勘测设计资料(如交叉口、桥涵、居民区等情况)；

(3) 根据中线测设资料，绘出全线的交角点、平曲线及其要素(偏角、半径)；

(4) 确定纵面控制点，初试拉坡。所谓纵面控制点，是指公路的起终点标高，垭口、重要桥梁涵洞、隧道的要求标高，路线交叉点的标高，路基最小填土标高，沿溪(河)线的洪水位标高，沿街地坪高度，街坊竖向设计要求，等等，这些都应作为控制纵坡线的依据。

对山岭区路线，可根据横断面图地面线，用“经济填挖选点器”(中线已定，试定填挖)选择各断面的经济中心填挖值，标记在纵断面图上，作为经济点供拉坡参考。

图5-13是用透明胶片所绘出的经济填挖选点器，它可绘出路基宽度(挖方包括两侧边沟)及各不同坡度的边坡线。使用时将选点器放在横断面图上，中线与路基中心线重合(设置加宽的断面，还应考虑加宽的影响)上下移动选点器，即可找出该断面的经济中心填挖值。在纵断面图上标注不同的符号，如填挖平衡点用“0”，必须通过点用“×”，只能上不能下的点用“↑”，只能下不能上的点用“↓”，设置挡土墙用“△”，等等。

在纵断面图上标明纵面控制点，对设计高程起到局部或整体的控制作用，然后即可进行初步拉坡。

对城市道路还应考虑沿街地坪高度、沿线街坊竖向设计要求，综合考虑道路及街坊的土石方平衡来确定道路的纵坡线。

(5) 调整坡度线。在初试拉坡并定出坡度线后，即可检查最大纵坡、坡段长度以及坡长限制等是否符合规定，以及平竖曲线的组合、桥头接坡等是否合理，这样，可适当调整坡度线，一般把变坡点设在整 10 m 桩上，以便于计算。

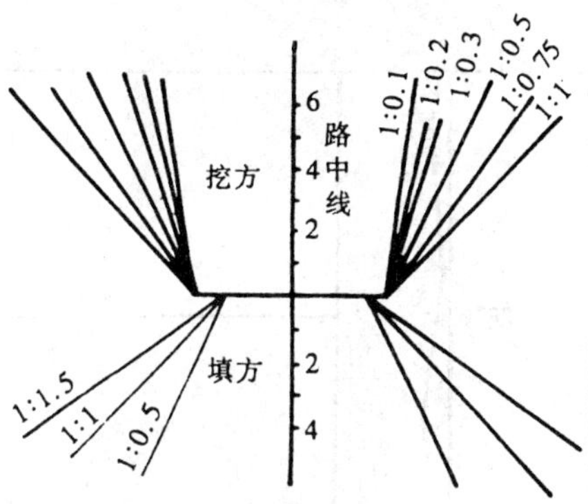

图 5-13　经济填挖选点器

(6) 根据横断面进行核对。按已调整后的纵坡可得出填挖高度，对重要控制点、填挖较大、挡土墙等重点断面进行检查，若有填挖过多、坡脚交不上地面、挡土墙工程过大等情况，则须再进行调整纵坡，这一工作对陡峻的山腰线更为重要。

(7) 确定纵坡度。经调整无问题后，即可确定纵坡度，取至小数点后一位，即 1/‰，然后确定变坡点标高。

(8) 确定和计算竖曲线。根据道路等级和地形情况，确定竖曲线半径，并计算竖曲线要素。

在道路纵断面设计中，值得提出的是：经济合理、和缓平顺的纵坡线形，是要通过多次调查研究，全面掌握设计资料，进行综合比较分析，精心设计后才能达到。道路纵断面线形应结合平面、横断面一起，通过“透视图”、“车速图”等方法的综合分析，以求得到立体线形的最佳质量。

5.6.2　纵断面图的绘制

路线纵断面图应示出高程、地面线、设计线、竖曲线及其要素，注出桥涵、隧道、路线交叉等的位置、结构类型、孔数及跨径、水准点编号、位置和高程，以及断链①、设计洪水位、影响路基设计的地下水位等。水平比例尺寸与平面图一致，一般为 1∶2000 或 1∶5000，垂直比例尺相应地用 1∶200 或 1∶500，图的下部各栏示出土壤地质说明、地面高程、设计高程、坡度及坡长、直线及平曲线(包括缓和曲线)、里程桩号等。纵断面图如图 5-14 所示。

高等级公路水平比例尺用 1∶1000 或 1∶2000，垂直比例尺相应地用 1∶100 或 1∶200，下部栏目中应增加超高过渡方式一栏。

设计文件的总说明书中，应在平面缩图下面附有纵断面缩图，简明示出主要地名、垭口、河流、大中桥、隧道及主要路线交叉等的位置、名称与高程，分段注明地质概况。水平比例尺与平面缩图相同，垂直比例尺用 1∶1000～1∶2000。

城市道路纵断面图与公路纵断面图类同，但要注意，纵断面设计线是指路中心线的路基标高。特别要注明沿线交叉口的位置标高、相交道路的路名、交叉口交点标高以及街坊重要建筑物出入口的地坪标高等。当城市道路设计纵坡小于 0.3%时，道路两侧街沟应做锯齿形街沟设计，以满足排水要求，并分别算出雨水进水口和分水点的设计标高，注在纵断面图上。通常城市道路纵断面图，在技术设计文件中，一般采用水平比例尺寸为 1∶500～1∶1000，垂直比例尺为 1∶50～1∶100，见图 5-15。

---

① 断链：因改移路线而引起里程桩号的变动和中断。

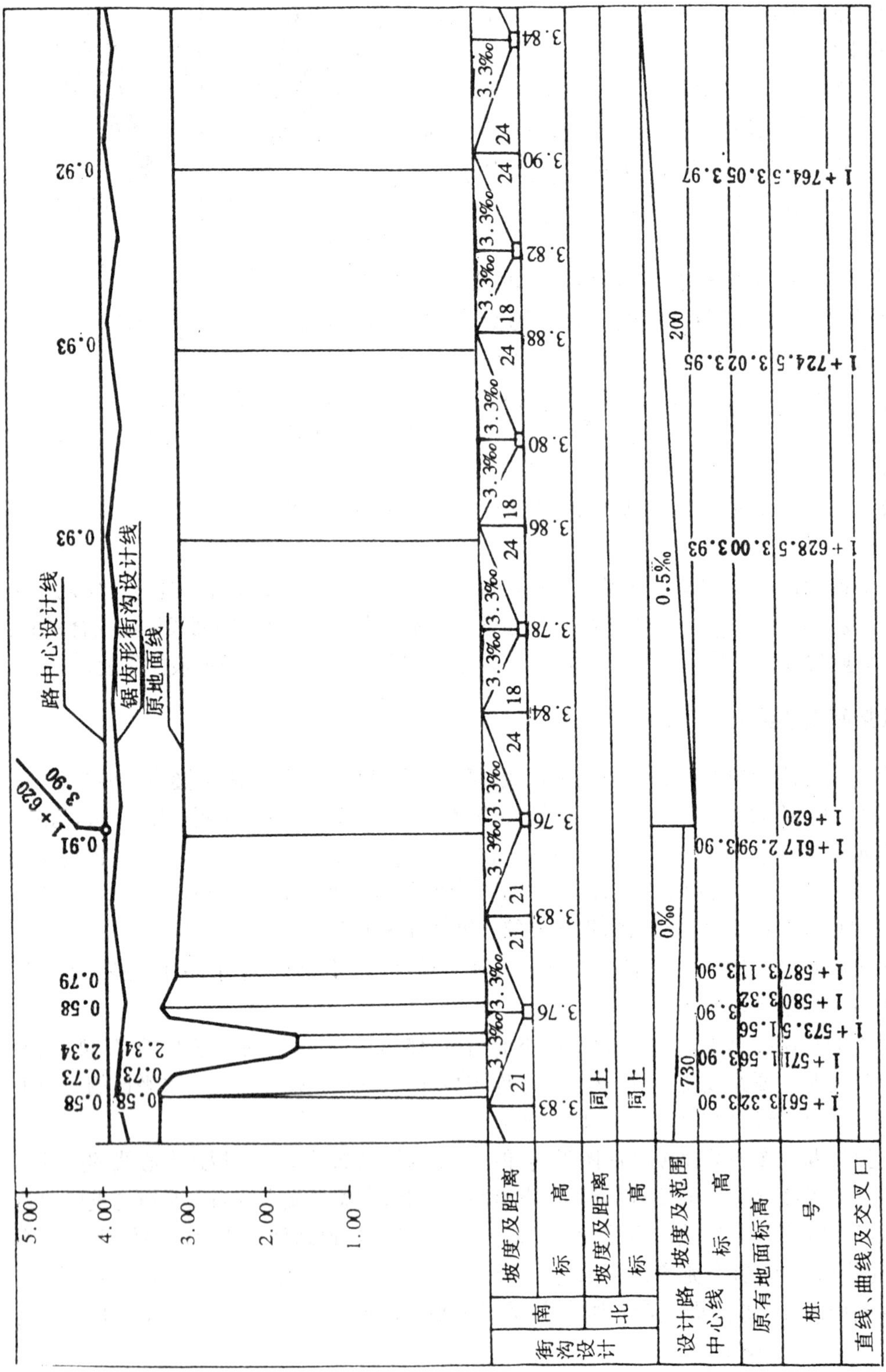
路中心设计线
锯齿形街沟设计线
原地面线
街沟设计
南
坡度及距离
标高
北
坡度及距离
标高
设计路中心线
坡度及范围
标高
原有地面标高
桩号
直线、曲线及交叉口

图 5-14 纵断面设计图

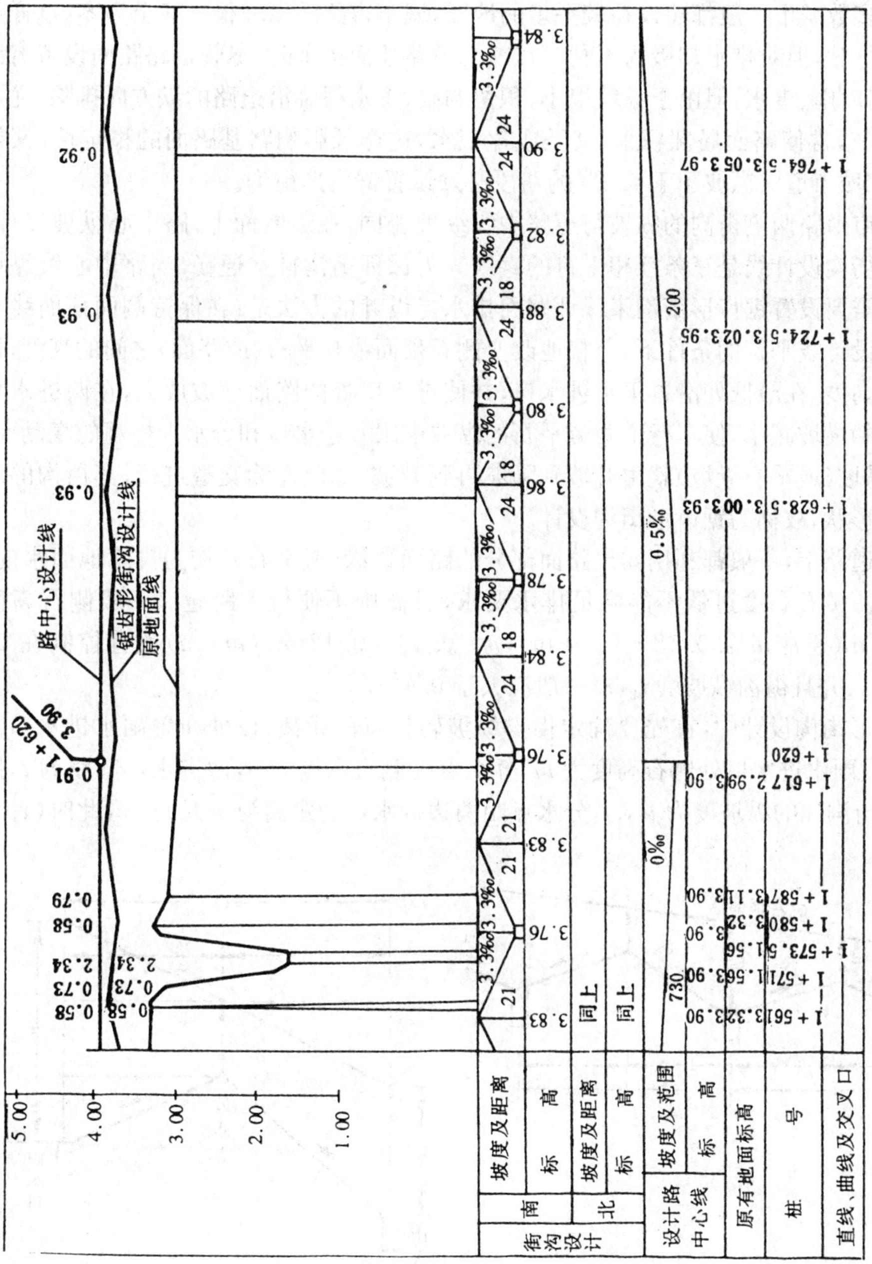

图 5-15　城市道路纵断面图

5.7 城市道路锯齿形街沟设计

我国大多数城市一般都建设在较平坦的地区,城市道路的纵坡很小甚至为零,这样虽然有利于车辆的行驶,但对排水却极为不利。在考虑道路地面排水时,尽管道路路面设置有路拱横坡,以排除路面雨、雪水,但由于纵坡很小,积留的雨、雪水很难沿道路的纵方向排除,尤其在暴雨或多雨季节,常使路面局部积水,甚至成片积水,这样既影响路基路面的稳定性,又妨碍交通。所以,在城市道路纵坡小于0.3%的路段必须设置锯齿形街沟。

一般城市道路两侧街沟的纵坡与道路中线纵坡相同,在纵断面上,路中心纵坡设计线、侧石顶面线和街沟设计线是三条互相平行的直线。为保证街沟排水通畅,当路中心线纵坡小于0.3%时,就需要设置锯齿形街沟来保证路面排水。设计的方法是:在保持侧面顶面线与路中心线的纵坡设计线平行的条件下,交替地改变侧石顶面线与平石(或路面)之间的高度,即交替地改变侧石高度,在最低处沿置雨水进水口,并使进水口处的路面横坡放大,在两进水口之间的分水点处的横坡减小,使车行道两旁平石的纵坡度跟着进水口和分水点标高的变动而变动,这样,街沟纵坡(或平石纵坡)就由升坡到降坡再到升坡,如此连续交替进行,其街沟的纵坡线就变成锯齿形状,故称为锯齿形街沟设计。

在城市道路上,一般都利用露出路面部分的路面边缘(或平石),作为排除地面水的沟渠,即称为街沟。侧石高度过低不能满足排水要求,过高则不便行人跨越。一般侧石高度 m=0.10~0.20 m(通常 m 取0.18~0.20 m),n=0.10~0.12 m,($m-n$)值宜控制在0.06~0.10 m为好。并且街沟纵坡度 i_1,i_2 一般应大于0.4%。

在锯齿形街沟设计中,首先要确定街沟纵坡转折点的距离,以便布置雨水进水口。如图5-16所示,设雨水进水口处侧石高度为 m,分水点处侧石高度为 n,两进水口间距为 l,路中线纵坡为 $i_中$,街沟线的纵坡度为 i_1,i_2,分水点距两边进水口的距离为 x 及 $l-x$,此时(计算图式见图5-17):

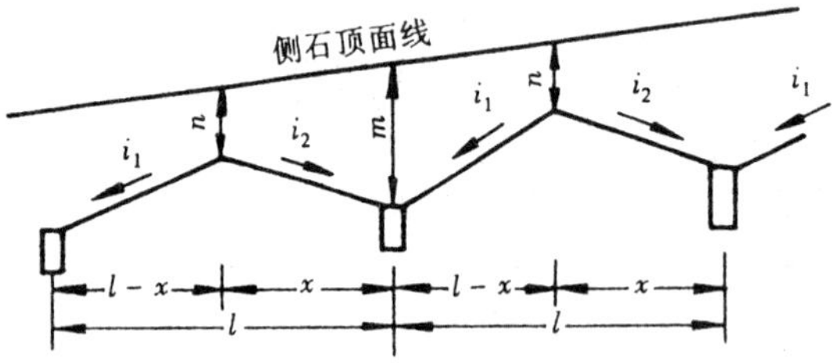

图5-16 锯齿形街沟

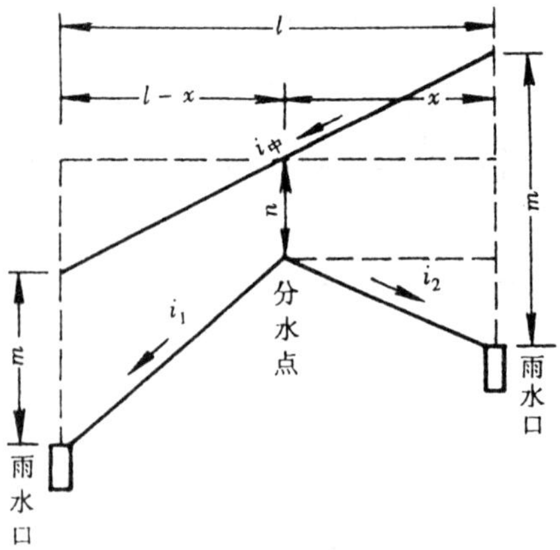

图5-17 锯齿形街沟计算

左端 $$[i_1(l-x)+n]-i_中(l-x)=m$$

右端 $$i_中 x+n+i_2x=m$$

两式相等,得

或
$$\begin{cases} x=\dfrac{(i_1-i_{中})l}{i_1+i_2} \\ x=\dfrac{m-n}{i_2+i_{中}} \end{cases} \tag{5-21}$$

$$l-x=\frac{m-n}{i_1-i_{中}} \tag{5-22}$$

$$m-n=\frac{l(i_1-i_{中})(i_2+i_{中})}{i_1+i_2} \tag{5-23}$$

当 $i_1=i_2$ 时，则为

或
$$\begin{cases} x=\dfrac{l(i_1-i_{中})}{2i_1} \\ x=\dfrac{m-n}{i_1+i_{中}} \end{cases} \tag{5-24}$$

$$l=\frac{(m-n)2i_1}{i_1^2-i_{中}^2} \tag{5-25}$$

如果 $i_2=i_1$，且路中线纵坡水平，$i_{中}=0$，则

$$\begin{cases} x=\dfrac{l}{2} \\ l=\dfrac{2(m-n)}{i_1} \end{cases} \tag{5-26}$$

锯齿形街沟宽度 b（或横坡影响范围，见图 5-18）应依道路宽度，i_1'，i_2' 及路面横坡 i_0 而定。i_1'，i_2' 为在影响范围 b 内因设锯齿形街沟，相应值 n，m 值所形成的横坡。街沟宽度 b 一般不超过一条车道的宽度，通常设在非机动车的行驶位置或停车线的位置。

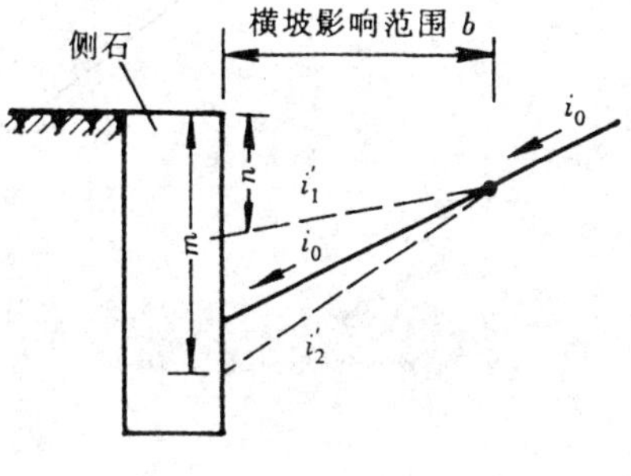

图 5-18　街沟横断面

锯齿形街沟虽能保证路面排水，但施工麻烦，雨水管埋设深度随长度而加大，对路面拓宽改建不方便，因此也可采用调整设计标高（即纵坡线）的办法。设置锯齿形街沟与否，最终应从技术经济等方面综合权衡决定。

【例题 1】 已知雨水进水口间距为 40 m，$i_{中}=0$，$m=0.18$ m，$n=0.10$ m，试求锯齿形街沟纵坡 i_1 及分水点距离 x。

解
$$i_1=\frac{2(m-n)}{l}=\frac{2\times(0.18-0.10)}{40}=0.4\%$$

$$x=\frac{m-n}{i_1+i_{中}}=\frac{0.18-0.10}{0.4\%}=20\text{m}$$

【例题 2】 设 $m=0.18$ m，$n=0.12$ m，$i_{中}=0.2\%$，$i_1=0.4\%$，试求 l 和 x。

解
$$l=\frac{(m-n)\times 2i_1}{i_1^2-i_{中}^2}=\frac{(0.18-0.12)\times 2\times 0.004}{0.004^2-0.002^2}=40\ \text{m}$$

$$x=\frac{l(i_1-i_{中})}{2i_1}=\frac{40\times(0.004-0.002)}{2\times 0.004}=10\ \text{m}$$

实际设计中常先将雨水口间距按设计地形地物安排好，即 l 为定值，然后再用中心线标高根

据标准横断面相对关系,推算分水点标高(比正常断面街沟高 0.03 m)和进水口处标高(比正常断面街沟低 0.03 m),最后再计算 i_1 与 i_2,做到 i 满足>0.3%的排水要求即为可行(图 5-19)。

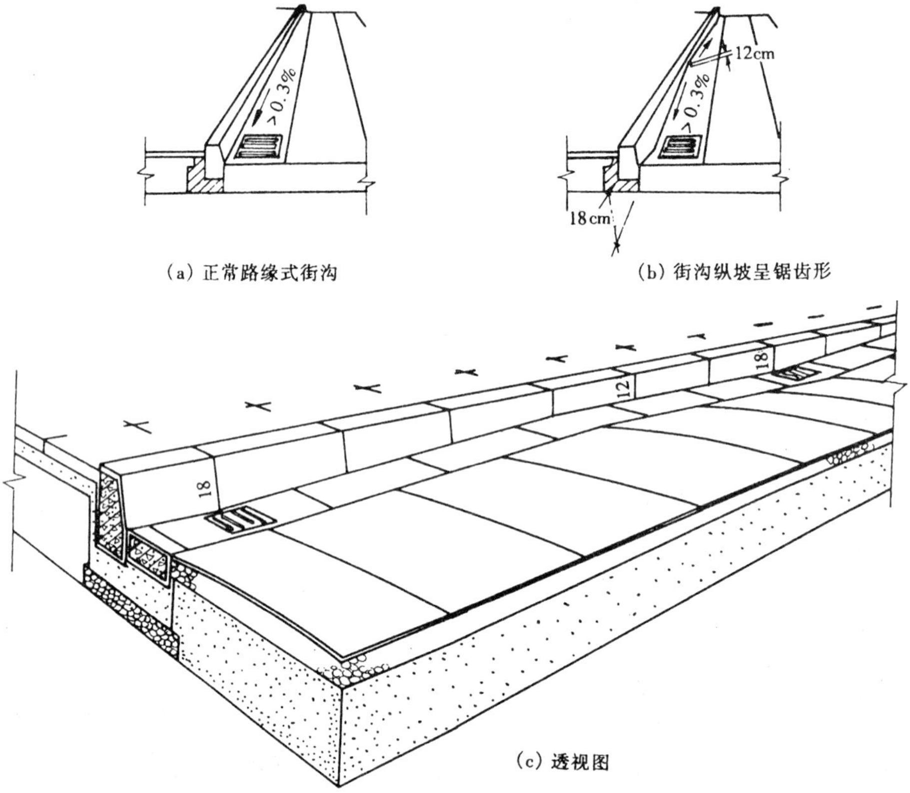

(a) 正常路缘式街沟　　(b) 街沟纵坡呈锯齿形

(c) 透视图

图 5-19　锯齿形街沟示意图

复习思考题

5-1　在设计纵断面时,应综合考虑哪几方面要求?这些要求你认为应如何解决?

5-2　在高原地区,汽车行驶时会遇到什么特殊困难?为什么要降低容许最大纵坡值?

5-3　在纵断面上为什么要设置凸形和凹形竖曲线?如何确定它们的最小半径?在测设竖曲线时,如何具体计算各桩号的设计标高和施工高度?

5-4　试述路线纵断面设计的一般原则。这些原则在设计时应如何遵循贯彻?

5-5　试述路线纵断面设计的步骤。

5-6　设计城市道路纵断面时,一般要考虑哪些控制标高?

5-7　城市道路所允许的最大纵坡和最小纵坡是如何分析确定的?

5-8　何为锯齿形街沟?在什么情况下应该设置?如何设计?

5-9　城市道路设计时,应如何进行平纵横的综合设计?

5-10　设在桩号 4K+800 处为一纵坡转折点,其设计标高 $H=100$ m,在桩号前的纵坡为 3%升坡,在转折点以后为 2%的降坡;现欲插入一个半径为 4000 m 的凸形竖曲线,试求该竖曲线的长度、切线长度、外距、竖曲线起始点桩号及每隔 20 m 整桩处竖曲线各点的标高。

5-11　某公路与铁路平交,其设计车速为 60 km/h,要求交叉点的两端至少各有 20 m 长较平坦的路段。

已知其中一端由交叉点 A 到竖曲线折点 O 的距离为 30 m，坡差 $\omega=0.02$(图 5-20)。试问该竖曲线的半径最大为多少？验算选用值是否满足最小竖曲线半径的要求？

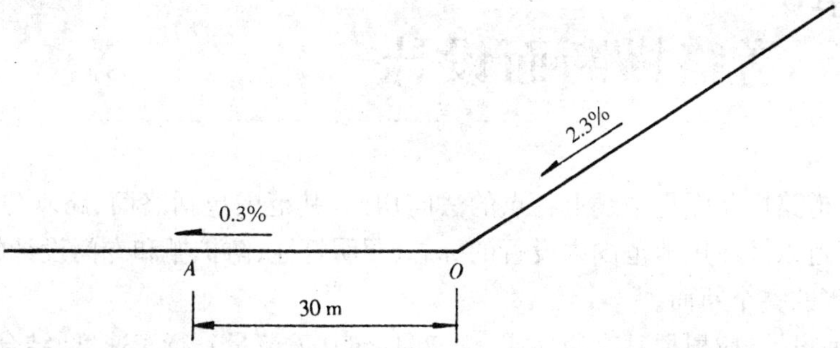

图 5-20

5-12　某城市Ⅱ级主干道，设计速度 $V=50$ km/h，其纵坡分别为 $i_1=-2.5\%$，$i_2=+1.5\%$，转折点桩号为0+640，设计高程 $H_{设}=9.00$ m，见图 5-21。

(1) 试确定竖曲线最小半径及计算竖曲线上各点高程(桩号每隔 5 m 求一点高程)。

(2) 由于受地下管线和地形限制，凹曲线曲中标高要求不低于 9.30 m，而不高于 9.40 m，这时，竖曲线半径应为多少？

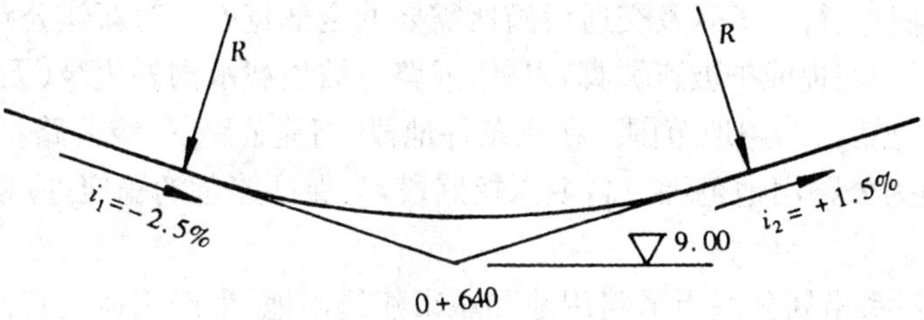

图 5-21

5-13　已知某路段中线设计纵坡 $i=+2‰$，在桩号 2+100 处(a 断面)，设计标高 $H_{中}=10.0$ m，车行道宽度为 14.0 m，路拱平均横坡为 2%，试合理设计锯齿形街沟，并分别算出分水点和雨水口处的标高(要求至少布置三个雨水口)。设 $m=18$ cm，$n=12$ cm，如图 5-22 所示。

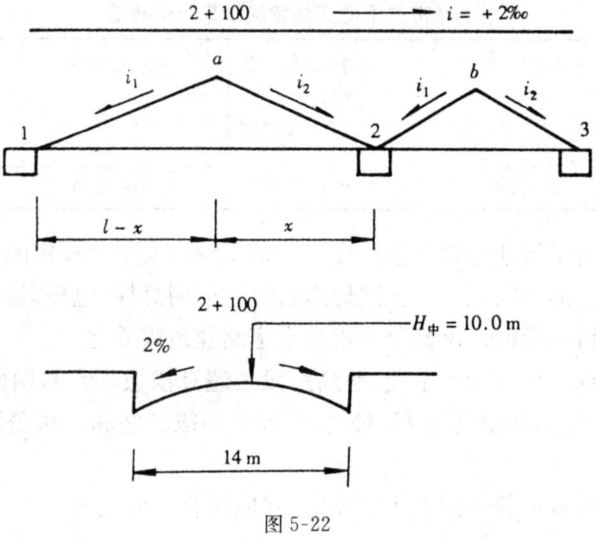

图 5-22

第 6 章 道路横断面设计

一般地说，道路横断面是中线上各点的法向切面，其范围包括路面、路基(边坡)、路肩、中央分隔带、人行道以及在用地范围内设置的标志、照明灯柱、防护栅和专门设计的取土坑、弃土堆、边沟、植树等的整个断面。

道路横断面设计，应根据其交通性质、交通量(包括人流量)、行车速度，结合地形、气候、土壤等条件进行道路车行道、中央分隔带、人行道、路肩等的布置，以确定其横向几何尺寸，并进行必要的结构设计以保证它们的强度和稳定性。

6.1 道路用地宽度与道路建筑限界

道路用地指修建、养护道路及其沿线设施，依照国家规定所征用的地幅。道路用地宽度包括车行道、分隔带、路肩、人行道等以及交通设施所需要的全部宽度。对新建公路路堤两侧排水沟外边缘(无排水沟时为路提或护坡道坡脚)以外，或路堑坡顶截水沟外边缘(无截水沟为坡顶)以外不小于 1 m 的土地为公路用地范围。在有条件地段，高速公路、一级公路不小于 3 m、二级公路不于 2 m 的土地为公路用地范围。高填深挖路段，为保证路基的稳定，应根据计算确定用地范围。

城市道路红线，系指划分城市道路用地和城市建筑用地、生产用地及其他备用地的分界控制线，通常由城市规划部门确定。红线宽度应根据道路的功能与性质、横断面型式及车行道、人行道、绿带等合理宽度，并考虑其发展予以确定。我国中小城市主干道红线宽度及车行道布置可参见表 6-1 所示。大城市和特大城市主干道宽度根据需要确定，通常采用 4 或 6 条机动车道，每条车道宽为 3.50～3.75 m。

表 6-1　　中小城市主干道红线宽度及车行道布置

城市人口(万人)	主干道红线宽度(m)	机动车道数(条)	一条车道宽度(m)	车行道布置形式
20～50	30～40	4	3.50	三幅路或单幅路
10～20	20～30	2～3	3.00～3.50	单　幅　路

道路建筑限界是为了保证道路上各种交通正常运行与安全而规定的在一定宽度和高度内不得有任何障碍物侵入的空间范围。公路标志、护栏、照明灯柱、电杆、管线、绿化、行道树以及跨线桥的梁底、桥台、桥墩等的任何部分不得设在道路建筑限界之内。

道路建筑限界上缘边界线为水平线(超高路段与超高横坡平行)，两侧边界线与水平线垂直(超高路段与路面垂直)，净空高度 H：对高速公路、一级公路和二级公路为 5.0 m；三、四级公路为 4.5 m。

各级公路的建筑限界应符合图 6.1 的规定，并应符合下列规定：

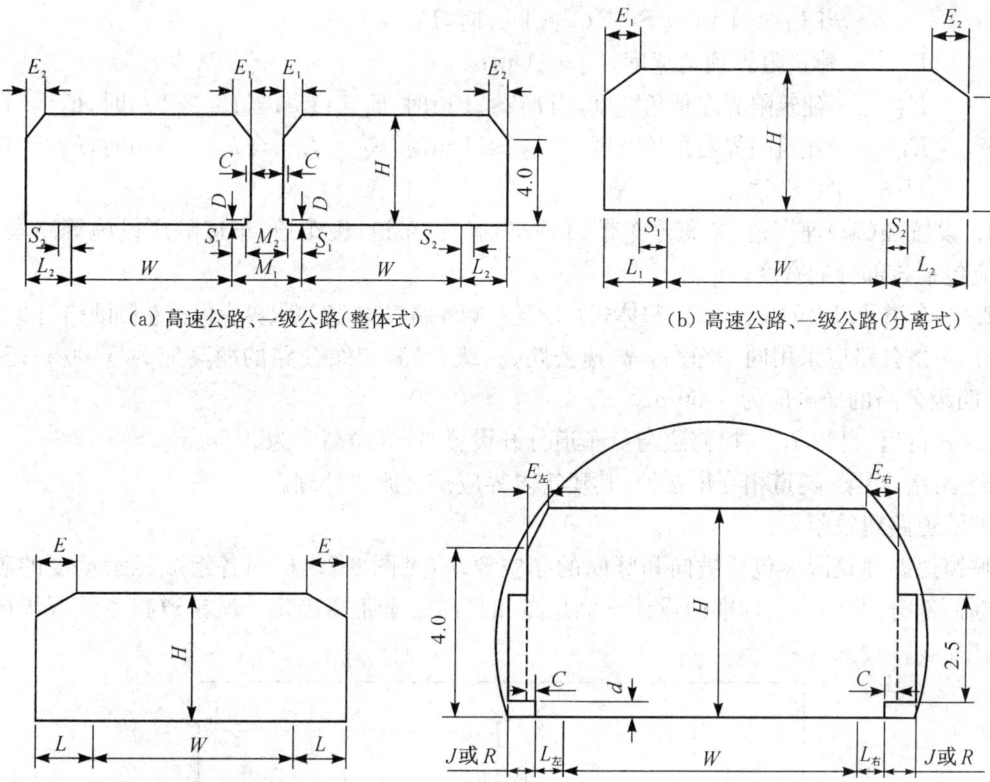

(a) 高速公路、一级公路(整体式)

(b) 高速公路、一级公路(分离式)

(c) 二、三、四级公路

(d) 公路隧道

图 6-1　各级公路的建筑限界(单位:m)

图中:W—— 行车道宽度;

L_1—— 左侧硬路肩宽度;

L_2—— 右侧硬路肩宽度;

S_1—— 左侧路缘带宽度;

S_2—— 右侧路缘带宽度;

L—— 侧向宽度。二级公路的侧向宽度为硬路肩宽度。三、四级公路的侧向宽度为路肩宽度减去 0.25 m。设置护栏时,应根据护栏需要的宽度加宽路基;

$L_{左}$ —— 隧道内左侧侧向宽度;

$L_{右}$ —— 隧道内右侧侧向宽度;

C—— 当设计速度大于 100 km/h 时为 0.5 m,小于或等于 100 km/h 时为 0.25 m;

D—— 路缘石高度,小于或等于 0.25 m。一般情况下,高速公路可不设路缘石;

M_1—— 中间带宽度;

M_2—— 中央分隔带宽度;

J—— 检修道宽度;

R—— 人行道宽度;

d—— 检修道或人行道高度;

E—— 建筑限界顶角宽度,当 $L \leqslant 1$ m 时,$E = L$;当 $L > 1$ m 时,$E = 1$ m;

E_1——建筑限界顶角宽度,当 $L_1 < 1$ m, $E_1 = L_1$,或 $S_1 + C < 1$ m, $E_1 = S_1 + C$;

当 $L_1 \geqslant 1$ m或 $S_1 + C \geqslant 1$ m时,$E_1 = 1$ m;

E_2—— 建筑限界顶角宽度,$E_2 = 1$ m;

$E_{左}$ —— 建筑限界左顶角宽度,当 $L_{左} \leqslant 1$ m时,$E_{左} = L_{左}$;当 $L_{左} > 1$ m时,$E_{左} = 1$ m;

$E_{右}$ —— 建筑限界右顶角宽度,当 $L_{右} \leqslant 1$ m时,$E_{右} = L_{右}$;当 $L_{右} > 1$ m时,$E_{右} = 1$ m;

H—— 净空高度。

1. 设置加(减)速车道、紧急停车带、爬坡车道、错车道、慢车道、车道隔离设施等路段,行车道应包括该部分的宽度。

2. 八车道及以上的高速公路(整体式),设置左侧硬路肩时,建筑限界应包括左侧硬路肩宽度。

3. 一条公路应采用同一净高。高速公路、一级公路、二级公路的净高应为5.00 m;三级公路、四级公路的净高应为4.50 m。

4. 人行道、自行车道、检修道与行车道分开设置时,其净高应为2.50 m。

5. 路基、桥梁、隧道相互衔接处,其建筑限界应按过渡段处理。

城镇道路建筑限界:

城镇道路建筑限界包括横向和竖向的净空要求,见图6-2。横向各组成元素宽度的确定见横断面部分,竖向净空标准由设计车辆总高和竖向安全距离确定。城镇道路建筑限界内不得有任何物体侵入。

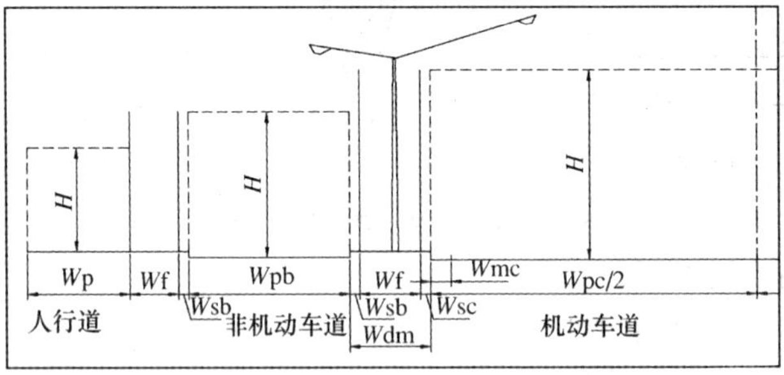

(a) 无中央分隔带、机非分行

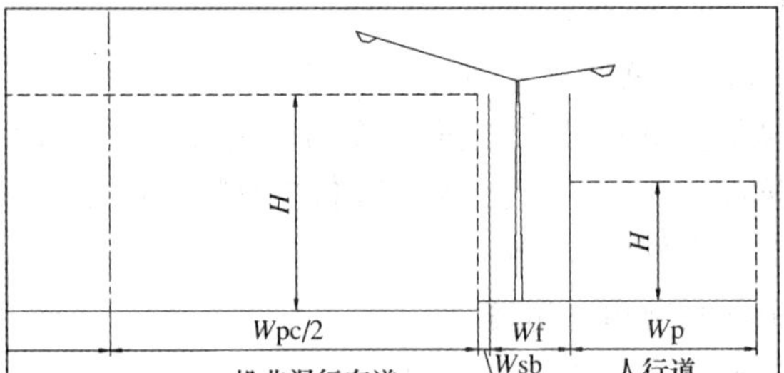

(b) 无中央分隔带、机非混行

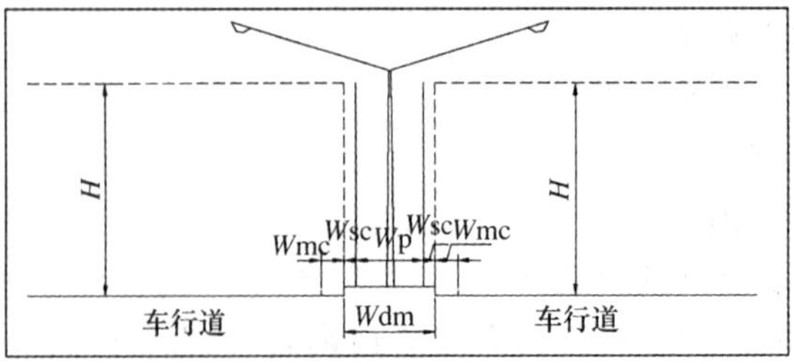

(c) 有中央分隔带

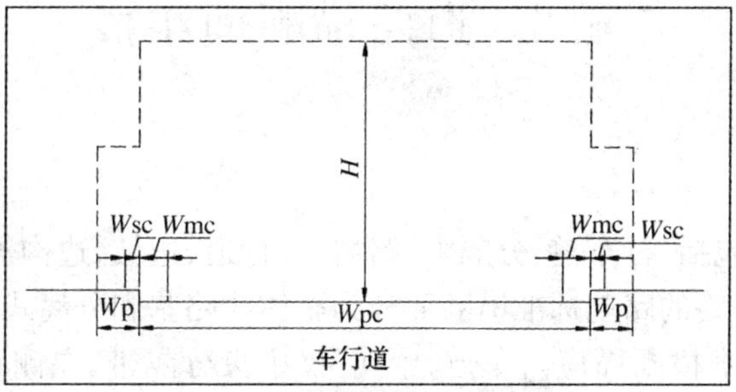

(d) 隧道内

图 6-2　城镇道路建筑限界

图中：

W_{pc}——机动车道或机非混行车道路面宽度，含两侧路缘带宽度(m)；

W_{pb}——非机动车道路面宽度(m)，含两侧路缘带宽度(m)；

W_{p}——人行道有效宽度(m)；

W_{mc}——机动车道路缘带宽度(m)；

W_{sc}——机动车道安全带宽度(m)；

W_{sb}——非机动车道安全带宽度(m)；

W_{f}——设施带宽度(m)；

W_{dm}——分隔带宽度(m)；

H——不同服务对象要求的最小净空高度(m)。

根据城镇道路的使用功能和通行车辆特征，各服务对象的最小净空高度要求见表 6-2。

表 6-2　　最小净空高度

服务对象	类　别	最小净空高度(m)
机动车	双层客车	4.7
	无轨电车	4.5
	铰接客车	4.5
	大型客(货)车	4.5
	小型客(货)车	3.5
	小轿车	2.5
非机动车	自行车	2.5
	其他非机动车	3.5
行人	—	2.5

与城市公路出入口衔接的市区外围城市快速路和市内的主要货运交通通道最小净空高度采用 5 m。

专用道路及有超长、超高、超宽车辆通行需求的道路需要根据实际车辆外廓尺寸特殊考虑。

考虑使用期间大修罩面以及冬季积雪因素的影响，宜在最小净空高度的基础上适当增加。

6.2 道路横断面组成

6.2.1 公路横断面

道路横断面组成包括:行车道、分隔带、路肩、人行道、边坡、边沟等。

高速公路、一级公路的路基标准横断面分为整体式路基和分离式路基两类。

整体式路基的标准横断面应由车道、中间带(中央分隔带、左侧路缘带)、路肩(右侧硬路肩、土路肩),以及设置的爬坡车道、加(减)速车道等部分组成。

分离式路基的标准横断面由车道、路肩(右侧硬路肩、左侧硬路肩、土路肩)以及设置的爬坡车道、加(减)速车道等部分组成。

高速公路、一级公路的典型横断面组成如图6-3所示。

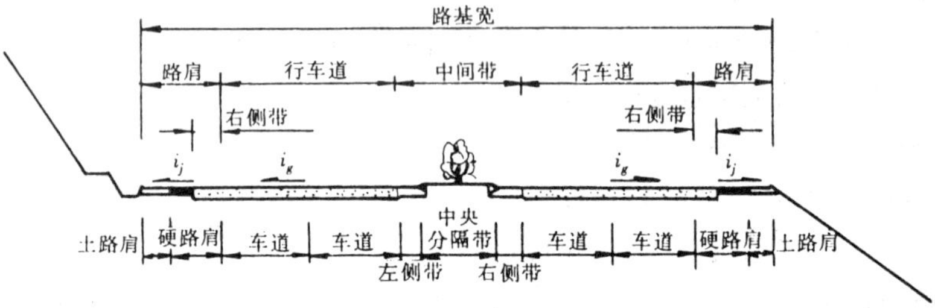

图6-3 高速公路、一级公路横断面图

一般公路的典型横断面组成如图6-4所示。

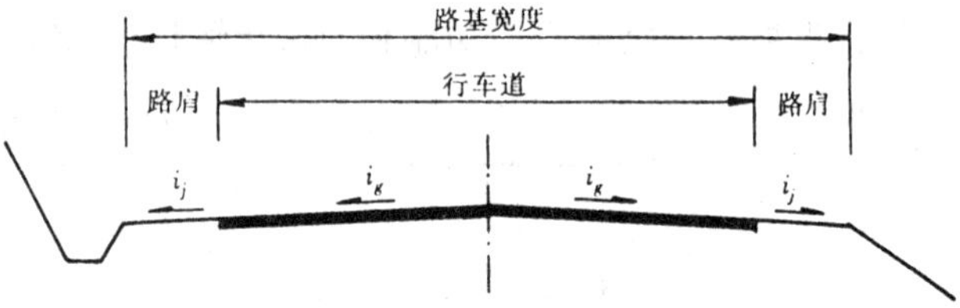

图6-4 一般公路横断面图

路基宽度是指路基顶部边缘之间的宽度,一般公路通常是由双车道路面宽度及两侧路肩宽度组成。当设有中间带、爬坡车道、加(减)速车道、错车道时,还应包括这些部分的宽度。

二级公路路基的标准横断面由车道、路肩(右侧硬路肩、土路肩)以及设置的爬坡车道等部分组成。

三级公路、四级公路路基的标准横断面由车道、路肩以及设置的错车道等部分组成。

各级公路路基标准横断面规定如图6-5所示。

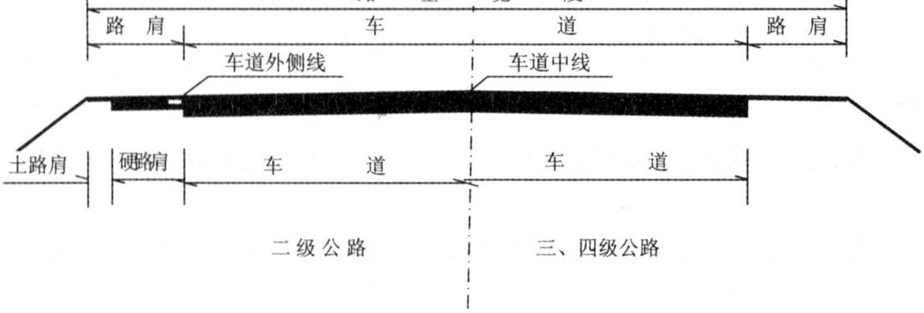

图6-5 二、三、四级公路路基标准横断面

6.2.2　公路路基宽度——功能主导横断面组成及指标

公路路基宽度为车道宽度与路肩宽度之和，当设有中间带、加(减)速车道、爬坡车道、紧急停车带、超车道、错车道、慢车道、侧分隔带、非机动车道、人行道等时，应计入这些部分的宽度。

《公路工程技术标准》(JTG B01—2003)版在规定路基断面各部分宽度的同时，对路基总宽度也做出规定。本次《公路工程技术标准》(JTG B01—2014)修订版，经全国调研，发现这种“双控”规定容易引起理解和执行上的偏差，故本次修订改路基“双控”为“单控”方式，即取消对路基总宽度的指标规定，只规定公路路基横断面中各部分宽度，包括发挥各部分基本功能和与行车安全性密切关联的“最小值”指标，以鼓励根据项目综合建设条件，因地制宜选用横断面布置形式和宽度。

同时强调，公路路基横断面中各组成部分宽度应以满足行车安全要求为前提，根据项目交通功能、各组成部分所具备功能、设计交通量以及沿线地形等建设和通行条件综合确定。在具体项目横断面形式选择时，尤其是在各类构造物与路基宽度变化路段，应首先保持与驾驶员安全行车密切相关的行车道、路缘带、包括侧向余宽的连续性。

由于一般公路项目设计和服务的交通量均为双向、等值的，因此，除局部单一方向设置的辅助车道、加(减)速车道、紧急停车带、避险车道、爬坡车道等外，一般公路路基横断面中各部分宽度上、下行方向应对称设置。

四级公路采用单车道路基时，应设置错车道。设置错车道路段的路基宽度不应小于双车道的路基宽度。错车道的间距应根据错车时间、视距、交通量等情况决定。国外有的规定最大错车时间为 30 s 左右，其最大间距应不大于 300 m。本标准对设置间距未作硬性规定，可结合地形等情况，在适当距离内设置错车道。错车位置至少可以看到相邻两个错车道的情况。错车道的布置尺寸可参考图 6-6(该图中尺寸系根据《标准》规定，四级公路采用单车道时，车道宽度应采用 3.5 m，路肩宽度 0.5 m 而来)。

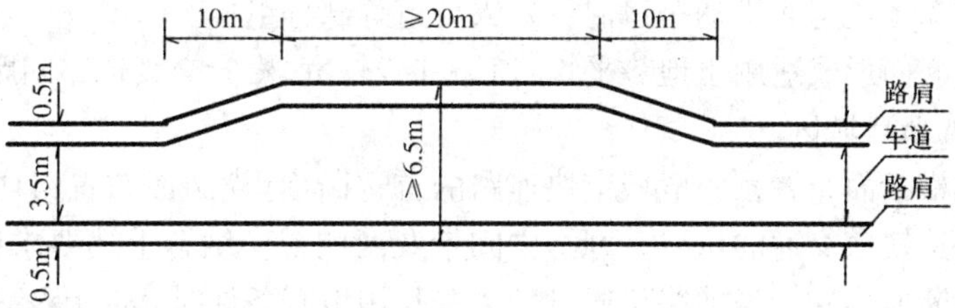

图 6-6　错车道

6.2.3　城市道路横断面

城市道路横断面，由于它为城市交通服务的功能，特别是机动车、非机动车、行人的混合交通需求，因此城市道路横断面一般由机动车道、非机动车道、人行道、绿化带、排水设施及各种管线工程等组成。

城市道路红线宽度由规划部门制定，应根据交通性质及交通发展要求与地形条件适应的断面形式，并考虑地上、地下管线的敷设、沿街绿化布置等要求，以及对市内的通风、日照、城市用地条件等综合考虑。

所谓红线宽度，是指城市道路用地与其他用地分界线之间的宽度，根据城市规划的要求加以确定。

根据《城镇道路工程技术标准》规定：地面快速路红线宽度为 60～80 m，高架道路红线宽度为 50～60 m；城市主干路红线宽度为 40～50 m；城市次干路红线宽度为 30～40 m；支路红线宽度为 15～25 m。

城市道路横断面布置分为快速路和其他城市道路两类：

(1) 城市快速路：城市快速路横断面布置型式分为地面整体式及分离式两种或上述两种型式的组合。

(2) 城市一般道路：城市一般道路横断面分为单幅式、双幅式、三幅式及四幅式 4 种型式。

横断面布置在了解规划意图、红线宽度、道路性质后，首先应先调查收集交通量(目前和远期的车流量与人流量)流向、车辆组成种类、行车速度、地下管线资料等，推算道路设计通行能力，并综合研究分析确定横断面型式与各组成部分尺寸，并考虑节约用地。

应注意道路两侧临街建筑房屋的阳台、台阶、门厅、风雨棚等均应退出红线，以免影响布置地上杆线、地下管线及绿化等。

下面分别介绍城市快速路和其他城市道路两类横断面布置形式。

1. 城市快速路

城市快速路适宜于中心城市以外的城市道路，其交通特性较强，道路横断面选择上主要处理好中、长距离交通与区域性交通的关系，并利用道路红线较宽的特点，适当增加中央分隔带、两侧分隔带及外侧绿化带宽度，做好绿化景观设计，营造舒适的交通环境。道路横断面宜采用四幅式断面形式。

城市快速路路段横断面分为地面整体式、分离式以及两种形式的组合。

(1) 整体式断面(地坪式)

包括快速路机动车道、多功能车道(变速车道、集散车道、连续停车道)、中央分隔带、两侧分隔带、辅路(机动车道与非机动车道混行)、人行道等部分组成。

地面整体式断面形式适用于地势平坦、道路红线较宽、横向交叉道路间距大的地区或用地较宽、拆迁较少的新建城区。

地面整体式横断面布置系一般城市快速路的首选断面，横断面布置组成应为城市远期发展预留高架及快速轨道交通的位置，为此，中间带及两侧带应结合上述要求综合考虑，断面一般采用四幅式横断面形式。当辅路交通量较大并且用地有条件时，为确保行车安全，可以采取机、非分隔的物理分隔措施，当交通量较少并且用地受限时可采取划线分隔。

如北京二环、三环、四环断面、天津的快速环线(东南半环、西北半环)布置均为典型的四幅式断面形式，断面宽为 74～100 m 双向八车道，另加一条多功能车道，单幅快车道宽 18.75 m，两侧设有 9～12 m 辅道。在规定的距离设置出入口。

快速路的射线，如天津的快速路大沽南路、解放南路、卫津南路等，其作用起到将市内交通通过联络线与外围交通有效的沟通，断面宽为 60 m 双向六车道，另加一条多功能车道，单幅快车道宽 15.75 m，两侧各为 9～11 m 辅道。

道路两侧建筑物与红线之间有条件时宜保留 5～10 m 的距离。

(2) 分离式断面根据主路构筑物形式分为高架路或路堑(隧道)两种形式。

由机动车道、中央分隔带、两侧防撞墙(或墙边安全侧石分隔带)等组成,地面道路可分为利用高架桥下净空或不利用桥下净空,若利用桥下净空则断面组成由机动车、中央分隔带(高架道路桥墩或地道)、两侧分隔带、非机动车道及人行道、绿带等组成;不利用桥下净空为高架桥两侧设置辅道,辅道由两侧路缘带、机非混行车道、人行道、绿化等组成。

高架路断面一般适用于特大城市或大城市建筑密集区、用地拆迁受限制、红线宽度较窄、交通流量大、路口间距较小的快速路,选用时应按交通发展、用地范围、地形条件、立交设置、出入口设置、以及环境协调等因素,经技术经济综合比较后选用。

高架道路桥梁边缘与建筑物距离(最小侧向净宽)应考虑两侧建筑物消防、维修以及高架道路本身养护维修的需要,因此不得小于 4.5 m。

隧道式断面适用于山丘城市,对平原地区的大城市,路段通过大型建筑群并对城市景观要求高,或重点文物保护区,以及穿越江河、湖泊、铁路站场等地段。

综上所述,城市快速路横断面布置型式设计时应根据地形、地物条件因地制宜选用。其适用条件如下:

① 地面整体式断面布置适用于地势平坦的平原城市,道路红线较宽、横向交叉道路间距大的地区或用地较宽、拆迁较少的新建城区。

② 分离式断面系供快速交通主路采用高架路或隧道、与所有相交道路均构成立体交叉的断面型式;辅路在桥下或地面,供人行、非机动车、公交车等其他车辆行驶。

(a) 高架路断面一般适用于特大城市或大城市建筑密集区、用地拆迁受限制、红线宽度较窄、交通流量大、路口间距较小的快速路,选用时应按交通发展、用地范围、地形条件、立交设置、出入口设置、以及环境协调等因素,经技术经济综合比较后选用。

(b) 隧道式断面适用于山丘城市,对平原地区的大城市,路段通过大型建筑群并对城市景观要求高,或重点文物保护区,以及穿越江河、湖泊、铁路站场等地段。

2. 其他城市道路

其他城市道路横断面从布置型式上分为单幅路、双幅路、三幅路、四幅路等 4 种基本型式,从实际使用上可分为中心区类、城区类、郊区类、独立开发区、景观道路类、文物类、商业类、公共交通类等不同的断面形式。并应依据道路类型布置不同的断面形式。

具有代表性的 4 种道路横断面图例,见图 6-7—图 6-14 所示。

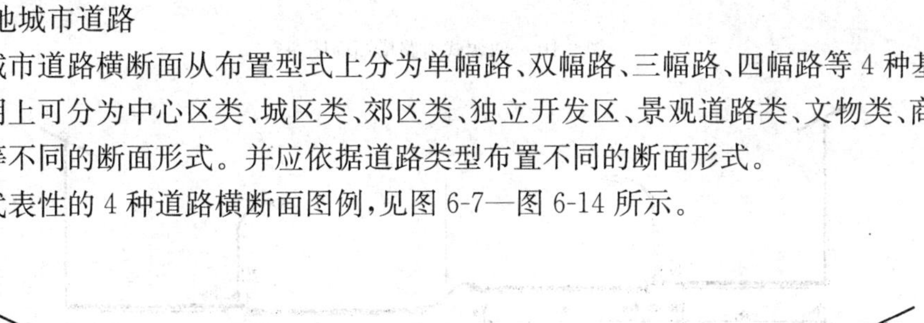

图 6-7　单幅式道路横断面图一

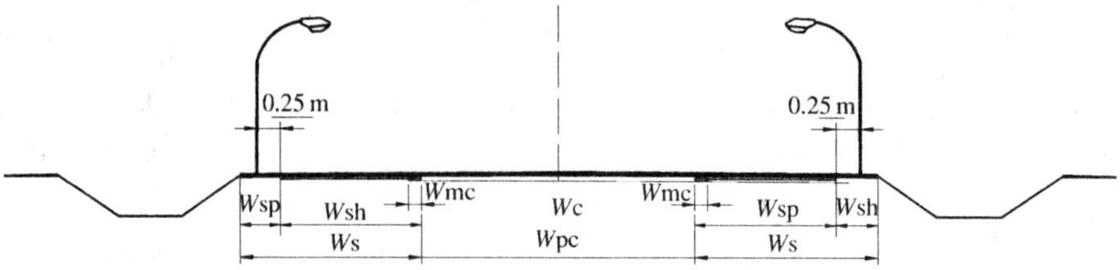

图 6-8　单幅式道路横断面图二

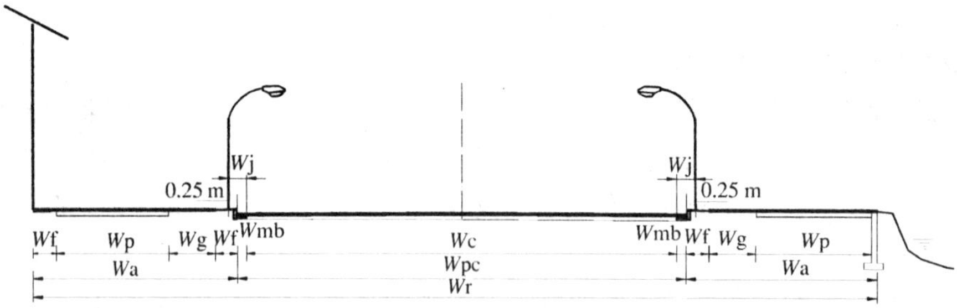

图 6-9　单幅式道路横断面图三

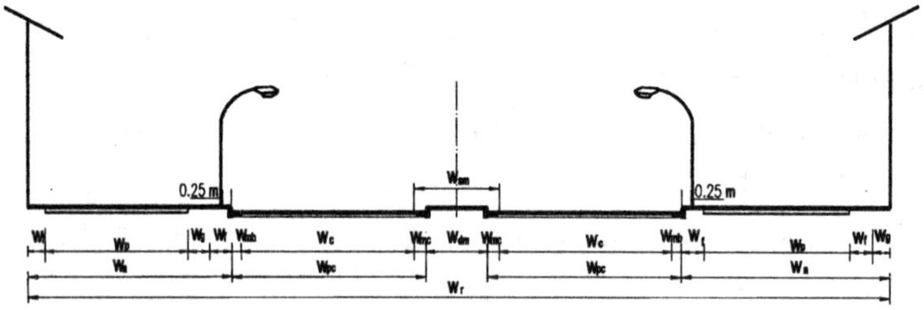

图 6-10　双幅式道路横断面图一

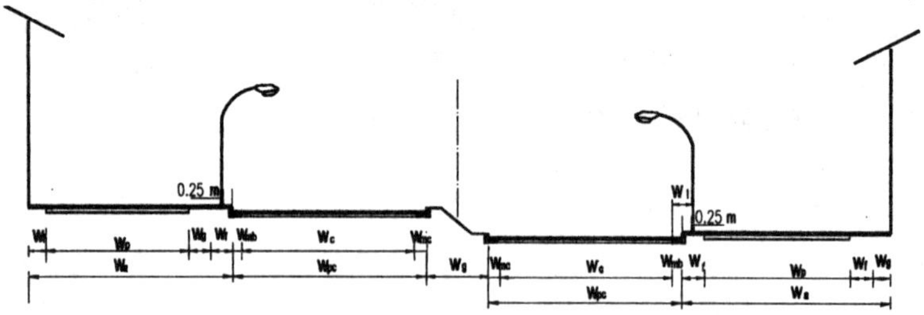

图 6-11　双幅式道路横断面图二

图 6-12　双幅式道路横断面图三

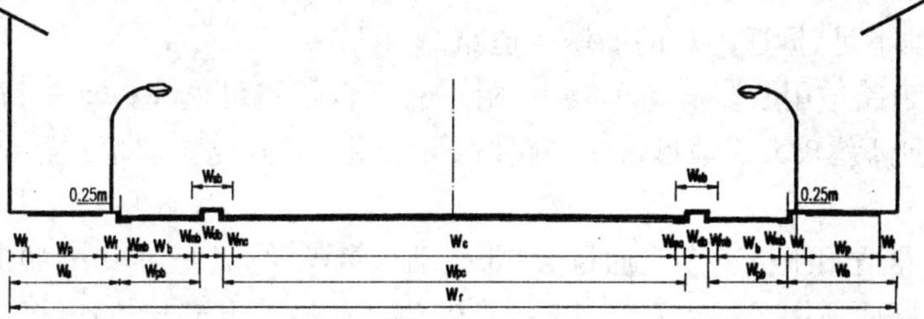

图 6-13　三幅式道路横断面图

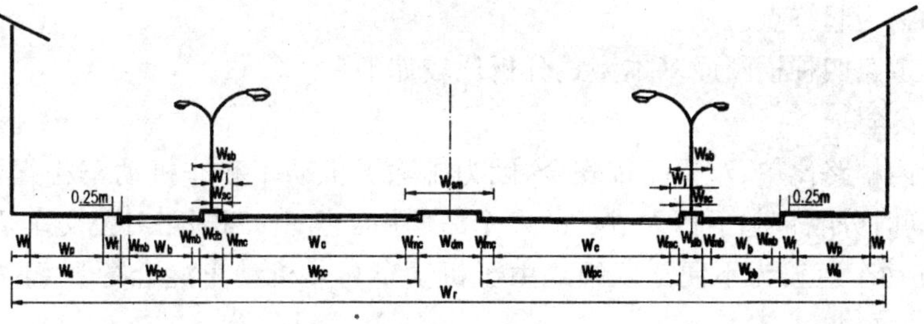

图 6-14　四幅式道路横断面图

图中：W_r——红线(m)；

W_c——机动车道或机动车非机动车混行的车道宽(m)；不含路缘带宽度

W_b——非机动车道车行道宽(m)；不含路缘带宽度

W_{pc}——含路缘带的机动车道或机动车非机动车混行的车道宽(m)；

W_{pb}——非机动车道路面宽(m)；含路缘带宽度

W_{mc}——机动车道路缘带宽度(m)；

W_{mb}——非机动车道路缘带宽度(m)；

W_i——侧向净宽(m)；

W_{dm}——中间分隔带宽度(m)；

W_{sm}——中间分车带宽度(m)；含路缘带宽度

W_{db}——两侧分隔带宽度(m)；

W_{sb}——两侧分车带宽度(m)；含路缘带宽度

W_a——路侧带宽度(m)；(含人行道、设施带、绿化带宽度)

W_p——人行道宽度(m)；

W_g——绿化带宽度(m)；

W_f——设施带宽度(m)；

W_{sc}——安全带宽度(m)；

W_s——路肩宽度(m)；

W_{sh}——硬路肩宽度(m)；

W_{sp}——保护性路肩宽度(m)。

城市道路 4 种典型断面的适用条件如下：

(1) 单幅式道路适用于建筑红线较窄,机动车与非机动车混合行驶的交通量不大的次干道、支路以及用地不足、拆迁困难的旧城区道路。

(2) 双幅式道路适用于非机动车较少,附近有平行辅路可供非机动车行驶的大城市主干道或快速路;横向高差较大或地形特殊的路段,可采用双幅式路。双幅式路单向车道数不得少于2条车道。

(3) 三幅式路适用于机动车交通量大,非机动车多,红线宽度≥40 m的道路。

(4) 四幅式路面适用于机动车车速高,非机动车多的主干道与快速路。四幅路单向机动车道数不少于2条车道。

(5) 一条道路宜采用相同形式的横断面。当道路横断面局部有变化时,应设过渡段,宜以交叉口或结构物为起终点。

现将城市道路四种横断面基本型式分析比较如下:

(1) 交通安全

三幅路及四幅路比单、双幅路都安全,因为排除了机动车和非机动车相互干扰、容易产生事故的矛盾,同时分隔带起了行人过街的安全岛作用。但三、四幅路对公交车辆停靠站上下的乘客穿越非机动车道较为不便。双幅式由于机动车与非机动车混合行驶、事故较多,已较少采用。

(2) 行车速度

单、双幅路由于机动车和非机动车混合行驶、相互干扰,所以车速较低。三、四幅路车速一般较高,而四幅路分隔对向车道,能保证车速行驶要求。

(3) 照明

三幅路比单幅路容易布置,能较好地处理绿化与照明的矛盾,照度均匀,可提高夜间行车速度,并减少了因照度不良引起的事故。

(4) 绿化遮荫

三幅路布置多排绿化带、覆荫效果好,有利于夏季行车及行人交通。

(5) 噪音减少

三幅路的机动车道在中间,两侧绿化带起到隔离作用,噪音对行人和沿街居民干扰较小。

(6) 造价

单幅路占地最小、投资省、各类城市道路都可采用。三、四幅路用地大、造价高,但有利于地下管线分期敷设以及非机动车道采用较薄的路面。此外,三幅路便于分期修建,即近期做成单幅式,待增长的交通量较大时再扩建为三幅路。

综上所述,三、四幅路优点居多,在条件具备的城市道路宜优先考虑采用三、四幅路断面。如北京市道路已都采用快慢分行的三幅路断面,提高了通行能力,有利于交通安全,并美化城市,图6-15所示为北京市月坛北街道路断面。又如上海市中山环路,属交通性干道,断面布置为快慢车分流的三幅路断面(图6-16)。

四幅路虽然造价较高,但是由于其明显的优点,因而我国在交通量较大的快速干道或主干道当条件允许时均采用四幅路形式。目前,这已成为一种共识。

《公路路线设计规范》规定:

采用分期修建方案时,必须在综合分析、论证的基础上做出总体设计和实施计划。分期修建的设计应使前期工程在后期仍能充分利用,并为后期工程的修建留有余地和创造有利条件。

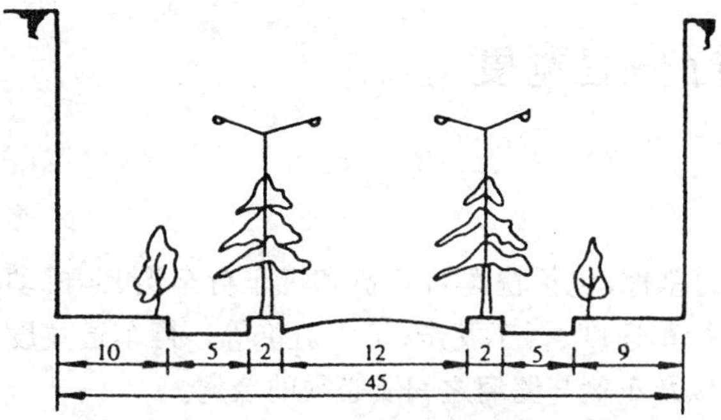

图 6-15 北京月坛北街道路断面(单位:m)

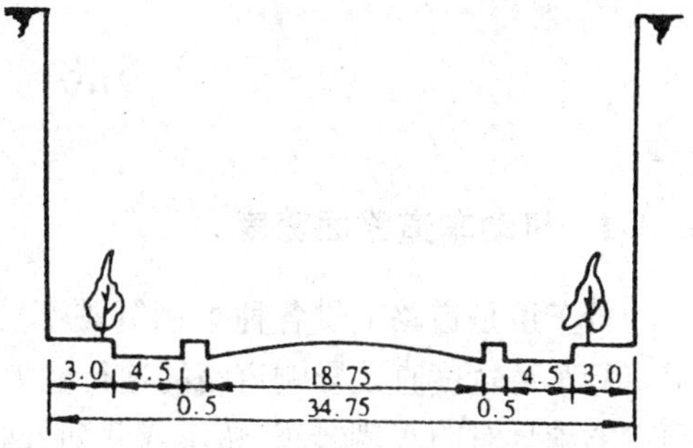

图 6-16 上海中山环路道路断面(单位:m)

高速公路根据路网规划或交通量等因素,宜采用纵向分段或按工程项目分期修建的方式修建。四车道高速公路整体式路基的路段不得采用横向分幅分期修建。

高速公路和一级、二级公路,应设供慢速车辆行驶的慢行道(即辅道)。此时,一般可将原有公路留作为慢行道(辅道)。慢行道(辅道)与一级、二级公路之间,一般应有不小于 4 m 的间距。当有困难时,应设防护栅,以避免发生干扰。快慢车行道平交道口处路线两侧应有不小于 30 m 的水平直线路段,并尽量正交,必须斜交时,交叉角应大于 45°。

对自行车行驶交通量较多的路线,有时设置独立的自行车道路。《城镇道路工程技术标准》规定:对非机动车(车辆种类包含自行车、三轮车、板车、兽力车)专用道路,单向不宜小于 3.5 m,双向不宜小于 4.5 m。沿道路两侧设置的单向非机动车道宽度不应小于 2.5 m。

高速公路或快速路经过城镇地区时,为解决通行能力和原道路狭窄、房屋拆迁的困难,往往修建高架道路。它已成为缓解市区交通的良策。高架道路是用 6 m 以上的系列桥架所组成的空间道路。平均车速可达 40～45 km/h,3～4 个车道的高架道路通行能力可达 4 000～6 000辆/h。它能缓解地面交通的拥阻,空间上分隔穿越市区的过境交通与到达市内的交通,避免了车速差异和相互干扰,已成为穿越城镇地区道路的可行构造。图 6-17 所示为上海内环线浦西高架道路的路幅断面。

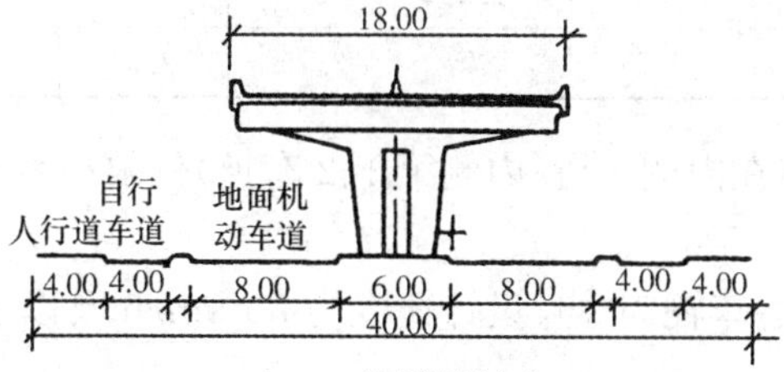

(a) 无匝道横断面

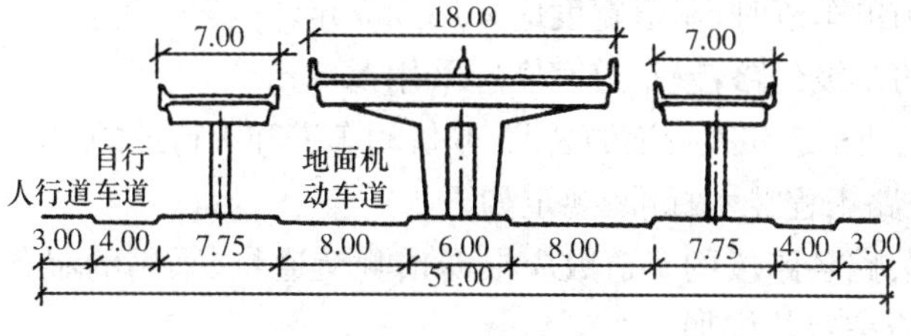

(b) 有匝道横断面

图 6-17 上海内环线浦西高架道路示意图

6.3 行车道宽度

6.3.1 机动车道路面宽度

行车道是道路上供各种车辆行驶部分的总称，包括快车行车道和慢车行车道、非机动车道。行车道宽度直接影响道路的通行能力、行车速度、行车安全、工程造价等。行车道宽度必须有能满足对向车辆错车、超车或并列行驶以及车辆与路肩之间所必须的余宽。

路面宽度主要决定于车道数和每一车道的宽度，而车道数则依远景年的设计小时交通量和一条车道的设计通行能力而定。即

$$车道数=\frac{远景年单向设计小时交通量}{每一车道的设计通行能力}\times 2 \tag{6-1}$$

当交通组织方案是各类型机动车分流行驶时，应分别计算来确定机动车道路面宽度。

远景年设计小时交通量及每一车道通行能力的确定，见第三章第三节通行能力。

路面宽度应是在保证要求车速及道路通行能力的情况下，安全行车所必需的宽度。路面宽度取决于设计车辆的几何尺寸、汽车行驶速度、交通量以及车辆之间或车辆与路肩之间的安全间距。即所谓"车道宽度"是为了交通上的安全和行车上的顺适，根据汽车大小、车速高低而确定的各种车辆以不同速度行驶时所需的宽度。我国设计车辆宽度规定为2.5 m。余宽分同向车之间的余宽、对向车之间的余宽和车辆与行车道边缘所需的余宽三种情况，根据行车调查及测定资料确定，一般采用1～1.5 m。根据调查研究并参考国外资料，设计速度为120，100，80 km/h时，车道宽度采用3.75 m，设计速度为60，30 km/h时为3.5 m，设计速度为20 km/h时为3.00 m。

我国《公路工程技术标准》(JTG B01——2014)规定的车道宽度列于表6-3。

表6-3　车　道　宽　度

设计速度(km/h)	120	100	80	60	40	30	20
车道宽度(m)	3.75	3.75	3.75	3.50	3.50	3.25	3.00

1. 八车道及以上公路在内侧车道(内侧第1、2车道)仅限小客车通行时，其车道宽度可采用3.5 m。

2. 以通行中、小型客运车辆为主且设计速度为80 km/h及以上的公路，经论证车道宽度可采用3.5 m。

3. 四级公路采用单车道时，车道宽度应采用3.5 m。

4. 设置慢车道的二级公路，慢车道宽度应采用3.5 m。

5. 需要设置非机动车道和人行道的公路，非机动车道和人行道的宽度，宜视实际情况确定。

关于车道数，《公路工程技术标准》规定如下：

高速公路、一级公路各路段的车道数应根据预测交通量、采用的服务水平等确定，其车道数为四车道以上时，应按双数增加。

二级公路、三级公路应为双车道。

四级公路宜采用双车道，交通量小且工程艰巨的路段可采用单车道。

城市道路机动车车道宽度：

（1）机动车车道的宽度主要取决于设计车辆车身的宽度、横向安全距离（车身边缘与相邻部分边缘之间横向净距）以及车速行驶时的摆动宽度。城市道路各类道路一条机动车车道宽度见表 6-4。

一般机动车道路面宽度包括车行道宽度及两侧路缘带宽度。

公交专用道车道宽度不宜小于 3.5 m。

大容量公共交通的专用道车道宽度应根据选用的车型具体确定。

表 6-4　城市道路各类道路一条机动车车道宽度

道路类别	级　别	设计速度(km/h)	车道宽度(m)	
			大型客、货车或混行车	小汽车
快速路	主 路	100,80,60	3.75	3.5
	辅 路	40,30	3.5	3.5,3.25
主干道	Ⅰ	60	3.75,3.5	3.5,3.25
	Ⅱ	50,40	3.5	3.25
	Ⅲ	40	3.5,3.25	3.25
次干道	Ⅰ	50	3.5	3.25
	Ⅱ	40,30	3.5	3.25
	Ⅲ	30	3.5,3.25	3.25
支　路	Ⅰ	40	3.5	3.25
	Ⅱ	30,20	3.5,3.25	3.25
	Ⅲ	20	3.25	3.0

我国城市道路的实际经验，一般认为如下数值可供设计参考采用：

双车道 7.5～8.0(m)；　　三车道 10.0～11.0(m)；

四车道 13.0～15.0(m)；　六车道 19.0～22.0(m)。

对于汽车与同向行驶机动车之间的安全间隙，根据调查及观测：自行车与汽车并行时的横向距离约为 1.3～1.5 m(至少为 1 m)；三轮车与汽车并行时的横向距离约为 1 m。因此，建议以汽车车箱右侧 1 m，作为划分快慢车分道线的位置。

（2）快速路主路行车道宽度包括机动车道宽、应急停车带宽度(或变速车道宽)及路缘带宽度之和；辅路行车道包括机动车道、非机动车道、路缘带宽度之和。

（3）高架路单向匝道宽度应为一条机动车道、停车带及路缘带宽度之和。

（4）当道路公交线路较多，距离较长时，可将道路最外侧或最内侧辟为公交专用道，或限时、或全日运营。对路中设有轻轨的，可利用中央分隔带预留轻轨位置。快速公交一般在快车道上另辟一条公交专用线，保证快速公交的通行。道路横断面型式同两幅路或四幅路。

快速公交的发展不仅仅依托公交专用道，还有公交专用路，某些道路在交通高峰时段只向公交车开放。如果快速公交单纯依托公交专用道的话，公交专用道需成网。快速公交专用道组成一般为车道宽 3.5 m，物理分隔 0.5 m，两侧路缘带各宽 0.25 m。

（5）辅路供快速路和主干道与次干路和支路相互连通，可供非机动车、沿街机动车交通通行，其宽度应满足两个机动车及几条非机动车通行。应根据辅路等级性质和交通功能确定车道数和车道宽度。

(6) 各级道路的机动车车道数应根据交通量和交通功能确定。快速路主路机动车双向车道数不应小于4;主干路单向机动车车道数不宜小于3;次干路单向机动车车道数不宜小于2;支路机动车道宜满足双向2车道的条件,设置单向单车道时路面最小宽度应满足超车要求。

立交匝道一条机动车道宽度应为3.5 m,车道数应根据交通量及交通功能确定,匝道宽度根据匝道类型等级确定。

6.3.2 非机动车道路面宽度

城市行驶的非机动车包括自行车、三轮车、兽力车、平板车等。各种车辆具有不同的横向宽度和相应的平均车速。平均车速一般可采用下述数据:自行车为17 km/h;三轮车为7.5~10 km/h;兽力车为5 km/h;平板车为4.5 km/h。

非机动车之间行驶的横向安全间隙,三轮车与自行车之间约为0.8~1.0 m,兽力车与板车之间约为0.4~0.5 m,非机动车与路缘石之间约为0.7 m。

自行车车道的通行能力是以单车安全行驶所需的宽度划分车道线,以高峰时间各车道线平均的通行能力作为一条自行车道的设计通行能力。根据观测及研究,推荐一条自行车道线(宽1 m)的设计通行能力(单纯为自行车行驶,无人力三轮车等时)为:

采用分车线与机动车分隔的自行车道为850辆/h;

采用分车带与机动车分隔的自行车道为1 100辆/h。

当有信号灯交通管制的路口时,因受路口条件、间距及路段行车密度的影响,设计时平均可按750辆/h采用。

非机动车一条车道最小宽度应满足表6-5的规定。

表6-5 非机动车一条车道最小宽度

车辆种类	自行车	三轮车	板车	兽力车
非机动车道宽度(m)	1.0	2.0	1.5~2.0	2.5

注:独立设置自行车道,车道数最少为4车道,宽度以4.5 m为宜。

(1) 非机动车道宽度应根据自行车设计交通量与每条自行车道设计通行能力计算自行车道条数,单向不小于2条。

(2) 非机动车道路面宽度包括自行车道宽度及两侧各25 cm路缘带宽度。如平板车、三轮车通行较多时,应适当增加非机动车道路面宽度。

(3) 非机动车专用道路,单向不宜小于3.5 m,双向不宜小于4.5 m。沿道路两侧设置的单向非机动车道宽度不应小于2.5 m。

按照我国各城市对非机动车道的使用经验,非机动车道的基本宽度可采用5.0 m, 6.5 m, 8.0 m 3种。

6.4 路肩、中间带与人行道

6.4.1 路　肩

路肩是位于行车道外缘至路基边缘,具有一定宽度的带状结构部分。路肩通常包括右侧路缘带(高速公路和一级公路才设置)、硬路肩和土路肩三部分,如图 6-18 所示。其作用是保持行车道的功能、临时停放故障车辆,并作为路面的横向支承。

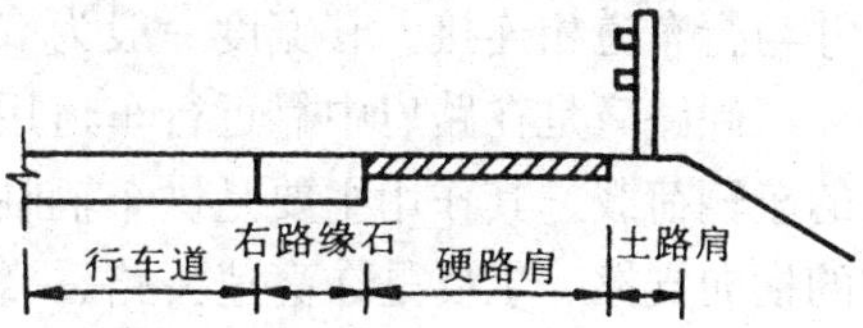

图 6-18　路肩组成

由于我国土地利用比较紧张,因而确定路肩宽度应根据在满足路肩功能要求的条件下,尽量采用较窄宽度的原则确定。高速公路、一级公路的路肩宽度应考虑发生故障时车辆随时都可在路肩上停置所需的宽度。

各级公路路肩宽度应符合表 6-6 的规定,并应符合下列规定:

表 6-6　　路肩宽度

公路等级(功能)		高速公路			一级公路(干线功能)	
设计速度(km/h)		120	100	80	100	80
右侧硬路肩宽度(m)	一般值	3.00 (2.50)	3.00 (2.50)	3.00 (2.50)	3.00 (2.50)	3.00 (2.50)
	最小值	1.50	1.50	1.50	1.50	1.50
土路肩宽度(m)	一般值	0.75	0.75	0.75	0.75	0.75
	最小值	0.75	0.75	0.75	0.75	0.75

公路等级(功能)		一级公路(集散功能)和二级公路		三级公路、四级公路		
设计速度(km/h)		80	60	40	30	20
右侧硬路肩宽度(m)	一般值	1.50	0.75	—	—	—
	最小值	0.75	0.25			
土路肩宽度(m)	一般值	0.75	0.75	0.75	0.50	0.25(双车道) 0.50(单车道)
	最小值	0.50	0.50			

注:①正情况下,应采用"一般值";在设爬坡车道、变速车道及超车道路段,受地形、地物条件限制路段及多车道公路特大桥,可论证采用"最小值"。

② 高速公路和作为干线公路的一级公路以通行小客车为主时,右侧硬路肩宽度可采用括号内数值。

(1) 高速公路和一级公路应在右侧硬路肩宽度内设右侧路缘带,其宽度为 0.50 m。

(2) 高速公路和一级公路采用分离式断面时,应设置左侧硬路肩,其宽度不应小于表 6-7 的规定值。左侧硬路肩宽度包含左侧路缘带宽度。

表 6-7　　分离式断面高速公路和一级公路左侧路肩宽度

设计速度(km/h)	120	100	80	60
左侧硬路肩宽度(m)	1.25	1.00	0.75	0.75
左侧土路肩宽度(m)	0.75	0.75	0.75	0.75

(3) 八车道及以上高速公路宜设置左侧硬路肩,其宽度应不小于 2.5 m。左侧硬路肩宽度包含左侧路缘带宽度。

高速公路和作为干线的一级公路右侧硬路肩宽度小于 2.50 m 时,应设置紧急停车带。紧急停车带宽度应为 3.50 m,有效长度不应小于 40 m,间距不宜大于 500 m。

高速公路、一级公路应在右侧硬路肩宽度内设右侧路缘带。右侧路缘带是路肩的一部分并与行车道相连接。其宽度一般为0.50 m。

硬路肩是在路肩中靠近行车道用加固材料处理的、具有一定强度的结构部分,可承受偶然的车辆荷载。其作用主要是供车辆临时行驶、停放和慢交通使用,并作为底基层、基层和面层的横向支撑。主要是在高速公路、一级公路以及二、三、四级公路在村镇附近及混合交通量大的路段使用。

路肩宽度变化处,应有圆顺的过渡段,其渐变率一般应小于1/30。

路肩的坡度应保证排水,直线路段的硬路肩应设置向外倾斜的横坡度,其坡度值宜与车道横坡值相同。路线纵坡平缓,且设置拦水带时,其坡度值宜采用3%～4%。

曲线路段内,外侧硬路肩横坡的横坡值及其方向:当曲线超高≤5%时,其横坡值与方向应与相邻车道相同;当曲线超高>5%时,其横坡值应不大于5%,且方向相同。

硬路肩横坡的过渡应随邻近车道的横坡一同过渡,其过渡段的纵向渐变率应控制在小于1/150至大于1/330之间。

土路肩的横坡:位于直线路段或曲线路段内侧,且车道或硬路肩横坡值≥3%时,土路肩的横坡应与车道或硬路肩横坡值相同;<3%时,土路肩的横坡应比车道或硬路肩的横坡值大1%或2%。位于曲线路段外侧的土路肩横坡度,应采用3%或4%的反向横坡值。

大中桥梁、隧道区段的硬路肩横坡值,应与车道相同。

高速公路、一级公路的右侧硬路肩宽度小于2.50 m时,应设紧急停车带。紧急停车带的间距不宜大于2 km,宽度一般为5.00 m,有效长度一般为50 m,并设置100 m和150 m左右的过渡段。

高速公路、一级公路的特长桥梁、隧道,根据需要可设置紧急停车带,其间距不宜大于750 m。

二级公路根据需要可设置紧急停车带,其间距按实际情况确定。

6.4.2 中间带

中间带是指在两个不同行驶方向车道之间的地带。中间带由两条左侧路缘带及中央分隔带组成。

中间带的作用主要是分隔对向车流、防止对向车辆互撞,减少事故,保证车速,并可作为设置沿线设施如交通标志、护栏、防眩网和绿化之用,见图6-19。

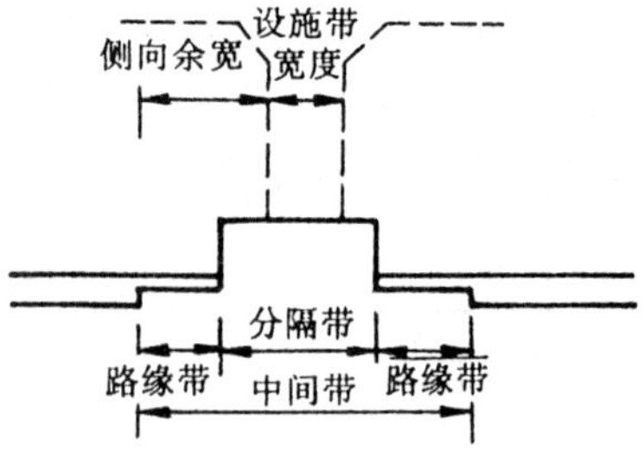

图6-19 中间带

《标准》03版对高速公路和一级公路的中央分隔带的宽度做出了具体的规定,包括一般条件下应采用的“一般值”和条件受限路段可采用的“最小值”。《公路工程技术标准》(JTG B01—2014)修订版,在全国调研时发现,对中央分隔带宽度指标取用存在较大争议,既有反映原“一般值”过宽的,也有反映“最小值”不足的。其根源在于对中央分隔带功能定位的不同和项目区域建设条件的差异。如早期高速公路多在中央分隔带内考虑预埋通信管线、绿化等需要,后期有项目则主要考虑设置护栏和防眩设施等功能需要。另外,随着新型护栏等设施的不断发展,能够满足中央分隔带基本分隔和安全防护功能的最小宽度指标也逐渐缩减。

本次修订不再指定中央分隔带宽度推荐值。但强调:中央分隔带宽度应从对向隔离、安全防护的主要功能出发,综合考虑中央分隔带护栏的防护形式和防护能力确定。

《公路工程技术标准》(JTG B01—2014)要求:

高速公路和一级公路整体式断面必须设置中间带。中间带由中央分隔带和两条左侧路缘带组成。

(1) 高速公路和作为干线的一级公路,中央分隔带宽度应根据公路项目中央分隔带功能确定。

(2) 作为集散的一级公路,中央分隔带宽度应根据中间隔离设施的宽度确定。

(3) 左侧路缘带宽度不应小于表 6-8 的规定。设计速度为 120 km/h、100 km/h,受地形、地物限制的路段或多车道公路内侧仅限小型车辆通行的路段,左侧路缘带可论证采用 0.50 m。

表 6-8　　左侧路缘带宽度

设计速度(km/h)	120	100	80	60
左侧路缘带宽度(m)	0.75	0.75	0.50	0.50

高速公路、一级公路的一般路基路段和中、小型桥梁构造物路段,通常应尽量避免因采用不同的中央分隔带宽度引起公路线形和车辆行驶轨迹的频繁变化。对于路基与整体式结构的桥梁路段,在采用不同的中央分隔带(宽度)前后,均应设置必要的过渡段,以保证行车轨迹的连续性。

城市道路的分隔带宽度(按设施带宽度 1.0 m 考虑)一般为 1.50～2.00 m,详见表 6-9 所示。设施带是分车带内设置防护栅、标志、绿化等的地带。分隔带一般用缘石围砌,高出路面 10～20 cm。

城市道路因机、非混合行驶设置非机动车道时,除设有中间分隔带外,还有两侧分隔带。

路缘带是路肩或中间带的组成部分,与行车道连接,用行车道的外侧标线或不同的路面颜色来表示。路缘带主要是起诱导驾驶员视线和分担侧向余宽的功能,以利于行车安全。城市道路左侧路缘带,一般为,0.25～0.50 m。详见表 6-9。

一条道路上不得频繁地变化中央分隔带宽度,以保持良好的线形及视觉。不得已需改变中央分隔带宽度时,应设置渐变过渡段,使车道中心线的线形圆滑、顺适。

城市道路分车带的设置考虑条件如下:

(1) 分车带按道路等级及在横断面中的不同位置与功能分为中间分车带(简称中间带)及两侧分车带(简称两侧带)。分车带由分隔带及两侧路缘带组成。见图 6-20。

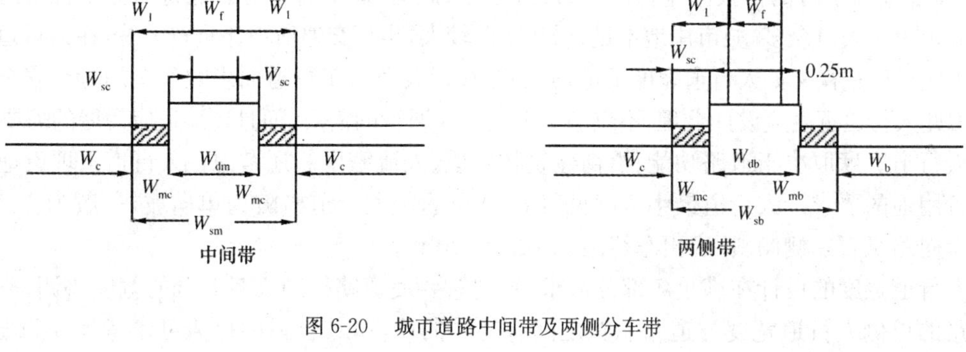

图 6-20　城市道路中间带及两侧分车带

(2) 快速路、主干道整体式断面必须设置中间带,中间带由两条左侧带和中央分隔带组成。

表 6-9　　城市道路分车带宽度(m)

分车带类别		中间带(m)				两侧带(m)			
设计速度(km/h)		100	80	60,50	40	100	80	60,50	40
分隔带最小宽度 W_{dm}(m)		2.0	2.0	1.5	1.5	1.5	1.5	1.5	1.5
路缘带宽度(m)	机动车道 W_{mc}	0.75	0.5	0.5	0.25	0.5	0.5	0.5	0.25
	非机动车道 W_{mb}						0.25	0.25	0.25
侧向净宽 W_1(m)	机动车道	1.0	1.0	0.75	0.5		0.75	0.75	0.5
	非机动车道						0.5	0.5	0.5
安全带宽度 W_{sc}(m)	机动车道	0.5	0.5	0.25	0.25		0.25	0.25	0.25
	非机机车道						0.25	0.25	0.25
分车带最小宽度 W_{sm}或 W_{sb}(m)		3.5	3.0	2.5	2.0	2.5	2.25	2.25	2.0

注:① 快速路的分隔带均应采用表中 80 km/h 栏中规定值。
② 设计速度小于 40 km/h 的主干道与次干道可设路缘带。分车带采用 40 km/h 栏中规定值。
③ 支路可不设路缘带,但应保证 25 cm 的侧向净宽。
④ 表中分隔带最小宽度系按设施带宽度 1.0 m 考虑,如设施带宽度大于 1.0 m 应增加分隔带宽度。
⑤ 安全带宽度为侧向净宽与路缘带宽度之差。
⑥ 分车带宽度系分隔带与左侧路缘带之和。

(3) 分车带宜采用缘石围砌,缘石高度和型式应在满足交通安全和功能要求的前提下,合理确定。

6.4.3 路侧带宽度(含人行道、设施带、绿化带宽度)

车行道最外侧侧石至道路红线范围为路侧带。路侧带由人行道、绿化带、设施带等组成。路侧带应根据道路类别、功能、设计行人交通量、沿街建筑性质及布设的公用设施、地下管线布置要求等确定。路侧带宽度的设计应考虑道路横断面各部分比例。

1. 人行道宽度

人行道的主要功能是为了满足步行交通的需求。人行道宽度必须满足行人通行的安全和顺畅,保证高峰小时的行人流量,并用来设置绿化、照明、地下管线等。人行道宽度含盲道宽。

我国由于人口众多,城市用地不足,居住密度较大,步行交通所占比重较大等,在人行道宽度设计中应予以重视。如人行道宽度不足,势必导致行人侵占车行道而影响汽车的行车安全和顺畅。因此人行道宽度应设计合理,不仅满足近期行人通行的需要,而且还能适应发展的需要。

人行道宽度取决于道路功能、沿街建筑物性质、人流密度。还考虑在人行道下埋设地下管线及备用地的要求。人行道最小宽度见表 6-10 所示。人行道横陂为单向坡,一般为 1.5%~2.0%,向路缘石一侧倾斜,高出车行道 0.10~0.20 m。

人行道宽度的设计在满足各部分需求后,同时要使道路横断面各部分的宽度协调,务使各类道路的单侧人行道宽度与道路总宽之间有适当的比例,其合适的比值可参考表 6-11 选用。

对行人流量大的道路应用大值，而文化街、商业街的比值根据需要还可适当加大。

表 6-10　　人行道最小宽度

项　　目	人行道最小宽度(米)	
	一般值	最小值
各级道路	3	2
商业或文化中心以及大型商店或大型公共文化机构集中路段	5	4
火车站、码头附近路段	5	4
长途汽车站附近路段	4	3

表 6-11　　单侧人行道宽度与道路总宽度之比值参考表

横断面型式	道　路　类　别			
	快速路	主干道	次干道	支　路
单幅式		1/5～1/7	1/4～1/6	1/3～1/5
双幅式	1/6～1/8			
三幅式		1/5～1/8	1/4～1/7	

2. 植树、绿化所需宽度

绿化带的宽度应满足《城市道路绿化规划与设计规范》(CJJ 75—97)的相关要求。车行道边的行道树应满足侧向净宽的要求，并不得侵入道路建筑限界和影响视距。

路侧应留有一定宽度的绿化带，为行车及行人遮阳并美化环境，充分合理的宽度才足以保证绿化植物的正常生长及各公用设施的安全运行。当仅种植单排行道树时，植树带最小宽度应保证为 1.5 m。从保证行道树生长良好出发，植树带和人行道总宽度应不小于 5.0 m。

3. 设施带宽度

设施带包括设置护栏、照明灯柱、标志牌、信号灯、城市公共服务设施等所需宽度，最小宽度不应小于 1 m。设施带内各种设施布局应综合考虑，可与绿化带合并设置。

地下管线应尽可能布置在路侧带下面，并要布置得紧凑和经济。当管线埋设在路侧带下面时，如埋设管线种类很多，且管线间还应有安全距离则路侧带的宽度需要较宽。

不同设施独立设置时占用宽度见表 6-12 所示。

表 6-12　　设施带宽度

项　　目	宽　　度(m)
行人护栏	0.25～0.5
灯　　柱	1.0～1.5
邮箱、垃圾箱	0.6～1.0
长凳、座椅	1～2
行道树	1.2～1.5

注：同时设置护栏与灯柱时，宜采用表中大值。

路缘石高度一般为 0.10～0.20 m，对桥上、隧道内、线形弯曲陡坡段可采用 0.25～0.40 m，并应有足够的埋置深度，以保证稳定，缘石宽度宜为 0.10～0.15 m。

缘石有立式、斜式及平式三种，见图6-21。人行道范围的路缘石宜做成斜式或平式；分隔带两侧的路缘石多采用斜式或立式，平式适用于公路路肩。路缘石材料可采用石质、沥青混凝土或不低于30 MPa的水泥混凝土。

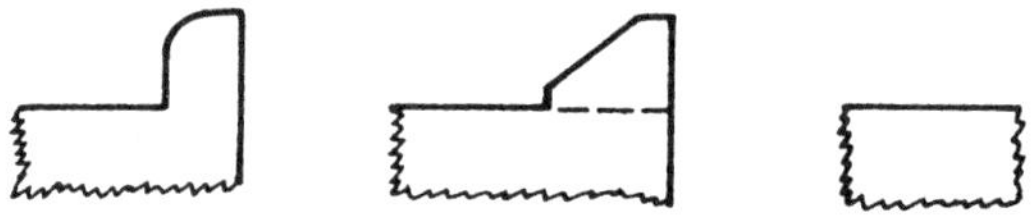

(a)立式　(b)斜式　(d) 平式

图6-21　路缘石

6.5　道路路拱、边沟、边坡

6.5.1　路　拱

为了迅速排除路面上的雨水，路面表面做成中间高两边低的拱型，称之为路拱。不同路面的路拱横坡应用根据路面类型、当地自然条件、有利于路面排水和行车的安全平稳按表6-13规定选用。在具体选用时，应注意在干旱和有积雪、浮冰地区采用低值，多雨地区采用高值；当道路纵坡较大、或路面较宽、或行车速度较高、或交通量和车辆载重量较大、或常有拖挂车行驶时，应采用低值，反之则采用高值。土路肩的横向坡度较路面横坡大1.0%～2.0%。

表6-13　　公路路拱坡度

路　面　类　型	路拱坡度(%)
沥青混凝土、水泥混凝土	1.0～2.0
其他黑色路面、整齐石块	1.5～2.5
半整齐石块、不整齐石块	2.0～3.0
碎、砾石等粒料路面	2.5～3.5
低级路面	3.0～4.0

《城市道路工程技术标准》规定的城市道路路拱设计坡度要求如表6-14所示。

表6-14　　城市道路路拱设计坡度

<table>
<tr><th>路面类型</th><th>路拱设计坡度 i(%)</th></tr>
<tr><td>水泥混凝土</td><td rowspan="3">1.0～2.0</td></tr>
<tr><td>沥青混凝土</td></tr>
<tr><td>沥青碎石</td></tr>
<tr><td>沥青贯入式碎(砾)石</td><td rowspan="2">1.5～2.0</td></tr>
<tr><td>沥青表面处治</td></tr>
<tr><td>碎(砾)石等粒料路面</td><td>2.0～3.0</td></tr>
</table>

注：①快速路路拱设计坡度宜采用大值；
② 纵坡度大时取小值，纵坡度小时取大值；
③ 严寒积雪地区路拱设计坡度宜采用小值。

路拱的型式依路面宽度、路拱坡度及施工便利等决定。通常对低级公路大多采用直线形，对城市道路及等级高、路面宽的公路则大多采用抛物线形或双曲线形，如图 6-22 所示。

抛物线形路拱，造型美观、横坡圆顺，没有路中尖顶，路面中间部分坡度较小，两旁坡度较大，有利于排除雨水。抛物线形的计算图式见图 6-23。

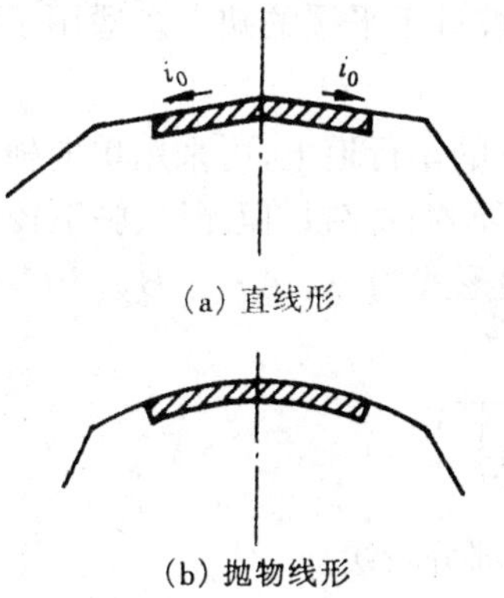

图 6-22　路拱形式

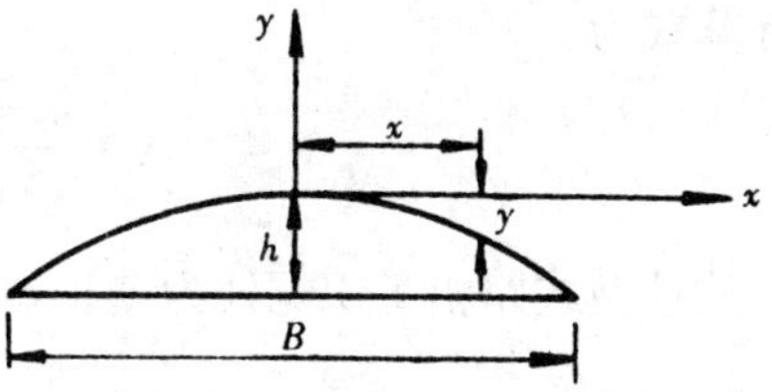

图 6-23　抛物线形路拱计算图式

常用的抛物线形计有下述四种：

1. 二次抛物线路拱

计算式为

$$y=\frac{4h}{B^2}x^2 \tag{6-2}$$

式中　x——距路中心线的横向距离(m)；

y——相应于 x 各点的竖向距离(m)；

B——路面总宽度(m)；

h——路拱高度(m)；

i——路面平均横坡(%)。

此路拱形式适用于路面宽度小于 12 m、而横坡较大的中低级路面的道路。缺点是路中心线附近横坡过于平缓，而路两旁横坡又过大，不利于行车。

2. 改进的二次抛物线路拱

计算式为

$$y=\frac{2h}{B^2}x^2+\frac{h}{B}x \tag{6-3}$$

此路拱形式适用于机动车、非机动车混合行驶的城市道路单幅路断面。特点是横坡变化较均匀，路中与路边横坡也较为适中，有利于排水和整个宽度上的行车。

3. 半立方抛物线路拱

计算式为

$$y=h\left(\frac{x}{B/2}\right)^{3/2} \tag{6-4}$$

这种路拱形式与改进的二次抛物线路拱形式相似，但路中横坡稍缓。适用于路面宽度小于 20 m 的沥青混凝土、水泥混凝土或沥青碎石路面的道路。

4. 修正三次抛物线路拱

计算式为

$$y=\frac{4h}{B^3}x^3+\frac{h}{B}x \tag{6-5}$$

这种形式的路拱,符合排水要求,并可改善路中部分横坡过于平缓的缺点。适用于路面横坡小于3%的各种类型道路。

城市道路的非机动车道,以及地形适合、宽度不大于9 m的车行道上,可采用单向横坡的形式。当次要道路或地形适宜、路面两侧标高不等时,也可采用不对称路拱,但测设、施工较烦。

此外,双曲线路拱常用于高速公路及高等级道路。一般形式为 $y=Ax^2+By^2+C$,通常采用计算式为

$$y=\frac{h}{16}\left\{-7+\sqrt{49+480\left(\frac{x}{B/2}\right)^2}\right\} \tag{6-6}$$

此种型式路幅1/4宽处为3 h/8,1/2宽处为h,但中心部分较缓。

6.5.2 边　沟

边沟的主要作用是排除路面及边坡处汇集的地表水,以确保路基与边坡的稳定。一般在公路路堑及高度小于边沟深度的低填方地段设置边沟。

边沟的断面形状主要取决于排水流量的大小、公路的性质、土壤情况及施工方法。一般情况下边沟在石质地段多做成三角形,而在排水量大的路段多采用梯形。

边沟的设置宜遵循如下规定:

(1) 底宽与深度不小于0.4 m。

(2) 沟底纵坡一般不应小于0.5%,特殊困难路段亦不得小于0.2%;当陡坡路段沟底纵坡较大时,为防止边沟冲刷,应采取加固措施。

(3) 边沟边坡。梯形边沟内侧一般为1∶1～1∶1.5,边坡外侧:路堤段边坡与内侧边坡相同,路堑段边坡与挖方边坡一致;三角形边沟内侧边坡一般为1∶2～1∶4,外侧边坡一般为1∶1～1∶2。

(4) 边沟长度不宜过长,一般不宜超过500 m即应选择适当地点设置出水口,多雨地区不宜超过300 m。三角形边沟长度一般不宜超过200 m。

6.5.3 边坡坡度

路基边坡坡度,应根据当地自然条件、岩土性质、填挖类型、边坡高度、使用要求和施工方法等确定。边坡过陡,稳定性就差,雨水冲刷力也大,易出现崩坍等危害;边坡过缓,土石方数量增加,雨水渗水坡体内的可能性也变大。因此,选择边坡坡度时,要权衡利弊,力求合理。

路堤边坡按填料的物理力学性质、气候条件、边坡高度以及工程水文地质条件选定。

路堤边坡坡度根据填料种类及边坡高度按表6-15确定。当超过表列总高度时,应进行边坡稳定性的验算。

当路基边缘与路侧取土坑的高差较大时,为了保证路堤的稳定需设置护坡道。当路肩边缘与取土坑坑底高差小于或等于2 m时,取土坑内侧坡顶可与路堤坡脚径相衔接,并采用路堤边坡坡度;当高差大于2 m时,应设置宽1 m的护坡道;当高差大于6 m时,应设置宽2 m

的护坡道。

表 6-15　　路堤边坡坡度表

填料种类	边坡的最大高度(m)			边坡坡度		
	全部高度	上部高度	下部高度	全部坡度	上部坡度	下部坡度
粘性土、粉性土、砂性土	20	8	12	—	1∶1.5	1∶1.75
砂、砾	12	—	—	1∶1.5	—	—
碎(块)石土、卵石土	20	12	8	—	1∶1.5	1∶1.75
不易风化的石块	20	8	12	—	1∶1.3	1∶1.5

注:粉土边坡可根据具体情况适当放缓。

浸水路堤的边坡坡度,在设计水位(路基设计洪水频率计算水位,加壅水高,加波浪浸袭高)再加 0.5m 以下部分应视填料性质采用 1∶1.75～1∶2,在常水位以下部分则采用 1∶2～1∶3,并视水流情况采取边坡加固及防护措施。

填石路堤应由不易风化的较大石块填筑。边坡坡度可采用 1∶1,边坡坡面应采用大于 25 cm的石块铺砌。

当填方路堤处的地面横坡陡于 1∶5 时,应将地面挖成台阶宽度不小于 1 m、台阶顶面做成 2%～4%的反坡,以防路基滑动影响稳定。

路堑边坡坡度,应根据当地自然条件、土石种类及其结构、边坡高度和施工方法等确定。一般情况下,土质(包括粗粒土)挖方边坡坡度参照表 6-16 选用,表中所列土的密实程度按表 6-17 规定划分。一般土质挖方边坡高度不宜超过 30 m,当超过表列边坡高度时,应进行边坡稳定性的验算。

表 6-16　　土质挖方边坡坡度表

土、岩石种类	密实、风化程度	边坡高度(m)	
		<20	20～30
各类土(黄土等特殊土除外)	胶结	1∶0.3～1∶0.5	1∶0.5～1∶0.75
	密实、中密	1∶0.5～1∶1.25	1∶0.75～1∶1.5
	较松	1∶1.25～1∶1.75	1∶1.5～1∶2.0
各类岩浆岩、硬质灰岩、砾岩、砂岩、片麻岩、石英岩	微风化、弱风化	1∶0.1～1∶0.3	1∶0.2～1∶0.5
	强风化、全风化	1∶0.3～1∶1.0	1∶0.5～1∶1.25
各类页岩、泥岩、千枚岩、片岩等软质岩石	微风化、弱风化	1∶0.25～1∶0.75	1∶0.5～1∶1.0
	强风化、全风化	1∶0.5～1∶1.25	1∶0.75～1∶1.5

注:① 高速公路、一级公路挖方边坡应采用较缓的边坡坡度。
② 边坡较矮,土质较干或岩石坚硬的路段,可采用较陡的边坡坡度;相反,宜采用较缓的边坡坡度。
③ 路基开挖后,密实程度很易变松的砂类土、砾类土以及受雨水浸湿易于失稳的土或易风化的岩石,应采用较缓的边坡并设置必要的防护工程。
④ 软质岩石当边坡稳定并防护时,可采用较陡边坡。
⑤ 当土方调配出现借方时,可适当放缓边坡。
⑥ 砂土类、细粒土的挖方边坡高度不宜超过 20 m。
⑦ 非均质地层中,挖方边坡可采用适应于各自稳定的折线或台阶形状。

岩石挖方边坡可按表6-18确定。岩石的风化破碎程度可按表6-19确定。

表6-17　　　　土的密实程度划分表

分　级	试　坑　开　挖　情　况
较　松	铁锹很容易铲入土中,试坑坑壁很容易坍塌
中　密	天然坡面不易陡立,试坑坑壁有掉块现象,部分需用镐开挖
密　实	试坑坑壁稳定,开挖困难,土块用手使力才能破碎,从坑壁取出大颗粒处能保持凹面形状
胶　结	细粒土密实度很高,粗颗粒之间呈弱胶结。试坑用镐开挖很困难,天然坡面可以陡立

表6-18　　　　岩石挖方边坡坡度表

岩石种类	风化破碎程　度	边　坡　高　度(m)	
		<20	20～30
1. 各种岩浆岩 2. 厚层灰岩或硅、钙质砂砾岩 3. 片麻、石英、大理岩	轻　度 中　等 严　重 极　重	1∶0.1～1∶0.2 1∶0.1～1∶0.3 1∶0.2～1∶0.4 1∶0.3～1∶0.75	1∶0.1～1∶0.2 1∶0.2～1∶0.4 1∶0.3～1∶0.5 1∶0.5～1∶1.0
1. 中薄层砂、砾岩 2. 中薄层灰岩 3. 较硬的板岩、千枚岩	轻　度 中　等 严　重 极　重	1∶0.1～1∶0.3 1∶0.2～1∶0.4 1∶0.3～1∶0.5 1∶0.5～1∶1.0	1∶0.2～1∶0.4 1∶0.3～1∶0.5 1∶0.5～1∶0.75 1∶0.75～1∶1.25
1. 薄层砂、页岩 2. 千枚岩、云母、绿泥、滑石片岩及炭质页岩	轻　度 中　等 严　重 极　重	1∶0.2～1∶0.4 1∶0.3～1∶0.5 1∶0.5～1∶1.0 1∶0.75～1∶1.25	1∶0.3～1∶0.5 1∶0.5～1∶0.75 1∶0.75～1∶1.25 1∶1.0～1∶1.5

表 6-19　　岩石风化破碎程度分级表

分级	主要特征				
	颜色光泽	矿物成分	结构构造	破碎程度	强度
微风化	较新鲜	无变化,表面稍有风化迹象	无变化	节理不多,基本上是整体,节理基本不张开	风化系数 $k_f>0.8$,用锤敲很容易回弹
弱风化	造岩矿物失去光泽,色变暗	基本不变,仅沿节理面出现次生矿物	无显著变化	开裂成 20～40 cm 的大块状,大多数节理张开较小	$0.4<k_f\leqslant 0.8$,用锤敲声音仍较清脆,石块不易击碎
强风化	显著改变	显著变化	结构已部分破坏,构造层理不甚清晰	开裂成 2～20 cm 的碎石状,有时节理张开较多	$0.2\leqslant k_f\leqslant 0.4$,用锤敲声音低沉,碎石可用手折断
全风化	变化极重	除石英外,均变质成次生矿物	只具外形、矿物间已失去结晶联系	节理较多,爆破以后多呈碎石土状,有时细粒部分已具塑性	$k_f<0.2$,用锤敲不易回弹,碎石可用手捏碎

注:风化系数 k_f 等于风化岩石与新鲜(未风化)岩石的饱和单轴抗压强度之比。

6.6　道路横断面设计

6.6.1　横断面设计基本要求

横断面的设计要求,是使道路横断面的布置及几何尺寸应能满足交通、环境、用地经济、城市面貌等要求。路基是支承路面,形成连续行车道的带状土、石结构物。它既要承受由路面传来的车辆荷载,又要承受大自然因素的作用。因此,路基横断面设计必须满足以下基本要求:

(1) 路基的结构设计应根据其使用要求和当地自然条件(包括水文地质和材料情况),并结合施工条件进行设计。设计前应充分收集沿线地质、水文、地形、气象等资料,在山岭重丘区要特别注意地形和地质条件的影响,选择适当的路基断面形式、边坡坡度及防治病害的措施。在平原微丘区应注意最小填土高度,并设置必要的排水设施。

(2) 路基的断面型式和尺寸应根据道路的等级、设计标准和设计任务书的规定以及道路的使用要求,结合具体条件确定。一般路基可参照典型横断面设计。特殊路基则应进行单独设计计算。

(3) 路基设计应兼顾当地农田基本建设的需要。在取土、弃土、取土坑设置、排水设计等方面与农田改土、农田水利、灌溉沟渠等相配合,尽量减少废土占地、防止水土流失和淤塞河道。

6.6.2　路基横断面图的绘制

通常,路基横断面设计均不作单独设计,其断面型式及其横断面布置、构造尺寸和选用条件,一般均可参照路基标准横断面图进行设计与绘制。《公路路基设计规范》规定的常见典型横断面图如图 6-24 所示。其详细结构尺寸见《路基路面工程》教材。

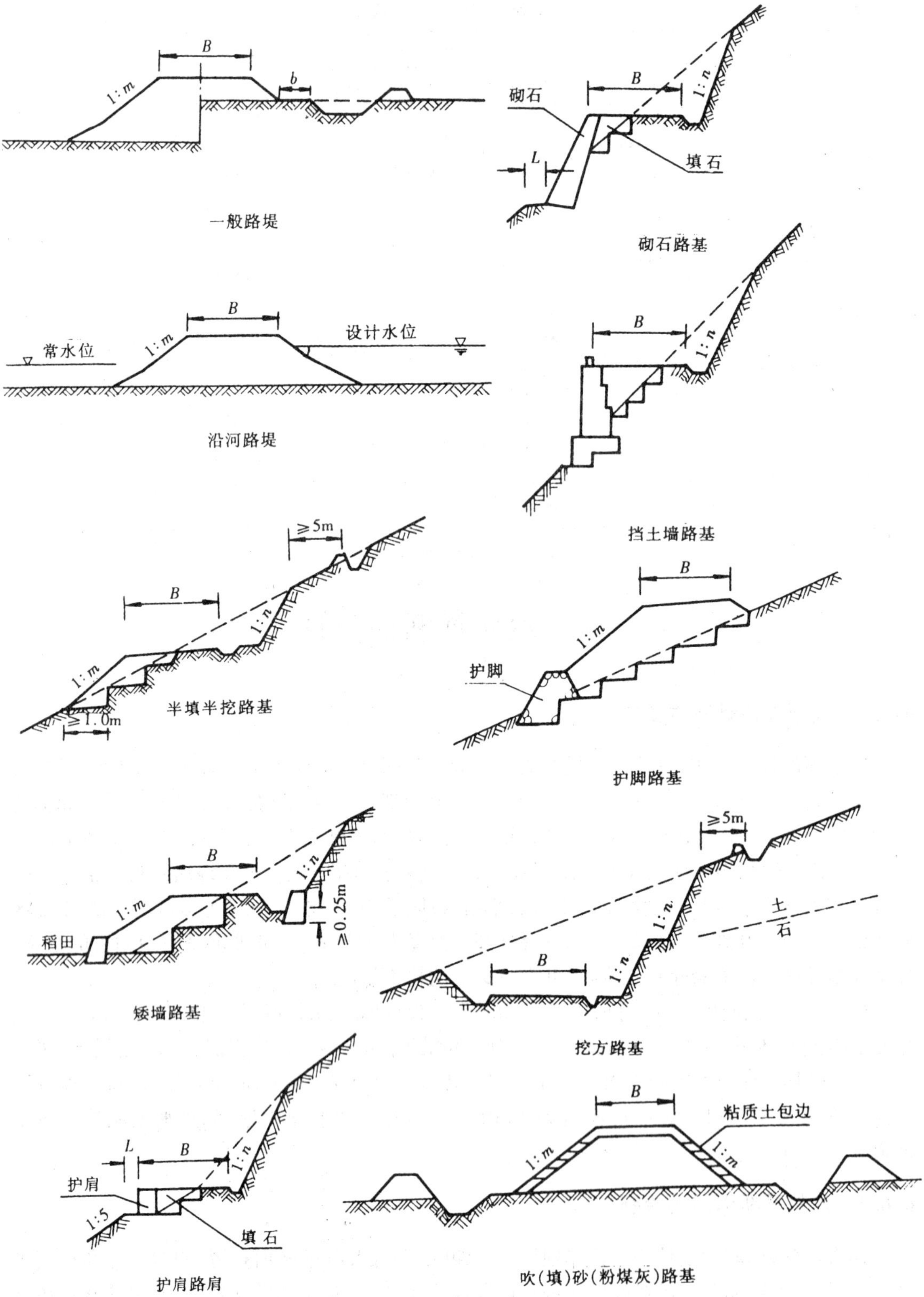

图 6-24　路基标准横断面图

6.6.3　横断面设计步骤

对于公路横断面设计，主要是绘出横向地面线后，根据纵断面设计所确定的路基填挖高度、路基宽度、选定的边坡坡度、边沟尺寸绘出路基的外廓线，通常把这项工作称为“戴帽子”，具体设计步骤如下：

(1) 点绘各横断面的横向地面线；

(2) 根据《公路工程技术标准》的规定，确定路基宽度；按照土质、水文条件拟定路基边坡坡度；按照排水要求拟定边沟、截水沟等尺寸；

(3) 按弯道半径大小分别拟定超高加宽值；

(4) 根据纵断面设计资料，按设计标高，在路基设计表上逐桩进行计算，完成路基设计表(表 6-20)；

(5) 按路基设计表数据，绘出横断面设计线，可用透明胶片做成模板(图 6-25)绘图；陡峻山坡需设挡土墙时，应绘于横断面图上，并将挡土墙设计成果另行绘图；

(6) 检查弯道路段横断面内侧视距是否保证，是否需要清除障碍及设置视距台。

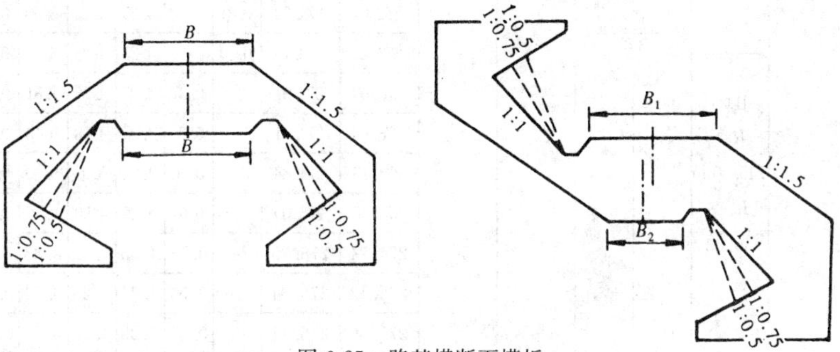

图 6-25　路基横断面模板

横断面的绘制，一般在方格纸上按桩号由下向上绘制，并在每个横断面上注明必要的数据(包括加宽、超高、土石分界等)。

横断面图应绘出所有整桩、加桩的横断面，包括边坡、边沟、开挖台阶、视距台等，注出用地界、挡土墙、驳岸、护坡、护脚均可绘在横断面图上，并注明其起讫桩号、圬工种类及断面尺寸(另绘防护工程设计图的，只注明起讫桩号)。比例尺一般用 1∶100～1∶200，如图 6-26 所示。

桩号 K2+500.12(ZY)

填		挖	1.56
路基宽(m)		左	右
		3.75	5.55
超　高(%)		+0.43	−0.13
边　坡			1∶0.5
边沟深度(m)			0.40
面积(m^2)		填	挖
	土		41.0
	石	0.4	
	砌　石	1.4	

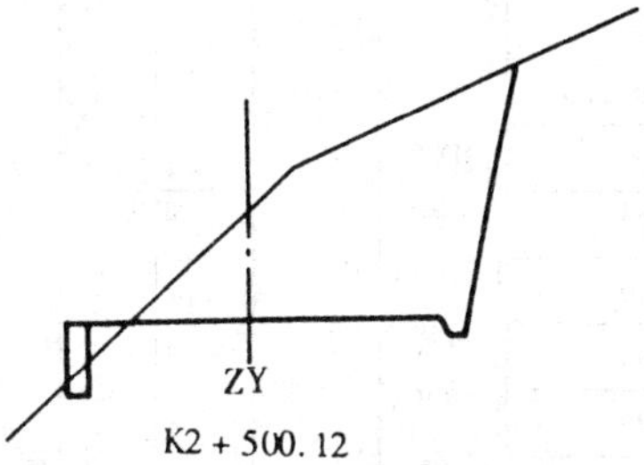

图 6-26　横断面图

表6-20 （路段名称） **路 基 设 计 表**

桩号	平曲线		纵坡(%)及坡长(m)	竖曲线		设计标高(m)	地面标高(m)	填挖高度(m)		路基宽度(m)			路基边缘及中桩与设计标高之高差(m)		
	左	右		凹	凸			填	挖	左	右	全宽	左	中	右
K5+200						270.51	270.40	0.11		4.25	5.25	9.50	0.40	0.19	−0.07
HY+200.18			269.99			270.51	270.40	0.11		4.25	5.25	9.50	0.41	0.19	−0.07
QZ+217.73			+210			270.44	272.17		1.73	4.25	5.25	9.50	0.41	0.19	−0.07
YH+235.29						270.53	269.98	0.55		4.25	5.25	9.50	0.41	0.19	−0.07
K5+251.29						270.77	263.67	7.10		4.25	4.89	9.14	0.26	0.13	−0.03
K5+261						270.96	260.83	10.13		4.25	4.68	8.93	0.18	0.09	−0.01
K5+277.29						271.27	262.28	8.99		4.25	4.32	8.57	0.03	0.07	0.01
HZ+280.29						271.33	263.61	7.72		4.25	4.25	8.50	0.01	0.09	0.01
K5+300						271.70	269.91	1.79		4.25	4.25	8.50	0.00	0.07	0.00
K5+320						272.08	270.93	1.15		4.25	4.25	8.50	0.00	0.07	0.00
K5+340						272.46	271.22	1.24		4.25	4.25	8.50	0.00	0.07	0.00
K5+360			+1.9%			272.84	272.03	0.81		4.25	4.25	8.50	0.00	0.07	0.00
ZH+380.36-21			390			273.23	273.13	0.10		4.25	4.25	8.50	0.00	0.07	0.00
K5+400		JD21				273.60	273.97		0.37	4.25	4.56	8.81	0.13	0.07	0.00
K5+420		$R=$				273.98	274.71		0.73	4.25	4.88	9.13	0.26	0.13	−0.03
HY+430.39		215.00 m				274.18	274.88		0.70	4.25	5.05	9.30	0.33	0.16	−0.04
K5+440		$L_s=$				274.36	275.00		0.64	4.25	4.90	9.15	0.27	0.13	−0.03
K5+460		50.03				274.74	275.25		0.51	4.25	4.58	8.83	0.14	0.08	0.00
HZ+480.42						275.13	275.64		0.51	4.25	4.25	8.50	0.01	0.07	0.01
K5+500						275.50	276.11		0.61	4.25	4.25	8.50	0.00	0.07	0.00
K5+520						275.88	276.54		0.66	4.25	4.25	8.50	0.00	0.07	0.00
K5+540						276.26	276.84		0.58	4.25	4.25	8.50	0.00	0.07	0.00
K5+560						276.64	277.03		0.39	4.25	4.25	8.50	0.00	0.07	0.00
K5+580					凸	276.94	277.24		0.30	4.25	4.25	8.50	0.00	0.07	0.00
K5+600			277.40		$R=2000$m $T=38.0$m	277.04	277.50		0.46	4.25	4.25	8.50	0.00	0.07	0.00
K5+620			+600		$E=0.36$m	276.94	277.79		0.85	4.25	4.25	8.50	0.00	0.07	0.00
ZH+638.89-22						276.66	277.86		1.20	4.25	4.25	8.50	0.00	0.07	0.00
K5+660						276.26	273.31		1.05	4.72	4.25	8.97	−0.02	0.09	0.19
HY+683.89						275.81	276.54		0.73	5.25	4.25	9.50	−0.08	0.19	0.40
K5+700	JD22		−1.9%			275.50	276.23		0.73	5.25	4.25	9.50	−0.08	0.19	0.40
K5+720	$R=$		230			275.12	275.77		0.65	5.25	4.25	9.50	−0.08	0.19	0.40
K5+740	190.00 m					274.74	275.12		0.38	5.25	4.25	9.50	−0.08	0.19	0.40
K5+760	$L_s=$					274.36	274.56		0.20	5.25	4.25	9.50	−0.08	0.19	0.40
K5+780	45 m					273.98	274.08		0.10	5.25	4.25	9.50	−0.08	0.19	0.40
K5+800						273.60	273.71		0.11	5.25	4.25	9.50	−0.08	0.19	0.40

制表：

续表

施工时中桩(m)		边　坡 1∶m		护坡道				边　沟						坡脚坡口至中桩距离(m)		备　注
				宽度		边　坡(1∶m)		坡度(%)		形状	底宽(m)	沟深(m)	内坡			
填	挖	左	右	左	右	左	右	左	右					左	右	
0.30		1∶0.5	1∶1.5							梯形	0.50	0.50	1∶1	5.00	6.00	
0.30		1∶0.5	1∶1.5							梯形	0.5	0.5	1∶1	5.00	6.00	
	1.54	1∶0.5	1∶0.5							梯形	0.5	0.5	1∶1	5.00	7.10	
0.75		1∶1.5	1∶1.5	1.50	1.50	1∶1.5	1∶1.5							6.58	7.58	
7.24		1∶1.5	1∶1.5	1.50	1.50	1∶1.75	1∶1.75							16.40	21.29	
10.22		1∶1.5	1∶1.5	1.50	1.50	1∶1.75	1∶1.75							20.95	20.60	
9.06		1∶1.5	1∶1.5	1.50	1.50	1∶1.75	1∶1.75							19.20	20.15	
7.79		1∶1.5	1∶1.5	1.50	1.50	1∶1.75	1∶1.75							15.80	16.20	
1.86		1∶1.5	1∶1.5	1.50	1.50	1∶1.5	1∶1.5							8.45	8.80	
1.22		1∶1.5	1∶1.5	1.50	1.50	1∶1.5	1∶1.5							7.55	7.85	
1.31		1∶1.5	1∶1.5											8.00	8.10	
0.88		1∶0.5	1∶0.5											6.25	6.25	
0.17		1∶0.5	1∶0.5							梯形	0.5	0.5	1∶1	5.00	5.00	
	0.30	1∶0.5	1∶0.5							梯形	0.5	0.5	1∶1	5.20	5.20	
	0.60	1∶0.5	1∶0.5							梯形	0.5	0.5	1∶1	5.37	5.58	
	0.54	1∶0.5	1∶0.5							梯形	0.5	0.5	1∶1	5.21	5.21	
	0.51	1∶0.5	1∶0.5							梯形	0.5	0.5	1∶1	5.32	5.62	
	0.43	1∶0.5	1∶0.5							梯形	0.5	0.5	1∶1	5.15	5.45	
	0.44	1∶0.5	1∶0.5							梯形	0.5	0.5	1∶1	5.15	5.77	
	0.54	1∶0.5	1∶0.5							梯形	0.5	0.5	1∶1	5.28	5.89	
	0.59	1∶0.5	1∶0.5							梯形	0.5	0.5	1∶1	5.30	5.50	
	0.51	1∶0.5	1∶0.5							梯形	0.5	0.5	1∶1	5.21	5.25	
	0.32	1∶0.5	1∶0.5							梯形	0.5	0.5	1∶1	5.20	5.20	
	0.23	1∶0.5	1∶0.5							梯形	0.5	0.5	1∶1	5.15	5.15	
	0.39	1∶0.5	1∶0.5							梯形	0.5	0.5	1∶1	5.30	5.70	
	0.78	1∶0.5	1∶0.5							梯形	0.5	0.5	1∶1	5.50	5.90	
	1.13	1∶0.5	1∶0.5							梯形	0.5	0.5	1∶1	5.60	5.95	
	0.96	1∶0.5	1∶0.5							梯形	0.5	0.5	1∶1	5.50	5.55	
	0.55	1∶0.5	1∶0.5							梯形	0.5	0.5	1∶1	5.40	5.60	
	0.54	1∶0.5	1∶0.5							梯形	0.5	0.5	1∶1	5.40	5.80	
	0.46	1∶0.5	1∶0.5							梯形	0.5	0.5	1∶1	5.32	5.45	
	0.19	1∶0.5	1∶0.5							梯形	0.5	0.5	1∶1	5.20	5.30	
	0.01	1∶0.5	1∶0.5							梯形	0.5	0.5	1∶1	5.10	5.13	
0.09		1∶0.5	1∶0.5							梯形	0.5	0.5	1∶1	5.05	5.05	
0.08		1∶0.5	1∶0.5							梯形	0.5	0.5	1∶1	5.00	5.00	

复核：

对城市道路横断面设计，其关系到交通、环境、景观和沿线公用设施的协调安排，所以除根据道路等级、交通量确定断面形式外，还应特别注意下列要点：

(1) 路幅应与沿街建筑物相协调。

从日照、通风、防震及建筑艺术要求，一般认为沿街建筑物高度与路幅宽度之比为$H:B=1:2$左右为宜。

(2) 横断面应与路上的交通性质与组成相协调。

由于城市道路主要由机动车、非机动车辆、行人交通以及公交汽车站等所组成，因此横断面要依据机非车辆与行人交通量的比例，并考虑公交线路及车辆的停靠等问题进行布置设计。

(3) 横断面布置应与道路功能相适应。

不同功能的道路应有不同的风貌与建筑艺术。例如商业性大街，因沿街有大型商店、影剧院等，一般以客运与行人交通为主，禁止过境载货车辆入内，断面布置时，车行道一般为四车道，并应考虑车辆的沿街停靠，且人行道宜宽，如图6-27所示。

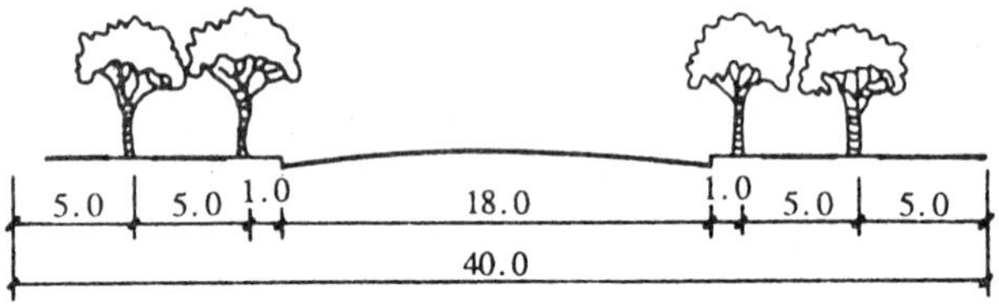

图6-27　商业性干道(单位:m)

对居民区滨河道路(图6-28)，往往靠河一边人行道最好布置成两条，一条靠近水面，供游人沿河漫步可观赏风光；一条靠近车行道便于过路行人通行。整齐的河岸、护栏、花坛、绿地等的合理布置构成优美的滨河景观。

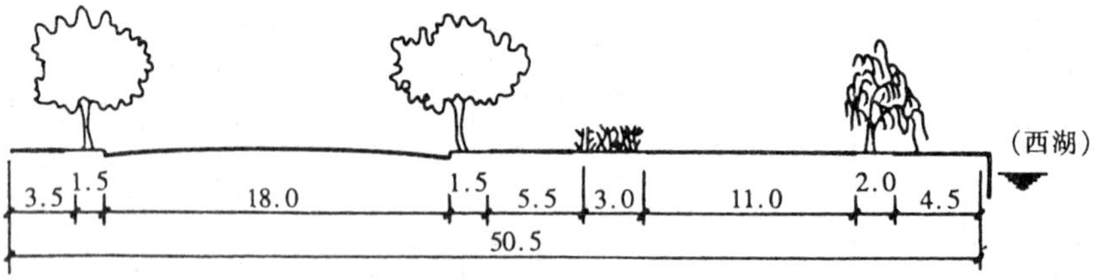

图6-28　居民区滨河路(单位:m)

城市道路横断面应绘出红线、车行道、人行道、绿带、照明、地下管线等的位置和宽度。通常采用比例尺为1∶100或1∶200，包括现状横断面图、近期设计(一般5～10年)横断面图及远景(一般15～20年)规划横断面图，如图6-29所示。

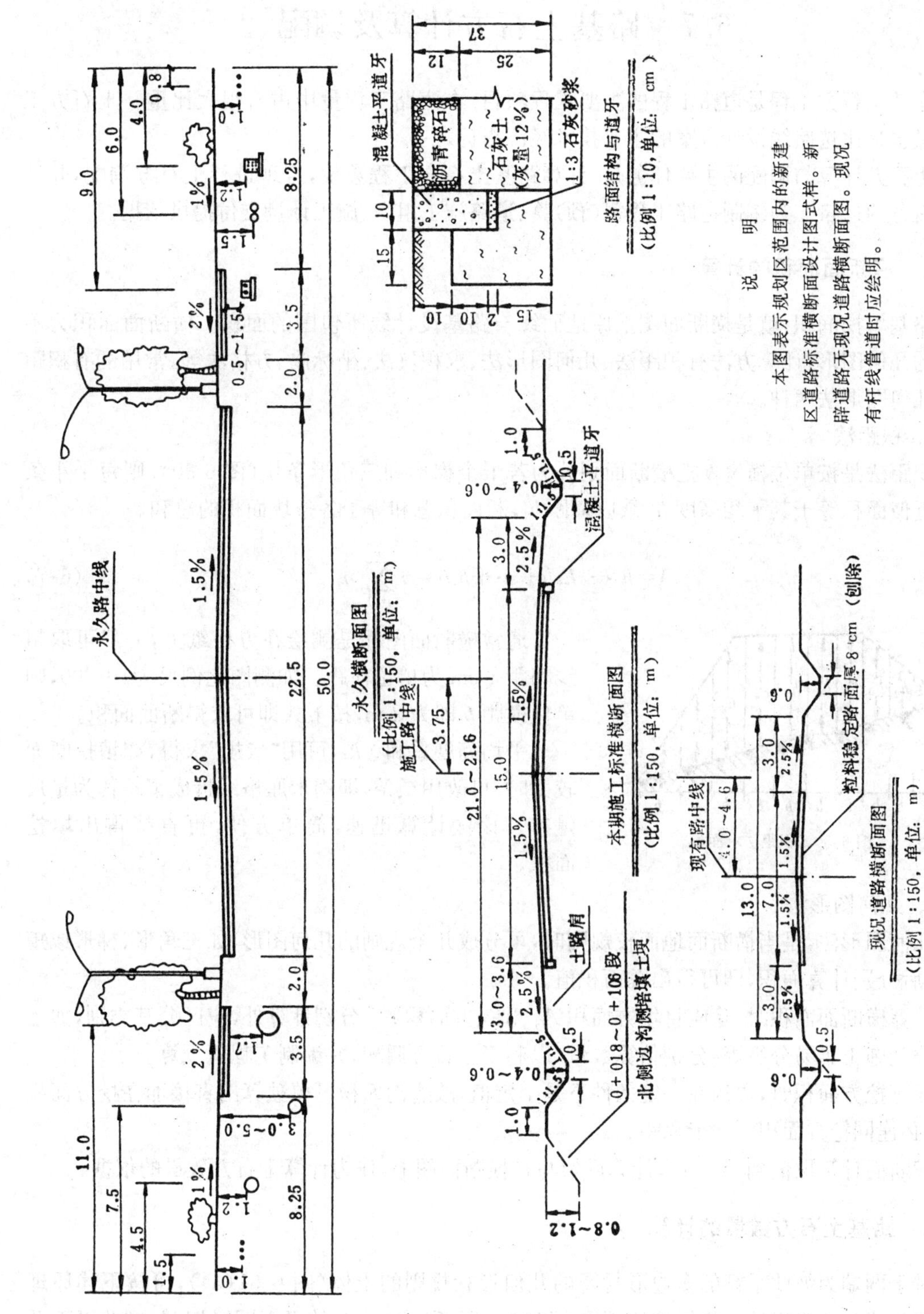
永久路中线
永久横断面图
(比例 1:150，单位：m)
施工路中线
本期施工标准横断面图
(比例 1:150，单位：m)
0+018～0+106段
北侧边沟侧培填土埂
土路肩
混凝土平道牙
路面结构与道牙
(比例 1:10，单位：cm)
沥青碎石
石灰土
(灰量 12%)
1:3 石灰砂浆
现有路中线
粒料稳定路面厚 8 cm（刨除）
现况道路横断面图
(比例 1:150，单位：m)
说　明
本图表示规划区范围内的新建区道路标准横断面设计图式样。新辟道路无现况道路横断面图。现况有杆线管道时应绘明。

图 6-29　标准横断面图

6.7 路基土石方计算及调配

路基土石方工程是道路工程的主要工程项目,在道路工程量中占有很大比重。土石方工程数量也是比选路线设计方案的主要技术经济指标之一。

土石方计算与调配的主要任务是:计算路基土石方工程数量,合理进行土石方调配,并计算土石方的运量。为编制道路工程概(预)算、道路施工组织、施工计量支付提供依据。

6.7.1 横断面面积的计算

路基填挖面积,就是横断面图上原地面线与路基设计线所包围的面积。横断面面积为不规则的几何图形,计算方法有积距法、几何图形法、求积仪法、坐标法、方格法等,常用的有积距法和几何图形法两种。

1. 积距法

积距法是按单位横宽 b 把横断面划分为若干个梯形和三角形条块(图 6-30),则每个小条块的近似面积等于其平均高度 h_i 乘以横距 b_i,断面积总和等于各条块面积的总和。

即
$$A=h_1b+h_2b+\cdots+h_nb=b\sum_{i=1}^{n}h_i \tag{6-7}$$

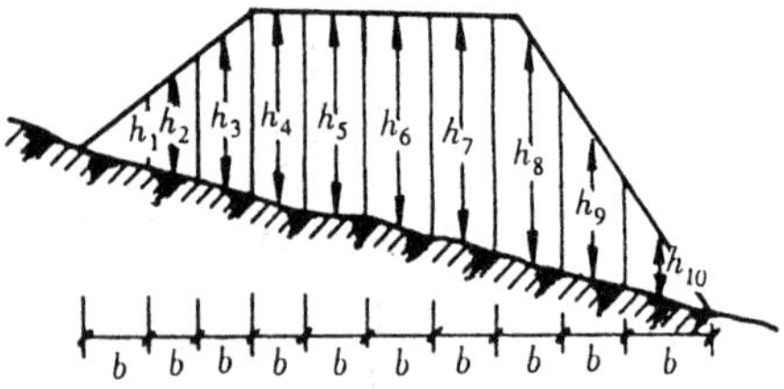

图 6-30 积距法求面积

通常横断面图都是测绘在方格纸上,一般可取粗线间距 1 cm 为单位横距。如测图比例尺为1∶200,则单位横距 b 即为 2 m,按上式即可求得断面面积。

平均高度总和 $\sum h_i$,可用“卡规”求得,如填挖断面较大时,可改用纸条,即用米厘格纸折成窄条作为量尺量得。该法计算迅速,简单方便,可直接得出填挖面积。

2. 几何图形法

几何图形法,是当横断面地面较规则时,可分成几个规则的几何图形,如三角形、梯形或矩形,然后分别计算面积,即可得出总面积值。

计算横断面面积时,除应将填方面积 A_T 和挖方面积 A_w 分别计算外,应区分其类别,如土石成分及施工难易分级等,分别估算数量,以利于土石方调配,并编制工程概预算。

计算挖方面积时,边沟在一定条件下是个定值,故边沟面积可单独算出直接加在挖方面积内,不必连同挖方面积一并卡积距。

横断面计算取值到 0.1 m^2,计算后填写在横断面图上,作为计算土石方数量的依据。

6.7.2 路基土石方数量的计算

对于两端为彼此平行的多边形封闭的几何形状规则的土体(图 6-31(a)),可按下述原理推导的公式计算工程量。将棱柱体用平行两底且距两底为 $L/2$ 的平面图形切开,在此平面图上任取一点 O,再把棱柱体分成若干个具有公共顶点 O 的锥体,自 O 点向棱柱体各顶点所引之线就是这些锥体的“边”,此时,体积由 $OABCDE$ 及 $OA_1B_1C_1D_1E_1$ 两锥体及五个侧锥体所组成，前两个锥体面积等于$\frac{A_1}{3}\times\frac{L}{2}$及$\frac{A_2}{3}\times\frac{L}{2}$，五个侧锥体中的一个为侧面积 CDC_1D_1 与锥体高度 h_1 的乘积(图 6-31(b))，h_1 等于顶点 O 至 CDC_1D_1 面上的垂线长度，故此侧锥体体积为$\frac{cd}{3}Lh_1$，所有侧棱体体积总和为$(cd\cdot h_1+de\cdot h_2+ea\cdot h_3+ab\cdot h_4+bc\cdot h_5)\times\frac{L}{3}$，而括弧内所包含的部分是棱柱体中央断面积 $F_{平均}$ 的两倍，因此，棱柱体总体积为

$$V=\frac{1}{6}A_1L+\frac{1}{6}A_2L+\frac{2}{3}A_{平均}L，即$$

$$V=\frac{L}{6}(A_1+4A_{平均}+A_2) \tag{6-8}$$

式中，$A_{平均}$ 为 $L/2$ 的中间断面积。

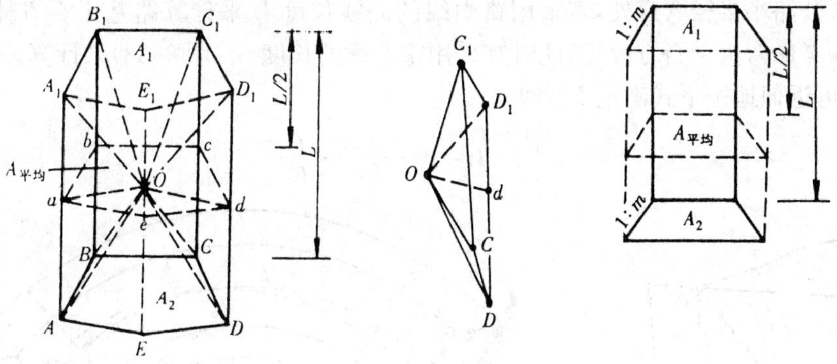

(a)　(b)　(c)

图 6-31　路基土石方计算

采用式(6-8)时，不仅要知道两端横断面面积，也要知道中间横断面面积。

对于平地上的路堤，可由式(6-8)推得下列公式：

$$V=\left[\frac{A_1+A_2}{2}-\frac{m(H_1-H_2)^2}{6}\right]L \quad (平均断面法) \tag{6-9}$$

$$V=\left[A_{平均}+\frac{m(H_1-H_2)^2}{12}\right]L \quad (中间断面法) \tag{6-10}$$

式中，$A_{平均}$(中间断面积)可按平均标高计算，平均标高可用两端施工高度之和的一半求算，即$H_{平均}=\frac{H_1+H_2}{2}$。

通常为计算方便，一般均采用平均断面法，并近似采用下式，即

$$V=\frac{A_1+A_2}{2}L \tag{6-11}$$

式中，A_1，A_2 分别为相邻两桩号的断面面积。

当 A_1 和 A_2 相差很大时，则与棱柱体更为接近，按棱柱体的计算公式应为

$$V=\frac{1}{3}(A_1+A_2)L\left(1+\frac{\sqrt{m}}{1+m}\right) \tag{6-12}$$

式中　m——比例系数，即$\frac{A_1}{A_2}$(A_1 为小面积，A_2 为大面积)；

L——相邻断面 A_1, A_2 的距离。

当 $A_1=A_2$ 时,则公式即为 $V=\frac{1}{2}(A_1+A_2)L$。

对于填挖过渡地段(图 6-32),为精确计算其土石方体积,应确定其中挖方或填方面积刚好为零的断面位置。设 L 为从零挖断面 $A_{填}$ 到零填断面 $A_{挖}$ 的距离,则此路段角锥体的体积即为

$$V_{填}=\frac{1}{3}A_{填}L$$

$$V_{挖}=\frac{1}{3}A_{挖}L$$

在山区公路小半径弯道处,若采用路中线的曲线长度 L 来计算路基土石方体积,往往误差较大而须考虑弯道土石方改正,此时宜采用重心线的长度 L_0(图 6-33)来计算。对于半径为 R 的弯道,可近似地按下式确定 L_0,即

$$L_0-L=\pm\frac{e_1+e_2}{2}\times\frac{L}{R}$$

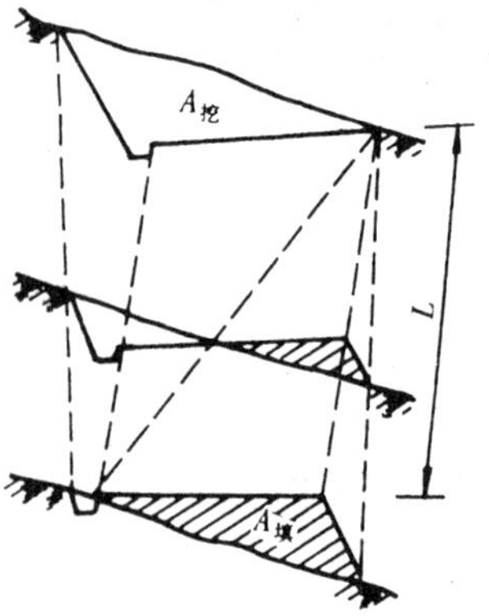

图 6-32 填挖过渡段的体积计算

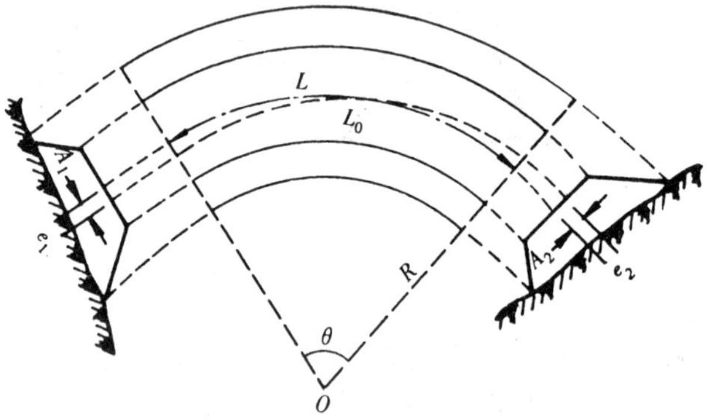

图 6-33 弯道处的土石方体积改正

式中,e_1 和 e_2 为两相邻断面的重心偏离路中心的距离,当重心位于中线外侧时为正,内侧时为负。

所以,弯道土石方改正值即为

$$\Delta V=\pm\frac{A_1+A_2}{2}(L_0-L)=\pm\frac{A_1+A_2}{2}L\frac{e_1+e_2}{2R}$$

$$=\pm\frac{(A_1+A_2)(e_1+e_2)L}{4R} \tag{6-13}$$

从上式看出,偏距 e 越大、半径 R 越小、曲线越长时,对土石方改正数量影响越大。因此,在土石方数量计算时要否考虑弯道土石方改正,应根据计算要求的精度决定。

6.7.3 土石方调配

路基土石方数量计算后,要进行土石方调配,以便确定填方用土的来源,挖方弃土的去向,以及计价土石方的数量和运量。通过调配,合理地解决各路段土石方数量的平衡与利用问题,

在符合国家政策和技术经济合理的原则下，不仅使土石方数量最小，避免不必要的借土和弃土，并尽量减少占用农田的数量。

1. 调配的原则

(1) 尽可能移挖作填，以减少废方和借方。如半填半挖断面的路段，首先在本路段内移挖作填，作横向平衡，然后再纵向调配。

在某一限度距离内，可以用路堑的挖方作为路堤的填方，该限度距离称为“经济运距”，即

$$经济运距=L_0+L_1$$

式中　L_0——免费运距(km)；

L_1——经济增运距离(km)，即 $L_1=\frac{B}{T}$，其中 B 为借方单价(元/m^3)，T 为远运运费单价(元/m^3·km)。

根据定额规定，土方作业包括挖、装、运、卸四项工序。土石方的运距计算，按照预算定额规定办法，在规定的距离内(一般人工运输为 20 m，汽车运输为 1 000 m)只按方量计价，不另计运费，这一规定所不单独计价的基本运距叫免费运距。运土超出免费运距以外的运距，则应另计运费。超出的运距叫超运距。

经济运距是评价借土或调运的指标，当调运距离小于经济运距时，采用纵向调运是经济的，反之，则可就近借土。

调运的距离通常是指平均运距，一般即指填挖方体积重心之间的距离。

在纵向调配时，当平均运距超过定额规定的免费运距时，应按其超运运距计算土石方运量。

(2) 废方要妥善处理。应使弃土不占或少占农田，在可能条件下，宜将弃土平整为可耕地，同时，要防止水土流失、堵塞河流或冲淤农田。

(3) 路基填方如需路外借土，应结合地形、农田排灌等情况选择借土地点，并综合考虑借土还田、整地造田等措施。

(4) 综合考虑施工方法、运输条件、施工机械化程度和地形情况等因素，选用合理的经济运距，用以分析工程用土是调运还是外借。

2. 调配的方法

在土石方数量计算复核完毕后即可进行调配，但必须明确填挖情况、桥涵位置、纵坡、附近地形和施工方法，做到调配时心中有数。

调配可在土石方数量表上进行(表 6-21)。

首先进行横向调配，满足本桩号利用方的需要，然后计算挖余和填缺的数量。

根据挖余和填缺量分布情况，可以大致看出调运的方向和数量，结合纵坡情况和经济运距对利用方进行纵向调配，而后填方若有不足或挖方未尽利用，再选定废土或借土的合适地点，确定借方或废方数量。调配一般在本公里范围内进行，必要时也可跨公里调配，但需将数量和方向分别注明。

调配的结果示于土石方数量表上，并可按下式复核：

横向调运＋纵向调运＋借方＝填方

横向调运＋纵向调运＋弃方＝挖方

挖方＋借方＝填方＋弃方

表 6-21　　路基土石方数量计算表

桩号	横断面面积（m²）（或为半面积）			平均面积（m²）			距离（m）	挖方分类及数量（m³）													
	挖	填			填			总数量	土						石						
		土	石		土	石			松土		普通土		硬土		软石		次坚石		坚石		
									%	数量	%	数量	%	数量	%	数量	%	数量	%	数量	
1	2	3	4	5	6	7	8	9	10	11	12	13	14	15	16	17	18	19	20	21	
K14+000	60.0																				
				71.1			17	1209				242		121				604		242	
+017	82.2																				
				84.3		5.0/2.0	8	674			20	135	10	67			50	337	20	135	
+025	86.4		10.0/4.0																		
				43.2	39.0	5.0/2.0	12	518				103		52				259		104	
+037		78.0																			
					73.8		4														
+041		69.6																			
				39.2	34.8		9	353						71				176		106	
+050	78.4																				
				56.4			10	564						113				282		169	
+060	34.4																				
				60.6			12	727						145				364		218	
+072	86.8																				
				55.9			8	447						89				224		134	
+080	25.0																				
				12.5	12.3	27.3	6	75						15				37		23	
+086		24.6	54.6																		
					26.3	55.3	8							20							
+094		28.0	56.0																		
					24.0	56.0	6						20				50		30		
+100		20.0	56.0																		
					22.2	50.0	8														
+108		24.0	44.0																		
				12.0	12.0	22.0/1.0	6	72						14				36		22	
+114	24.0		2.0																		
				35.0		1.5	10	350						70				175		105	
+124	46.0		1.0																		
				31.0	4.0	0.5	16	496						99				248		149	
+140	16.0	8.0																			
				29.0	7.0		20	580						116				290		174	
+160	42.0	6.0																			
				52.0	3.0		20	1040						208				520		312	
+180	62.0																				
				38.0	10.5		10	380						76				190		114	
+190	14.0	21.0																			
				7.0	28.5		10	70						14				35		21	
+200		36.0																			
小计							200	7555				480		1270				3777		2028	

续表

填方数量(m³)		利用方数量(m³)及运距(单位)							借方数量(m³)及运距(单位)		废方数量(m³)及运距(单位)		总运量(m³)		备　注
		本桩利用		填　缺		挖　余		远运利用纵向调配示意							
土	石	土	石	土	石	土	石		土	石	土	石	土	石	
22	23	24	25	26	27	28	29	30	31	32	33	34	35	36	
						363	846	调至上公里 土:363 石:500				346/③		1038	1. (4),(7),(23)栏中的～～表示砌石; 2. (24),(30)栏中( )内的表示以石代土; 3. (31),(32),(33),(34)栏中,分子为数量,分母为运距; 4. (31),(32)系借普通土和次坚石,若有不同,须加注明
	40 16		56			202	416					329/③			
468	60 24	155 (279)	84	34				土:202 石:(87)							
295				295				石:(40)							
313		71 (242)					40								
						113	451					443/②		886	
						145	582								
						89	358	②							
74	164	15	60	59	104										
210	442			210	442			土:347 石:882 (66)					694	1896	
144	336			144	336										
176	400			176	400			土:105					105	609	
72	132 6	14	58	58	80			石:480 (129) ①							
	5		15			70	265								
64	8	64	8			35	389					45			
140		116 (24)					440					440			
60		60				148	832				148	832			
105		76 (29)					275	石:(215)				60			
205		14 (56)		215											
2406	1574 69	585 (630)	281	1191	1362	1165	4894	土:654 石:1362 (537)			148	2495	799	5416	

最后算得计价土石方数量,即

计价土石方数量=挖方数量+借方数量。

复习思考题

6-1 路基的宽度是由哪些部分组成的?这些部分的宽度应考虑哪些因素来加以确定?

6-2 在平原区筑路时,为什么一般均做成低路堤?对较高的路堤,为什么两旁可以不设边沟?

6-3 机动车车行道的宽度是怎样确定的?应该考虑哪些因素?

6-4 试述绿化分隔带的作用。

6-5 车行道路拱有哪几种型式?路拱各点标高如何计算?

6-6 城市道路横断面路幅型式的选用应注意哪些问题?

6-7 路基土石方调配的基本原则是什么?

第 7 章 道路线形质量分析与评定及道路交通安全

7.1 道路景观与视觉分析

7.1.1 道路景观及其影响因素

环境是指人们的生存空间，生存空间的损坏将直接影响人们的身心健康。经济水平的发展对道路运输提出了越来越高的要求，最初，人们仅仅要求有路可走，道路设计的重点是寻求工程量最小的公路线形，提供晴、雨通车的道路系统。之后，人们要求快速、安全、舒适的道路系统，转而要求设计出符合特定标准的路线、路面体系，并提供安全可靠的交通措施。当今，随着经济的进一步发展、生活水平的进一步提高以及人们对汽车运输负作用的认识，在道路设计管理中进一步考虑道路与环境的关系已成为一种必然趋势。道路作为建筑物的一种，它的修建必将对原有环境产生各种各样的影响。

良好的道路系统不仅仅是给人们提供一种安全迅速的运输通道，而且还应具有赏心悦目的外观和音乐般的节奏；应该与周围的地形、地物和地貌有机地融为一体，成为当地风景的组成部分。

所谓道路景观，从道路使用者的角度来说，包括从道路上所看到的一切景物：道路景观始于道路或路面的轮廓线，再从此向外延伸到视线的尽头，包括能够尽收眼底的高山、平原、丘陵、河流、湖泊、树木、寺院（刹、庙）、人文景点以至天空中的太阳、星星和各种飞行动物等等。从游览者的角度来说，包括道路的布局、色彩和交通组织等，在他们俯视道路时，道路已成为自然风景的一部分，成为周围众多静景中的动景，而流动的车辆会使他们想起轻松乐曲的跳动音符。图 7-1 是风景优美的道路系统的一个例子。

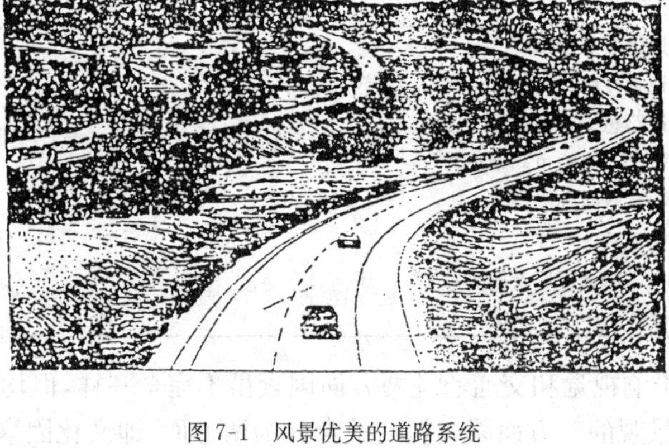

图 7-1 风景优美的道路系统

就大部分道路而言,对道路景观感受最多的不是游客(道路以外人员),而是道路的使用者,所以从动态的角度考虑道路景观是极其重要的。

道路与景观的作用是相互的。良好的设计可对当地景观增添现代气息;而风景的利用不仅可以使道路使用者感到赏心悦目,而且可以增加行车的安全感。

道路与景观的相互作用涉及三个因素:

1. 文化因素

包括两个方面,一是道路建设对周围人文景观(名胜古迹)的影响,另一是道路景观设计所体现出的文化背景,即具有地方(民族)特色的审美观;

2. 视觉(美学)因素

是指道路自身因素及周围自然因素相互作用所展示出的视觉优美性;

3. 交通心理因素

是指道路景观给司机和乘客所带来的有关交通安全方面的心理感觉;过分单调和使人害怕得神经紧张的道路景观都是不良的道路景观。

影响道路景观的因素,详见表7-1。

表7-1　　道路景观的影响因素

影响因素类型	影　响　因　素
文化方面	色彩 造型 名胜古迹 广告
视觉方面	路线与地形或景观的协调性 道路自身的因素: 　·路线布局三维空间线形 　·道路几何尺寸的视觉变化 　·道路结构物与路线、地形的协调性(色彩、造型) (道路及环境)色彩及造型的变化 视线的连续性 视野内的景观 交通标志(线)的色彩和大小 上述各因素在设计行车速度下的视觉效果
交通心理方面	边坡及安全措施 视觉导向,视觉的连续性 道路感受的多样性 安全设施的色彩及尺寸 视觉空间的大小 交通顺畅程度 空气清新程度及能见度 噪音

由表7-1可知,影响视觉和交通心理两方面因素虽不完全一样,但均与工程本身有直接关系,故可将影响道路景观的三方面因素粗略地合并为两方面,即文化因素和工程因素。

文化因素与评价的主体(评价者)有关,指评价者的文化背景;具有不同审美观的人们对同一客体的美学评价不会是完全相同的。他们对色彩的偏爱，对线形及结构物造型的喜好以及对名胜古迹的态度等，都将对评价结果产生决定性的影响。

道路两侧广告的存在无疑亦已成为道路景观的一部分，甚至可充当一些次要的道路设施。此时，管理者应要求广告的设计不仅从商品本身考虑，而且应与道路的景观相配合。

道路建设对景观的影响有正反两个方面。一方面，由于不可避免的填、挖工程，不合理的或不美观的立交和桥隧设计等将影响或破坏固有的天然景观；另一方面，合理的设计和修饰也有可能为原有景观增色，甚至形成新的人工风景点。

从以上所述可知，工程因素是评价的对象，表 7-1 中所列的因素都将对道路景观产生重大影响。

7.1.2　视觉分析

道路景观的评价应以动态方式进行，这种动态性包括两个方面，一方面随着时间的推移，人们的审美观会随之变化；另一方面，人们对景观的感受是在高速行车的条件下完成的，这与静态的感受有所不同。

从视觉心理出发，对道路的空间线形、道路与周围环境及自然景观的协调所进行的分析研究结果，使能满足视觉的连续性，以及舒适和安全感的综合设计，就称为视觉分析。

汽车行驶在路上，司机注意力随车速提高愈益集中，视野距离增大，范围愈益缩小。如图 7-2 所示。从图上可知，$V=60$ km/h 时，视角为 75°，视野距离为 400 m；当车速增加到80 km/h 及 95 km/h 时，视角分别为 60°及 40°，视野距离分别增加到 450 m 及 550 m。

调查发现，驾驶者在行驶视野内能看到两个或两个以上的平、纵面线形时，会使得驾驶紧张。

汽车行驶速度越高，驾驶者的注视点（即注意力集中点）就远。驾驶者到注视点的距离称为行驶视野。行驶视野和汽车行驶速度的关系见表 7-2。

表 7-2　　汽车行驶速度和行驶视野的关系

行驶速度(km/h)	120	110	100	90	80	70	60	50	40
行驶视野(m)	675	625	575	475	450	375	325	250	200

研究认为：两眼视觉范围如图 7-3 所示。为满足视觉心理上对线形连续、舒顺的要求，通常利用透视图或动态的录像显示来分析线形的视觉反应。

道路透视图的绘制是基于建立以视点 O 为原点的空间坐标(D,B,H)体系。如图 7-4 中 O 为视点原点，OD 为视轴，H 为纵坐标（上为正、下为负），B 为横坐标（右为正、左为负）。绘图时，道路特征点（沿中线桩号）的(D,B,H)坐标，分别由平面图和纵横断面图求得，单位为 m，而相对应的画面坐标(d,b,h)中 d 为固定值，一般取 $d=1\,000$ mm 或 500 mm。此时

$$\left.\begin{aligned} b&=\frac{d}{D}B \\ h&=\frac{d}{D}H \end{aligned}\right\}\text{单位为 mm}$$

为绘制道路透视图，司机视点一般取在前进方向右侧行车道分界线往右 1 m 的位置上，高度为 1.2 m（图 7-5），概略可以 1.5 m 计，而所绘道路透视图视点到画面的距离一般取$d=1\,000$ mm。

从透视法则可知，透视所绘物体图形符合下列法则：①近高远低；②近大远小；②近宽远窄；④近前远后；⑤近下远上；⑥近清远浊；⑦近弯远直。因此，道路透视图的形象，反映了司机

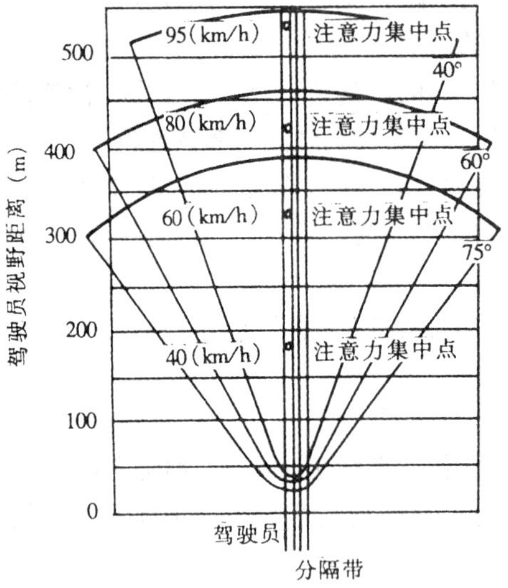

图 7-2　注意力集中点与视野距离、车速的关系

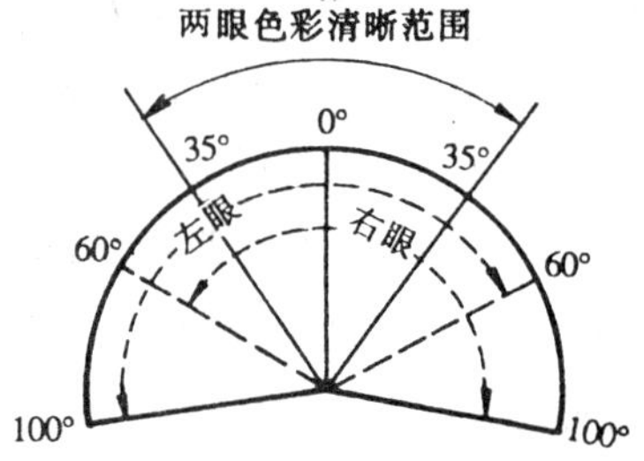

图 7-3　两眼视觉范围

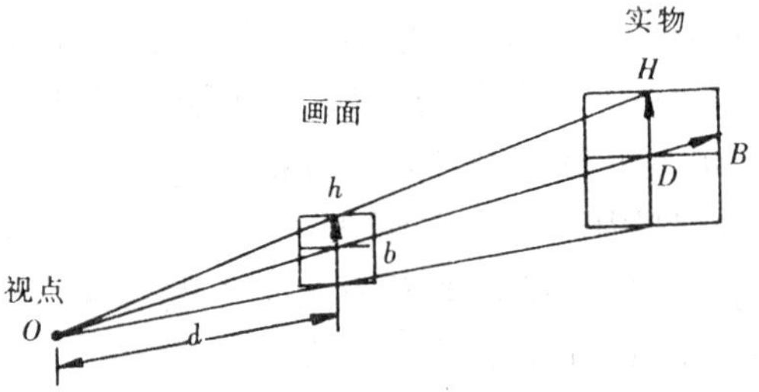

图 7-4

视点与物像的距离和方向。

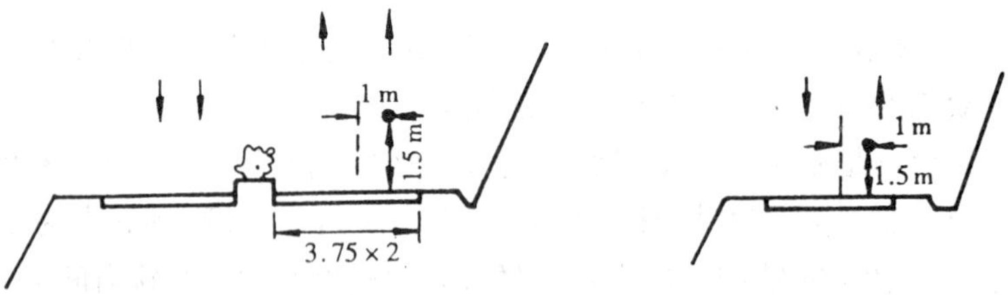

(a) 高速(四车道)公路　　(b) 双车道公路

图 7-5　视点在路上的位置

采用如图 7-6 所示的道路透视图,由于线形连续舒顺,可获得优美的立体感,取得平、纵线形与周围景观的协调。为此,道路线形设计要保持视觉的连续性,即要使道路具有舒顺的视觉线形,必须研究线形与视觉的关系。

视觉线形的基本组合图形按平面线形分为直线和曲线,纵面线形分为凸形和凹形竖曲线,则可组合为如图 7-7 所示的 6 种图形。如果进一步把平面线形要素分为直线、缓和曲线、圆曲线,那么,平纵的组合图形就会增加为 9 种。

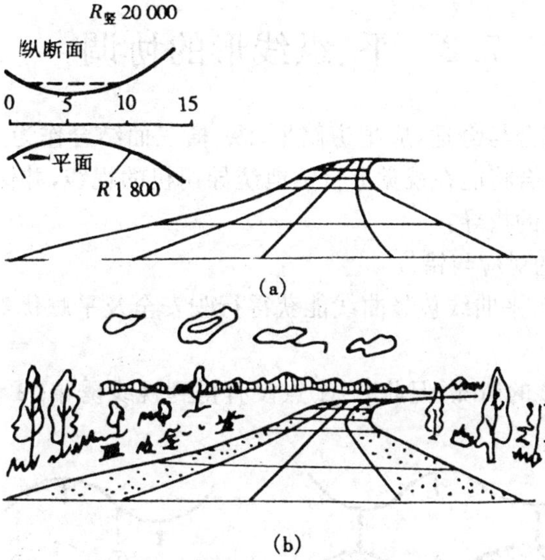

图 7-6　道路透视图

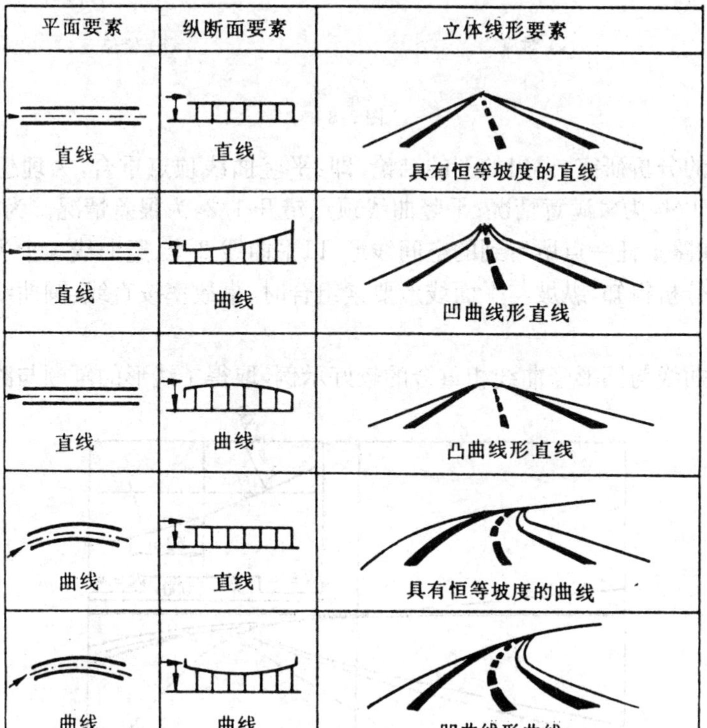

图 7-7　视觉线形的基本组合图形

7.2 平、纵线形的协调

为保证汽车行驶的安全与舒适,应把道路平、纵、横三面结合作为立体线形来分析研究。平面与纵面线形的协调组合将能在视觉上自然地诱导司机的视线,并保持视觉的连续性。一般可按下述几点作为设计的指导:

1. 平曲线与竖曲线的对应与错位

平曲线与竖曲线对应、平曲线包竖曲线能获得行驶安全及平顺优美的线形,如图7-8(a)所示。

图7-8(b)为错位1/2的情况,但此时:①点没有得到视线诱导;②点排水困难,因而视觉上道路呈现扭曲现象。

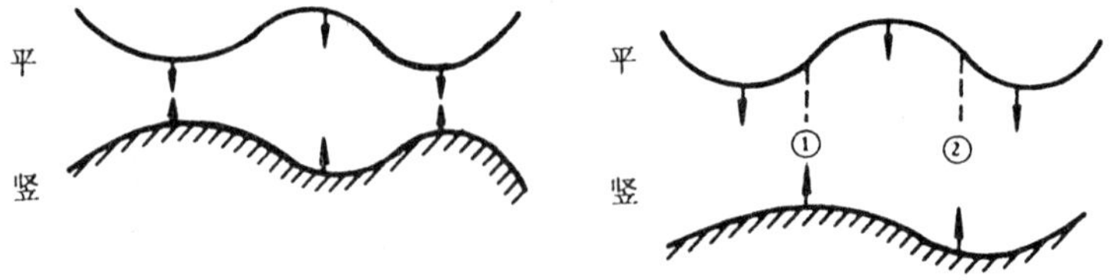

(a) 对应 (b) 错位

图7-8

根据透视图的分析研究,得出如下的结论,即:平竖曲线顶点重合,为理想及满意情况;平竖曲线顶点错开1/4,为较满意情况;平竖曲线顶点错开1/2,为很差情况。为了得到圆滑舒顺的视图,司机能在路上任一点所看到的空间线形,以平曲线2个、竖曲线3个为限。

从行车事故分析得知,纵坡与平面线形要素组合时,事故率按直线、圆曲线、缓和曲线顺序而上升。

图7-9是平曲线与凹形竖曲线相重合的较好示例,取得了线形的舒顺与路容的悦目。

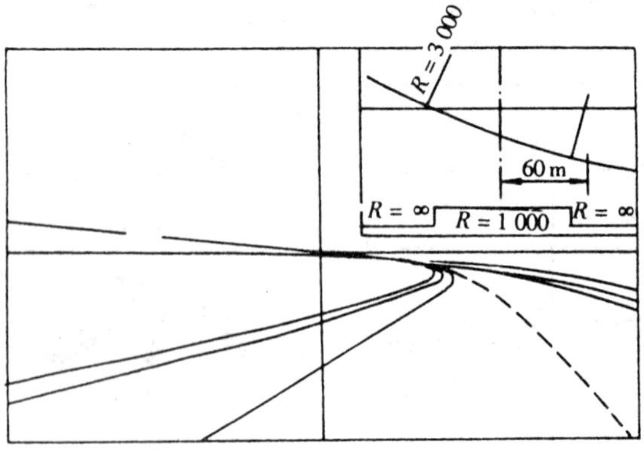

图7-9

配合得好的线形是竖曲线起讫点最好分别放在两个缓和曲线中间,其中任一点都不要放在缓和曲线以外的直线上,也不要放在圆弧段之内。图7-10下部实线所示为平竖曲线配合较好的示例。若平竖曲线半径都很大,则平竖曲线位置可不受上述限制。若做不到竖曲线与平曲线较好的配合，而二者半径都小于某限度时，宁可把平竖曲线拉开相当距离使平曲线位于直线坡段上或竖曲线位于直线上。

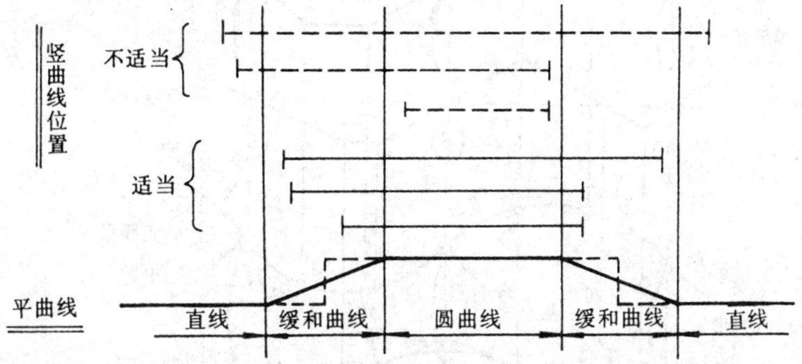

图 7-10

为判别平纵线形组合的优劣，可利用曲率图及坡度图，其判定点就是比较曲率图上的零点和坡度图上的零点。如图 7-11(a)所示，在线形图上表示的曲率零点和坡度的零点处于同一位置或几乎处于同一位置是一种不好的组合。这两种线形的零点一致，大致一看，就可知排水有问题。图上点Ⓐ和Ⓑ在纵面线形顶部与平面线形弯曲点重合时，不仅视线没有诱导，排水也发生困难。在点Ⓒ上，平面线形的弯曲点与纵面线形的凹处一致，虽然没有视线诱导上的问题，但排水却成问题。与上述相反，图 7-11(b)所示曲率图的零点与坡度图的零点交错，遵守平曲线和竖曲线重合的线形设计原则，可得到良好的立体线形。因此，利用线形图上零点是否交错，是判别平纵组合是否协调的有效方法。

2. 平竖曲线半径大小要均衡

注意保持平、纵线形的协调均衡，否则容易使司机失去顺适感。采用长曲线较采用直线可使线形舒顺流畅。

研究认为：当平曲线半径在 1000 m 以下时，竖曲线半径宜为平曲线半径的 10～20 倍，此时可获得视觉与工程费用经济的平衡，其协调关系见表 7-3。

对一般公路的视觉分析得出，平竖曲线的半径均在表 7-4 所列数值以下时，最好避免这两种线形重合，或把急弯与陡坡线形错开，或考虑把其中一线形增大到表列数值的 2 倍以上。

表 7-3　平竖曲线半径的均衡(m)

平曲线半径	竖曲线半径
600	10 000
700	12 000
800	16 000
900	20 000
1 000	25 000
1 100	30 000
1 200	40 000
1 500	60 000
2 000	100 000

表 7-4　避免平纵线形相对应的界限

设计车速(km/h)	平曲线半径(m)	竖曲线半径(m)
80	400	5 000
60	200	2 500
40	100	2000
30	50	1 500
20	50	1 000

3. 道路线形设计时，要避免线形的突变，并以顺适的线形连接与配合

平、纵面线形的组合应避免下列情况：

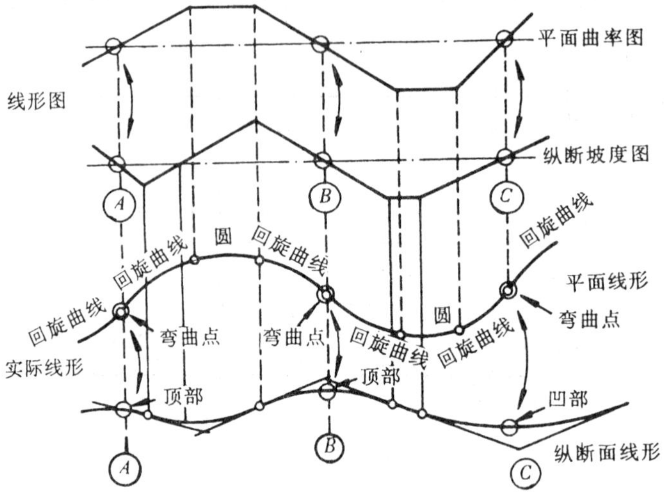

(a) 线形图的零点一致的情况——不好的组合

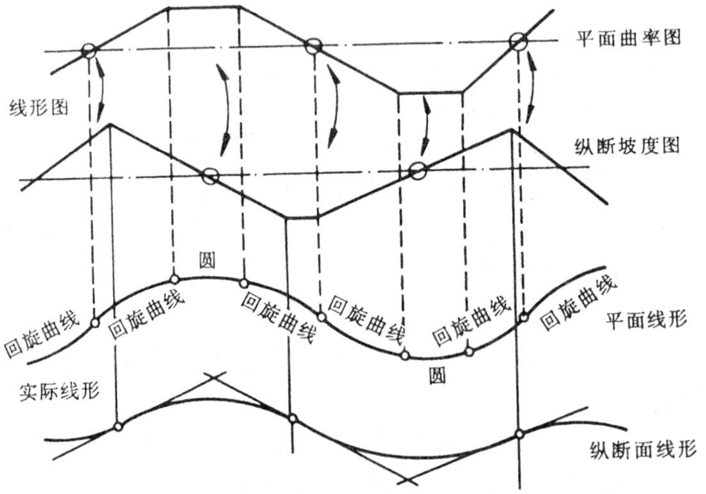

(b) 线形图的零点交错布置,形成平曲线和竖曲线重合的理想组合

图 7-11

(1) 凸形竖曲线的顶部或凹竖曲线的底部,不得插入小半径平曲线。

(2) 凸形竖曲线的顶部或凹形竖曲线的底部,不得与反向平曲线的拐点重合。

(3)直线上的纵面线形不应反复凹凸,避免出现使司机视觉中断的线形,如驼峰、暗凹、跳跃、断背等。

(4) 避免在长直线上设置坡陡或曲线长度短、半径小的凹形竖曲线。

(5) 长平曲线内不得设置短的竖曲线;长竖曲线内也不得设置短的平曲线。

(6) 直线段内不得插入短的竖曲线。

(7) 小半径竖曲线不宜与回旋曲线相互重叠。

(8) 应避免急弯与陡坡相重合。

(9) 应避免短的平曲线与短的凸形竖曲线组合。

(10) 应避免司机能在行驶视野内看到两个或两个以上的平曲线或竖曲线。

(11) 应避免平曲线与竖曲线错位的组合。

(12) 相邻坡段的纵坡，以及相邻曲线的半径不宜相差悬殊。

道路各几何部分的尺寸应圆滑渐变。例如，分隔带宽度的变化宜放在曲线部分；加宽缓和段端部，以及超高缓和段端部应采用圆滑的曲线缓和等。

4. 要选择合宜的合成坡度

山区纵坡大的路段插入小半径曲线，合成坡度过大，对行车安全不利，车辆易出事故。平原区，纵坡很小，平曲线变坡点附近的合成坡度过小，对排水不利，妨碍高速行车，故一般不应小于 0.5%。按《公路路线设计规范》规定，陡峻傍山路段及非汽车交通比率高的路段合成坡度最好小于 8%。

7.3　急弯陡坡的组成

陡坡段的小半径弯道，汽车上坡行驶时，功率耗费增加，行驶速度减慢；下坡行驶时，斜向合成坡度大，行驶危险。因此，合成坡度最大值是按汽车沿曲线超高下坡段行驶，前轮荷载增加的程度与直坡段相同而定。

如图 7-12(a)所示，纵向行驶平衡时，作用于前轴上的重力为 G_1

$$G_1 L = G_a \cos\alpha L_2 + h_g G_a \sin\alpha = G_a (L_2 \cos\alpha + h_g \sin\alpha)$$

所以

$$G_1 = \frac{G_a (L_2 \cos\alpha + h_g \sin\alpha)}{L} \tag{7-1}$$

式中，α 为纵坡角度。

由图 7-12(b)及(c)可知。作用于前轴垂直路面的力为

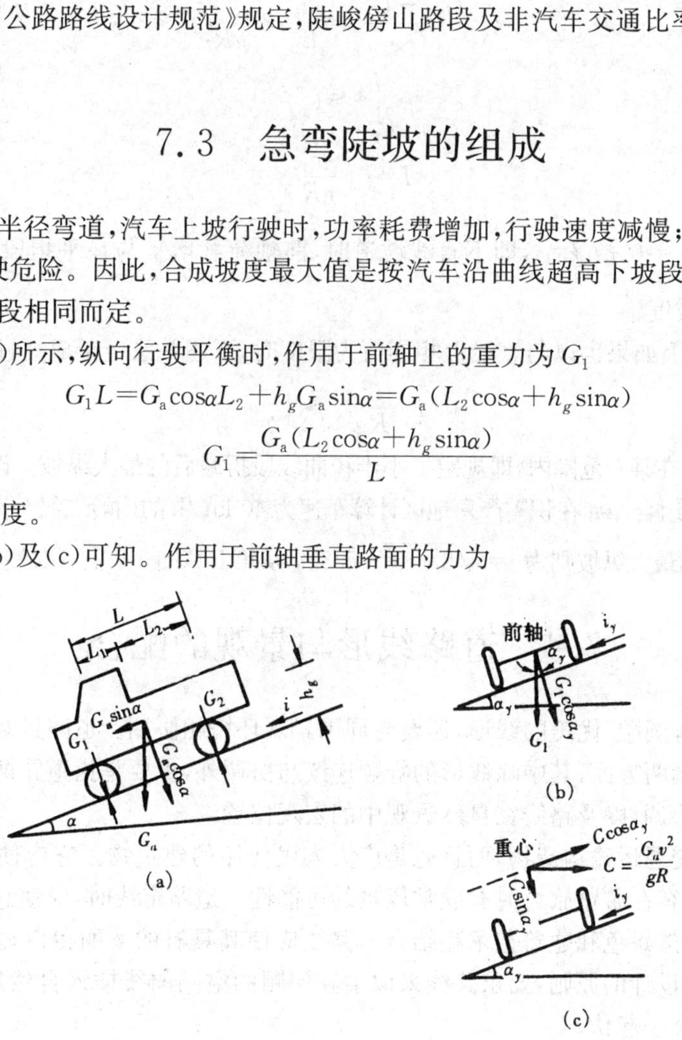

图 7-12

$$G_{1总} = G_1 \cos\alpha_y + C\sin\alpha_y \frac{L_2}{L}$$
$$= \frac{G_a (L_2 \cos\alpha + h_g \sin\alpha)}{L} \cos\alpha_y + \frac{G_a v^2}{gR} \sin\alpha_y \frac{L_2}{L}$$

式中，α_y 为超高角度。

因　α 及 α_y 很小，$\cos\alpha_y \approx 1$，$\sin\alpha_y = \tan\alpha_y = i_y$，$\cos\alpha \approx 1$，$\sin\alpha \approx \tan\alpha = i$

故　作用于前轴上垂直路面的力即为

$$G_{1总}=G_{a}\left[\frac{(L_{2}+h_{g})}{L}+\frac{v^{2}}{gR}\cdot\frac{L_{2}}{L}i_{y}\right] \tag{7-2}$$

平坦直坡段上

$$G_{1直}=G_{a}\frac{L_{2}}{L} \tag{7-3}$$

曲线坡道上比平坦直坡段上增加的荷载比为

$$I=\frac{G_{1总}-G_{1直}}{G_{1直}}=\frac{h_{g}}{L_{2}}i+\frac{v^{2}}{gR}i_{y}$$

一般载重车
$$\frac{h_{g}}{L_{2}}\approx 1$$

所以
$$I=i+\frac{v^{2}}{gR}i_{y} \tag{7-4}$$

直坡道上$\frac{v^{2}}{gR}i_{y}=0$，故$I=i$，即下直线坡道时，前轴荷载增量与在平坦段前轴荷载的比率等于该路段的纵坡度。

所以，在曲线上如果也以与直线上相同值为限度时，下述关系应予成立，即

$$i+\frac{v^{2}}{Rg}i_{y}\ngtr i_{\max} \tag{7-5}$$

合成坡度限定在某一范围内，即规定了小半径曲线段折减后的最大纵坡。设计时应尽可能地避免陡坡与急弯相组合。如在积雪严寒地区计算车速为40 km/h的山岭二级公路平曲线上的超高为6%时，所允许的最大纵坡则为$i=\sqrt{8^{2}-6^{2}}=5.3\%$，从第5章图5-3上可取整为5%。

7.4　道路线形与景观的配合

道路不仅要有圆顺、优美的线形，还要与周围景观环境相协调。道路景观应包括线形本身以及与环境的协调两方面，其中除线形的舒顺连续与协调外，主要是指道路两侧坡面、路肩、分隔带等与环境的协调，以及路线在自然景观中的宏观位置。

道路不仅是交通运输构造物，而且也是广大人民使用的建筑物。它应使人在道路上行车不感疲倦，并使旅客在游览旅行时有欣赏风景的可能性。道路定线时，应使它们的形态柔和优美，并与附近的自然景色和建筑艺术相结合。路线应使其具有的柔丽得以显露或强调。在这种情况下，按景观设计的原则，要求路线采取柔和匀顺的空间曲线插入自然形势之中，但并不要求迁就地形的微小起伏。

路线平面和纵面适应地形的合理配合，才能保证路线的舒顺。平面和纵面上的突变感觉只有在采用较大半径的平竖曲线时才能消除。平、竖曲线的半径、长度与偏角(或转坡角)大小应相适应，以取得平缓而流畅的线形。

道路的线形应能提供开阔的视野，并尽量利用最佳的景观特征引人入胜，避免感觉上的单调感。

道路路线要在符合技术要求的条件下，尽量适应地形地貌及自然景观，避免有过大的填挖，力求与周围景色融为一体，而不露出施工痕迹，不可避免时应迅速予以恢复其自然外观。

道路应具有优美的三维空间外观，应当是顺畅连续和可以预知的，并应与周围建筑物保持适当的比例。

为符合道路美化的要求，在道路用地范围内应当进行综合绿化处理，注意美化路容、诱导视线及防止冲刷。

在较高车速行驶下安全的保证是视觉的心理上对路线特征的显明性，道路与环境的绿化将能衬托出风景的优美，并正确地预估前方路线的特征。道路线形及附近构造物应纳入周围景色中，以得到优美和谐的美感。

1. 道路景观设计

道路景观设计就是从美学观点出发，使道路与周围景观协调所进行的设计。道路在满足规定的技术与经济要求下，应平顺而合理地适应当地环境。路线的布设不单纯是几何位置的布局，还需要研究司机的视觉分析及景观地形的规律，特别是司机的心理及司机对前面路线的正确预估，使路线具有令人心情舒畅的感觉。

要保证道路线形的顺适及它与地形的配合，必须对道路路线与环境形态加以研究，此时可绘出配景的道路透视图以评价线形及其与环境的协调。

汽车高速行驶要求路线具有动态平顺性，因此设计的路线应能使司机的视图不会产生波浪式起伏和急剧的转折。路线的平顺性要求直线与曲线彼此协调而有比例地交替。过长的直线会使司机感到疲倦，造成交通事故。只有在道路所指方向明显无障碍、地形适宜而又符合经济原则时，才允许采用长直线段。

2. 线形与景观的协调

线形与景观的协调包括路线绿化、建筑装饰、标志设置等。可通过护栏、植树、处理边坡、交通标志及路面划线等来改善行车、诱导视线及美化景观。例如：曲线外侧及丁字路口植树绿化可指引道路方向(图 7-13)；直线或曲线弯曲点附近有凸顶，可在分隔带或路旁植树，有利于给司机预告道路方向；为避免过长直线招致车祸，可设一些醒目的建筑物或纪念碑，以调整司机视觉，减轻单调疲劳感觉；注意避免大填挖对自然景观的破坏，可用绿化隐蔽不雅观的景物(如陡峭的沟谷、杂乱的取土坑、造型不良的房屋等)。

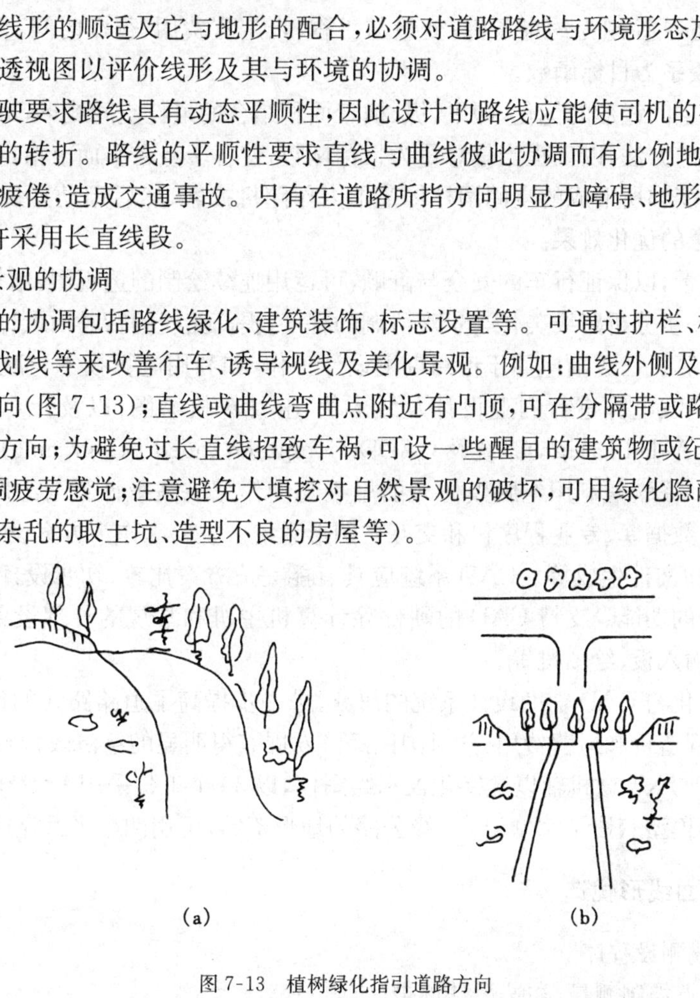

(a)　　(b)

图 7-13　植树绿化指引道路方向

绿化可调节气候、美化环境、净化空气、防风固沙、降低噪音、减少疾病。因此，可以认为“植树绿化”是“新鲜空气的加工厂”、“天然除尘器”、“卫生消毒站”。公园是“城市的肾脏”。绿化地带则是“控制市民神经和感情的调节器官”。但要注意，植树绿化要因地制宜，并与当地生态景观相适应。

7.5 道路线形的优化方法

道路线形优化设计包括平面、纵面及空间线形优化设计。平面优化就是依平面几何约束条件取得最优的平面线形。国外已研制根据方格网数字费用模型,并采用动态规划法进行宽带选线。数字费用模型可经过人工判定,把整个研究的区域划分成不同数值的成本区,并考虑某些成本线(如河流、铁路、现有道路等)和成本点(如居民点、工厂等),用动态规划法优选出第一次最佳方案,逐步缩小,分细网格,重复优化直到符合一定精度为止,所得出的一系列折线,再用多项式曲线拟合,以获得合理的最优平面线形。

纵面优化就是要满足某些标高控制约束,使工程量与工程费用最少,运营效益最高。纵面优化通常采用的变量、约束条件、目标函数分别为:变坡点里程、标高和竖曲线半径是优化的变量;技术标准与各项控制为约束条件;变量与工程量、工程费用、行车时间、行车安全、燃料消耗、线形舒顺等关系为目标函数。

为取得道路空间线形的优化,即平、纵、横三面相结合的最佳空间线形,可采用随机搜索与动态规划相结合的方法,以工程当量总量为目标函数,使各转点在平面上指定半径的圆圈和纵面上指定的上下变幅所形成的空间圆柱体范围内作随机搜索,然后用动态规划法经过若干次优化后,得到满意的优化效果。

评价路线质量,以保证行车的安全与舒顺,可运用连续绘制的透视图,增加配景,进而形成动态显示,以进一步分析路线美化与景观协调的程度,提高路线的行驶质量。

目前电子计算机已逐渐应用于道路勘测设计工作,如利用电算技术与航摄像片绘制地形图和道路选线;路线电算进行内业设计及线形优化;计算机绘图;以及计算机辅助设计——CAD(Computer Aided Design)系统及 CADD(Computer Aided Design and Drafting)。

计算机 CAD 系统是利用电脑模仿人的思维与动作完成高级计算与绘图工作,它包括一个系统——综合数据库、专业程序包和交互式图形系统。主要工作为方案设计与选择、计算与优化、图纸绘制和文件生成等。CAD 系统应具有能完成方案比较、初步设计、分析计算、细部设计和形成文件的功能。支持 CAD 的硬件除计算机主机和常规的外部设备外,还包括图形显示终端、图形输入板、绘图机等。

道路路线优化与 CAD 辅助设计系统的研究,进一步提高了道路路线的设计质量、加快测设速度、降低工程造价和运营费用,并对国民经济发展获得明显的经济效益与社会效益。例如某省采用 IBM-PC/XT 微机辅以数字化仪和绘图仪,以 30 个工日采用 1∶2 000 的地形图按照方格网数字地形模型获取了 120 km 一级公路的地形资料,可用两个半月完成初步设计工作。

7.5.1 道路平面线形优选

1. 平面选线测设程序

(1) 野外标点控制测量,初选最佳地带(定向)。

① 拟定计划测量路线方向;

② 运用现成的 1∶50 000 比例尺地形图及卫星照片所提供的自然资料,并作 1∶50 000 补充航空摄影图和航空视察;

③ 对公路经过区域作综合评价。即在上述地形图上选择几条路线来作评价；

④ 作野外踏勘标点，控制测量，备作大比例尺的航测，以供最后评选。

(2) 航测电算，选定最佳路线(定线)。

① 根据标点，航测 1∶20 000 航空摄影图；

② 用多倍仪测制 1∶5 000 地形图和地质剖面图，进行立体图观测；

③ 作地球物理勘探取得资料，对照上面两种比例尺地形图进行地质研究；

④ 根据多倍仪测图和地质研究成果，确定公路高度，获得纵断面资料；

⑤ 通过计算机数字处理，从最佳地带中的 2～3 条路线中选定一条路线，在图上标定。

2. 路线方案综合比选最优化的原则，一般是依道路修建成本最低的原则

通过成本图，找出"最佳地带"。成本图包括的成本区和成本线是以单位长度路线通过山谷、江河等不同地形、地物所需修建成本和每条路线所需投资，求得一张包含所有成本因素的组合成本图，然后把该图划分为 $m \times m$ 个矩形格网，电算对格网点和路线起终点的成本，形成"成本矩阵"，从而求得所有可能路线的修建成本及相应的运输成本，提供一定宽度的"最佳地带"，使设计者进一步把总成本减小到最小程度，以确定最佳路线。

路线评比的标准可有：①适用；②经济；③安全；④舒适。要把道路上的通过能力、行驶速度与安全舒适程度、运营的经济性结合起来考虑。

由于电算技术的应用，平面线形已研究采用样条函数，可满足行车安全舒顺的要求。样条函数是一种由分段多项式构成的特殊函数。从几何上讲，各段曲(直)线必须在连接处相切，平面控制点的点绘所形成的样条函数通过的约束条件，应满足曲率半径必须大于极限最小半径或在一般最小半径以上的规定。

7.5.2　道路纵断面设计的优化

纵断面的优化设计，目的在于获得行驶舒顺安全而又经济效益高的线形。

纵断面的约束条件，一般有坡度约束、相邻坡度段代数差约束、固定点设计标高约束和土方体积约束(考虑土方调配)等几种。

目标函数也可采用施工标高的总和、土石方总体积或工程运营费总额等不同方式表达。

设计变量可采用两种不同形式，一种是用各变坡点的设计标高作为变量，另一种是用各个坡段的设计坡度作为变量。在后一种情况下，设计区段的起终点设计标高当然应当作为约束条件限定。按第一种取设计变量时，约束条件的表达式比较复杂，而目标函数的表达式则比较简单，按第二种取设计变量时，则相反。

如图 7-14 所示 AC 路段，地面纵断面线如图示。如该路段只有两个纵坡段，A,C 点高程已控制，则此路段只有一个变坡点 B，它在满足最小设计间距和容许纵坡 $i_{\max}$ 的约束范围 $DEFGHI$(即可行域)内任意位置时，其填挖土石方总量可通过程序以等值线表示。在等值线图中，mn 是通过某一桩号的垂直线，变坡点标高愈高，填方愈大；变坡点标高愈低，挖方愈大，而填挖方总量则在某一点 S 最小，即 S 点是变坡点 B 选在 mn 所在桩号时的最优点，因而，在任一桩号垂线上都相应有一个变坡点。当变坡点桩号已定时，即可通过优选法找到这个最优变坡点，得到一个最佳纵坡方案。

在等值线图上，发现 Q 点比附近点都好，即为局部最优点，而 P 点则比可行域内任何点都好，称为全局最优点。进行纵断面线优选设计的目的，就是找到 P,Q 点作为变坡点。

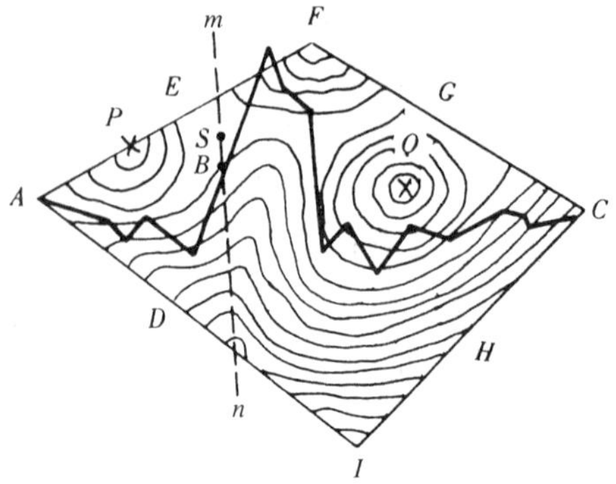

图 7-14

优选法一般可有如下三类：

(1) 如目标函数具有解析表达式，可用求导解方程的方法求函数极值，即最佳值，称为解析法或间接法。

(2) 如无法列出解析表达式，通过做试验直接比较试验结果，以找出最佳点的方法，称为直接法。

(3) 在目标函数解析表达式不易导出的情况下，可根据试验数据，用“最小二乘法”或“内插法”，先求出目标函数的近似表达式(即经验公式)，然后用间接法求得最佳点，即为逼近技术。

例如：

(1) 0.618法。是单变量优选中常用的方法，即在区间 ab 内寻优(图 7-15)。可在 $x_2=0.168(b-a)$ 及对称点 $x_1=0.382(b-a)$ 计算函数值 $F_{x1}=f(x_1)$，$F_{x2}=f(x_2)$，然后比较 F_{x1} 和 F_{x2}，如 $F_{x1}<F_{x2}$，则保留 ax_2 作为新的优选区间，一直继续优选。

(2) 降维法。为多变量优选的有效方法。常用“好法出发点”，即反复寻优，最后求得最佳结果。若用等高线表示两维变量的函数值，初选点为(x_1,y_1)，先固定 y_1 变动 x，用单变量优选求得 x_2 最好，然后固定 x_2 变动 y，同样用单变量优选法求得 y_2 最好，再相继求得 x_3，y_3，x_4，y_4，直至最优点 x^*，y^*(图 7-16)。

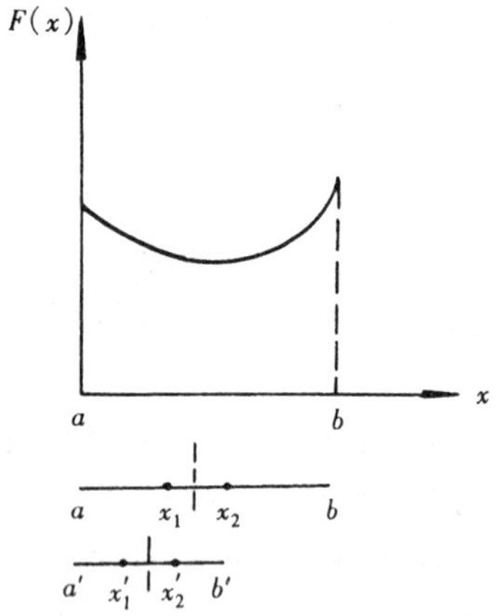

图 7-15　0.618法

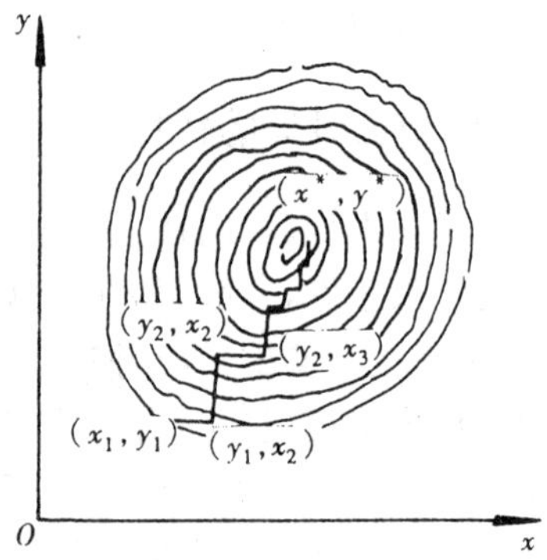

图 7-16　降维法

(3) 变形法。是有约束的多变量优选的常用方法。如图 7-17 所示，$ABCD$ 为可行域，假定 1，2，3 为初始复形点，在最坏点 1 的对称方向上，可求得反映点 4 以代替点 1，按新复形 2，3，4 又可求得反映点 5，依此类推，按复形点 5，6，7 求得反映点 $8'$，超过边界时可缩回一半，重新求得 8 作为反映点……。当复形缩得相当小，或各复形点目标函数足够接近时，可择最好点作为寻优结果。

道路的行驶条件，诸如行车速度、燃料消耗、行车安全率等可作为评价路线线形质量的指标，并应把上述指标作为综合问题加以研究。

各种使用条件下的行驶状态，是加、减速状态和接近匀速行驶状态的组合。城市道路行驶时，速度状态带有停车循环的性质，即“加速—减速—制动”循环和“加速—稳定行驶—减速—制动”循环为典型循环。公路的行驶状态，基本上是无停车的各种循环的组合(加速、滑行、稳定行驶、减速)。道路路线体现了一定使用条件,使用条件的多样性决定了路线特性作为随机事件。

因此,可采用综合指标以评价道路的使用质量,即运用某一综合指标与研究参数关系解决优化问题(最低成本与最大工作效率)。可把 $y=\varphi(x)$ 计算式绘成图 7-18 的形式,曲线有极值,被研究参数 x 的最佳值区间(阴影)相应于技术指标的最大值(曲线 1)和比成本的最小值(曲线 2)。

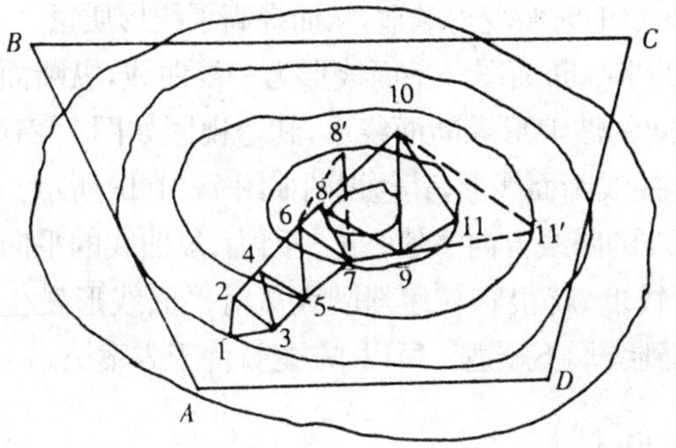

图 7-17　变形法

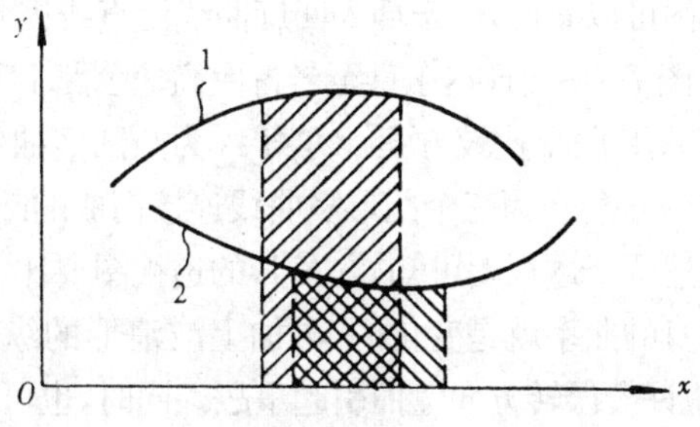

x—被研究参数;y—综合指标;

1—技术综合指标;2—比成本

图 7-18　参数值优选简图

7.6　道路线形质量的评定

道路线形设计要充分利用当地的地形地物,正确地掌握技术标准与规范的要求,使所设计的路线在一定年限内总的经济效益为最佳,以达到经济、迅速、安全、舒适的目的。因此,道路线形设计不能片面地只追求造价低,而应同时保证道路线形的良好质量。

《公路路线设计规范》(JTG B20—2005)规定:“路线平、纵、横组合设计,可采用路线透视图进行评价。”公路立体线形的优劣对汽车驾驶者而言就是能提供其安全性、快速性及舒适性的程度。而安全与舒适的感觉主要是通过视觉所获得的各种信息而得到的。公路路线透视图或动态连续透视图能直观地提供对视觉的检验与评价,因而对路线平、纵、横组合设计,一般情况下采用路线透视图进行评价是直观而有效的。

透视图法是根据道路的平面线形、纵断面线形及道路的横断面设计资料,绘制出驾驶人员在不同桩号处注视前方道路时映入眼帘的透视图,以此来判断路线平纵线形是否协调,道路与

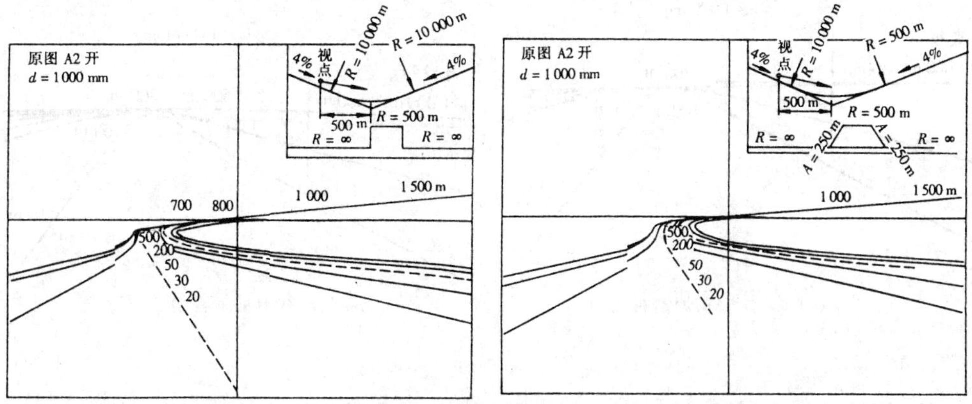

(a)　　(b)

图 7-19　道路线形透视图

景观的配合是否适当,曲线之间的连接是否平顺,道路的走向是否清楚,通视条件是否良好等。如果检查中发现线形有缺点时,应对设计作某些修改,使施工后的道路空间线形达到较为完美的程度。

图 7-19 是为了研究 $R=500$ m 的平曲线要否设置缓和曲线后的道路透视图。图 7-19(a)是未设缓和曲线的情况,图 7-19(b)是插入参数 $A=250$ m 的回旋线作为缓和曲线后的透视图。比较两透视图可以看出,由于插入回旋曲线使直线进入圆曲线的时候变得顺适,从而提高了线形质量。

图 7-20 为日本东京至名古屋高速公路上某段的平纵断面图。平面线形为一复曲线,纵断面线形有 A,B 两个比较方案。方案 A 为凸凹竖曲线相间的波浪形纵断面线形,其透视图如图 7-21(a)所示。方案 B 为三个凸形竖曲线连接而成的凸形竖曲线断面线形,其透视图如图 7-21(b)所示。对比上述两个透视图可知,方案 B 的透视图要比方案 A 的路线方向清楚。这是因为,复曲线的平曲线形本身的曲率就是变化的,再加上波浪形的纵断面线形,就很容易使驾驶人员对平面线形发生错觉,也许会误转方向盘而引起事故。同时,也可能感到线形不顺适。所以,方案 B 优于方案 A。

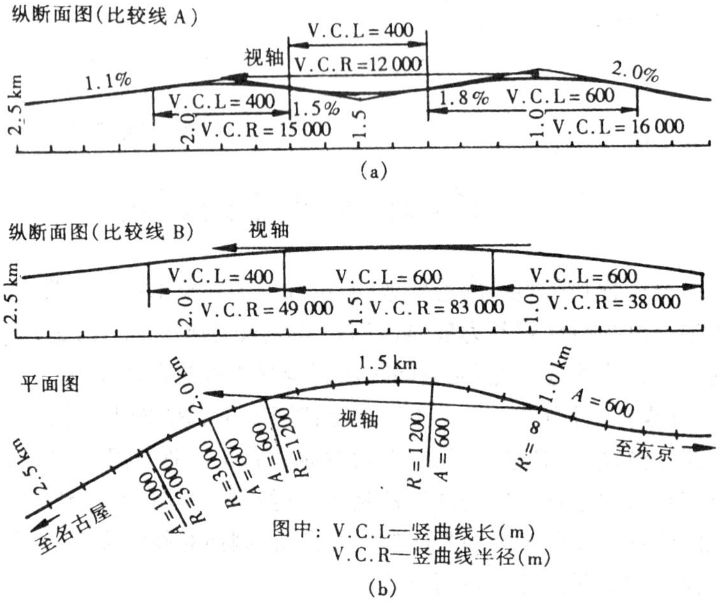

图 7-20 日本东名高速公路上某段的平纵断面图

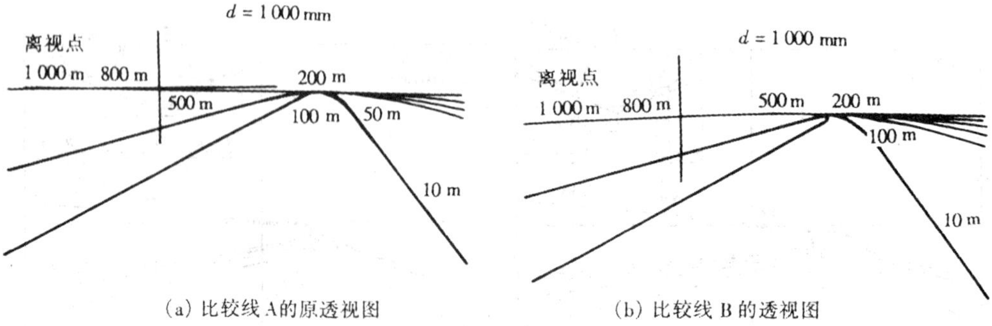

图 7-21

上述透视图只绘出道路的中线与路基路面边线,称为普通的道路线形透视图,这种透视图可利用计算机很方便地绘出。此外,还可以在透视图上绘出道路两侧的景物,称为道路全景透视图，如图 7-22 所示。全景透视图不仅能反映出道路线形的优劣，而且可以看到道路与其周围的景观配合是否合适。道路全景透视图的绘制也可以利用计算机来完成，但是需要采集较多的数据，对计算机输入的工作量也较大。

图 7-22　道路全景透视图

7.7　道路计算机辅助设计

7.7.1　国内外发展状况

作为 20 世纪公认的世界重大技术之一，计算机辅助设计（CAD）正日益深刻地影响着当今工业和各个工程领域，在道路交通领域也不例外，道路 CAD 技术的应用大大地提高了设计速度，使设计人员有更多时间对设计结果进行优化、对比，从而提高设计质量，节省工程造价，给工程投资、设计和施工等部门带来了显著的经济效益和社会效益。与此同时，道路 CAD 软件本身也日趋成熟。60 年代初，计算机开始在公路设计中应用，当时主要用于繁杂的数值计算和路线优化，至 70 年代初，英国、法国、原联邦德国、丹麦等一些欧美国家都相继在道路路线优化（特别是纵断面优化）和辅助设计绘图等方面取得了较成熟的成果，并在实际生产中得到应用。到 80 年代，许多工业化国家已形成了具有数据采集、设计、计算、绘图等完整功能的软件系统，并达到了商业化的水平。随着计算机及其外围设备的不断更新也使这些系统的性能不断提高。目前，国外的道路 CAD 软件已向三维渲染、参数化设计和工程数据库支持的方向发展，所支持的设计对象也从以前的新建公路向已有道路改建发展。目前正在进入我国市场的国外具有代表性的道路 CAD 软件有德国的 CARD/1 系统，英国的 MOSS 系统和美国的 INTERGRAPH-INROADS 系统等。

我国对计算机道路设计的研究始于 20 世纪 70 年代中后期，开始注意力主要集中在路线优化技术上，国内各有关高等院校及科研设计单位先后编制了有关的路线优化程序，取得了一些成果，但与大规模实际应用的要求尚存在一些问题有待解决。80 年代，各单位开始开发研制路线辅助设计系统，开始是简单的计算、绘图系统，以后发展到具有一定的人机交互功能。1986 年开始实施的国家“七五”攻关项目列入了“高等级公路路线优化及辅助设计”。近年来，由于微机在中央处理器的速度、内存和硬盘容量等方面的快速发展，并随着整机价格的下降，使微机成为道路 CAD 系统的主流机型。目前全国已开发完成若干个道路微机 CAD 系统。同济大学从 1986 年起首次运用软件工程学原理，遵循《软件开发规范》开发完成了“公路路线微机辅助设计系统”(以下简称TJRD系统),该系统在软件总体设计、人机对话、数据管理等方面取得了较好的成果,经过长期的维护,已在包括多条高速公路在内的大量道路设计中得到了应用,经济效益和社会效益显著。

7.7.2 道路路线辅助设计系统的组成

计算机辅助设计(CAD)是指利用计算机及外围设备帮助工程师进行工程和产品的原始数据采集、设计、绘图等工作。CAD系统由硬件和软件两部分组成。硬件包括计算机(主机、显示器、硬盘等)和外围设备(打印机、绘图机、数字化仪和图形扫描仪等),见图7-23。CAD系统的软件包括:操作系统(如DOS, WINDOWS, OS/2, UNIX等)、语言环境(如C,FORTRAN, PASCAL, BASIC等)和支撑软件(如AutoCAD, Micro Station和GKS等)。目前,道路CAD系统的主机平台主要有小型机和微机两种,小型机工作站主要有HP,SUN,VAX等,MOSS,INROADS就是建立在小型机平台上的系统,国内多以微机作为工作平台,随着近年来微机性能的快速发展,MOSS等软件也开始推出微机版。一个典型的微机系统的主要组成如图7-24所示。

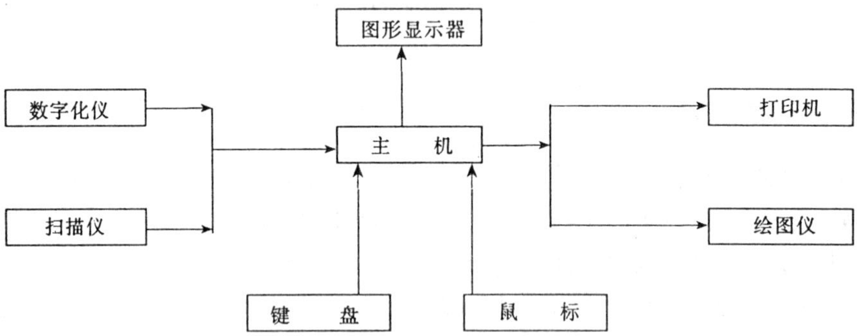

图7-23　CAD系统硬件组成

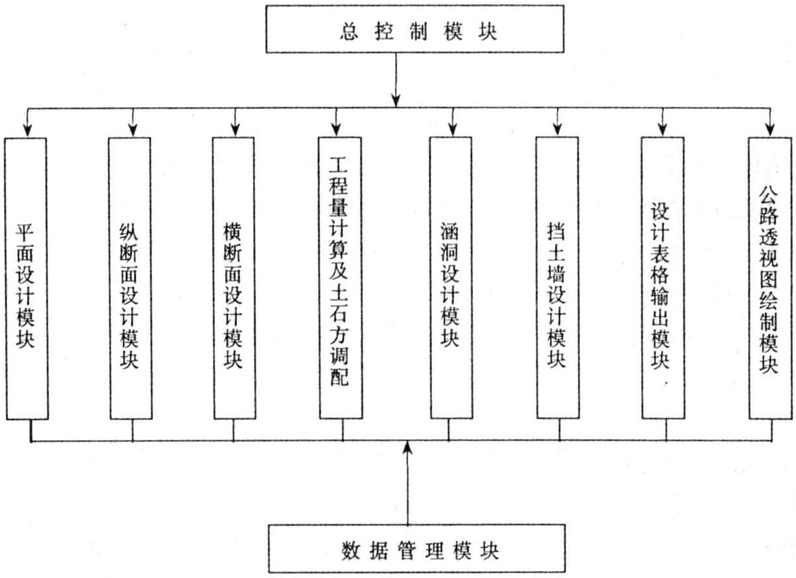

图7-24　系统的组成

7.7.3　道路工程对CAD软件的要求

与其他工程设计相比道路设计有以下特点：

(1) 原始资料复杂。这表现为:道路设计的原始数据中包括数据和图形,且数据的随机性较大,如地形图、地质资料等。

(2) 设计对象的数学描述离散性大,描述困难。如:地形是一个离散的三维体,地物更是种类繁多,形状不一;在设加宽的缓和曲线段上,道路边线是一条变矩曲线,无法用独立的常规方程来描述,道路边坡则是一个不规则曲面,这就造成了软件建模复杂。

(3) 各部分设计虽有一定的先后,但也常有交叉。因此软件操作的随意性较大,数据输入、输出常贯穿于整个设计过程。

因此,对道路CAD软件就提出了以下要求：

(1) 功能性要求

道路CAD软件除能完成一般的设计任务外,还要求它同时满足数据和图形的输入、输出及编辑、修改。从根本上说,计算机内部只能处理数据,图形最终也要转化为数据,但计算机的用户界面必须具有图形的处理能力,并要同时建立数据库和图形库。

(2) 可靠性要求

由于道路设计所涉及的参数繁多,操作随意性大,对系统的纠错和出错保护提出了很高的要求。同时,可靠性也是商品化软件的基本要求。

(3) 适应性要求

我国幅员辽阔,各地区自然条件、设计要求和施工习惯都有很大差异,作为商品化软件,就必须尽可能地具有各种不同设计要求的处理能力。

(4) 易使用性要求

软件的易使用性是相对的,同一个软件,对于不同的用户,感觉也不尽相同。另外,功能性和易使用性往往是一对矛盾,但作为软件设计,特别是人机交互界面设计对易使用性有很大影响,因此,在满足功能要求的前提下,操作方式和人机界面应设计得尽可能简洁、直观。另外,在线帮助也是增加软件易使用性的一个重要手段。

(5) 效率要求

CAD技术应用的目的在于提高工作效率。对于道路CAD软件而言,除数字地形模型和优化计算外其他并无太大的计算量,因此,软件的效率主要取决于系统的运行流程和运行环境的设计。

(6) 可维护性要求

维护是软件生命周期中的重要一环,其工作量占整个软件生命周期的60%以上,对道路CAD这样应用性极强的软件,工作量则更大,从某种意义上说,一个道路CAD软件能否生存下去在很大程度上取决于是否保持对系统的有效维护,因此,道路CAD软件从系统设计到详细设计直至编码都要把软件的可维护性作为工作的一个重要目标。

7.7.4　道路CAD系统的功能

根据工程实际的要求,通常一个道路CAD系统应具备以下功能：

(1) 接受纸上定线或实地测设的数据。可通过键盘、数字化仪、航测或电子手簿形成的磁盘文件等多种接口输入程序；

(2) 建立和使用数字地形模型(DTM)技术;

(3) 进行平面线形的人机交互设计,并进行平曲线要素超高、加宽和桩号计算;

(4) 对已设计平面线形进行人机交互修改;

(5) 对实地定线方案进行纸上移线设计;

(6) 产生并输出地面线,供纵断面设计用;

(7) 对纵断面方案进行人机交互检查、修改,并可同步提供任意横断面示意图和工程量累积曲线供修改参考;

(8) 横断面自动设计;

(9) 横断面人机交互检查、修改;

(10) 工程数量的计算和土石方调配;

(11) 平、纵、横断面设计图的绘制;

(12) 各种成果表格文件的打印;

(13) 涵洞的设计和绘制;

(14) 挡土墙的设计和绘制;

(15) 路线结构线透视图及全景透视图的绘制。

依靠以上这些功能,道路CAD系统预期能代替工程师完成内业工作量的60%以上,将大大提高工作效率,为工程多方案比选提供了极大的可能,从而,可提高设计质量,大大节约工程费用,取得可观的经济效益和社会效益。

7.7.5 道路CAD系统基本工作方式

为了实现上述功能,通常道路CAD系统的各个模块以以下方式工作:

1. 平面设计模块

平面设计主要支持纸上定线设计与纸上移线设计,其基本工作方式为——设计工程师在大比例尺(1:2000以上)地形图上确定道路导线位置,将带状地形信息及导线坐标输入计算机,而后采用人机对话方式逐个完成曲线设计,在设计过程中或设计完成以后,设计工程师可对原设计进行修改。在数字地形模型的支持下,模块还可提供所定的平面方案对应的纵、横断面的信息,并可输出纵、横断面地面线略图,供下一步设计使用。

对实地定线所得的平面设计方案,模块可提供平面移线设计,除输出上述信息外,模块还将输出移距图及移距表,最后可绘制平面设计图。图7-25即是计算机输出的成果,平面设计模块工作框图如图7-26所示。

2. 纵断面设计模块

公路设计中,平面方案一旦确定即很少变更,因此,工程数量的大小很大程度上取决于纵断面设计的合理性,这样,纵断面设计的检查、修改就显得十分重要了。系统中纵断面设计模块的基本工作方式为:将实测地面数据输入计算机,当采用纸上定线时,则将平面设计所得的纵断面地面及设计数据文件读入,纵断面设计模块将这些不同来源的数据进行处理,形成模块本身所需数据,并由绘图机绘制一张纵断面地面线图(当采用纸上定线设计时,这部分工作已由平面设计模块完成),工程师在上面用手工进行纵坡设计,然后将设计的变坡点信息送回计算机,工程师以人机对话方式对此方案进行检查、修改,直至满意,最后即可绘制纵断面设计图,如图7-27所示,并输出有关设计数据成果。在此过程中,计算机能显示与纵断面当前方案所对应的横断面略图及土石方累积曲线,供工程师检查修改作参考。

图 7-25　平面设计图

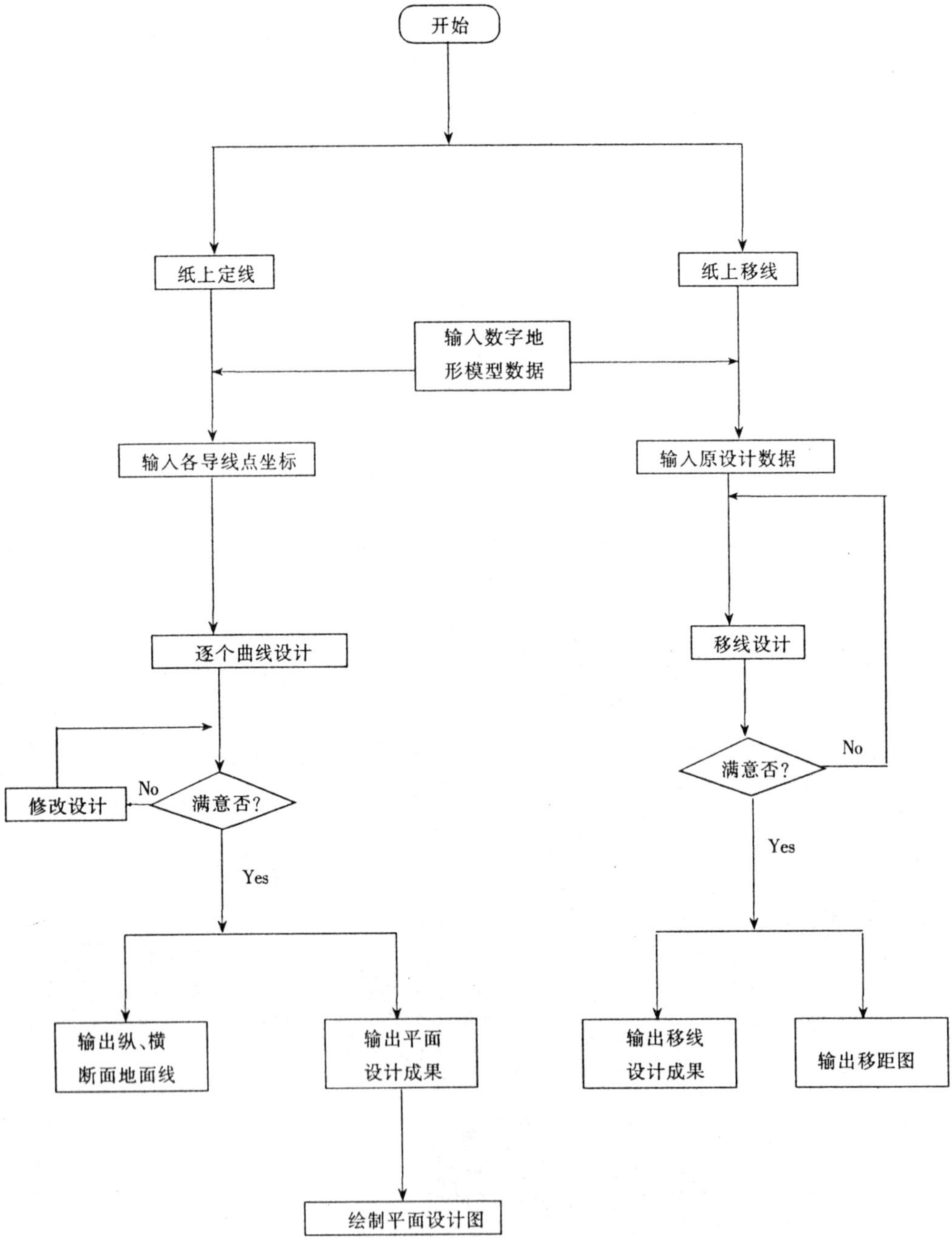

图7-26　平面设计模块工作流程

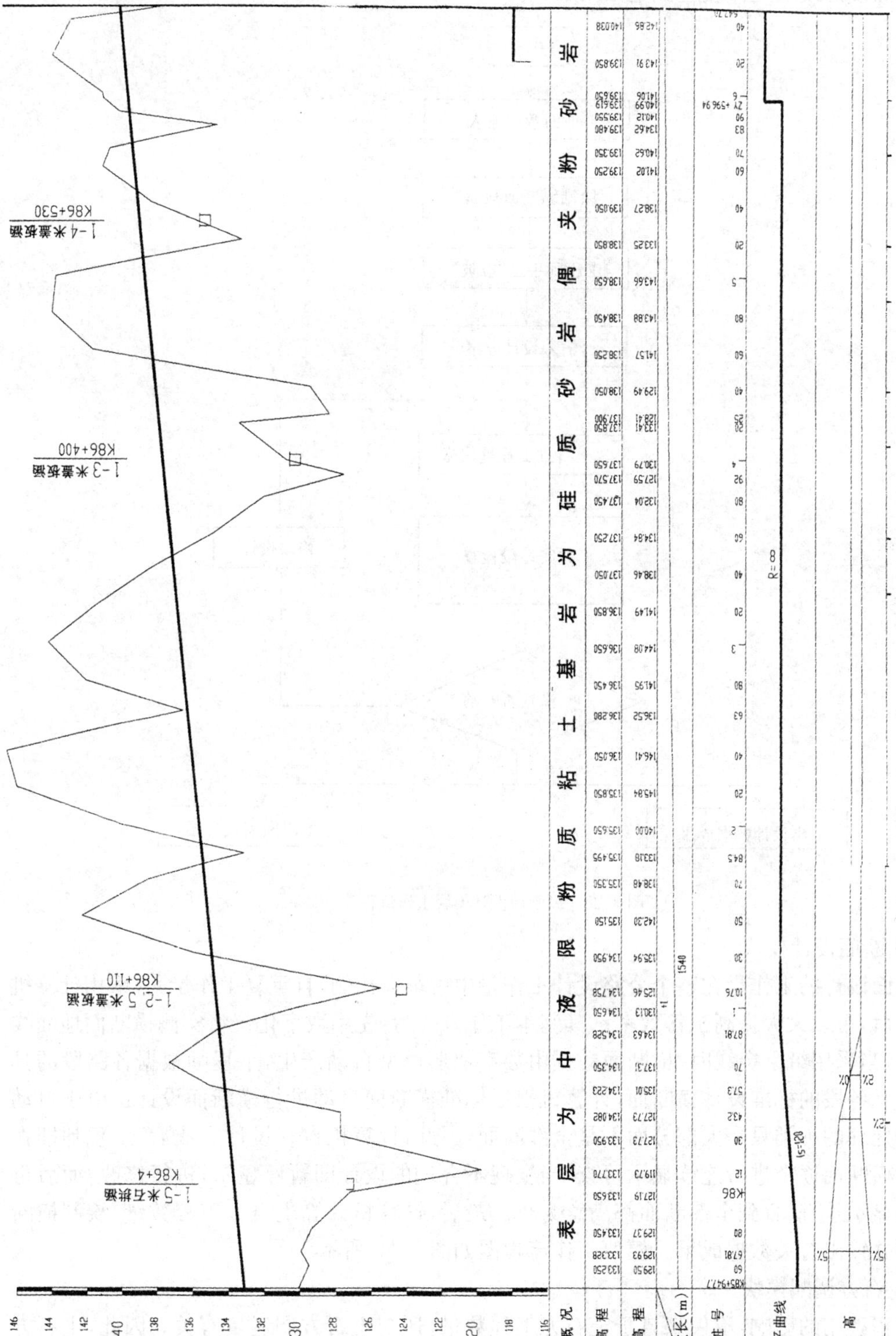
地质概况
设计高程
地面高程
坡度(%) 坡长(m)
里程桩号
直线及平曲线
超高
表层为中液限粉质粘土基岩为硅质砂岩偶夹粉砂岩
R=∞
1540

图 7-27　纵断面设计图

纵断面设计模块工作流程图见图 7-28。

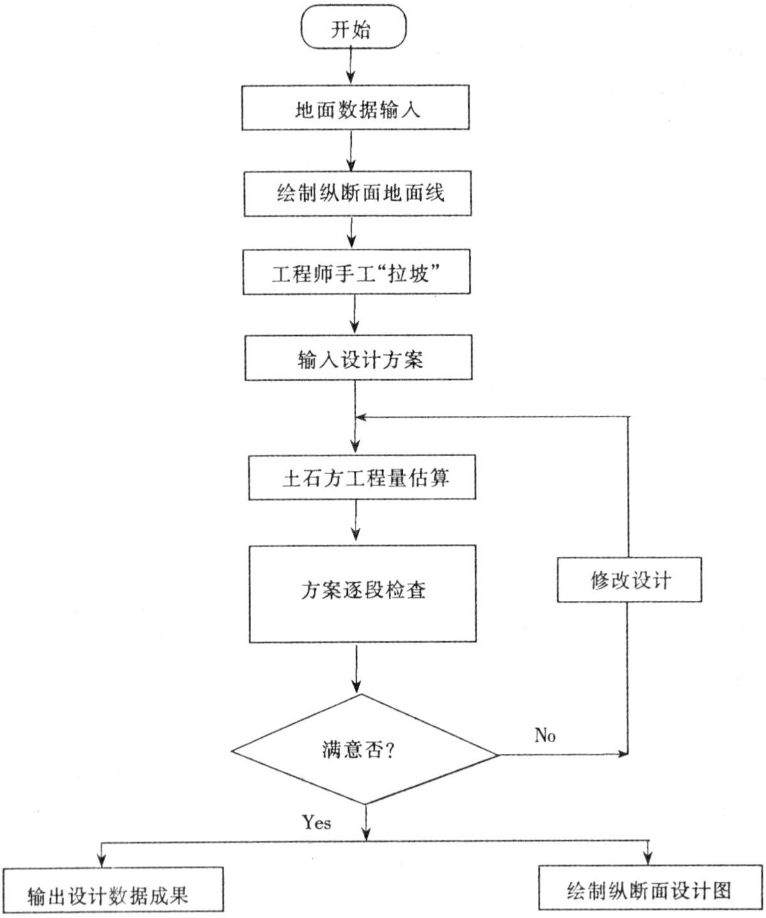

图 7-28　纵断面设计模块工作流程

3. 横断面设计模块

横断面设计的工作量在整个公路设计工作量中占很大比例，且重复工作量大，采用计算机辅助设计后，可以大大提高工作效率。其基本工作方式为：先用数字化仪将实测横断面地面线逐个输入，当采用纸上定线时，横断面数据由数字地形模型自动产生，工程师根据各路段的具体情况定义各段的标准设计横断面，计算机根据标准横断面自动进行横断面设计。由于自动设计所能处理的种类只是大部分而不是全部断面，因此，计算机自动设计完成后，工程师即在屏幕上对横断面逐个进行连续显示检查，当发现不合理的设计即暂停显示，进行修改，而后再接着连续显示检查，直到全部断面都满意为止。最后，计算机计算土石方工程数量，绘制横断面设计图并输出有关数据成果。模块工作流程图如图 7-29 所示。

4. 土石方调配模块

对工程费用的影响，不仅来自于土石方工程数量，还与土石方调运量有关。因此，土石方调配是又一项直接关系到工程造价的工作。在人工设计中通常采用逐桩调配，计算工作量大，调配的结果偶然性大，整体考虑不易做到合理，而计算机自动调配采用土方累积曲线的方法，调配结果往往与实际情况出入较大。采用人机交互方式后，就能较好地解决这个问题。其基本工作方式是：将横断面土石方数量的计算结果输入，计算机自动计算形成土石方累计曲线。并且在一定的范围内自动调配，调配结果在屏幕上显示一条土石方累积曲线和一条当前调配状况曲线，工程师即可根据以上信息，输入新的调配范围，调整原调配方案，直到满意为止。结果输出“土石方数量与调配表”。

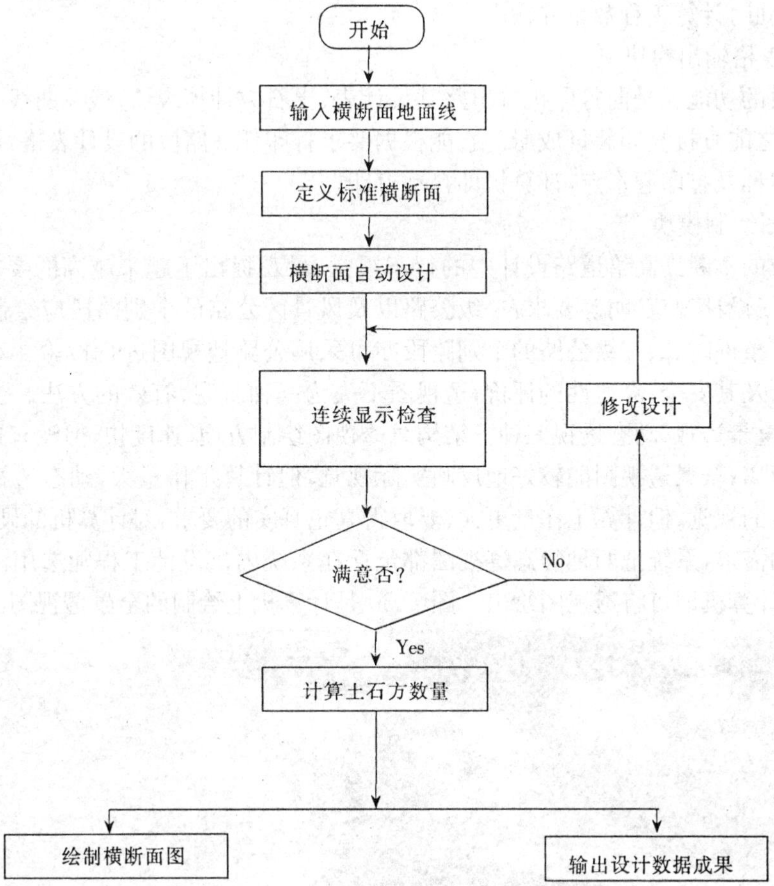

图 7-29　横断面设计模块流程

5. 涵洞设计模块

根据交通部 1987 年颁发的《公路工程基本建设项目设计文件编制办法》的要求，涵洞设计应做到一涵一图，这就使涵洞设计的工作量增加很多，而在涵洞设计中，采用标准图的情况较多。因此，涵洞设计模块主要依靠部颁标准图进行设计，可完成板涵、拱涵、圆管涵中由不同进出口形式组合而成的 20 余种涵洞的设计、绘图。基本工作方式为：输入设计所必须的参数，如：涵洞与路线交角、路线纵坡、超高与加宽值、涵洞的跨径、净高、涵底设计标高等基础数据，模块根据这些数据自动查出标准图上其他的细部尺寸（标准图已以文件形式存入计算机），并计算形成绘图文件，工程师在屏幕上对图幅稍加布置后，即可绘制涵洞设计图，同时向打印机输出工程数量。

6. 挡土墙设计模块

与涵洞设计相同，挡土墙设计也依照部颁标准图进行。但挡土墙设计中，计算并不能作为确定挡土墙尺寸的唯一依据，在这里，工程师的经验占有很重要的地位。因此，挡土墙设计模块提供了较强的人机交互功能,许多计算很难确定的尺寸由工程师直接确定,并提供修改功能。基本工作方式为:输入初定的挡土墙设计基础尺寸和路线设计数据,通过显示典型横断面检查挡土墙高度是否合理,如不合理则可修改,高度、地质等基础数据确定后,计算机自动查出标准图上的细部尺寸,计算形成绘图文件,工程师在屏幕上对图形进行一些编辑,即可绘制挡土墙设计图,同时计算工程数量并输出。

7. 设计表格输出模块

这个模块的功能就是向打印机输出路基设计表、土石方计算表、直线及曲线一览表等多种设计表格,使之能直接复印装订成册。它能根据要求打印任一路段的设计表格,设计工程师只要输入表格名称及打印起迄点,计算机即自动打印。

8. 透视图绘制模块

道路等级的不断提高给道路设计中的行车视觉、景观提出了越来越高的要求,1985年颁布的《公路路线设计规范》明确要求:一级公路以及风景区公路的个别路段应绘制公路透视图予以评价。有条件时二、三级公路的个别路段亦可采用公路透视图进行检验。对于道路设计的平纵横组合及其安全、舒适性的评价,透视图不失为一种直观、有效的方法。公路透视图有结构线透视、全景透观、动态透视三种。结构线透视图绘制方便、速度快,但没有边坡的情况与实际有一定距离;全景透视图能较好地反映实际视觉,但计算工作量大,动态透视图能较真实地模拟驾驶员的视觉,但计算工作量更大,要取得真正真实的要求,对计算机的硬件要求很高。为适应不同的需求,系统把两种静态透视图都包括在系统内供设计工程师选用。当输入桩号及视线高后,计算机即可将透视图绘出。图7-30是计算机上绘制的全景透视图。

图7-30 道路全景透视图

现代计算机的发展日新月异,随着人工智能、专家系统等技术进入道路设计领域,道路计算机优化与辅助设计将会得到更快的发展,进入更高的发展阶段。

7.8 公路线形组合与公路安全性评价

公路交通事故会造成重大的人员伤亡与物质上的巨大损失,因而,保证公路交通安全,已引起世界各国的极大重视。交通事故也是一种世界性的公害，据国际红十字会与红新月联合会不久前公布的数据：全世界每年死于公路交通事故的人数达 50 万人，另有 1 000～1 500 万人受伤。公路交通事故给家庭、集体和国家都会带来巨大的损失，成为世界性的严重社会问题。预计到 2020 年，交通事故将成为继心血管病和精神压力症之后的造成人类非正常死亡的第三大直接原因。

7.8.1　国内外公路交通事故概况

由于工业化国家的道路运输发展与我国相比相对超前，因此，一些国家的公路事故已度过了事故高峰期，目前呈下降或平稳的态势，如前联邦德国、日本的交通事故死亡高峰均发生在 1970 年左右，以后基本呈逐年下降趋势。而在我国，公路交通事故数、伤亡人数和直接经济损失一直呈上升趋势，近年来，特别是随着我国私人小汽车的快速增长，我国机动车数量大约以每年 15%的速度递增，而交通事故数量基本上也同步上升，如果我们不采取有效措施遏止这种势头，随着我国社会汽车化程度的日愈提高，公路交通事故亦将不断上升。

高速公路的主要特点是：全封闭、全立交，无行人和慢车干扰；线形指标高；路面质量好；交通安全设施齐全。因此，从理论分析以及国外的实际情况来看，高速公路的交通事故情况要比普通公路好得多：国外高速公路发生的交通事故数量平均约为一般公路的 30%～51%，高速公路交通事故死亡人数平均约为一般公路的 43%～46%，在日本高速公路的死亡事故率只有一般公路的 1/12，事故死亡率为一般公路的 1/3。表 7-5 为国际路联（IRF）公布的世界主要工业国 1995 年的公路事故状况。

表 7-5　　世界主要工业国的高速公路事故状况

国　家	美国	德国	法国	意大利	日本
高速道路①总里程（km）	88500	11200	9140	8860	6879
高速公路总里程（km）	52582	11190	6317	6397	5908
交通量（亿车公里）	3594③	1809	543	696	634
事故数（起）	53081	25500	2161	10880	6761
事故死亡②（人）	2691	978	310	745	354
事故率（起/亿车公里）	15.3	14.1	4.2	16.0	10.7
死亡率（人/亿车公里）	0.75	0.54	0.57	1.07	0.56

注：① 高速道路包括高速公路和城市快速路；

② 国际上规定事故死亡人数以事故发生后 30 d 以内的死亡人数计；各国对此规定各不相同，美国和德国为 30 d，意大利为 7 d，法国为 6 d，日本为 1 d；

③ 原文为 35 843。

在我国，由于高速公路建设的历史仅十多年，而且大规模的建设是近几年的事，因此，无论是驾驶员和车辆的适应性还是高速公路的规划、设计和管理水平都有一个逐步发展的过程，在此期间，我国高速公路上的交通事故表现得异常严重。京石高速公路通车 9 个月间共发生交通事故 799 起，事故率为 120 起/亿车公里，京津唐高速公路 1993 年事故率为 90 起/亿车公里。据 1997 年公安部统计：全国高速公路发生交通事故 9035 起，死亡 1182 人，伤 3190 人，每百公里事故死亡率是普通公路的 5 倍，平均每公里发生的事故 1.89 起，死亡 0.25 人，伤 0.67 人，而一般公路每公里发生的事故数仅为 0.24 起，高速公路是一般道路的近 8 倍。表 7-6 是我国1997年高速公路与普通公路交通事故情况比较。

表7-6　　中国高速公路与普通公路的交通事故情况比较

比较项目	事故数(起)	死亡(人)	受伤(人)	公路里程(km)	事故率(起/km)	死亡率(人/km)	受伤率(人/km)
高速公路	9035	1182	3190	4771	1.894	0.248	0.669
普通公路	290965	72679	186938	1221734	0.238	0.059	0.153
全部公路	300000	73861	190128	1226505	0.244	0.060	0.155

根据中远期的公路发展战略，我国交通部制定并经国务院批准的《国家高速公路网规划》，到2020年，我国高速公路网将要达到8.5万km，可以覆盖10多亿人口，接近高速公路世界第一美国8.8万km的规模。因此，解决高速公路事故率偏高的问题，是今后道路交通安全工作者最重要的工作之一。

7.8.2　公路线形组合设计对公路交通安全的影响

公路交通事故的发生往往与诸多因素有关，其中有三种主要因素，即人的因素、车辆的因素以及道路条件的因素。据统计，有10%～20%的道路交通事故与道路条件有直接的关系；有50%～60%的道路交通事故与道路条件有间接关系。这种原因往往是由于道路线形组合欠佳，在某种程度上给驾驶员造成一个行驶条件不可靠的概念，产生心理上的紧张，从而成为交通事故间接原因之一。因而，这就有必要使设计人员引起警觉，不能忽视道路平、纵、横线形组合不良造成的影响，以杜绝一切可能产生不安全性的任何因素。研究资料显示，如果包括直接原因和间接原因在内，由于道路条件不良促使产生的交通事故率可能达到30%。

从保证行车安全的角度考虑，好的公路条件就意味着对公路线形设计整体具有强调连贯性、均匀性和渐变性的要求。以下是可能造成驾驶员产生心理紧张或造成困难行驶条件而影响行车安全的各种线形组合：

1. 在顺畅的线形上道路条件突然变坏

顺直路段前遇到较窄桥梁或隘口，长下坡路段前遇上急转弯等都属于这种情况。此时，驾驶员由于在长距离舒适状态下易产生麻痹思想，或是由于连续下坡的加速作用，以较高速度临近危险地点而不减速，道路条件变化时驾驶员没有及时改变行驶状态，事故往往由此产生。当前面遇上急转弯时，驾驶员需用较大的力气旋转车轮，并以较大的角速度转弯，这些都使驾驶员工作增加困难，并且汽车转向时拥有的时间有限，往往就会引起道路交通事故。

2. 路段前面视距不足，视野不畅

弯道内侧的边坡阻挡、绿化过量以及凸形竖曲线与平曲线配合不当，都会造成视距不足或视野不畅。纵断面上引起的视距不足往往容易被忽视，因而它较平面线形上的视距不足更容易引起交通事故。如果在前视方向不能看到纵断面线形上的凹处，只有在最后靠近该凹处时才能看见在凹处的汽车或其他特殊事物，则常会造成驾驶员措手不及。在凹形竖曲线上方如有跨线桥，视距则不可避免地会因跨线结构物的限制而受到影响。

在长下坡道上因车速提高而需要更长的制动距离，在前面遇到线形欠佳等阻遏时要注意需要更长的安全视距作保证。在气象条件较差的地区，要注意多雨、雾、雪等特殊情况可能造成的视距和视野欠佳。在高速公路两侧有进、出道口时需注意有良好的视距和视野。

3. 在平、纵、横三个剖面中，各个不同剖面上或各个不同路段上所能保证的车速不相适应或过多变化的线形组合

大半径平曲线路段的纵断面上设置了小半径竖曲线，顺直路段上出现不规则的横断面或过窄的路肩都是属于这种情况。为了更好地检查线形的质量，最好能绘制沿线的营运车速图。这种车速图可以根据线形平、纵、横的各要素按专门测定的研究成果预估营运车速值绘成。公路事故集中的地点往往就是相应于营运车速变化比较大的地点，或是某一路段的某一剖面要素不当而造成的。因而在设置线形时，应消灭营运车速特低的路段，或是使路段之间的车速尽可能地均衡(按照我国路线规范规定营运车速差应保持在±20km/h 以下)。从原则上讲，要求平面和纵面线形上的要素作这样的配合，即驾驶员只要通过油门踏板就能减低至合适的行车速度而不需要换挡或制动。

更好的一种方法是对某些路段选定多个方案，然后对每个方案进行安全率评价，然后选定安全率最高者以优化线形。但这需要有专门的安全率评价研究，安全率的定量指标往往与营运车速关系最大，通过测定与研究，可以获得安全率的量化指标，否则只能作定性的分析。

4. 容易使驾驶员迷失方向或被某些假象所迷惑的线形组合

由于不适宜的交通岛或高出路面的路缘石、挡土墙等沿路设施，无法看到清晰导向的路面上的路缘带，如沿线护栏不规则、中央分隔带的突然变化等。这些情况在设计时可以在连续的透视图上通过仔细观察发现，对凡是容易迷惑驾驶员的任何因素都应予以改进。

竖曲线和平曲线的组合不当往往也会成为某些假象而迷惑驾驶员。例如，在凸形竖曲线的顶部设反向平曲线的拐点，线形将失去诱导视线的作用，除了有挖方边坡情况外，犹如行车闯入空中一样，感到不安，而且到达顶点附近才发现线形向相反方向转弯，此时急打方向盘往往会造成危险。

5. 在小半径弯道上合成坡度过大，路面滑移，造成行车不安全

为了防止汽车的横向滑移，应将设置超高的曲线半径与纵向坡度控制在适当范围内，特别在冰雪严重地区，必须认真检查复核，着重注意下坡道上的危险性，要尽可能排除陡坡与小半径平曲线的组合。

6. 回旋曲线与竖曲线重叠，促使在汽车上产生复杂的动力作用，导致较高的事故率

由回旋线产生的横向加速度，随行驶时间变化而有所减弱；同时，在纵断面竖曲线部分上行车，也同样产生加速度变化。如果缓和曲线和竖曲线重叠起来，则当高速行驶时，横向和纵向加速度是在时刻变化中交错进行，动力作用较为复杂，容易引起事故，设计时应尽量避免这种组合。

7.8.3　公路安全性评价概念

如同疾病，公路交通事故也需要“治疗”和“预防”相结合。以往我国在交通安全方面主要针对现有公路中已发生事故且事故集中的位置进行鉴别和整治，这种对发生问题的公路进行“治疗”的方法在过去的几十年中一直被世界各国采用，并取得了明显的效果，但这毕竟是“亡羊补牢”的办法。20 世纪 80 年代中期以后，一些国家的公路安全工程师开始将注意力集中到事故的“预防”，即从公路的规划设计开始直到通车运营，全过程考虑公路安全，从而在规划设计时给公路用户提供一个安全的公路系统，达到“防患于未然”的效果，这就是公路安全性评价。

7.9 公路安全性评价

7.9.1 公路安全性评价概况

(一) 公路安全性评价的起源及其定义、目的

20世纪80年代以前,世界各国为降低公路事故率采取的主要措施是对发生公路事故特别是事故多发的路段进行鉴别和处理,如竖起"事故多发路段"的警告标志、限速甚至改线等措施降低运营期间的公路交通事故率,也取得了明显的效益。这种长期采用的方法效果虽然很好,但也不是十全十美的,事故多发位置的鉴别和整治虽然能消除已知的事故多发点,并在整体上降低事故率,但由于事故多发位置具有一定的"漂移"特性,即公路上某些位置的事故多发现象消除了,一些原来隐含的事故多发位置又会显现出来,产生新的事故多发点(其事故率或严重性可能会比原来小),只有经过连续多次整治才能基本消除公路交通设施方面的缺陷。因此,总体上时间较长,投入大,而且问题都是在事故已经发生甚至严重了才被发现、处理,造成很多人员和财产损失。如果我们能在公路建成之前或已建成的公路上发生事故之前就能发现公路交通设施方面的缺陷并加以处理,则可以大大减少改造费用和人员、财产损失。公路安全性评价的概念和方法就是在这样的背景下逐步形成的。

1985年前后,英国首先开始研究并逐步推广应用公路安全评价技术,并规定从1991年4月1日起对所有新建高速公路和汽车专用公路进行公路安全评价。1992年以后,澳大利亚、新西兰、马来西亚、丹麦、荷兰等国家相继开展了公路安全评价的研究和应用。美国公路安全研究起步很早,1967年AASHTO就发表了"考虑公路安全的公路设计与操作实践",1974年修改、扩充再版;1985年建立了公路安全信息系统,积累交通事故数据,从1990年开始进行公路安全评价的理论研究并取得了重要的成果;1991年形成AASHTO标准《道路安全设计与操作指南》,1997年AASHTO又公布了《道路安全设计与操作指南》的最新版;2003年推出了路侧安全分析程序Roadside Safety Analysis Program (RSAP)和交互式公路安全设计程序Interactive Highway Safety Design Model (IHSDM),使公路安全性评价从定性评价方式过渡到了定性与定量评价相结合的方式。

为适应社会和国民经济的发展要求,我国交通部于1999年决定开展《公路项目安全性评价指南》的编写研究工作。通过几年的调查研究,在大量数理统计分析的基础上,对交通事故与公路几何指标、交通事故与运行车速、公路几何指标与运行车速等关系进行了深入研究,初步提出了对我国高速公路和一级公路进行安全性评价的内容、方法和标准。我国交通部编制的《公路项目安全性评价指南》(JTG/T B05—2004)已于2004年11月1日正式实施。这对我国高速公路和一级公路安全性评价工作的开展以及进一步保障和提高我国公路的行车安全将起到积极的作用。

公路安全性评价(Highway Safety Audit)定义:

公路安全性评价是针对公路行车安全进行的一个系统的评价程序,它将公路行车安全和降低交通事故的概念引入公路工程可行性研究及设计工作中。公路安全性评价是公路建设、管理的基本程序。

公路安全性评价的目的:从公路使用者行车安全性的角度对公路项目可行性研究、设计的

成果及运营公路进行行车安全性评价，以达到减少交通事故、降低交通事故危害程度的目的。

（二）实施公路安全评价的必要性及其效益

从某种意义上讲，道路和交通工程师们在他们的工作中一直在进行“安全检查”，道路设计规范的许多条文是根据安全要求或考虑了安全因素制订的，那么为什么还要进行专门的公路安全评价呢？

确实，在对公路系统的基本要求——“安全、快速、经济、舒适”中，安全列于首位，对公路和交通工程师而言，安全是应时刻牢记的。但作为公路设计者，他所要考虑的因素十分繁杂，在设计中往往自然而然地会将注意力集中到规范的各单项指标上，因为这是设计最基本也是最重要的要求。然而，所有单项指标均满足规范并不能保证所设计的公路没有安全缺陷，因为规范及标准的制定也考虑了其他的许多问题，而不仅仅是安全问题。这样，即使严格执行规范，也未必能够形成最安全的道路环境。下面是没有经过安全评价，但在公路上却常常会出现的一些问题：

1. 不恰当的设计标准组合

公路设计标准是由道路性质、等级确定的，但实际公路的功能要远比设计规范中的分类分级复杂。例如：城市的出入口或市郊公路在功能上兼有公路和城市道路的要求，而我国的设计规范并无有关市郊公路的分级规定，于是，实际操作中有的地方就将公路与城市道路标准混合使用，当标准组合不当时就容易造成事故。如上海市郊某一级公路设计时，考虑到该路已位于市区以外，平面采用一级公路的标准。但市郊非机动车交通量仍很大，于是纵断面和横断面则采用城市道路的标准，结果由于机动车车速很高，加之市郊相交道路、路侧建筑等横向干扰较多，该路通车后事故一直比较严重，经多次采取交通管理和局部改线等措施，情况才有所好转。

由于公路网是由不同等级、不同功能的公路组成的，同一条公路由于各段落的交通需求不同，等级也不一定完全一致，等级变化处的连接也十分重要。如某公路由高速公路和二级公路两个等级组成，在靠近高速公路结束处的二级公路上有一个平面交叉口，虽然前后路段均设置了有关交通标志（高速公路结束标志、限速标志、交叉口标志等），但通车后该交叉口前后事故率一直居高不下，就是一例。

2. 符合标准的几个设计要素组合在一起产生不安全因素

道路是一个三维构造物，设计中习惯以平面、纵断面和横断面来分别描述，设计规范对平、纵、横线形标准分别作出了详尽的规定，设计中平纵横的单项指标都应该做到符合标准，但是这些分别符合单项标准的平、纵、横要素组合起来，有时却会产生安全问题。虽然规范也对平纵面组合提出了一些原则性建议，但在实际应用中平、纵、横可以有很多组合，加上交叉口、桥梁等结构物是无穷的，不符合规范规定的组合是不良设计，而符合规定的组合却未必是好的设计。

3. 使用要求与安全要求有矛盾

尽管安全要求也是使用要求之一，但毋庸讳言，设计中更多的会考虑通行能力、车速等要求，而它们与安全有时是有矛盾的。如在交叉口为提高通行能力的车道布置、交叉口拓宽等都会影响行人的安全。

4. 施工中修改设计

由于工程的复杂性，在施工过程中根据现场实际情况常常会对原有设计作适当的修改，以解决新出现的问题。如有时交通标志施工时会遇到地下管线的影响，只能对原设计位置作修改,但修改后的位置可能会在信息的提前量、可见性等方面受到影响,给安全带来隐患。

5. 经济与安全有矛盾

从某种意义上说,公路设计是技术可行性和经济合理性相互妥协、平衡的结果,技术方案必须考虑经济,有时则会无意识地牺牲了安全。如我国高速公路建设中普遍存在的一个现象,即:资金受限制时,常会将交通监控设施取消或简化,结果不能及时发现和处理高速公路上的突发事件(局部起雾、车辆故障、车上坠物等)而造成的事故直至目前仍十分严重。

在紧张的设计、施工过程中如果不是专门进行安全评价,上述问题有时是很难被发现和改进的。许多完全符合规范规定的设计,在公路通车后很快形成事故多发路段的现象也从反面证明了实施公路安全评价的必要性。

当然,公路安全评价不是要使也不可能使新设计的公路完全没有安全缺陷,而是通过这项工作尽可能地降低事故隐患,同时提高设计者、管理者在决策时的安全意识。

公路安全评价的最大效益在于"只需用铅笔改变设计线,而不是到建成后再去搬动混凝土;即使是建成后的公路需要搬动混凝土,那么至少可以避免或减少搬动撞毁的汽车和伤亡的人员"。公路安全评价的费用和改变设计所花的费用,要远远低于项目建成以后才采取治理措施所需的费用。如果一条公路设计中有明显的安全问题,那么事故耗费将可能成为该项目的整个经济寿命中费用的最主要部分:如果一条新建公路有安全问题,又因为采取改动措施耗资巨大,而采取了其他的补救措施,这将带来一些不良后果——要么是持续的事故损失,要么是由于通行量和车速受到限制而带来的持续经济损失。对社会而言,在建造之前就避免问题的发生将是最经济的。对于公路建设项目,尽可能减少治理措施,将会降低预算开支,并且使资金的使用更为有效。另外,对现有公路的安全评价将会大大降低事故的损失代价,从而明显地节省开支。工程规范及指南为一个好的设计提供了一个好的开端。

对事故风险的控制是一个长期的战略任务,它需要各方面的通力合作。显然,无论是对于公路,还是其他的项目,控制事故风险的最有效途径是培养一种安全意识。英国工业联盟所描述的安全意识是:有关机构和所有人员应具有时刻关注事故及事故发生风险的意识。公路管理部门有义务为道路用户提供设施及服务。对培养安全意识,他们有很多实际的工作要做。最重要的是整个组织由上到下对道路安全有种承诺,这种承诺促使每个成员都去考虑自身行为的责任性,在设计一条道路、改善一个出入口或培训职员等各种工作中时刻注意自身行为对道路安全的影响。是否具有安全意识将决定你所提供的产品及服务的优劣,不能只是在事故发生之后,才去采取减少事故发生的可能性及减轻其后果的措施。公路安全评价,应当被视为用来减少事故风险的整个公路安全战略和公路安全工程的一部分。

7.9.2 公路安全性评价的技术保证与适用范围及评价阶段

(一) 公路安全性评价实施的技术保证

公路安全性评价必须具备一定的技术条件,才能保证公路安全性评价的顺利实施,主要包括:

1. 管理机构的委托和政策保证

管理机构的委托是一个法律和行政上的手续,由最高决策层从组织上建立一个道路安全体系。而政策的保证却不仅仅是"发一个文件"那么简单,根据国外的实践经验,能否做好公路安全评价很大程度上取决于有关管理部门的支持,特别是各部门之间思想上的统一,首先要达成这样一个共识:公路安全评价是整个公路安全战略和公路安全工程的重要组成部分,但不是全部。在实施公路安全评价的同时,不能偏废了公路安全工作的另一部分——事故多发位置的鉴别与整治,更不能偏废了公路安全战略的其他部分——相关因素控制、公路用户行为规范、伤亡控制和紧急救援等。否则就会造成对设计部门和设计者专业能力和水平的怀疑,这对公路安全评价是极为不利的,不但不能实现公路安全评价的目的,反而造成新的问题。同时,必须消除这样的观念:安全评价人员是来挑设计者"毛病"的。并逐步建立起另一种观念:安全评价是让那些具有专门安全知识的同行给设计者提出建议。

由于我国公路安全评价的研究起步较晚,行政管理条块分隔还未消除,对公路安全评价的宣传和统一认识尤为重要。

我国《公路项目安全性评价指南》(JTG/T B05—2004)规定:公路安全评价通常由项目法人委托并协调。

2. 经批准的公路安全评价程序、规范或指南

由于公路安全评价是一个正式的程序,因此,国家或地方(省)必须制订统一的评价程序,经公路行政管理部门批准,作为安全评价工作的依据。安全评价程序应对工作范围、组织形式、评价内容、工作程序等作出明确的规定:规范或指南一般由国家道路交通主管部门制订,它对公路安全评价的实施方法、步骤、具体标准、评价清单和评价报告的编制要求等给出具体方案。

由于各国的管理体制、公路和交通条件、公路安全状况有很大区别,各国在公路安全评价程序、规范或指南制订上的做法也不同。

(1) 英国在公路安全评价方面的法律性文件有两本:《公路安全性评价指南》(Guidelines for the Safety Audit of Highways)和《公路安全性实施规程》(Road Safety Code of Good Practice)。前者概要性地介绍和规定了公路安全评价的基本概念、原则、程序、实施规程概要、安全原理、信息管理和后评估,并给出了评价清单。该指南十分简要,全文仅50页,是一份指导性的文件。而《公路安全性实施规程》则具体地介绍了实施安全评价的方法。

(2) 澳大利亚的国家公路运输与交通行业协会——AUSTROADS与国家标准部门——Standards Australia于1993年底联合签署了备忘录,这样,《公路安全性评价》(Road Safety Audit)作为国家标准出版,该标准实际上将评价程序和规范等融合在一起,除了包含像英国的《公路安全评价指南》中的内容以外,还详尽地给出了具体的安全设计原则和每个阶段的评价方法和内容,评价清单也比英国的指南详细许多,具有很强的可操作性。另外,各州(如新南威尔士、维多利亚、昆士兰等)还制订了各自的公路安全评价指南,以适应各州的不同的要求。

(3) 新西兰和马来西亚制订的公路安全评价指南在很大程度上受到澳大利亚的影响,马来西亚的《马来西亚公路安全评价指南》(Road Safety Audit — Guideline For The Safety Audit of Roads In Maiaysia)在澳大利亚标准的基础上很好地结合了马来西亚自身的特点,内容更为详尽,还结合照片给出了许多典型的例子,十分实用。

(4) 丹麦则又有自己的特点,1993年丹麦完成了《公路安全评价手册》(Road Safety Audit Manual),经过几年的实践,1997年建立了新的"丹麦公路安全评价系统",它包括了五个主要部分:公路安全评价总框架、公路安全评价手册、公路安全评价教育、安全评价师资格证书和安全数据信息系统开发。

(5) 美国公路安全研究起步较早,1967年AASHTO就发表了"考虑公路安全的公路设计

与操作实践”，1974年修改、扩充再版；1985年建立了公路安全信息系统，积累交通事故数据，从1990年开始进行公路安全评价的理论研究并取得了重要的成果：1991年形成AASHTO标准《道路安全设计与操作指南》；目前，美国在设计中采用的是AASHTO标准《道路安全设计与操作指南》(Hghway Safety Designand Operations Guide)，该指南的目的很大程度上与安全评价相同，只是该指南直接供设计者使用，以最大限度地保证所设计道路的安全性能。2003年推出了路侧安全分析程序 Roadside Safety Analysis Program(RSAP)和交互式公路安全设计程序 Interactive Highway Safety Design Model (IHSDM)，使公路安全性评价从定性评价方式过渡到了定性与定量评价相结合的方式。

3. 独立的安全评价机构和评价技术人员

我国《公路项目安全性评价指南》(JTG/T B05—2004)规定：公路安全评价宜采用第三方独立工作的方式进行，以达到客观公正评价的目的。通常由项目法人委托并协调。

这里的公正性是指：评价者仅从公路用户的安全角度考虑问题，而不像设计者那样还要受使用要求、经济、业主意见等方方面面要求的影响，当然，为了全面、准确地评价项目，评价者与设计者的沟通是重要的。

(二) 公路安全性评价的范围与评价阶段

1. 评价范围

对于任何处于设计阶段的道路和交通工程项目、正在运营的道路和交通工程项目以及有可能改变道路用户间的相互关系或改变用户与道路环境的关系的其他项目，根据需要，都可以对其进行公路安全评价。这里的其他项目，指的是对道路交通有直接影响的非道路交通工程项目，如路边加油站。由于上述范围太大，全部项目都进行安全评价是不现实的，一般各国都选择一些重要的项目入手，如英国主要在高速公路和汽车专用公路实施安全评价。我国《公路项目安全性评价指南》规定：我国公路安全评价的适用范围为新建或改扩建高速公路、一级公路，其他等级公路也可参照使用。为提高行车安全性，高速公路、一级公路改扩建之前应进行安全性评价，以指导改扩建工程设计。

根据项目的性质不同，安全评价的范围通常有以下几种：

(1) 新建道路

新建道路是指可行性研究阶段至通车前的道路项目，因其建设将改变现有路网的交通分配，所以不仅要评价其本身的道路安全性，而且要评价新建公路对现有路网安全性能的影响，如大型立交对其相交公路的影响。

(2) 旧路改造

这里的旧路改造指的是局部改造，如整条道路的改建应可视为新建道路。旧路改建可能有多种情况，可以是路线改造(截弯取直、过境公路改线)、路面加铺、交叉口改造、改变交通方式(改变标线、新的渠化交通)、桥梁改造等。

(3) 交通控制系统改造或交通设施变更

高速公路和交叉口变更交通控制系统或变更交通设施设置时，应对其实施公路安全性评价。

(4) 公路附近的产业开发

公路附近的产业开发可能有两种情况，一是在路侧，如路边加油站、汽车旅馆、饭店等，这些商业设施的出入口直接连接不封闭的公路，会对交通安全产生很大的影响；第二种开发不直接在路边，但会产生或吸引很大的交通，如新建农场、工业区、旅游区、牧场等，将产生新的交通源或吸引大量交通，改变公路用户的构成。

另外有些特殊产业的开发会对交通安全产生特殊的影响。如：湖南省某国道，路侧的一个矾矿产生的空气污染使该路段经常出现局部的大雾，造成该路段事故多发，就是一个例子。

2. 评价阶段

在目前已开展公路安全性评价的国家，评价工作大部分分为可行性研究、初步设计、施工图设计、试通车及运营等五个阶段。并不是所有的项目都需进行上述五个阶段的完整评价，事实上在国外的实践中，第一和第五阶段最少进行，第二和第三阶段进行得最为普遍。英国运输部认为：标准采用、路线走向、交叉口形式等方面的安全因素在进行可行性研究阶段已在宏观层面上考虑，公路安全评价也只能进行到这种深度，因此可不进行。而对运营中的道路如果事故统计并未发现安全问题，那么先去处理已发现问题的路段会更有效益；对于小的工程项目可将第二和第三阶段合并；对交通管理和养护工作进行公路安全评价时，也没必要从可行性阶段开始。

由于我国公路基本建设阶段划分及各阶段内容深度与其他国家不尽一致，同时我国公路安全评价的研究也刚刚起步，所以暂分为可行性研究、设计和运营等三个阶段。工程可行性研究、设计阶段的评价工作宜在政府主管部门对项目正式批复前完成；运营阶段的评价工作宜在竣工验收前完成。

下面就我国《公路项目安全性评价指南》(JT6/T B05—2004)规定的三个阶段的划分作一简要介绍：

第一阶段：工程可行性研究阶段

工程可行性研究阶段的公路安全性评价主要根据项目沿线城镇及人口分布情况、预测交通量、交通组成、项目功能以及在路网中的地位等，对拟定的公路等级从适应行车安全性要求方面进行评价。

该阶段的公路安全性评价主要是对公路在选择路线走向(路线起、讫点与接续道路的连接方式、交通组织等)和总体方案(平纵面线形指标应与设计速度相适应)、建设标准(公路等级、设计速度、路基横断面宽度)和采用规范、考虑对现有路网的影响、出入口控制、交叉口数量与类型(如平面交叉、互通式立交、跨线桥及通道)、环境影响(气候、不良地质、动物迁徙路线)等问题进行检查。

另外还应考虑施工期间的临时交通组织和管理的安全。主要是对改建项目的改造方案应充分考虑中断交通后原有公路交通量在施工期间分流到其他公路时对行车安全产生的影响，或不中断交通时采取的交通安全措施对行车的影响。

重点要考虑的是方案的比选、技术标准的确定。评价公路等级、设计速度、路基宽度等技术指标选择的合理性等。

由于可行性研究阶段的工程方案需进行多方案的比选，因此，在比选中安全因素的考虑也是十分重要的。

第二阶段：设计阶段

设计阶段评价在国外的评价指南中一般按初步设计和施工图设计两个阶段分别编写。根据我国交通部部颁《公路工程基本建设项目设计文件编制办法》要求，初步设计和施工图设计文件编制内容基本相同，只是深度上有所差别，因此，本指南将两阶段内容合并编写。在评价时，可根据设计深度的不同要求分别考虑评价的重点内容。

在这一阶段重点应考虑：设计符合性与运行速度协调性评价。

设计符合性评价是对设计中采用标准、规范、技术指标的正确性进行检查，内容应包括所有与行车安全性相关的技术指标。对不符合现行标准、规范规定的技术指标原则上应进行纠正，但在实际中有时因工程造价或其他工程难度过大原因而出现不符合标准、规范规定的技术指标时，应进行行车安全性影响分析，在不影响行车安全性时可维持原技术标准。

运行速度协调性评价是对相邻路段的运行速度的差值 Δ_{v85} 进行评价。相邻路段是指平面、纵断面、横断面指标或设计速度不同的相接路段，一般是指平曲线的起点、曲中点、终点、纵断面变坡点及横断面宽度变化的前后路段。

运行速度协调性评价方法是根据运行速度预测方法对各相邻路段的线形特征点（直线起、终点，平曲线起、终点及曲中点，竖曲线变坡点等）进行双向运行速度预测并计算相邻路段运行速度的差值。运行速度计算方法见我国《公路项目安全性评价指南》（JTG/T B05—2004）附录B。

根据计算所得的相邻路段的运行速度的差值 Δ_{v85} 与指南规定的评价标准进行比较，以确定运行速度协调性的好坏，以及确定相邻路段平、纵面是否需要重新进行调整。

设计阶段应对路线及立交匝道的技术标准采用，平、纵面线形及其组合，视距，交叉口设置，车道和路肩宽度，路面横坡、合成坡度和超高，超车车道采用，路基路面中的路侧安全净空区，路面，排水设施涵洞，桥梁中的大桥及特大桥进行评价，同时对桥梁中的桥梁引线、桥梁断面及桥面侧风影响，隧道洞口接线段、横断面、视距、路面及排水系统、通风、照明及监控设施、消防及救援等，紧急停车带或港湾式停车位的设置，出入口设置，立交及出入口的变速车道等方面进行安全评价。

由于交通组织设计、交通标志线方案、出入口车道平衡等引起的安全隐患也要特别注意。

另外对可能出现的非标准设计也应重点评价。

这一阶段的安全评价重点，除对公路几可线形、交叉口、路基路面、标志标线等一般内容进行安全评价外，特别要注意路线弯道内侧的视距、平面交叉口设计细节（包括交叉口视距、交通组织、车道布设、交通岛设计、交通控制方式、非机动车和行人的安排等）、立体交叉设计细则（如立交净空、匝道与进出口的加减速车道长度及布设、立交前后的交通标志标线）、设施杆（灯柱、标志牌的竖杆、监控设施杆等）的位置、防撞护栏以及桥梁隧道及其引道的宽度、纵坡、路面、照明等细节处的安全。

另外还应考虑施工期间的临时交通组织和管理的安全。

第三阶段：运营阶段

对已进行设计阶段安全性评价的运营阶段的公路项目，应根据施工过程中的变更设计情况，对建成公路的状况进行设计符合性评价。运营期间的安全性评价应注重施工过程中变更设计、施工等造成的事故隐患。评价按照批准的施工图设计文件及变更设计文件进行。运营阶段评价的内容包括平面、纵断面、横断面、平纵面线形组合、路基路面、桥梁、隧道、路线交叉、交通工程及沿线设施等的变更设计、施工部分。评价采取现场调查与设计文件或技术标准对照的方式进行。

运营阶段公路安全性评价应进行事故调查（调查运营公路事故路段的类型、技术指标、路面状况、事故发生的时间、天气情况、事故形态、事故车辆类型及实载率、交通控制方式等），并进行事故分析（应对交通事故的时间分布、空间分布、气候特征、事故程度、事故原因及形态等进行分析，并根据运行速度和设计速度协调性评价结果等综合因素对事故黑点进行全面分析、提出解决措施和改进方案)。

对设计阶段未进行安全性评价的公路项目，应注重评价运营公路技术指标的符合性，并进行速度协调性评价。

通过设计符合性检查，将不满足设计符合性的路段作为下一个安全性评价的重点路段。

7.10　公路安全性评价的方法步骤与组织管理

7.10.1　公路安全评价的方法步骤

（一）选择评价者

业主选择并委托合格的公路安全评价小组并报请主管部门批准或备案。

公路安全评价小组的人数应根据项目的大小和复杂程度来定。而相对关键的是考虑评价小组的独立性和知识结构，公路项目安全评价小组应由具有公路安全、公路设计、交通工程、交通管理、公路交通事故调查与预防等方面知识的专业人员组成，评价小组最好应有一位具有丰富的公路安全评价经验的安全评价师作组长。对于较小的项目，评价小组人员较少，不可能完全具有以上各方面的知识，在必要的时候应临时聘请有关方面的专家。对更小的项目，可能只需要1～2位评价人员，如交叉口渠化交通方式的变更也许只需一位对交通工程和安全工程熟悉的工程师。但对于一定里程的高速公路和复杂的立交，一般均需要一个知识结构合理的评价小组。

选择评价队伍时，应对其公正性和独立性予以考察。很多情况下，公正性和独立性可能会比知识结构和经验更重要。所谓公正性和独立性是公路安全评价者仅从公路安全的角度考虑各类公路用户的需要，指出设计中存在的安全问题，而不受业主和设计单位的影响。这是由公路安全评价工作的特殊性决定的。从短期来讲，公路安全评价既不代表业主的利益也不代表设计者的利益，完全是从公路用户的角度出发，评价设计中存在的安全问题。

因此，在选择评价小组时应考虑：

(1) 评价小组是否具有独立性和公正性；

(2) 评价小组是否具有安全评价工作经验；

(3) 评价小组知识结构是否全面、合理；

(4) 评价小组是否有能力从各类公路用户的角度出发考虑安全问题。

（二）业主与设计单位准备有关资料

评价小组根据一般的评价经验，向业主和设计单位递交业主和设计单位应准备的与项目有关的背景资料、设计文件、图纸等材料的清单；业主和设计单位准备好后，将资料提供给评价小组。

这些资料一般包括两个大的方面：

(1) 工程背景方面的资料，如项目建设的目的和目标、有关要求、设计应遵循的规范，公路两侧的经济发展情况等；

(2) 项目勘测设计资料，包括设计图纸、设计说明文件、地质资料、周围环境等。必要时还应提供一些附加资料，如：交通量、开发区的交通源等。

(三)召开第一次评价工作协调会

评价小组初步熟悉有关资料,制定出评价计划之后,召开由业主、设计单位等参加的评价工作协调会。

会议上,业主进一步介绍、阐述项目的建设目的、对评价的要求等。

设计单位向评价工程师介绍其设计思路、引用的有关规范标准、安全方面的考虑及自认为可能存在的问题等。

评价小组向业主和设计者介绍公路安全评价流程和方法、工作计划、预期的评价报告内容等;对评价过程中需要业主和设计单位予以配合的方面提出要求;并就初步阅读设计图纸和文件中遇到的疑问请设计单位给予解释。

会议应对评价小组提出的公路安全评价流程和方法、工作计划、预期的评价报告内容等达成一致,并以会议纪要形式予以确认。

(四)室内评价

阅读与审查有关文件,进一步收集有关评价需要的材料,进行室内安全评价。

会议后,评价小组即可按照确定的工作计划开始评价工作。首先应全面熟悉项目的建设目的和目标、设计图纸和文件。制定详细的评价方法,并按照项目的类别将设计内容按与公路安全的关系分类。

审查设计图纸和文件,可使用评价清单。但评价清单只是就一般工程项目的设计内容等分类与列举,具体的项目可能会有一些特殊问题,也可能有的项目没有在清单中列出。

阅读与审查设计图纸和文件应与现场勘察并行进行,这有利于发现问题,特别是与周边环境有关的安全问题。

审查图纸时可以检查设计是否符合规定采用的有关规范标准,但应清楚:设计符合规范的标准并不意味着不存在安全问题。安全评价工程师应依据公路安全、公路与交通工程、公路交通事故预防与调查等各方面的技术和工程师的经验,综合考虑影响公路安全的各方面的因素,检查设计在公路安全方面存在的不足之处,发现问题并尽可能提出处理措施。

室内评价应初步提出问题或疑问,以便在下一步现场勘察时予以重点证实存在的问题或解决疑问。

(五)现场勘察

现场勘察项目本身、项目环境等与公路安全性有关的野外情况,并做适当的调研。

无论是哪一阶段的公路安全评价,现场勘察都是十分必要的。现场不仅要勘察设计的公路几何线形和交通标志信号等是否与实际环境相协调,是否周全地考虑了所有公路服务对象,而且要调查公路两侧区域公路交通状况等。了解新建公路与现有公路系统的衔接是否会产生公路安全问题、是否会影响现有路网的公路安全等。

在整个评价过程中,特别是在阅读与审查设计文件和图纸、现场勘察两个阶段,评价者应与设计者保持密切联系。如存在图纸、文件或现场情况不明或认为不清楚时,应及时请设计者予以解释。

(六)撰写评价报告

根据室内外安全评价结果,撰写并提交评价报告。

公路安全评价的结果以评价报告的形式提交。评价报告应根据对项目背景资料、设计文件和图纸的审查指出设计当中或现有公路存在的安全问题并尽可能提出改进建议。

评价报告只需对存在的安全问题提出改进措施，并不对解决安全问题的详细方案做设计。业主和设计单位仍然是解决问题的决策者，业主和设计单位应针对评价报告指出的问题和提出的建议作出书面的答复，决定是否采纳评价的意见。

报告中可以提及一些设计中在安全方面处理得很好的设计内容，但无须列举每一项好的设计。

报告的主要内容是列举所发现的安全问题和提出相应改进措施建议。可以按照评价清单的顺序列出发现的安全问题与建议，也可按照设计的内容顺序列出。

设计中的公路和已有公路中的安全问题具有不同的严重程度，对于设计中的公路，有些安全问题很有可能在开放交通后就产生交通事故，必须予以改正；有些安全问题虽然不太严重，但予以立即改正也不会增加多少投资的，也应予以改正；对于已有公路，有些公路状况必须立即予以整修，否则就有可能继续产生严重和大量的交通事故，则应尽快采取交通管理或公路工程方面的措施：有些公路存在安全隐患但不太严重或采取工程措施费用太高的，应采取交通控制措施，对交通进行一定的限制。评价报告中对各类问题予以注释，表明问题的严重性。

（七）召开评价结果讨论会

评价小组完成项目的公路安全评价后，应召开一次会议，评价小组应详细向业主和设计单位介绍评价过程和通过评价发现的安全性问题、阐明问题的存在、产生问题的原因、解决问题的建议，并听取业主和设计单位对评价结果的意见和对某些问题的解释。

业主和设计单位可根据掌握的资料和了解的情况，对评价报告提出自己的不同看法，或对某些问题做一些解释，或指出评价的疏忽之处。由于对公路安全评价的独立性和公正性的要求以及安全评价应考虑公路用户的安全，评价小组可以根据业主和设计单位的意见对某些问题做进一步的调查和考虑，但评价结论不能受业主和设计单位意见的影响。更不能为了符合业主和设计的要求，而失去公正性去修改评价报告。

（八）提交报告并等待业主的书面答复

评价可考虑业主和设计单位的一些解释和合理的看法，重新考虑自己的评价结论。所谓考虑业主和设计单位的看法是指评价因对某些资料和图纸的误会或不全面理解导致的评价结论不合理或不清楚处，业主和设计单位对此所做的解释。评价必须保证评价的公正性，结论不得按照设计单位和业主的要求去写。报告修改完毕，评价小组将正式的评价报告交于业主或业主规定的人(依据所选定的评价方法)。业主或其他接受报告的人可以用自己所选择的方式审查评价报告，并以书面形式对评价报告中所指出的问题及所提改进建议予以答复。

图 7-31 是公路安全性评价步骤的流程图。

7.10.2　公路安全评价的组织管理

对公路与交通项目实施安全评价，其组织形式是极其重要的，影响到通过安全评价能否真正提高公路与交通项目规划、设计、建设各阶段的安全意识和项目的安全性能，尽可能在建设的前期消除安全隐患，取得技术、经济和社会效益。

（一）有关机构

安全评价的组织形式涉及到以下三个方面：业主；设计者；安全评价者。

1. 业主

对于新建项目，业主是投资者和项目的所有者，组织项目的设计、施工。对于已有公路，业

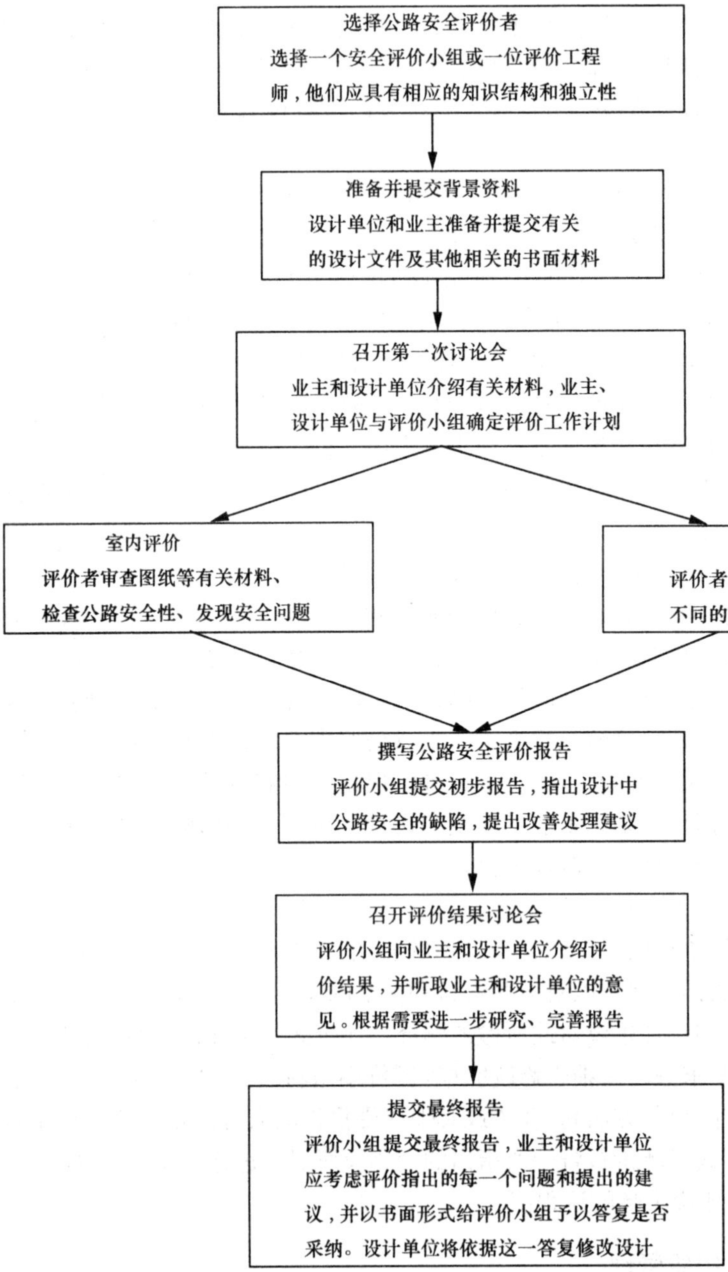

图7-31 公路安全性评价流程图

主为公路的所有者或政府委托的公路养护管理者。业主通常为项目的实施提供基础条件。当业主与安全评价者有争议时，业主是决策者。业主有责任保证公路安全评价的实施。

2. 设计者

设计者是设计承包商，指负责实施项目的规划与设计的单位。设计者有责任依据业主对公路安全评价者的建议作出的决策，保证必要的措施，对原设计进行修改。

3. 安全评价者

公路安全评价者是独立的机构、小组和个人。评价者应严格地审阅设计者所做的设计和认真勘察已有公路。评价者应考虑到各种公路用户的安全问题。评价者必须阐明所有可能导致安全问题的因素和设计，并详细论述这些因素和设计可能导致安全问题的原因。公路安全评价者应在公路安全评价和公路设计方面有一定的经验和合格的资质。

根据我国目前的公路项目建设和养护管理程序及机构组成，可以将公路安全评价分为以下三类：

(1) 具有国家建设部或交通部认可的道路安全评价资质的道路安全评价咨询公司；

(2) 具有国家建设部或交通部认可的甲级资质的公路设计院(所)和设计监理咨询公司；

(3) 具有国家建设部或交通部认可的乙级资质的公路设计院(所)和设计监理咨询公司。

(二) 公路安全评价的组织管理形式

采用何种形式实施公路安全评价与国家政策、公路管理权及产权归属、投资方式、公路等级等有关。考虑到干线公路和高速公路在路网中的特殊地位，国家干线一级公路和高速公路设计阶段应由国家实施强制性道路安全评价，运营与养护阶段由国家组织专家实施定期评价。

我国可以借鉴国际上进行道路安全评价的组织方法，可采用 OECD 和世界银行推荐的组织形式。根据我国建设、设计、管理等各方面的情况，建议按以下四种方法之一进行道路安全评价。

1. 业主的上级单位组织实施

由业主的上级单位组织道路安全评价，委托安全评价咨询公司。由于一家咨询公司或研究所可能会存在知识结构等方面的问题，对于大的或技术复杂的项目可建议由一家咨询公司或研究所为主组织评价队伍，同时从其他公司或研究所临时聘请有关专家或工程师，组成联合评价小组进行评价。评价报告交于业主的上级单位或其指定的第三方。由业主的上级单位决定是否采纳安全评价的建议，并以书面形式给予答复。

2. 业主组织实施

业主委托咨询公司或研究所进行，评价方法同上。但道路安全评价报告提交给业主，由业主决定是否采纳道路安全评价报告中对发现的问题所提出的建议，并以书面形式给予答复。

3. 业主委托另一设计单位

业主委托另一设计单位进行道路安全评价，同样受委托的设计单位也应组织一个知识结构合理的评价队伍，必要时应聘请某些方面的专家或工程师。评价报告提交给业主，由业主决定是否采纳道路安全评价报告中对发现的问题所提出的建议，并以书面形式给予答复。

4. 设计单位自行进行

业主要求项目设计单位自行进行道路安全评价，评价工程师不得是项目的设计人员。评价报告提交给业主，由业主决定是否采纳道路安全评价报告中对发现的问题所提出的建议，并以书面形式给予答复。

第一种适应于重大的工程项目，特别是由国家和地方政府重点投资建设的国道和省道干线公路；第二种比较适合于由国家和地方政府投资建设的国道和省道一般性项目；第三、四种比较适合于一般性或较小的项目、个人或财团投资的项目；对于世行贷款项目，世行一般会指定采用国际上通用的做法。

随着我国道路安全评价技术的发展，将会形成专门的道路安全评价队伍或一些咨询公司、研究所、设计单位等拥有的道路安全评价队伍。建设单位也可建立道路安全评价队伍，协助组织或从事道路安全评价。

(三) 业主、设计者、评价者和主管部门之间的关系

除非主管部门另有规定，业主有权按本程序决定是否进行道路安全评价，有权选择评价队伍，负责实施安全评价。但评价人员在实施道路安全评价过程中并不代表业主的利益(虽然因实施了道路安全评价，开放交通后道路交通事故率降低，业主可从中得益)。审计人员的出发点是所有道路用户的安全。对于存在问题的设计，评价人员提出修改建议时不需要一定考虑业主的投资限制。除非主管部门另有指令，业主或业主委托的设计者仍是最后的决策者。业主有权决定是否采纳道路安全评价的建议，但必须给予道路安全评价人员书面答复，说明采纳与否的理由。关于业主是否因实施或不实施道路安全评价及采纳与不采纳道路安全评价的修改意建议，对开放交通后的道路交通事故负有法律责任，仍是国际上正在探讨的法律问题。但比较一致的观点是鼓励使用道路安全评价技术。因此认为业主对项目实施了道路安全评价和采纳道路安全评价的建议，至少不会加大业主的法律责任。

评价者独立于设计者和业主，但应与设计者协调，对设计有疑问可请设计者予以解释。应与设计者保持良好的协调关系，以有助于安全评价。评价者不对评价后的道路发生的事故负法律责任。

新建道路(或其他项目)的设计者对道路设计负有责任，设计人员在设计过程中应作经常性的、非正式的设计结果的安全性检查。道路安全评价并不取代设计者在设计过程中安全第一的原则。道路安全评价是在实际设计过程中附加的一个过程，而又与设计过程分开；道路安全评价是由在事故预防与道路安全方面熟练的某些人对项目做经常性的正式的独立的评价，设计者应在整个评价过程中做好配合和某些设计问题的解释工作。设计者应充分考虑评价者的意见和建议，但并不因此减轻对设计的责任。评价建议由业主的上级单位、业主或设计者考虑是否采纳，业主或设计者仍是最终的设计决策者。业主也可以委托其他资质不低于项目评价者的评价单位或设计单位对是否采纳安全评价建议做决策。

复习思考题

7-1 试从道路景观的角度归纳出道路平面、纵断面和横断面设计原则。

7-2 道路技术人员画透视图的目的是什么?

7-3 如何从平曲线与竖曲线的组合中评价道路线形的优劣?

7-4 请至少假定五种道路平面线形与纵断面线形的相对位置组合，作出其透视图，并据以分析视觉的连续性。

7-5 道路线形质量主要从哪几方面进行评定? 如何评定?

7-6 试简述实施公路安全性评价的必要性。

7-7 公路安全性评价的定义是什么?

7-8 我国公路安全性评价的范围与评价阶段是如何划分的?

7-9 试述设计符合性与运行速度协调性的概念。

7-10 公路安全评价者如何体现其对工程项目评价的公正性和独立性?

7-11 试述公路安全性评价的主要方法步骤。

7-12 试简述业主、设计者、安全评价者三者之间的关系。

第 8 章 道路可行性研究

8.1 道路建设项目可行性研究的内容

可行性研究是道路建设项目前期工作的重要组成部分，是建设项目立项、决策的主要依据。道路建设项目可行性研究，主要是对该地区社会、经济发展及路网状况等，进行充分地调查研究、评价预测和必要的勘察工作的基础上，对项目建设的必要性、技术可行性、经济合理性和实施可能性进行综合性研究论证，提出报告。

按工作深度，道路建设项目可行性研究分为预可行性研究和工程可行性研究。预可行性研究的编制应以项目所在地区社会经济发展规划和道路网规划为依据，通过实地踏勘和调查，重点研究项目建设的必要性，并对项目的建设规模、技术标准、建设资金、经济效益等进行必要的分析论证，编制研究报告，作为项目建议书的依据。工程可行性研究的编制应以批准的项目建议书为依据，在进行充分调查的基础上，通过必要的测量和地质勘探，对不同建设方案从技术、经济、环境等方面进行综合论证，提出推荐方案，确定建设规模、技术标准和投资估算，论证投资效益，编制研究报告，一经批准，即为初步设计必须遵循的依据，工程可行性研究阶段投资估算与初步设计概算之差，需控制在上下浮动 10%以内。

道路建设项目可行性研究报告的主要内容包括：项目影响区域社会经济、交通运输的现状及发展；交通量预测；建设的必要性；建设规模及技术标准；建设条件；工程环境影响分析；路线方案及工程情况；方案选定；投资估算及资金筹措；经济评价和敏感性分析；节能分析；实施安排等。

8.1.1 预可行性研究报告的内容要求

1. 概述

1.1 编制依据

1.2 研究过程及内容

1.3 主要结论

2. 现状、发展及建设的必要性

2.1 研究区域概况

2.2 项目影响区域社会经济状况及发展

2.2.1 社会经济状况

2.2.2 社会经济发展预测

2.3 项目影响区域交通运输现状及发展

2.3.1 交通运输现状

2.3.2 相关道路技术状况及存在的问题

2.3.3　交通运输发展趋势
2.4　建设的必要性

3. 交通分析及预测

3.1　道路交通调查及分析
3.1.1　调查综述
3.1.2　调查资料分析
3.2　其他运输方式相关线路的调查与分析
3.2.1　调查概述
3.2.2　资料分析
3.3　预测思路与方法
3.3.1　交通量预测的总体思路
3.3.2　交通量预测方法及步骤概述
3.4　交通量预测
3.4.1　特征年路网
3.4.2　交通生成
3.4.3　交通分布
3.4.4　诱增交通需求及其他运输方式转移量的初步估计
3.4.5　交通分配

4. 建设条件、技术标准、初步方案及建设规模

4.1　建设条件
4.1.1　地形、地质、水文等条件
4.1.2　筑路材料及运输条件
4.1.3　社会环境
4.1.4　预建项目与其他交通衔接情况
4.2　工程环境影响
4.3　技术标准
4.4　建设方案
4.4.1　建设项目起讫点论证
4.4.2　方案主要控制因素及可能的路线方案
4.4.3　建设方案比较
4.4.4　推荐方案工程概况和建设规模
4.4.5　建设项目实施意见

5. 投资估算及资金筹措

5.1　投资估算
5.2　投资筹措

6. 经济评价

6.1　国民经济评价
6.1.1　参数选择与确定
6.1.2　费用调整

6.1.3　效益计算

6.1.4　评价指标及计算

6.1.5　敏感性分析

6.2　财务评价

6.2.1　资金构成及条件

6.2.2　养护、大修、管理费的测算

6.2.3　收费标准的确定及收费额的计算

6.2.4　评价指标及计算

6.2.5　敏感性分析

7. 问题与建议

7.1　存在的主要问题

7.2　建议

附表与附图(包括工程部分、经济评价及交通量预测部分等)

8.1.2　工程可行性研究报告的内容要求

1. 概述

1.1　编制依据

1.2　研究过程及内容

1.3　主要结论

1.3.1　建设理由

1.3.2　交通量预测结果

1.3.3　技术标准

1.3.4　路线走向、主要控制点及建设规模

1.3.5　工程环境影响

1.3.6　投资估算及资金筹措(含人工及主要材料数量)

1.3.7　工期安排及项目评价结果

1.3.8　节能分析结果

1.3.9　问题及建议

2. 现状及发展

2.1　研究区域概况

2.2　项目影响区域社会经济状况及发展

2.2.1　社会经济状况

2.2.2　社会经济发展预测

2.3　项目影响区域交通运输现状及发展

2.3.1　交通运输现状

2.3.2　相关道路技术状况及存在的问题

2.3.3　交通运输发展趋势

3. 交通分析及预测

3.1　道路交通的进一步调查及分析

3.1.1 已有资料的回顾与评价

3.1.2 调查综述

3.1.3 调查资料的进一步分析

3.2 其他运输方式相关线路的调查与分析

3.2.1 调查概述

3.2.2 资料分析

3.3 预测思路与方法

3.3.1 交通量预测的总体思路

3.3.2 交通量预测方法及步骤概述

3.4 交通量预测

3.4.1 特征年路网

3.4.2 交通生成

3.4.3 交通分布

3.4.4 诱增交通需求及其他运输方式转移量的初步估计

3.4.5 交通分配

4. 技术标准

主要根据所在区域道路网发展规划、结合交通量预测和通行能力分析，并考虑新建项目与其他工程衔接状况等因素，论证项目所在道路通道的车道数等。

5. 备选方案拟定(路线方案比选)

5.1 建设条件

5.1.1 地形、地质、水文等条件

5.1.2 筑路材料及运输条件

5.1.3 社会环境

5.1.4 拟建项目与其他交通衔接情况

5.2 备选方案(路线方案比选)

5.2.1 建设项目起终点论证

5.2.2 建设项目与沿线主要城市的连接方案论证

5.2.3 控制方案主要因素

5.2.4 可能的其他方案

6. 工程环境影响分析

6.1 沿线环境特征

6.1.1 生态环境

6.1.2 社会环境

6.1.3 土地利用、类型及人均占有量

6.2 建设项目工程环境影响

6.2.1 对生态环境可能的影响

6.2.2 对社会环境可能的影响

6.2.3 对土地利用可能的影响

6.3 减缓工程环境影响的对策

6.3.1　路线方案的对策

6.3.2　借方和弃方及水土保护对策

6.3.3　绿化恢复植被对策

6.3.4　其他对策

7. 投资估算及资金筹措

7.1　投资估算

7.2　投资筹措

8. 经济评价

8.1　国民经济评价

8.1.1　参数选择与确定

8.1.2　费用调整

8.1.3　效益计算

8.1.4　评价指标及计算

8.1.5　敏感性分析

8.2　财务评价

8.2.1　资金构成及条件

8.2.2　养护、大修、管理费的测算

8.2.3　收费标准的确定及收费额的计算

8.2.4　盈利能力分析

8.2.5　敏感性分析

8.2.6　清偿能力分析

8.2.7　外汇平衡分析

9. 节能评价

9.1　燃油节约量的计算

9.2　节能分析

10. 综合选定

10.1　建设方案选定

10.2　推荐方案起终点及主要控制点

10.3　推荐方案的规模、标准及主要技术经济指标

10.4　推荐方案工程概况

10.4.1　路基

10.4.2　路面

10.4.3　桥梁、隧道

10.4.4　交叉工程及沿线设施

10.4.5　交通工程

11. 实施方案

11.1　实施方案

11.2　建设工期安排与实施计划

12. 问题与建议

附表与附图(包括工程部分、经济评价及交通量预测部分等)

8.2 道路经济调查

通过经济、运输状况的调查与分析,来研究道路发展的客观经济规律,包括区域性经济调查和个别经济调查。

区域性经济调查是指在某一范围(省、市、区等)内的经济调查。主要项目有工农业总产值,国民收入,基建投资额,道路、铁路、航空、水运的客货运量和周转量,道路货运量的组成,以及大宗物资(煤炭、钢铁、粮食、木材、盐、矿建材料)的流量和流向等。调查以统计、计划部门所掌握的统计资料为主,并通过实地核实进行必要的补充。

道路个别经济调查是指某一道路沿线吸引区内的经济调查。吸引区为道路沿线各经济点有运输联系所影响的区域。吸引区的边界线可用经济统计的方法具体分析各经济点的客货流来加以确定。

吸引区的划定,举下述几例予以说明:

(1) 图8-1所示,A 为某城市经济区域中心点,A-B,A-C,A-D,A-E 为道路路线。

先在 AB 路上确定运量分界点 b,同理,可得到 c,d,e,然后在 AB,AC 两路找到分界线 AG,同理,得到 AF,AI,AH。

汇入 AB 范围 $\triangle ABF$ 的界限为 bf,同理,得到 bg,$g'c$,ch,$h'd$,di,ie,ef' 界限,故 $bgg'chh'dief'fb$ 为经济吸引区(影响区)。

(2) 如图8-2所示,A,B 为道路的两端点。

道路上点 b 为 A,B 两点的分界点,相应于 A 及 B 的运量为 Q_1,及 Q_2,此时

$$\frac{Q_1}{l_1^2}=\frac{Q_2}{l_2^2}$$

所以

$$\frac{l_1}{l_2}=\sqrt{\frac{Q_1}{Q_2}}=K$$

设 AB 间距为 L,则

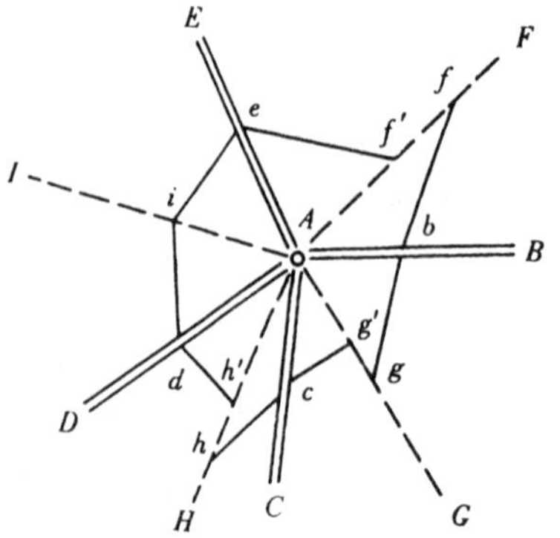

图8-1

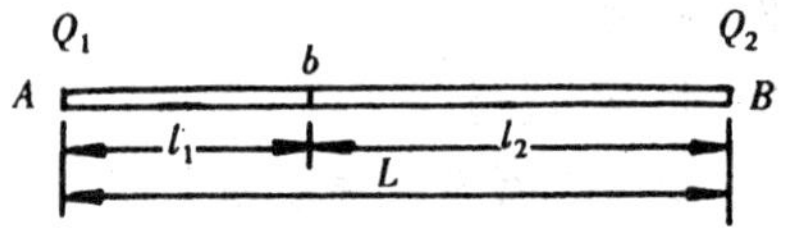

图8-2

$$l_1=\frac{KL}{1+K}$$

$$l_2=\frac{L}{1+K}$$

(3) 如图 8-3 所示，AB，AC 为道路路线，且两路影响区域为$\triangle ABC$。

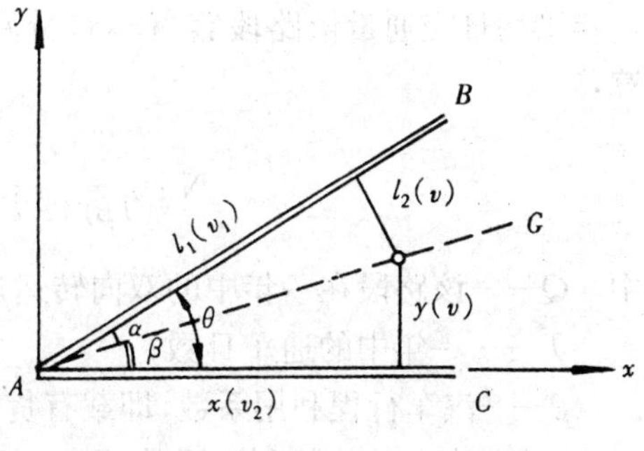

图 8-3

设 AB 道路上汽车行驶速度为 v_1，AC 道路上汽车行驶速度为 v_2，此时两路影响区的分界线为 AG。AG 分界线上某点坐标 (x,y) 至 AB 路上的距离为 l_2，其连接点至 A 点距离为 l_1，则从 (x,y) 点沿 AB 线到 A 点与沿 AC 线到 A 点时间相等条件出发，得出

$$\frac{l_1}{v_1}+\frac{l_2}{v}=\frac{x}{v_2}+\frac{y}{v} \tag{8-1}$$

$$l_1\cos\theta+l_2\sin\theta=x \tag{8-2}$$

$$l_1\sin\theta-l_2\cos\theta=y \tag{8-3}$$

式(8-2)+式(8-3)得

$$l_1=x\cos\theta+y\sin\theta \tag{8-4}$$

从式(8-2)得

$$l_2=\frac{x-l_1\cos\theta}{\sin\theta} \tag{8-5}$$

代入式(8-1)，得

$$l_1=\frac{v_1}{v_2}x+\frac{v_1}{x}-\frac{v_1}{x}\cdot\frac{x-l_1\cos\theta}{\sin\theta}$$

$$=\frac{\frac{v_1}{v_2}x+\frac{v_1}{v}y-\frac{v_1}{v\cdot\sin\theta}x}{1-\frac{v_1}{v}\cot\theta} \tag{8-6}$$

以式(8-4)代入式(8-6)得

$$x\cos\theta+y\sin\theta=\frac{\left(\frac{v_1}{v_2}-\frac{v_1}{v\cdot\sin\theta}\right)x+\frac{v_1}{v}y}{1-\frac{v_1}{v}\cot\theta}$$

$$y=\frac{\frac{v_1}{v}\sin\theta-\frac{v_1}{v_2}+\cos\theta}{\frac{v_1}{v}(1+\cos\theta)-\sin\theta}x$$

$$\beta=\arctan\frac{\frac{v_1}{v}\sin\theta-\frac{v_1}{v_2}+\cos\theta}{\frac{v_1}{v}(1+\cos\theta)-\sin\theta},\quad \alpha=\theta-\beta \tag{8-7}$$

调查应能获得国民经济计划中运输业的下述指标,以分析评价道路所获得的效益:①客运量(人);②旅客周转量(人·km);③货运量(t);④货物周转量(t·km);⑤每吨货物平均运送距离;⑥平均每人劳动生产率(换算为t·km数计);⑦运输工具的大、中修次数;⑧每t·km的运输成本。

年平均日交通量依路段客货运量分别计算。其中,货运量的年平均日交通量可按下式计算:

$$N=\frac{100Q}{T\beta\gamma(AP_1+BP_2+CP_3)}\text{(辆/d)} \tag{8-8a}$$

式中 Q——该路段在一年中的双向转运量(以t计);

T——一年中的通车日数;

β——汽车行程利用系数,即载有货物汽车的行程与汽车总行程的比例;

γ——汽车的吨位利用系数,即汽车的实际载量与额定载量的比率;

P_1,P_2,P_3——在该区域中使用的各类汽车(小、中、大)的载重量,以t计;

A,B,C——具有以上载量的各类汽车在总车辆中所占百分率。

汽车行程利用系数β变动于0.5(即往返中只有一个方向载货)到1.0(往返均满载)之间,目前约为0.7~0.8。

汽车载量利用系数γ与所运货物类别和道路技术状况有关。表8-1中所列为解放牌载重车的载量利用系数。

路上行驶载重车辆的种类,一般可分为三类,即小型(≤2.5t)、中型(2.5~7t)、大型(7t以上)。

表8-1　　解放牌载重车的载量利用系数

货　物　名　称	载量利用系数γ
重工业原料与产品:钢铁、矿石、煤等	1.0
建筑材料:砾石、砂、砖、土等	1.0
农产品:五谷粮食	0.85
蔬菜、水果	0.60
轻工业品:日用百货	0.80
各种织品	0.60
各种棉纱	0.40

对客运交通量可采用下式计算,即

$$N=\frac{Q}{T\beta\gamma D}\text{(辆/d)} \tag{8-8b}$$

式中 N——平均日通过各站程的公共汽车数目;

Q——客流量,以"人·km"计或折成"t"数;

D——该路段公共汽车的平均载重量。

道路交通在运输体系中的作用,以道路的客货运量和周转量与铁路、水运、航空的客货运量和周转量总和之比来表示。

干线道路在道路网中的地位可用两种方法表示：

(1) 交通量表示法。以各路段交通量表示。对道路总平均交通量可以所有道路里程分段测得交通量乘分段长之和除以总里程计算。

(2) 货运量表示法。以各路段的货运量表示。对整条道路的货运量可以各段交通量乘吨位及各段里程求得总和，再除以平均运距计算。

为推求远景年份的交通量及客货运量，必须用历史的观测资料依其变化趋势来加以推算。

通过经济调查获得的运量、交通量资料，可依现状及远景设计年份绘出各经济点的运输联系图(图 8-4(a))，然后经计算研究后可得出如图 8-4(b)所示的道路网规划图。

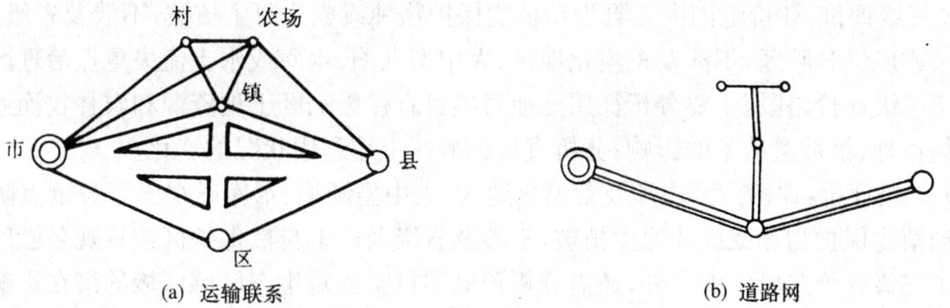

图 8-4　运输联系与道路网

随着全民环保意识的增强，道路建设项目环境影响评价已成为项目可行性研究报告的重要组成部分。道路建设项目环境影响评价需结合道路的工程特点、所在区域的环境特征及环境功能区划，突出重点、兼顾一般，并根据道路建设规模和所在地区环境敏感程度，合理确定环境评价工作。评价一般分为现状评价和预测评价，预测评价需包括施工期和运营近、中期，对于环境敏感或环境管理有要求的路段，可进行必要的环境要素的远期预测。

道路建设项目环境影响评价的环境要素主要有生态环境、水土保持、地表水环境、声环境、环境空气、社会经济、景观等，具体项目评价的环境因子应经过环境影响识别与筛选后确定。一般道路建设项目要突出对生态和声环境的评价和保护措施的论证，对地表水、环境空气、危险化学品运输等环境预测分析可适当弱化。

(一) 社会环境影响评价

道路建设项目社会环境评价是对拟建项目可能引起的社会环境的变化进行分析评价，提出消除或减缓不良效果的措施，包括区域社会环境评价和沿线社会环境评价。

评价的内容主要包括：

(1) 项目直接影响区的社会经济发展、规划和产业结构等的宏观影响；

(2) 征地拆迁和再安置影响；

(3) 沿线民众生计方式、生活质量、健康水平和通行交往等影响；

(4) 沿线基础设施(含防洪)的影响；

(5) 沿线社区发展及土地利用的影响；

(6) 项目直接影响区旅游和文化事业发展；

(7) 项目直接影响区交通运输体系的改善；

(8) 项目直接影响区矿产资源开发和工农业生产的宏观影响；

(9) 沿线文物和旅游资源保护与开发的影响；

(10) 少数民族、宗教习俗等特殊问题。

公众参与也是环境评价中的一个重要程序。我们要充分听取公众意见,尊重公众权利,依法办事,是减少项目建设过程中不利问题出现的一种有效途径。

(二) 生态环境影响评价

道路建设项目生态环境影响评价是对道路所经地区城市生态系统、农业生态系统、森林生态系统、草原生态系统、水域生态系统等不同的生态系统进行分段评价,并分别确定评价工作等级。

路段评价工作等级的划分和生态环境影响预测评价的内容有:

(1) 三级评价:评价范围内无野生动植物保护物种或成片原生植被,不涉及省级及以上自然保护区或风景名胜区,不涉及荒漠化地区、大中型湖泊、水库或水土流失重点治理区路段。

对于三级评价路段,主要分析征用土地对项目直接影响区土地资源和农林牧渔业生产、主要动植物物种、植被覆盖率的影响;分析直接影响区土地利用状况的变化。

(2) 二级评价:评价范围内涉及荒漠化地区、大中型湖泊、水库或水土流失重点防治区,但无野生动植物保护物种或成片原生植被,不涉及省级及以上自然保护区或景观名胜区的路段。

除了三级评价路段的内容外,还需分析预测项目实施对生态敏感区域的潜在影响;分析预测对列入保护名录的野生动植物和优势植被的影响,并在此基础上预测评价主要生态因子和生态系统结构可能发生的变化。

(3) 一级评价:评价范围内涉及野生动植物保护物种或成片原生植被,或涉及省级及以上自然保护区、风景名胜区的路段。

除了二级评价路段的内容外,还要进行植物群落、动物栖息地、迁徙通道的影响评价,并分析评价范围内的生态系统结构、稳定性、物种多样性变化趋势,通过相关图表说明工程对评价范围内生态系统结构、功能及其抗干扰能力的影响,并可用现场摄影和照片资料进行辅助说明。

(三) 水土保持

水土保持的内容主要有:

(1) 依据现状调查结果,确定水土流失防治责任分区;

(2) 依据相关规范进行水土流失预测及其危害性分析;

(3) 分析评价主体工程设计中已采取的防护与排水工程、绿化工程等的水土保持功能;

(4) 提出新增水土保持措施内容、投资估算及效益分析。

(四) 声环境影响评价

声环境影响评价的内容主要包括施工期噪声影响评述和运营期交通噪声影响评价。运营期的评价又可划分为路段交通噪声评价和敏感点(路段)噪声评价。

声环境现状调查的内容包括:现有噪声源种类、数量,与路线位置关系及相应的噪声级;环境噪声级、噪声超标情况;噪声敏感点、保护目标、人口分布等;声环境功能区划;现有交通噪声分布情况。

声环境现状评价就是根据调查内容和监测获得的环境噪声值与相应的环境标准进行评价,分析达标情况,并说明超标原因。

(五) 景观影响评价

道路建设项目的景观影响评价,主要是针对工程构造物的内部景观和景观敏感区的外部景观进行评价。

内部景观评价主要选取有代表性的构造物，对其造型、色彩等美学特性以及与周围环境的协调性进行评价；外部景观评价主要对景观敏感路段逐段的完美性、美学价值、科学价值、生态价值及文化价值等方面因道路建设所受到的影响进行评价。

（六）地表水环境影响评价

地表水环境影响评价只针对道路所经区域河流（包括河口）、湖泊、水库的环境影响进行评价，不包括沼泽、冻土区以及水生生态。运营期评价可根据项目具体的污染特征和地表水环境现状，划分为敏感路段和一般路段分别进行。

道路建设项目地表水环境影响评价主要包括现状评价、预测评价和保护措施等。

（七）环境空气影响评价

道路建设项目的环境空气运营期评价分为敏感点（路段）评价和路段评价。敏感点（路段）评价按环境空气敏感目标规模、路段交通量确定评价工作等级，路段评价只进行一般分析评价。

道路建设项目环境空气影响评价主要包括现状评价、环境空气质量预测以及施工期和运营期的空气防治措施等。

8.3　交通量的预测

交通量预测是道路建设项目可行性研究的重要内容，是确定道路建设项目的技术等级、工程设施规模以及经济评价的基础。为确定道路等级及相应的技术条件，必须预测远景设计年限的交通量（即预测设计年限的交通量）。

交通量预测年限按项目建成通车后 20 年计算。道路建设项目预测交通量一般由趋势交通量、诱增交通量和其他运输方式转移交通量组成。趋势交通量是指影响区内交通需求在正常发展条件下，可预测的交通量；诱增交通量是指项目实施后，新增加的交通量；其他运输方式转移交通量是指项目实施后，由于交通条件的变化，而使其他运输方式与道路建设项目间发生相互转移的交通量。

交通量预测方法依据交通部颁布的《水运、公路建设项目可行性研究报告编制办法》(1988)可分为两类：一是直接从交通量本身的变化规律进行预测的定基预测法，常用模型有平均增长曲线、指数曲线及 S 曲线等；另一类是从其他经济指标与交通量的关系来进行交通量预测的定标预测法，常用模型有一元回归曲线、多元回归曲线及 S 曲线等。通常我们也可把它分为：①经济指标—交通量因果法；②交通量—时间序列外推法两大类。

1. 经济指标—交通量因果法

通过调查收集拟建道路地区有关经济指标的统计资料和现有交通量资料，用数理统计方法建立某些经济指标与交通量之间的相关式，再根据远景年度各年的经济预测指标值，用上述相关式计算推出远景交通量。可采用一元线性回归、多元线性回归等数学方法。

2. 交通量—时间序列外推法

根据现有道路交通量统计数据，建立交通量与年序之间的数学相关式，然后外延使用这些关系式，推算未来远景交通量。可采用复利、一元线性回归等公式。

交通量预测的数学模型，常用的有：

(1) 一元线性回归方程

$$y=a+bx \tag{8-9}$$

式中 y——交通量;

x——与交通量相关的某一经济指标或时间序列;

a——直线方程截距,即 $a=\bar{y}-b\bar{x}$;

b——直线方程斜率,$b=\frac{l_{xy}}{l_{xx}}$;

其中,$\bar{x}$,$\bar{y}$ 为变量 x,y 观测值的算术平均值:

$$\bar{x}=\frac{1}{n}\sum_{i=1}^{n}x_i;$$

$$\bar{y}=\frac{1}{n}\sum_{i=1}^{n}y_i;$$

$$l_{xy}=\sum_{i=1}^{n}(x_i-\bar{x}_i)(y_i-\bar{y}_i)=\sum_{i=1}^{n}x_iy_i-n\bar{x}\bar{y};$$

$$l_{xx}=\sum_{i=1}^{n}(x_i-\bar{x})(x_i-\bar{x})=\sum_{i=1}^{n}x_i^2-n\bar{x}^2$$

n 为观测值个数。

判别 x,y 两变量是否相关,可按下式计算相关系数:

$$R=\frac{l_{xy}}{l_{xx}l_{yy}}$$

式中 $l_{yy}=\sum_{i=1}^{n}(y_i-\bar{y}_i)(y_i-\bar{y})=\sum_{i=1}^{n}y_i^2-n\bar{y}^2$;

l_{xy},l_{xx} 同前。

(2) 多元线性回归方程

设交通量为 y,与交通量相关的经济指标有 x_1,x_2,x_3,…,x_j,其方程为

$$y=a+b_1x_1+b_2x_2+\cdots+b_jx_j \tag{8-10}$$

式中,a,b_1,b_2,…,b_j,通过解下列方程组求解:

$$\begin{cases} l_{11}b_1+l_{12}b_2+\cdots+l_{1j}b_j=l_{1y} \\ l_{21}b_1+l_{22}b_2+\cdots+l_{2j}b_j=l_{2y} \\ \cdots \\ l_{j1}b_1+l_{j2}b_2+\cdots+l_{jj}b_j=l_{jy} \\ a=y-b_1\bar{x}_1-b_2\bar{x}_2-\cdots-b_j\bar{x}_j \end{cases}$$

其中 $\bar{y}=\frac{1}{n}\sum_{i=1}^{n}y_i$;

$\bar{x}_j=\frac{1}{n}\sum_{i=1}^{n}x_{ij}(j=1,2,3,\cdots,j)$;

$$\begin{cases} l_{11}=\sum\limits_{i=1}^{n} x_{i1}^2-n\overline{x}_1^2 \\ l_{22}=\sum\limits_{i=1}^{n} x_{i2}^2-n\overline{x}_2^2 \\ \cdots \end{cases}$$

$$\begin{cases} l_{12}=l_{21}=\sum\limits_{i=1}^{n} x_{i1}x_{i2}-n\overline{x}_1\overline{x}_2 \\ l_{13}=l_{31}=\sum\limits_{i=1}^{n} x_{i1}x_{i2}-n\overline{x}_1\overline{x}_3 \\ \cdots \end{cases}$$

$$\begin{cases} l_{1y}=\sum\limits_{i=1}^{n} x_{i1}y_i-n\overline{x}_1\overline{y} \\ l_{2y}=\sum\limits_{i=1}^{n} x_{i1}y_i-n\overline{x}_2\overline{y} \\ \cdots \end{cases}$$

式中，i 为年度序号；j 为自变量个数。

交通量预测重力模型公式 $N=aE_b^bE_c^cL^{-d}$ 就是一种多元回归模型。式中 E_b，E_c 为 b，c 城的工农业总产值，L 为 b，c 城之间的距离，以行车历时若干分钟计算。也可采用下列关系式，如 $N=aT_b^bT_c^cL^{-d}$ 或 $N=aE_b^bE_c^cT_b^dT_c^EL^{-F}$，式中 T_b，T_c，为 b，c 城的汽车拥有量，a，b，c，d，E，F 为系数及指数，依地区、道路类别研究制定。

(3) 二次抛物线

模型关系为

$$Y=a+bx+cx^2 \tag{8-11}$$

式中有三个未定参数，可依下列方程求解：

$$\begin{cases} \sum Y = an+b\sum x+c\sum x^2 \\ \sum xY = a\sum x+b\sum x^2+c\sum x^3 \\ \sum x^2Y = a\sum x^2+b\sum x^3+c\sum x^4 \end{cases}$$

在一定等级道路上交通量增大，汽车速度(x)受干扰而降低，成本(Y)迅速上升，用二次抛物线拟合模型，最为合适。式中，n 为 x(车速)项列数。

除上述数学模型外，还可依适宜的数学关系推求，即从基值推算，亦称为信息预测。一般可有：

(1) 平均增长率

$$N_T=N_1(1+r)^{T-1} \tag{8-12}$$

式中　N_T——第 T 年的日交通量(辆/d)；

　　N_1——起始年的日交通量(辆/d)；

T——远景计算年份；

r——年平均增长率(%)。

式(8-12)即复利公式，用途广泛，为计划部分常用。

(2) 指数曲线

$$y=e^{a+bt} \tag{8-13}$$

式中 y——交通量；

t——年度序号；

a,b——由数学回归而定的系数；

e——自然数，$e=2.718$。

(3) 龚珀资曲线(Gompertz curve)

$$y=Ka^{bt} \tag{8-14}$$

式中，K 为饱和交通量。

该公式能配制4种曲线：①$\log a<0, 0<b<1$，系上升型S曲线；②$\log a<0, b>1$，系下降型S曲线；③$\log a>0, 0<b<1$，系下降型抛物线；④$\log a>0, b>1$，系上升型抛物线。

数学关系推求远景交通量，仅是一种计算工具，其所计算的数据应与实测资料推算结果相比较。

供预测的平均日交通量，是由道路具体路段的车公里加权平均得来的，交通量预测完毕，应据原来平均的比例回算各段的车公里，把预测交通量重新分配。

上述模型是我国现行较为普遍采用的方法，随着交通量预测技术的提高，基于区域交通规划的"四阶段预测法"也逐渐被我国所使用，即交通生成、交通分布、交通方式分担及交通分配，可详见有关的交通工程书籍。在可行性报告中，也可以采用国内外其他较为先进的交通量预测模型，但需加以说明。

8.4 道路走向的拟定

道路可行性研究，必须拟定路线的走向、确定控制点，才能进行相应的经济调查及经济效益的计算。

通常可按以下几方面进行：

(1) 道路网及道路方向的拟定，应按政治、经济等要求，按照交通运输的需要，通过计算分析加以拟定。一般应在沿线先划定吸引区，依调查吸引区所得经济发展资料预测远景交通量；

(2) 道路网及干线方向可藉助于数学方法求出道路的大致位置，所拟定的方案应结合实地地形地物等具体情况，经过调查研究及征询意见最后确定。

① 干线方向

可依力多边形及运输线截面法进行。力多边形，即以"t"，"t·km"，车辆数或行程时间(h,min)作为力的大小，所求出的合力方向即为干线方向(图8-5)。

运输线截面法 即沿运输线变化区段划分截面，求取所截运输线的合力重心，然后把各重心用直线相连，即为拟定的干线方向(图8-6)。

② 支线连接设计

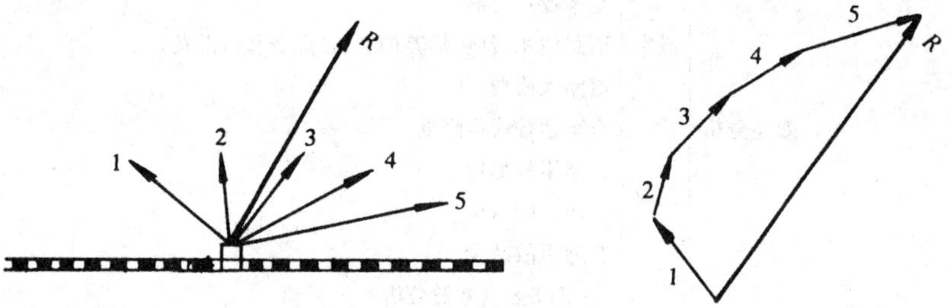

图 8-5　力多边形拟定干线方向

依最小运输费或最短行程时间作为指标加以确定。如为 3 个经济点，可利用求取支线连接干线的方法，交汇成一误差三角形，结合地形选一中心点 O 连接，以得到经济的道路网方案，见图 8-7（详见第九章）。

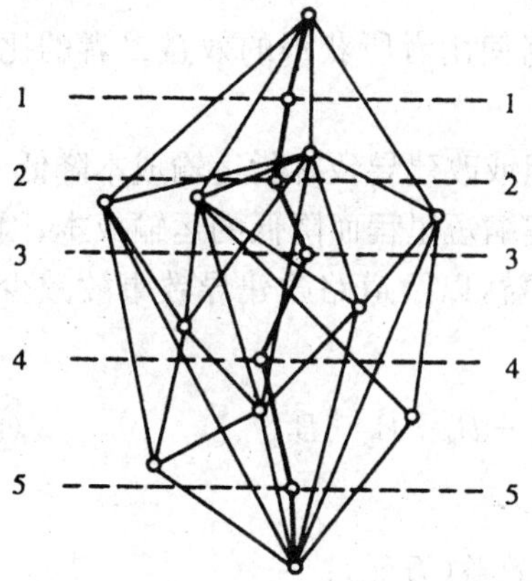

图 8-6　截面法确定干线方向

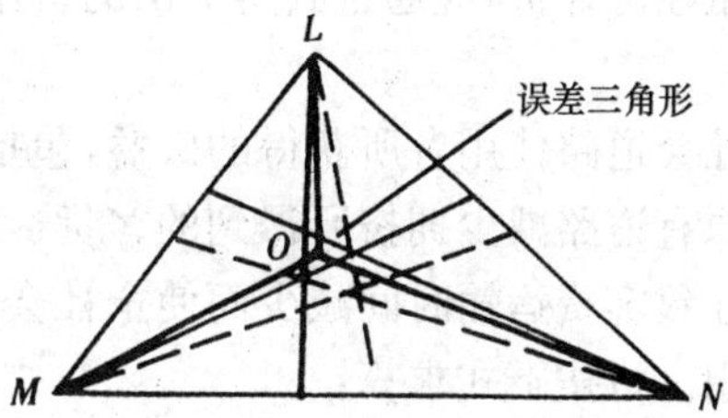

图 8-7　支线连接的误差三角形及拟定的方案

(3) 路线方案的比较与评价

拟定不同的可行方案，应从工程造价、运营时间、经济效益与社会效益等诸方面来评价确定。

8.5　经济评价

道路建设项目的经济评价是可行性研究的重要组成部分。经济评价应根据国民经济与社会发展以及行业、地区发展规划的要求，结合交通量预测，系统分析、计算项目的效益和费用，通过多方案经济比选推荐最佳方案，对项目建设的必要性、财务可行性、经济合理性、投资风险等进行全面的评价，为项目的科学决策提供经济方面的依据。

建设项目的经济评价包括财务评价和国民经济评价。道路建设项目应以国民经济评价为主，有营业收入的项目还应进行财务评价。对于重大交通运输项目还必须进行区域经济与宏观经济影响分析。道路建设项目经济评价计算年限等于建设年限加建设后预测年限，建设后预测年限原则上按 20 年计算。

道路工程效益计算可由成本和受益两方面组成，如图 8-8 所示。

- 效益分析
  - 成本
    - 基本投资金额
    - 道路使用费(包括养护费、管理费和折旧费)
    - 道路大修费
  - 受益
    - 汽车运输成本降低
    - 公路里程缩短
    - 行车时间减少
    - 交通事故减少

图 8-8　效益分析

效益除经济效益(如车辆行驶费用的节约、行程时间的节省、交通事故的减少等)外,还有社会效益。道路建成后,改善了地区交通系统的效益。例如,京津塘公路建成后,起到疏港作用,同时北京到大连,由铁路经沈阳为 1 238km,改由京津塘公路至塘沽,水运至大连,路程仅 540km。社会效益还包括能源节约的效益、公路建成促使沿线集镇的建立、便于市区工厂的外迁,以及增加居民就业等等。

道路经济评价,应通过其所支出的费用与全社会道路使用者所获得的效益二者的比较来衡量。

全社会道路使用者所获得的效益,包括由于道路新建或改建导致客货运输成本降低,道路改建使原有道路减少拥挤所得到的客货运输效益,因改建缩短里程而降低的运输成本,因新建或改建导致客货运输时间减少而使全社会道路使用者受益,以及道路改建导致事故减少而节约的费用。可按下式求算:

$$B=B_1+B_2+B_3+B_4+B_5+B_6+B_7+B_8+B_9+B_{10} \tag{8-15}$$

式中　B——全社会道路使用者的经济效益(万元);

B_1——道路新建或改建导致货物运输成本降低的效益(万元);

B_2——道路新建或改建导致旅客运输成本降低的效益(万元);

B_3——改建道路减少拥挤的货物运输效益(万元);

B_4——改建道路减少拥挤的旅客运输效益(万元);

B_5——改建道路缩短里程而降低的货物运输成本(万元);

B_6——改建道路缩短里程而降低的旅客运输成本(万元);

B_7——货物节约在途时间的价值(万元);

B_8——旅客节约在途时间的价值(万元);

B_9——减少交通事故节约的费用(万元);

B_{10}——减少货损事故节约的费用(万元)。

8.5.1　国民经济评价

国民经济评价是在合理配置社会资源的前提下,从国家经济整体利益的角度出发,计算项目对国民经济的贡献,分析项目的经济效率、效果和对社会的影响,评价项目在宏观经济上的合理性。

国民经济评价的指标有:经济净现值(ENPV)、经济内部收益率(EIRR)以及经济效益费用比(R_{BC})。

(1) 经济净现值(ENPV):项目按照社会折现率将计算期内各年的经济净效益流量折现

到建设期初的现值之和，应按下式计算：

$$\mathrm{ENPV} = \sum_{t=1}^{n} (B-C)_t (1+i_s)^{-t} \tag{8-16}$$

式中　B——经济效益流量；

C——经济费用流量；

$(B-C)_t$——第 t 期的经济净效益流量；

i_s——社会折现率；

n——项目计算期。

如果经济净现值等于或大于 0，说明该项目可以达到符合社会折现率的效率水平，从经济资源配置的角度可以被接受。

(2) 经济内部收益率(EIRR)：项目在计算期内经济净效益流量的现值累计等于 0 时的折现率，应按下式计算：

$$\sum_{t=1}^{n} (B-C)_t (1+\mathrm{EIRR})^{-t} = 0 \tag{8-17}$$

如果经济内部收益率等于或者大于社会折现率，说明项目资源配置的经济效率达到了可以被接受的水平。

(3) 经济效益费用比(R_{BC})：项目在计算期内效益流量的现值与费用流量的现值之比，应按下式计算：

$$R_{BC} = \frac{\sum_{t=1}^{n} B_t (1+i_s)^{-t}}{\sum_{t=1}^{n} C_t (1+i_s)^{-t}} \tag{8-18}$$

式中　B_t——第 t 期的经济效益；

C_t——第 t 期的经济费用。

如果经济效益费用比大于 1，说明项目资源配置的经济效率达到了可以被接受的水平。

8.5.2　财务评价

财务评价是在国家现行财税制度和价格体系的前提下，从项目的角度出发，计算项目范围内的财务效益和费用，分析项目的盈利能力和清偿能力，评价项目在财务上的可行性。

(一) 项目盈利能力分析

项目盈利能力分析的主要指标有：财务内部收益率、财务净现值、项目资本金财务内部收益率、投资回收期、总投资收益率和项目资本金净利润率等。

(1) 财务内部收益率(FIRR)：能使项目在计算期内净现金流量现值累计等于 0 时的折现率，即 FIRR 作为折现率使下式成立：

$$\sum_{t=1}^{n} (CI - CO)_t (1+\mathrm{FIRR})^{-t} = 0 \tag{8-19}$$

式中　CI——现金流入量；

CO——现金流出量；

$(CI-CO)_t$——第 t 期的净现金流量；

n——项目计算期。

当财务内部收益率大于或等于设定的判别基准 i_c(基准收益率)时，项目方案在财务上可考虑接受。

(2) 财务净现值(FNPV)：按设定的折现率(一般采用基准收益率 i_c)计算的项目计算期内净现金流量的现值之和，可按下式计算：

$$\mathrm{FNPV}=\sum_{t=1}^{n}(CI-CO)_t(1+i_c)^{-t} \tag{8-20}$$

式中 i_c——设定的折现率(同基准收益率)。

按照设定的折现率计算的财务净现值大于或等于0时，表明项目方案在财务上可考虑接受。

(3) 项目投资回收期(P_t)：以项目的净收益回收项目投资所需要的时间。一般以年为单位。项目投资回收期宜从项目建设开始年算起，若从项目投产开始年计算，应予以特别注意。项目投资回收期可采用下式表达：

$$\sum_{t=1}^{P_t}(CI-CO)_t=0$$

项目投资回收期可借助项目投资现金流计算表计算。项目投资现金流表中累计净现金流量由负值变为零的时点，即为项目的投资回收期。投资回收期应按下式计算：

$$P_t=T-1+\frac{\left|\sum_{i=1}^{T-1}(CI-CO)_i\right|}{(CI-CO)_T} \tag{8-21}$$

式中 T——各年累计净现金流量首次为正值或零的年数。

投资回收期短，说明项目投资回收快，抗风险能力强。

(4) 总投资收益率(ROI)：项目达到设计能力后正常年份的年息税前利润或运营期内年平均息税前利润(EBIT)与项目总投资(TI)的比率。表示总投资的盈利水平。总投资收益率应按下式计算：

$$\mathrm{ROI}=\frac{\mathrm{EBIT}}{\mathrm{TI}}\times 100\% \tag{8-22}$$

式中 EBIT——项目正常年份的年息税前利润或运营期内年平均息税前利润；

TI——项目总投资。

总投资收益率高于同行业的收益率参考值，说明用项目总投资收益率表示的盈利能力满足要求。

(5) 项目资本金净利润率(ROE)：项目达到设计能力后正常年份的年净利润或运营期内年平均净利润(NP)与项目资本金(EC)的比率。表示项目资本金的盈利水平。项目资本金净利润率的计算公式如下：

$$\mathrm{ROE}=\frac{\mathrm{NP}}{\mathrm{EC}}\times 100\% \tag{8-23}$$

式中　NP——项目正常年份的年净利润或运营期内年平均净利润；

EC——项目资本金。

项目资本金净利润率高于同行业的净利润参考值，表明用项目资本金净利润率表示的盈利能力满足要求。

(二) 项目偿债能力分析

项目偿债能力分析应通过计算利息备付率(ICR)、偿债备付率(DSCR)和资产负债率(LOAR)等指标，分析判断财务主体的偿债能力。上述指标应按下列公式计算：

(1) 利息备付率(ICR)：在借款偿还期内的息税前利润(EBIT)与应付利息(PI)的比值。它从付息资金来源的充裕性角度反映项目偿付债务利息的保障程度，应按下时计算：

$$\mathrm{ICR}=\frac{\mathrm{EBIT}}{\mathrm{PI}} \tag{8-24}$$

式中　EBIT——息税前利润；

PI——计入总成本费用的应付利息。

利息备付率应分年计算。利息备付率高，说明利息偿还的保障程度高，利息备付率应大于1，并结合债权人的要求确定。

(2) 偿债备付率(DSCR)：在借款偿还期内，用于计算还本付息的资金(EBITDA$-T_{AX}$)与应还本付息金额(PD)的比值。应按下时计算：

$$\mathrm{DSCR}=\frac{\mathrm{EBITAD}-T_{AX}}{\mathrm{PD}} \tag{8-25}$$

式中　EBITDA——息税前利润加折旧和摊销；

T_{AX}——企业所得税；

PD——应还本付息金额，包括还本金额和计入总成本费用的全部利息。融资租赁费用可视同借款偿还。运营期内的短期借款本息也应纳入计算。

如果项目在运营期内有维持运营的投资，可用于还本付息的资金应扣除维持运营的投资。

偿债备付率应分年计算，偿债备付率高，说明可用于还本付息的资金保障程度高。其值应大于1，并结合债权人的要求确定。

(3) 资产负债率(LOAR)：各期末负债总额(TL)同资产总额(TA)的比率。其计算公式如下：

$$\mathrm{LOAR}=\frac{\mathrm{TL}}{\mathrm{TA}}\times 100\% \tag{8-26}$$

式中　TL——期末负债总额；

TA——期末资产总额。

适当的资产负债率，说明经营安全、稳健，具有较强的筹资能力，也表明企业和债权人的风险较小。

8.5.3 方案经济比选

方案经济比选是道路项目可行性研究的重要内容。在可行性研究和投资决策过程中,对涉及到的各决策要素和研究方面,都应从技术和经济相结合的角度进行多方案分析论证,比选优化。其方法主要有效益比选法和费用比选法等。

1. 效益比选法

主要有:净现值比较法、净年值比较法、差额投资内部收益率比较法。

(1) 净现值比较法:比较备选方案的财务净现值或经济净现值,以净现值大的方案为优,比较净现值时应采用相同的折现率。

(2) 净年值比较法:比较备选方案的净年值,以净年值大的方案为优,比较净年值时应采用相同的折现率。

(3) 差额投资财务内部收益率法,使用备选方案差额现金流,按下式计算:

$$\sum_{t=1}^{n}[(CI-CO)_{大}-(CI-CO)_{小}](1+\Delta\mathrm{FIRR})^{-t}=0 \tag{8-27}$$

式中 $(CI-CO)_{大}$——投资大的方案的财务净现金流量;

$(CI-CO)_{小}$——投资小的方案的财务净现金流量;

ΔFIRR——差额投资财务内部收益率。

当差额投资财务内部收益率大于或等于设定的基准收益率时,以投资大的方案为优。反之,投资小的方案为优。在进行多方案比较时,应先按投资大小,由小到大排序,再依次就相邻方案两两比较,从中选出最优方案。

(4) 差额投资经济内部收益率法(ΔEIRR):可采用经济净现金流量替代式(8-27)中的财务净现金流量,进行方案比选。

2. 费用比选方法

主要有:费用现值比较法和费用年值比较法。

(1) 费用现值比较法:计算备选方案的总费用现值并进行对比,以费用现值较低的方案为优。

(2) 费用年值比较法:计算备选方案的费用年值并进行对比,以费用年值较低的方案为优。

8.5.4 敏感性分析

敏感性分析是投资建设项目评价中应用十分广泛的一种技术,用以考察项目涉及的各种不确定因素对项目基本方案经济评价指标的影响,找出敏感因素,估计项目效益对它们的敏感程度,粗略预测项目可能承担的风险,为进一步的风险分析打下基础。

项目经济评价所采用的数据大部分来自于预测和估算,具有一定程度的不确定性,为分析不确定因素变化对评价指标的影响,估计项目可能承担的风险,应进行不确定性分析与经济风险分析。通过对具有较大影响的不确定性因素分析,计算其增减变化引起财务或经济效益指标的变化,预测可能承担的风险,提出项目风险的预警、预报和相应的对策,为投资决策服务。

敏感性分析包括单因素敏感性分析和多因素敏感性分析。单因素敏感性分析是指每次只改变一个因素的数值来进行分析，估算单个因素的变化对项目效益产生的影响；多因素分析则是同时改变两个或两个以上因素进行分析，估算多因素同时发生变化的影响。为了找出关键的敏感性因素，通常多进行单因素敏感性分析。

敏感性分析方法：根据项目特点，结合经验判断选择对项目效益影响大且重要的不确定因素进行分析。经验表明，主要对产出物价格、建设投资、主要投入物价或可变成本、生产负荷、建设工期及汇率等不确定因素进行敏感性分析。

敏感性分析一般是选择不确定因素变化的百分率为±5％、±10％、±15％、±20％等；对于不便用百分率表示的因素，例如：建设工期，可采用延长一段时间表示，如延长一年。

建设项目经济评价有一整套指标体系，敏感性分析可选定其中一个或几个主要指标进行分析，最基本的分析指标是内部收益率，根据项目的实际情况也可选择净现值或投资回收期评价指标，必要时可同时针对两个或两个以上的指标进行敏感性分析。

【例题 1】 表 8-2 为某公路工程可行性研究报告中国民经济评价敏感性分析表。在费用增加 10％，效益减少 10％的不利情况时，内部收益率为 14.89％，高于社会折现率 12％，表明此项目有一定的抗风险能力，从国民经济的角度看，本项目是可行的。

表 8-2　　**国民经济评价敏感性分析表**

效益变动	指标＼费用变动	−10％	0％	10％
−10％	经济内部收益率 EIRR(％)	17.81	16.23	14.89
	经济净现值 ENPV(万元)	19 296	15 239	11 183
0％	经济内部收益率 EIRR(％)	19.48	17.81	16.38
	经济净现值 ENPV(万元)	25 496	21 440	17 383
10％	经济内部收益率 EIRR(％)	21.08	19.31	17.81
	经济净现值 ENPV(万元)	31 696	27 640	23 583

【例题 2】 表 8-3 为该路财务评价敏感性分析表，在费用增加 10％，效益减少 10％的不利情况下，财务内部收益率为 4.95％，高于财务基准折现率 3.978％，表明此项目有一定的的抗风险能力，从财务的角度看，本项目是可行的。

表 8-3　　**财务评价敏感性分析表**

效益变动	指标＼费用变动	−10％	0％	10％
−10％	财务内部收益率 FIRR(％)	8.03	6.42	4.95
	财务净现值 FNPV(万元)	20 762	13 110	5 457
0％	财务内部收益率 FIRR(％)	9.66	8.03	6.57
	财务净现值 FNPV(万元)	30 722	23 069	15 416
10％	财务内部收益率 FIRR(％)	11.15	9.50	8.03
	财务净现值 FNPV(万元)	40 681	33 029	25 376

复习思考题

8-1　为什么要进行道路可行性研究?

8-2　道路可行性研究的主要内容是什么?

8-3　国民经济评价的指标有哪些?

8-4　财务评价的指标有哪些?

第 9 章 道路选线

9.1 道路网的网形、密度及道路的红线

9.1.1 道路网规划的原则

道路网规划是一个综合的政治、经济和技术任务，必须符合我国国民经济发展的客观规律，并能体现国家对道路建设的方针政策。

道路网规划设计是以运输联系为依据，首先绘出各段客货运量及交通量图，然后依工程及运营经济的原则结合地形地物拟定道路的布局，经反复研究后确定。

规划时应依据的原则如下：

(1) 道路网规划作为综合交通运输体系的一部分，必须与铁路、水运、民航等运输方式密切配合、相互协调、综合配套。道路运输所具有的机动灵活、门对门服务等优越性应得到充分的发挥。

综合交通运输体系是一种有机联系、综合组配的高效率交通运输体系。组成这种体系的“骨料”是各种运输工具与设施、运输机构和用户；连接这种体系的“粘接剂”是各自的利益和社会需求；协调这种体系的“调节器”是正确的政策法规和有效的行政管理；促使这种体系高效运营的纽带和“增效剂”是庞大的和几乎可以无所不包的信息网络系统。

综合交通运输的优点在于节省运输时间、消灭空驶、节省能源、减少中转环节，能使商品流通资金周转加快，从而方便人民生活、加速经济发展。

(2) 对原有道路应尽可能加以利用，并通过改善措施，逐步达到规划等级和技术标准的要求。

(3) 应能符合工程经济和运营经济以及分期修建的原则。既要满足当前运输的要求，又能适应今后经济发展的需要。

(4) 道路网的网形布置与密度，应力求达到密度小、路线短以及运输效率高、运输成本低的要求。

(5) 道路网的规划应与农田水利、国土利用、城乡规划等相结合，以全面和长期的观点拟定道路路线规模和制定规划方案。

(6) 规划道路网时，为获得最优方案，应选定若干方案进行技术经济计算，最后加以比较确定。

道路交通由车辆、道路和管理三方面组成。道路是车辆通行的载体和基础。道路网是道路交通运输系统的基础设施网。而道路建设与管理又面临着资金、材料、设备、人员等资源的约束。因此，建设什么道路和建设多少，什么时候建设，在哪里建设，都是各级道路交通决策部门面临的问题。这就需要进行道路网的规划。它是道路建设前期工作的重要组成，属于长远发展布局规划。

规划方案的经济比较与论证是以经济调查资料为依据，采用相应的技术经济指标。论证中须满足下述两个基本要求：① 保证道路具有一定的质量指标，以期获得尽可能高的运输效益；② 在保证道路质量指标的前提下，尽量降低道路造价，节省投资。

确定方案时，除比较运输效益和基建投资外，还需要进一步计算修建道路之后运输费所节约的国民经济积累。此外，还应注意到那些不能用货币表示的社会效益，如经济、文化等联系上的改进，道路吸引区的扩大，地价的上升，新企业的增加等。

9.1.2 道路网的网形与密度

道路网的基本型式可分为如下五种，如图9-1所示。

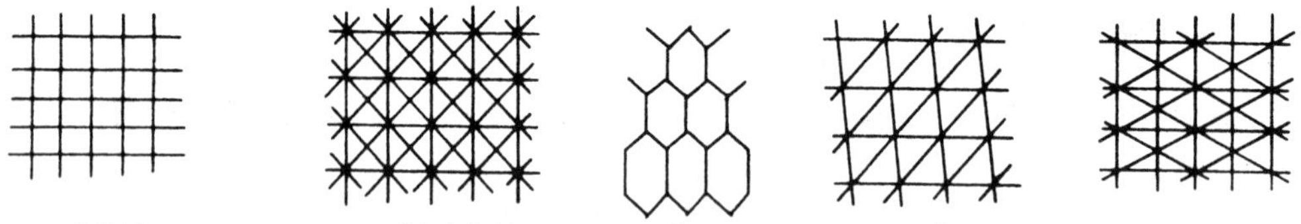

(a) 方格网　(b) 对角方格网　(c) 龟甲网　(d) 三角网　(e) 对角三角网

图9-1 理论道路网的形式

设道路网网点边长为 s，单位网形面积为 a，单位网形面积中的道路长度为 l(图9-2)，则

道路网长度为 $\begin{cases}\text{单位网形为 } l=K_1 s\\ \text{全地区网形为 } L=nl\text{（}n\text{ 为单位网形数）}\end{cases}$

道路网面积为 $\begin{cases}\text{单位网形为 } a=K_2 s^2\\ \text{全地区网形为 } A=na\end{cases}$

道路密度为道路长度与网面积之比，即

$$d_0=\frac{L}{A}=\frac{l}{a}=\frac{K_1 s}{K_2 s^2}=\frac{K_1}{K_2}\cdot\frac{1}{s}=K_3\frac{1}{s}$$

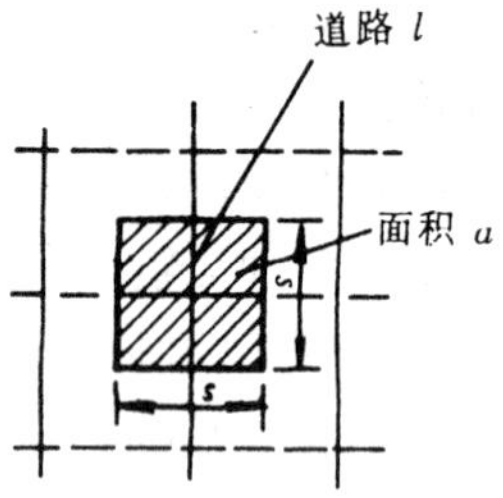

图9-2 单位网形的道路

现分别计算如下：

(1) 方格网　$l=\frac{4s}{2}=2s$，所以 $K_1=2$，汇合路数4

$a=s^2$，　所以 $K_2=1$，汇合路角度为90°

$\frac{l}{a}=\frac{2s}{s^2}=\frac{2}{s}$，所以 $K_3=2$

(2) 对角方格网

$$l=\frac{4s}{2}+\sqrt{2}s\times 2=2s+2\sqrt{2}s$$

所以　$K_1=(2+2\sqrt{2})=4.83$

$a=s^2$，　所以　$K_2=1$，汇合路数8

$\frac{l}{a}=\frac{2}{s}+\frac{2\sqrt{2}}{s}\approx\frac{4.83}{s}$，所以　$K_3=4.83$，汇合路角度为45°

(3) 龟甲网　$l=\frac{6s}{2}=3s$，故　$K_1=3$

$$a=\frac{\sqrt{3}}{4}s^2\times 6=\frac{3\sqrt{3}}{2}s^2，故\quad K_2=\frac{3\sqrt{3}}{2}\approx 2.6，汇合路数 3$$

$$\frac{l}{a}=\frac{3s}{\frac{3\sqrt{3}}{2}s^2}=\frac{2\sqrt{3}}{3s}，故\quad K_3=\frac{2\sqrt{3}}{3}\approx 1.15，汇合路角度为 120^\circ$$

(4) 三角网　$l=\frac{3s}{2}$，故　$K_1=1.5$

$$a=\frac{\sqrt{3}}{4}s^2，故\quad K_2=\frac{\sqrt{3}}{4}\approx 0.43，汇合路数 6$$

$$\frac{l}{a}=\frac{\frac{3}{2}s}{\frac{\sqrt{3}}{4}s^2}=\frac{2\sqrt{3}}{s}，故\quad K_3=2\sqrt{3}\approx 3.46，汇合路角度为 60^\circ$$

(5) 对角三角网

$$l=\frac{3}{2}s+\frac{3\sqrt{3}}{2}s=\frac{3+3\sqrt{3}}{2}s，故\quad K_1=\frac{3+3\sqrt{3}}{2}\approx 4.10$$

$$a=\frac{\sqrt{3}}{4}s^2，故\quad K_2=\frac{\sqrt{3}}{4}\approx 0.43，汇合路数 12$$

$$\frac{l}{a}=\left(\frac{3+3\sqrt{3}}{2}\right)s\Big/\frac{\sqrt{3}}{4}s^2=\frac{6+2\sqrt{3}}{s}$$

故　$K_3=6+2\sqrt{3}\approx 9.46$，汇合路角度为 30°

公路网的网形及其布局是以运输据点为基础，一般先布置主干线作为骨架，然后布置支线及地方道路。目前全世界公路总里程达 2200×10^4 km，其中，美国为 637.9×10^4 km，日本为 112×10^4 km，俄罗斯为 94.9×10^4 km，法国为 81.2×10^4 km，德国为 65×10^4 km，英国为 36.7×10^4 km。如以公路密度(km/km^2)计算，则公路密度最大的国家为比利时(4.20)，其次为日本(3.03)，荷兰(2.68)，德国(1.82)，丹麦(1.63)，英国(1.60)，法国(1.4)，而美国为 0.68。美国由于州际与国防公路网的形成，今后将以改善路面、加强养护、适时翻修和个别路段的改造为工程重点，以适应大流量高速化的交通要求。我国公路总里程截至 2007 年底已达 358×10^4 km。高速公路至 2007 年底已达到 5.3×10^4 km，居世界第二位。但公路密度仅为 0.373 (km/km^2)远不能满足国家发展的要求。

根据交通部规划，我国将用 30 年时间，形成 8.5 万 km 国家高速公路网。新路网由 7 条首都放射线、9 条南北纵向线和 18 条东西横向线组成，简称为“7918 网”，将把我国人口超过 20 万的城市全部用高速公路连接起来，覆盖 10 亿人口。高速公路网建成后，将实现东部地区平均 30 min 上高速，中部地区平均 1 h 上高速，西部地区平均 2h 上高速的快速出行。

道路作为人民生活的基本设施及国家经济活动的基础，应当在交通运输总体系中按照其特点得到必要的发展，这就需要根据我国国情制定相应的道路网规划，以适应汽车运输日益增长的需要。

城市道路系统是城市的骨架,它决定了城市的结构,是房屋建筑及管网设施的基础。正确地布置道路系统,可提高土地的使用效率,使城市具有活力,为城市提供通畅的交通和优良的生活环境,发挥城市“血脉”的作用。城市道路干道网密度依城市客货交通量及工业、居住用地划分的经济性等因素考虑。平原城市干道间距以 800~1 000 m 为宜,即相当于干道网密度为 2.50~2.0 km/km^2,这个密度不包括生活性道路(次干路和支路)。山区城市因地形起伏变化大,道路展延回旋,道路密度往往较大。衡量城市道路网是否适应交通需要,还要看道路面积密度(见第一章绪论)的大小。我国各城市的道路面积密度较小,均在 10%以下,如上海为 5.62%,北京为 8.0%,广州为 2.45%,天津为 3.94%。而国外城市的道路面积密度较大,如华盛顿为 43%,纽约为13.1%,旧金山为 36.2%,芝加哥为 18.6%,东京为18.4%。如以人均道路占有率(m^2/人)表示,我国上海为 2.40,北京为 4.62,广州为 1.22,天津为 2.17。而国外城市芝加哥为 45.9,纽约为 28.3,旧金山为25.3,东京为 10.3。因此,考虑到我国城市交通的发展,城市道路面积密度应逐步予以提高。

9.1.3 城市道路红线

道路红线是指城市道路用地的分界控制线。一般由城市规划部门根据道路的性质、交通量等结合城市总体规划确定。红线之间宽度即道路用地范围规划,它包括拟定横断面的型式、确定机动车道、非机动车道、人行道、绿带等宽度。

红线宽度值依国家标准 GB50220—95 规定,按表 9-1 采用。

表 9-1　城市道路红线宽度

项　目	城市规模与人口(万人)		快速路	主干路	次干路	支　路
机动车设计速度(km/h)	大城市	>200	80	60	40	30
		≤200	60~80	40~60	40	30
	中等城市		—	40	40	30
	小城市		—	40(干路)		20
道路宽度(m)	大城市	>200	40~45	45~55	40~50	15~30
		≤200	35~40	40~50	30~45	15~20
	中等城市		—	35~45	30~40	15~20
	小城市	>1	—	25~35		12~15
		<1	—	25~30		12~15

9.2 道路干线与支线方向的拟定

道路网规划是制定建设规划、编制经济发展计划、选择建设项目的重要根据;是确保道路建设布局合理、有秩序协调发展的重要手段。道路网规划编制的程序主要有下述五个方面:① 准备(划分区域与选定网络线路、明确调查内容表格等);② 调查与整理;③ 现状分析与模型标定;④ 需求预测;⑤ 方案设计与分析。为编制道路网规划,其流程如图 9-3 所示。

道路网的布局应依运输联系，结合经济点的位置，并考虑当地地形地物，经过计算分析比较决定。通常可结合数学方法拟定道路的位置(包括干线方向、支线的连接等)，但最终的确定还要按照当地地形地物及交通运输等要求加以修正。数学方法拟定的路线方案供规划时参考，只有在地形平坦地区，且路线较短时，才比较符合实际。

干线方向一般都用"力多边形"法，如图9-4所示为5个经济点与汇集点(火车站)间有运输联系，此时可以各个运量的吨数或周转量的吨公里数作为力的大小，把求干线的方向变成求这个汇交力的方向。

求合力的方向用图解法，先画出力多边形，各边的长度按比例表示运量或周转量的数值，各边的方向平行于相应的运输联系线，力多边形的闭合线即合力 R 的方向就是干线的方向，同时也可以用行程时间(小时数)作为力的大小，即以货物周转量与设计车速的比值表示，该指标能很好地反映道路网的质量及在国民经济中的效果，对快速客货运的道路来说具有相当大的优越性。

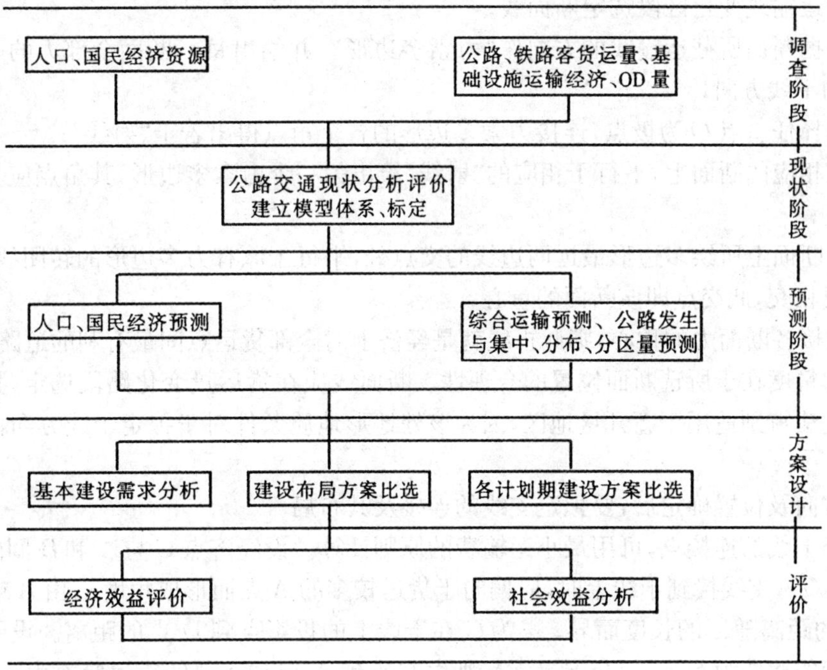

图9-3 公路网规划流程

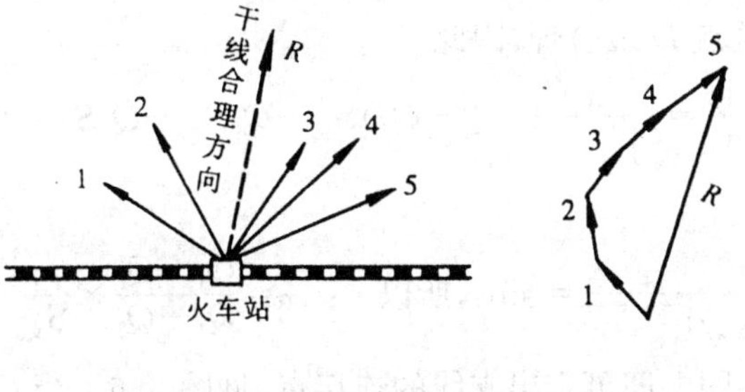

图9-4 力多边形确定干线方向

除上述方法外，亦可采用运输线划分截面的方法，即沿运输线划分截面，求取重心，然后用

直线相连以解决干线方向的拟定问题。此法的要求如下(图 9-5):

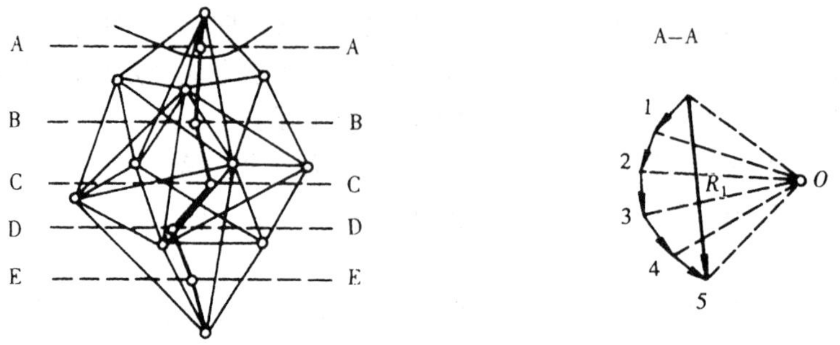

图 9-5　截面法拟定干线方向

(1) 在两个必经的运输点间绘出空间直线;

(2) 在运输线变化区段选定断面线;

(3) 根据断面所截运输线的方向作"力索多边形",并绘出每一断面全部力的合力线而得出该断面的干线方向;

(4) 选择任一点 O 为极点,连接力索多边形的各个角点得出若干"射线";

(5) 在相应的断面上,平行于相应的"射线"绘出另一个力索多边形,其角点应分布在运输线的轴线上;

(6) 从断面上所绘多边形最远两边线的交点处,平行于原有力多边形的转闭线,绘出合力线与断面线相交,此交点即该断面的重心;

(7) 连接各断面力的重心,则此折线就是经济上对全部货运点间最有利的道路干线方向。

此法的精度在于所选断面位置的合理性。断面线应在货运量变化路段选定,且宜选在重心附近。此法特别适用于新开垦地区,因为该处地形地质条件对于拟定干线方向没有显著程度的影响。

干线方向及位置确定后,要拟定支线的连接及其布局。

支线至干线的连接点,可用最小运输费的原则计算。设经济点 C 与 A 和 B 间的往来运量为 Q_1 和 $Q_2(t)$,支线接到干线上时,应偏向于货运较多的 A 点而形成角度 α,由 A 或 B 到支线连接点 D 的距离随 x 的长度而异。x 为 C 在干线上的投影点到 D 点的距离。设干线与支线上每吨千米的运费为 $S_{干}$(元)与 $S_{支}$(元),则由 C 点到 A 与 B 点总的货运费 p 为

$$\begin{aligned}p &= (Q_1+Q_2)\overline{CD}S_{支}+Q_1\overline{AD}S_{干}+Q_2\overline{DB}S_{干}\\ &= [(Q_1+Q_2)\sqrt{L_3^2+x^2}]S_{支}+Q_1(L_1-x)S_{干}+Q_2(L_2+x)S_{干}\end{aligned}$$

当 p 值最小时,连接点 D 最合理,因此

$$\frac{\mathrm{d}p}{\mathrm{d}x}=\frac{x}{\sqrt{L_3^2+x^2}}(Q_1+Q_2)S_{支}-Q_1S_{干}+Q_2S_{干}=0$$

因

$$\frac{x}{\sqrt{L_3^2+x^2}}=\sin\alpha,所以\quad \sin\alpha=\frac{Q_1-Q_2}{Q_1+Q_2}\times\frac{S_{干}}{S_{支}} \tag{9-1}$$

计算出 α 角值后,在图上即可定出支线的连接点,见图 9-6。当 $Q_1=Q_2$ 时,$\sin\alpha=0$,即连接点为 C 在干线上的投影点 C',当 $Q_2=0$ 时,$\sin\alpha=\frac{S_{干}}{S_{支}}$,即连接点位置取决于干线与支线的运

量比值大小。

采用上述方法计算 α 角时，必须先知运费，但这时的道路等级和路面类型还未确定，不可能准确地得到 $S_{干}$ 和 $S_{支}$ 的数值，因此，在计算时，需先大致估算其运费。

同理，当运输行程时间最小时，则

$$\sin\alpha=\frac{(N_{左}-N_{右})V_{支}}{(N_{左}+N_{右})V_{干}} \tag{9-2}$$

式中　$N_{左}$，$N_{右}$——分别为垂线 CC' 左、右边的年交通量(辆)；

$V_{支}$，$V_{干}$——分别为支线 CD 和干线 AB 的设计车速(km/h)。

在设计新建路和原有路相交时，也可使用上述方法。设在原有道路 CD 两旁有经济点 A 与 B(图 9-7)，两点间的运量为 $Q(t)$，现求自 A 和 B 接到原有路上最合理的交角 α_1 和 α_2。

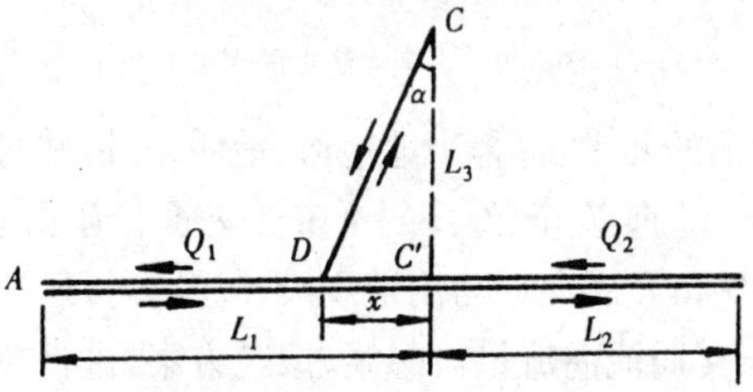

图 9-6　支线的连接

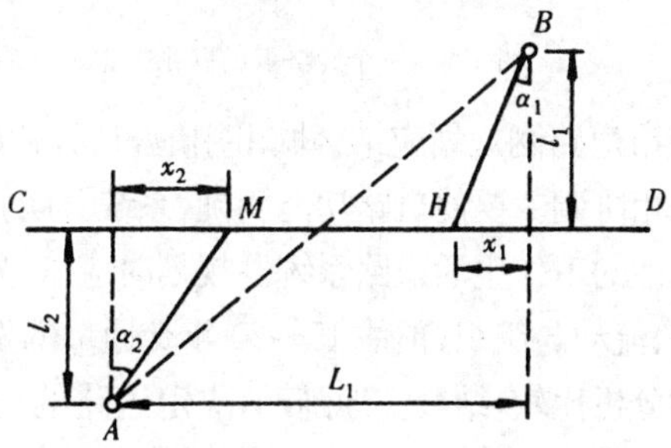

图 9-7　新建路与原有路相交时的合理交角

设在原有道路 CD 上每吨千米的运费为 $S_{原}$，新建路为 $S_{新}$，则总运费 p 为

$$p=Q(L_1-x_1-x_2)S_{原}+\sqrt{l_1^2+x_1^2}QS_{新}+\sqrt{l_2^2+x_2^2}QS_{新}$$

由于 AM 与 BH 线应具有同样的技术品质，两段路的交角应是相同的，即 $\alpha_1=\alpha_2=\alpha$，当 p 值为最小时，

$$\frac{\mathrm{d}p}{\mathrm{d}x}=-QS_{原}+\frac{x_1QS_{新}}{\sqrt{l_1^2+x_1^2}}+\frac{x_2QS_{新}}{\sqrt{l_2^2+x_2^2}}=0$$

解之，得

$$\sin\alpha=\frac{S_{原}}{S_{新}} \tag{9-3}$$

由此可见，角 α 和两条路上的运费比值有关。如原有路 CD 具有高级路面，而 AB 路上运量不大，仅用中级路面时，则 $S_{原}$ 小而 $S_{新}$ 大，交角 α 即很小。相反，如 AB 间的运量很大需修筑高级路面，则其运费可能较小，α 角即较大，其极限是 AB 两点直线相连(如图 9-7 中虚线所示)而不借用 CD 路。

式(9-1)和式(9-3)是单从汽车运输费方面考虑，没有计入地形地物方面的限制和道路的建筑费用以及运量有改变的可能性，因此，仅可作为设计时的参考。

当三个经济点相互之间有运输联系时(图 9-8(a))，为节省道路投资往往可在三点中间选一点 O，采用 OH，OM，OC 三条道路线(图 9-8(b))，此时道路修建里程短，但运输距离长。

点 O 位置可按下述步骤求得：先假定 MC 为干线，而把连接 H 点的道路作为支线，按式(9-1)求支线的偏角 α(图 9-9)，此时取 H 与 MC 线中点的连线作为前法(图 9-6)的干线垂直线，根据此线定出支线的交角 α_1。可以这样做的原因是：当假设 H 与 M 之间的运量等于 H

与C之间的运量时，支线的交点应在MC线的中央。同法，设HC线与HM线为干线，求得自M与C来的支线偏角α_2和α_3。以上3条支线的方向汇交后，可能不在一点而构成一误差三角形，最后在这个小三角形内根据当地地形特点选定一个中心点O，用此点与3个经济点连接起来，即为路线的轮廓方案。

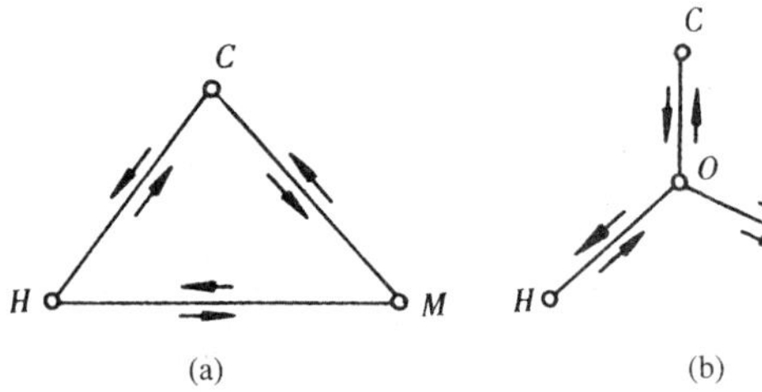

图9-8　三个经济点的联系方案

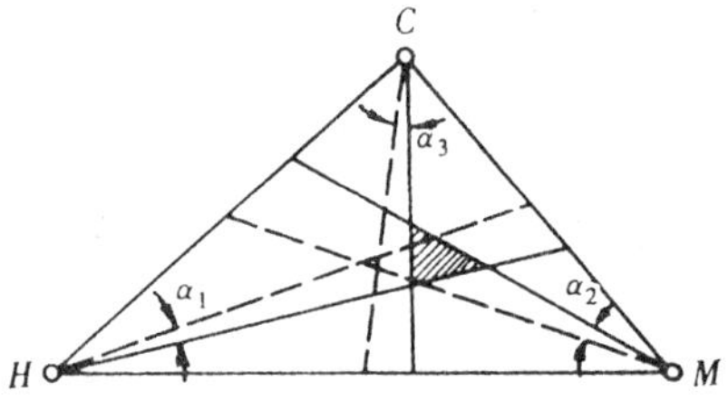

图9-9　三个经济点的误差三角形

城市道路网规划应结合城市用地布局，满足交通运输的要求，符合当地地形、地质条件，并与环境景观相协调。要使道路功能明确、系统分明，形成方便、迅速、安全、经济的全市性交通干道系统以及区域性的工作生活道路系统。规划时应依城市性质、城市发展人口与用地规模，以及客货运交通的产生、流动与组织，预估15～20年交通量的发展，提出交通流向流量设想线，拟定方案，进行技术经济的分析比较，结合实地踏勘，决定道路的走向与布局。规划时，城市道路用地面积应占城市建设用地面积的8%～15%。对规划人口在200万以上的大城市宜为15%～20%。城市人均占有道路用地面积宜为7～15 m^2，其中，道路用地面积宜为6.0～13.5 m^2/人，广场面积宜为0.2～0.5 m^2/人，公共停车场面积宜为0.8～1.0 m^2/人。大中城市往往修建环路，以缓解市区过往交通的拥挤。通常，内环路设置在老城区或市中心区的外围；而外环路宜设置在城市用地的边界内1～2 km处，并且应是汽车专用道路，其他车辆应在环路外的道路上行驶。

9.3　道路的总体布局与方案比较

道路选线是一个涉及面广、影响因素多、政策性和技术性都很强的工作。它是由面到片，由片到线，由粗略到细致的过程，是逐步具体化、逐步补充修改和提高的过程。选线要先通过总体布局解决基本走向，然后再解决局部路线方案直到具体定线。路线的总体布局是通过视察和初测来完成。全部的勘测设计工作一般多采用两阶段测设程序，即通过初测编制初步设计和工程概算，然后根据批准的初步设计，通过定测编制施工图和工程预算。只有对于技术简单、方案明确的小型建设项目，可采用一阶段设计，即一阶段施工图设计。小型项目是指长度200 km以下的公路及长度1 000 m以下的独立公路大桥。对于技术复杂项目或路段，有时采用三阶段测设，即在两阶段测设的中间增加技术设计阶段，完成修正概算。

勘测设计前都要进行视察，它是必须的重要步骤，也可与可行性研究结合在一起，但不作为一个阶段。

9.3.1　视　察

视察的基本要求是：通过室内研究和野外实地视察，论证并推荐路线的基本走向、主要控制点、技术标准和主要技术指标，确定主要设计原则和设计方案，概估工程数量、三材(钢材、木材和水泥)用量和投资,提出设计阶段以及测设和施工安排意见,为上级编制计划任务书提供资料。

视察是一项政策性很强的工作,视察人员要深刻领会上级意见,依靠沿线地方领导和群众,深入实地调查研究。

视察前要做好各种准备工作,首先搜集与路线有关的规划统计资料、地形图、地质、水文和气象等资料;然后在室内分析研究,在地形图(通常为 1/50 000 地形图)上初步选择路线走向。研究重点应放在山区以及地形复杂、外界干扰多、牵涉面广的段落。例如路线可能沿哪些溪沟,越哪些垭口;路线通过城镇或工矿区时是穿过、靠近、还是避开而以支线连接等。研究时应进行多种方案的比较。

室内研究初步拟定方案后,即可到实地视察,连同野外视察中发现的新方案,都必须坚持跑到、看到、调查到,不遗漏一个可能的方案。

视察应在搜集资料及室内研究拟定路线的轮廓方案后,由少数技术员工,携带必要的轻便仪器(手水准、计步器、罗盘、皮尺)进行实地查勘,绘出示意图及提出逐段的结论意见。

视察结束后,应分项整理调查结果,编写视察报告。

整理的主要项目有:路线长度、延长系数、地形分段、极限指标、用地、工程数量(土石方、防护工程、路面类型及数量、大中小桥类型及长度、涵洞类型及长度、隧道座数及长度等)、沿线地质情况,以及所需三材、劳力、造价等。

视察报告由文字说明、路线地理位置图和路线平面图、工程量估算及方案比较表等部分组成,其格式可参见有关文件编制办法规定。

视察报告送请上级审查,作为编制计划任务书之依据。

9.3.2　初测与初步设计

初测是两阶段设计中第一阶段的初步测量工作,它是根据上级批准的计划任务书和视察报告中已确定的路线走向、控制点和路线等级标准而进行的外业调查勘测工作。通过初测,要求对路线的基本走向和方案作进一步论证比较,概略地拟定路线中线位置,提出切合实际的初步设计方案和修建原则,确定主要工程的概略数量,为编制初步设计和设计概算提供所需全部资料。因此,初测要进行实地布设导线,用简单仪器进行导线、水准、横断面和地形测量,并沿导线一定范围内进行土壤地质、路基路面、桥涵水文、筑路材料的调查工作。

导线布设一般要求尽可能接近路线位置,根据视察中拟定的路线走向,在控制点间进行布设。在平原区应尽量接近两点间的直线布导线,但根据地物地貌情况可作适当的偏离;在丘陵区,应综合考虑纵坡与平面线形布设导线,导线常有一定的起伏和折转;在山区,主要以纵坡控制,使导线纵坡接近平均纵坡,使平面有大致的平顺性。导线测量是以经纬仪测角,用视距或拉链测距。当地形困难不便布设导线时,则导线可在路线附近通过,利用所测横断面,采取纸上调整的方法,确定线位;或以导线为控制,实测地形图进行纸上定线。

水准测量工作,一是设立水准点,并进行标平测量;二是沿导线中线,对所有控制地形的加桩进行中平测量,也可用经纬仪作视距高程测量。

横断面测量,要求对导线中桩逐桩进行测量,在有挡土墙等人工构造物段应加测横断面。

地形、地质复杂地段,大中桥桥位和需要处理的地质病害地段,必要时应沿导线两侧大约 100～150 m 范围内测绘地形图。

土壤地质调查,一般利用露头判断,资料要能作到初步分段确定边坡坡率、开挖工程等级和土石方成分;对不良地质地段要详细了解成因、程度和范围,提出相应的设计措施。

所有调查和勘测资料均需就地及时计算和整理,当发现问题或资料不足时,要及时在现场修改或补充。

外业初步测量完成后,按两阶段初步设计内容编制文件和工程概算。

9.3.3 定测与施工图

定测是具体核实路线方案,实地标定路线,进行路线详细测量,实地布设桥涵等构造物,并为编制施工图搜集资料,其具体内容如下:

(1) 沿初测拟定的路线走向和控制点进行补充勘查,对初步设计所定的方案进行反复研究与修改补充,为具体定线打好基础,如拟变更初步设计确定的路线方案和控制点,应经上级主管部门批准。

(2) 实地选定路线,测定中线、交点和量角,丈量距离,测设曲线,钉桩标明里程桩号,固定交点和转点桩位。

(3) 引设水准点,进行路线纵断面水准测量和横断面测量。

(4) 勾绘路线地形图,地形复杂地段需要进行纸上定线时,应实测等高线地形图。

(5) 测绘供个别设计使用的专项工程地形图,如大中桥桥位、隧道、渡口、大型防护工程、交叉口等工程设施地点的大比例尺地形图。

(6) 大中桥桥位勘测与水文测量。

(7) 小桥涵勘测与水文资料调查。

(8) 路基、路面及其他人工构造物设计资料调查与搜集。

(9) 沿线土壤地质调查与筑路材料勘查。

(10) 占地、拆迁调查及概预算资料搜集。

(11) 征询有关单位对路线设计方案及占地、拆迁等方面的意见,并订立必要的协议。

(12) 检查与整理外业资料,完成外业期间规定的内业设计工作。

详细定测工作的组织形式一般是测设队,下设选线、量角、中桩、水准、横断、地形、桥涵、调查、内业等组,各组人员配备可参照表9-2所示,该表是按一般情况进行详测考虑的,对高等级公路或低级道路,以及采用新的测设仪器时,组别和人数可依任务情况适当增减。

表9-2 公路测设队人员配备参考表(人)

组　别	行政干部	技术人员	基本工人(测工)	临时工人	小　计
行政组	3～4		2	1	6～7
选线组		2	1	2～3	5～6
量角组		1	1	2	4
中线组		1	2	4～5	7～8
水准组		2	2	2～4	6～8
横断组		1	1	2～4	4～6
地形组		1	1	2～3	4～5
桥涵组		2～3	1	1	4～5
调查组		1～2	1	1	3～4
内业组		2～3			2～3
合　计	3～4	13～16	12	17～24	45～56

施工图设计的主要内容：

1. 路线设计

解决道路路线空间位置，主要为：

(1) 路线平面设计。包括平面线形设计、人工构造物的平面布置、工程占地拆迁处理以及路线平面图绘制等；

(2) 路线纵断面设计。包括纵断拉坡、平纵线形处理、竖曲线设计、设计高程和填挖计算，以及纵断面图绘制等。

2. 结构设计

解决道路各种人工构造物的具体布设、结构设计与构造尺寸拟定等。主要为：

(1) 路基设计。包括一般与特殊路基横断面设计、弯道超高、加宽与视距保证、土石方计算调配以及排水与防护工程设计等；

(2) 路面设计。包括路面结构组合设计、路肩加固处理等；

(3) 桥涵设计。包括大中桥与小桥涵平面布置、孔径、结构设计等；

(4) 特殊结构物设计。包括隧道、明峒、半山桥、渡槽等设计；

(5) 沿线设施设计。包括路线交叉、人行天桥、管线工程、安全设施、服务管理设施、标志、环境保护及绿化。

3. 施工图表绘制

包括各项设计施工图的绘制及有关设计表格的编制(参见交通部《公路工程基本建设项目设计文件图表示例》规定)。

4. 编制施工组织计划

包括施工方案拟定、场地布置、施工方法与计划进度安排等。

5. 工程预算的编制

包括各项工程数量及所需劳力、材料、机具数量与工程造价等。说明及表格应参照《公路基本建设工程概、预算编制办法》规定。

9.3.4 路线方案选择与比较

路线方案是路线设计中最根本的问题。方案是否合理，不但直接关系到公路本身的工程投资和运输效率。更重要的是影响到路线在公路网中是否起到应有作用，即是否满足国家的政治、经济、国防的要求和长远利益。

一条路线的起终点及中间必须经过的城镇或地点，通常是公路网规划所规定或领导机关根据社会主义建设需要指定的。这些指定的点称为“据点”，把据点连接成线，就是路线的总方向或称大走向。两个据点之间有许多不同的走法，有的可能沿某河、越某岭，也可能沿某几条河，翻某几个岭；可能走某河的这一岸，靠近某城镇；也可能走对岸，避开某城镇等。这些每一种可能的走法就是一个大的路线方案。作为选线工作的第一步就是要在各种可能的方案中，在深入调查的基础上，综合考虑路线方案选择的主要因素，通过方案的比选，提出合理的路线方案来。

选择路线方案应综合考虑以下主要因素：

(1) 路线在政治、经济、国防上的意义，国家或地方建设对路线使用任务、性质的要求，战备、支农、综合利用等重要方针的体现。

(2) 路线在铁路、公路、航道等交通网系中的作用，与沿线工矿、城镇等规划的关系，以及与沿线农田水利等建设的配合及用地情况。

(3) 沿线地形、地质、水文、气象、地震等自然条件的影响;要求的路线技术等级与实际可能达到的技术标准及其对路线使用任务、性质的影响;路线长度、筑路材料来源、施工条件以及工程量、三材(钢材、木材、水泥)用量、造价、工期、劳动力等情况及其对运营、施工、养护等方面的影响。

(4) 其他如与沿线革命史迹、历史文物、风景区的联系等。

影响路线方案选择的因素是多方面的,各种因素又多是互相联系和互相影响的。路线应在满足使用任务和性质要求的前提下,综合考虑自然条件、技术标准和技术指标、工程投资、施工期限和施工设备等因素,通过多方案的比较,精心选择,提出合理的推荐方案。

路线方案的选择,应根据指定的路线走向(路线起、终点和中间控制点)、公路网布局、公路功能等级,结合铁路、水运、空运、管道等综合运输体系的布局和城镇、工矿企业、资源状况,以及地形、地质、水文、气象、筑路材料等自然条件选定可能的路线方案,最后,通过调查、分析、比选,确定最优的路线方案。

路线起、终点和指定连接的城镇以及指定的特大桥、特长隧道位置,为路线走向的控制点。大桥、隧道、互通式立体交叉、铁路交叉等位置,原则上应服从路线基本走向,一般可作为路线走向的控制点。而一般构造物及中小桥涵,中、短隧道的位置则应服从路线走向。

在路线走向和公路等级确定后,应对公路做好总体设计,使技术指标设置与平、纵线形组合恰当,平面顺适,纵面均衡;各构造物选型布置合理、实用、经济;沿线景观协调;符合公路环境保护要求。

例如,图 9-10 为某公路干线,根据公路网规划要求按照三级公路标准进行视察,共视察了四个方案,各方案的主要技术经济指标汇总如表 9-3 所示。

表 9-3　　某路各方案主要指标比较表

指标		单位	第一方案	第二方案	第三方案	第四方案
通过县(市)		个	29	29	32	31
路线长度		km	1 360	1 347	1 510	1 476
其中:新建		km	133	200	187	193
改建		km	1 227	1 147	1 323	1 283
地形:平原、微丘		km	567	677	512	615
山岭、重丘		km	793	670	998	861
用地		亩	2 287	2 869	3 136	2 890
工程数量	土方	万 m^3	382	492	528	547
	石方	万 m^3	123	75	82	121
	次高级路面	km^2	5 303	5 582	5 440	5 645
	大、中桥	m/座	1 542/16	1 820/20	1 057/13	1 207/15
	小桥	m/座	1 084/57	846/54	980/52	1 566/82
	涵洞	道	977	959	1 091	1 278
	挡墙	m^3	73 530	53 330	99 770	111 960
	隧道	m/处	300/1	—	290/1	—
材料	钢材	t	1 539	1 963	1 341	1 469
	木材	m^3	18 237	19 052	18 226	19 710
	水泥	t	30 609	39 159	31 288	33 638
劳动力		万工日	1 617	1 773	1 750	1 920
总造价		万元	81 015	85 110	77 835	89 490
比较结果			推荐			

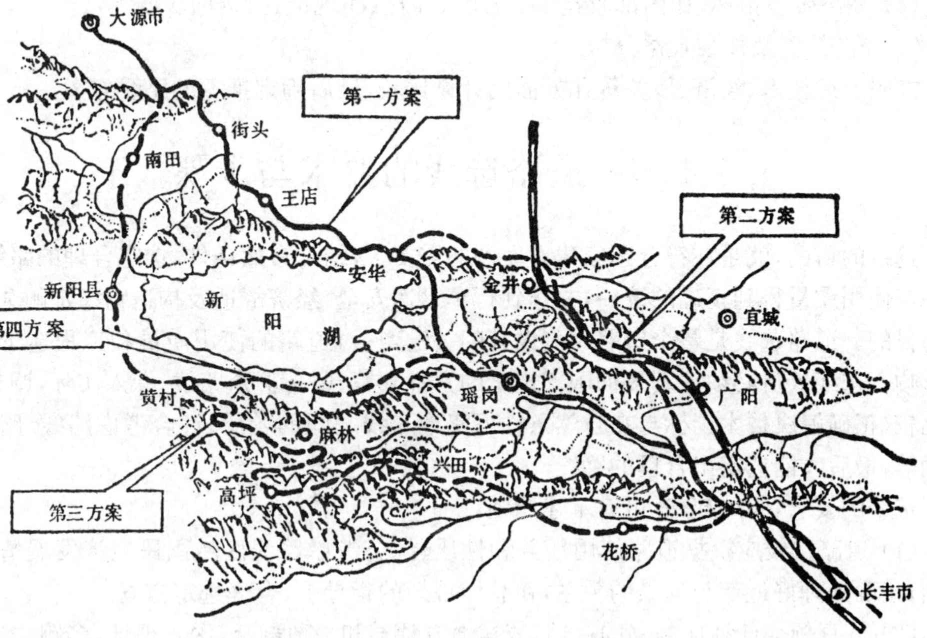

图 9-10　方案比较图

比选结果，第三、四方案路线过于偏离总方向，较第一、二方案长 100～150 km，虽能多联系 2～3 个县、市，但对发展地区经济所起的作用不大。而且第三方案线形指标较低，将来改建难以提高；第四方案又与现有高压电缆线连续干扰，不易解决。因而第三、四方案不宜采用。第二方案虽路线最短，但与铁路严重干扰，于战备不利，且用地较多。最后推荐路线较短，线形标准较高，用地最省，造价也较低的第一方案。

路线方案的评价要统一于技术与经济的结合，不仅考虑工程的标准与投资、运营经济，还要能满足国家政治、经济、国防的要求以及所获得的社会效益。路线方案比选的论证应包含"全寿命"设计，即对设计、施工、养护、营运、管理各阶段的成本效益比进行分析，选择综合效益最佳的方案。同一起、终点路段内有多个可行的路线方案时，应对各方案的"全寿命"设计进行同等深度的比较。较长的路线方案，仅按单项或局部影响因素难以评价路线方案的整体优劣，为客观评价，应从路网或区域对其使用功能、适应交通量、服务水平、安全程度、环境保护、社会经济影响等多项指标进行综合分析，选择最优的方案。

路线方案通常可按下述指标进行比较：

1. 技术指标

包括路线长度及其延长系数（延长系数即路线实际长度与路线起终点最短距离之比）、转角数及平均转角度数、最小半径数、回头曲线数、最大坡度路段长度、交叉数、限制车速的路段长度等。

2. 经济指标

（1）工程量：包括土石方数量、桥梁座数和长度、隧道工程量、挡土墙工程量、征购土地以及拆迁房屋、电杆、坟墓等工程数量；

（2）材料机具及劳力的需要量；

（3）工程造价；

(4) 经济效益指标(如内部收益率、费用效益比、净现值、投资回收期等)。

3. 经济效益及社会效益分析

按照上述技术、经济、效益等几方面的计算比较,最后确定推荐的路线方案。

9.4 道路选线的要求与步骤

选线的目的,就是在符合国家建设发展的需要下,结合自然条件,选定合理的路线,使筑路费用与使用质量得到正确的统一,并达到行车迅速安全、经济舒适及构造物稳定耐久且易于养护的目的。道路选线是整个道路勘测设计的关键,它对道路的使用质量和工程造价都有很大的影响。选线人员必须认真贯彻国家规定的方针政策,坚持群众路线,深入实际,调查研究,反复比较,正确解决技术指标与在自然条件下实地布线之间的矛盾,综合考虑路线、路基、路面、桥涵等,最后才能选定出合理的路线。

选线的要求,归纳起来,可有下述原则:

(1) 道路选线应根据道路使用任务和性质、综合考虑路线区域国民经济发展情况与远景规划,正确处理好近期与远景的关系,在总体规划的指导下,合理选定方案。

(2) 认真领会计划任务书的精神,依靠地方领导和当地群众,深入现场,多跑、多看、多问、多比较,深入调查当地地形、气候、土壤、地质、水文等自然情况,不遗漏有比较价值的方案。

(3) 道路选线布局必须符合国家的方针政策,力争路线短捷及保证行车安全。

(4) 道路选线贯彻工程经济与运营经济结合的原则,在不增加工程造价的情况下,尽量提高技术指标,在不降低技术指标的情况下,尽量降低工程造价。

(5) 充分利用有利地形、地势,尽量回避不利地带,正确运用技术标准,从行车的安全、畅通和施工、养护的经济、方便着眼,对路线与地形的配合加以研究,搞好路线平、纵、横三面的结合,力求平面短捷舒顺,纵面平缓均匀,横面稳定经济。

(6) 路线应选择地质稳定、地形条件较好的地区通过,尽量避免穿过滑坡、崩坍、岩堆、泥石流、泥沼、排水不良的低洼地等不良地段。

(7) 大中桥位应在服从路线总方向的原则下,对路桥综合考虑,不要因桥位而过多地增长路线,桥位应尽量选择在河道顺直、水流稳定、地质良好的河段上,并注意方便群众。小桥涵位置应服从路线走向,但在不降低路线技术指标的情况下,也应适当照顾小桥涵位置的合理。

(8) 选线应同农田基本建设相配合,做到少占田地,并应尽量不占高产田、经济作物田或经济林园等。

(9) 通过名胜、风景、古迹地区的公路,应与周围环境、景观相协调,桥梁、隧道、沿线设施应与当地自然景观相适应,与环境融为一体。

(10) 道路与道路或道路与铁路,应尽量减少交叉次数,应合理选用交叉类型,以达到行车安全畅通的目的。

(11) 道路设计应实行远近结合、分期修建、分段定级的原则,以取得投资及用地的最佳效益。通常线形、视距、用地限界及桥梁荷载标准可按远景确定标准,而横断面、路基路面宽度和路面结构按近期需要标准修建。

(12) 要考虑施工条件对选定路线的影响。推荐路线方案要注意结合可能的施工方法和施工力量,并积极采用新结构、新材料和先进的施工技术。

为达到上述要求，选线工作必须由浅入深，由轮廓到具体，按照测设程序分阶段分步骤进行，比较分析后，选定最合理的路线。一般按全面布局、逐段安排和具体定线三个步骤进行：

(1) 全面布局——这是在路线总方向(起、讫点和中间必须经过的城镇或地点)确定后，从大面积着手由面到带进行总体布置的过程，此项工作宜先在 1/10 000～1/50 000 地形图上进行路线布局，选定出可能的路线方案，然后进行踏勘与资料收集，根据需要与可能结合具体条件，通过比选落实必须通过的主要控制点，放弃那些应避让的控制点，逐步缩小路线活动范围，进而定出大体的路线布局，为下一步定线工作奠定基础。

(2) 逐段安排——在总体路线方案既定的基础上，以相邻主要控制点间划分段落，根据道路标准，结合其间具体地形通过试坡展线方法逐段加密细部控制点，进一步明确路线走法，这样就构成了路线的雏形。这一步工作的关键在于探索与落实路线方案，为实现具体定线提供可能的途径。这一步工作如做得仔细，研究得周到，就可以减少以后的不必要的改线与返工。

(3) 具体定线——有了上述路线轮廓即可进行具体定线，根据地形平易与复杂程度不同，可分别采取现场直接插点定线或放坡定点的方法，插出一系列的控制点，然后从这些点位中穿出通过多数点(特别是那些控制较严的点位)的直线段，延伸相邻直线段的交点，即为路线的转角点。随后拟定出曲线半径，至此定线工作基本完成。做好上述工作的关键在于摸清地形情况，全面考虑前后线形衔接与平、纵、横综合关系，恰当地选用合适的技术指标，以期使整个线形得以连贯协调。

选线可采用纸上定线和现场定线。高速公路、一级公路应采用纸上定线，并现场核定的方法；二级公路、三级公路、四级公路可采用现场定线，有条件或地形条件受限制时，可采用纸上定线或纸上移线并现场核定的方法。

选线应在广泛搜集与路线方案有关的规划、计划、统计资料，相关部门的各种地形图、地质、气象等资料的基础上，深入调查、勘察，并运用遥感、航测、GPS、数字技术等新技术，确保其勘察工作的广度、深度和质量，以免遗漏有价值的比较方案。

9.5　自然条件对公路路线的影响

人们为着要在自然界里得到自由，就要了解自然和改造自然。为了正确选定一条既符合客观实际又符合规定要求的公路路线，必须详细了解路线所经地区的自然条件，并进行综合的分析，以便克服自然，改造自然，使其为公路交通运输创造条件，达到为国家建设服务的目的。

公路不仅承受汽车载重的作用，而且要经受当地自然条件，特别是地形、气候、土壤、地质、水文和植物覆盖的影响。对于公路的勘测设计工作，应通过详细调查与分析自然条件对公路路线及其构造物的影响，并综合地研究各项自然条件的发展过程和相互影响，才能正确地进行公路路线及其构造物的设计工作。

气候条件直接影响地面水数量和状况、地下水位、路基水温及泥泞情况、积雪程度、施工期限和条件等。

地形条件最显著地影响公路的选线。特别是山区，常常是峰岭交错、崎岖曲折、高低起伏，因而在很大程度上决定着路线的技术标准、线形的平顺程度和工程量的大小。

地貌、地质构造是决定路线及构造物基础是否稳定的条件，同时也是筑路材料来源及其性质优劣的决定因素。对地质不良地区(如泥沼、滑坍、碎落、崩塌等)，在选线不能避开的情况下,应采取保证路基稳定的措施。

不同自然地质作用产生不同的地形,它们是相互联系和发展着的,如冰川剥蚀作用造成U形山谷,火山口喷出物形成特有圆锥体火山地形,我国黄土所特有的壁立深沟和谷底呈宽平状的特种地形,都说明一定地形依赖于一定的地质条件。

我国领域广阔,地形起伏变化,各地均有平原、丘陵及多山的地形。为了进行公路的测设及正确运用技术标准,需要具体分析沿线地形。从公路的观点出发,对地形特征的描述,是以地形的形态特征、相对高差、倾斜度及平整度为依据的,根据分析研究认为平原微丘与山岭重丘的划分如下所述:

(1) 平原微丘——平原地形指一般平原、山间盆地、高原(高平原)等。地形平坦,无明显起伏,地面自然坡度一般在3°以内。微丘地形指起伏不大的丘陵,地面自然坡度在20°以下,相对高差在100 m以下,设线一般不受地形限制。

同时也指河湾顺适,地形开阔且有连续的宽缓台地的河谷地形。河床坡度大部分在5°以下,地面自然坡度在20°以下,沿河设线一般不受限制,路线纵坡平缓或略起伏。

(2) 山岭重丘——山岭地形指山脊、陡峻山坡、悬岩、峭壁、峡谷、深沟等。地形变化复杂,地面自然坡度大部分在20°以上,路线平、纵、横面大部分受地形限制。重丘地形指连绵、起伏的山丘,具有深谷和较高的分水岭,地面自然坡度一般在20°以上。路线平、纵面大部分受地形限制。高原地带的深侵蚀沟,以及有明显分水线的绵延较长的高地。地面自然坡度多在20°以上,路线平、纵、横面大部分受地形限制。

河溪水流情况对桥位选择及路线线形有很大的影响,并且是排水系统、桥涵孔径、防护工程等的决定因素。在某些情况下,它决定了路线选定沿溪河安排的可能性。

土壤是修建路基的基本材料,它影响着路基的稳定以及路基高度、边坡尺寸的决定,也影响着路面类型及宽度的确定。

地面的植物覆盖影响着暴雨迳流、水土流失程度以及建筑木材的供应,因而也就影响着桥涵及排水构造的布置与设计。

由上可知,自然因素对公路选线有密切的直接影响,并且在修建公路后也在一定的程度上影响着公路所在地区的地形等自然情况。因此,选线时要细致调查、实地观察、充分考虑自然条件,并注意到今后的自然变化和修建公路后的影响,保证公路工程在复杂自然条件下的坚固稳定与交通运输的畅通无阻。

我国公路自然区划以自然气候因素为主,从分析自然综合情况与公路工程实际出发,将全国公路自然区划分为3个等级。一级区划将全国划分为全年冻土、季节冻土和全年不冻三大地带,再依据水热平衡和地理位置,划分为冰土、湿润、干湿过渡、湿热、潮暖、干旱和高寒七个大区。二级区划为在一级区划基础上以潮湿系数作一步的划分,三级区划是在二级区划内划分更低一级的区划。该标准用于公路规划设计中考虑不同地理区域的自然条件对公路工程的影响,为确定技术措施和设计参数提供依据,详见交通部《公路自然区划标准》(JTJ003—86)。

9.6 平原区道路选线

平原区是地面高度变化微小的地区,有时有轻微的波状起伏和倾斜。平原地区除泥沼、盐渍土、河谷漫滩、草原、戈壁、沙漠等外,一般多为耕地,且分布有各种建筑设施,居民点较密;在天然河网湖区，还具有湖泊、水塘、河叉多等特点。虽然平原区地势比较平坦，路线纵坡及曲线半径等几何要素比较容易达到较高的技术标准，但往往由于受当地自然条件和地物的障碍以及支农需要，选线时应综合考虑多方面的因素。

平原区地形对路线的限制不大，路线的基本线形应是短捷顺直。两控制点之间，如无地物、地质等障碍和应迁就的风景、文物及居民点等，则与两点直接连线相吻合的路线是最理想的。但这只有在戈壁滩里和大草原上，才有此可能。而在一般地区，农田密布，灌溉渠道网纵横交错，城镇、工业区较多，居民点也较稠密。由于这些原因，按照公路的使用任务和性质，有的需要靠近它，有的需要绕避，从而产生了路线的转折，虽增长了距离，但这是必要的。因此，平原区选线，先是把路线总方向内所规定经过的地点如城镇、工厂、农场和公社以及文物风景地点作为大控制点；然后在大控制点之间进行实地勘察，了解农田优劣及地物分布情况，确定哪些可穿，哪些该绕以及怎样绕避，从而建立起一系列中间控制点。路线一般应由一个控制点直达另一个控制点，不作任意的扭曲。为了增进路容的美观，需要把路线的平、纵面配合好。在坡度转折处设置合宜的竖曲线也是必要的。

平原区路线要充分考虑近期和远期相结合，在线形上要尽量采用较高标准，以便将来提高公路等级时能充分利用原有路基、桥涵等工程。

根据平原区地形条件和地物分布的特点，路线布设应尽可能顺直和短捷，一般应采用较长的直线，较大半径的曲线，中间加入缓和曲线的线形。凡需要转向处，应在较远处开始偏离，使偏角小而线形平顺。

路线布设要注意支援农业，少占农田，紧密与农田水利建设相结合。平原地区新建公路必要时占用一些农田是难以避免的，但要尽量做到少占或不占高产田。要从路线对国民经济作用，对支农运输效果、地形条件、工程数量、交通运输费用等方面进行全面分析比较，使路线既不片面求直而占用大片良田，也不片面强调不占田而使路线弯曲过多，造成行车条件恶化。如图 9-11 所示公路通过某河附近时，如按虚线方案走田中间穿过，路线短，线形好，但多占好田，填筑路基取土困难；如将路线移向坡脚(实线)，里程虽略有增长，但避开了大片高产田，而且沿坡脚布线，路基可为半填半挖，既节省了土方，又避免了填方借土的远运。

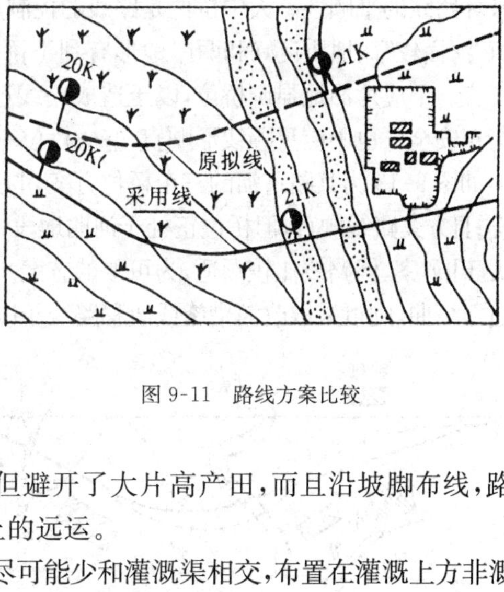

图 9-11　路线方案比较

布线要注意了解灌溉渠道的分布情况，使路线尽可能少和灌溉渠相交，布置在灌溉上方非溉灌的一侧，或者布设在渠道的尾部。当路线和水渠走向基本相同时，可沿渠堤布线，堤路结合，以减少占田和便利灌溉。图 9-12 为豫东平原某公路的一段，利用人工运河河堤与路堤结合，且使路线布设在南岸河堤上，跨越支渠少，减少了桥涵数量及农田的占用数，线路又很平直。如果因路基占用水塘，影响农田给水，可考虑将水塘另一边拓宽取土筑路，扩大水塘使之得到补偿。

路线穿过城镇居民区时，有直穿和绕行两种方案。路线原则上不宜穿过城镇内部，因为由内部穿过不仅降低过境交通车速，增多交通事故，而且给城镇居民在生产生活上造成干扰。公路等级越高及其经过的城镇越小，则在通过公路的车流中与该城镇有关的交通比重就越小，因

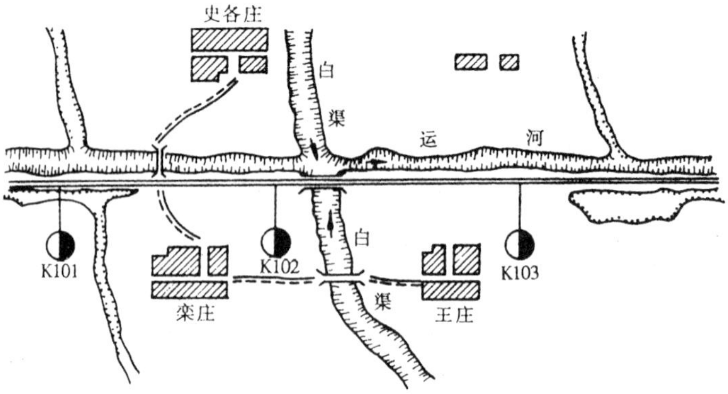

图 9-12　河堤与路堤结合的条件

而路线定在城镇外围也就越恰当。但不宜偏离城镇太远，要做到靠城不进城，利民不扰民。联系的支线要既方便运输，又保证安全。对于沟通县、社、队直接为农业服务的支线公路，经地方同意，也可穿过村镇内部，但要有足够的路基宽度和行车视距，确保交通安全。

“设计规范”规定：高速公路、具干线功能的一级公路同作为路线控制点的城镇相衔接时，以接城市环线或以支线连接为宜，并与城市发展规划相协调。新建的二级公路、三级公路房结合城镇周边路网布设，避免穿越城镇。

平原区河渠湖泊较多，桥涵工程量大，路线在跨越水道时，无论在平面或纵断面上，都要尽可能不破坏路线的平顺性。大中桥位是路线的控制点，应将路桥综合考虑。桥位应选在河床稳定、河道顺直、河面较窄、地质良好和两岸地形有利于桥头路线布设的河段，尽可能使桥位中线与洪水主流向正交。不应片面地强调桥位，以至造成路线过分迂回，或过分强调正交桥位而出现桥头急弯，影响行车安全。也不应只顾线形顺直，造成桥位不合适或斜交角度过大，增大工程投资或增加施工难度。如图 9-13 为某路跨河的三个桥位方案，Ⅱ方案为正交桥位，跨河条件好，但路线线形弯曲，不利行车；Ⅲ方案路线顺直，但桥位正处于河曲地段，对桥梁不利；综合比较Ⅰ方案，桥位虽略呈斜交，桥长稍大于Ⅱ方案，但路线比较顺适，为可取的方案。小桥涵位置应服从路线走向，若遇到斜交过大或河沟过于弯曲，则可采取改河措施或改移路线予以适当调整(图 9-14)。

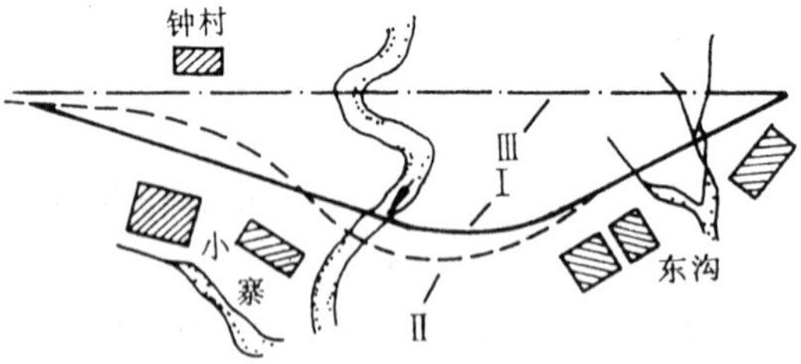

图 9-13　桥位方案比较

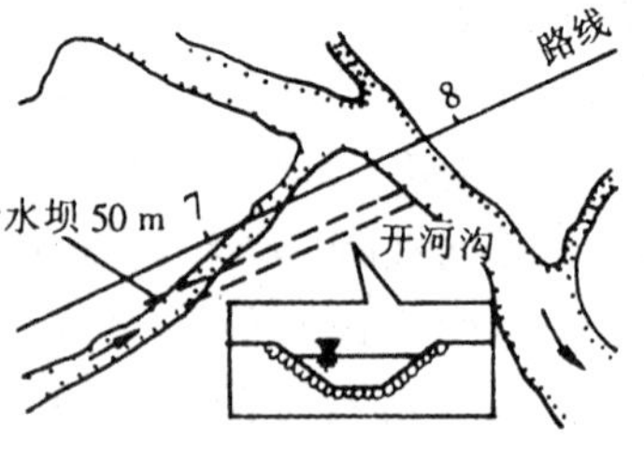

图 9-14　局部改移河沟

当路线遇到湖泊、水塘或洼地时，一般应绕越通过。如需穿越，应对其进行调查钻探，了解淤泥深度及基底情况。路线应选在最窄、最浅和基底坡面较平缓地方通过，并采取经济有效的措施保证路基稳定。

平原地区土壤水文条件较差，容易影响路基的稳定性。当路线走向与分水岭走向基本一致时，应尽可能沿接近分水岭的地势较高处布线。该处土壤干燥、地下水位低，历来是平原地区居民聚居地带，城镇较多，路线可为更多的政治经济点服务；从工程上看，一般情况是高处路基稳定，借土方便，桥涵工程较少，对农田、灌溉沟渠干扰也比较小。图 9-15 为一平原区路线中的一段，A 方案走高处，长 4.68 km，土方 34.8 km^3，占田 44.65 亩；B 方案走低处，路线长 4.48 km，土方 32.7 km^3，占田 58.88 亩；两方案中的桥涵与排水工程，A 方案少于 B 方案。尽管 A 方案路线略长于 B 方案，土方稍多，但少占田 14.23 亩，桥涵与排水工程较小，路基也较稳定，且联系的居民点较多，因而 A 方案优于 B 方案。

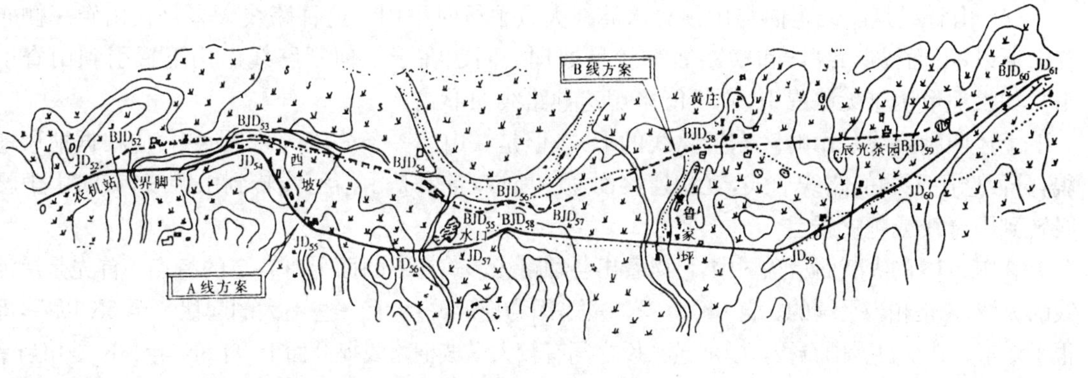

图 9-15　路线走高处与走低处的方案比较

在平原区常有较宽的人行大路，新建公路应尽可能利用这种老路。但要注意从公路的长远发展考虑，根据本路在整个公路网中的地位和作用，预计到它将来可能达到的交通量，严格按照技术标准要求对老路进行技术改造。不能利用的老路可以挖掉恢复为耕地，或者改为通行农业机械的道路。

平原区公路的选线要点如下：

(1) 平面线形应采用较高的技术指标，避免采用长直线或小偏角，但不应为避免长直线而随意转弯。

(2) 在平原河网地区，应注意尽量避开软土地基，并根据河流及通航情况，选择适当地点用较高的技术指标通过，并使交角适当，平、纵线形组合良好，跨河构造物最少。

(3) 平原地区城镇较多，居民集中，经济、文化较为发达，人文环境丰富，选线时应以绕避为主，尽量不破坏或少破坏，并采用较高的技术指标通过。在避让局部障碍时，要注意线形的连续舒顺。

(4) 纵面线形应结合桥涵、通道、交叉等构造物的布局，合理确定路基设计高度，纵坡不应频繁起伏，也不宜过于平缓。

9.7　山岭区道路选线

山岭地区，山高谷深，地形复杂，路线平、纵、横三方面都受到约束；同时地质、气候条件变化多端，都影响线位的布设。

一般按照道路行经地区的地貌和地形特征，可分为沿河(溪)线、山腰线、越岭线和山脊线四种，简述如下：

(1) 沿河线是沿着山岭区内河溪的两岸布置路线。这种路线在平面随河溪的地形而转动;在纵面上坡度平缓;在横面上路基形状适宜,路线走向与河溪的方向相一致。在路线走向脱离河溪方向时,这种路线即不能采用,必须转为其他种路线形式。

(2) 山腰线是在山坡半腰上布置路线。这种路线是随着山坡而行,平面线形可能弯曲较多;纵坡比较平缓;路基多半挖半填式,有时需要修建挡土墙。

(3) 越岭线是路线走向与山脉方向大致垂直而需在垭口穿越时,常常采用。这种路线须适当盘绕,提升高程,所以纵坡较大;有时需要修建隧道。

(4) 山脊线是路线走向与山顶分水岭线大致平行时采用。这种路线大多是在山脊一侧布置。所以,平面线形、纵坡和横断面都较易处理。问题在于如何把路线由山下提引到山脊上来。如果地形困难无法提引,则不能采用这种路线的形式。

上述四种路线是山岭区布置路线的形式,但是在山区一条公路的总长度中,应根据地形地貌,分段选用不同的路线形式,互相连接沟通。所以,常常是由沿河线转到山腰线,有时由山腰线转到山脊线或越岭线。

在图9-16的纵断面示意图中,可以看出各种路线形式在纵断面上有各自的特点。首先是沿河线的纵坡,它是相当平缓的。自0K至6K一段,因为地形关系,有一些不大的起伏。至6K以后,即很平缓了。其次再看山脊线,在0K至2K之间有较大纵坡把路线提升而上,自8K至18K是相当平缓的,自18K至21K,又将路线向下引至河边。越岭线自6.5K由河边引上山顶,在12K处过垭口,然后由垭口又向下引至河边,这一上一下的两段,都具有较大的纵坡。至于山腰线的情况,是介于沿河线和山脊线之间,而呈现较山脊线纵坡小又较沿河线纵坡稍大的中间特征。

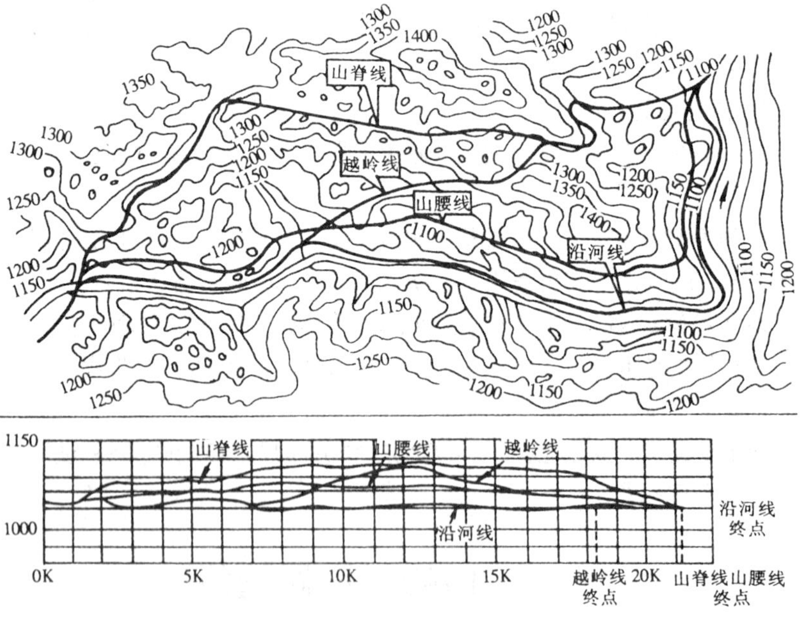

图9-16　山区四种路线示意图

9.7.1 沿河(溪)线

采用沿河线布局,主要问题有三方面:① 路线选择走河流的哪一岸;② 路线线位放在什么高度;③ 路线选在什么合适的地点跨河,这三个问题往往是互相影响的。选线时应抓住主要矛盾,结合路线性质和等级标准,因地制宜地去解决。

由于河谷两岸情况各有利弊，选线时应比较两岸地形、地质、水文等条件以及农田水利规划等因素，避难就易，适当跨河以充分利用有利的一岸。为了避开不利地形和不良地质地带，可考虑跨河换岸设线，但河流越大，建桥工程也越大，跨河岸就越要慎重考虑。例如，在图9-17中，路线可能有三个方案：(Ⅰ)及早提高线位，从崖顶通过；(Ⅱ)走支脊内垭口穿过；(Ⅲ)绕走对岸。绕走崖顶及支脊内垭口穿过的方案，由于路线从河谷上升再下降，都需要有适宜布线的地形，而绕走对岸则需要合宜的桥位及建桥方案，如北岸石方数量不太大而跨河建桥投资较大时，则可采用Ⅰ，Ⅱ方案，否则，必须跨河换岸，采用Ⅲ建桥方案。

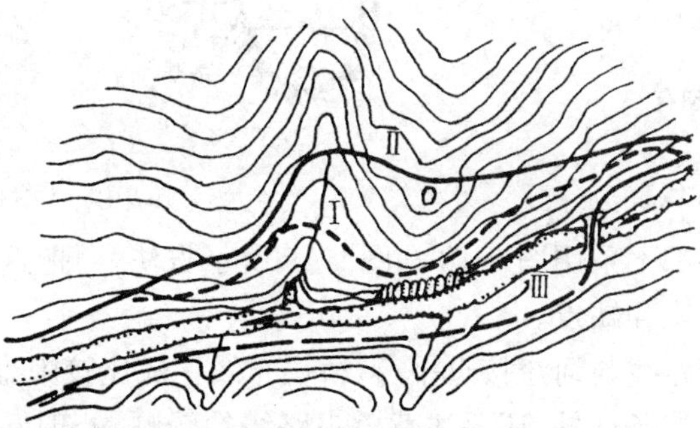

Ⅰ—从崖顶通过； Ⅱ—从支脊垭口通过； Ⅲ—绕走对岸

图 9-17 避让工程困难和不良地质路段的方案

沿河线的线位高低，是根据河岸地形、地质条件以及水流情况，结合路线标准和工程经济来选定的。比较理想的是将路线设在地质、水文条件良好，且不受洪水影响的平整台地上。但在V型或U型河谷的傍山临河路线，往往缺乏这种有利地形，因此路线位置的高低必须慎重考虑。低线一般指高出设计水位不多，路基临水一侧边坡常受洪水威胁的路线；高线一般指高出设计水位较多，基本上不受洪水威胁的路线。低线的缺点是受洪水威胁，防护工程较多；河边较好地形多为农田，因而占田较多；遇到个别山嘴废方较多，需要远运，以免废方堵河。高线的缺点是跨河较难。跨较大河流时，由于路线与河底高差较大，常需展线急下，方能跨过，桥头引道弯曲太大。对于线位高低，一般采用低线，特别注意洪水调查，把路线放在安全高度上，以保证路基稳定和安全。

关于跨河桥位的选择，按路线与河流的关系，有跨支流与跨主河两类。跨支流桥位选择，一般属于局部的路线方案问题，而跨主河的桥位则属于路线走向的控制点问题，它与河岸选择二者相互依存，相互影响。所以在选择河岸的同时，要研究处理好桥位及桥头的布设问题。一般小桥可以与河流斜交，而大中桥一般考虑直交，二者的桥头引线都必须妥善处理，符合标准规定。

沿河线经常遇到陡崖峭壁，往往错综排列地交替出现在两岸上。两岸都是陡崖峭壁的河段，称为峡谷。峡谷一般河床狭窄，水流湍急。路线通过陡崖峭壁的峡谷，不外绕避和穿过两种方法。应根据路线性质任务、路线标准、工程大小、施工条件，等等因素，通过比较来确定。绕避方法是使路线翻上狭谷陡崖顶部，利用有利地形通过。如图 9-17 所示，原测线沿河穿崖走低线，石方大，谷狭，水深，流急，废方不易处理，防护设置困难。这样就需走崖顶的绕避方案，虽然崖顶方案在上、下崖的过渡段处纵坡较大，平纵线形较差，但尚能满足标准，工程较省。当公路等级不高时，采用高线方案，还是合理的。

如果不能采用高线而需直穿低线方案，可根据河床宽窄、岸壁陡缓等不同因素，因地制宜地来处理。处理的方法有二：一是与水争路侵占部分河床；二是硬开石壁直穿陡崖。

图9-18表示与水争路处理方法。在狭谷右部修筑护墙侵入河床一小部;在谷底左部开挖少许河底,使洪水不致抬高过多,否则不能采用这种方法。

图9-19表示硬开石壁的处理方法。图中,(a)为台口式路基,(b)为半隧道路基。采用这两种方法,废方必须处理,尽可能把大部废方利用到附近路段,不可抛弃河中,阻塞水流。

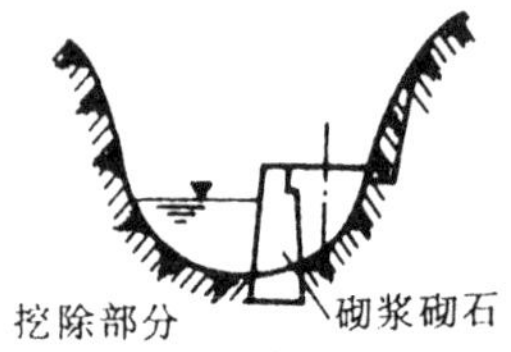

图9-18 与水争路

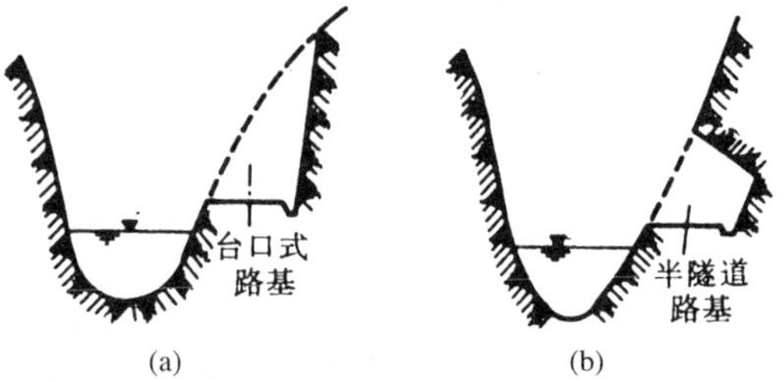

图9-19 直穿陡崖

对高等级公路,一般都不采用图9-18和图9-19所示方法,而把这一路段走向改为山脊线或越岭线,以避免这些困难和缺点。

路线跨越主河,由于路线与河流接近平行,桥头布线一般比较困难,因此,在选择桥位时除应考虑桥位本身水文、地质条件外,还要注意桥头路线的舒顺,处理好桥位与路线的关系。常见有以下几种情况:

(1)如图9-20所示在“S”形河段腰部跨河,以争取桥轴线与河流成较大交角。本例是个中小桥,采用斜桥方案,则更有利于路桥配合。

(2)如图9-21所示在河弯附近选择有利位置跨越。但应注意河弯水流对桥的影响,采取防护措施。

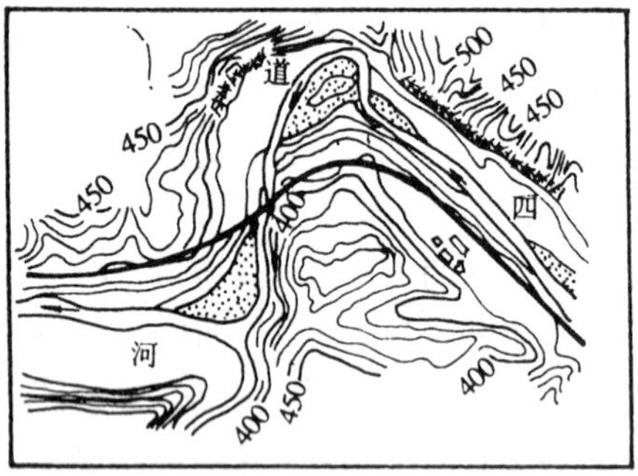

图9-20 在“S”形河的腰部

图9-21 在河弯附近用斜桥跨河

(3)在与路线接近平行的顺直河段上跨河,桥头引道难以舒顺。如图9-22(a)所示桥位应尽量避免。当必须在这种河段跨越时,中、小桥可考虑设置斜桥以改善桥头线形;如为大桥,当不宜设斜桥时,宜把桥头路线作成勺形或布置一段弯引桥,如图9-22(b)所示,或二者兼用。总之,桥头曲线要争取较大半径,以利行车。

路线跨支流的桥位,有从支河(沟)口直跨和绕进支沟上游跨越两种方案,如图9-23所示。采用何者为宜,要根据路线等级和桥位处的地质、地形条件,经过技术经济比较确定。

对临河陡崖地段,采用抬高路线方案时,应注意纵面高低过渡的均匀;当采用低线方案时,

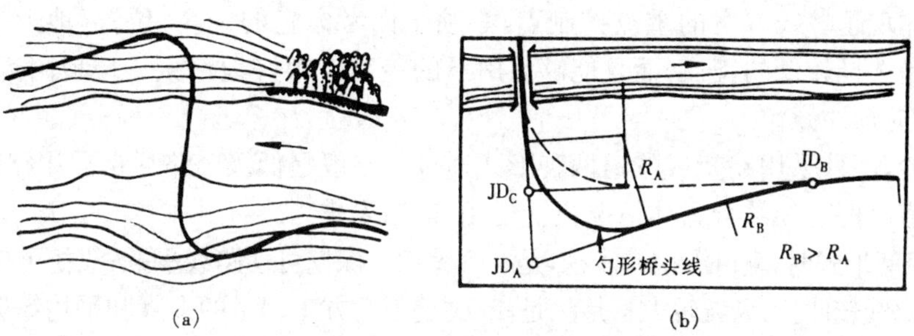

图 9-22

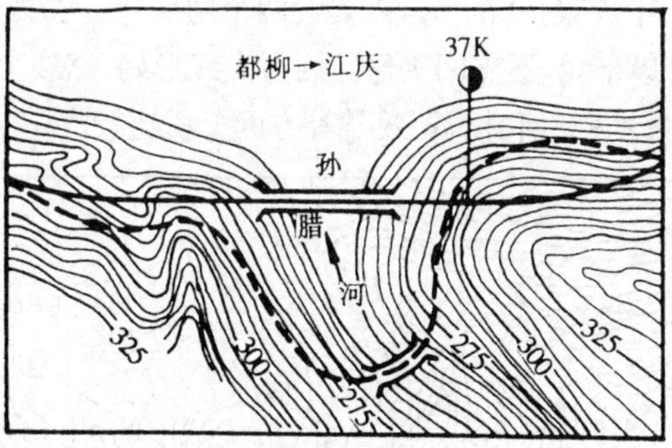

图 9-23　跨支流桥位

应注意废方堵河、改变水流方向和抬高水位的影响。

对迂回河曲的突出山咀，可考虑采用深路堑或短隧道方案；对迂回河弯地段，亦可考虑改河方案，以提高路线技术指标。

当通过水库地区时，应考虑水库坍岸、基底沉陷的影响，以确保路基稳定。

沿河(溪)线公路选线要点：

(1) 沿河(溪)线应处理好河岸的选择、线位高低和跨河换岸地点三者间的关系。

路线应选择在地形宽坦、有阶地可利用、支沟较少、沟长较短、水文及地质条件良好的一岸。积雪和冰冻地区，应选在阳坡和迎风的一岸。除高速、一级公路外，可选在村镇较多、人口较密的一岸，以方便群众。

(2) 临河陡崖地段，抬高路线的线位时，应注意纵面高低过渡的均匀；当采用低线位时，应注意废方堵河、改变水流方向和抬高水位的影响。

(3) 河曲地段的突出山嘴，可考虑深路堑或短隧道方案；对一般的河曲地段，可考虑改河方案，以提高路线技术指标。

(4) 通过水库地区时，应考虑水库坍岸、基底沉陷的影响，以确保路基稳定。

9.7.2　越岭线

沿分水岭一侧山坡爬上山脊，在适当地点穿过垭口，再沿另一侧山坡下降的路线，称为越岭线。它的特点是路线需要克服很大的高差，路线的长度和平面位置主要取决于路线纵坡的安排，因此，在越岭线的选线中，须以路线纵断面为主导。

越岭线布局主要应解决的问题是：垭口选择，过岭标高选择和垭口两侧路线展线的拟定。它们是相互联系，相互影响的。布局时应综合考虑，处理好三者的关系。

垭口是体现越岭线方案的重点控制点，必须全面考虑它的标高、位置、地形条件、地质情况。一般都是选择较低的垭口，而且能够与山下的控制点很好地衔接。垭口附近常有不良地质现象存在，应加注意。

路线过岭，不外采用路堑或隧道两种形式通过。一般是低级公路尽量采用路堑，高等级公路宜考虑隧道。但必须结合具体情况灵活运用，适当安排。

在采用路堑形式时，垭口深挖或浅挖，是一个关键。深挖可使路线平顺；浅挖可使土石方数量减少，但往往路线较曲折，纵坡较大。是深是浅，决定于石方工程量的多寡和平均纵坡的大小。当挖深在 30 m 以上时，则应与隧道方案进行比较。如图 9-24 所示路线通过垭口，由于选用不同的挖深出现了三个可能的方案。甲方案挖深 9 m，需要设两个回头弯；乙方案挖深 13 m，需一个回头弯；丙方案挖深 20 m，即可顺山势布线，不需回头弯。丙方案线形好，路线最短，有利于行车和节约运营费用。选用哪个方案，应从技术标准和投资、效益等方面分析比较决定。

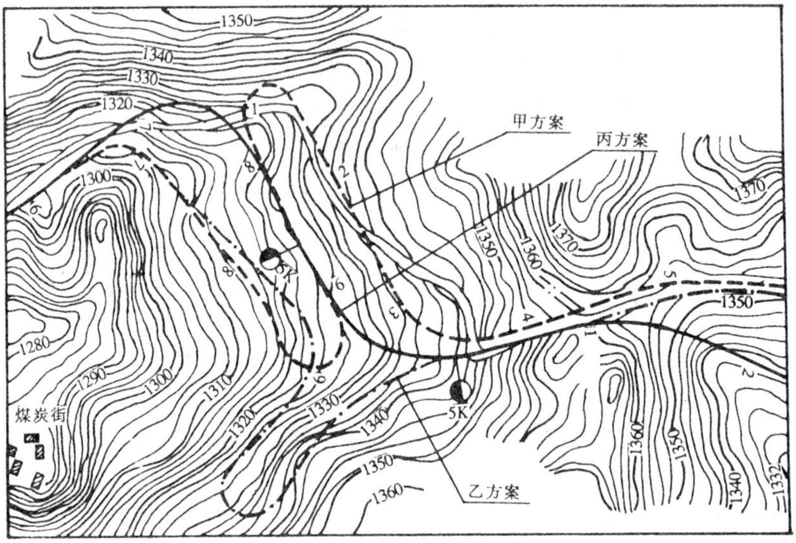

图 9-24　垭口采用不同挖深的展线布局方案

越岭线垭口两侧展线条件也是重要因素，依中间各控制点的地形、地质条件可采用自然展线、回头曲线及螺旋展线三种形式：

1. 自然展线

它是以适当坡度，顺着自然地形，利用绕山嘴、侧沟来延展距离、克服高差。山区选线首先要考虑自然展线，只有在地形地质条件受限时，才考虑其他两种形式。如图9-25所示，利用主、侧谷展线升高，主要优点为上下线不重叠干扰、线形与景观协调。

2. 回头曲线

当控制点间的高差较大，靠自然展线无法取得必须的距离以克服高差时，路线可利用地形设置回头曲线进行展线。

回头曲线的缺点为同一坡面上下线相距较近，且多重叠，对行车及施工、养护均不便，但能充分利用地形，往往能避让不良地形地质地段。

适于布设回头曲线的地形，一是利用山包(图 9-26(a))或平坦的山脊(图 9-26(b))；二是利用平缓山坡(图 9-26(c))；三是利用山沟(图 9-26(d))及山坳(图 9-26(e))侧坡。

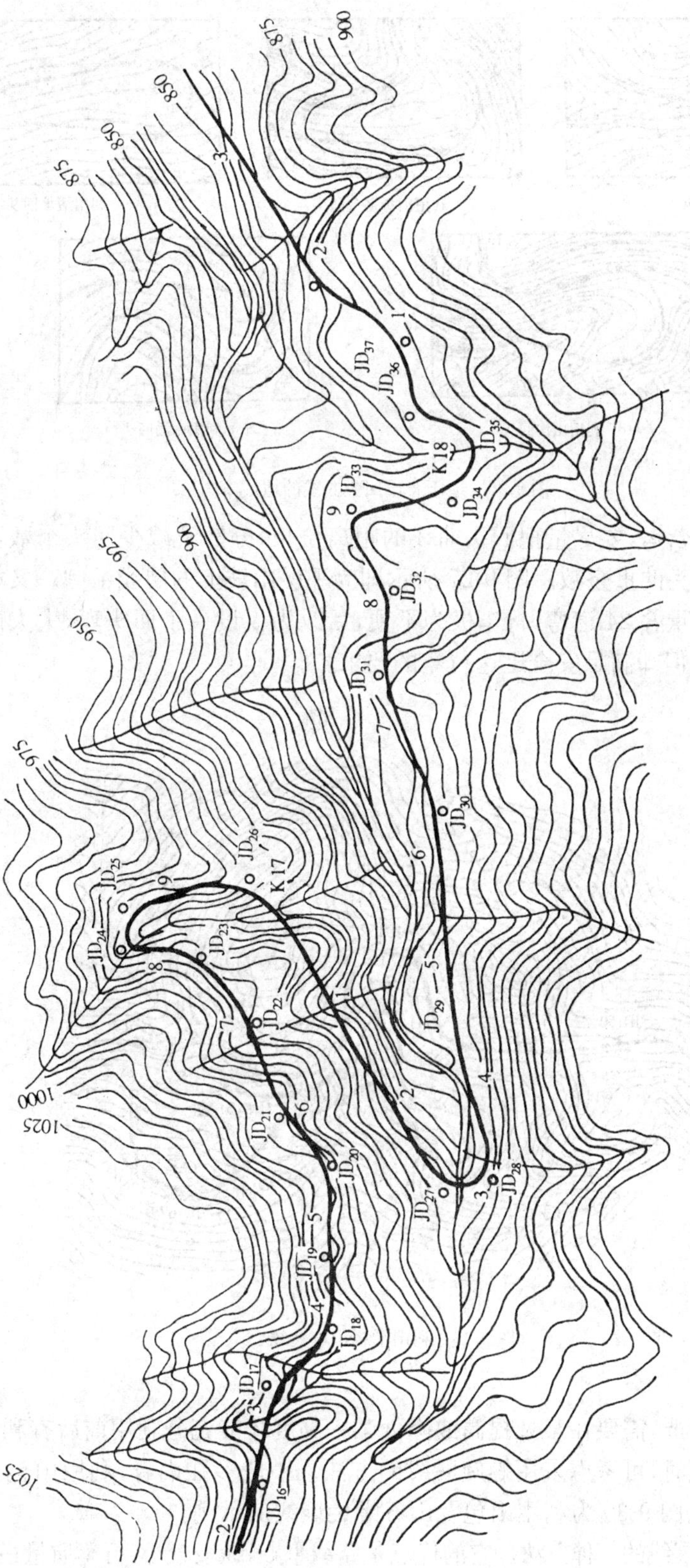

图 9-25　利用主谷与侧谷展线

(a) 利用山包回头

(b) 利用山脊平台回头

(c) 利用缓坡回头

(d) 利用山沟回头

(e) 利用山坳回头

图 9-26　适于布设回头曲线的地形

为利于今后行车营运，要尽量把回头曲线的距离拉长，分散及减少回头个数，尽量避免及减少在一个坡面上回头的重叠数。图 9-27 所示即为平缓山坡上的展线示例。又如图 9-28，为西南某公路一面坡上重叠 24 道弯，行车极为不便，后改为仅设一个回头弯，大大改善了线形，虽增长路线 1.67km，但却满足安全迅速行车的要求。

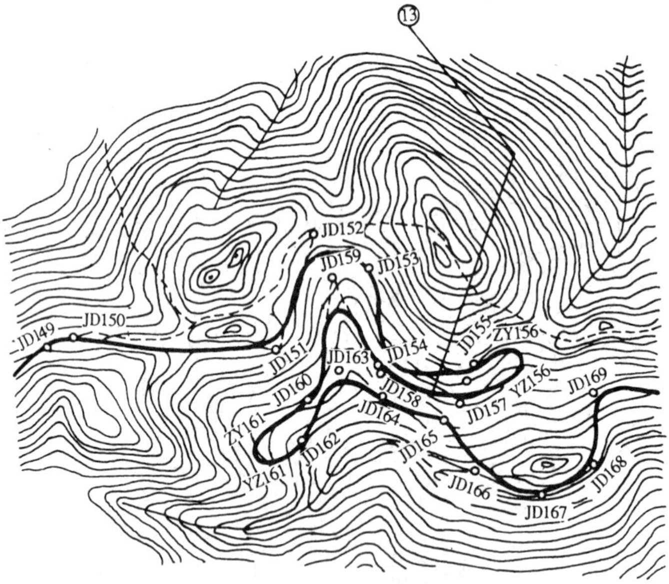

图 9-27　利用平缓山坡展线

3. 螺旋展线

当路线受限制很严，需要在某处提高或降低某一高度才能充分利用前后有利地形，而且无法采用其他展线方式时，可考虑采用螺旋展线的方法。一般多在山脊，利用山包盘旋，以旱桥或隧道跨线，图 9-29、图 9-30 为利用山包及山谷螺旋展线的示例。

螺旋展线是山区展线的一种方法。它的优点是路线平顺，纵坡较小，行车质量最好，但需要修建旱桥或隧道，工程费用较高。因此，在等级较高的山区公路上，标准要求高，盘旋较远，高程提升较

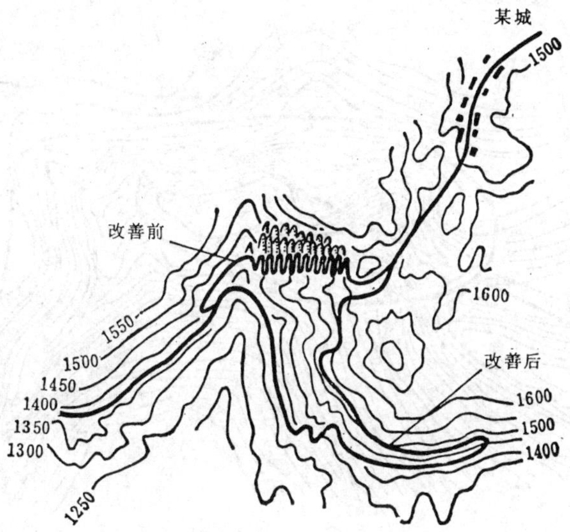

图 9-28　一面坡上 24 道连续弯

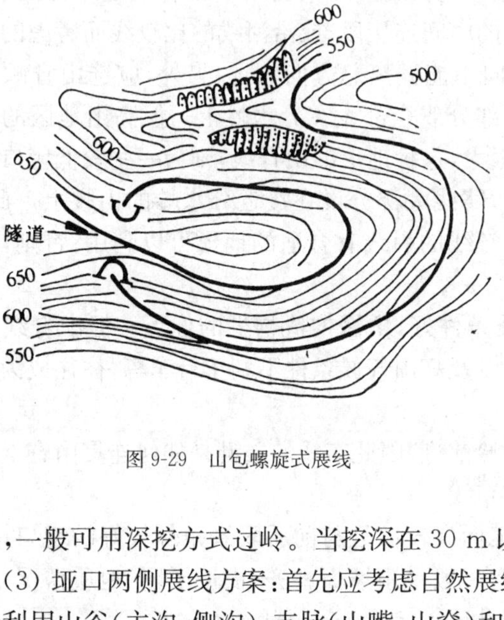

图 9-29　山包螺旋式展线

大,采用这种展线形式是必要的。螺旋展线的最终选定,往往要结合地形条件,并与回头展线相比较权衡。

越岭线公路选线要点:

(1) 垭口选择:在符合路线基本走向的情况下,应综合地质、气候、地形等条件,从可能通过的垭口中,选择标高较低和两侧利于展线的垭口。对于垭口虽高,但山体薄窄的分水岭,采用过岭隧道方案有可能成为更合适的越岭位置时,亦应予以比较选择。

(2) 过岭标高:过岭标高是越岭线布局的重要控制因素,不同的标高会出现不同的展线方案。除工程地质不良和宽而厚的垭口外,一般可用深挖方式过岭。当挖深在 30 m 以上时,则应与隧道方案进行比较。

(3) 垭口两侧展线方案:首先应考虑自然展线,不得已时方可采用回头展线。回头展线应尽量利用山谷(主沟、侧沟)、支脉(山嘴、山脊)和平缓山坡等有利地形,并应尽量避免在一个山坡上布设较多和相距很近的回头曲线。

(4) 越岭路线的纵坡应力求均匀,平均纵坡及纵坡长度应符合规定要求。一般不应设置反坡,特殊情况下设置反坡时,应予以比较论证。

(5) 越岭隧道:各级公路越岭线的隧道,其线形与其与公路的衔接,应符合路线布设的规定。二、三、四级公路上的特长及长、中隧道位置,原则上应服从路线基本走向,路、隧综合考虑。

9.7.3　山脊线

山脊线是一种大体沿山脊布设的路线。连续而又平直的山脊通常是很少,因此长距离的

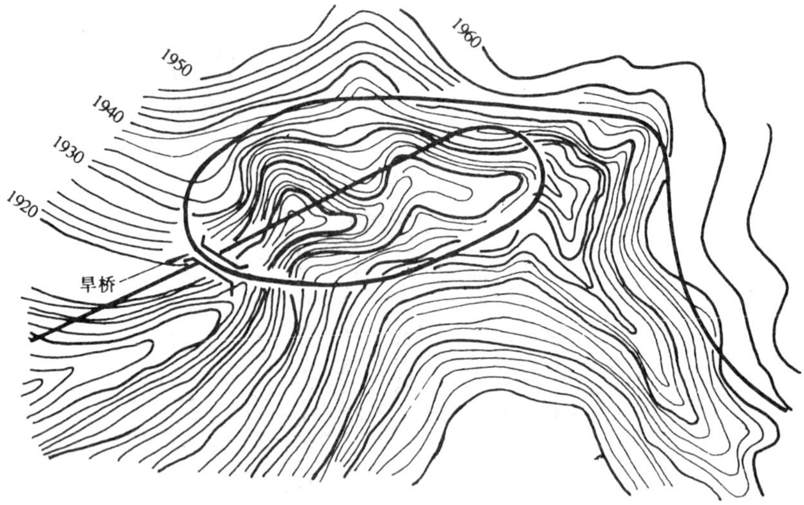

图 9-30　山谷螺旋式展线

纯粹山脊线比较少见。西(安)兰(州)公路华家岭段长达50余公里的山脊线是罕见的例子。山脊线一般为较短的里程,并且是作为越岭线的中间连接段、或沿河线的比较线而考虑的。

采用山脊线首先要求分水岭的位置和方向不能偏离总方向太远,另外,应选山脊顺直平缓、起伏不大、岭肥脊宽的理想地形,使路线大部分或全部设在分水岭上。但高山地区的分水岭常常是峰峦、垭口相间排列,有的相对高差很大,这种地形的山脊线,则为一些较低垭口所控制,路线应沿分水岭侧坡在控制垭口之间穿行,路线大部分设在接近分水岭的山腰上。此外,采用山脊线还要求分水岭地质条件好,上下山脊线的引线有合适的地形可以利用;否则,山脊本身条件再好也难以采用。

山脊线一般具有土石方工程小,水文地质条件好,桥涵构造物少的优点。但山脊线位置高,离居民点较远,而且水源和筑路材料缺乏,以及高山气候条件不利于行车等,往往成为方案选择中放弃山脊线的因素。

由于山脊线走向明确,即基本上是沿分水岭前进,因此布线的关键是如何连贯山脊上的各个控制垭口,选择条件好而接近分水岭的侧坡布线。

选择控制垭口是山脊线的关键。通常选定标高较低且与前后联系条件较好的垭口,然后决定垭口控制点之间走分水岭的哪一侧布线。一般采用坡面整齐、横坡平缓、地质情况好、无支脉横隔的向阳山坡较为理想,结合放坡试线最后决定。

图9-31为一山脊线布线实例。路线首先由平地利用有利地形展线,升坡到山脊(图中A段为采用回头展线,有时也可不用回头展线,顺山坡逐渐升坡到山脊);路线上到山脊后,循分水岭前进,遇山脊高峰,乃选择有利一侧山坡布线(图中B段);如线路继续前进,遇个别极低垭口(图中C点),前后路线又无法压低,乃考虑用路堤或建旱桥通过;如垭口出现陡坎,按具体情况采用螺旋式展线(图中D段)或回头展线升坡前进;当山脊自然坡度接近路线最大纵坡时,可寻求较缓山坡,适当展线前进(图中E段);当山脊自然坡度超过规定最大纵坡时,需选择有利地形进行展线(图中F段)。

山脊线的布设,要求分水岭线不能偏离路线总方向过远,纵断面上各垭口间的高差不能过

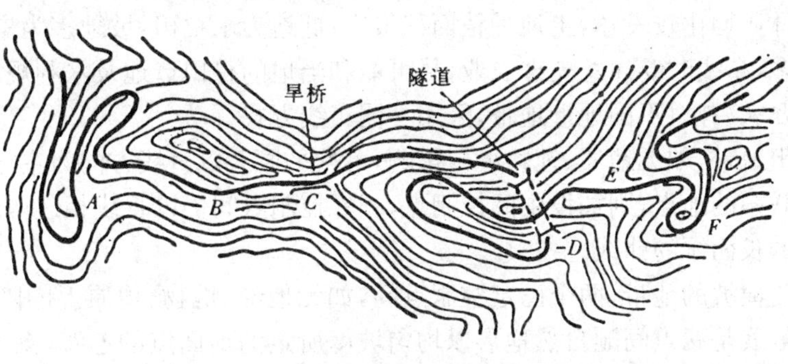

图 9-31　山脊线实例

大，平面上又不过于曲折迂回，而且各垭口间的地形不过于高低杂乱。如海拔较高时，对于积雪、冰冻、云雾等影响应加以注意，对于支农(林)是否有利，路线是否隐蔽都需综合考虑。

山脊线公路选线要点，主要是处理好控制垭口、侧坡以及控制垭口间的平均坡度三者的关系。

(1) 控制垭口的选择：分水岭方向顺直、起伏不大时，每个垭口均可暂定为控制点；地形复杂、起伏较大且较频繁，各垭口高低悬殊时，宜以低垭口作为控制点，突出的高垭口可以舍去；在有支脉横隔时，对相距不远，并排的几个垭口，应选择其中一个与前后联系条件较好的垭口作为控制垭口。

(2) 侧坡的选择：当分水岭宽阔、起伏不大时，路线以设在分水岭顶部为宜。如需将路线设在两侧山坡时，应选择坡面较整齐，横坡较缓，地质、水文情况良好，积雪、冰冻和支脉分布较少的一侧。

(3) 控制垭口间的平均坡度：两控制垭口间应力求距离短捷，坡度平缓。若控制垭口间平均坡度超过规定，则应视具体地形、地质条件，采取深挖、旱桥、隧道等工程措施，也可利用侧坡、山脊有利地形展线。

9.8　丘陵区道路选线

丘陵地形是介于平原和山岭之间的地形，它具有平缓的外形和连绵不断的丘岗，地面起伏，但高差不大，不致引起高度的气候变化，其主要特征是：脉络和水系都不如山岭区那样明显。路线线形和平原区比较，平面上迂回转折，有较小半径的弯道，纵面上起伏和偶尔有较陡的坡道。由于受地形限制小，所以路线的可能方案较多。其中，微丘地形近似于平原；重丘则近似于山岭。在技术标准方面，微丘比平原区稍紧一点，各项技术指标与平原区相同；重丘则比山岭区稍松一点，各项技术指标与山岭区相同。

在丘陵区布线，首先要因地制宜，掌握好线形技术指标。一般是微丘地形按平原区掌握，而重丘区则按山岭区方式处理。等级高的路要强调线形的平顺，路线只和地形大致相适应，不迁就微小地形的变化；等级低的则较多考虑微小地形，以节省工程投资。各级路线都要避免不顾纵坡起伏，片面追求长直线，或不顾平面过于弯曲，片面追求平缓纵坡的倾向；都应注意平、纵、横三方面协调，考虑驾驶员和乘客的视觉和心理反应。

丘陵区路线的布设，要考虑横断面设计的经济合理。在一般横坡平缓地段，可采用半填半挖或填多于挖的路基；横坡较陡的地段，则宜采用全挖或挖多于填的路基。并要注意纵向土石方平衡，以减少废方和借方，尽少破坏自然景观。

丘陵区农林业均比较发达，土地种植面积很广，低地为水稻田，坡地多为旱作物和经济林，小型水利设施多，布线时要注意支援农业，尽可能和当地的整田造地及水利规划密切配合。

根据上述要求，针对不同地形地带，采用不同布线方式。

路线遇平坦地带，如无地质、地物障碍影响，可按平原区以直线方向为主导的原则布线；如有障碍或有应联系的地点，则加设中间控制点，相邻控制点间仍以直线相连；凡路线转弯处，设置与地形协调的长而缓的曲线。

在具有较陡横坡的地带，两个已定控制点间，如无地形、地物、地质上的障碍，路线应沿匀坡线布设。匀坡线是两点间顺自然地形以均匀坡度所定的地面点的连线(图 9-32)，这种坡线常需多次试放才能求得。两个已定控制点间如有障碍，则在障碍处加设控制点，相邻控制点间仍沿匀坡线布设。

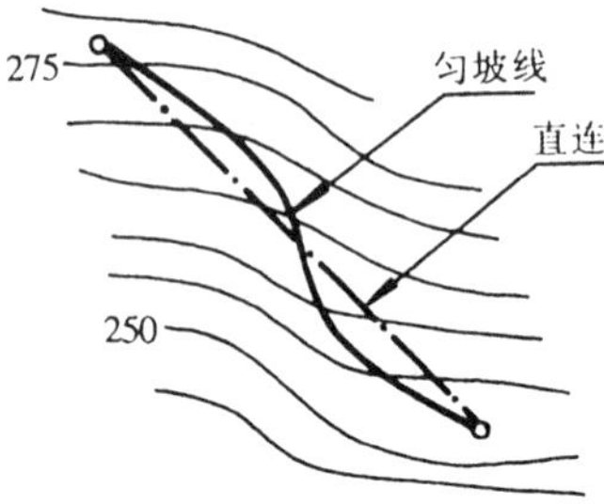

图 9-32 匀坡线

路线遇横坡较缓的起伏地带，如走直连线，纵向坡度大，势必出现高填深切；如走匀坡线，路线迂回，里程增长不合理。因而走匀坡线与直连线之间，选择平面顺适、纵坡均衡的地段穿过较为适宜。但路线具体位置，要视地形起伏程度及路线等级要求而定。对于较小的起伏，在坡度和缓前提下，考虑平面与横断面之关系，一般是低级路工程宜小，路线可偏离直连线稍远(图 9-33 中方案Ⅱ)，高级路可将路线定得离直连线近些(图 9-33 中方案Ⅰ)。对于较大的起伏地带，两侧高差常不相同，高差大的一侧的坡度常常是决定因素，一般以高差大的一侧为主，结合梁顶的挖深和谷底的填高来确定路线的平面位置。图 9-34 所示，*AB* 间跨一谷地，靠 *A* 一侧高差大、坡度陡，当梁顶 *A* 可多切、谷底 *D* 可多填时，路线放坡可得 *ADB* 线；若 *A* 少切、谷底 *C* 少填时，放坡可得 *ACB* 线。

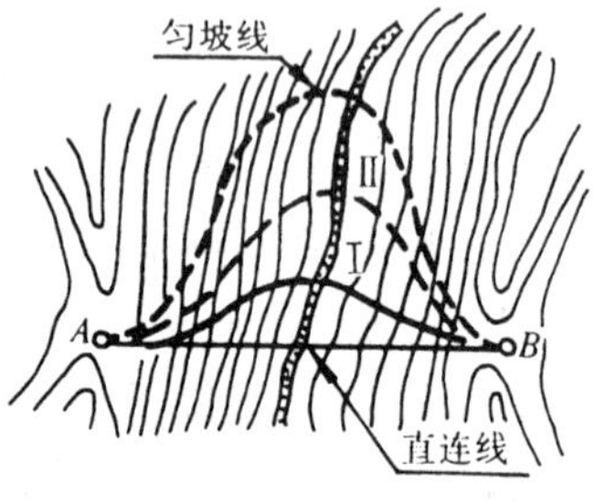

图 9-33 较小起伏地带路线方案

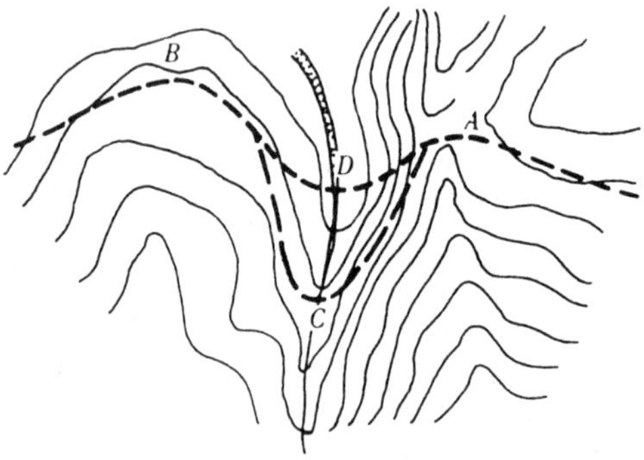

图 9-34 较大起伏地带路线方案

两个已定控制点间，有时因地形、地质或地物上的障碍，路线会突破直线与匀坡线的范围，这种为避让障碍所定的中间控制点，应视为又增加一个已定控制点，这一控制点把原来两定点间路线分割成两段，在这两段内分别按直连线与匀坡线之间的原则通过。

图 9-35 是某丘陵区路线的一段。*A*，*G* 为固定控制点，*A* 点前为沿溪线，*G* 点后为山脊线，都是在总体布局中定下的。现仅讨论 *A*，*G* 间布线问题。*A*，*G* 间的路线有两个基本方案。第一方案(点划线)由 *A* 继续沿溪至 *K* 处跨河后，升坡至 *G*。此方案平、纵指标都较高。但因占用良好耕地多，且行经地带低湿，如路基太低则水文状况差，如提高路基，不但工程大，而且

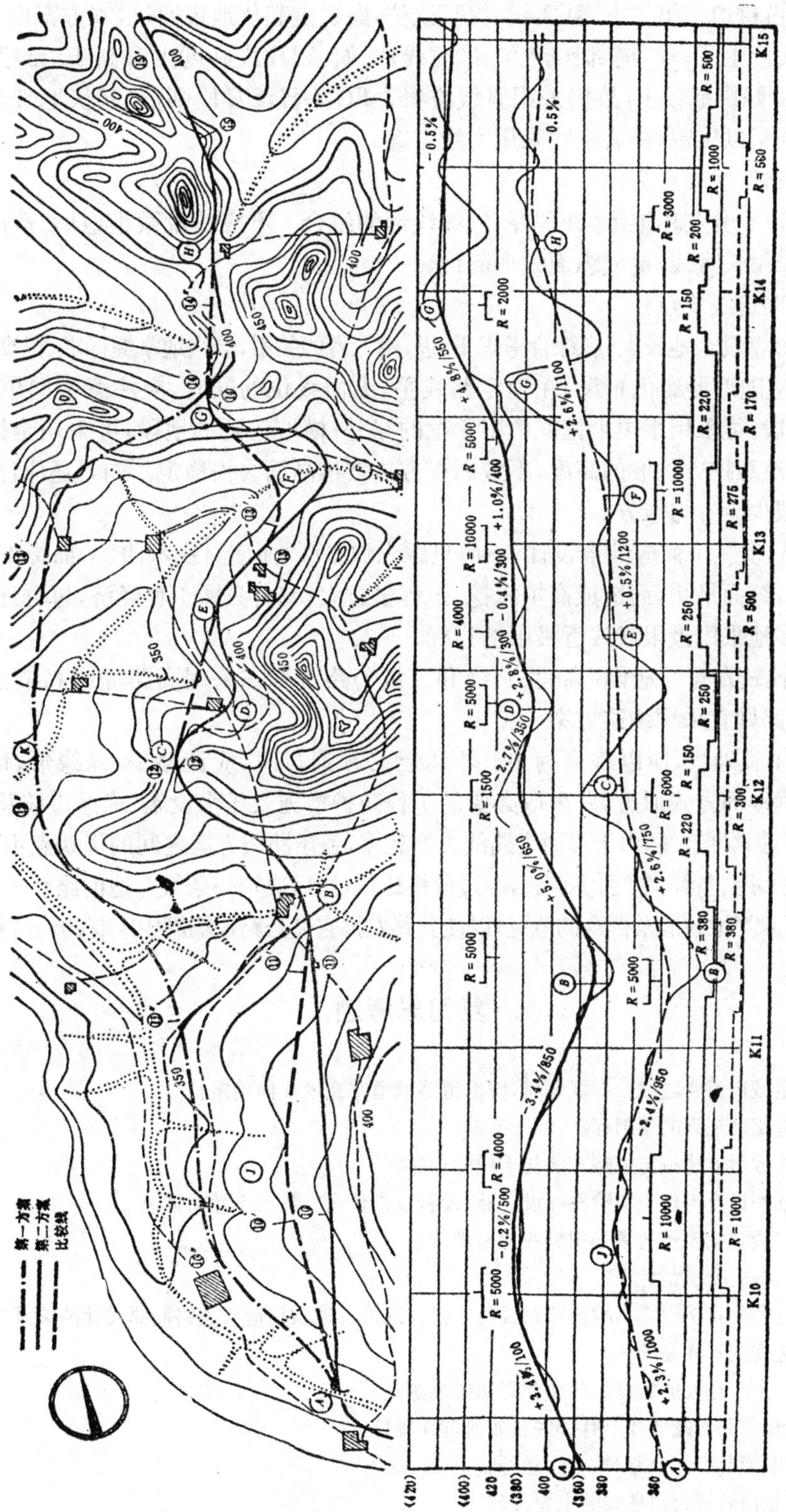

图 9-35 丘陵区路线

因借土更要多占耕地。第二方案(实线)提高线位,路线走起伏地带通过,本方案由于采用不同的技术指标,又产生了一些局部比较方案(虚线)。如 AJB 段高度少升高 10 m,路线仅增长 40 m,但占用良好耕地较多,故仍采用直线方案。EG,GH,CE 段则依“起伏地带走直线与匀坡线间”的原则予以确定,最后全线采用实线方案。

微丘区公路选线要点为:

平面线形应充分利用地形,处理好平、纵线形的组合。不应适就微小地形,造成线形迂回曲折,也不宜采用长直线,造成纵面线形起伏。

重丘区公路选线要点:

重丘区选线活动余地较大,应综合考虑平、纵、横三者的关系,恰当地掌握标准,提高线形质量。

(1) 路线应随地形变化布设,在确定路线平、纵面线位的同时,应注意横向填挖的平衡。横坡较缓的地段,可采用半填半挖或填多于挖的路基;横坡较陡的地段,可采用全挖或挖多于填的路基。应注意挖方边坡的高度,不致因挖方边坡过高而失去稳定。同时还应注意纵向土、石方平衡,以减少废方与借方。

(2) 平、纵、横三个面应综合设计,不应只顾纵坡平缓,而使路线弯曲、平面标准过低;或者只顾平面直捷,纵面平缓,而造成高填深挖,工程量过大;或者只顾工程经济,过分迁就地形,而使平、纵面过多地采用极限或接近极限的指标。

(3) 冲沟比较发育的地段,高速、一级和二级公路可考虑采用高路堤或高架桥的直穿方案;三、四级公路则宜采用绕避方案。

(4) 地质不良地段,应以绕避为主。不得已必须通过时,应调整平、纵线形,恰当掌握标准,以尽量少扰动的方式通过,并采取必要的工程防护措施及排水设施,确保边坡及路基稳定。

总之,在丘陵地区选线,由于可通之路线方案较多,各条路线方案之间的优缺点不很突出。因此,应特别强调多跑、多看、多问、多调查,经过分析比较,然后决定一条最合适的路线。对于地方性路线,特别要征求当地政府及群众的意见,以使公路发挥它在公路运输网中应有的地位和作用。

复习思考题

9-1 什么是城市道路红线?在规划时,城市道路的道路宽度如何确定?

9-2 试述道路网规划的编制程序。

9-3 如何用数学方法拟定道路支线与干线的连接?

9-4 公路勘测设计工作中两阶段测设、一阶段测设指什么?各用于什么情况?

9-5 公路路线方案比较通常采用哪些指标进行?

9-6 公路选线的要点是什么?

9-7 哪些主要的自然因素影响公路路线的选择?地形及地质构造与公路勘测设计的关系如何?

9-8 公路选线的步骤是什么?

9-9 平原区公路选线的特点是什么?有哪些控制点?

9-10 越岭线公路选线的要点有哪些?如何选择垭口?

9-11 选定沿河(溪)线公路时,应注意哪些主要问题?

9-12 什么是山脊线公路选线的主要关键?

9-13 对微丘区及重丘区公路选线应掌握哪些要点?

第 10 章 道路定线方法

10.1 纸上定线和实地放线

10.1.1 定线的基本任务和方法

道路定线的基本任务是在选线布局完成后，按照既定的技术标准和选线布局阶段选定的“路线带”(或叫定线走廊)的范围内，结合地形、地质条件，综合考虑平、纵、横三方面的合理安排，具体定出路线中线的确切位置。要求在平面上定出路线的交点、转点和平曲线半径；在纵面上定出坡点及设计坡度；在横面上定出中心填挖尺寸及边坡坡率。

定线是道路设计过程中很关键的一步。它不仅要解决工程、经济方面的问题，而且对如何使道路与周围环境相配合，以及道路本身线形的美观等问题都要在定线过程中给予充分的考虑。

道路定线除受地形、地质及地物等有形的因素制约外，还受技术标准、国家政策、社会影响、美学(构成优美线形的所有规则)以及其他因素的制约，这就要求设计人员必须具有广博的知识和熟练的定线技巧。最好的设计者也不可能一次试线就能选出最好的线位，复杂条件下的定线可能需要好几个设计方案供定线组全体人员研究比选。因为每一个方案都将是众多相互制约因素的一种折衷方案，理想的路线只能通过比较的方法找出。

影响定线的因素很多，涉及的知识面也很广，因而应当吸收桥梁、水文、地质等专业人员参加，也应听取有园林建筑知识的设计人员的意见，发挥各种专业人员的才能和智慧，使定线成为各专业组协作的共同目标。

道路定线质量还在很大程度上取决于采用的定线方法，常用的有直接定线和纸上定线两种方法。技术标准高的，地形、地物复杂的路线必须使用“纸上定线”，然后把纸上路线敷设在地面上；“实地定线”省去了纸上定线这一步，所以只适用于标准较低的路线。

10.1.2 纸上定线

纸上定线是在大比例尺(一般用 1∶500～1∶2000)地形图上具体确定道路中线的位置。

纸上定线的工作步骤如下：

1. 定导向线

(1) 在地形图上根据路线的起始点和中间控制点，拟定路线走法的各种可能方案，经过分析比较，作好路线的整体布局。

(2) 纸上放坡，标出坡度线，如图 10-1 所示，设 A,D 两点为越岭线山上和山下的两控制点。先用所选用的平均纵坡 $i_{平均}$(5.0%～5.5%，视相对高差而定)，按 $l=h/i_{平均}$ 算出克服两等高线的高差所需的平距。

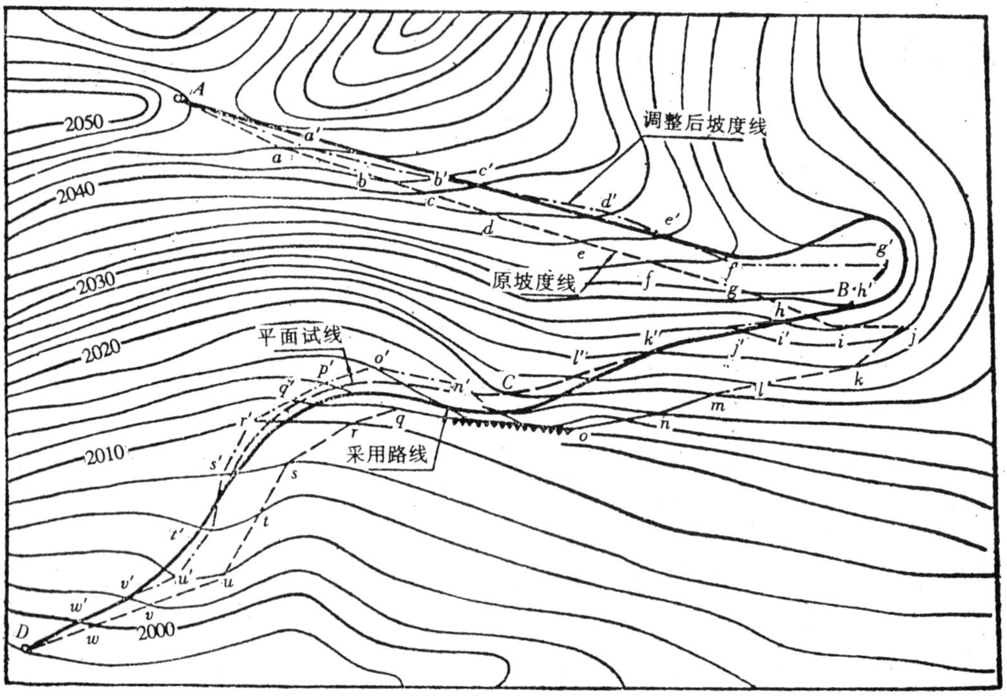

图 10-1　纸上放坡定线实例

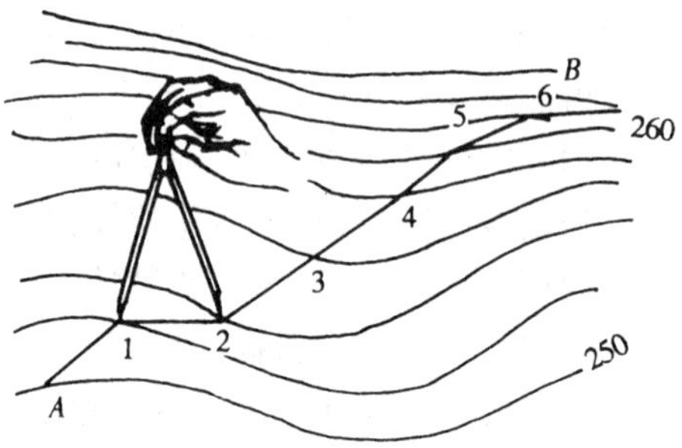

图 10-2　纸上放坡示意图

如图已知相邻两等高线的高差 $h=2\text{m}$，$i_{平均}$采用5%，则 $l=2\div5\%=40$ m，即用5%的坡度克服2m高差所需的平距应为40 m。然后将两脚规开度到平距40 m(比例尺与图同)。如图10-2所示，沿路线走向转动两脚规依次在等高线上截点前进，如图上的1，2，3各点。按此法从 A 点到 D 点(图10-1)依次放坡。如放到 D 点时位置和标高均接近 D 点，说明按此方案布线坡度可行。如所放坡度高程达不到 D 点，则根据图上等高线可看出所余高差值的大小，于是采取加大平均坡度或延长路线的办法来克服此高差；相反则采用减小平均坡度或缩短路线的办法解决。连结这些点所构成的折线叫坡度线，如图10-1中的 A，a，b，c，d，D 各点的连线。

(3) 用上法作出的坡度线，由于涉及到等高线稀密变化的影响而成为一系列短折线，如把折线转折处都布置成交点，显然不能满足平面线形的要求。同时可以看出，这条折线对利用地形、避让地物和艰巨工程并不都是经济合理的。如 C 点处路线刚好从陡崖中间通过，如将 DC 段的坡度由5.0%调整到5.2%，则可从岩上开阔地带通过；B 点处路线如在坡度转折线 j 点处回头，由于该处地表横坡陡，回头线工程量很大，于是把 CB 段坡度加大成5.3%，则可利用 B 点处的平缓山坡回头；由于前两段坡度都大于5.0%，故后一段(BA 段)坡度小于5%也能上到垭口 A 点，这样也符合路线越高，平均纵坡应越小的要求。结合地形在三段采用不同的坡度值，然后再分段按调整后的坡度重新放坡，如图中的 $Aa'b'c'D$ 的折线，这条线一般称为“导向线”。

2. 修正导向线

导向线仍然是条折线，于是根据平面线形标准的要求，结合横坡变化情况，确定必须通过的点、适当照顾的点和可以不考虑的点(一般叫修正导向线)，采取以点连线、以线交点的方式，定出平面“试线”，并量出转角，在图上敷出曲线。对于以曲线为主的路线，则先把控制性较严的点固定下来，用活动曲线尺放在图上使其紧靠各固定点，并与沿线地形相适应。调整曲线尺直至获得最合宜的路线。沿路线中线在图上地形纵横向变化处敷设加桩，标出地面标高，再点绘纵断面地面线，并按纵坡要求、土石方平衡及路基稳定等设计纵坡，量出各桩的设计标高。

3. 定线

为了更经济合理地定出路线，将纵面上量出的各桩的设计高度，在平面“试线”相应的各桩的横断面左右方向上点出与上述设计标高高程相等的点，这些点的连线是既具有理想纵坡、横断面中线高程又不挖不填的经济线，但这条线又变成了一条转折多的折线。于是根据平面线形要求作修正后再定出中线，这叫改正后的中线，这是一条比较理想的中线。纸上定线是一个反复检验的过程。多次的试线，才能获得理想的合宜线形。

10.1.3　实地放线

实地放线是将纸上定好的路线敷设到地面上，供详细定测和施工之用。

实地放线的方法很多，常用的有穿线交点法、拨角法和直接定交点法。

1. 穿线交点法

穿线交点法是根据平面图上所定的路线与施测地形时敷设的导线的关系，把纸上定的每条边逐一而独立地放到实地上去，延伸这些直线交出交点，构成路线导线。由于放线的方法不同，又可分为支距法和解析法两种。

(1) 支距法

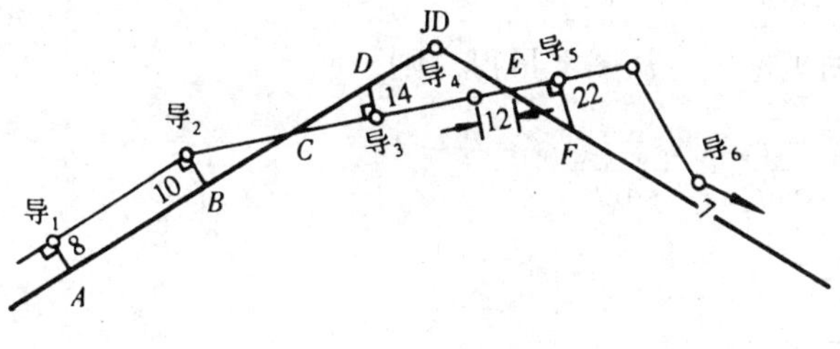

图10-3　支距法放线

公路上放线多用此法，它适用于地形不太复杂，纸上路线离开测图导线不远的路段，其步骤如图10-3所示。先在室内从地形图上用比例尺量得纸上所定路线与测图导线间的支距，如图中的导$_1$—A、导$_2$—B 等。纸上路线交点间的每条线和测图导线最少应有三个连接点，它们之间最好能相互通视。在现场找到测地形图时敷设的各相应的导线点(如为航测地形图可利用事先敷设的三角控制点，或地形、地物特征点)后，按量得的支距用皮尺和方向架实地定出各点(如图上的 A,B,D 等点)，插上标志旗。放出的各点理应在一条直线上，但由于量距和放线工作的误差，不可能恰好在一直线上，此时可用花杆穿直，长直线也可用经纬仪穿线。穿线时应以多数点子为准，穿出直线后再根据实际地形看路线前后布置是否合理，根据现场的实际情况，路线位置可作必要的修改。两相邻中线相交则得交点，在交点处仍按要求钉上交点桩和标志桩。如交点距路线很远或交在不能架设仪器的地方时，可设成虚交点。交点桩敷出后只完成了路线中线的定线工作,以后各组则按新线测量要求进行定测。

(2) 解析法

解析法是用坐标计算纸上所定路线与原测图导线的关系,计算路线主点坐标数据,以确定路线的精确位置。此法较为准确,在地形复杂或直线较长、路线位置需要准确控制时常用此法。

以图 10-4 所示为例,从图上量得(也可计算)纸上所定路线的交点 JD_6,JD_7 的纵横坐标值 (y_6,x_6),(y_7,x_7),则 JD_6—JD_7 这条线的象限角为

$$\tan\alpha=\frac{y_7-y_6}{x_7-x_6}=\frac{\Delta y}{\Delta x}$$

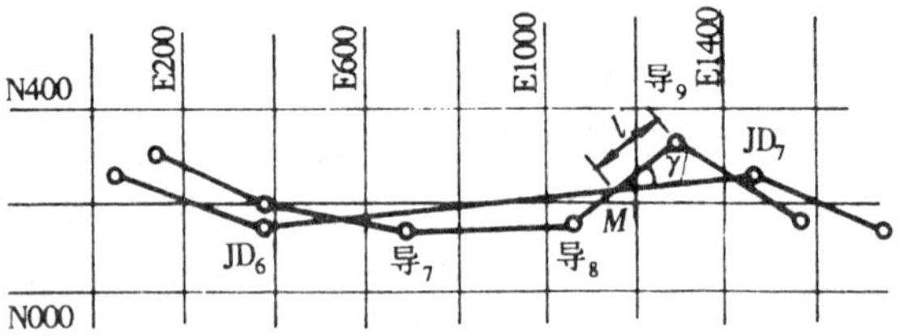

图 10-4 解析法放线

当测图导线导$_8$—导$_9$ 的象限角 β 为已知,则 JD_6—JD_7 与导$_8$—导$_9$ 两线的夹角 $\gamma=\alpha-\beta$。

为了求得导$_9$ 距 M 点的距离 l,应先求得 JD_6—JD_7 与导$_8$—导$_9$ 的相交点 M 的纵横坐标值 (y_M,x_M),如交点的坐标值是直接从图上量得的,M 点的坐标值也可直接从图上量出,也可解下列方程式求得:

$$\frac{y_9-y_M}{x_9-x_M}=\frac{y_9-y_8}{x_9-x_8}$$

$$\frac{y_7-y_M}{x_7-x_M}=\frac{y_7-y_6}{x_7-x_6}$$

其中,导线的坐标值是已知,而交点的坐标值可从图上量得。则

$$l=\frac{x_9-x_M}{\cos\beta}=\frac{y_9-y_M}{\sin\beta}$$

或

$$l=\sqrt{(x_9-x_M)^2+(y_9-y_M)^2}$$

算出 l 值后将经纬仪安于导$_9$ 点。瞄准导$_8$ 点,并从导$_9$ 点沿视线上量出 l 距离则得 M 点。移经纬仪于 M 点对准导$_9$ 后转动 γ 角定出 JD_6—JD_7 的方向。

2. 拨角法

拨角放线也是根据纸上路线在平面图上的位置与导线的关系,用经纬距计算每一条线的距离、方向、转向角和点控制桩的里程,放线时就按照这些资料直接拨角量距,不穿线交点,外业工作较为迅速,但此法所根据的资料要可靠准确。

(1) 内业计算

拨角放线内业计算工作较多,其线段长度和象限角等关系的计算,均与解析法同,现例举

如图 10-5 说明其计算步骤和计算方法。

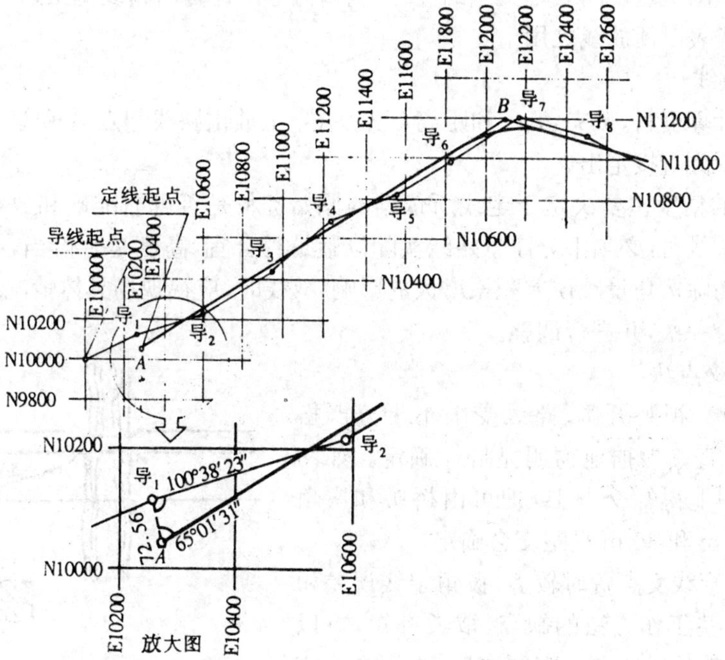

图 10-5

① 计算路线起点与导线的关系

导$_1$ 的经纬距为 $Y_1=10\ 259$，$X_1=10\ 117$ 已知，导$_1$—导$_2$ 的象限角 N 72°14′07″E，由导线计算资料转抄而来。

路线交点 A，B 的经纬距 $Y_A=10\ 268$，$X_A=10\ 045$，$Y_B=12\ 094$，$X_B=11\ 186$，从平面图上直接量得。

导$_1$—A 的象限角为

$$\tan\alpha_A=\frac{Y_A-Y_1}{X_A-X_1}$$

$$\alpha_A=\arctan\frac{10\ 268-10\ 259}{10\ 045-10\ 117}=\arctan 0.125\ 00=\text{S}7°07'30''\text{E}$$

A—B 的象限角为

$$\alpha_B=\arctan\frac{12\ 094-10\ 268}{11\ 186-10\ 045}=\arctan 1.600\ 35=\text{N}58°00'00''\text{E}$$

于是路线起点与导线的角度关系为

$$\angle 导_2—导_1—A=180°-(7°07'30''+72°14'07'')=100°38'23''$$

$$\angle 导_1—A—B=58°00'00''+7°07'30''=65°07'30''$$

导$_1$—A 的距离　　$l=\dfrac{X_A-X_1}{\cos\alpha_A}=\dfrac{10\ 045-10\ 117}{\cos 7°07'30''}=72.56\ \text{m}$

② 计算路线各边的转向角和距离

继续从平面图上量出路线各交点的经纬距后,仿上法计算出路线每条边的象限角、转向角及距离。编列成表以便放线之用。

(2) 外业放线

根据内业计算资料,依夹角 α_A 和距离 l,先从导$_1$ 上放出路线起点 A 和第一边 AB,以后各边按转向角及距离直接定出。

拨角定线的精度主要决定于定线所依据的原始资料是否可靠准确和放线误差积累的大小。因此现场放线时,必须十分注意路线实际位置是否合宜,高度是否恰当,必要时要现场变动改善。为了消除拨角量距误差积累增大的影响,放线时,应视现场具体情况,每隔一定距离,与导线联系闭合一次,并进行调整。

3. 直接定交点法

在地形平坦、视野开阔、路线受限不十分严格时,路线位置可直接根据地物明显目标确定。如图10-6所示,从图上得知交点JD即可由桥头和房角的相对距离50 m和35 m量距交会确定。

综上所述,穿线交点费时较多,拨角定线误差积累,为了弥补这些工作方法的缺点,取长补短,可以二者结合应用,拨角定线到一定距离后,再用穿线交点法放线相交,这样又拨又交,既能提高工作进度,又能截断拨角定线的误差积累。

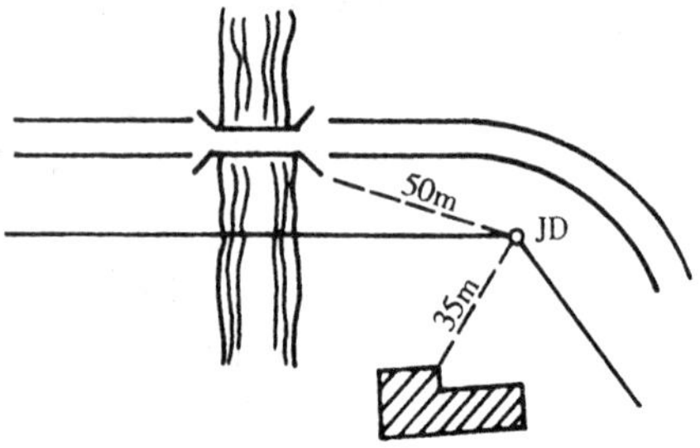

图10-6 直接定交点法放线

10.2 实地定线

实地定线就是设计人员在现场具体定线,定线的原则与纸上定线一样。如为山区路线则应以控制纵坡为主来进行布线。一般情况下的工作步骤如下所述。

10.2.1 分段安排路线

在选线布局下的主要控制点之间,沿拟定方向用试坡方法粗定出沿线应穿应避的一系列中间控制点,拟定路线轮廓方案。

10.2.2 放坡

按照要求的设计纵坡(或平均坡度),在实地找出地面坡度线的工作叫放坡。

在山岭重丘区路段,天然地面坡度角均在20°以上,而设计纵坡(或平均纵坡)有一定要求,如图10-7所示,路线由 A 点到 B 点,如果沿最大地面自然坡度方向 AB(即垂直于等高线方向)前进,将使路线上不去,显然不可能实施。如果路线沿等高线走(即沿 AC 方向)虽然纵坡平缓,但方向偏离,达不到上山目的。因此,就需要在 AB 和 AC 方向间找到 AD 方向线,使其地面坡度正好等于设计坡度(或平均坡度)i_p,这样既使路线纵坡平缓,又使填挖数量最小,寻求这条地面坡度等于设计坡度线(或平均纵坡)i 的工作就是放坡的任务。

放坡是要解决控制点间纵坡合理分配问题,实质上就是现场设计纵坡。

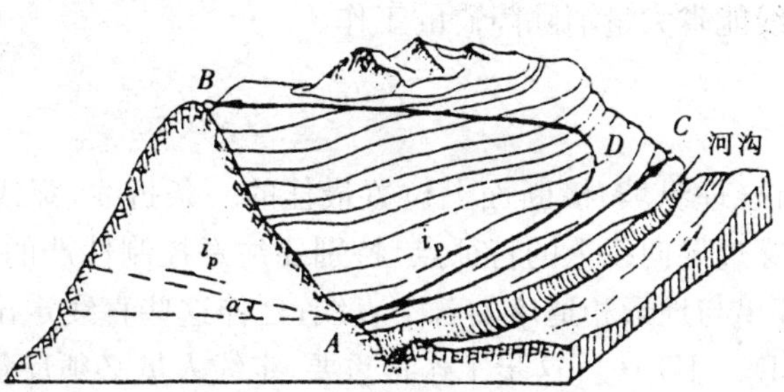

图 10-7　放坡原理示意图

纵坡安排和选择坡值应考虑如下几点：

(1) 纵坡线形要符合“标准”要求(如坡长限制、设置缓坡、合成坡度等)，并力求两控制点间坡度均匀(缓变，少变)，避免设反坡；

(2) 要结合地形选用坡度，尽可能不用极限坡，但也不应太缓，一般以接近控制点间平均坡度为宜，地形整齐地段可稍大，曲折多处宜稍缓。

放坡由受限较严的控制点开始，一人用带角手水准对好与选用坡度相当的角度，立于控制标高处指挥另一持花杆的人在山嘴、山坳等地形变化处、计划变坡处及顺直山坡上每隔一定距离定点，插上坡度旗，旗上最好注明选用的坡值。如果一边放坡一边插线，必须先放完一定长度(一般不应少于 4～5 条导线边长)的坡度点之后，定线人员再利用返程进行下一步工作。

照上述方法定出的这些坡度点的连线如图 10-8 中的 A_0，A_1，A_2，…，相当于纸上定线的修正导向线，也起指引路线方向的作用，称为导向线。

放坡时要估计平曲线的大概位置和半径，以便考虑坡度折减。对计划要跨的山沟和要穿的山嘴或山脊，放坡时应“跳”过去，计划绕行时，坡度要放缓，距离要折扣。

10.2.3　修正导向线

坡度点就是概略的路基设计标高，由于各点的坡度陡缓不一，线位放上放下对路基的稳定和填挖工程量影响很大，故应根据路基设计的要求，在各坡度点的横断方向上选定最合适的中线位置，插上标志，如图 10-8 中的 B_0，B_1，B_2，…，这些点的连线即为修正导向线(相当于纸上定线的二次修正导向线)。

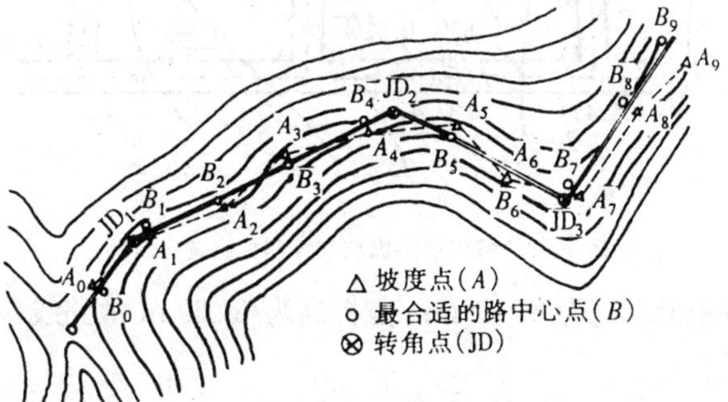

图 10-8　放坡定线示意图

有定线经验的人，常常把放坡与修正导向线两步工作并为一步来做，即一次完成修正导向线,这样在树丛地段定线能省大量消除障碍的工作。

10.2.4 穿线交点

修正导向线是具有合理纵坡、横断面上位置最佳的一条折线,穿线要从平面线形要求着眼,尽可能多地靠近或穿过导向线上的特征点,特别要注意控制性严的点子,裁弯取直,使平、纵、横三面恰当结合,穿出与地形相适应的若干直线,延伸这些直线定出交点,即为路线导线,如图 10-8 中的 JD_1—JD_2—JD_3…。这步工作很重要,定线人员必须反复试插、修改,才能定出合理的路线。

城市道路的定线与公路定线有所差异,城市道路往往受到较多相交道路、现状建筑物、地下管线工程设施的制约,因而,需要特别注意道路交叉口、街坊相关高程的平衡设计。为此,对城市道路的主要控制点标高及主导纵坡要进行分析确定。所谓主导纵坡,系指道路中心线结合实际自然地面起伏所得土方填挖工作量最少的平均自然纵坡度。它一般系结合地面排水系统规划、街区建筑布置和土方平衡等来确定。所谓主导纵坡从理论上分析,就是要求一条干道通过若干交叉口及中途控制点(如桥涵构筑物),而划分的各路段设计纵坡的加权平均值,能接近该道路起、终点间的自然纵坡。图 10-9 的示例中,虚线表示该地区的地面排水分界线;*a*,*b*,*c*,*d* 表示几条与该干道相交横向路的自然地面转坡点。干道 *ae* 以西,*abcd* 连线以东的街区地面水将汇集于干道西侧边沟;而干道 *ae* 以东街区的地面水基本上远离该干道排走。

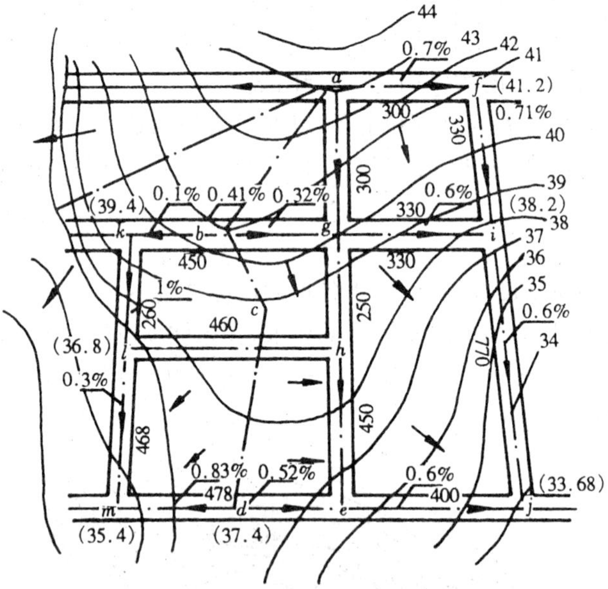

图 10-9 城市道路纵坡与控制标高选定示例

从图中已知 *e* 点的地面标高为 36.20 m;*a* 点标高为 43.20 m,故路线 *ae* 的平均自然纵坡应为

$$\frac{43.20-36.20}{1\,000}=0.7\%$$

现根据地形和排水要求,选定交叉点 *g*,*h*,*e* 点的设计标高分别为 40.20 m,38.40 m 与 36.15 m,得 *ag* 段纵坡为 1.0%;*gh* 段纵坡为 0.7%;*he* 段纵坡为 0.5%。从图中已知的各路段水

平长度 300 m,250 m 及 450 m,按加权算术平均法可求出整个 *ae* 段道路的加权平均纵坡值为

$$\frac{300\times0.01+250\times0.007+450\times0.005}{300+250+450}=0.7\%$$

其他各路段设计纵坡也可按此方法调整得类似结果。由此可见,主导纵坡与确定各路段转坡点或道路上的次要交叉点标高有一定关系。

实际工作中,道路控制点标高及各段纵坡并不能单纯按自然纵坡来定,这因为它还受着沿线两侧已有地物现状、工程地质、土壤性质,以及街坊建筑群布局的影响;在旧城改造中,它还受已有干道交叉口处高程的制约。例如西南某城市的一条连接市中心邮电大楼到客运火车站的主要交通干道,宽达 60 m 以上,路线顺直开阔,但由于接近车站的局部路段过于迁就自然地形与相交环路的标高,导致在临近车站广场前出现一"驼峰"式的凸形转坡,既不利于行车视线,又封闭了街景(图 10-10)。

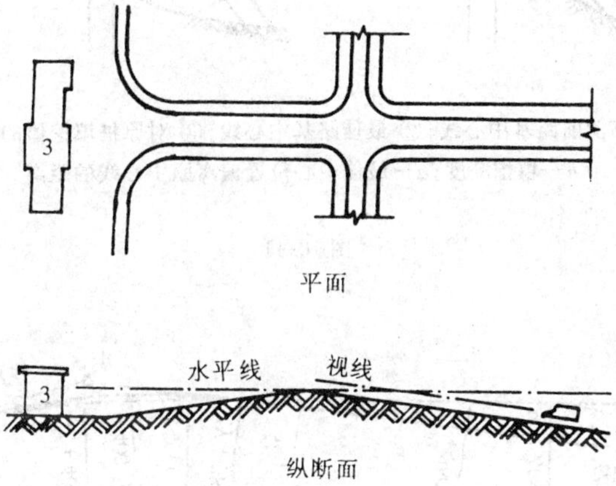

图 10-10　某干道由于驼峰影响对街景及视线情况

10.3　纸上移线

现场实地定线,往往由于地形复杂,定线人员视野受到限制和产生错觉,难免发生个别路段线位定得不当。纸上移线是修改局部路线的有效方法。

10.3.1　纸上移线的条件

(1) 路线平面标准前后不协调,需要调整转角点位置、改变半径,或室内定坡后发现局部地段工程量过大时;

(2) 路线位置过于靠山,挖方边坡太高有害稳定,或过于靠外,挡土墙较高,砌石工程太大,移改线位后能省大量工程时;

(3) 增加工程量不大,但能显著提高平、纵线形标准时。

10.3.2　纸上移线的方法与步骤

纸上移线有计断链和不计断链两种做法。移距较大,断链长度较长,对纵坡度有较大影响

时,应采用计断链的做法,步骤如下:

(1) 绘制移线地段的大比例尺(一般用1∶200～1∶500)路线图,注出各桩位置。

(2) 依据移线目的,在纵断面图上试定出合理坡度,读取各桩填挖值。

(3) 根据填挖,用路基模板在横断面图上找出最经济或控制性的路基中心线位置,量偏离原中心线的距离即移距,如图10-11中的a,分别用不同符号点在路线平面图上。参照这些记号在保证重点、照顾多数的原则下,经多次反复试定修改,直到定出满足移线要求,线形合理的移改导线,见图10-12中虚线表示。

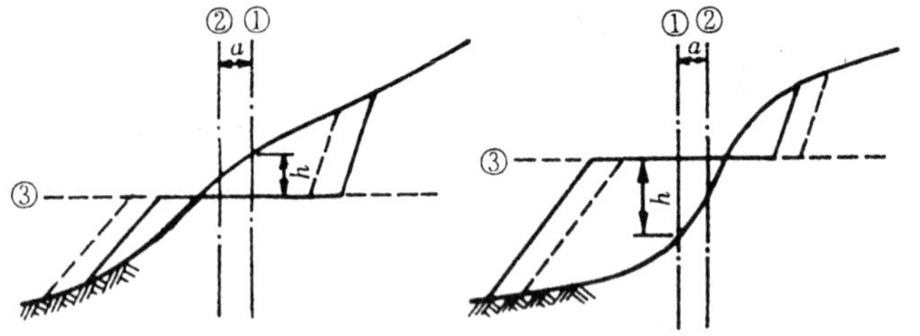

① 未移动前路基中心线;② 最佳路基中心线;③ 对原桩填挖值的水平线;
h—填挖高度;a—最佳中心位置偏离原中心线的距离

图10-11

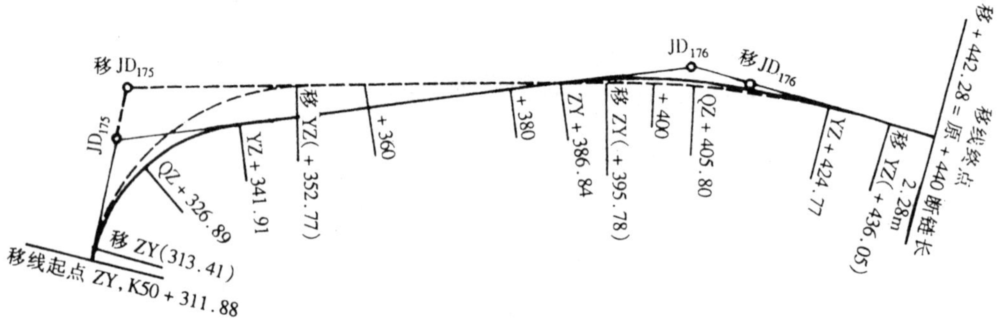

原曲线表

JD	α_Z	α_Y	R	T	L	E
175		68°49′	25	17.12	30.03	5.30
176		21°44′	100	19.20	37.93	1.83

移线曲线表

JD	α_Z	α_Y	R	T	L	E
175		75°10′	30	23.09	39.36	7.86
176		15°23′	150	20.26	40.27	1.36

移距表

原桩号	移线桩号		
		左	右
ZYK50+311.88	K50+311.88	0	0
QZ +326.89	+328.19	1.3	
YZ +341.91	+343.97	4.0	
+360	+362.27	3.1	
+380	+382.27	0.8	
ZY +386.84	+389.18	0	0
+400	+402.28		0.8
QZ +405.80	+408.08		0.9
YZ +424.77	+427.05		0.2
+440	+442.28	0	0

注:此段移线原因为土石方数量过大。将JD_{175}端外移,可避免出现深路堑,以减少土方工程。

图10-12 平面图

(4) 用正切法量算各交点转角。移线与原线角度要闭合,否则需进行调整,首先调整短边和角值小的转角。拟定半径、计算曲线要素并绘出平曲线。量原线各相邻桩横断方向线切割移线的实际长度(这些长度之和,在曲线段内应等于曲线的计算长度,在直线段应等于曲线间的直线长),据以推算移线上的新桩号,量原线各桩移距,连同新老桩号一并记入移距表中。算出断链长度,注于接线桩处。

(5) 按移距,在横断面图上绘出移线中心线位置,注上新桩号,读取新老桩比高。

(6) 根据比高,用虚线在原纵断面图上点绘出移线的地面线和平曲线,重新设计纵坡和竖曲线。

(7) 按移线的桩号、平曲线、坡度、竖曲线等资料编制"路基设计表",表中地面标高仍为原桩标高,移线的平曲线起终点桩号填在"备注"栏里。

(8) 设计路基,计算土石方数量。

纸上移线示例如图 10-12,图 10-13,图 10-14 所示。

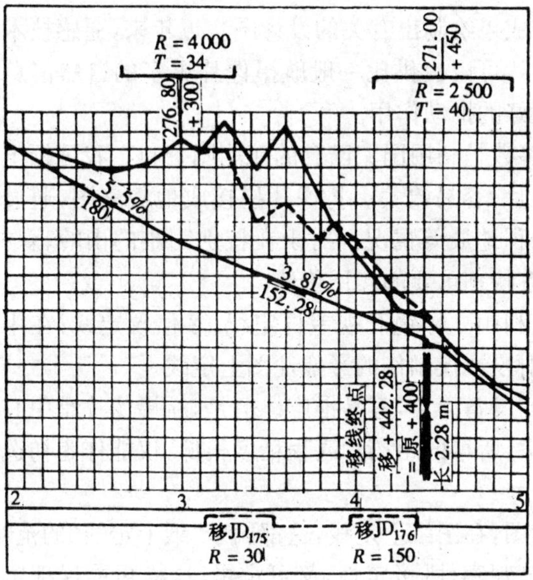

图 10-13　纵断面图

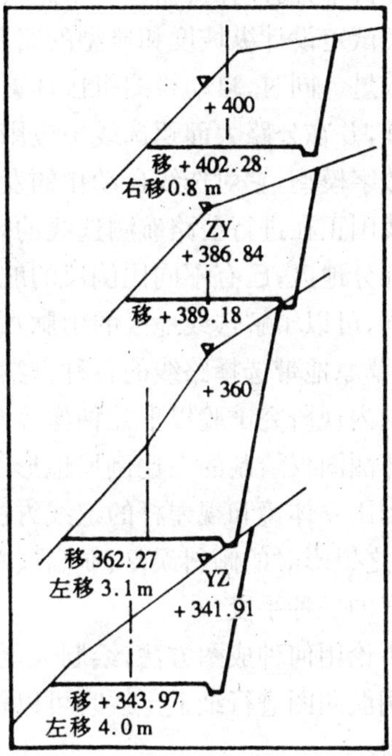

图 10-14　横断面图

当移距不大或路线纵坡度较缓的路段,可采用不计断链的做法,不推算移线的新桩号,但需推算与移线平面线起终点相应的原线上的桩号,以便计算超高和加宽,移线终点不标注长短链。

纸上移线的资料主要从原线的横断面上取得,由于一般横断面施测范围有限,且离中线愈远误差愈大,故移距不能太大,一般以小于 3～5m 为好。移距很大时,应在定出移改导线后,实地放线重测。

10.4 航测选线

现场定线由于受到视野的限制,容易遗漏方案,而纸上定线必须要测绘大比例尺地形图,这两种方法都需要大量人力、物力,劳动强度大,选线周期长。在公路的选线史上,世界上一些技术先进国家经历了三个发展阶段。第一阶段是由人去到现场直接踏勘、测量,根据人的判断选出一条认为是最好的路线。第二阶段是利用航测像片选线,或者通过航测成图在图纸上定线,这样可以把大量的野外工作搬到室内来做,选线人员可以在像片和图纸上找出许多比较方案,从而提高选线质量。但是,要对这些比较方案进行认真的评比和优选,则仍需人们去判断,往往会因工作量大而使比选工作受到限制。近年来,电子计算机的应用为分析这些资料及比较线的选择提供了有力的工具,这就使公路选线进入了第三个阶段。它的特点是,用一套有次序的数组来代表地形特征在空间的分布(即“地面数字模型”),将数字化的地形资料存贮于电子计算机中,向计算机输入一个路线的平面,则计算机将输出这个方案的地面纵断面,利用它由人工试定设计纵坡度和典型的路基横断面,然后计算机输出纵断面图、路基横断面面积和土石方数量。同时,自动绘图机按计算机求得的成果绘制出有关的设计图。近年来,遥感技术得到发展,并在公路大面积选线中应用。遥感像片可以提供比一般航摄像片更多的自然信息和地面数字模型,它对选线自动化的发展起了很好的推动作用。

我国正在进行公路航测选线的研究。但多数是利用国家已有的航测图资料。我国领土的绝大部分地区,已有不同比例尺的航空摄影像片,容易收集。将像片拼接成地貌略图,通过立体观察,可以了解选线地区的山脉水系以及工程地质等情况。对于在特别困难的山岭、森林、沙漠、草原地带选择路线的各种方案,航测具有特别重要的实用价值。

国内现研究试验以下几种像片定线方法:利用立体镜和视差杆定线;多倍仪定线;在用精密立体测图仪绘制的大比例尺地形图或用正射投影仪制作的影像地图上定线。

利用立体镜和视差杆的定线方法所使用的设备简单,容易推广。但是,航摄像片是中心投影,加之摄影时的倾斜误差、航高误差都未消除,所得的距离和高程精度很低,仅能作为初选路线方案的一种手段。

不论用何种成图方法,绘制大比例尺地形图,在图纸上定线,这都属于“纸上定线”的范畴。不过用航测图进行纸上定线时可以辅以立体镜观察,既可定性,又可定量,这样更能保证定线的质量。

多倍仪是全能法成图所使用的基本仪器,尽管它放大倍数小,但用多倍仪可以建立与实地完全相似的立体光学模型,可以在模型上直接选线,对于公路航测选线的初期阶段,仍然是一种经济实用的手段。

10.4.1 航测像片选线的程序

1. 研究路线方案

在1∶10000或1∶50000的地形图上初选规划方案,从若干比较线中选出1～2个方案作为收集资料的范围。

2. 收集资料

凡路线所经地区的地形、地质、水文、气候等各种图纸、调查报告、文献、航测资料都应尽可能收集，如：

(1) 地形图。路线经过地区的各种比例尺的地形图在不同设计阶段都各有其用途：小比例尺地形图可以在初选路线方案时作初步设计之用，大比例尺地形图则可以直接作纸上定线之用。

(2) 航测资料。包括航摄像片、镶嵌复照图、像片平面图等。在收集航摄像片的同时，还应收集测区的控制测量资料，这些资料对像片选线或成图都有重要的作用。

(3) 其他资料。包括铁路、水利等部门勘测过的各种图纸、控制点、高程资料等。

3. 制作航片镶嵌复照图

将路线所经地区的航片按顺序拼接起来，重新照像复制成图，这就是镶嵌复照图。在镶嵌复照图上，进行简单的地貌调绘和工程地质调绘。

调绘的主要内容是：用彩色笔绘出河流及水流方向；画出分水岭的山脊线，注明对选线有实际意义的垭口位置和标高。用不同的颜色和符号标出各种地物——铁路、公路、大道、城镇、村庄、湖、塘等，画上轮廓线并写上名称。对于所收集到的高程资料都要一一记注上去。不良地质地段更应详细标明其位置和特征，因为它是决定路线方案的重要因素。

4. 初选路线方案

在镶嵌复照图上初选路线方案，相当于传统勘测设计中的路线视察，不过这是把野外地形搬到室内来做罢了。它不但减轻了劳动强度，而且在一定程度上避免了由于视野不良而容易遗漏方案的缺点，这对于在人们难于到达的困难地点选线时尤为重要。其具体做法是：

(1) 根据总体规划，在图上将路线起迄点、主要控制点连接起来，这条线就是路线的大致走向。由于控制点的选取有所不同，可能会有几条比较线出现。

(2) 按作业草图所注航片排列编号，用立体镜逐片观察沿线细部地貌，结合地质判释、桥位选择、路线标准等修改局部方案。

(3) 在镶嵌复照放大图上，量取路线长度、主要点的高程，画出路线的准确位置，统编里程，点绘路线的概略纵断面图和有代表性的横断面图，试拉纵坡度，估计土石方数量。

(4) 当有几条比较线时，可根据各条线的工程数量和路线标准决定取舍，初步选出最佳路线方案。

5. 现场调查核对

我国公路航测工作在现阶段由于受各种条件的限制，如航片的摄影年代已久，地物多有变化，或者发灰模糊，判读难免出错。为了使所选路线切合实际，准确可靠，现场调查核对是不可忽视的程序。现场调查的内容是：桥涵水文调查，筑路材料调查，工程地质调查，占用土地、拆迁调查及路线附近地物、地形补充调绘等。根据调查的实际情况，核对初选方案是否合适，必要时可作相应的修改。

6. 纸上定线

用多倍仪一般可以将航摄像片绘制成1∶5000的地形图。用精密立体测图仪(或其他精密成图仪器)可以制成1∶2000或更大比例尺的地形图。这些图纸经整饰晒印后即可进行纸上定线；前者可以满足初步设计之用，后者可以满足技术设计之用。纸上定线的方法如前节所述。

实践证明，在航测地形图上作纸上定线，其中线上各点与图上地物之间的横向位置差和高程误差较用实测地形图定线为小。原因是：作纸上定线的基本根据是等高线，而实测地形图的等高线系按插算法绘出,不如航测地形图精确。再则,在航测图上定线,可以辅以像片的立体观察,呈现在定线者眼前的,除了等高线外,还有形象逼真的地物和地貌,这是传统的测量方法所不及的。

纸上定线经现场核对、修改,在室内完成平、纵、横断面设计和各种构造物设计,计算工程数量,编制设计文件。

利用国家已有航测资料进行公路勘测设计的作业框图,如图 10-15 所示。

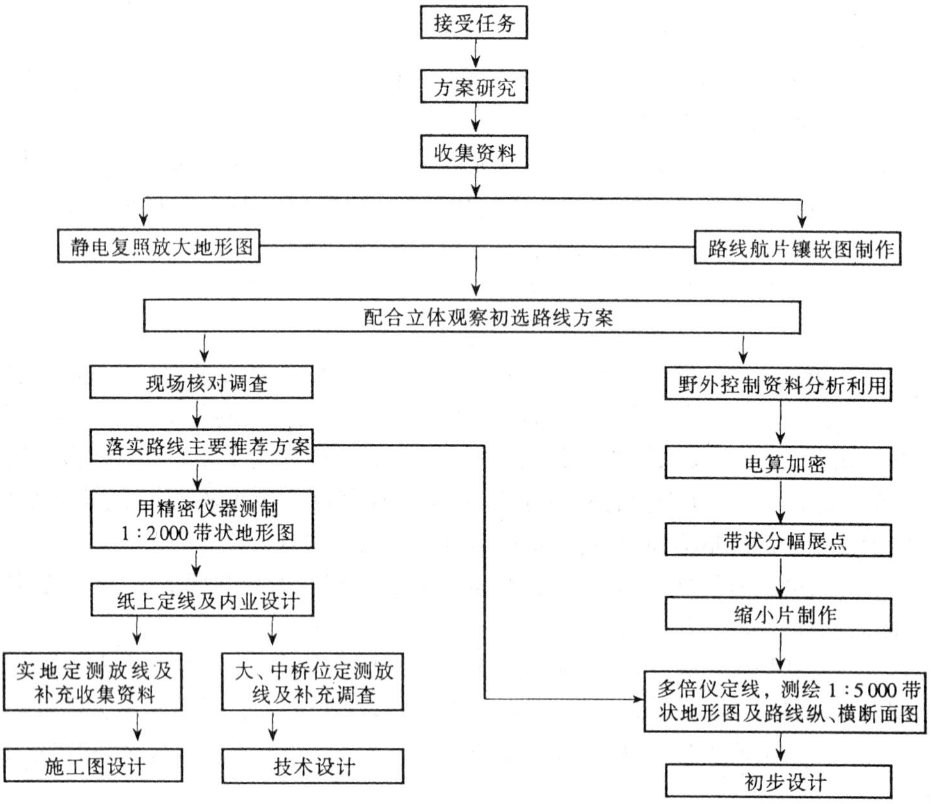

图 10-15　利用国家已有航测资料进行公路勘测设计作业框图

10.4.2　定线的方法

1. 多倍仪立体模型定线

多倍仪的测图原理是利用摄影过程几何反转特性,并借助于反光立体镜,在室内通过对镜头焦距和角度的调整,恢复和摄影时一致的投影光束(即所谓的内部定向)。再通过相对定向,恢复摄影瞬间相邻的摄影站上航摄仪的相对方位,即两像片的相对方位。使同名光束对对相交,建立与实地形状相似但大大缩小了的立体模型。并利用少量控制点确定模型的大小和恢复与实地一致的方位,即所谓绝对定向,又名大地定向。通过对该模型的量测,确定模型上各点的水平位置和高程,将中心投影的航摄像片转化为正投影的地形图。

利用多倍仪立体模型定线的方法有两种,一是直接在立体模型上定线;另一种是根据要求绘制一定比例的带状地形图,经过整饰、清绘、晒印、复制后,进行纸上定线工作。从立体模型上直接定线，只要选线人员技术熟练，不但可以加快进度，而且质量可以得到保证。但由多倍仪建立的光学立体模型，人要借助于立体镜才能进行详细观测，对于年纪大、具有选线经验的工程技术人员长时间观看模型，并且读高程进行定线，实践证明有一定困难。而年轻的习以为常的多倍仪作业人员，往往又缺乏选定路线的经验，不知从何着手。因此，目前一般都采用多倍仪测制一定比例的带状地形图，进行纸上定线，其方法与一般纸上定线的方法相同。由于多倍仪构造上的限制，只能制成 1∶5000 比例尺的地形图，其精度只能为方案比选和初步设计提供有用的数据。

2. 精密立体测图仪测图定线

精密立体测图仪，是以摄影过程“几何反转”为基础，直接解求空间前方交会的仪器。可同时确定点的平面位置和高程，并直接绘制出地形图。该仪器利用原像幅航摄负片（不需缩小片）或接触晒印的透明正片进行测图。不但能消除航测仪畸变差的影响，而且观测过程也不需要互补色法和暗室工作。仪器结构严密，观察放大倍数大，可提高成图精度。有的仪器还配有电子附件，使测图工作实现了半自动或全自动化。它适合于测制各种比例尺图，特别是测制大比例尺图更显得优越。利用这种大比例尺地形图配合航摄像片立体镜下定线，可为技术设计提供可靠的数据和资料。

10.4.3　实地定测放线

在航测地形图纸上定线后，到实地定测放线是一项复杂、细致的工作，由于是采用航片定线，实地上没有标志，要正确将设计线放到实地，这就要求放线人员不但要具有熟练的路线勘测经验，而且要有航测基本知识，运用正确的判读及相关位置的准确测量，才能把图上的线位放到实地。

如系采用过去国家航摄资料，由于航片摄影年代较久，部分地物、地形发生变化，一般在城郊和村庄附近变化更大，故在放线前应到现场核对，补充调绘图上已改变的地物、地形及路线附近放线时能利用的明显地物点。关于放线的方法常用的有以下几种：

1. 用精确法（仪器法）放线

此法适用标准较高的公路测量，特别是高速公路的放线定测，当路线在航测地形图上设计好以后，计算出路线交点纵、横坐标、转角值、交点间距离。在放线时，将路线中线（导线）起点与路线附近国家平面控制点（三角点、导线点、埋石点、军控点）连测。用精密仪器在实地放出第一点，中间每隔一定距离（不远于 30km）及终点处再进行连测，以资核对。

此法计算理论严密，要求测量精度高，由于与国家控制点连测，根据误差要求的容许值检验，进行平差计算，然后按照改正后的坐标点绘导线，因此误差将保证限制在一定范围，可避免导线测量的累计误差。

按放线内容不同，可分为下列两种方法：

(1) 直接放线法。根据国家平控点，准确放出第一点后，利用设计路线已计算好的交点坐标、交角值、交点间距离，用红外线测距仪（或 J_2 经纬仪、钢尺）直接拨角、测距放线，如图 10-16 所示。

(2) 间接交线法。沿设计路线附近布设主导线，主导线的起、终点和中间适当距离与国家平控点连测，经平差后计算导线坐标，并准确地展到航测地形图上。找出主导线和设计路线的相互位置关系，利用导线点在实地的位置，再分别采用支距法、极坐标法或交会法在实地放出路线，如图 10-17 所示。

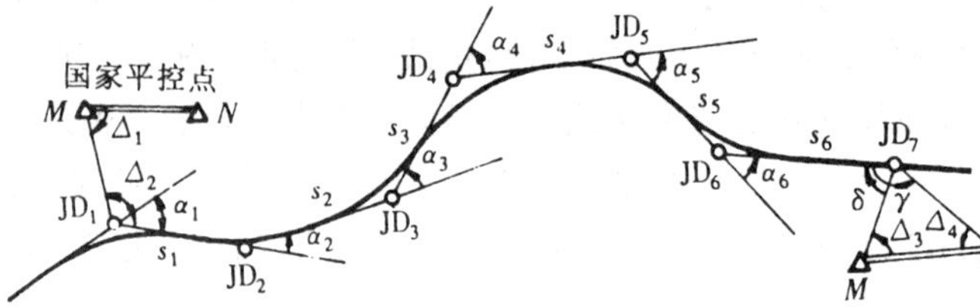

图 10-16

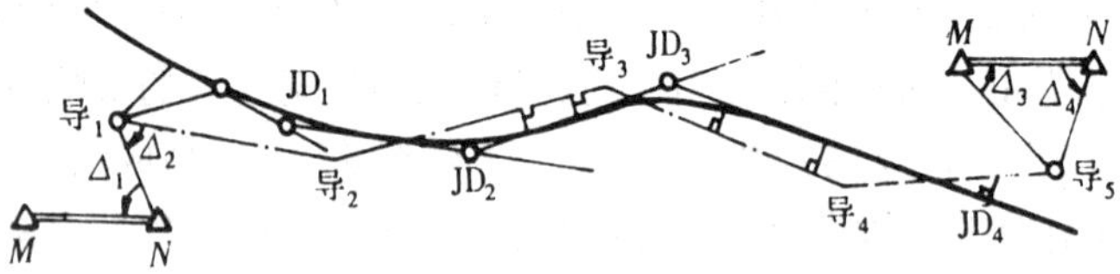

图 10-17

2. 利用明显地物、地形相关位置放线法

此法简单易行、生产效率高、误差不积累。在一般情况下在设计路线的两旁，总可找到一些可资利用的明显地物、地貌点，如道路交叉、房角、独立树、电杆、桥梁、河流、小山包等。放线前带上图纸，沿线路详细辨认，将可利用的点位在图上标以记号，以便在图上量测和路线的相关位置(角度、距离)，并确定使用放线的方法，如垂线法、交会法等，做到心中有数。

图纸辨认的要领是：方位和实地一致，首先搞清楚自己在图上和实地的位置，边走边判，先判实地后判图纸，从明显到次要逐步核实。完成上述判识工作，量取或计算出线位与明显地物的关系数据，运用仪器工具即可在实地放出这些点的位置，并适当调成直线，即为路线中线位置，该法如图 10-18 所示。

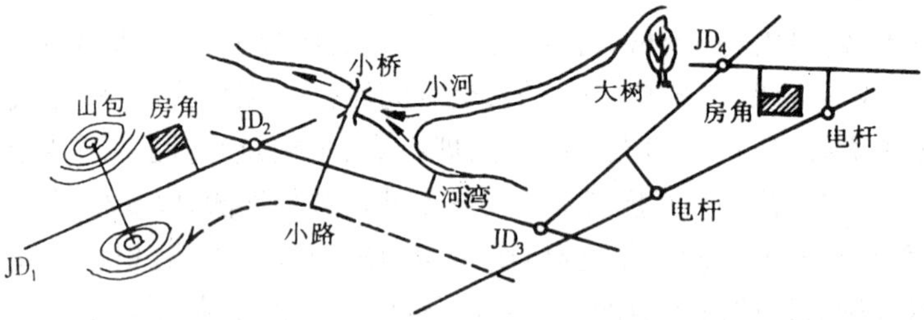

图 10-18

除此之外尚有极坐标放线法、磁方位角放线法等。放线者应因地制宜，因线而异，在保证精度下灵活运用上述各种方法。

10.4.4 影像地图在定线中的运用

立体光学模型虽然有形像逼真的优点，但它毕竟是要有“光”才能有“像”，欲将所定路线送交有关部门审批或请专家评议都得重新挂灯在暗室中进行。加之在模型上量测高程或用测绘器"卡"导向线，操作起来也不十分方便，故多倍仪定线的使用也就受到一定的限制。

影像地图在一定程度上弥补了这些缺点。在影像地图上，既有在摄影时记录下来的全部地物地貌信息，又有用等高线表示的高程，为纸上定线提供了较好的条件。

影像地图的制作常采用以下两种方案：

一种方案是，先用带有正射投影装置的立体测图仪制作正射投影像片，然后将已定向好的立体像对按常规办法绘制等高线图。将正射像片和等高线图套印，即制成正射影像地图。

另一种方案是，在立体测图仪上对立体像对定向后，在其中一张像片上描绘等高线，然后根据绘有等高线的像片利用立体测图仪和正射投影仪一次制成正射投影图。

在利用国家已有的航测资料进行公路定线的若干方法中，正射影像地图是比较理想的一种。但它要求有一定的设备，成本也较高，在条件还不完全具备时，可与测绘部门合作进行。

10.5　航测与遥感技术在道路选线中的应用

道路勘测设计可分为外业勘测和内业设计两部分。外业勘测技术主要取决于地形数据采集的自动化和高精度以及各种新技术、先进设备的支持等；内业设计主要取决于计算机硬软件环境以及相应应用软件的开发等。道路测设一体化就是将地形数据采集、处理和相关应用软件的应用的全面集成过程。

对于外业勘测最关键的问题就是如何高效、准确、快速地获取设计所需的各种相关地形的原始数据，这也是道路选线中极为重要的一个前期工作。传统地形数据的来源一般有3种方法：对已有大比例尺地形图的数字化；采用航测技术从航测像片上获取数据；野外实测采集地形数据。根据每一种数据采集设备和手段等的不同又有多种采集方法：地形图数字化有人工手扶跟踪数字化仪输入法和图形扫描仪(或称全自动化数字仪)输入法等；航测数据采集根据其设备的不同有模拟法测图、解析法测图和全数字测图等；野外实测数据有全站式电子经纬仪从野外实测获得地形数据，还有采用全球卫星定位系统(Global Positioning System, GPS)从野外采集地形数据等多种方式。

目前，研究较多的、也能较好地为公路测设技术提供支持的主要有"3S"技术，即遥感(Remote Sensing，RS)、全球卫星定位系统(GPS)以及地理信息系统(Geographic Informvtion System，GIS)。

10.5.1　航空摄影测量在道路选线中的应用

航空摄影测量是以空中摄影获取的像片为基础，根据所获航片上的构像信息，从几何方面和物理方面加以分析研究，从而对所摄对象的本质提供各种资料的一门学科。由于摄影取得的影像信息量大，反映物体细致、客观，能真实和详尽地记录摄影瞬间地面客观景物的形态，具有良好的量测精度和判读性能，对航片进行量测和判释，能方便地获得被摄地区的地形图，或地面点的大地坐标，以及丰富的地形、地物、地貌、地质、水文等资料。

道路航测的主要任务是为道路设计提供满足要求的大比例尺地形图，根据航片立体观测和判释提供有关地质、地貌、水文等资料，以及为道路设计提供原始地形数据。航测地形图比例尺的选用见表10-1。道路航测流程如图10-19所示。

表 10-1　　地形图比例尺的选用

设计阶段或工程性质	比例尺	设计阶段或工程性质	比例尺
工程可行性研究	1∶10000	施工图设计	1∶1000,1∶2000,1∶5000
初步设计、技术设计	1∶2000,1∶5000	重要工点	1∶500

道路航测主要有外业和内业组成,其过程如下:

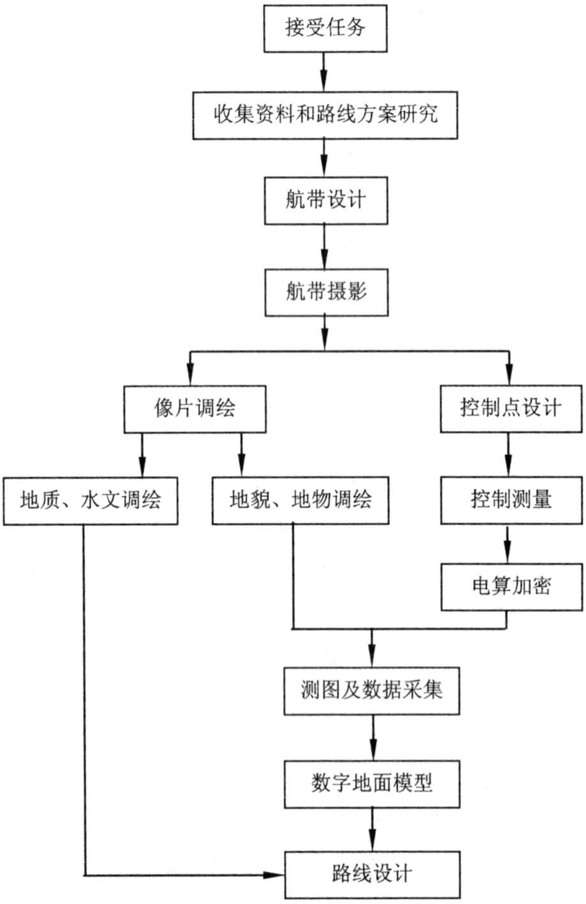

图 10-19　道路航测流程示意图

航摄单位应提交的成果资料包括以下内容:

(1) 航摄实施情况报告书;

(2) 航摄仪检定数据;

(3) 航摄成果的移交清单及质量状况记录;

(4) 航摄底片;

(5) 航摄像片索引图;

(6) 航摄像片。

航摄像片具有与地形图不同的特征和规律。地形图是地形在水平面上的正射投影,如图10-20所示。航摄像片是飞机从空中向下作近似垂直摄影所获得的像片,摄取的影像属于地面的中心投影，如图 10-21 所示。由于中心投影的特点，使得航片上影像的几何图形，与实际地面的几何图形并不是相似性，其差别主要受投影距离、投影面倾斜和地面起伏三方面的影响，从而产生航片构像比例尺不均匀，影像存在像点位移和方向偏差的问题。

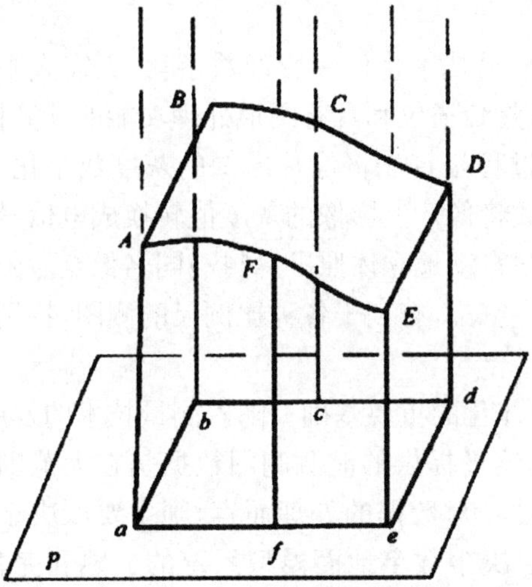

图 10-20　正射投影示意图

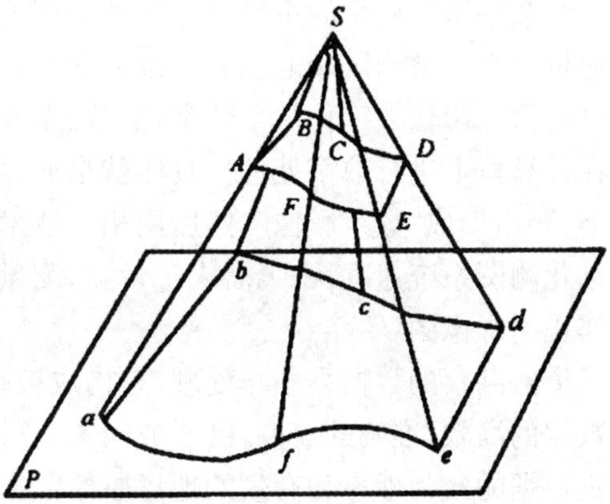

图 10-21　中心投影示意图

航片与地形图的最大差别主要是投影方式的不同。地形图是用各种规定的地形符号、注记和等高线表示地形、地貌情况，根据用途经取舍、突出重点后生成的，可以表示出像片影像表现不出来的，但在用图方面却是十分重要的内容。航摄像片虽然表达内容丰富、直观，但重点不突出，此外在航片上也无法直接读取地物高度和坐标，因此，根据像片使用要求，必须对像片进行野外调绘，以补充地名、行政区界、地物、控制点等地形图中及道路勘测设计中所需的资料。

航摄像片客观地反映了各种地面特征，具有丰富的信息，利用航摄像片可以编制成带有摄影影像的各种类型像片图，并可以通过航测成图设备直接测绘地形图。航测像片图与航测地形图是航空摄影测量工作的最主要产品。

常用的航摄像片图有像片平面图、正射影像图、像片镶嵌复照图、像片略图、比例尺像片略图及立体像片略图等。由于中心投影与正射投影相比，存在着倾斜误差和投影误差，并且同一像片上比例尺不统一。像片纠正就是通过一定的变换步骤或借助于某种仪器，消除航摄像片的倾斜误差并归化比例尺，晒印成符合某一规定比例尺的水平像片的过程。消除了倾斜误差的航摄像片称为纠正像片，用纠正像片编制成的像片图就是像片平面图。将航摄影像或遥感图像的微小面积作为纠正单元，通过纠正单元对像片倾斜和地形起伏引起的像点位移进行纠正的影像图称为正射影像图，绘有等高线的正射影像图称为正射影像地形图。平原地区宜采用纠正像片平面图，丘陵、山岭地区宜采用正射影像图，并在影像图上加注公里格网及地名等工程设计中重要的应用信息。在各设计阶段路线、桥梁、隧道、互通立交方案研究、位置选定时，需按表 10-2 选用相应的影像图。

表 10-2　　**影像图的用途**

用途	种类	用途	种类
工程可行性研究	未经纠正的像片平面图	施工图设计及山区初步设计	正射影像图
平微区初步设计	纠正或概略纠正的影像图	设计各阶段	正射影像地形图

航测内业成图目前已从传统的模拟测图、解析测图发展至全数字摄影测量测图系统。目前,国内主要有 HELAVA、Virtuozo 和 JX4 系列三种全数字摄影测量系统,传统的模拟测图仪与解析测图仪已基本淘汰。全数字摄影测量系统的出现,使得航测内业在作业方法及产品形式上也发生了根本性的变化。

全数字摄影测量的主要特点是利用相关技术和扫描技术将像片影像数字化,无需人眼观测便可以得到被测区域的地表三维数据,其主要设备是扫描仪和具有图形处理功能的计算机,用来对像片影像数字化。全数字化测图系统的测图过程是首先将像片影像的灰度数字化,然后在计算机上进行数字处理。具体就是通过扫描方式将像片上影像的灰度值转换成电信号或数字信号,形成“数字影像”,然后用相关技术代替人眼自动地立体照准(寻找)同名像点。由于自动化测图系统速度快,无需人工量测,测量的数据点密集,有利于各种比例尺的测图,特别是制作正射影像图。

道路勘察的数据采集与处理,是构成道路测设一体化的重要基础。随着测量技术的发展,对数据的高效、准确的获取,已不成问题,直接应用测绘局提供的航测测图数据是在大范围内采集数据的较为理想和有效的地形原始数据采集方法。对数据的处理而言,则主要取决于数字地面模型(Digital Terrain Model,DTM)的应用,取决于数字地面模型系统的成熟和完善。数字地面模型作为联结野外勘测(数据采集)和内业设计(CAD 系统)之间的纽带和桥梁,在道路测设一体化系统中起着至关重要的作用。

数字地面模型是现代测绘技术发展的产物,最早在道路计算机辅助设计(CAD)中得以应用。数字地面模型是利用不同的地形数据采集设备,采集大量地形点、线的三维信息,并按照一定的数学模型分析和联网,使这些空间点按照数学模型要求的规律来描述地形起伏的数字模型。数字地面模型是在坐标系中以一系列离散点和规则点表示地面形态特征的数据集合。

道路数字地面模型应能满足任意点或断面的地面高程插值计算,等高线生成,距离、坡度、面积、体积的量算以及路线平面图、地形透视图的制图等要求。在沿道路走向的带状数字地面模型建立的基础上,只要路线的平面线形一确定,便可由数模快速内插出该路线的纵、横断面的地面线数据,配合路线 CAD 系统快速完成该路线的设计。在初步设计阶段的路线多方案比选中,数模技术可使设计人员在不需重新做数据采集的情况下,快速、方便、系统地完成设计,比较所有可能的平面线形,并通过直接由数字地面模型与路线设计成果自动产生带地面景观的三维道路工程模型,能准确、客观地反映道路修建后的真实情况,设计人员可通过从线形指标、工程量大小、线形景观、道路与地形环境的配合与协调等多角度全面、客观评价路线设计成果,从而找出最佳设计方案。这对工程费用的降低,设计周期的缩短,设计质量的提高具有重要意义。图 10-22 为利用道路数字地面模型绘制的道路路线全景透视图。

DTM 系统主要包含三部分内容:地面数据获取、DTM 的构建和成果应用。从目前国家或地区地理信息数据库(GIS)的建立以及大量的 DTM 应用实践来看,摄影测量技术仍是地面原始数据获取的最主要、最有效手段。DTM 技术是最新发展的数字摄影测量(Digital Photogrammetric System,DPS)技术中重要的组成部分;DTM 系统也是联结道路(CAD)设计与测量技术之间必要的环节。

DTM 的精度高低在一定程度上直接决定了以 DTM 为基础的道路工程设计的质量,因此,用于工程设计的 DTM 的精度必须满足设计阶段的要求。基础数据的精度可以通过制定严格而规范的地形三维采集作业技术要求及数据预处理中的粗差剔除的手段来保证。高程处

图 10-22　道路路线全景透视图

理的精度可以通过选择优秀的、优先顾及地形三维特征线(包括特征点)信息的 DTM 软件,并通过选择三维特征点线、密度适中且分布合理的地形三维碎部点共同参与构网计算的手段来保证。数据点采样应根据地形起伏变化的实际情况采点,优先采集测区内地形特征线和地形特征点,不得遗漏对构建 DTM 的精度起决定作用的地形三维特征信息。摄影测量的数据采集方式是 DTM 模型建立与数据处理的最主要且有效的方式。采样方式包括选择采样法、混合采用法、等高线法、规则格网法、渐进采样法、剖面法等,这些方法可以是人机交互式的或自动化的。在工程设计过程中,对 DTM 的计算精度与数据处理效率有较高要求,宜采样选择性采样及混合采样的地形三维数据采集方法。在植被覆盖严重或阴影严重地区,需采取野外实地补测地面三维数据等措施。当采用野外实测方法进行数据采集时,可采样全站仪、光电测距仪、三维激光扫描或 GPS RTK(Real Time Kinematics)等方式采集地形、地物的三维坐标及属性信息。数据文件中原始采样数据以 ASCⅡ码记录,每一采样单位内的数据按规定分类存放。数据预处理时,应对通过不同数据源所获取的各种数据进行坐标统一归算、数据分类、统一格式与编码、数据文件的综合(分割)和接边处理,并按数据类别进行数据规格化管理或建立数据库。

道路数字地面模型宜采样考虑地形特征点、线三维信息的三角网模型(TIN)或格网与三角网的混合模型(GRID+TIN)的方式构建,对于中、小比例尺及工程项目工可阶段的应用,可采用规则格网模型(GRID)。为了保证 DTM 成果的质量,同时不会遗漏重要的公路、铁路、立交、大坝等人工构造物,构建数字地面模型时,还应考虑对地形特征线、断裂线和地物的处理等。采用三角网构建 DTM 时,为了确保 DTM 后续的高程内插等工程实际应用成果的可靠性,应先对预生成的三角网进行优化处理,消除 DTM 内的平三角形及边界处的异常大三角形。当用混合建模方法时,需首先将利用规则格网方式采集的地形点按矩形格网模型构网,在地形特征线两侧的局部细节模型应为三角网模型。

数字地面模型可用于道路勘测设计的各个阶段,但在每一个阶段具体应用的过程中,参与进行 DTM 构网计算的数据来源及构建 DTM 网的方法有明显区别。在道路工程的施工图设计阶段,其构网的基础地面数据必须是利用野外方法实测采集的。用 DTM 生成的各种图形需能进行交互式图形编辑,包括图形的显示、增补、修改、删除、平移、旋转、注记和接边等,并能进行按层编辑和层的叠加、剪裁及消隐等操作,对图形数据的修改必须仅限于非测量数据。

10.5.2 遥感技术在道路选线中的应用

遥感(RS)泛指各种非接触的、远距离的探测。遥感技术是20世纪60年代发展起来的一门空间探测技术,至今已经历了地面遥感、航空遥感和航天遥感三个阶段。广义地讲,是在不直接接触的情况下,对目标或自然现象远距离感知的一种探测技术;狭义而言,是指在高空和外层空间的各种平台上,运用各种传感器(如相机、扫描仪、成像光谱仪等)获取地表的信息,通过数据的传输和处理,从而实现研究地面物体形状、大小、位置、性质及其环境的相互关系的一门现代化应用技术科学。总之,遥感技术是由遥感平台(如地面、空中、太空等)、遥感仪器,以及信息接收、处理、分析与应用等组成的对地工程技术系统的总称。遥感技术是在电磁波理论的基础上发展起来的,地面上的物体由于受到太阳电磁辐射以及地物本身具有反射、发射、透射、吸收电磁辐射的性能,所以当获得地物电磁辐射的特征后,即可识别出地物的属性和情况,这就是遥感技术的实质。

遥感技术自出现以来,就广泛被工程界所接受。随着公路建设的发展,遥感技术被用作公路建设工程地质条件、水文地质条件与环境地质条件的分析与评价,在公路建设的质量与水平的提高方面发挥了巨大的作用。公路工程地质遥感勘察主要用于路线所在区域的地质条件及地质环境调查,以宏观分析和定性分析为主,为路线走廊的确定,大型桥梁、隧道等构造物选址和路线方案比选和确定提供宏观地质依据。由于遥感技术的发展,大大提高了复杂地质环境道路勘测设计水平,减少不良地质危害,不仅避免了较大的工程损失,加快了前期选线勘察和方案设计优化的速度和质量,而且可获得巨大的经济和社会效益。

公路工程地质遥感勘察的基本工作程序有:首先,搜集各种平台的遥感资料和已有的地形、地质资料,并进行资料的分析与处理,建立解译标志(指能反映或判别事物及现象,并能说明其性质和相互关系的影像特征);然后,进行工程地质遥感的初步解译,公路工程地质解译需紧密结合公路路线设计,从地质学角度,特别是从构造、不良地质与特殊性岩土、第四纪地质的角度,对路线的展布、构造物的分布及路线走向进行综合分析,为工程方案的合理选择与确定提供依据。外业地质调查与验证是公路工程地质遥感勘察比较重要的方面,由于工程地质遥感解译在地质条件复杂地区还存在不确定性,以及重大不良地质地段对公路方案的确定具有重大影响,在这些地方,更需重视外业调查验证工作,外业调查与验证的重点是对影响路线方案或有疑问的地质体或地质现象、未确定的地质界线或地质现象、解译结果与现有资料不一致的地方进行调查与验证。通过调查与验证,对解译标志、地质体或地质现象进一步确认,并补充初步解译中的遗漏;在上述工作的基础上,修改、补充和完善解译标志和初步解译成果,并进行综合的解译与成图,必要时,还应再一次进行野外补充性的调查与验证工作,使综合解译成果完整、客观、全面、准确地反映路线走廊区域内的地质条件和地质状况;最后,进行工程地质遥感的资料分析与整理工作。

公路工程地质勘察可分为预可行性研究阶段工程地质勘察、工程可行性研究阶段工程地质勘察、初步工程地质勘察和详细工程地质勘察几个阶段。在公路的预可行性研究、工程可行性研究及初步测设三个阶段中,工程地质遥感勘察在工程可行性研究阶段的作用是最大的,其经济与社会效益也是最高的。

预可行性研究阶段的地质遥感工作主要是从大的区域上比选路线走廊带的地质条件。根据解译范围、解译内容、解译成果及综合分析论证等,其工作内容及技术要求如下:

(1) 图像解译的范围为图上路线两侧至少各100 mm；

(2) 根据搜集到的资料，解译拟定路线走廊带的地形、地貌、地层、岩性、地质构造、大型不良地质现象与特殊性岩土分布范围等；

(3) 对代表不同岩性类别、地貌、地质构造等解译成果，以及大型不良地质地段的范围、位置等进行外业调查验证，必要时，辅以其他适当的勘察工作来验证；

(4) 概略掌握拟定走廊带的工程地质、水文地质条件，论证不良地质与地震活动的作用对拟定路线走廊的影响，从工程地质、水文地质、环境地质等角度进行综合分析、比选、论证公路工程建设的地质环境，评价拟定路线走廊带的建设条件。

工程可行性研究阶段的地质遥感勘察主要为大的路线方案和桥梁、隧道选址，工程规模及投资提供地质依据，从而编制工程可行性研究报告。根据需要解译分辨的地质体大小和规模等，其工作内容及技术要求如下：

(1) 解译范围至少为图上路线两侧各100 mm；

(2) 宽度大于100 m的地层在影像上应进行解译区分。地质条件简单时，对延伸大于1 000 m以上的断裂带进行标注，在地质条件复杂时，对影响路线工程的主要断裂带需特别加以标注；

(3) 不良地质现象，需对地面上100 m×100 m以上的大型滑坡进行解译；对路线有影响的滑坡、崩塌需采用大比例尺的航空像片进行解译；

(4) 与路线有关的重大不良地质现象都应进行外业验证，走廊带内其他不良地质现象需抽样进行外业验证；

(5) 制图时，对可能影响路线安全的某些较大的不良地质现象应依比例表示；较小的不良地质现象可不依比例，仅以符号表示其位置；

(6) 路线所经过的地层、岩性及不良地质现象与特殊性岩土等工程地质条件需进行评价，尤其是大型桥梁或隧道选址的地质条件应进行综合分析、论证，为路线的可行性、安全性、经济性、合理性提供可靠的地质依据。

初步工程地质遥感勘察的目的与任务是为初步设计阶段的方案设计与比选提供宏观上的工程地质依据。初测阶段的路线工程地质遥感是在工程可行性研究的基础上，初步查清路线的地质条件，不良地质分布范围及其对公路工程影响程度与方式，论证其对公路工程安全性、稳定性的影响等，为编制初步设计文件提供所需的地质资料。初测阶段的桥梁地质遥感勘察的任务是在工程可行性研究的基础上，对独立的大型、特大型桥梁及可能存在重大地质问题的桥梁，利用遥感影像资料进行解译，来指导其他地质勘察工作，以减少野外勘察工作量，并优化工程可行性研究阶段的桥址与工程方案。初测阶段的隧道工程地质遥感勘察的任务是在工程可行性研究的基础上，对特长隧道、控制路线方案的长隧道、水下隧道以及水文地质、工程地质条件复杂的隧道进行工程地质遥感勘察工作，并指导其他勘察工作，通过综合勘察确定隧道的最佳方案。

目前，遥感技术已在我国公路建设中普遍使用，公路工程地质遥感勘察对于缩短勘测周期，及时有效地为公路工程勘察和设计提供地质与环境评价资料将起着越来越重要的作用。在跨越秦岭的西安-汉中高速公路的勘察设计中，由于地貌及地质构造极其复杂，大型断裂及滑坡等地质灾害发育，应用常规方法在短期进行方案比选十分困难，甚至难以完成，而应用卫星遥感和航测图像综合分析技术，很快查清了区域地质构造特征，使当初确定的土门关、铁锁关等5座长隧道避开了大型断裂带的严重危害,并发现秦岭隧道群方案,把穿越秦岭的17 km特长隧道用3座5~6 km较短的隧道群代替,不但减少了大型断裂的危害和通风、监控、安全等技术难题,而且节约造价2亿元以上,这一重大发现为较好的解决西汉高速公路穿越秦岭方案起了关键作用。

10.6 道路中线的坐标定线法

道路路基开工前需要进行详细的中线测量工作,就是通过测设直线或曲线,将道路中心线的平面位置准确地、具体地标定在地面上。中线测量的传统手段是用经纬仪定向,钢尺量距。本节不准备全面介绍传统测量手段,只较详细地叙述目前高等级道路普遍采用的在施工测量中起控制作用的导线复测作业和对施工至关重要的道路中线定线工作,特别是其坐标定线方法。下一节再介绍道路中线定线的传统方法。

10.6.1 导线复测技术

高等级公路的中线及其沿线构造物的位置是由导线控制的,施工单位必须对设计单位提供的导线点坐标及其现场桩橛认真进行复测核对;若设计单位设置的导线点过稀而不便使用,或导线点落在施工操作范围之内而可能遭到损坏时,应对导线点进行加密或移位。导线测量是平面控制测量,要有较高的精度,除特殊情况外,其角度闭合差应满足$\pm 16\sqrt{n}$(″),n是测站数;其距离闭合差应满足$\pm 1/10\,000$。这样的精度要求,如采用传统的人工量距办法是不容易达到的,也是难于保证测量进度的。因此,高等级公路一般都应采用光电测距的先进仪器。

公路是带状建筑物,导线多从某个高级控制点(如国家平面控制点)出发,沿着公路旁侧布设,最后附合到另一高级控制点上去,如图10-23所示,A,B,C,D为高级控制点,D_1,D_2,D_3,…为导线点。这种形式的导线称为附合导线。

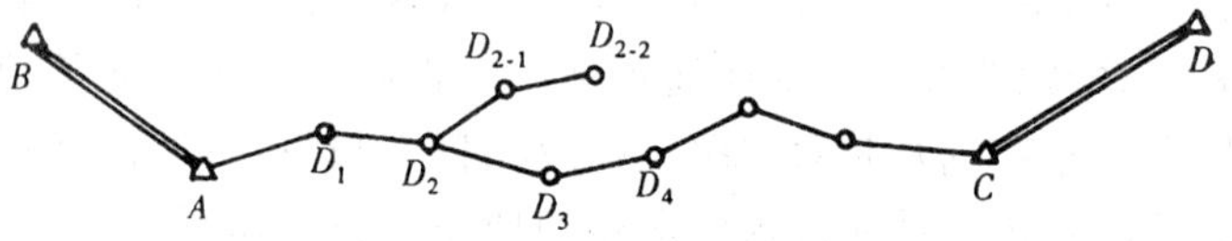

图10-23 附合导线和支导线

加密的导线可从某个高级控制点或导线点支出,如图10-23中的D_{2-1},D_{2-2},称为支导线。支导线不闭合亦不附合于已知导线点上,错误与否难于核对,故点数不宜超过两个。

如果导线是从一点出发,最后又回到原点上去,组成一个闭合多边形,称为闭合导线。闭合导线一般多用于大面积测量的平面控制,公路上很少用到它。

导线点的位置应选在地势较高、视野开阔、方便安置仪器的地方,以利尔后恢复中线及构造物放样之用;相邻两导线点必须通视才能量角、测距;导线点间距视地形、地物情况和工程需要而定,一般以不超过1km为宜,且相邻边长应尽量不要相差悬殊。

以下介绍导线的计算工作:

1. 坐标方位角推算

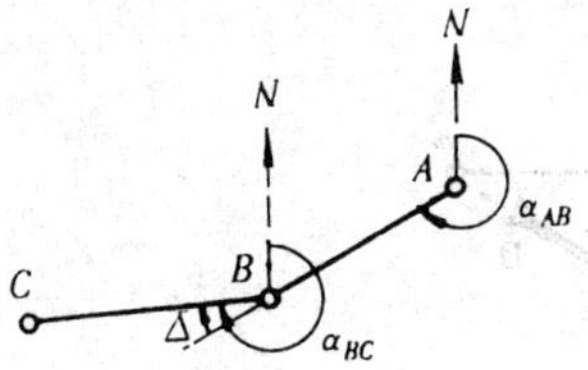

图 10-24　坐标方位角

为了计算各导线点的坐标，首先应推算出导线各边的坐标方位角（以下简称方位角）。导线已与高级控制点连测，因此，导线各边的方位角可由已知边的方位角依次推算出来。如图 10-24，A,B,C 为导线点，若已知 AB 的方位角 α_{AB} 和导线点 B 的偏转角 Δ，则 BC 边的方位角 $\alpha_{BC}=\alpha_{AB}\pm\Delta$（$\Delta$ 右偏取正，左偏取负）。也可以用导线点上量测的左角或右角来推算下一条边的方位角。若用 B 点的左角 $\beta_{左}$ 时，则

$$\alpha_{BC}=\alpha_{AB}\pm180^\circ+\beta_{左} \tag{10-1}$$

若用 B 点的右角 $\beta_{右}$ 时，则

$$\alpha_{BC}=\alpha_{AB}\pm180^\circ-\beta_{右} \tag{10-2}$$

2. 坐标增量计算

如图 10-25 所示，在平面直角坐标系中，A,B 两点的坐标分别为(X_A,Y_A)，(X_B,Y_B)，它们相应的坐标差

$$\left.\begin{aligned}\Delta X&=X_B-X_A\\ \Delta Y&=Y_B-Y_A\end{aligned}\right\} \tag{10-3}$$

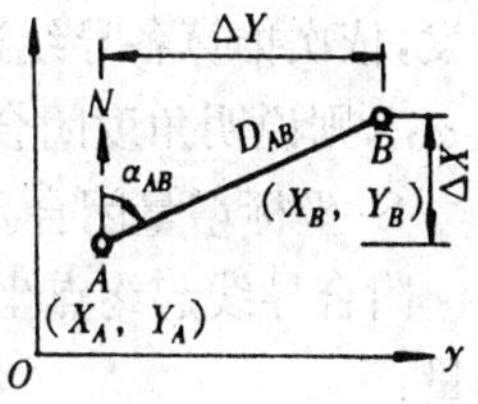

图 10-25　坐标增量

称为坐标增量。若 AB 的长度为 D_{AB}，其方位角为 α_{AB}，则

$$\left.\begin{aligned}\Delta X&=D_{AB}\cos\alpha_{AB}\\ \Delta Y&=D_{AB}\sin\alpha_{AB}\end{aligned}\right\} \tag{10-4}$$

可以看出，当 α_{AB} 在 0°～90°时，$\Delta X,\Delta Y$ 均为正值；在 90°～180°时，ΔX 为负值，ΔY 为正值；在 180°～270°时，$\Delta X,\Delta Y$ 均为负值；在 270°～360°时，ΔX 为正值，ΔY 为负值。

由于方位角是从纵轴的正方向开始并按顺时针计算的，所以大地坐标把纵轴作为 X 轴，横轴作为 Y 轴，这正好与数学上常用的相反。

已知导线边长和方位角，就可以算出坐标增量；由已知导线点的坐标，加上两点间的坐标增量，就得到另一点的坐标。反之，若已知 A,B 两点的坐标，就可以求出 AB 边的边长和方位角：

$$D_{AB}=\sqrt{\Delta X^2+\Delta Y^2} \tag{10-5}$$

$$\alpha_{AB}=\arctan\frac{Y_B-Y_A}{X_B-X_A} \tag{10-6}$$

3. 角度闭合差调整

如图 10-26 所示，附合导线从高级控制点 A 出发，最后附合于高级控制点 C 上。把高级控制边 AB，CD 延长相交于 E，组成一个闭合多边形。设附合导线点的个数（包括起点 A 和终点 C）为 n，则该多边形的内角总和为$(n-1)\times180^\circ$。而 E 点的内角是 $\alpha_{AB}-\alpha_{CD}-180^\circ$，故附合导线 n 个观测角内角总和的理论值

$$\sum\beta_{理}=n\times180^\circ-(\alpha_{AB}-\alpha_{CD}) \tag{10-7}$$

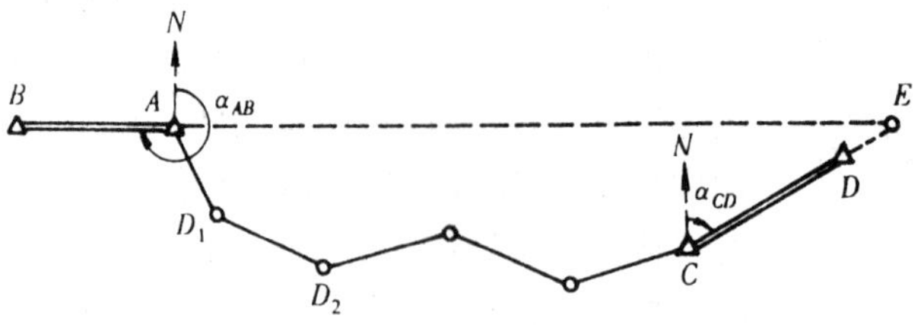

图 10-26　附合导线闭合差

设附合导线 n 个观测角内角总和的实测值是 $\sum\beta_{测}$，则附合导线的角度闭合差

$$f_\beta=\sum\beta_{测}-n\times180^\circ+(\alpha_{AB}-\alpha_{CD}) \tag{10-8}$$

如果 $f_\beta\leqslant16\sqrt{n}('')$，即测角精度满足要求，则可进行角度闭合差调整。调整的办法是将闭合差按相反的符号平均分摊到每个观测角中去。然后按调整后的内角，从起始边 AB 的方位角 α_{AB} 出发，依次推算各导线边的方位角，推算至附合边 CD 的方位角，若恰好等于该边的已知方位角 α_{CD}，则说明角度闭合差的调整及导线各边方位角的推算都正确无误。

4. 坐标增量闭合差调整

附合导线起终点坐标已知，附合导线坐标增量的代数和，在理论上应等于起终点的坐标增量：

$$\left.\begin{aligned}\sum\Delta X_{理}&=X_{终}-X_{始}\\ \sum\Delta Y_{理}&=Y_{终}-Y_{始}\end{aligned}\right\} \tag{10-9}$$

由于量角和测距都存在误差，所以用量测值计算而得的坐标增量代数和，往往不等于理论值，其增量闭合差

$$\left.\begin{aligned}f_X&=\sum\Delta X_{测}-\sum\Delta X_{理}\\ f_Y&=\sum\Delta Y_{测}-\sum\Delta Y_{理}\end{aligned}\right\} \tag{10-10}$$

导线全长闭合差

$$f=\sqrt{f_X^2+f_Y^2} \tag{10-11}$$

设导线全长为 $\sum D$，则导线全长的相对闭合差

$$K=\frac{f}{\sum D} \tag{10-12}$$

若 $K\leqslant1/10\,000$，即测距精度满足要求，则可进行增量闭合差调整。调整的办法是将它们以相反的符号按与边长成正比例分配到各边的坐标增量中去。有了调整后的坐标增量，就可以从导线起点已知坐标，依次推算其他各点的坐标。

【例题】 某导线从高级控制点 A 出发，最后附合于高级控制点 B(图 10-27)。始点 A 后方位角 $\alpha_A=287^\circ24'51''$，大地坐标 $X_A=71\,665.076$，$Y_A=60\,031.651$；终点 B 前方的方位角 $\alpha_B=225^\circ41'20''$，大地坐标 $X_B=70\,509.290$，$Y_B=56\,011.903$。各导线点左角及导线边边长的测量结果，以及各导线点坐标计算，列于表 10-3。

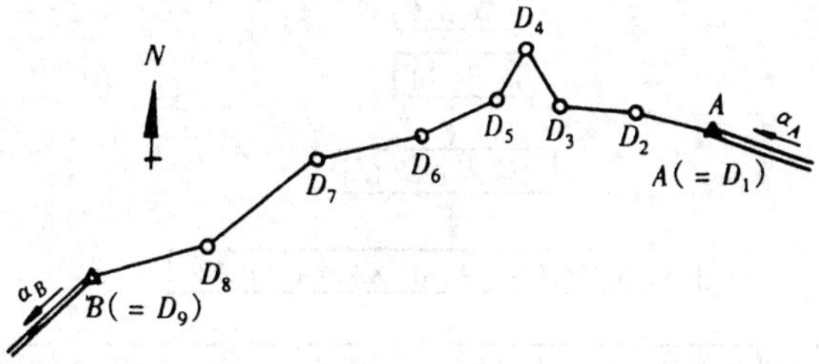

图 10-27　附合导线例题

从表 10-3 第 3 栏知，角度闭合差为 10″，小于容许闭合差 $16\sqrt{9}=48''$，测角精度满足要求，可以进行角度平差，如第 4 栏。然后计算坐标增量（第 6，7 栏），得坐标增量闭合差 $f_X=-0.143$，$f_Y=0.222$，$f=\sqrt{f_X^2+f_Y^2}=0.264$，导线全长相对闭合差 $K=0.264/4\,850.638=1/18\,371<1/10\,000$，测距精度亦满足要求，可以进行坐标增量平差（第 8，9 栏），最后算出各导线点坐标（第 10，11 栏）。

表 10-3　　**导线点坐标计算表**

导线点	左角	方位角		边长(m)	坐标增量				坐标	
					平差前		平差后			
		平差前	平差后		ΔX	ΔY	ΔX	ΔY	X	Y
1	2	3	4	5	6	7	8	9	10	11
			(287°24′51″)							
D₁	175°21′12″								(71 665.076)	(60 031.651)
		282°46′03″	282°46′04″	488.869	108.040	−476.781	108.026	−476.758		
D₂	168°30′58″								71 773.102	59 554.893
		271°17′01″	271°17′03″	520.938	11.675	−520.807	11.660	−520.783		
D₃	236°08′07″								71 784.762	59 034.110
		327°25′08″	327°25′11″	467.588	394.007	−251.787	393.993	−251.766		
D₄	60°05′14″								72 178.755	58 782.344
		207°30′22″	207°30′26″	461.938	−409.717	−213.351	−409.731	−213.330		
D₅	213°29′26″								71 769.024	58 569.014
		240°59′48″	240°59′54″	503.854	−244.286	−440.674	−244.301	−440.651		
D₆	194°02′19″								71 524.723	58 128.363
		255°02′07″	255°02′14″	747.540	−193.008	−722.194	−193.030	−722.160		
D₇	152°22′30″								71 331.693	57 406.203
		227°24′37″	227°24′45″	877.194	−593.611	−645.829	−593.637	−645.789		
D₈	205°35′42″								70 738.056	56 760.414
		253°00′19″	253°00′28″	782.717	−228.743	−748.547	−228.766	−748.511		
D₉	152°40′51″								(70 509.290)	(56 011.903)
		225°41′10″	(225°41′20″)							
合计				4 850.638	−1 155.643	−4 019.970	−1 155.786	−4 019.748	$X_B-X_A=$ −1 155.786	$Y_B-Y_A=$ −4 019.748

在实际工作中这些计算可以通过计算机迅速完成，如下所述：

1. 程序框图

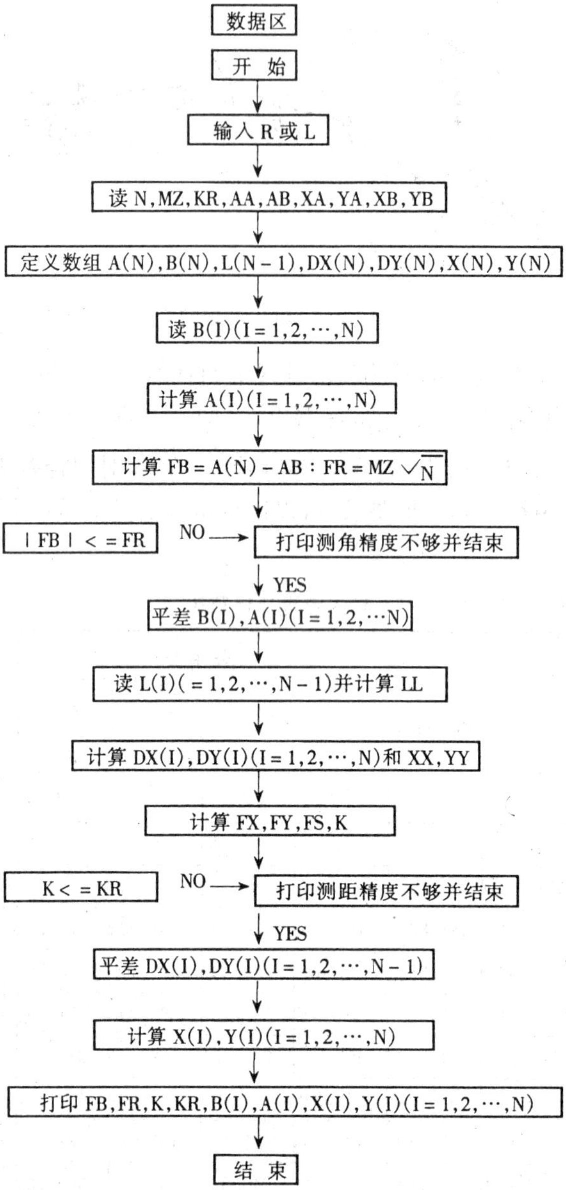

2. 标识符号

N——附合导线点的个数(包括起点A和终点B);

MZ——测角误差(角度60进制,下同);

AA,AB——附合导线始边和终边的前导线方位角;

XA,YA——附合导线起点的X,Y坐标值;

XB,YB——附合导线终点的X,Y坐标值;

FB——角度实际闭合差;

FR——角度允许闭合差;

BB——各观测角之和;

XX,YY——各导线点的坐标增量之和;

FX,FY——导线坐标增量闭合差；

FS——导线全长闭合差；

LL——各导线边长之和；

K——导线全长实际相对闭合差；

KR——导线全长允许相对闭合差；

L(I)——各实测导线边长(I=1,2,…,N−1)；

B(I)——各观测角(I=1,2,…,N)；

A(I)——各导线边的前导线方位角(I=1,2,…,N)；

DX(I),DY(I)——各导线边的坐标增量(I=1,2,…,N)；

X(I),Y(I)——各导线点的坐标值(I=1,2,…,N)。

3. 编制源程序并输入本算例数据后的输出结果

FB=−0°00′09″	FR=0°00′48″
K=0.000 1	KR=0.000 1
B(1)=175°21′13″	A(1)=282°46′04″
X(1)=71 665.076 0	Y(1)=60 031.651 0
B(2)=168°30′59″	A(2)=271°17′03″
X(2)=71 773.102 1	Y(2)=59 554.892 2
B(3)=236°08′08″	A(3)=327°25′11″
X(3)=71 784.762 2	Y(3)=59 034.108 7
B(4)=60°05′15″	A(4)=207°30′26″
X(4)=72 178.756 3	Y(4)=58 782.343 5
B(5)=213°29′27″	A(5)=240°59′54″
X(5)=71 769.026 1	Y(5)=58 569.012 7
B(6)=194°02′20″	A(6)=255°02′14″
X(6)=71 524.724 4	Y(6)=58 128.362 7
B(7)=152°22′31″	A(7)=227°24′45″
X(7)=71 331.692 9	Y(7)=57 406.203 2
B(8)=205°35′43″	A(8)=253°00′28″
X(8)=70 738.056 0	Y(8)=56 760.414 3
B(9)=152°40′52″	A(9)=225°41′20″
X(9)=70 509.290 0	Y(9)=56 011.903 0

10.6.2 道路中线的坐标定线方法

高等级公路的中线位置一般都用大地坐标表示，设计单位应提供中线的逐桩坐标或控制桩（如交点、公里桩、缓和曲线起终点、曲线中点、复曲线公切点、……）的坐标。不管是前者还是后者，施工单位都应该首先根据设计单位在现场标定的主要控制桩进行复测，确认其实际位置与所提供的坐标一一对应无误后，再计算其他中线桩橛（包括施工需要而增加的中桩）的坐标，然后逐桩恢复位置或加设。实际上，恢复中线就是再一次实施详细的中线测量工作。

中线测量的传统方法是用经纬仪定向、钢尺量距，沿着中线进行。在曲线上采用偏角法、支距法等方法测设中线，如上节所述。传统方法费时费工，受地形地物障碍影响很大，而且精度不高。目前高等级公路的中线一般都要求用光电测距、坐标放线的方法进行测设。这种测设方法，计算理论严密，无丈量累积误差，不必按照先后顺序，不易受障碍物影响，具有快速、精确、方便的特点。

1. 原理

坐标放线就是置仪器于导线点或其他已知坐标的点上，用极坐标的方法测设中线。如图10-28所示，设仪器置于导线点 A，以导线点 B 为定向点，欲标定中线上 C 点，只要知道 θ 角和距离 D 即可。A，B，C 三点的坐标是已知的，或者是可以根据几何条件计算得出。则

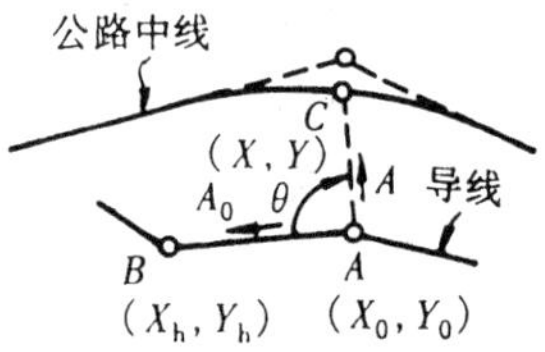

图10-28　坐标放线原理

后视方位角

$$A_0=\arctan\frac{Y_h-Y_0}{X_h-X_0}$$

前视方位角

$$A=\arctan\frac{Y-Y_0}{X-X_0}$$

夹角(左角)　　$\theta=A-A_0$

前视距离　　$D=\sqrt{(X-X_0)^2+(Y-Y_0)^2}$

待定点 C 的坐标(X,Y)要根据平面线形计算，这是比较繁琐的。计算距离 D 和夹角 θ 并不困难。下面用一个算例，详细介绍其计算方法。

2. 计算方法

如图10-29所示，已知K14+000的大地坐标为：$X_b=54\,815.197$，$Y_b=29\,703.208$；K14+000至JD_6的距离 $D_0=1\,250.460$ m，方位角 $A_0=77°02'45''$，JD_6 的偏转角 $\Delta Y=27°18'22''$；采用圆曲线半径 $R=600$ m，缓和曲线长 $L_s=80$ m。用坐标法测设此段公路中线。

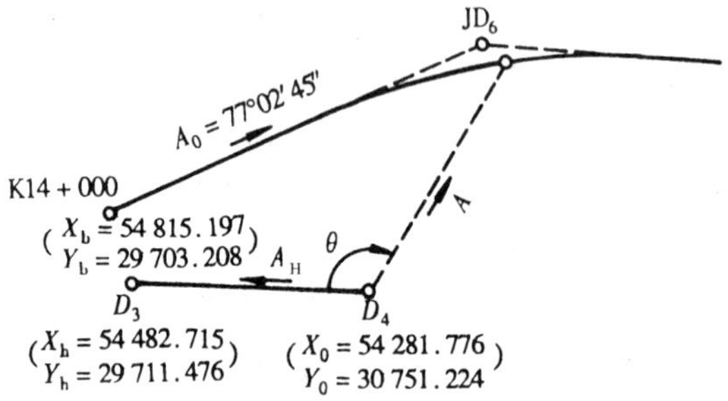

图10-29　坐标放线算例

(1) 计算曲线要素

缓和曲线中心角

$$\beta_0=\frac{L_s}{2R}\cdot\frac{180°}{\pi}=\frac{80}{2\times600}\cdot\frac{180°}{\pi}=3°49'11''$$

增设缓和曲线后圆曲线内移值

$$p=\frac{L_s^2}{24R}-\frac{L_s^4}{2\,688R^3}=\frac{80^2}{24\times600}-\frac{80^4}{2\,688\times600^3}=0.444\text{ m}$$

增设缓和曲线后切线的增长值

$$q=\frac{L_s}{2}-\frac{L_s^3}{240R^2}=\frac{80}{2}-\frac{80^3}{240\times600^2}=39.994\ \text{m}$$

切线全长

$$T=(R+p)\tan\frac{\Delta}{2}+q=(600+0.444)\tan\frac{27°18'22''}{2}+39.994=185.845\ \text{m}$$

曲线全长

$$L=(\Delta-2\beta_0)\frac{\pi}{180°}R+2L_s$$

$$=(27°18'22''-2\times3°49'11'')\times\frac{\pi}{180°}\times600+2\times80$$

$$=365.949\ \text{m}$$

外距

$$E=(R+p)\sec\frac{\Delta}{2}-R=(600+0.444)\times\sec\frac{27°18'22''}{2}-600=17.904\ \text{m}$$

(2) 计算主点桩里程

$$JD_6=K14+000+D_0=K14+000+1250.460=K15+250.460$$

$$ZH=JD_6-T=K15+250.460-185.845=K15+064.615$$

$$HY=ZH+L_s=K15+064.615+80=K15+144.615$$

$$YH=ZH+L-L_s=K15+064.615+365.949-80=K15+350.564$$

$$HZ=YH+L_s=K15+350.564+80=K15+430.564$$

$$QZ=\frac{HY+YH}{2}=\frac{K15+144.615+K15+350.564}{2}=K15+247.590$$

(3) 计算中桩坐标

① 直线段(K14+000～K15+064.615)

例如 K14+020 坐标：

$$X=X_b+20\cos A_0=54\,815.197+20\cos77°02'45''=54\,819.680$$

$$Y=Y_b+20\sin A_0=29\,703.208+20\sin77°02'45''=29\,722.699$$

例如 K15+064.615(ZH)坐标：

$$X_ZH=X_b+1\,064.615\cos A_0=54\,815.197+1\,064.615\cos77°02'45''=55\,053.853$$

$$Y_ZH=Y_b+1\,064.615\sin A_0=29\,703.208+1\,064.615\sin77°02'45''=30\,740.728$$

② 第一缓和曲线段(K15+064.615～K15+144.615)

例如 K15+080 坐标：

$$X=X_ZH+\left(l-\frac{l^5}{40R^2L_s^2}\right)\cos A_0+\frac{l^3}{6RL_s^2}\cos(A_0+90°)$$

$$=55\,053.853+\left(15.385-\frac{15.385^5}{40\times600^2\times80^2}\right)\cos77°02'45''+\frac{15.385^3}{60\times600\times80}\cos167°02'54''$$

$$=55\,057.290$$

$$Y=Y_{ZH}+\left(l-\frac{l^5}{40R^2L_s^2}\right)\sin A_0+\frac{l^3}{6RL_s}\sin(A_0+90°)$$

$$=30\,740.728+\left(15.385-\frac{15.385^5}{40\times600^2\times80^2}\right)\sin77°02'45''+\frac{15.385^3}{60\times600\times80}\sin167°02'45''$$

$$=30\,755.725$$

例如 K15+144.615(HY)坐标：

$$X_{HY}=X_{ZH}+\left(L_s-\frac{L_s^3}{40R^2}\right)\cos A_0+\frac{L_s^2}{6R}\cos(A_0+90°)$$

$$=55\,053.853+\left(80-\frac{80^3}{40\times600^2}\right)\cos77°02'45''+\frac{80^2}{6\times600}\cos167°02'45''$$

$$=55\,070.046$$

$$Y_{HY}=Y_{ZH}+\left(L_s-\frac{L_s^3}{40R^2}\right)\sin A_0+\frac{L_s^2}{6R}\sin(A_0+90°)$$

$$=30\,740.728+\left(80-\frac{80^3}{40\times600}\right)\sin77°02'45''+\frac{80^2}{6\times600}\sin167°02'45''$$

$$=30\,819.056$$

③ 圆曲线段(K15+144.615～K15+350.564)

例如 K15+160 坐标：

$$X=X_{HY}+\left(l-\frac{l^3}{6R^2}+\frac{l^5}{120R^4}\right)\cos(A_0+\beta_0)+\left(\frac{l^2}{2R}-\frac{l^4}{24R^3}+\frac{l^6}{720R^5}\right)\cos(A_0+\beta_0+90°)$$

$$=55\,070.046+\left(15.385-\frac{15.385^3}{6\times600^2}+\frac{15.385^5}{120\times600^4}\right)\cos(77°02'45''+3°49'11'')$$

$$+\left(\frac{15.385^2}{2\times600}-\frac{15.385^4}{24\times600^3}+\frac{15.385^6}{720\times600^5}\right)\cos(77°02'45''+3°49'11''+90°)$$

$$=55\,072.294$$

$$Y=Y_{HY}+\left(l-\frac{l^3}{6R^2}+\frac{l^5}{120R^4}\right)\sin(A_0+\beta_0)+\left(\frac{l^2}{2R}-\frac{l^4}{24R^3}+\frac{l^6}{720R^5}\right)\sin(A_0+\beta_0+90°)$$

$$=30\,819.056+\left(15.385-\frac{15.385^3}{6\times600^2}+\frac{15.385^5}{120\times600^4}\right)\sin(77°02'45''+3°49'11'')$$

$$+\left(\frac{15.385^2}{2\times600}-\frac{15.385^4}{24\times600^3}+\frac{15.385^6}{720\times600^5}\right)\sin(77°02'45''+3°49'11''+90°)$$

$$=30\,834.276$$

例如 K15+350.564(YH)坐标：

$$X_{YH}=X_{HY}+\left(l-\frac{l^3}{6R^2}-\frac{l^5}{120R^4}\right)\cos(A_0+\beta_0)$$

$$+\left(\frac{l^2}{2R}-\frac{l^4}{24R^2}+\frac{l^6}{720R^5}\right)\cos(A_0+\beta_0+90°)$$

$$=55\,070.046+\left(205.949-\frac{205.949^3}{6\times600^2}+\frac{205.949^5}{120\times600^4}\right)\cos(77°02'45''+3°49'11'')$$

$$+\left(\frac{205.949^2}{2\times600}-\frac{205.949^4}{2\times600^3}+\frac{205.949^6}{720\times600^5}\right)\cos(77°02'45''+3°49'11''+90°)$$

$$=55\,067.546$$

$$Y_{YH}=Y_{HY}+\left(l-\frac{l^3}{6R^2}+\frac{l^5}{120R^4}\right)\sin(A_0+\beta_0)$$

$$+\left(\frac{l^2}{2R}-\frac{l^4}{24R^2}+\frac{l^6}{720R^5}\right)\sin(A_0+\beta_0+90°)$$

$$=30\,819.056+\left(205.949-\frac{205.949^3}{6\times600^2}+\frac{205.949^5}{120\times600^4}\right)\sin(77°02'45''+3°49'11'')$$

$$+\left(\frac{205.949^2}{6\times600}-\frac{205.949^4}{24\times600^3}+\frac{205.949^6}{720\times600^5}\right)\sin(77°02'45''+3°49'11''+90°)$$

$$=31\,023.980$$

④ 第二缓和曲线段(K15＋350.564～K15＋430.564)

先计算 JD 坐标，再计算出 HZ 坐标，然后以 HZ 为原点，计算第二缓和曲线内各点坐标。

JD_6 坐标：

$$X_{JD}=X_b+1\,250.460\cos A_0$$
$$=54\,815.197+1\,250.460\cos77°02'45''$$
$$=55\,095.515$$

$$Y_{JD}=Y_b+1\,250.460\sin A_0$$
$$=29\,703.208+1\,250.460\sin77°02'45''$$
$$=30\,921.843$$

HZ(K15＋430.564)坐标：

$$X_{HZ}=X_{JD}+T\cos(A_0+\Delta)$$
$$=55\,095.515+185.845\cos(77°02'45''+27°18'22'')$$
$$=55\,049.448$$

$$Y_{HZ}=Y_{JD}+T\sin(A_0+\Delta)$$
$$=30\,921.843+185.845\sin(77°02'45''+27°18'22'')$$
$$=31\,101.888$$

例如 K15＋360 坐标：

$$X=X_{HZ}+\left(l-\frac{l^5}{40R^2L_s^2}\right)\cos(A_0+\Delta+180°)+\frac{l^3}{6RL_s}\cos(A_0+\Delta+180°-90°)$$

$$=55\,049.448+\left(70.564-\frac{70.564^5}{40\times600^2\times80^2}\right)\cos(77°02'45''+27°18'22''+180°)$$

$$+\frac{70.564^3}{6\times600\times80}\cos(77°02'45''+27°18'22''+180°-90°)$$

$=55\ 065.753$

$$Y=Y_{HZ}+\left(l-\frac{l^5}{40R^2L_s^2}\right)\sin(A_0+\Delta+180°)+\frac{l^3}{6RL_s}\sin(A_0+\Delta+180°-90°)$$

$$=31\ 101.888+\left(70.564-\frac{70.564^5}{40\times600^2\times80^2}\right)\sin(77°02'45''+27°18'22''+180°)$$

$$+\frac{70.564^3}{6\times600\times80}\sin(77°02'45''+27°18'22''+180°-90°)$$

$=31\ 033.242$

(4) 计算放样元素

设仪器置于导线点 D_4($X_0=54\ 281.776$,$Y_0=30\ 751.224$),后视导线点 D_3($X_h=54\ 482.715$,$Y_h=29\ 711.467$),则后视方位角

$$A_H=\arctan\frac{29\ 711.467-30\ 751.224}{54\ 482.715-54\ 281.776}=280°56'16''$$

假如要测定中桩 K15+080($X=55\ 057.290$,$Y=30\ 755.725$),则前视方位角

$$A=\arctan\frac{30\ 755.725-30\ 751.224}{55\ 057.290-54\ 281.776}=0°19'57''$$

夹角

$$\theta=A-A_H=360°19'57''-280°56'16''=79°23'41''$$

测点距离

$$D=\sqrt{(55\ 057.290-54\ 281.776)^2+(30\ 755.725-30\ 751.224)^2}=775.527\ \text{m}$$

以上冗长的计算过程只是为了说明方法,在实际工作中,是先编制好源程序,工地放样时,用袖珍计算机可以很快捷地计算出所需桩号的坐标和放样元素。计算结果列于表10-4。

表 10-4　各中桩坐标及测设元素

里　程	大地坐标		测设元素	
	X	Y	夹角 θ(° ′ ″)	距离 D(m)
K14　+000	54 815.197	29 703.208	16　02　15	(1 175.957)
+020	54 819.680	29 722.699	16　40　16	1 160.692
+040	54 824.164	29 742.190	17　19　18	1 145.572
+060	54 828.647	29 761.681	17　59　22	1 130.603
+080	54 833.131	29 781.172	18　40　30	1 115.793
+100	54 837.614	29 800.663	19　22　14	1 101.146
⋮	⋮	⋮	⋮	⋮
+900	55 016.951	30 580.303	65　58　26	754.783
+920	55 021.435	30 599.794	67　29　31	755.001
+940	55 025.918	30 619.285	69　00　28	755.748
+960	55 030.402	30 638.776	70　31　11	757.024

续表

里　程		大 地 坐 标		测 设 元 素	
		X	Y	夹角θ(°′″)	距离D(m)
	+980	55 034.885	30 658.267	72　01　32	758.824
K15	+000	55 039.369	30 677.758	73　31　24	761.146
	+020	55 043.852	30 697.249	75　00　39	763.985
	+040	55 048.335	30 716.740	76　29　11	767.334
(ZH)	+064.61	55 053.852	30 740.723	78　16　58	772.148
	+080	55 057.290	30 755.725	79　23　41	775.527
	+100	55 061.636	30 775.247	80　49　35	780.230
	+120	55 065.693	30 794.830	82　14　45	785.129
(HY)	+144.61	55 070.046	30 819.051	83　58　48	791.183
	+160	55 072.295	30 834.276	85　03　34	794.869
	+180	55 074.631	30 854.138	86　27　28	799.507
	+200	55 076.305	30 874.067	87　51　04	803.969
	+220	55 077.314	30 894.040	89　14　22	808.255
(QZ)	+247.59	55 077.611	30 921.626	91　08　51	813.874
	+260	55 077.332	30 934.033	92　00　12	816.289
	+280	55 076.341	30 954.007	93　22　45	820.033
	+300	55 074.685	30 973.938	94　45　04	823.594
	+320	55 072.366	30 993.802	96　07　11	826.969
	+340	55 069.387	31 013.578	79　29　06	830.157
(YH)	+350.56	55 067.548	31 023.976	98　12　17	831.764
	+360	55 065.752	31 033.244	98　50　50	833.159
	+380	55 061.545	31 052.796	100　12　21	836.054
	+400	55 056.928	31 072.255	101　33　33	839.000
	+420	55 052.062	31 091.654	102　54　19	842.160
(HZ)	+430.56	55 049.448	31 101.886	103　36　44	843.970

10.7　道路曲线测设

曲线在道路平面线形中占有很大比例，据统计，通常的山区公路，平曲线的长度占 30%～

50%。特别在高等级道路中长缓的平曲线比例更大。随着车速的提高以及交通量的增长,对于高等级道路已趋于以曲线为主的设计,因此,曲线的测设在路线设计中有着重要作用,直接关系到路线测量的进度和质量。

道路曲线测设的任务为具体敷设曲线、设计桩号、确定曲线桩位。其主要工作内容包括曲线几何要素的确定(主要是圆曲线半径、缓和曲线长度或参数)、曲线主点桩的钉设和曲线上任意桩位的钉设等。

道路曲线的种类很多,按曲线的几何特性可分为圆曲线、缓和曲线及其组合形式等,本节主要讲述圆曲线、复曲线、圆曲线虚交、缓和曲线、回头曲线等的测设方法。

10.7.1 圆曲线段的测设

圆曲线是道路测设中经常遇到的线形。一般先安排好前后直线位置,得出交角点。曲线半径先按理想线位所需之外距 E 或切线长 T 为控制反算,然后根据路线标准选用合适的半径值(取为 5 m 或 10 m 的整数倍),计算曲线要素,实地粗略敷设曲线,以便检查线位的合宜程度。

1. 圆曲线要素计算

圆曲线要素包括:偏角 α,半径 R,切线长 T,曲线长 L,外距 E(图 10-30)。并用超距 D 进行验算。

计算式为:

切线长

$$T=R\tan\frac{\alpha}{2} \qquad (10\text{-}13)$$

曲线长

$$L=R\alpha\frac{1}{\rho}=0.0174533R\alpha \quad \left(\frac{1}{\rho}=\frac{\pi}{180^\circ}\right) \qquad (10\text{-}14)$$

外距

$$E=R\left(\sec\frac{\alpha}{2}-1\right) \qquad (10\text{-}15)$$

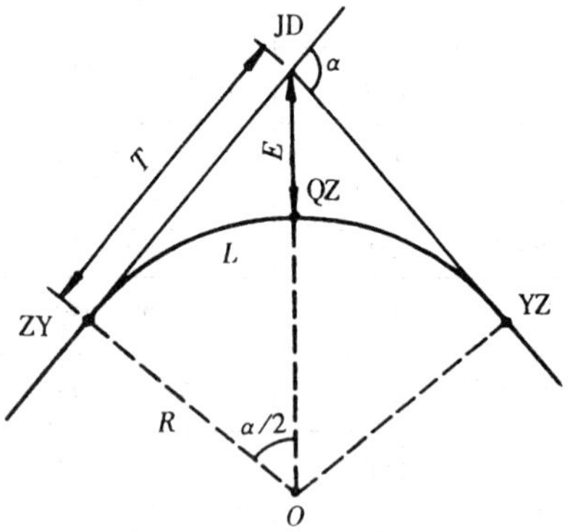

图 10-30 圆曲线要素

超距

$$D=2T-L \qquad (10\text{-}16)$$

已知 JD 桩号后,则 (直圆)ZY 桩号=JD 桩号$-T$

(圆直)YZ 桩号=ZY 桩号$+L$

(曲中)QZ 桩号=YZ 桩号$-\frac{L}{2}$

验算 JD 桩号=QZ 桩号$+\frac{1}{2}(2T-L)$

2. 圆曲线测设方法

(1) 切线支距法(直角坐标法)

如图 10-31 所示,曲线长 l,弦长 c,偏角 δ,则

$$\begin{cases}\delta=\dfrac{\theta}{2}=\dfrac{l}{2R}l,\theta=\dfrac{l}{R}\rho \quad (\rho=57.295\,78\times60'\times60''=206265'')\\ c=2R\sin\delta\end{cases}$$

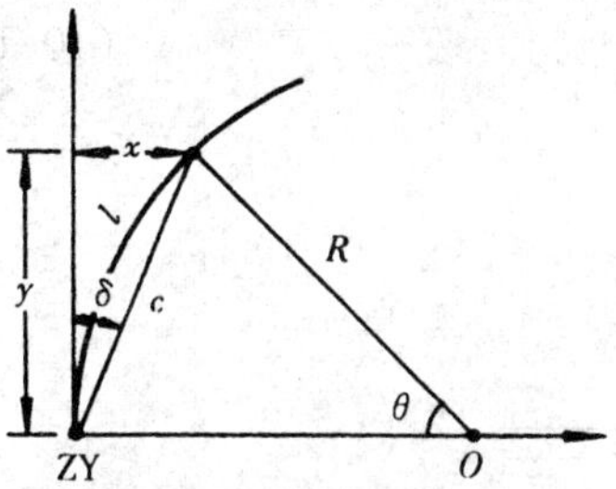

图 10-31　圆曲线切线支距法

所以 $\begin{cases}x=c\sin\delta=2R\sin^2\delta=R(1-\cos2\delta)\\ y=c\cos\delta=2R\sin\delta\cos\delta=R\sin2\delta\end{cases}$

代入(级数展开)得

$$\left.\begin{aligned}x&=l-\frac{l^3}{6R^2}+\cdots\\ y&=\frac{l^2}{2R}-\frac{l^4}{24R^3}-\cdots\end{aligned}\right\}\qquad(10\text{-}17)$$

该法的优点是不用仪器、方法简便、工效快;各点位置独立、无累积误差。其缺点为只适于平原开阔地带,对山区地形复杂地段使用不便,垂线不易正确。

(2) 偏角法

如图 10-32 所示,相应于弧长 l 的偏角 δ 及弦长 c 按下式计算:

$$\left.\begin{aligned}\delta&=\frac{l}{2R}\rho\left(\rho=\frac{180}{\pi}\times60'\right)=\frac{1\,718.87'l}{R}\quad(\text{整桩 }10\text{ m 或 }20\text{ m})\\ c&=l-\frac{l^3}{24R^2}\end{aligned}\right\}\qquad(10\text{-}18)$$

曲线起终点非整桩路段的偏角为

$$\delta_1=\frac{1\,718.87'l_1}{R},\quad \delta_2=\frac{1\,718.87'l_2}{R}$$

校核
$$\delta_1+n\delta+\delta_2=\frac{\alpha}{2}$$

该法的优点为准确度高,精度易于掌握,适于地形较复杂地区。缺点为有累积误差,须有经纬仪,并须通视。

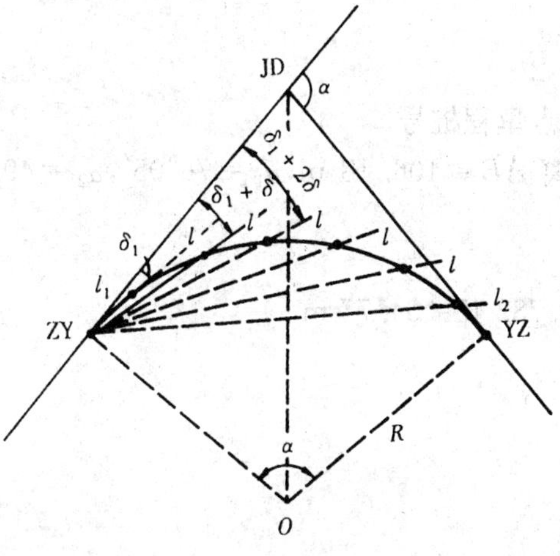

图 10-32　圆曲线偏角法

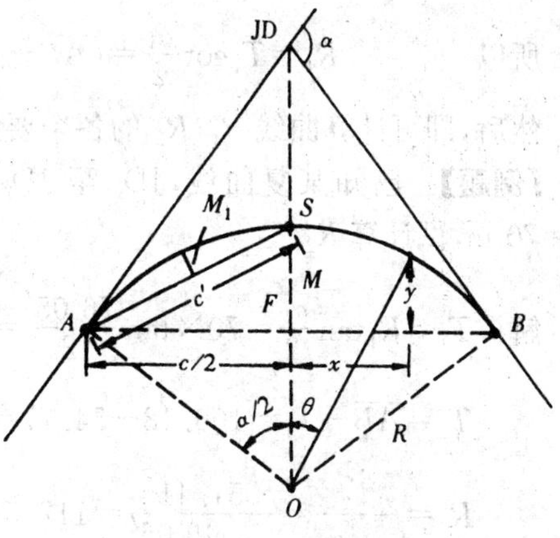

图 10-33　中央纵距法

3. 中央纵距法

如图10-33所示。中央纵距为$\overline{SF}=M$，弦$\overline{AB}=c=2R\sin\frac{\alpha}{2}$

所以
$$M=R\left(1-\cos\frac{\alpha}{2}\right)=R-\sqrt{R^2-\frac{c^2}{4}} \tag{10-19}$$

M_1为曲线AS的中央纵距，弦$\overline{AS}=c'$

所以
$$M_1=R\left(1-\cos\frac{\alpha}{4}\right)$$

曲线上任一点的纵距为$y=M-R(1-\cos\theta)=M-R+\sqrt{R^2-x^2}$。

当弦长较短时，近似计可取$M=\frac{c^2}{8R}$。

该法的优点：交角α较小、曲线弧长较短时使用方便。缺点：方法近似；交角α大或半径R过大时不易准确，附近应无障碍物。

10.7.2 复曲线的测设

这种曲线是由两个或两个以上不同半径同向圆曲线直接相连的组合形式。多用辅助基线法，按切线长度控制条件计算推定圆曲线半径。一般定线时，先决定一个曲线半径(即偏角大或受限制者)，另一个曲线半径则需经计算确定。如图10-34所示，AB为基线，α_1，α_2为辅助交点转角，均由实测得到。此时一般先依地形确定偏角较大的曲线半径R_2，按下述计算推定另一曲线半径R_1。

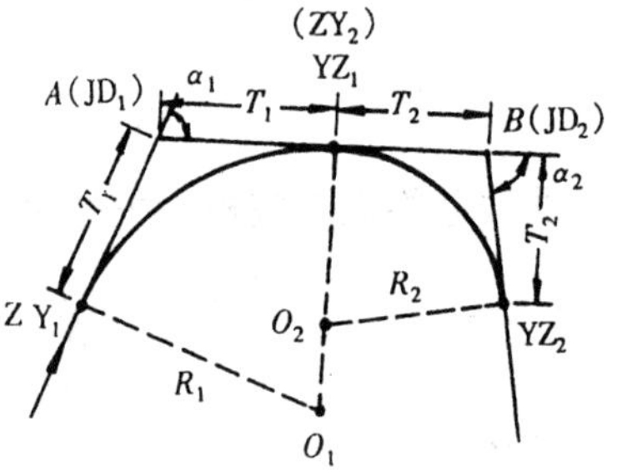

图10-34 复曲线测设

此时
$$T_2=R_2\tan\frac{\alpha_2}{2}$$

因为
$$T_1=\overline{AB}-T_2$$

所以
$$R_1=T_1\cot\frac{\alpha_1}{2}=(\overline{AB}-T_2)\cot\frac{\alpha_1}{2}$$

然后，即可计算曲线R_1，R_2的各个要素及各点里程桩号。

【例题】 已知某复曲线，JD_1至JD_2间距离$AB=106.18$ m，$\alpha_1=76°05'$，$\alpha_2=49°05'$，$R_1=70$ m，试计算R_2。

解 $T_1=R_1\tan\frac{\alpha_1}{2}=70\times\tan\frac{76°05'}{2}=70\times0.78245=54.77$ m

$$T_2=\overline{AB}-T_1=106.18-54.77=51.41\text{ m}$$

$$R_2=\frac{T_2}{\tan\frac{\alpha_2}{2}}=\frac{51.41}{\tan\frac{49°05'}{2}}=112.59\text{ m}$$

10.7.3　圆曲线虚交测设

当地形复杂，两直线的交点无法设置或不通视，或虽能设点但量距困难时，可采用虚交点法进行测设。虚交点测设的方法可有双交点法、辅助三角形法以及待定切线法。现分别叙述如下：

1. 双交点法

如图 10-35 所示。视地形选择曲线中部适宜通过的点定出 AB 线，得出双交点 JD_A 及 JD_B。测量 α_A，α_B 和 AB 长度，计算双交点曲线的半径(两相同半径的曲线)。双交点法易于控制中线位置。

R 及 T_A，T_B 计算公式如下：

$$\left.\begin{aligned} R&=\frac{\overline{AB}}{\tan\frac{\alpha_A}{2}+\tan\frac{\alpha_B}{2}} \\ T_A&=R\tan\frac{\alpha_A}{2} \\ T_B&=R\tan\frac{\alpha_B}{2} \end{aligned}\right\} \tag{10-20}$$

其中，$\tan\frac{\alpha_A}{2}$ 及 $\tan\frac{\alpha_B}{2}$ 可用电算器或“曲线测设用表”查得，通过计算能在现场很快定出 ZY，YZ 及 GQ(公切)三点，即可敷设整个曲线。

2. 辅助三角形法

如图 10-36 所示。视地形定基线 AB，测角 α_A，α_B，量 $\overline{AB}$。

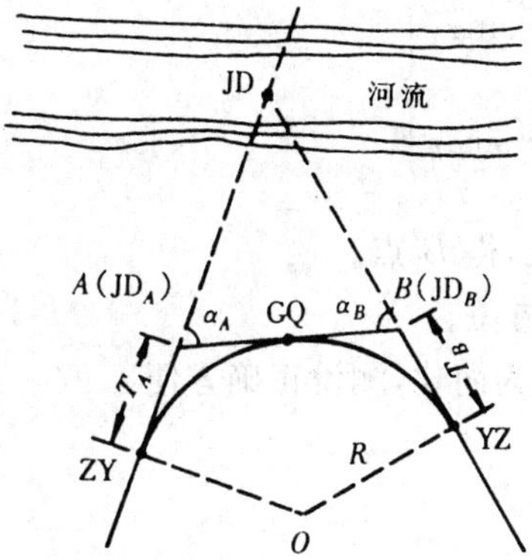

图 10-35　虚交双交点法

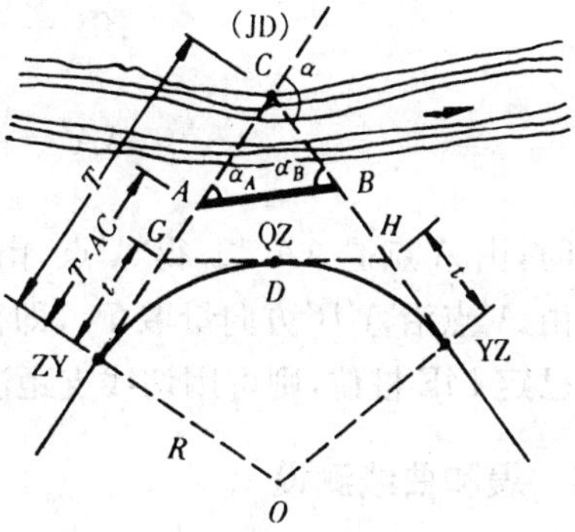

图 10-36　虚交辅助三角形法

由△ABC 得知 $\alpha=\alpha_A+\alpha_B$，依正弦定律得

$$\left.\begin{aligned} \overline{AC}&=\overline{AB}\frac{\sin\alpha_B}{\sin\alpha} \\ \overline{BC}&=\overline{AB}\frac{\sin\alpha_A}{\sin\alpha} \end{aligned}\right\} \tag{10-21}$$

然后以 α，R 求得曲线要素(T，L，E)。此时，由 A 点退 $T-\overline{AC}$，得 ZY 点，由 B 点进 $\overline{T-BC}$ 得 YZ 点。求曲线中点 QZ 位置，可根据 $\alpha/2$ 及半径 R 用电算器或“曲线测设用表”得

到切线 $t\left(t=R\tan\frac{\alpha}{4}\right)$，然后从 ZY 点前进丈量 t 得 G，从 YZ 点退后丈量 t 得 H 点，连接 G，H 两点，取其中点 D 即为曲线中点 QZ。

3. 待定切线法(ME 切点)

见图 10-37 所示。为确定 ME 桩位，需求得平行已知基线 AB 的曲线切线 $A'B'$，此法称为“待定切线法”。宜用于地形受限制地区。

先按 α_A，α_B 及拟定的半径求得曲线要素。

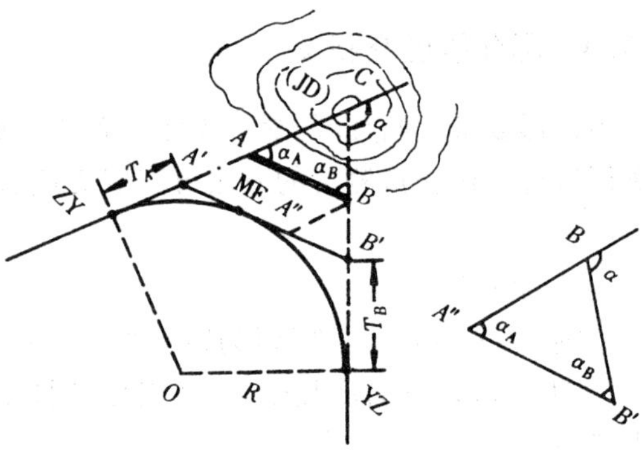

图 10-37　虚交待定切线法

切线 $A'B' /\!/ AB$，并切于圆。从 B 点作 $BA'' /\!/ AA'$，得$\triangle BB'A''$。

所以　　$A'B'=T_A+T_B=AB+A''B'$

$$A''B'=(T_A+T_B)-AB$$

AB 可实地量得，T_A，T_B 为已求得要素。

解　$\triangle BB'A''$，因为　　$BB'=A''B'\dfrac{\sin\alpha_A}{\sin\alpha}$

$$A''B=A''B'\frac{\sin\alpha_B}{\sin\alpha}$$

则

$$\left.\begin{aligned}BB'&=\frac{(T_A+T_B)-AB}{\sin\alpha}\sin\alpha_A\\AA'&=\frac{(T_A+T_B)-AB}{\sin\alpha}\sin\alpha_B\end{aligned}\right\}\tag{10-22}$$

此时，由 A 点退 AA' 长，得 A' 点，由 B 点进 BB' 长，得 B' 点。

再由 A' 点沿 $A'B'$ 方向量取 T_A，即得切点 ME 点桩位。

因已定 ME 桩位，则可用切线支距法，丈量工作大为简化，测设正确方便。

10.7.4　缓和曲线测设

一般可有切线支距法、偏角法及切线斜支距法。

1. 切线支距法(直角坐标法)

如图 10-38 所示，缓和曲线上任一点的坐标为

$$\left.\begin{aligned}x&=l-\frac{l^5}{40R^2l_s^2}\\y&=\frac{l^3}{6Rl_s}-\frac{l^7}{336R^3l_s^3}\end{aligned}\right\}\tag{10-23}$$

相连接的圆曲线按切线支距测定。此时，HY 点切线及该点圆心方向即为圆曲线支距测

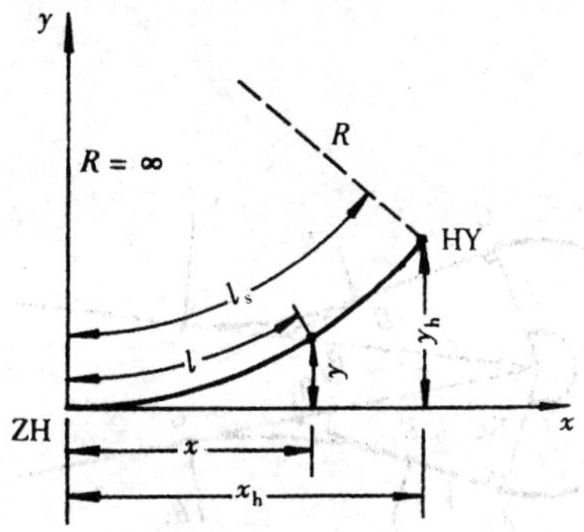

图 10-38　缓和曲线切线支距法

设的坐标轴，以后圆曲线各点位置按圆曲线 X,Y 支距确定。

2. 偏角法

如图 10-39 所示。缓和曲线上任一点的偏角为 σ'，相应缓和曲线长度为 l，缓和曲线长 l_s 的偏角为 σ_0，则

$$\frac{\sigma'}{\sigma_0}=\frac{l^2}{l_s^2}$$

所以　$$\sigma'=\sigma_0\left(\frac{l}{l_s}\right)^2$$

依缓和曲线性质：

偏角 $\sigma_0=\frac{1}{3}\beta_0$，$\beta_0$ 为切线角

所以　$$\sigma'=\frac{\beta_0}{3}\left(\frac{l}{l_s}\right)^2 \tag{10-24}$$

弦长 c 由弧长扣除弧弦差而得，即弦长

$$c=l-\frac{l^5}{90R^2l_s^2} \tag{10-25}$$

偏角测定缓和曲线后，仪器置于 HY 点处，并以度盘读数 $2\sigma_0$ 或 $360°-2\sigma_0$ 瞄 ZH，倒镜转至 0°，视线即在此点切线上，然后即可继续测定圆曲线。

3. 切线斜支距法

如图 10-40 所示，对应缓和曲线长 l_s、水平距 l 的斜支距值 f_H 为

$$f_H=\frac{l^3}{6Rl_s}-\frac{l^7}{908R^3l_s^3}$$

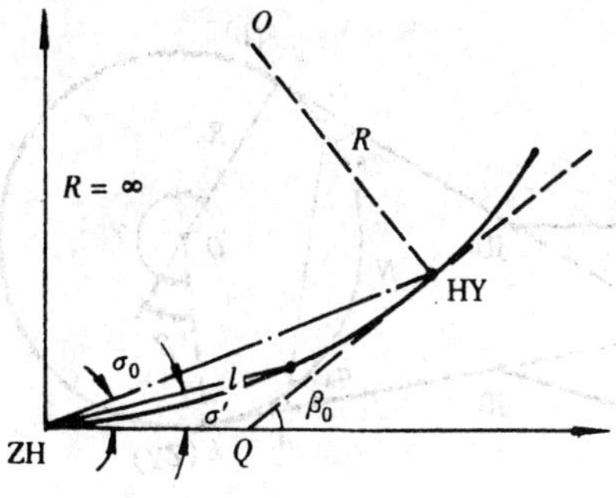

图 10-39　缓和曲线偏角法

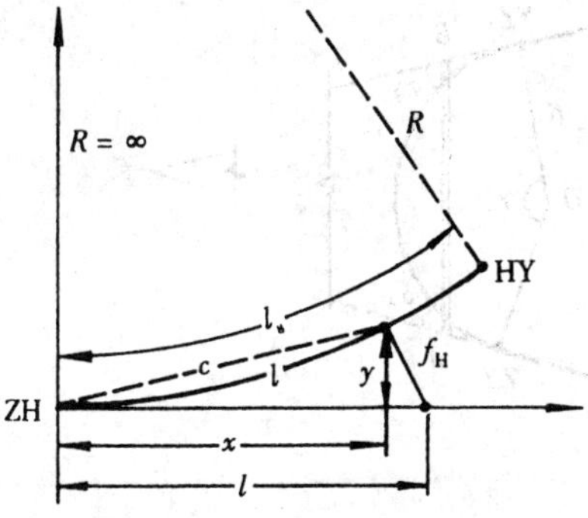

图 10-40　缓和曲线切线斜支距法

当 $l/R<2/3$ 时，第二项可略去，即

$$f_H=\frac{l^3}{6Rl_s}=\left(\frac{l_s^2}{6R}\right)\left(\frac{l}{l_s}\right)^3 \tag{10-26}$$

以弦长 c，l 及 f_H 或 l，x 及 f_H 即可确定桩位。

10.7.5 回头曲线的测设

1. 回头曲线要素计算

要素包括主曲线$\widehat{ABC}$(半径 R_0),辅助曲线$\widehat{DF}$,$\widehat{EG}$,以及插入的直线段或缓和曲线段 AE 及 CD。如图 10-41 所示。

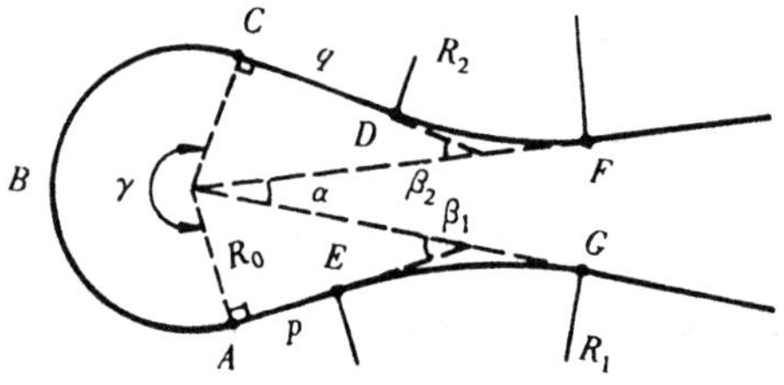

图 10-41 回头曲线要素计算

回头曲线中心角为 α。

辅助曲线偏角 β_1,β_2 依下式计算:

$$\tan\frac{\beta_1}{2}=\frac{p\pm\sqrt{p^2+R_0(2R_1+R_0)}}{2R_1+R_0}$$

$$\tan\frac{\beta_2}{2}=\frac{q\pm\sqrt{q^2+R_0(2R_2+R_0)}}{2R_2+R_0}$$

主曲线中心角 γ 为

$$\gamma=360°-(90-\beta_1)-(90-\beta_2)-\alpha=180°+\beta_1+\beta_2-\alpha$$

主曲线长度$\widehat{ABC}$ $\qquad \widehat{ABC}=s_0=\frac{\pi R_0\gamma}{180}$

辅助曲线长度 $\qquad \widehat{EG}=s_1=\frac{\pi R_1\beta_1}{180},\quad \widehat{DF}=s_2=\frac{\pi R_2\beta_2}{180}$

回头曲线总长 $\qquad s=s_0+p+q+s_1+s_2$

2. 回头曲线测设方法

(1) $\gamma<180°$,如图 10-42 所示,其计算和测设方法与前述圆曲线虚交相同。

(2) $\gamma>180°$,如图 10-43 所示,为倒虚交 JD_2',视地形定 AB 基线,测 α_A,α_B,量$\overline{AB}$。

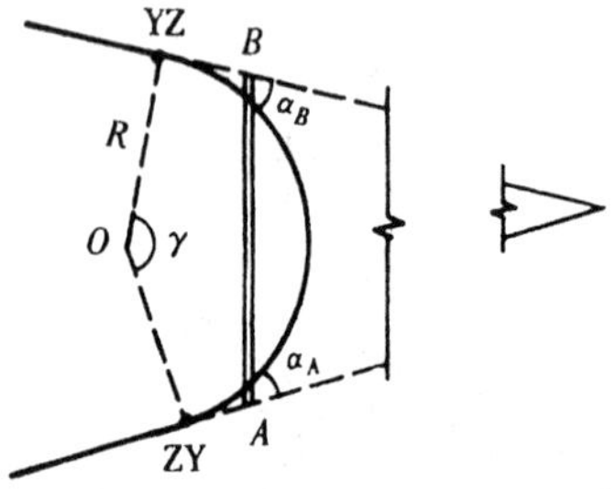

图 10-42 小于 180°的回头曲线

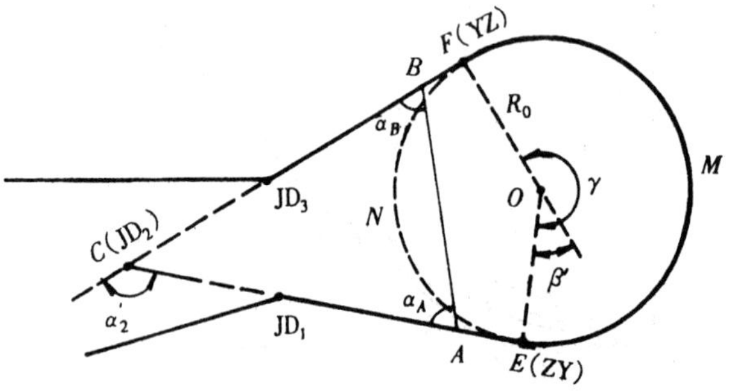

图 10-43 大于 180°的回头曲线

所以 $\qquad \alpha_2'=\alpha_A+\alpha_B$

回头曲线 $\qquad \widehat{EMF}=2\pi R-\widehat{ENF}$

与虚交计算相似,解$\triangle ABC$

$$AC=AB\,\frac{\sin\alpha_B}{\sin\alpha_2'}$$

$$BC=AB\frac{\sin\alpha_A}{\sin\alpha_2'}$$

$$EC=FC=\frac{R_0}{\tan\frac{180-\alpha_2'}{2}}$$

所以 $\left.\begin{array}{l}AE=EC-AC\\BF=FC-BC\end{array}\right\}$ 或 $\left\{\begin{array}{l}AE=AC-EC\\BF=BC-FC\end{array}\right.$

$\left.\begin{array}{l}\text{由 }A\text{ 点量 }AE\text{ 得 ZY 桩位}\\\text{由 }B\text{ 点量 }BF\text{ 得 YZ 桩位}\end{array}\right\}$

主曲线中心角 $\gamma=180°+\beta'$，$\beta'=180°-\alpha_2'$

主曲线长度 $\widehat{FME}=L=\frac{\pi R_0\gamma}{180}=0.01745R_0\gamma$

3. 回头曲线的详细敷设

（1）推磨法

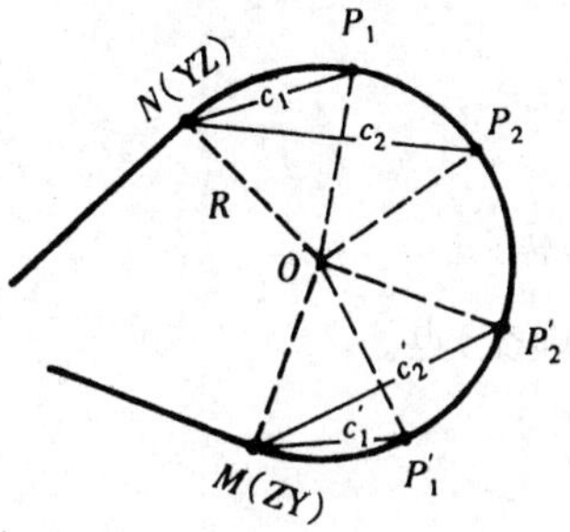

图 10-44　推磨法

用于圆心和起终点已定的回头曲线，要求圆心 O 与各 P 点高差不大，丈量方便。见图 10-44 所示，以 O 为圆心，R 为半径，分别自 YZ 和 ZY 起依次以 R 及弦长 $c_1, c_2, \cdots, c_1', c_2', \cdots$ 即 $(R+c_1)$，$(R+c_2)$，…，$(R+c_1')$，$(R+c_2')$，…绕圆心转，得出各桩位 $P_1, P_2, \cdots, P_1', P_2', \cdots$ 至中部闭合。弦长 $c_1, c_2, \cdots, c_1', c_2', \cdots$ 值依公式计算或查“曲线测设用表”。

（2）辐射法

用于圆心已定的回头曲线，见图 10-45 所示。置镜于 O 点，将度盘对零并后视 N，按 $\widehat{NP_1}$，$\widehat{NP_2}$，…所对应的中心角 α_1, α_2，…量取 R 长，定出 P_1, P_2，…直至曲线的中部。再以 360°后视 M，拨 $\widehat{MP_1'}$，$\widehat{MP_2'}$，…所对应的中心角 α_1', α_2'，…，量 R 长，定出 P_1', P_2'，…至中部闭合。α 及 α' 各值可计算或查“测设用表”。

（3）偏角法

用于起终点已定的回头曲线，如图 10-46 所示。置镜于 M, N 时，分别以偏角法将曲线测设一半，至中部闭合。$c_1, c_2, \cdots, \delta_1, \delta_2, \cdots, \delta_1', \delta_2'$，…均可计算或查表确定。

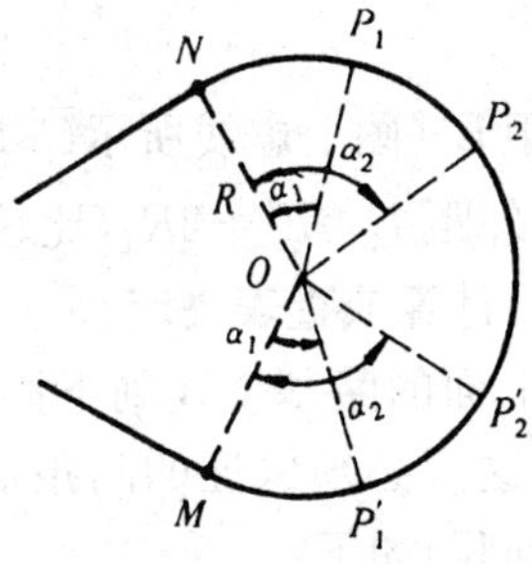

图 10-45　辐射法

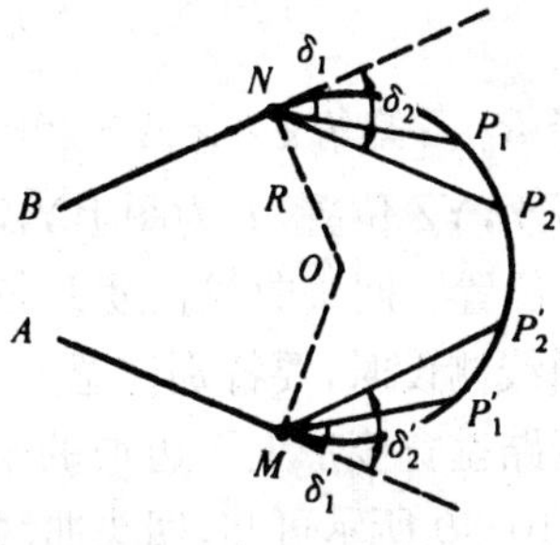

图 10-46　偏角法

（4）弦支距法

用于圆心和起终点已定的回头曲线，当“推磨法”使用不便时应用，见图10-47所示。$\overset{\frown}{MD}$和$\overset{\frown}{ND'}$两大段曲线用弦支距法敷设，中间小段可用加桩解决。D,D'点应准确定出，视定线时曲线情况采用辐射法、偏角法或推磨法。

回头曲线遇障碍时，可采用下述“双转点法”测设。该法适用于地形复杂、回头曲线圆心落在陡壁或山谷中时。路线自方向Ⅰ通过回头曲线到方向Ⅱ，因圆心上不能安置仪器，可在两切线上选辅助转点A,B，要求A,B通视，且便于量距，如图10-48所示。

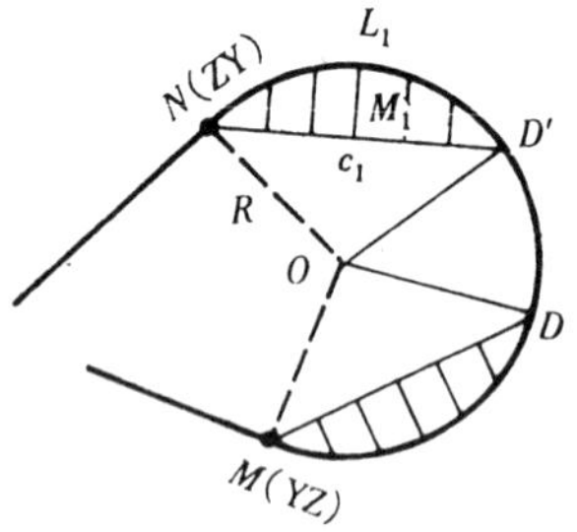

图10-47　弦支距法

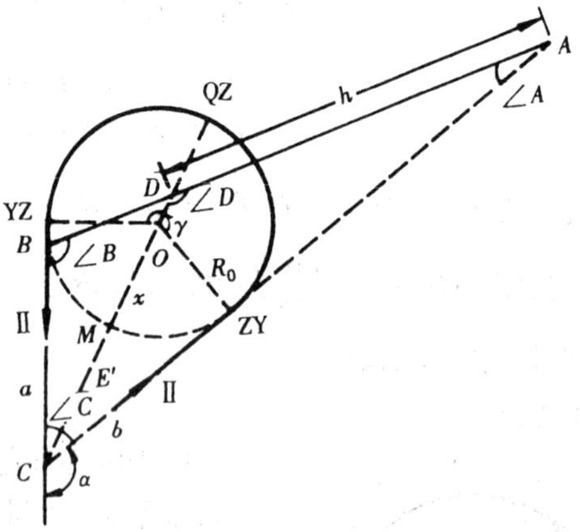

图10-48　双转点法

量$\angle A$，$\angle B$，$\overline{AB}$，选定半径R_0，此时延长Ⅰ，Ⅱ相交于C(倒虚交)点。

所以

$$a=\overline{BC}=\frac{\overline{AB}}{\sin\angle C}\sin\angle A$$

$$\angle C=180°-(\angle A+\angle B)$$

$$b=\overline{CA}=\frac{\overline{AB}}{\sin\angle C}\sin\angle B$$

$$x=\overline{CD}=\frac{b}{\sin\angle D}\sin\angle A$$

$$\angle D=180°-\left(\angle A+\frac{1}{2}\angle C\right)$$

$$h=\overline{AD}=\frac{b}{\sin\angle D}\sin\frac{\angle C}{2}$$

按半径R_0及偏角$\alpha=\angle A+\angle B$，可定出切线T及外距E'(图上虚线所示$\overline{CM'}$)，比较a,b及T可知ZY,YZ位置，T为图上$\overline{\mathrm{YZ}\sim C}$及$\overline{\mathrm{ZY}\sim C}$，倒虚交外距$E=E'+2R_0$，比较$E$与$x$值，即可知QZ位置。回头曲线长度$L$依中心角$\gamma=180°+\angle C$计算或查表决定。

回头曲线测设时，要特别注意上下线的间距保证。即上面的路基中线到下面路基中线的间距应等于路基宽度加上下边坡的水平距离(包括边沟)，这段必须保证的间距通常称为“颈距”。由图10-49所示可知，回头曲线在上下线路基中心的间距如下：

(1) 当采用边坡，不用挡土墙时，$Z_1=B+C+nh_1+mh_2$(图10-49(a))。

(2) 当采用挡土墙时，$Z_2=B+C+n_1H+a$(图10-49(b))。

由图10-50可知，上下两线路基中线实地所能提供的最小间距为

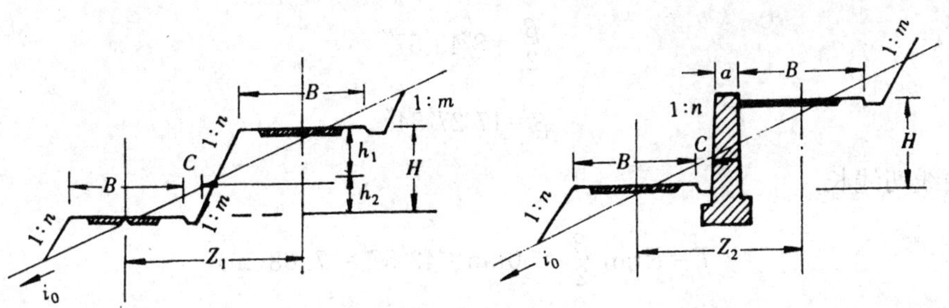

(a)　　　　　　　　　　　(b)

图 10-49　回头曲线上下线的横断面

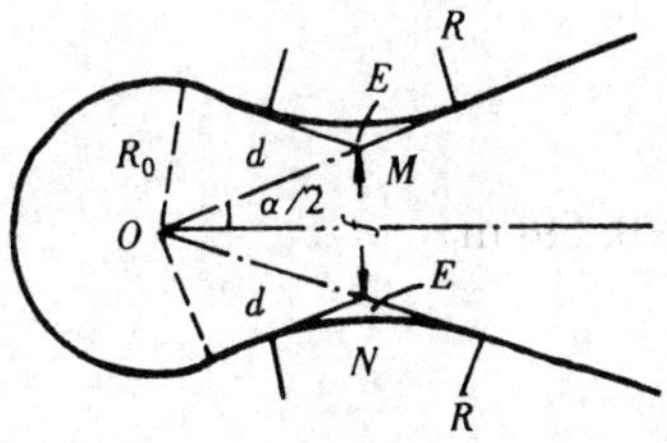

图 10-50　对称形回头曲线

$$Z=2E+MN=2E+f=2\left(E+d\sin\frac{\alpha}{2}\right)$$

式中 E 为两辅助曲线外距，d 为 OM，ON 距离。

因此，实地定线所提供的 Z 应大于 Z_1 或 Z_2，即设置回头曲线时，必须满足下述关系：

$$Z=2\left(E+d\sin\frac{\alpha}{2}\right)\geqslant\begin{cases}Z_1=B+C+nh_1+mh_2\\Z_2=B+C+n_1H+a\end{cases}$$

【例题】 对称式回头曲线设计。

试在山岭区四级公路上布设一个对称式回头曲线，回头曲线的圆心位于锐角的顶点上。已知回头曲线锐角 $\alpha=24°$，主曲线半径 $R=15$ m，两条辅助曲线半径 $r=50$ m，主曲线与辅助曲线的距离 $m=40$ m，路基宽度 $B=7.5$ m，边沟上部宽度 $C=1.4$ m，边坡坡度 $i=1:1$，山坡坡度 $i_0=0.4$。

解　如图 10-51 所示，求辅助曲线的中心角。

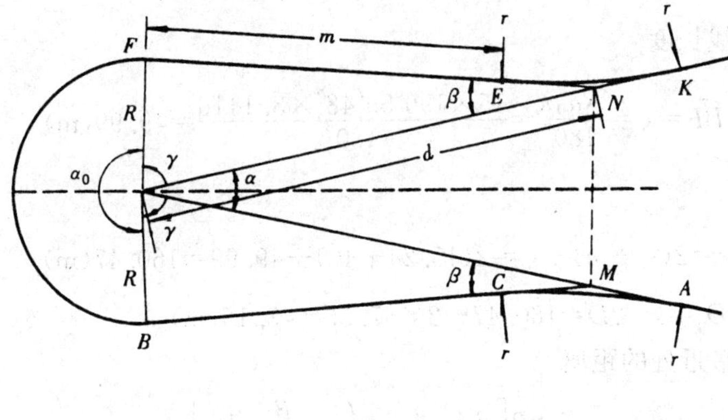

图 10-51

$$\tan\frac{\beta}{2}=\frac{-m+\sqrt{m^2+R(2r+R)}}{2r+R}=\frac{-40+\sqrt{40^2+15(2\times50+15)}}{2\times50+15}$$

$$=\frac{-40+\sqrt{3\ 325}}{115}=0.153\ 6$$

$$\frac{\beta}{2}=8°43'57''$$

$$\beta=17°27'54''$$

求辅助曲线切线长

$$T=R\tan\frac{\beta}{2}=50\tan 8°43'57''=7.68(\text{m})$$

求辅助曲线长

$$\widehat{CA}=\widehat{EA}=s_1=s_2=\frac{r\beta\pi}{180°}=\frac{50\times17°27'54''\times3.141\,6}{180°}=15.24(\text{m})$$

求辅助曲线外矢距

$$E=r\left(\sec\frac{\beta}{2}-1\right)=50(\sec 8°43'57''-1)=0.59(\text{m})$$

$$\gamma=90°-\beta=90°-17°27'54''=72°32'06''$$

辅助曲线顶点至主曲线起点的距离：

$$b=T+m=7.68+40=47.68(\text{m})$$

则

$$d=\frac{T+m}{\cos\beta}=\frac{7.68+40}{\cos17°27'54''}=49.98(\text{m})$$

$$D=d+T=49.98+7.68=57.66(\text{m})$$

主曲线中心角

$$\alpha_0=360°-2\gamma-\alpha=360°-2\times72°32'06''-24°=190°55'48''$$

回头曲线主曲线长度

$$\widehat{BF}=s_0=\frac{R\alpha_0\pi}{180°}=\frac{15\times190°55'48''\times3.1416}{180°}=49.99(\text{m})$$

回头曲线全长

$$s=2(s_1+m)+s_0=2(15.24+40)+49.99=160.47(\text{m})$$

校正数 $D_0=s-2D=160.47-2\times57.66=45.15(\text{m})$

回头曲线支叉最近处的距离

$$\begin{aligned}Z&=2\left[d\sin\frac{\alpha}{2}+r\left(\sec\frac{\beta}{2}-1\right)\right]\\&=2\left[49.98\sin\frac{24°}{2}+50\left(\sec\frac{17°27'54''}{2}-1\right)\right]\\&=2[10.39+0.59]=21.96(\text{m})\end{aligned}$$

能布置回头曲线上、下路基所需的距离

$$Z_1=B+C+\frac{(B+C)i_0}{i-i_0}=7.5+1.4+\frac{(7.5+1.4)0.4}{1-0.4}=14.83(\text{m})$$

因而求得 $Z>Z_1$，即 21.96 m>14.83 m，表明能布置得下上面和下面路基。故可按已知的 R，r 及 m 值就地布设回头曲线。

10.7.6　横断面方向的测定

横断面方向的偏差，在平原地区影响不大，但在地势复杂的山坡路段将会引起断面显著的变化，使其失真，直接影响路基设计、土石方计算及日后施工放样。因此，在山区测量时，对横断面方向的测定，决不能疏忽大意。

1. 直线段横断面方向的测定

直线段横断面方向常用十字架（又称方向架）来测定，即将十字架立于中桩测点处，用十字架的 Y—Y 轴对准路线方向，则相互垂直的 X—X 轴方向即为所要测定的横断面方向。

2. 圆曲线横断面方向的测定

曲线段的横断面方向为指向圆心的方向，亦即垂直于切线的法线方向，可用图 10-52 所示的弯道方向架来测定。弯道方向架是在普通十字架上安放一根可旋转的定向杆（Z—Z），具体测法是先将弯道方向架立在曲线起点（或终点）上，将十字架的某一轴如 Y—Y 轴后视对准切线方向并转动定向杆 Z—Z 前视对准下一测点 B。然后拧紧螺母将 Z—Z 杆方向固定，随后移弯道方向架至测点 B，以十字架另一轴如 X—X 轴后视对准圆曲线起点 A，此时定向杆 Z—Z，所指的方向即为曲线上 B 点的横断面方向，如图 10-53 所示。沿 Z—Z 轴方向立一花杆，连花杆与 B 点直线即可施测横断面。至于曲线上其他中间点，同法均可参照上述就近对准曲线起点或终点引测横断面方向。此法简便易行，是公路上广泛采用的方法。

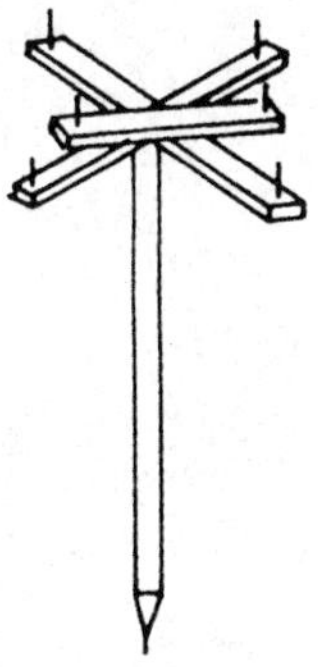

图 10-52

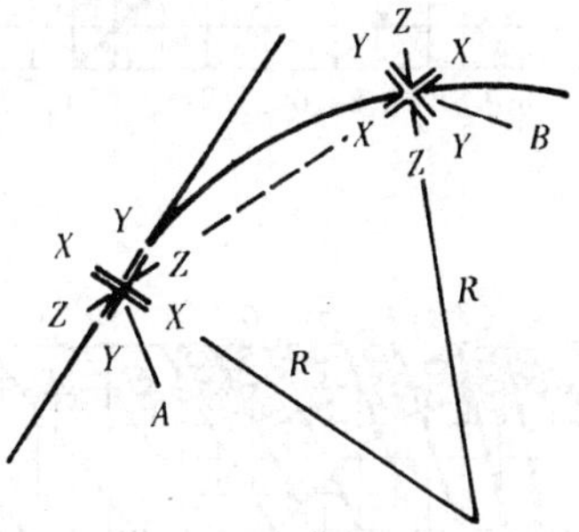

图 10-53

3. 缓和曲线横断面方向的测定

缓和曲线上任意点的横断面方向是通过该点指向曲率圆心的方向，即该点曲率圆切线的法线方向。利用缓和曲线弦切角关系，可以首先定出切线方向，有了切线方向，用十字架即可定出其法线方向，如图 10-54 所示。缓和曲线上任意点与缓和曲线起点的弦切角 σ_z 和缓和曲线起点对任意点的偏角 σ' 有如下关系：

$$\sigma_z=2\sigma'$$

如果已知缓和曲线起点对任意点的弦切角，则不难按上述几何关系定出任意点的切线方向。具体测法是，首先在缓和曲线起点（ZH）立上带度盘的方向架（亦称圆盘仪）或经纬仪，对零后视切线方向，然后转动定向杆或望远镜筒前视缓和曲线任一点如 n 点，即可读出对应于该点的偏角 σ' 数值，随后将圆盘仪（或经纬仪）移于该点，拨弦切角 $\sigma_z=2\sigma'$ 以定向杆后视对准 ZH

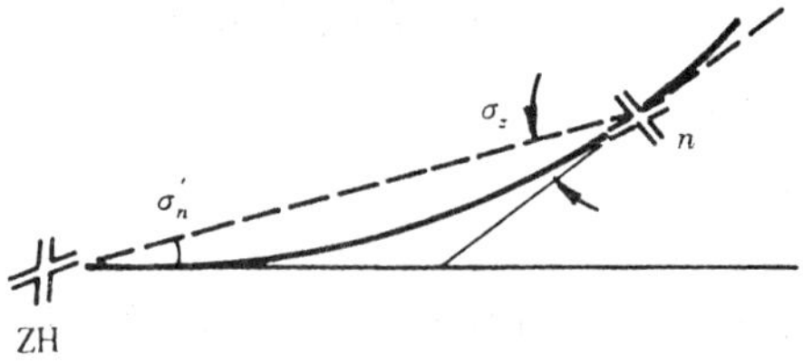

图 10-54

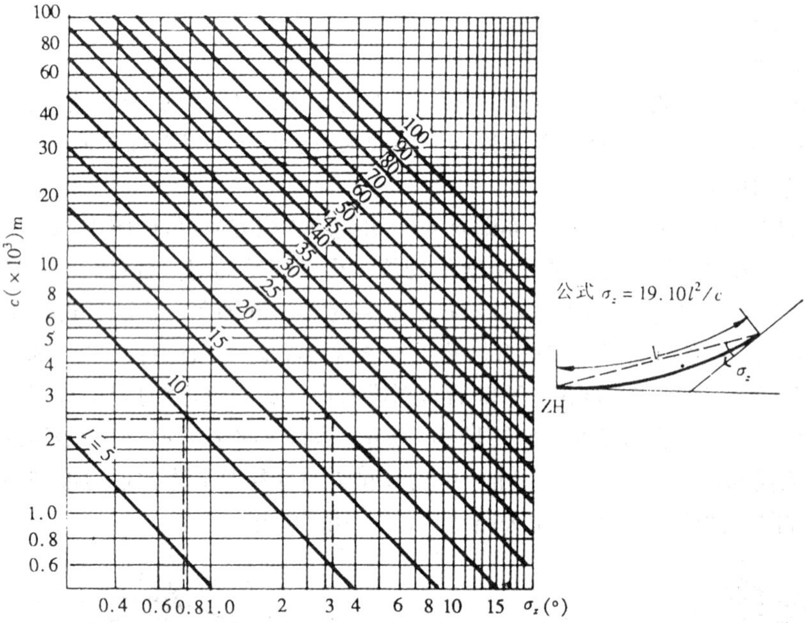

例：$c = RL_s = 60 \times 40 = 2400$

l	σ_z
10	0.8
20	3.2
30	7.2
40	12.7

图 10-55

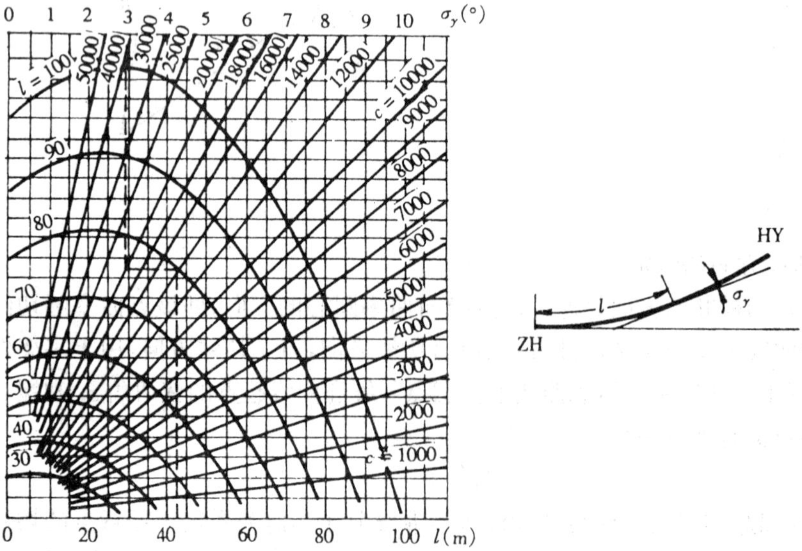

例：$R = 250$ m　$l_s = 80$ m

$c = RL_s = 20\,000$

当 $l = 42.5$　$\sigma_y = 2.9°$

图 10-56

点，则十字架方向(或 0°与 90°方向)分别指切线与法线方向。

用上述方法定向，每点均需在 ZH 点逐一量弦切角，如避免往返跑路，可将各点的偏角 σ' 在 ZH 点一次量出，或通过下式(亦可查“缓和曲线偏角表”)直接求得：

$$\sigma'=\sigma_0\left(\frac{l}{l_s}\right)^2=\frac{\beta_0}{3}\left(\frac{l}{l_s}\right)^2$$

$$\sigma_z=2\sigma'=\frac{2\beta_0}{3}\left(\frac{l}{l_s}\right)^2$$

外业工作中，为简化计算也可直接从图 10-55“缓和曲线后视偏角 σ_z 图”查得相应 σ_z 值。

在实际工作中，应注意勿将弦切角拨角方向搞错，特别是对于小偏角曲线往往不易发现错误。为了避免差错，可记住口诀：“右偏后视顺时针”即对于右偏曲线后视曲线起点顺时针拨偏角定切线方向，反之，对于左偏曲线则为逆时针拨偏角定切线方向。

如果测点与 ZH 点不通视，则可后视 HY 点，拨出前视偏角 σ_y 来测定横断面方向。有关偏角也可不通过计算而径由图 10-56“缓和曲线前视偏角 σ_y 图”查得相应 σ_y 值。

复习思考题

10-1　定线的基本任务是什么？怎样达到定线的基本要求？

10-2　公路定线有哪几种方法？它们各自有哪些特点？

10-3　何为导向线？怎样修正导向线？

10-4　试述穿线交点法(支距法)的工作步骤。

10-5　试述纸上定线与实地定线的主要优缺点及适用条件。

10-6　纸上移线的目的是什么？

10-7　在平曲线测设时，你能提出几种方案来解决虚交？请写出计算公式(假设该曲线设置缓和曲线)？

10-8　何谓回头曲线？为什么要设置回头曲线？测设回头曲线的要求有哪些？

10-9　断链是怎样形成的？如何处理？

10-10　何谓主导坡度？它与平均纵坡有什么区别？

10-11　如图 10-57 所示为某平原微丘区三级公路，路线交点受一建筑物限制，已知转角 $\alpha=47°24'$，测得交点 O 至建筑物间的距离 OM 为 17.50 m，该处路基横断面如图 10-58 所示，路基宽度为 8.5 m，弯道加宽暂定为 1 m，试问在不拆除建筑物的条件下能够设多大的平曲线半径？

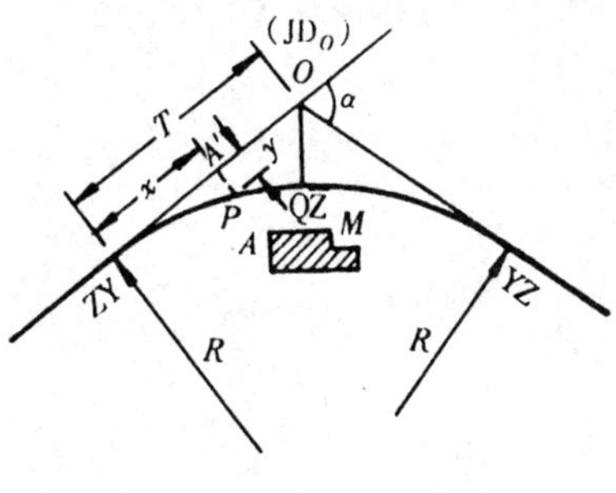

图 10-57

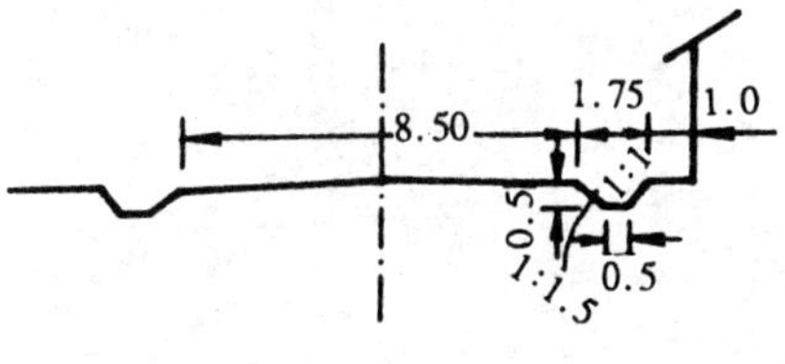

图 10-58

10-12　某山区四级公路，因地形限制，交点 JD_4 不能置放仪器(图 10-59)，依实地地形定 A，B 两点。勘测量距得 $AB=28.37$ m，测角得 $\Delta_1=20°32'15''$，$\Delta_2=33°10'45''$。按照技术标准及实地地形，拟设置 $R=80$ m

的平曲线。

试计算圆曲线要素，确定曲线起点(ZY)、中点(QZ)及终点(YZ)的里程桩号，以及说明实地如何测定QZ桩。已知 A 点桩号为1+436.71。

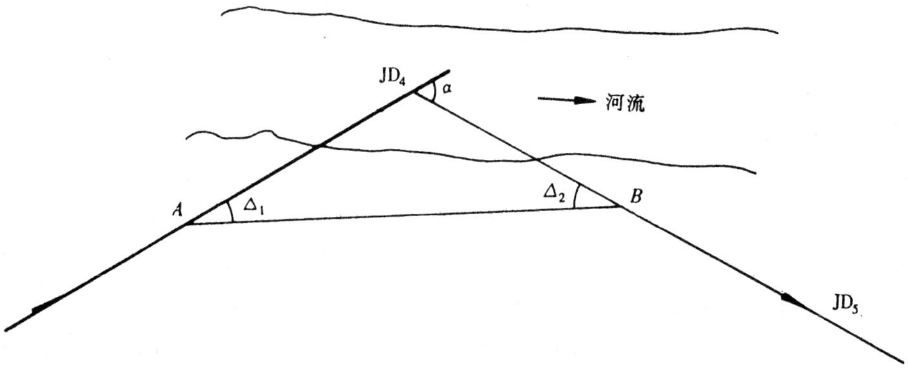

图10-59

10-13 重丘区某二级公路有一弯道 $R=200$ m，交点JD的桩号为3+401.53，偏角 α 为31°10′36″，试计算该曲线上设置缓和曲线后的基本桩号(缓和曲线长为80 m)。

第 11 章 道路平面交叉口设计

11.1 交叉口交通分析和设计原则

道路与道路(或铁路)相交的地方称为交叉口(或称道口)。它是道路系统中的重要组成部分,是道路交通的咽喉,相交道路的各种车辆和行人都要在交叉口处汇集,转换方向,相继通过。由于交叉口车多、人多以及车辆和车辆之间、车辆和过街行人间、特别是机动车和非机动车之间的抢道、干扰,不但会降低车速,阻滞交通,而且也容易发生交通事故。据国内外的交通事故统计资料表明,约有 35%~59%的交通事故是发生在交叉口上。此外,车辆在通过交叉口时,由于受到红灯的影响,车辆在交叉口上的延误时间就占了全程行车时间的 31%;其中因信号而引起的延误时间约占全部交叉口延误时间的 60%。由此可见,如何正确设计交叉口,合理地组织交通,对于提高交叉口的车速和通行能力,减少延误和交通事故,避免交通阻塞,保障交叉口行车通畅,都具有很重要的意义。

11.1.1 交叉口的交通分析

进出交叉口的车辆,由于行驶方向的不同,车辆与车辆之间的交错方式也有所不同,可能产生的交错点的性质也不一样。同一行驶方向的车辆向不同方向分开行驶的地点称为分叉点(或称分流点);来自不同行驶方向的车辆以较小的角度向同一方向汇合行驶的地点,称为汇合点(或称合流点);来自不同行驶方向的车辆以较大的角度(或接近 90°)相互交叉的地点称为冲突点(或交叉点),如图 11-1 所示。上述三种不同类型碰撞点的存在,是直接影响交叉口行车速度、通行能力和发生交通事故的主要原因。其中,以左转车与直行车和直行车与直行车所产生的冲突点,对交通的影响、危险性最大,其次是汇合点,再次是分叉点。所以,在交叉口设计中,要尽量设法减少冲突点和汇合点,而尤其要减少和消灭冲突点。

在无交通信号控制的情况下,三条、四条、五条道路(均为双车道)相交时的交错点,如图 11-1 所示。在有信号控制下的交错点数应相应减少,可见图 11-2 及表 11-1。

表 11-1　　交叉口的交错点

交错点类型	无信号控制			有信号控制		
	相交道路的条数			相交道路的条数		
	3 条	4 条	5 条	3 条	4 条	5 条
分叉点	3	8	15	2 或 1	4	4
汇合点	3	8	15	2 或 1	4	6
左转车流冲突点	3	12	45	1 或 0	2	4
直行车流冲突点	0	4	5	0	0	0
交错点总数	9	32	80	5 或 2	10	14

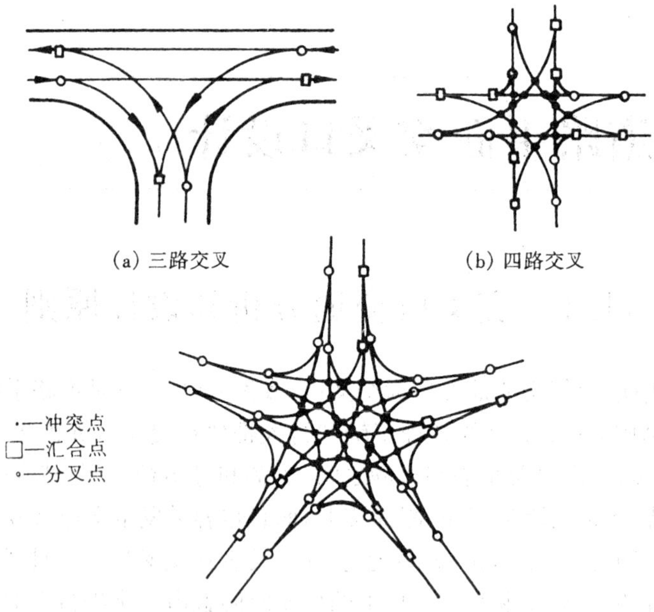

(a) 三路交叉　　(b) 四路交叉　　(c) 五路交叉

图 11-1　交叉口的冲突点、汇合点、分叉点

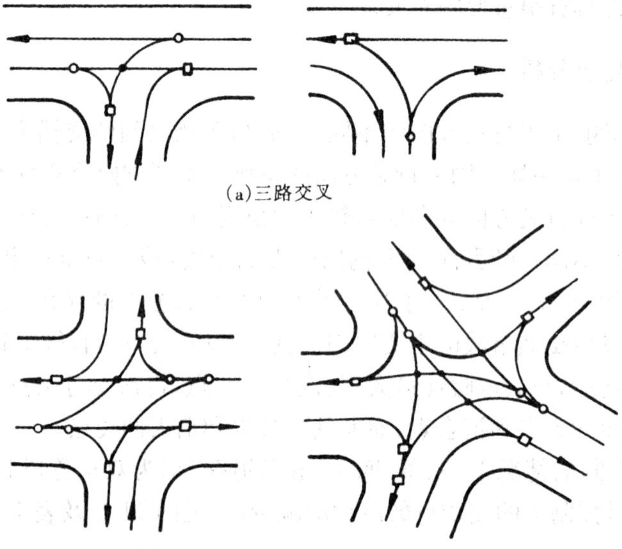

(a)三路交叉　　(b)四路交叉　　(c)五路交叉

图 11-2　信号控制下交叉口的交错点

从以上图表可得出以下三点结论：

(1) 在无交通信号控制的交叉口上，都存在着冲突点、汇合点和分叉点，并随相交道路条数的增加而显著增加。此时可知，相交道路为双车道时，交错点按下式计算：

$$\left.\begin{aligned}&\text{分叉点数}=\text{合流点数}=n(n-2)\\&\text{冲突点数}=\frac{n^2(n-1)(n-2)}{6}\end{aligned}\right\}\tag{11-1}$$

式中，n 为相交道路的条数。

例如：三路交叉的冲突点只有 3 个，汇合点 3 个；四路交叉的冲突点就增加到 16 个，汇合点 8 个；五路交叉的冲突点猛增到 50 个，汇合点 15 个。因此，在规划和设计交叉口时，应力求减少相交道路条数，避免五条以上道路相交，以减少碰撞点，使交通简化。

(2) 产生冲突最多的是左转弯车辆。在十字交叉口上如无左转弯车辆，则冲突点就可从 16 个减少到只有 4 个；五路交叉时，其冲突点数可从 50 个减少到只有 5 个。因此，在交叉口设计中，如何正确处理和组织左转弯车辆，以保证交叉口的交通顺畅和安全，是设计交叉口的关键之一。

(3) 为了控制和减少交叉口上的冲突点，以保证行车安全，就必须设置信号灯，按顺序开放各条道路的交通，因此增加了交叉口的延误时间，影响了交叉口的通行能力。在设有信号灯控制的交叉口，其通行能力比路段上的通行能力减少：三条道路交叉的约 30%，四条道路交叉的约 50%，五条道路交叉的约 70%。

所以，在交叉口设计中，必须力求减少或消除冲突点，保障交通安全，同时又要努力提高交叉口的通行能力，保证行车畅通。

通常减少或消除冲突点的方法大致有三种：

(1) 在交叉口装置自动交通信号灯，或由交通警指挥，使在同一时间内只允许某一方向的车流通过；

(2) 渠化交通。合理地布置交通岛，组合车流分道行驶，并将冲突点转变为交织点(例如环形交叉口)，减少车辆行驶时的相互干扰；

(3) 作立体交叉。将互相冲突的车流分别设在不同平面的车行道上，各行其道，互不干扰。

11.1.2　交叉口设计原则和主要内容

交叉口的行车安全和通行能力，在很大程度上决定于交叉口的形式和交通组织，因此，在设计交叉口时，必须首先考虑交叉口形式的选择和交通组织问题。为此，设计时应遵循下列原则：

(1) 道路交叉口的位置受道路网规划控制，两条道路相交以正交为宜；当必须斜交时，交叉角应不小于 70°(受地形条件或其他特殊情况限制时，应不小于 60°)，并避免错位交叉、多路交叉和畸形交叉。

平交范围内的相交道路路段宜采用直线；当采用曲线时，其半径宜大于不设超高的圆曲线半径。纵面应力求平缓，并符合视觉所需的最小竖曲线半径值。

(2) 交叉路口的形状、类型应根据相交路的功能、性质、等级、计算行车速度、设计小时交通量、转向车流的分布和当地地形地物条件等因素进行设计。

平面交叉的选型应选用主要道路或主要交通流畅通，冲突点少，冲突区小，且冲突区分散的型式。

(3) 在交叉路口的设计中应做好交通组织设计，正确组织不同流向的车流、人流，布设必要的转弯车道、交通岛、交通标志与标线等。

平面交叉的交通管理方式分为主路优先、无优先交叉和信号交叉三种，应在总体设计中根据相交道路的功能、等级、交通量等确定所采用的方式。

一级公路作为干线公路时，应优先保证干线公路的畅通，适当限制平面交叉数量；一级公路作为集散公路时，应合理设置平面交叉，减少对主线交通的干扰，且应设置齐全、完善的交通安全设施。城市出入口、通过城镇路段以及城市道路,对车速有限制时,可设置信号控制。

(4) 交叉路口如位于行人较多的城市地区,宜将交叉路口转角处的人行道适当加宽。人流量大的快速路或主干路相交的重要路口宜修建人行天桥或地道。

(5) 交叉路口的竖向布置应符合行车舒适、排水迅速和美观的要求。

(6) 为保证行车通畅和提高路口通行能力,可采取压缩进口道车道、分隔带和路侧带宽度,增加车道条数等措施。

(7) 路口计算行车速度:两相交公路的等级或交通量相近时,平面交叉范围内的设计速度可适当降低,但不得低于路段设计速度的70%。

平面交叉右转弯车道的设计速度不宜大于30 km/h;左转弯车道的设计速度不宜大于15 km/h;环形交叉口设计车速不宜大于20 km/h。对于城市道路信号控制的平交路口的计算车速,一般按各级道路计算车速的0.5~0.7来进行计算。通常,直行车车速可取高限,左、右转车速宜取低限。

对于公路平面交叉,还应遵循下述要求:

(1) 平面交叉应优先保证主要公路或交通量大的一方的通畅,其几何设计应能满足视距、平面交叉连接部衔接等要求,并结合交通管理方式考虑。

当公路功能、等级、交通量有明显差别的两条公路相交或交通量较大的T形交叉,应采用主路优先的交通管理方式。

当相交两条公路的等级均低且交通量较小时,应采用无优先交叉的交通管理方式。

当下述情况时,应采用信号交通管理方式:①两条交通量均大,且功能、等级相同的公路相交,难以用“主路优先”的规则管理时;②两相交公路虽有主次,但交通量均较大(主要公路双向交通量≥600辆/h,次要公路单向≥200辆/h)、采用“主路优先”会出现交通事故和交通延误时;③主要公路交通量相当大(双向交通量≥900辆/h),次要公路交通量不大,采用“主路优先”,次要公路会引起交通延误或危及安全时;④因有相当数量的行人和非机动车而引起交通阻塞、延误或交通事故时;⑤环形交叉入口因交通量大而出现交通延误时,入口应采用信号管理。

(2) 平面交叉范围内必须通视,有碍视线的障碍物应予清除。应保证必要的停车视距及信号(或标志)的识别距离。当条件受限制时,必须采取设置限速标志等措施。

(3) 平面交叉的最小间距,应根据交织长度、左转车道长度、视距及识别距离等因素确定。间距应尽量地大,以提高通行能力,保证行车安全。当间距较小且密度较大的路段应采取修建辅道、适当合并交叉或设分离式立体交叉等措施以减少平面交叉的数量。

一、二级公路平面交叉的最小间距应符合表11-2规定。

表11-2　　平面交叉最小间距

公路等级	一级公路			二级公路	
公路功能	干线公路		集散公路	干线公路	集散公路
	一般值	最小值			
间　距(m)	2000	1000	500	500	300

(4) 当乡村道路与公路平面交叉时,交叉应选在视距良好的地点。规定要求为:交叉处公路边缘的两侧应分别设置不小于10 m的水平段。紧接水平段的纵坡一般不大于3%,困难地

段应不大于 6%。交叉处的视距应保证驾驶者在距交叉处不小于 20 m 的范围内能看到两侧各 50 m 范围内的车辆。如图 11-3 所示视线范围内不得有障碍物。并在公路路基边缘外应各有不小于 6 m 的路面加固段。

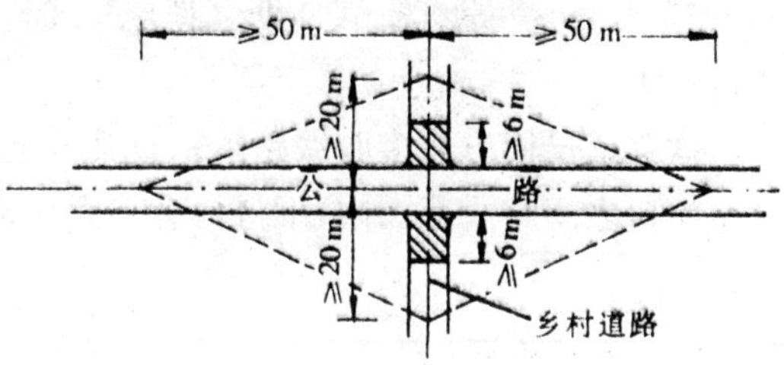

图 11-3　公路与乡村道路视距三角形和加固段

高速公路与乡村道路相交叉必须设置通道或天桥。

一级公路与乡村道路相交叉宜设置通道或天桥。

二、三级公路与乡村道路相交叉应设置平面交叉，四级公路与乡村道路相交叉宜设置平面交叉，地形条件有利或公路交通量大时宜设置通道或天桥。

二、三级公路与乡村道路相交时，应对其交叉范围一定长度的路段进行改造，使其达到四级公路的标准。

二级及二级以上公路位于城镇或人口稠密的村落或学校附近时，宜设置专供行人横向通行的人行地道或人行天桥。

车行通道的净空应符合以下规定：

净高：通行拖拉机、畜力车时应大于或等于 2.70 m；通行农用汽车时应大于或等于 3.20 m。

净宽：根据交通量和通行农业机械类型选用，应不小于 4.00 m；通道过长或敷设排水渠时，宜视情况增宽。

车行天桥桥面净宽按交通量和通行农业机械类型可选用 4.50 m 或 7.00 m；其汽车荷载应符合四级公路汽车荷载等级的规定。

人行通道净高应大于或等于 2.20 m；净宽应大于或等于 4.00 m。

人行天桥桥面净宽应大于或等于 3.00 m；其人群荷载应符合规定。

三、四级公路与乡村道路交叉时，一般采用平面交叉。

(5) 公路与铁路的平面交叉，应遵循以下要求进行设计：

① 公路、铁路平面交叉时，宜为正交；必须斜交时，交叉角度应大于 45°，且道口应符合侧向瞭望视距的规定。

② 公路、铁路相交叉，符合下列情况之一者应设置立体交叉：

1. 铁路与二级公路相交叉时。

2. 路段旅客列车设计行车速度为 120 km/h 的铁路与公路相交时。

3. 由于铁路调车作业对公路上行驶车辆会造成严重延误时。

4. 受地形条件限制，采用平面交叉会危及行车安全时。

汽车驾驶者侧向最小瞭望视距是指汽车驾驶者在距道口相当于该级公路停车视距并不小于 50 m 处，应能看到两侧铁路上火车的范围。火车司机相对应的最小瞭望视距如表 11-3。

③ 道口处的铁路路线以直线为宜，公路路线应为直线。道口两侧公路的直线长度，由铁路钢轨外侧算起，不得小于 50 m，并应有不小于 16 m 的水平段(不包括竖曲线)。紧接水平路段的纵坡，一般不大于 3%，困难地段应不大于 5%。

④ 道口铺砌长度，应延伸至铁路钢轨外侧以外 0.5～2.0 m 处；道口铺砌采用坚固、耐用、平整、稳定且易于翻修的材料；道口铺砌宽度应与路基宽度相同(人口稀少区、可与路面宽度相同)。

⑤ 当公路与铁路(单股或多股)交叉时,应在车辆驶向道口方向的右侧或上方,设置铁路道口标志。

铁路道口标志或多股铁路道口标志至道口冲突点的距离规定如表 11-4。设置道口标志处至道口之间路段范围内,不得另有平面交叉。

表 11-3　　最小瞭望视距

路段旅客列车设计行车速度(km/h)	火车司机最小瞭望视距(m)	汽车驾驶者侧向最小瞭望视距(m)
140	1 200	470
120	900	400
100	850	340
80	850	270

表 11-4　　道口标志至道口的距离

公路计算车速(km/h)	100	80	60	≤40
道口标志至道口冲突点的距离(m)	200	150	100	60

⑥ 当道口两侧公路为路堤时,应设置护栏。电气化铁路在距钢轨外侧 30 m 处,应设置公路限界架,其净高为该路等级规定的净高。

公路与铁路平行相邻时,铁路用地界与高速公路用地界间距不宜小于 30 m,与一、二级公路用地界间距不应小于 15 m,与三、四级公路用地界间距不应小于 5 m。

(6) 公路、管线等相交叉,应遵循以下规定:

① 电讯线、电力线、电缆、管道等均不得侵入公路建筑限界,不得妨害公路交通安全,并不得损害公路的构造和设施。

② 架空送电线路与公路相交叉时,宜为正交;必须斜交时,应大于 45°

架空送电线路跨越公路时,送电线路导线与公路交叉处距路面的最小垂直距离必须符合相应送电线路标称电压规定的要求。

③ 原油管道、天然气输送管道与公路相交叉时,宜为正交;必须斜交时,交叉角度应大于 30°。

④ 管道与高速公路、一级公路相交叉且采用下穿方式时,应埋置地下通道;管道与二级及二级以下公路相交叉时,应埋置套管。通道与套管应按相应公路等级的汽车荷载等级进行验算。

⑤ 严禁天然气输送管道、输油管道利用公路桥梁跨越河流。

道路平面交叉口设计的基本要求:一是保证相交道路上所有车辆与行人交通的流畅和安全;二是保证交叉口范围内的地面水迅速排除。

道路平面交叉口设计的主要内容如下:

① 正确选择交叉口的位置和形式,确定各组成部分的几何尺寸(包括车行道宽度、缘石转弯半径、绿化带、交通岛等);

② 合理布置各种交通设施(包括交通信号标志、标线、行人横道线、照明和停车线等);

③ 作好交叉口的立面设计和雨水口、排水管道的布置；

④ 验算交叉口的通行能力。

在设计平面交叉口时，需要收集和了解以下有关资料：相交道路的条数和等级、车辆和行人的估算交通量、路口行车设计速度、相交路的设计纵坡及横断面、交叉口的地形、交叉口周围的房屋建筑和排水管道等。

11.2　交叉口的形式和选择

11.2.1　交叉口的形式和适用范围

平面交叉口的形式，决定于道路网的规划、交叉口用地及其周围的地形、地物情况，以及交通量、交通性质和交通组织。常见的交叉口形式有："十"字形、"T"字形、"Y"字形、"X"字形、错位交叉和多路交叉等 6 种。

通常采用最多的是"十"字形交叉口(图 11-4(a))。它形式简单，交通组织方便，街角建筑易处理，适用范围广，可用于同级或不同等级道路的交叉。

X 字形交叉口是两条道路以锐角或钝角斜交(图 11-4(b))。当相交的锐角较小的情况下，将形成狭长的交叉口，对交通不利(特别对左转弯车辆)，锐角街口的建筑也难处理。所以，当两条道路相交，如不能采用十字形交叉口时，应尽量使相交的锐角大些。

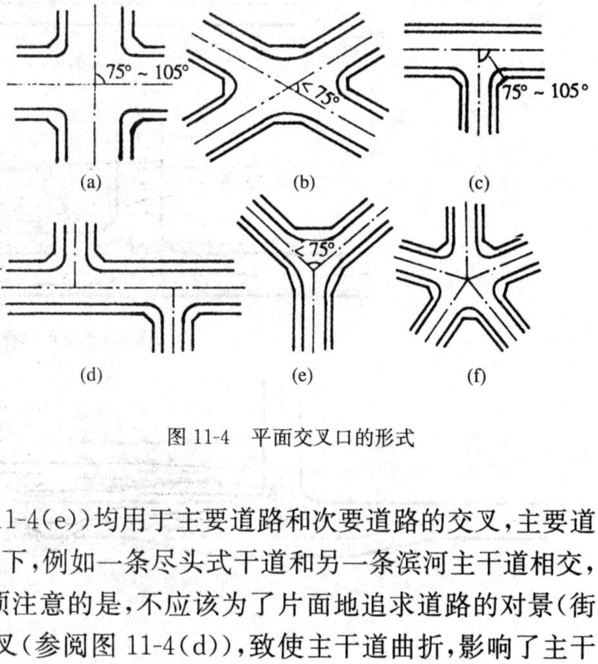

图 11-4　平面交叉口的形式

T 字形交叉口(图 11-4(c))、错位交叉口(图 11-4(d))和 Y 字形交叉口(图 11-4(e))均用于主要道路和次要道路的交叉，主要道路应设在交叉口的直顺方向。在特殊情况下，例如一条尽头式干道和另一条滨河主干道相交，两条主干道亦可设计成 T 字形交叉。必须注意的是，不应该为了片面地追求道路的对景(街景处理)而把主干道规划和设计成错位交叉(参阅图 11-4(d))，致使主干道曲折，影响了主干路车辆的畅通。

复合交叉口是多条道路交汇的地方(图 11-4(f))，容易取得突出中心的效果，但用地大，并给交通组织带来很大困难，采用时必须慎重考虑。

上述 6 种平面交叉的形式，其中最基本的形式是"T"字形和"十"字形交叉，其他形式均可看作是由这两种形式演变而成的。由于这两种交叉口形式简单、视线良好、行车安全、用地经济，故我国各类城市的城市道路平面交叉口多采用这两种形式。例如上海市根据 1980 年统计，市区共有 2 929 个交叉口，其中"T"字形交叉口有 1 247 个；"十"字形交叉口有 1 560 个；五路、六路的复杂交叉和环形交叉口有 42 个；畸形交叉口有 80 个。"T"和"十"形交叉口约占全市交叉口总数的 95%。另据北京市有关部门统计：北京市市中心区道路的"十"形交叉口数量约占 70%；"T"字形交叉口约占 30%。

下列形式的平面交叉口应避免采用:① 交叉角小于45°的斜交交叉;② 两相邻交叉口间距小于60 m的交叉;③ 复合(或多路)交叉和畸形交叉。对多路交叉,条件合宜时,可采用环形交叉,即用环道组织多路车流,绕中心岛逆时针方向行驶,可减少冲突点,进出环时车流以锐角汇合、分流和交织,提高了交通的安全和连续性。

公路平面交叉按其构造组成分为渠化平面交叉和非渠化平面交叉。非渠化交叉适用于设计速度较低,交通量较小的双车道公路相交,而对于相交公路等级较高或交通量较大的平面交叉,应采用由分隔岛、导流岛来指引车流通行的渠化交叉。

1. 非渠化公路平面交叉

(1) 三、四级公路的T形交叉,当转弯交通量较小时可采用图11-5(a)所示的非加宽T形交叉。

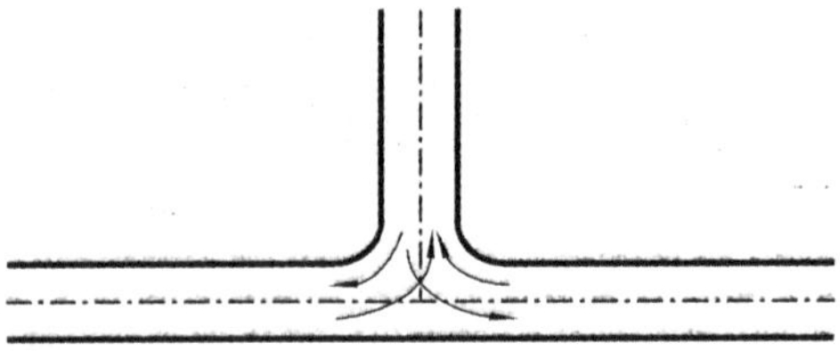

(a) 非加宽T形交叉

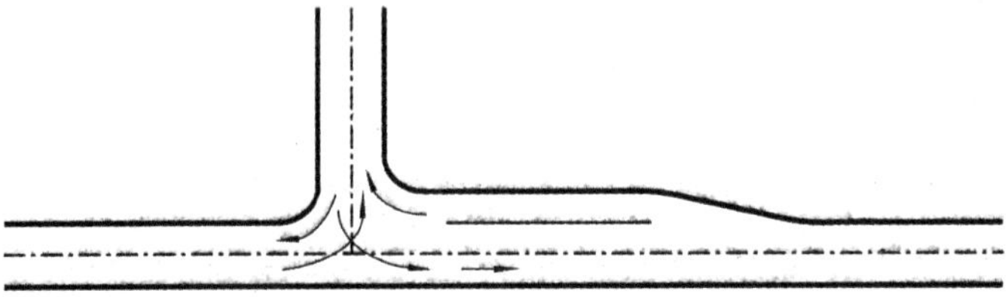

(b) 加宽式T形交叉(增辟减速车道)

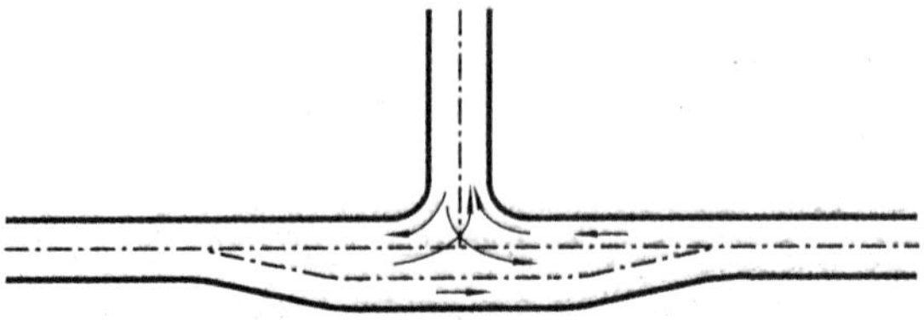

(c) 加宽式T形交叉(增辟左转减速车道)

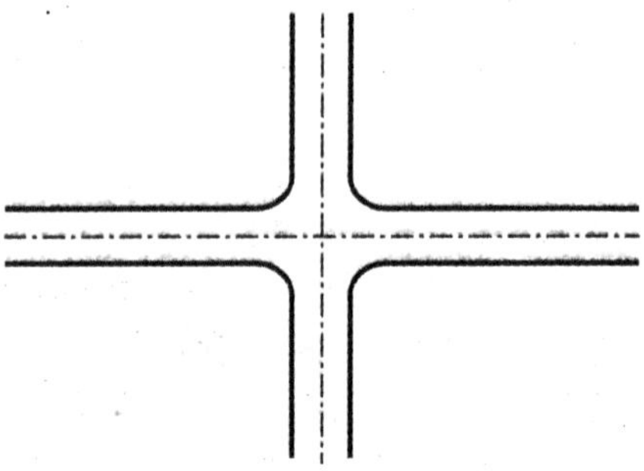

(d) 非加宽十字交叉

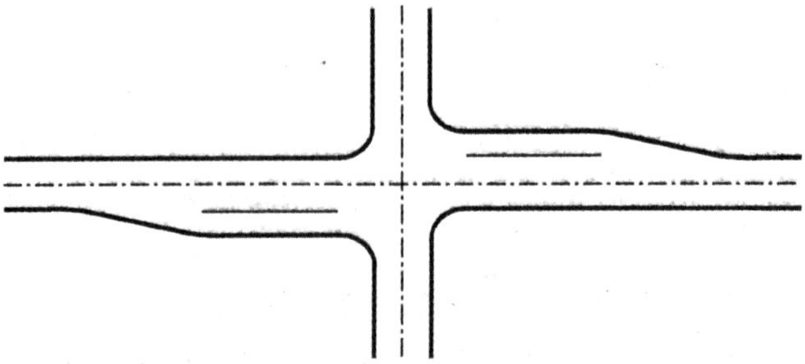

(e) 加宽式十字交叉

图11-5 非渠化平面交叉

(2) 三、四级公路的 T 形交叉，当转弯交通量较大而会导致直行车辆的过分减速时，应采用加宽式 T 形交叉。主要公路右转弯交通量较大者，采用图 11-5 中(b)的形式；左转弯交通量较大者，采用(c)的形式。

(3) 三、四级公路的十字交叉，当转弯交通量较小时，可采用图 11-5 中(d)所示的非加宽十字交叉。

(4) 三、四级公路的十字交叉，当主要公路转弯交通量较大时，可采用图 11-5 中(e)所示的加宽十字交叉。

2. 渠化公路平面交叉

(1) 主要公路为二级公路，次要公路为三、四级公路的 T 形交叉，当直行交通量不大，而与次要公路间的转弯交通量有一定比例时，可采用图 11-6 中(a)所示的只在次要公路上设分隔岛的渠化 T 形交叉。当主要公路的直行交通量较大时，则采用图 11-6 中(b)所示的在主要公路和次要公路上均设分隔岛的渠化 T 形交叉。

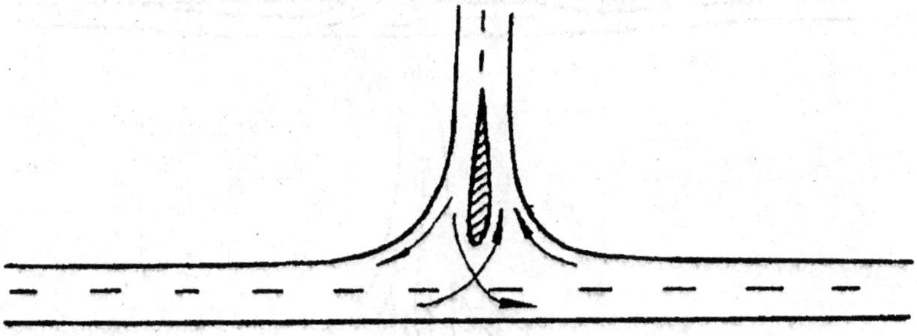

(a)

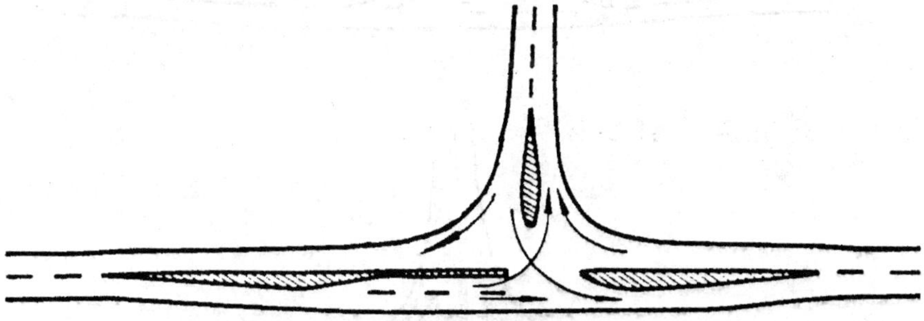

(b)

图 11-6　只设分隔岛的渠化 T 形交叉

(2) 主要公路和次要公路均为二级公路的 T 形交叉，应根据转弯交通量大小分别采用图 11-7 中(a)，(b)，(c)所示的设置导流岛的渠化 T 形交叉。

当主要公路为四车道及其以上公路，次要公路为二级公路的 T 形交叉，可采用图 11-7 中(d)所示的渠化布置方式。次要公路为三、四级公路时可根据左右转弯交通量情况采用图中(a)，(b)所示的导流岛，甚至不设导流岛。

(3) 二级公路与三、四级公路相交的十字交叉，可采用图 11-8 中(a)的形式。

有主、次之别的两条二级公路相交的十字交叉，可采用图 11-8 中(b)的形式。其中导流岛可视转弯交通量的大小而设置。

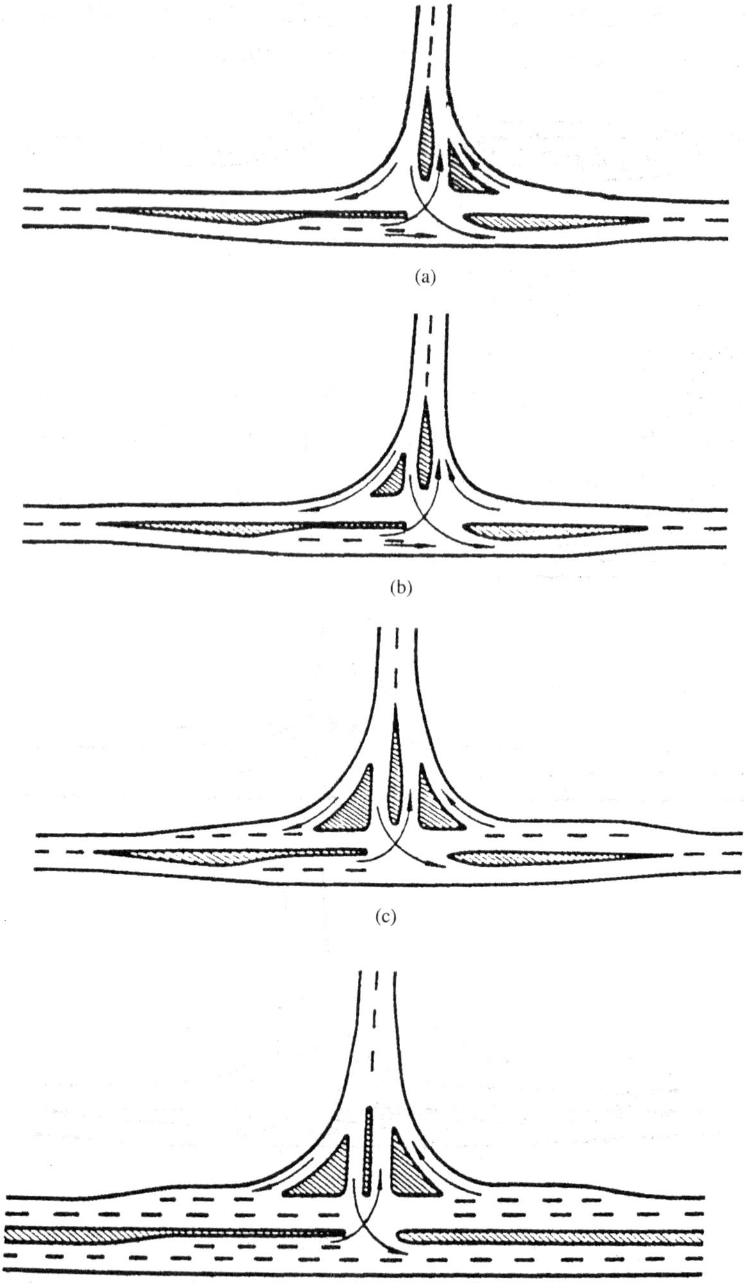

(a)

(b)

(c)

(d)

图 11-7　设导流岛的渠化 T 形交叉

四车道及其以上公路与三、四级公路相交的十字交叉,可采用图 11-8 中(c)的形式。

四车道及其以上公路与二级公路相交或两条具干线功能的二级公路相交的十字交叉,应增辟左转弯车道和相应的分隔带,并设置必要的导流岛。

两条四车道及其以上公路相交的十字交叉,应采用图 11-8 中(d)的形式。

公路"十"字形交叉路口简单布置如图 11-9 所示。

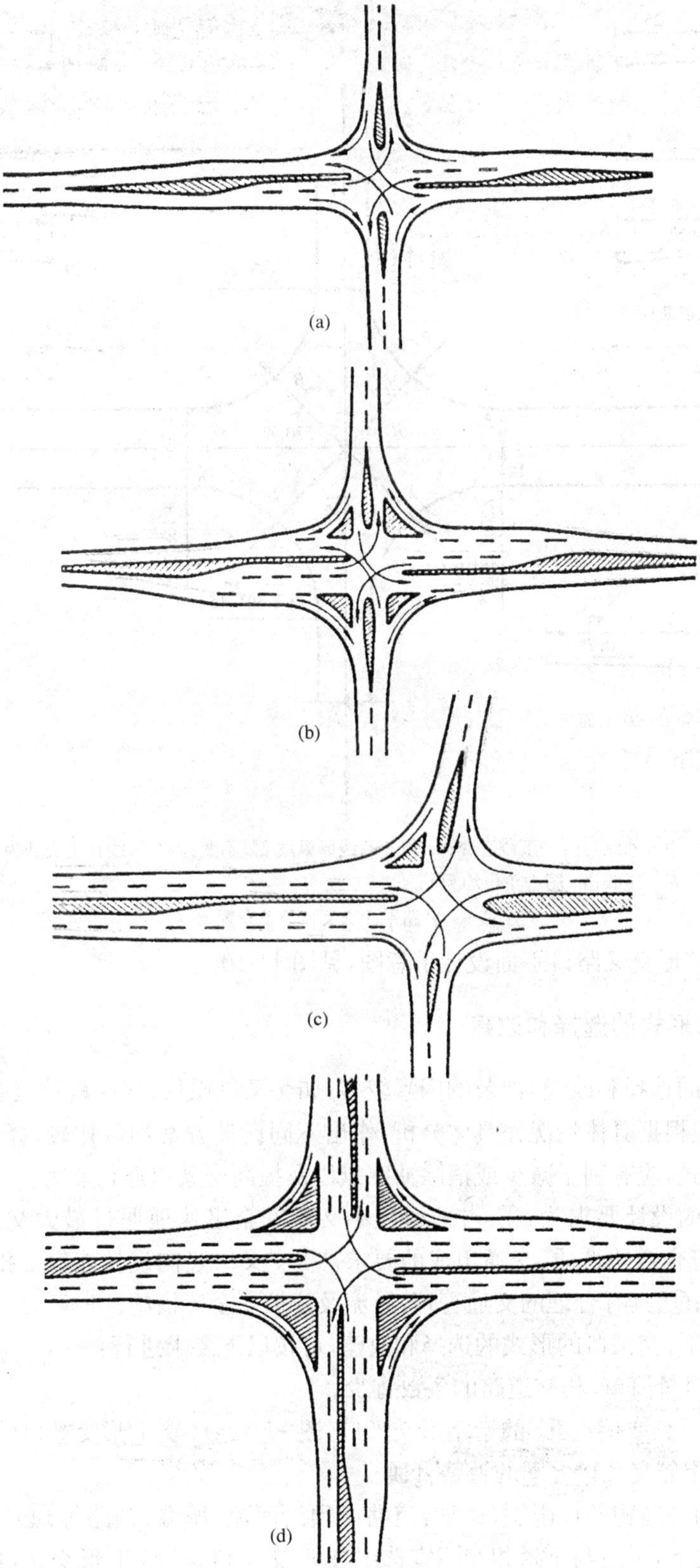

图 11-8　渠化十字交叉

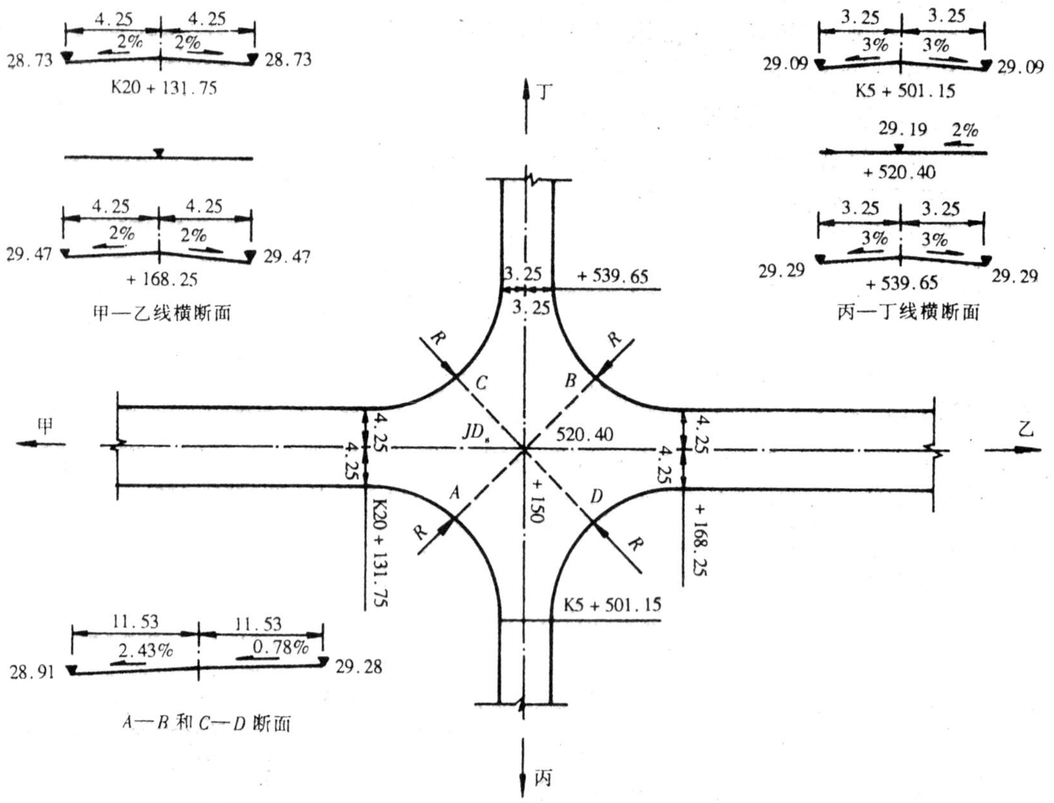

注:1. 甲—乙线与丙—丁线正交;2. 甲—乙线原纵坡 2%不变;丙—丁线在正交处为平坡;
3. R=15 m;4. 图中单位均为 m。

图 11-9　公路平面交叉口简单布置示例

城市道路“X”形交叉路口平面设计示意图,见图 11-10。

11.2.2　交叉口形式的选择和改建

交叉口形式的选择和改建,涉及的因素较多,如交叉口现状、交通量及交通组成、地形地物和道路用地等,应根据具体情况作具体分析,作出不同设计方案加以比较,择优录用。选择和改建交叉口的形式,应有利于减少或消除冲突点以及提高交叉口通行能力。

平面交叉口的设计要求为:① 占地面积小又能安全迅速地通过最大交通量;② 平面形式、断面组成应符合道路性质、交通组成的要求;③ 交叉口竖向设计能保证排水、管线及适应地形环境的要求;④ 具有合理的交通管理、导流及防护安全等措施。

在一般情况下,交叉口的形式的选择和改建,可按以下要求进行:

(1) 形式要尽量简单,相交道路的条数宜少。

尽可能选用正交或接近 90°的十字形交叉口(图 11-4(a))或 T 形交叉口(图 11-4(c))。

(2) 尽量使相邻交叉口之间的道路直通。

在市区,除因受地物条件限制(例如:道路必须沿河流、城墙、铁路等)必须布设 T 形交叉口外,在一般情况下,干道与干道相交不宜选用 T 形交叉口,虽然 T 形交叉口的形式简单,但容易造成干道网东西向或南北向的道路不能直通,从而影响交通(图 11-11)。

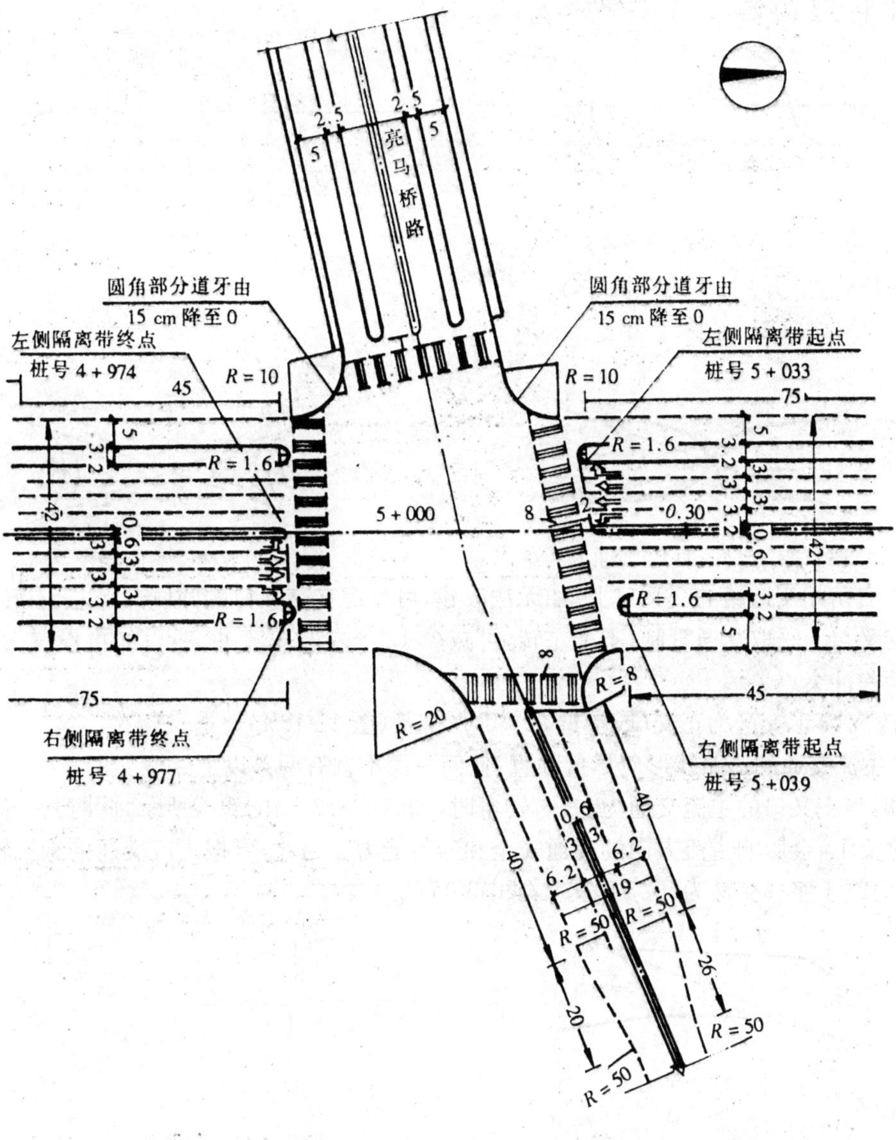

图 11-10　北京亮马桥路交叉口平面布置图

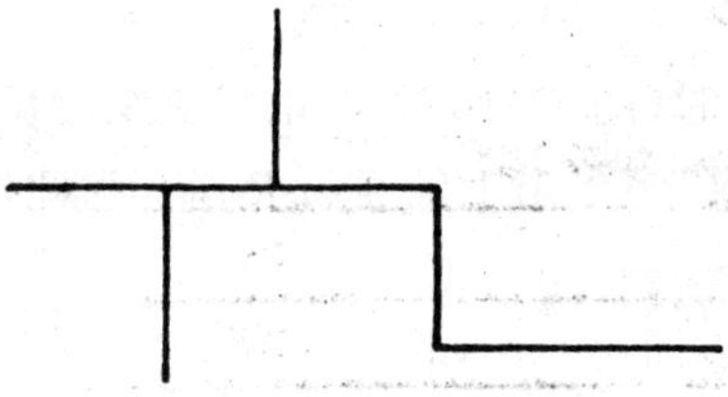

图 11-11　道路不能直通

(3) 交叉道路应避免锐角相交，尽量以近于 90°相交。

例如：

① 改斜交为十字形交叉(图 11-12)。

② 改斜交为双 T 形交叉(错位交叉)(图 11-13(a)及(b))。

图 11-13(b)方案较优，因为次干道 $C'D'$ 上的车辆交通，在通过主干道 AB 时均先右转，而后左转，左转时如遇阻，可在次干道停车线上停候，不影响主干道交通；在主干道上右转也不影响交通。而方案(a)的 $C'D'$ 交通均要先左转而后右转，右转时如遇阻，则必须在主干道 AB 上停候，如主干道上没有设置专用左转车道，则停候时必

须影响主干道上的交通。

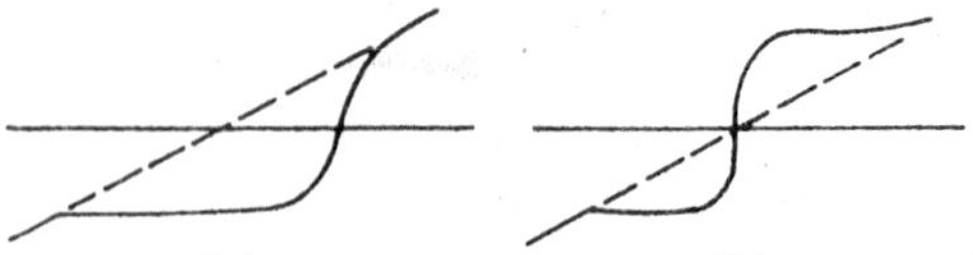

图 11-12　改斜交为十字形交叉

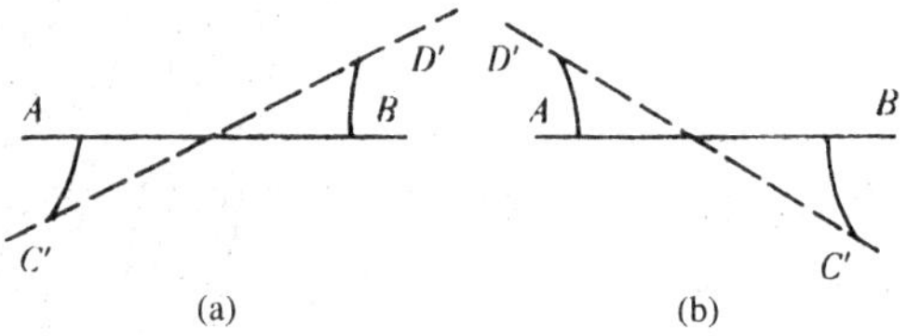

图 11-13　改斜交为错位交叉

③ 改小交角为大交角(图 11-14)。

④ 禁止左转(图 11-15)。

图 11-14　改小交角为大交角

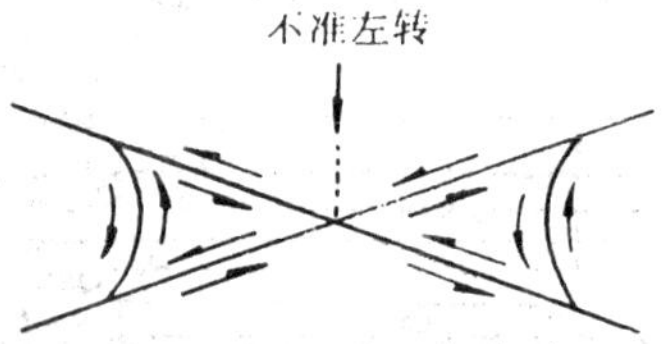

图 11-15　禁止左转

在小交角相交道路的交叉口上,如无法改建,可考虑在交叉口的两侧开辟左、右转车道,同时在原交叉口上采取交通管制,不准左转,可减少 12 个左转车流冲突点;如再设置信号灯,则可全部消除冲突点。

⑤ 改 Y 字形交叉为正交(或接近 90°)T 形交叉(图 11-16)。

(4) 主流交通的道路线形应尽量顺直,任何一侧不宜有两条以上路段交汇。

例如:当交叉口的主流交通为左、右转弯时,如图 11-17(a)的双线所示,此时其一侧有两条路段与之交汇,会影响主流方向的交通安全和通行能力。为此,可把主流交通的缘石转弯半径加大,同时改十字形交叉为 T 字形交叉(图 11-17(b))。

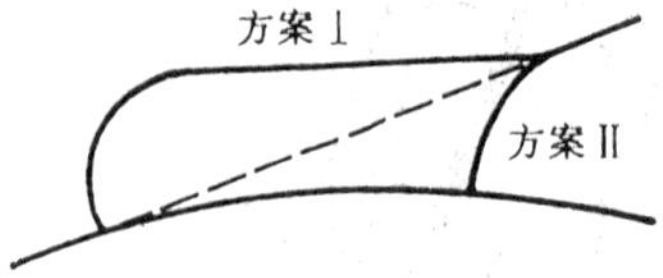

图 11-16　改 Y 字形交叉为 T 形交叉

图 11-17　主流交通的道路改善

(5) 应尽量避免近距离的错位交叉。

当相邻的两个 T 形交叉口(错位交叉)之间的距离很短时(图 11-18(a)),由于交织段长度很短,将影响进出错位交叉口的车辆不能顺利行驶,因而阻碍主干道上的直行交通。为此,可把相邻的两个交叉口合二为一,如图 11-18(b),(c),(d)所示。

(6) 畸形和多条道路($n>4$)的交叉,应尽量避免,或予以简化。例如:

① 设中心岛。改为环形交叉口,简化交通(图(11-19(a)及(b))。

② 封路改建。把多条道路交叉或畸形交叉(图 11-20(a),(b),(c))改建为正交(图11-20(d),(e),(f))。

③ 调整交通。双向交通改为单向交通,把多路交叉及畸形交叉改建为正交(图11-21)。

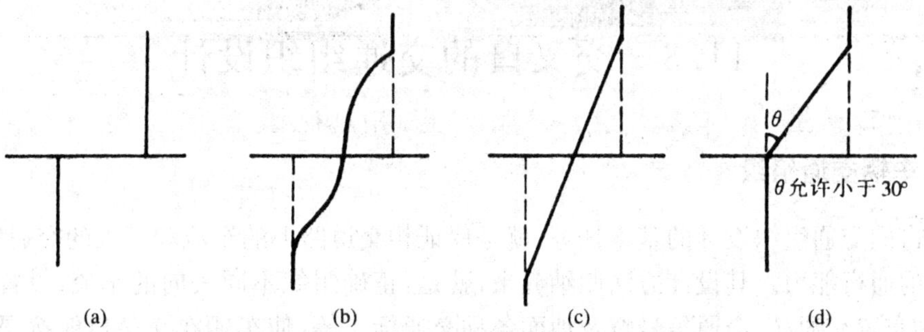

图 11-18　把近距离的两个 T 形交叉口合建为一个十字形交叉口

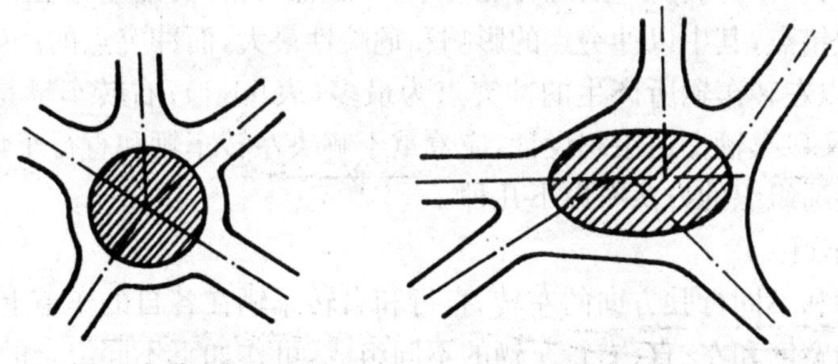

(a) 多条道路交叉　　(b) 畸形交叉

图 11-19　设中心岛简化交通

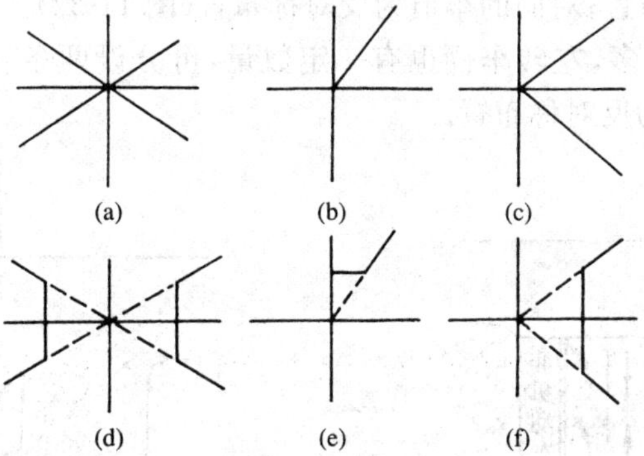

图 11-20　封路改道成为正交

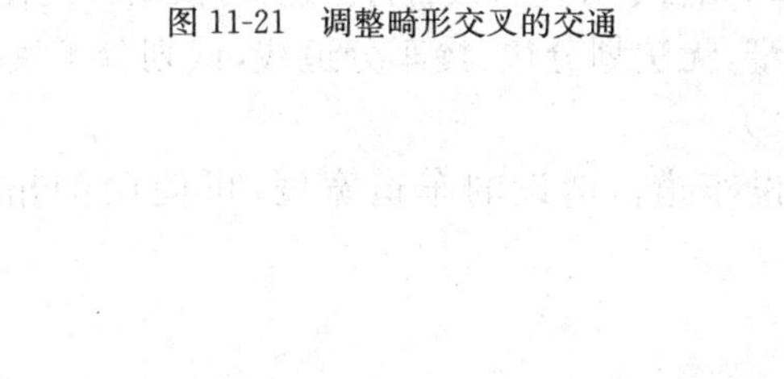

图 11-21　调整畸形交叉的交通

11.3 交叉口的交通组织设计

11.3.1 车辆交通组织

交叉口的交通组织设计的基本任务,就是保证相交道路上的车流和行人的交通安全,并提高交叉口的通行能力。其设计方法归纳起来,就是:正确组织不同去向的车流,设置必须的车道数,合理布置交通岛、交通信号灯及地面各种交通标志等,使车辆在交叉口能按渠化交通的原则组织起来,顺序通过交叉口。

由以上交通分析可知,交叉口的通行能力小、车速低、行车安全差,其主要原因是因为存在各种类型的车流交错点,其中以冲突点的影响和危险性最大,而冲突点的产生是来源于左转及直行车辆,其中又以左转车辆所产生的冲突点为最多(表11-1);右转车辆是不会产生冲突点的。因此,对于交叉口车辆交通组织设计,应着重于解决左转车辆和直行车辆的交通组织。

交叉口车辆交通组织的方法有以下几种:

1. 设置专用车道

组织不同车种和不同行驶方向的左转、直行和右转车辆在各自的车道上各就各位,分道行驶。根据车行道的宽度和左、直、右行车辆的不同组成,可作如下不同组合的车道划分:

(1) 如左、直、右车辆组成均匀,可各设一条专用车道;对于非机动车交通,可划分快、慢车分道线或设分隔带(墩)组织分流行驶;为了节省用地,特别是当车行道宽度不足时,左转车道可向路中心线稍左偏移布置;对向的车道为反对称布置(图11-22)。

(2) 如直行车辆特别多,左转车辆也有一定数量,可分设两条直行车道和一条左转车道(图11-23);对向的车道为反对称布置。

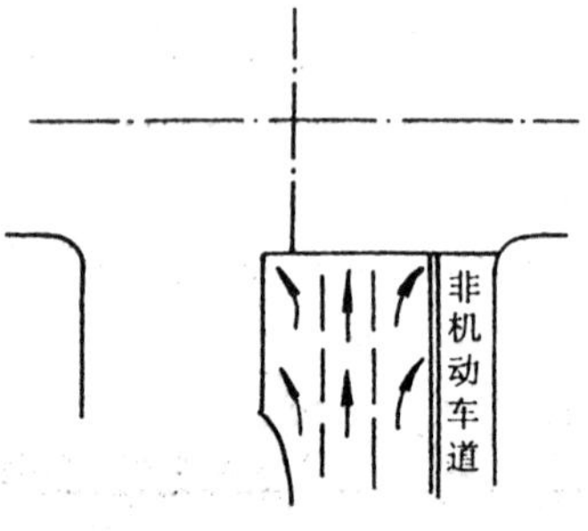

图11-22 车道划分示例之一

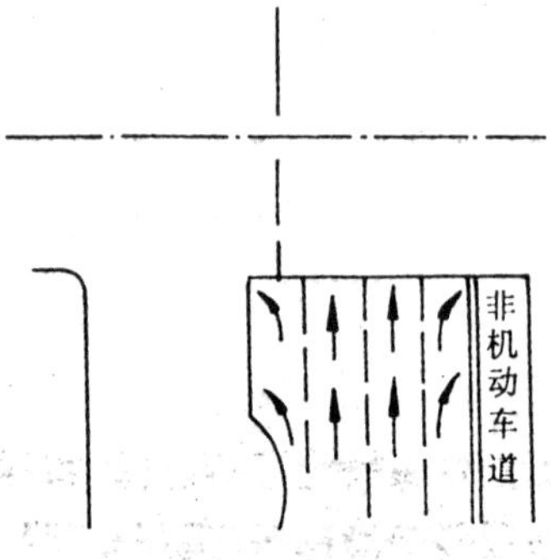

图11-23 车道划分示例之二

(3) 如左转车多而右转车少,可设一条左转车道,右转与直行车辆合用一条车道(图11-24);对向的车道为反对称布置。

(4) 如左转车少而右转车多,可设一条右转车道,左转与直行车辆合用一条车道(图11-25)。

(5) 如左、右转车辆较少,可分别与直行车道合用(图11-26)。

(6) 如车行道宽度较窄,无法划分左、直、右行车道,可仅划分快、慢车分道线(图11-27)。

(7) 如车行道宽度很窄,无法划分快、慢车分道线,或划分了反而对车道的相互调剂使用不利,则可不划分(图11-28)。

(8) 拓宽车行道,增设车道。增设的车道宽度,可向两侧拓宽,也可向左侧偏移(图

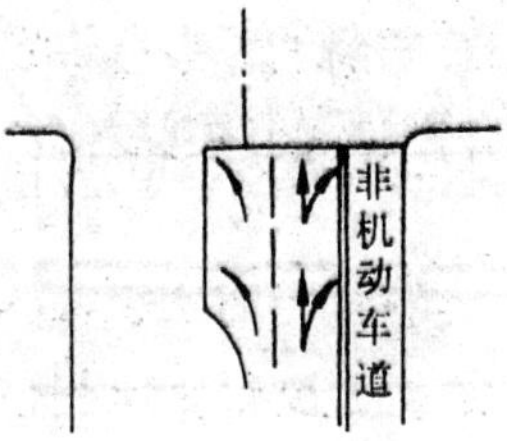

图 11-24　车道划分示例之三

图 11-25　车道划分示例之四

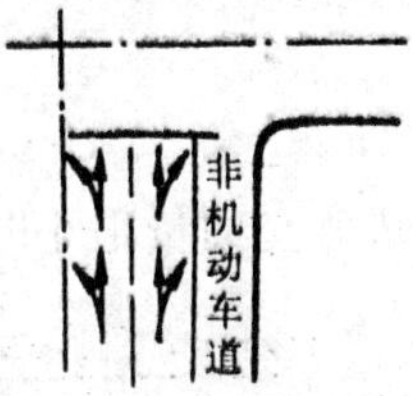

图 11-26　车道划分示例之五

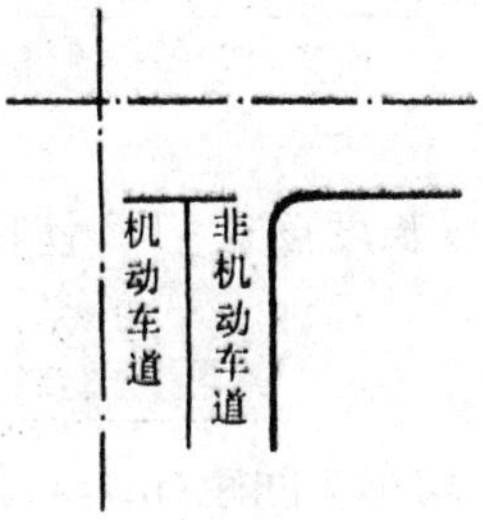

图 11-27　车道划分示例之六

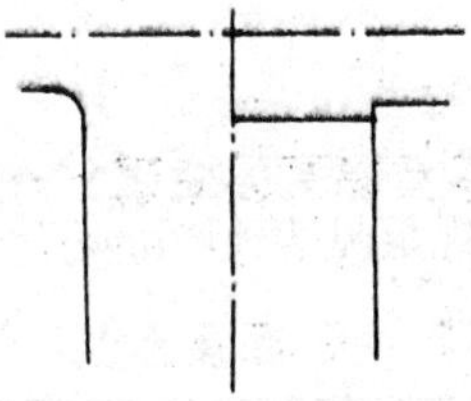

图 11-28　车道划分示例之七

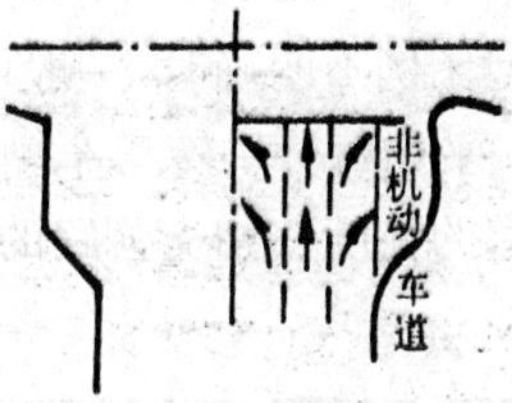

图 11-29　向右侧拓宽车行道

11-22)，或向右侧拓宽(图 11-29)。

2. 左转弯车辆的交通组织

左转弯车辆不仅是产生冲突点的主要因素，而且也影响直行方向主要车流的通行。所以，无论是保证交通安全，或是提高交叉口的通行能力，组织好转弯车辆是一个关键问题。一般组织左转弯车辆，可采用下列设计形式：

(1) 设置专用车道

左转弯车辆应在左转弯车辆的停车线后等候开放通行色灯时才通过。如直行车辆较多，最好能为左转弯车辆设置专用的车道，以免阻碍直行车辆的通行；如原有车行道的宽度不够，以致左转弯车辆在停候时影响直行和右转弯车辆的通行，可在靠近交叉口一定距离的范围内拓宽车行道，以便驶进交叉口的车辆能按渠化交通的原则分道停候和行驶(参阅图 11-22，图 11-23 和图 11-24)。

对于公路左转车道的设置：

四车道公路除左转交通量很小的情况外，均应在平面交叉范围内设置左转弯车道。

二级公路遇下列情况之一者，应设置左转弯车道：

① 左转弯交通会引起明显的交通拥阻或交通事故。

② 与高速公路集散路(通往高速公路互通式立交的连接线)相交的交叉。

③ 非机动车较多且无专门的非机动车道的交叉。

左转弯车道如图 11-30 所示,由减速段和等候段所组成。

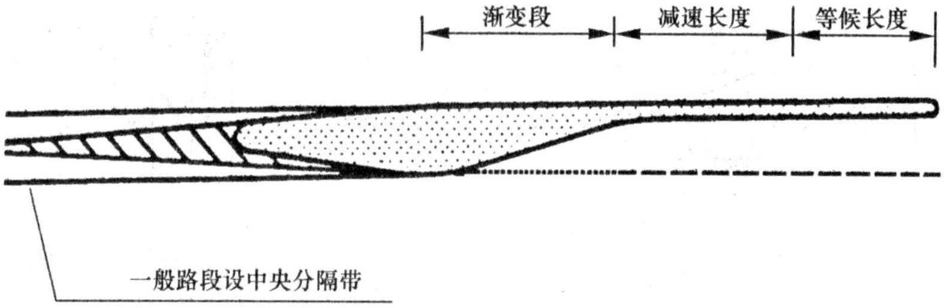

图 11-30　左转弯车道

左转弯等候长度按式 11-2 计算,且不应小于 30 m。当左转弯交通量很小时,可不考虑等候长度。

$$L_s = 2sM \tag{11-2}$$

式中　s——平均车头间距(m),可按如下计算:

客车:s=6 m;

大型车:s=12 m;

车型比例不明确时,一般可认为 s=7 m。

M——平均每分钟转弯车辆数(辆)。

变速车道的长度按相交公路的相对主次类别和变速条件规定见表 11-5。

表 11-5　　**变速车道长度**

公路类别	公路设计速度(km/h)	减速车道长度(m) (a=−2.5 m/s²) 至 0 (km/h)	至 20	至 40	加速车道长度(m) (a=1.0 m/s²) 从 0 (km/h)	从 20	从 40
主要公路	100	100	95	70	250	230	190
	80	60	50	32	140	120	80
	60	40	30	20	100	80	40
	40	20	10	—	40	20	—
次要公路	80	45	40	25	90	80	50
	60	30	20	10	65	55	25
	40	15	10	—	25	15	—
	30	10	—	—	10	—	—

注:表列变速车道长度不包括渐变段的长度。

当变速车道为等宽车道时,其长度应按表 11-5 数值另加表 11-6 所列的渐变段长度。

表 11-6　　**渐变段长度**

公路设计速度(km/h)	100	80	60	40
渐变段长度(m)	60	50	40	30

当整个变速车道为一渐变段时，其长度可按减速时为 1.0 m/s 和加速时为 0.6 m/s 的车辆行驶时变换车道的侧移率进行计算。

当公路的设计速度≥80 km/h，且直行交通量较大时，右转弯变速车道应为渐变段的等宽车道；否则，宜采用渐变式变速车道。

对于公路右转（附加）车道的设置：

① 非渠化或简单的渠化处理的交叉中，为使主要公路上的右转弯车辆减速时不影响或不过分影响直行车辆的速度，可在主要公路上增辟一条减速分流车道，如图 11-31 所示。

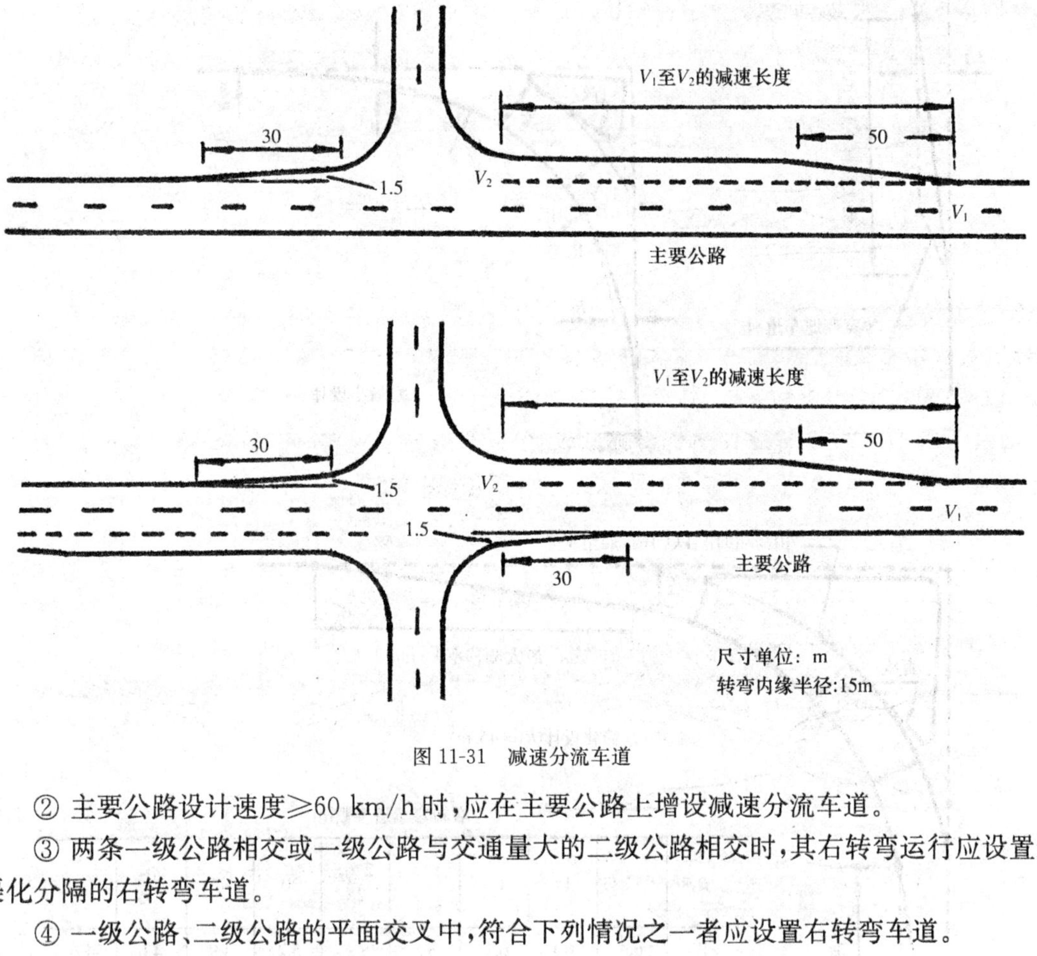

图 11-31　减速分流车道

② 主要公路设计速度≥60 km/h 时，应在主要公路上增设减速分流车道。

③ 两条一级公路相交或一级公路与交通量大的二级公路相交时，其右转弯运行应设置经渠化分隔的右转弯车道。

④ 一级公路、二级公路的平面交叉中，符合下列情况之一者应设置右转弯车道。

(a) 斜交角接近于 70°的锐角象限；

(b) 交通量较大时，右转弯交通会引起不合理的交通延误；

(c) 右转弯车流中重车比例较大时；

(d) 右转弯行驶速度大于 30 km/h 时；

⑤ 渠化的右转弯附加车道应由分隔的右转弯车道及其两端的变速车道所组成，其线形和尺寸如图 11-32 所示。

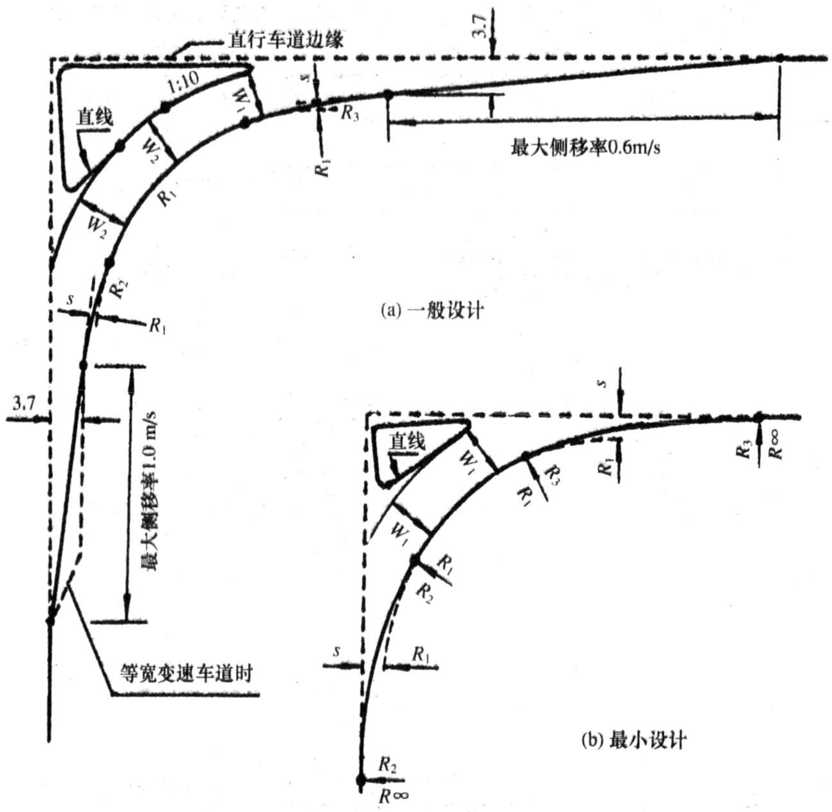

(a) 一般设计

(b) 最小设计

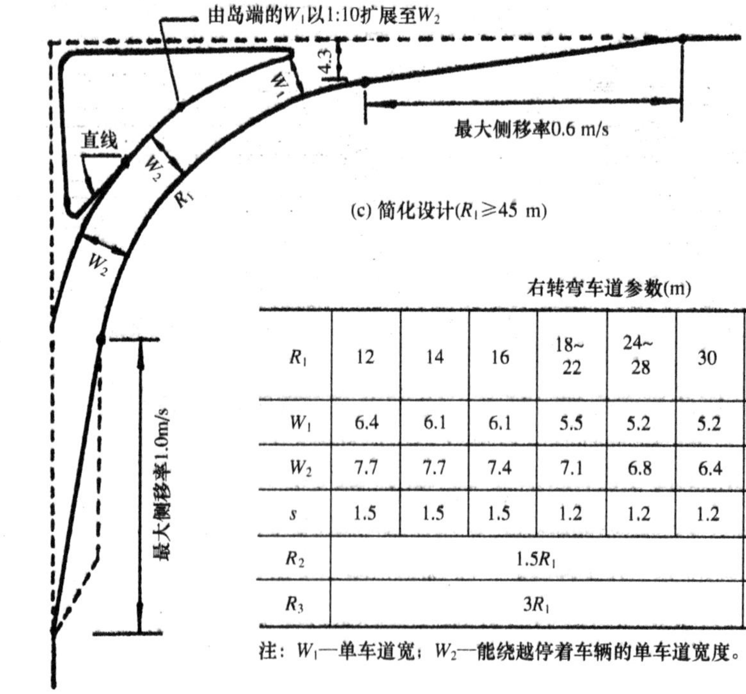

(c) 简化设计($R_1 \geqslant 45$ m)

右转弯车道参数(m)

R_1	12	14	16	18~22	24~28	30	45	90~135	150
W_1	6.4	6.1	6.1	5.5	5.2	5.2	4.9	4.6	4.6
W_2	7.7	7.7	7.4	7.1	6.8	6.4	6.1	5.8	5.8
s	1.5	1.5	1.5	1.2	1.2	1.2	0.9	0.9	0.6
R_2	$1.5R_1$						$2R_1$		
R_3	$3R_1$						$2R_1$		

注：W_1—单车道宽；W_2—能绕越停着车辆的单车道宽度。

图 11-32　渠化右转弯附加车道

(e) 互通式立体交叉连接线中的平面交叉右转弯交通量较大时。

对于变速车道的宽度：

① 右转弯变速车道为等宽车道时，其宽度为 3.5 m。邻接右转变车道的段落应设置符合转弯行迹所需的加宽过渡段；当为变宽车道时，应按图 11-32 所示的宽度和渐变率设置。

② 左转弯车道的宽度规定如表 11-7 所示。

表 11-7　　左转弯车道的宽度

剩余分隔带类型	车道分划线	宽度大于 0.5 m 的标线带	实体岛	
左转弯车道宽度(m)	3.5*	3.25	3.0	3.25
左路缘带宽度(m)	0	0	0.5	0.3

* 既有公路增辟左转弯车道时，若直行车道右侧有非分隔的并宽度不小于 2.5 m 的非机动车道时，可采用 3.25 m 或 3.0 m(公路设计速度≤60 km/h 时)，并同时将其右侧直行车道的宽度减为 3.5 m。

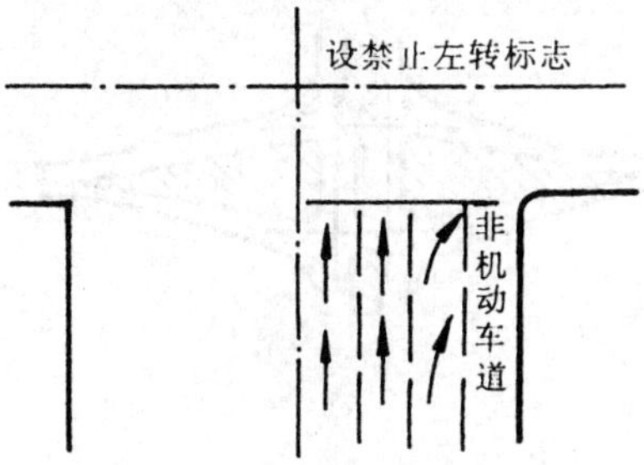

图 11-33　禁止左转

(2) 实行交通管制，在规定时间内不准左转(图 11-33)。

(3) 变左转为右转：

1) 环形交通。在交叉口中央设置圆形或椭圆形交通岛，进入交叉口的车辆不受交通管制，一律绕岛单向行驶(图 11-19 及图 11-34)。

2) 绕街坊变左转为右转(图 11-35)，这种形式的主要缺点是使左转弯车辆绕街坊的行程增加很多。它通常用在旧城改建有困难或在桥头引道有十字交叉口，为了防止车辆高速下坡时直角转弯而发生事故之处。

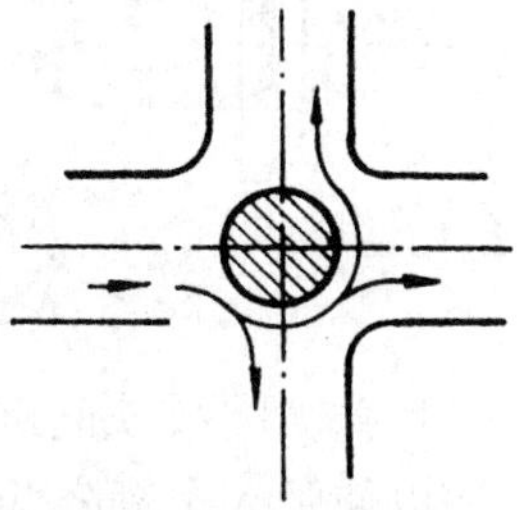
图 11-34　绕中心岛左转

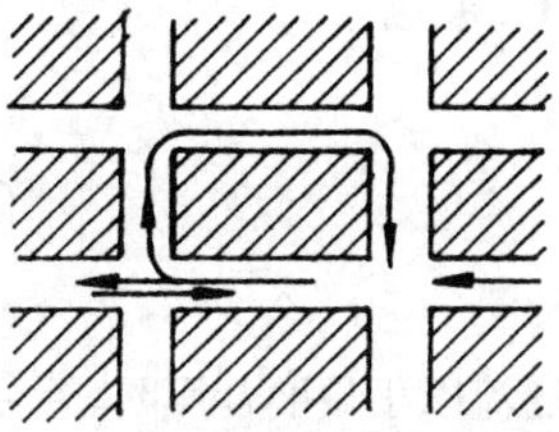
图 11-35　绕街坊变左转为右转

3. 渠化交通组织

所谓渠化交通，就是指：人、车分离各种车辆，各行其道，互不干扰，顺序行驶。在道路上划线，用绿带和交通岛来分隔车道，使各种不同类型和不同速度的车辆，能像渠道内的水流那样，顺着一定的方向互不干扰地通过。

渠化交通设计原则如下：

(1) 交叉路口供分流行驶用的车道数，应根据路口流量、流向确定。进口道与出口道的直行车道数应相同。

(2) 交叉路口交通岛的位置应按车流顺畅的流线设置。

(3) 进、出口道分隔带或交通标线应根据渠化要求布置，并应与路段上的分隔设施衔接协调。

根据上述原则，实际进行渠化设计，表示如下：

(1) 缩小交通流的交叉面积。交通流的交叉面积大,使驾驶人及行人的注意力分散,容易引起事故,如图(11-36(a))所示;

(2) 尽量使交通流直角相交,目的是尽可能减少交叉面积,以便使驾驶人易于判断车辆的相对位置及速度,如图11-36(b)所示;

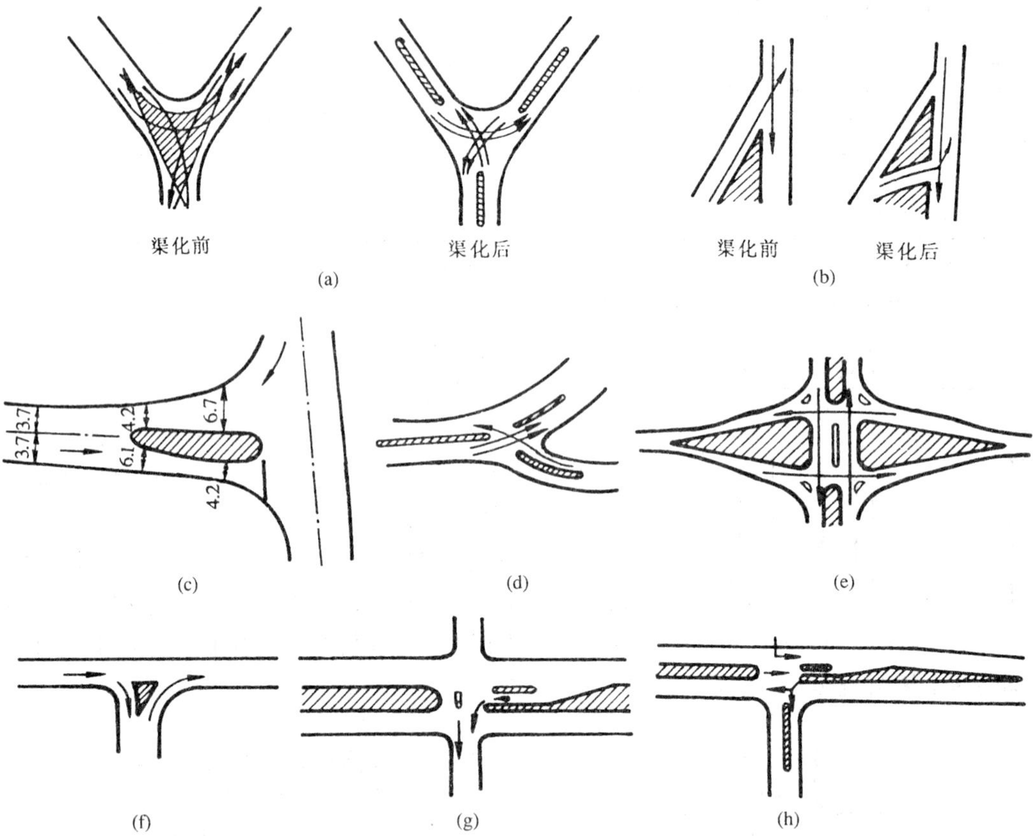

图11-36 渠化设计

(3) 交通流以小角度合流时,若合流角小于15°,可利用最小速度差、最小车头间距进行合流;

(4) 在交叉口处可采用缩窄进路宽度或使进路弯曲的方法以使驶入车辆降低速度。但主要交通流应尽量避免弯曲,如图11-36(c),(d)所示;

(5) 渠化交通可使交叉口内的交叉点分散,如图11-36(e)所示;

(6) 渠化交通能使车流向驶入的方向转弯,如图11-36(f)所示;

(7) 设置转弯车辆与交叉车辆的避车部分,如图11-36(g)所示;

(8) 利用渠化方法,可为设置必要的交通设施安排适当的地点,如图11-36(h)所示。

渠化交通的主要作用是保证行车安全与交通通畅,例如:

(1) 利用分车线或分隔带、交通岛等,把不同行驶方向和速度的车辆划分车道行驶,使行人和司机很容易看清互相行驶的方向,避免车辆相互侵占车道和干扰行车线路,因而可减少车辆相互碰撞的机会,增进行车安全(图11-37(a))。

(2) 利用交通岛的布置,限制车辆行驶方向,使斜交对冲的车流变为直角交叉或锐角交叉(图11-37(b),(c))。

(3) 利用交通岛的布置,限制车道宽度,控制车速,防止超车(图 11-37(d))。

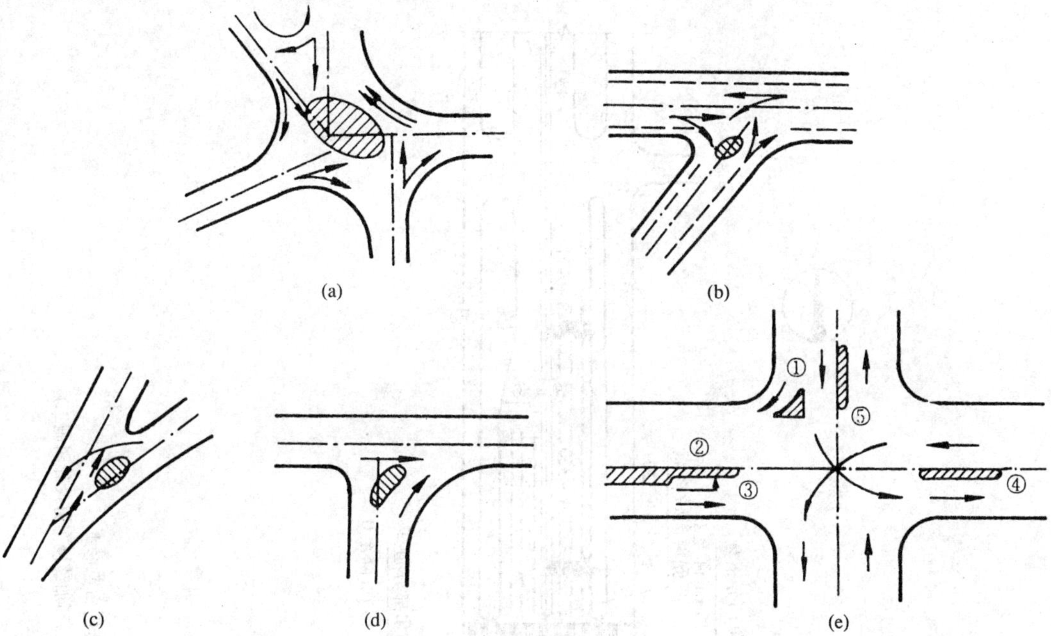

图 11-37　设交通岛渠化交通

(4) 利用交通岛分离车流。如图 11-37(e)中的四路交叉处的交通岛①将右转车分离出来;②,④,⑤分隔反向车流;③处减窄分隔带增设左转车道,使左转车可在此处待行。

(5) 把不同行驶方向的车辆,在临近交叉口就划分车道分别行驶(图 11-22)。

(6) 在道路上划分快、慢车道,保证车辆的正常行车(参阅图 11-22—图 11-27)。

(7) 渠化交通后,在交通岛或分隔带上便于设置各种交通标志和信号设备,并可作为行人过街时避让车辆的安全岛。

渠化交通可以有效地解决城市道路上的交通拥挤和阻塞现象,提高车速和通行能力,保证交通安全。它对于解决畸形交叉口的交通问题,尤为见效(图 11-37(a))。

关于渠化交通组织的效果,据北京市市政设计院的观测资料,北京市东单交叉路口东西进口道原均为两条机动车道,后改为两条直行车道和左、右转专用车道各一条。渠化前机动车高峰小时流量为 2050 辆,已趋近饱和状态。渠化后通过能力提高约 40%。又如北京市三环路大北窑路口,渠化前有时三次绿灯才能将等行的车辆放行完毕,机动车行驶速度很低,渠化后通过能力较渠化前提高 98%,阻车长度较渠化前减少 25%。再如北京市西郊甘家口路口,早高峰小时机动车流量还不到 1500 辆,而东西进口道的受阻车辆长达 500 m 以上,最多时使路口排队车增加到 1300 辆次。后在该处采用分道、分向划分车道的渠化交通措施后,使交叉口交通秩序大为改善,减少了车辆延误时间和阻车长度,同时又提高了通行能力。

据有关研究成果表明,平交路口渠化交通后,一般可提高通行能力 20%~30%,阻车长度可减少 10%~20%。

图 11-38 为北京市工人体育场路口渠化布置形式。

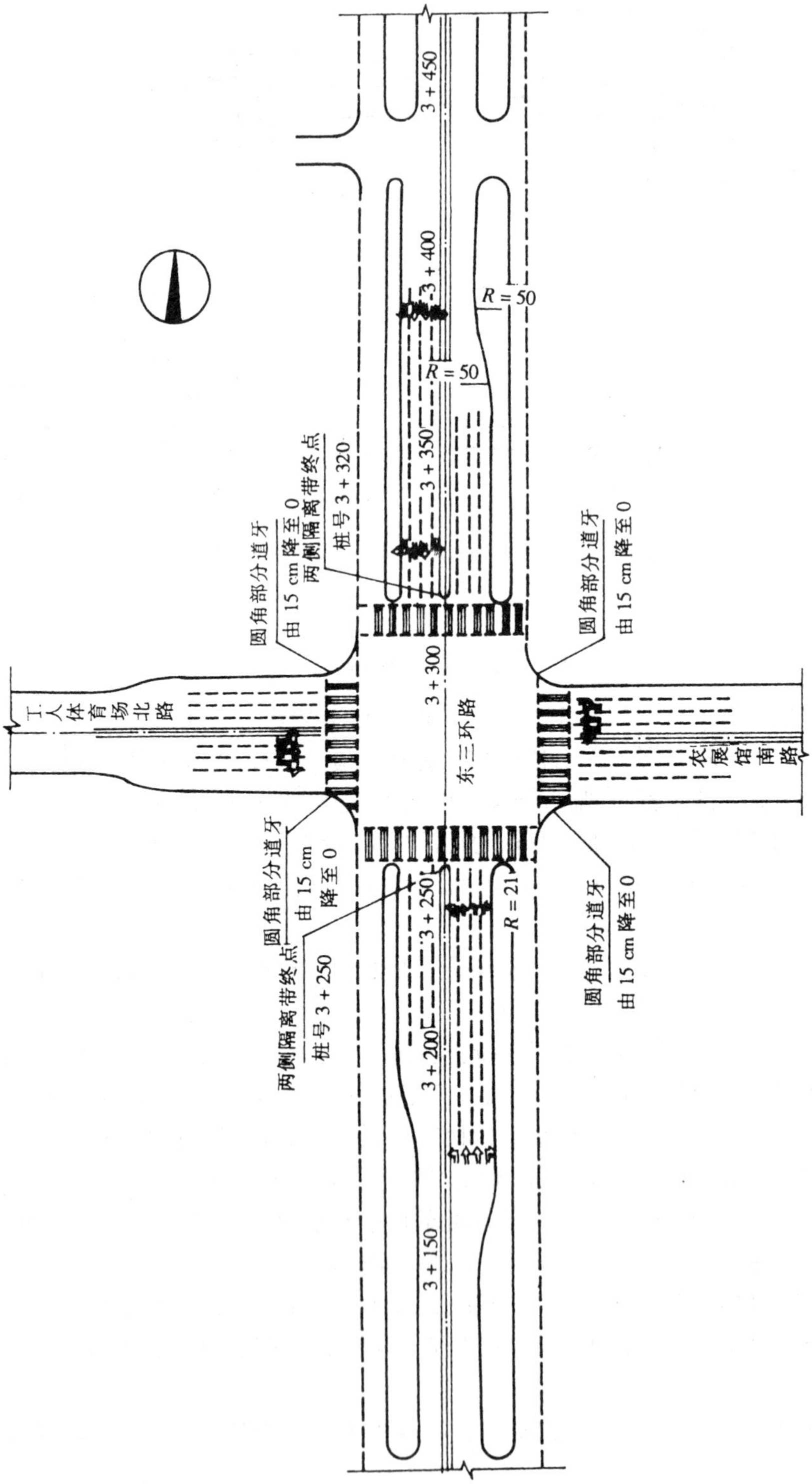

图11-38　北京工人体育场路口渠化布置形式

(注，除渠化尺寸外，其他附属构造物均按东三环加铺慢车道设计图施工)

在渠化交通中，最常用的是高出路面的交通岛。它是为控制车辆行驶位置或为保护行人，在中央分车带、外侧分车带或在车道线之间设置的岛状区域。设置交通岛一般有下列效果：① 明确显示导流路，整顿交通流向；② 兼起行人过街的安全作用；③ 可供设置信号、标志、照明等设施。交通岛按其功能和布置地位，可分为导流岛、分隔岛、中心岛和安全岛等几种。

交通岛设置条件为：

① 需分隔右转弯曲线车道与直行车道时，应设置导流岛。

② 信号交叉中，左转弯为两条车道时，在左转车道与直行车道间应设置导流岛。

③ 左转车道与对向直行车道间应设置分隔岛。

④ T 形交叉中，次要公路岔口的两左转弯行迹间应设置分隔岛。

⑤ 对向行车道间需提供行人越路的避险场所，或需树立标志、信号柱时，应设置分隔岛。

导流岛设在交叉路口，用以指引行车方向，它在渠化交通中起着很大的作用。许多复杂交叉口，往往只要用一个或几个简单的导流岛就能很好地组织交通，消除冲突点(图 11-19 及图 11-37(a))。必要时，导流岛还可用于约束车道，使车辆减速转弯，保证行车安全(图11-36(c))。

导流岛一般采用缘石围成高出路面的实体岛。当岛面窄小时，可采用路面标线表示的隐形岛。导流岛边缘的线形为直线与圆曲线的组合，其端部最小圆曲线半径为 0.5m，如图11-39 所示导流岛端部偏移距 s_1，s_2，s_3，内移距 Q_1，Q_2，应根据行车速度、岛的大小和道路等级，分别按图 11-39，表 11-8 和表 11-9 选用。当导流岛特别大时，导流岛端部内移距在主要道路一侧按 1/20～1/10 过渡，在次要道路一侧按 1/10～1/5 过渡。

表 11-8　　导流岛偏移距、内移距(m)

计算行车速度(km/h)	偏移距			内移距	
	s_1	s_2	s_3	Q_1	Q_2
80	1.00	1.00	0.50	1.50	1.00
60	0.75	0.75	0.50	1.00	0.75
50 以下	0.50	0.50	0.50	0.50	0.50

表 11-9　　导流岛端部半径(m)

R_0	R_1	R_2
0.5	0.5～1.0	0.5～1.5

导流岛及分隔带各部分的要素如图 11-40 所示，其最小尺寸规定如表 11-10 所示。

表 11-10　　导流岛各要素的最小值

图　示	(a)			(b)			(c)		(d)
要　素	W_a	L_a	R_a	W_b	L_b	R_b	W_c	L_c	W_b
最小值(m)	1.5	5.0	0.5	2.0	5.0	0.5	D+1.5	5.0	1.5

导流岛边缘的线形取决于相邻车道的路缘线形。直行车道边缘的岛缘线应根据缘石构造作不同值的偏移。岛端迎流边应偏移且圆滑化。常用的公路导流岛如图 11-41 所示。

分隔岛是用以分隔机动车和非机动车，避免相互干扰，保证行车速度和行车安全；有时也可用在地面划线来代替分隔岛(图 11-40(b))。

公路分隔岛宽度按其用途规定如表 11-11 所示。

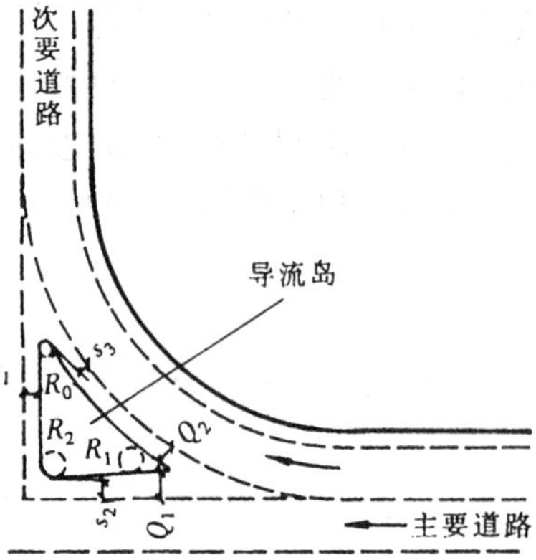

图 11-39　导流岛

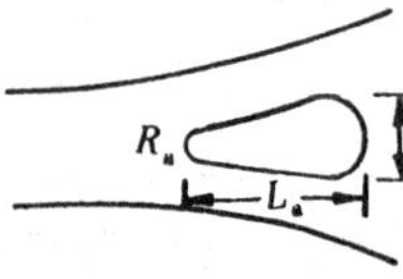

(a) 只分隔交通流时

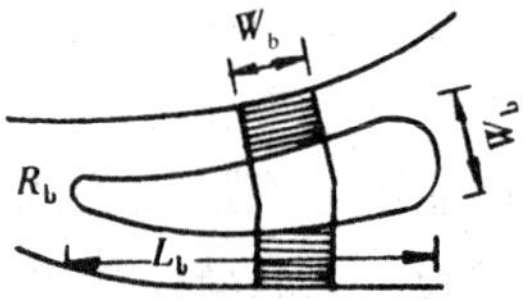

(b) 兼作安全岛时

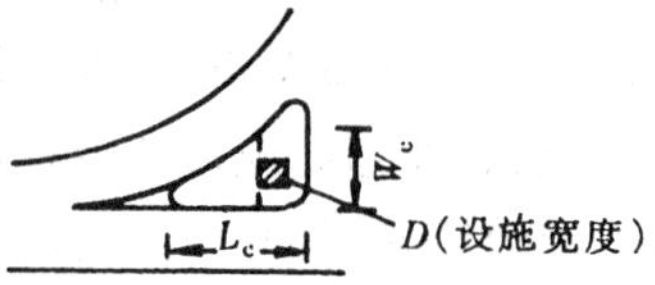

(c) 设置设施时

(d) 分隔带无斜线时

图 11-40　导流岛的要素

缘石类型	δ(m)
栏　　式	0.6
半可越式	0.3
可 越 式	0

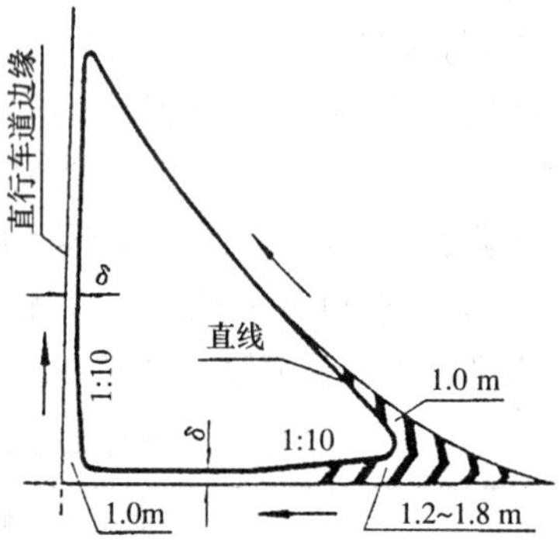

(a) 大型岛

岛端圆弧半径

岛端形状及车流方向	半　径 (m)
	0.3 (0.5)
	0.6 (0.75)
	0.6 (0.75)
	1.0 (1.5)

括号中的值用于边长大于30 m的大型岛

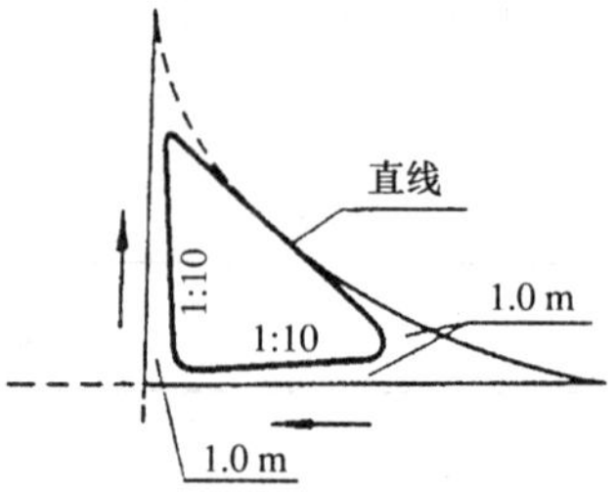

(b) 小型岛

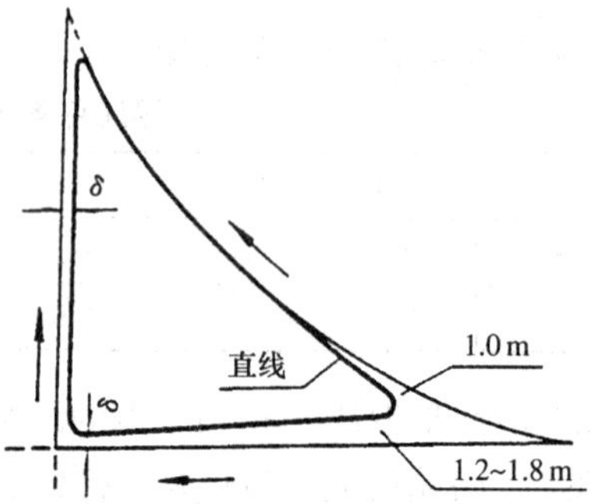

(c) 大型岛的变通形式

(b), (c)中未示出V形斑马线

图 11-41　公路导流岛

表 11-11　　分隔岛的宽度

分隔岛的用途	宽　　度（m）
设置标志	1.2
个别行人避险以及今后可能设信号	1.8
多车道公路的信号交叉中较多行人的越路避险	2.4
左转弯车道及剩余分隔带	4.3～5.5
标线式左转弯分隔带	至少为车道宽度
二次等候左转或穿越	7 m或设计车辆长度

图 11-42 及图 11-43 为直行公路上的分隔岛及 T 形交叉中次要公路上的分隔岛。

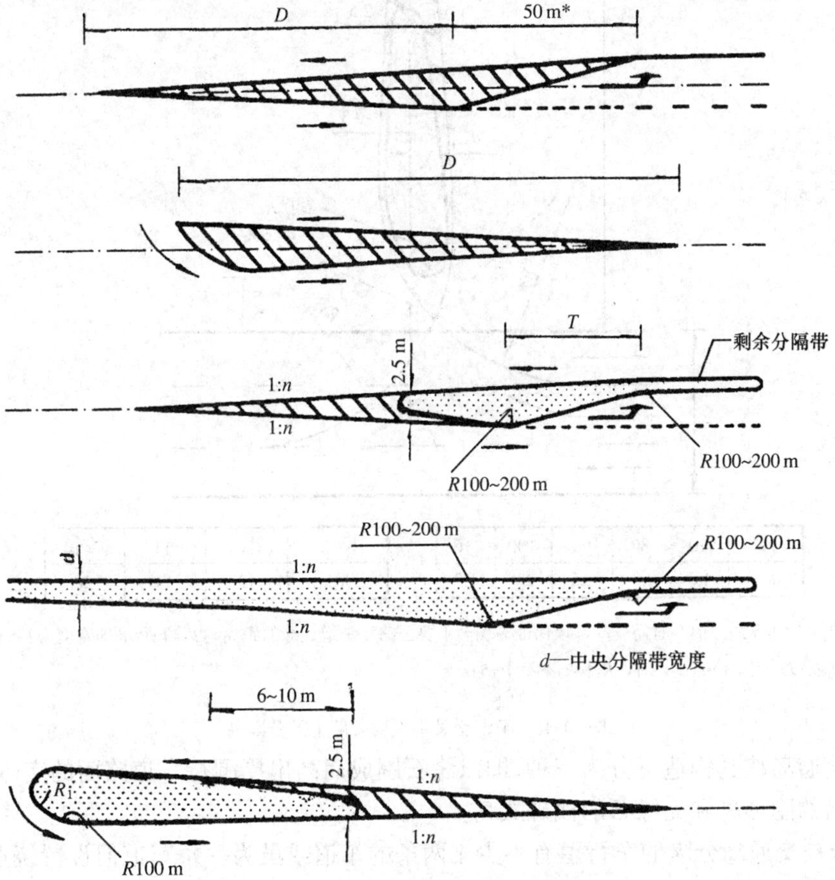

设计速度(km/h)	40	50	60	80
渐变参数 n	15	20	25	30
D (m)	40	50	60	80
T (m)*	40	45	55	70

* 当左转车道为右弯线形时适当缩短

图 11-42　直行公路上的分隔岛

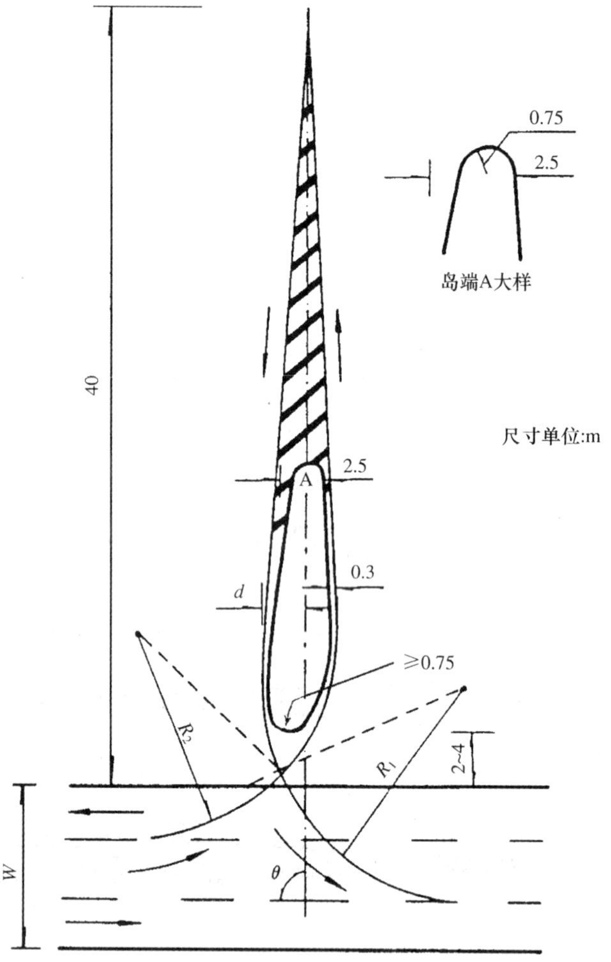

θ(°)	70	80	90	100	110
d(m)	1.5	2.0	2.5	2.0	1.5

W(m)	≤10	11	≥14
R_1(m)*	12	14	20

R_2一般等于R_1，但有时需变动，以保证岛端至主要公路行车道边缘的距离为2~4 m和岛的宽度为2~5 m。

* 以鞍式列车控制设计时，R_1和R_2不小于15 m

图 11-43　T形交叉中次要公路上的分隔岛

公路交通岛按其构造可分为三种，即以缘石围成而高出周围行车道路面的实体岛、路面上用标线画出的隐形岛和无缘石的浅碟式岛。

(1) 当被交通岛分隔的车行道有不少于两条的车道或虽为一条车道但设置绕避故障车辆的加宽时应采用实体岛，岛缘宜采用斜式缘石或半可越式缘石。岛缘与车道边线间应有0.3～0.5 m宽的路缘带。

(2) 岛的面积较小，或不需要或不宜采用强行分隔时，宜采用隐形岛。

(3) 岛的面积很大而可不依赖缘石导向，且其上不设标志和信号柱的情况下(如速度较高的右转弯车道的导流岛)，可采用由附加宽度不小于0.5 m的路缘带的行车道围成的浅碟式岛。

公路夜间交通量较大且交通岛复杂的渠化交叉应设置照明。不具备设置照明条件时，应以反光路钮勾出岛界轮廓。同时，路缘线、隐形岛的所有标线、迎流岛端部缘石的立面上，均应采用反光涂料。

中心岛是设置在交叉口中心的交通岛，用以组织左转弯车辆和分隔对向车流(图 11-19 及图 11-37(a))。

安全岛是作为行人过街时避让车辆之用。如车行道很宽，宜在行人横道的中央设置安全岛，以保证行人过街的安全(图 11-44)，为保证岛上滞留行人的安全，应在岛边的适当位置设置防冲护栏。

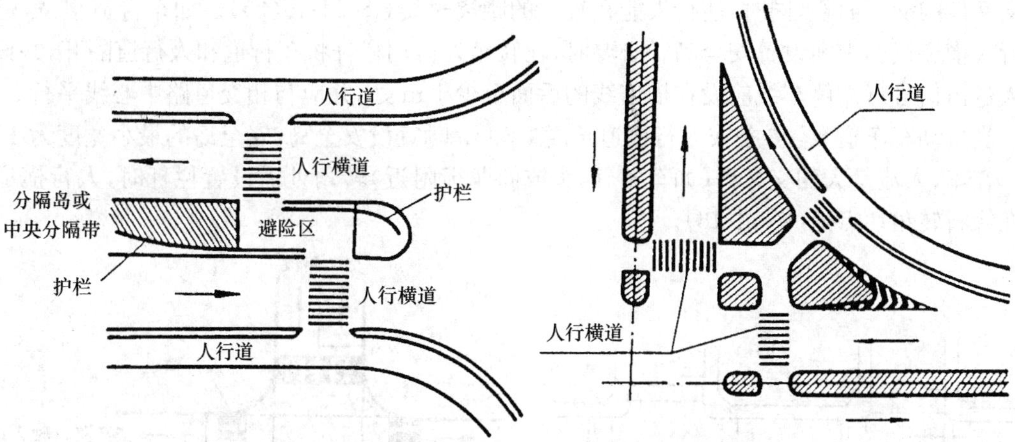

图 11-44　交通岛供越路避险时的布置

城市交通岛根据其大小、位置和用途可采用不同方式标示边界，一般采用下列方式：

(1) 用缘石标界，交通岛高出路面。

(2) 用路面标线标界，岛的全部或部分面积上标以斑马线。

(3) 用路面边缘标界，岛为未铺路面的区域，在其边界处可立标柱或者在路面边缘以外堆土。

交通岛端部应醒目明了，并在外形上能诱导车辆前进方向。楔形端应做成圆形。行车道到楔形端的内移距，应根据交通岛的大小和位置确定。

交叉口范围内，除应设置与一般路段相同的车道分界线、路缘线以外，还应设交通岛的界线、岛端导向线、隐形岛斑马线、左转或信号管理停车线、分汇流线、车道指向箭头、人行横道线等标线，以及必要时为提醒用路者注意的路面文字标记等。

4. 调整交通组织

一般可以采用改变交通路线、限制车辆行驶、控制行驶方向、组织单向交通、封闭沿主要干道的支路等方法来调整交通组织。对于旧城改建有困难的道路，采用以上措施调整交通组织，也是一种解决交通问题的方法。

11.3.2　行人交通组织

行人交通组织的主要任务，就是要组织行人在人行道上行走、在行人横道线内安全过街，使人、车分离，各行其道，互不干扰。

交叉口是人流和车辆汇集的地方，当通过交叉口的人流很多时，经常会在交叉口转角的人行道上挤住，不能走动，以致行人不得不从车行道上通行，这样，容易产生交通阻塞的现象。因此，除了合理布置行人横道外，还应把交叉口转角处的人行道加宽。同时，尽量不将吸引大量人流的公共建筑的出入口设在交叉口上。

人行横道应设置在驾驶员容易看清的位置,标线应醒目。必要时,可用标志灯号指引。人行横道的最小宽度为4 m,需要时根据行人交通量加宽。

在车辆不多的道路上,行人横道一般可布置在交叉口人行道的延续方向后退3~4 m的地方(图11-45(a)),这样既不影响交叉口交通,而且使行人穿越交叉口也比较便捷。如交叉口的人流和车流较多,为了保证安全,应将行人横道线尽可能布置在缘石半径的切点处,以便扩大交叉口的交通面积,同时,使行人能在较短的距离过街(图11-45(b))。如车行道很宽,还应在行人横道线的中间设置安全岛。必要时,在转角处再用栏杆将车行道和人行道隔开,并设置行人过街信号灯。停车线应设在横道线的后面至少1 m处,并应与相交道路中心线平行。

当机动车车道数≥6条或人行横道长度>30 m时宜设安全岛,安全岛的最小宽度为1 m。

在车、人流量大的交叉口(如车站、码头或商业街附近)转角处需设置栏杆时,人行横道可设在缘石转角切点处(图11-46)。

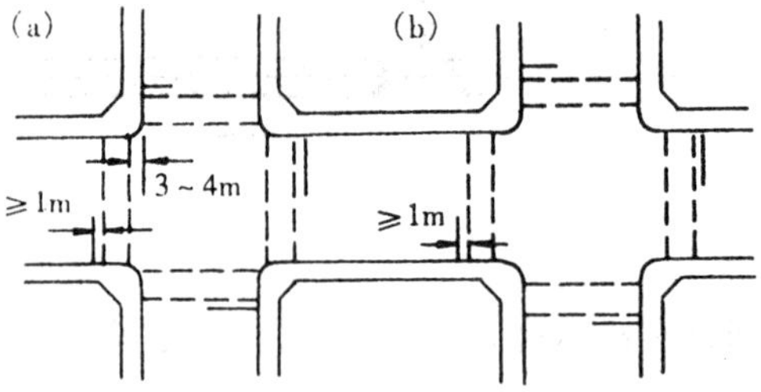

图11-45　交叉口行人横道的布置

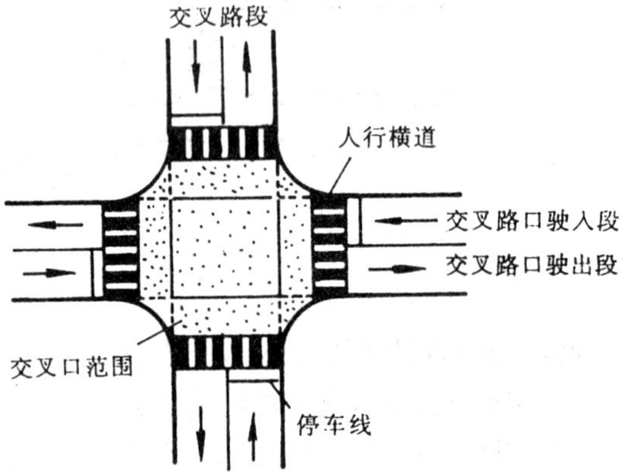

图11-46

11.4　交叉口几何构造规则

平面交叉按几何形状分为三岔、四岔和多岔交叉,或分为简单路口、加宽路口和渠化交叉。T形和Y形交叉同属于三岔交叉,十字形和X形同属于四岔交叉,多岔交叉常见的有环形交叉。

11.4.1　三岔交叉

交通量不大、车速不高、转弯车辆少的三、四级公路和城市支路的交叉口,可在转角处加铺路面,称为加铺转角式交叉,如图11-47所示。

图11-47　加铺转角式交叉

当交通量不大、转弯车辆较多,需采取设置导流岛、划分车道等措施时,可采用分道转弯式交叉,如图11-48。它一般适用于三、四级公路和主、次道路的连接。

当交通量较大、转弯车辆较多,根据转向交通量情况,需采取增设变速车道、转弯车道等措施时,可采用加宽路口式交叉。

(1) 主要道路右转弯交通量大时,可采用如图11-49所示的增设右转弯车道的 T 形交叉。一般适用于二级公路及城市主、次干路的交叉口。

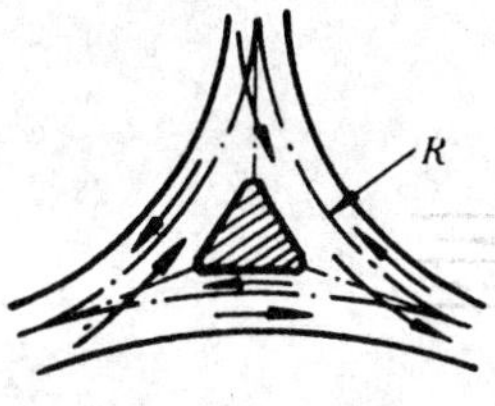

图 11-48　分道转弯式交叉

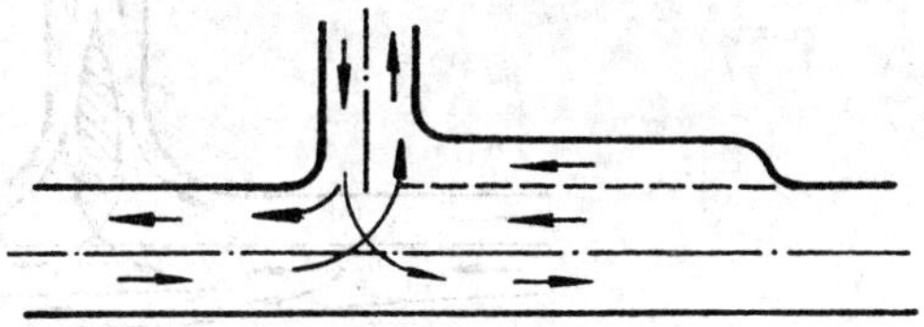

图 11-49　增设右转弯车道的 T 形交叉

(2) 主要道路交通量大、速度高，且以左转弯和直行运行为主、右转弯运行为次时，可采用如图 11-50 所示的增设左转弯车道的 T 形交叉。它可适用于二级公路及城市主、次干路的交叉口。

(3) 主要道路交通量大，且转弯交通量亦大时，可采用如图 11-51 所示的增设左转弯和右转弯车道的 T 形交叉。此种构造可适用于二级公路、城市主干道，以及快速路与其他道路的交叉口。

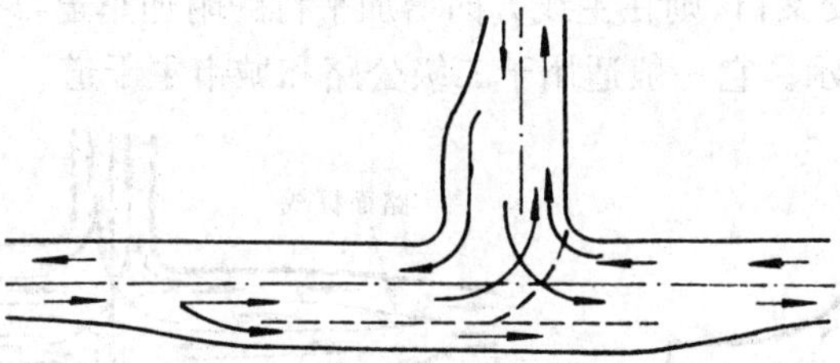

图 11-50　增设左转弯车道的 T 形交叉

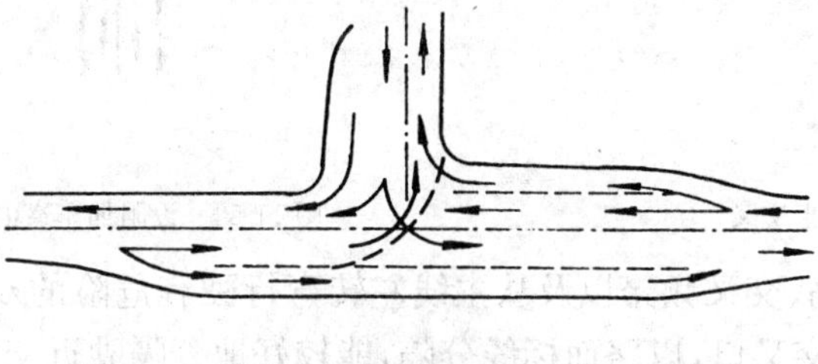

图 11-51　增设左转弯和右转弯车道的 T 形交叉

当各向交通量都较大的重要交叉口，根据左、右转弯车流的情况，可采用渠化的交通岛、分隔带方式，使穿越交叉口的车辆都通过分隔的车道运行，如图 11-52 所示，其中图(a)适用于双车道公路及城市主干道，图(b)适用于二级公路及城市快速路；图(c) 适用于三、四级公路及城市次干道。

11.4.2　四岔交叉

1. 简易十字形交叉

简易十字形交叉适用于交通量较小的三、四级公路和地方道路，也可用于斜交角不大于 30°和转弯交通量较小的主要道路和次要道路的交叉，只需将转角处以适当半径的圆弧连接，加铺转角处路面，如图 11-53 所示。

2. 设附加车道的十字形交叉

当主要道路的交通量接近该路连续车流通行能力，或主要道路的直行交通和穿越交通达

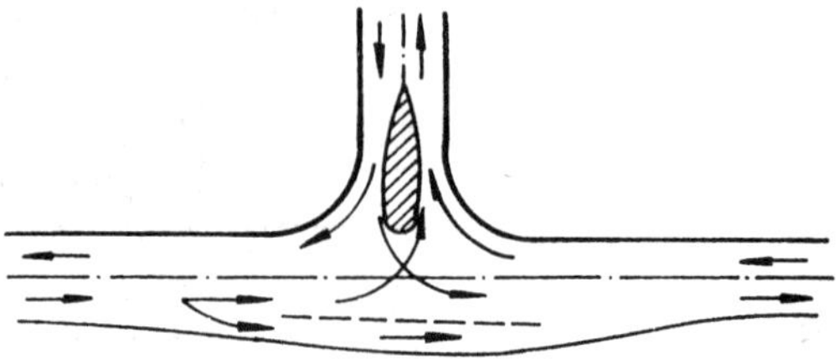

(a)

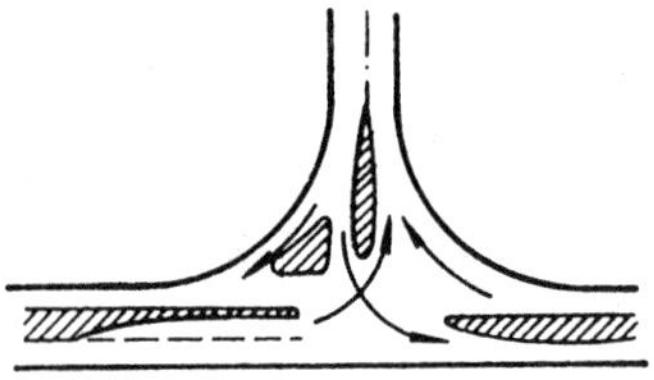

(b)

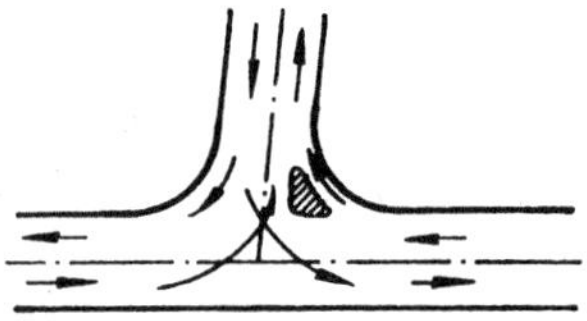

(c)

图 11-52 渠化的 T 形交叉

到需要交通信号控制的交叉口,则在主线方向增加平行的附加车道,以提高直行和转弯运行的通行能力,如图 11-54 所示。它一般适用于二级公路和城市主干道。

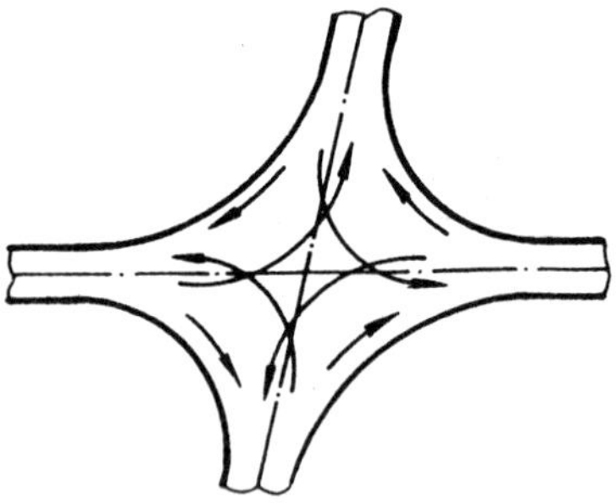

图 11-53 简易十字形交叉

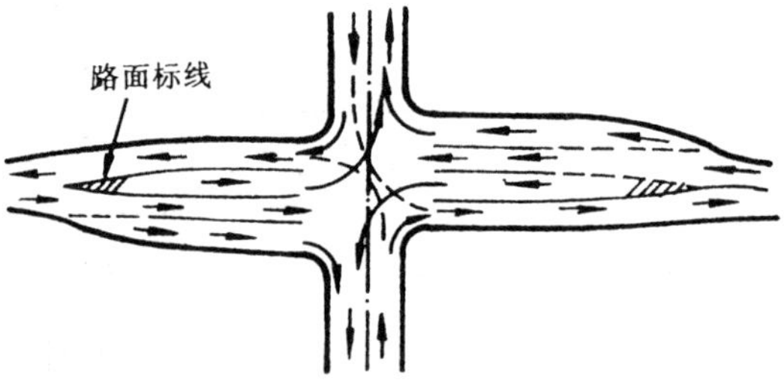

图 11-54 设附加车道的十字形交叉

当交通量大、车速高、交叉频繁以及从主线左转弯行驶有危险的双车道公路交叉口,可采用图 11-55 所示的加宽交叉口,以路面标线分隔,能较好地分隔驶近交叉口的车流并保护左转弯运行的车辆。它不采用交通岛而用路面标线,对速度较高的公路交叉口更为安全。

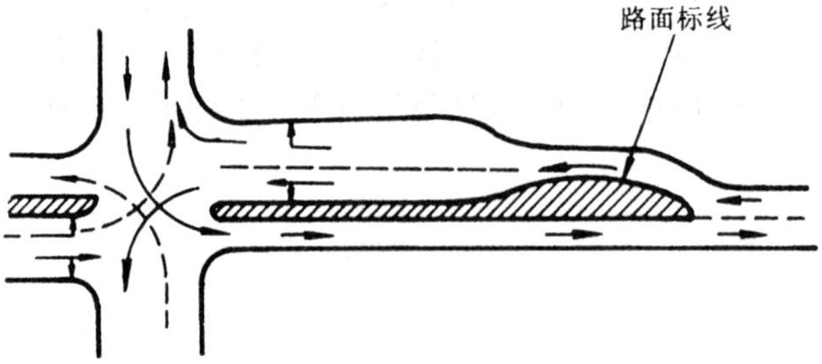

图 11-55 加宽交叉口的十字形交叉

3. 渠化十字形交叉

对交通量较大、转弯运行重要的交叉口宜采用渠化交通岛布置。图 11-56(a)所示的交叉形式适用于有大型车辆转弯运行,以及转弯角度大大超过 90°的次要交叉口。当某一象限有繁重的直行交通和转弯交通同时存在时，用分隔岛对角分隔车流，将繁重的左转交通从主要交叉处移开，如图 11-56(b)所示，它对二级公路与城市道路连接时较为适用，如再以信号控制，可得到较高的运输效果。当两条等级高的公路相交或两条主干道相交时，可采用图 11-56(c)所示图形。

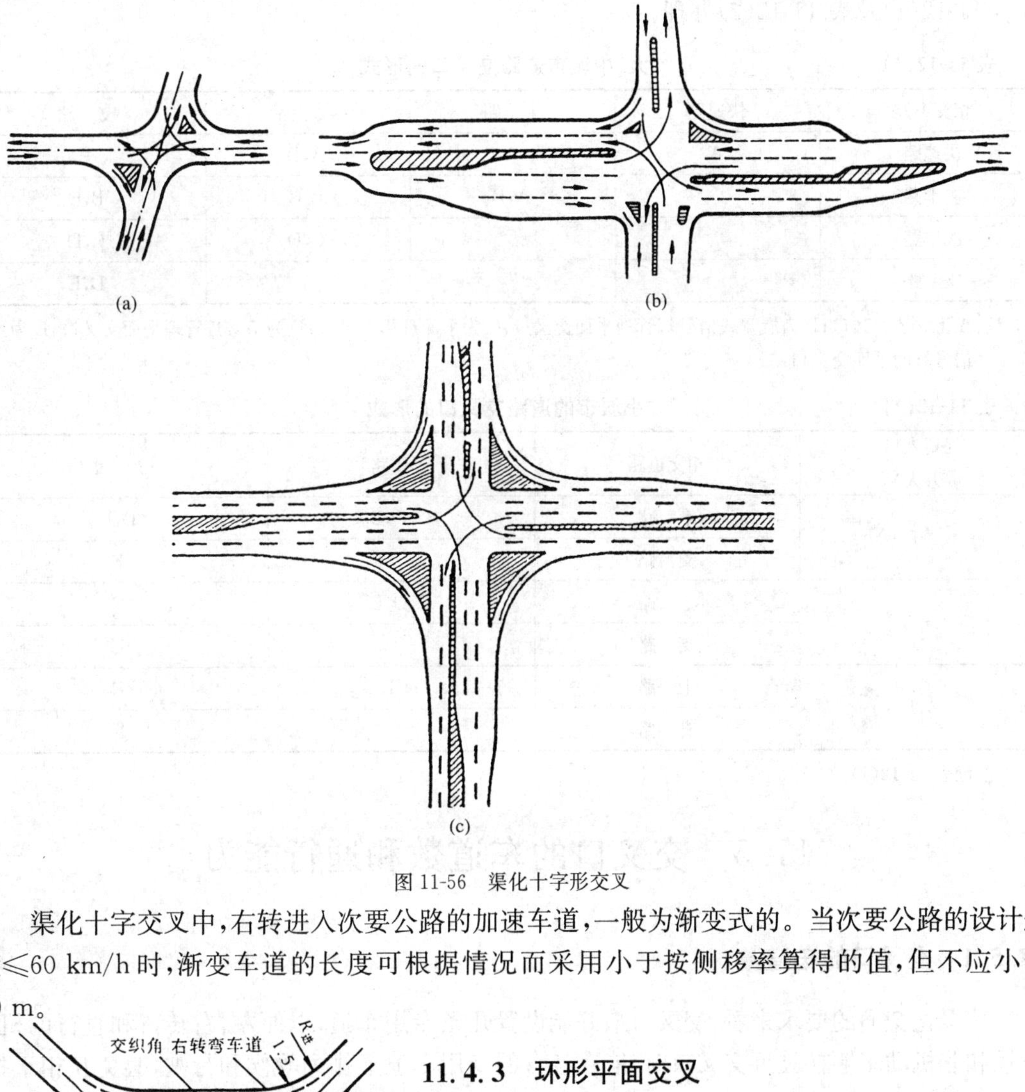

图 11-56　渠化十字形交叉

渠化十字交叉中，右转进入次要公路的加速车道，一般为渐变式的。当次要公路的设计速度≤60 km/h 时，渐变车道的长度可根据情况而采用小于按侧移率算得的值，但不应小于 50 m。

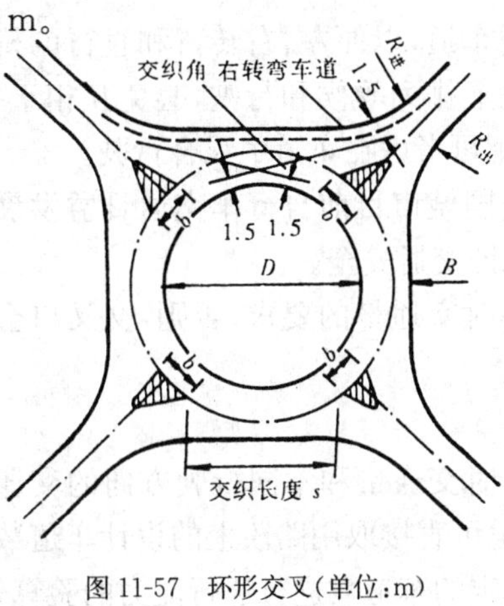

图 11-57　环形交叉(单位：m)

11.4.3　环形平面交叉

多条道路交叉，当交叉的总交通量为 500～3 000 辆/h，且左、右转弯车辆较多时，可考虑采用环形交叉，如图 11-57 所示。环形交叉中心岛的大小应根据交织段所需长度而定。岛的形状一般为圆形。当各岔的交通量有显著差别或岔路间隔不一时，岛的边缘可为复合曲线。

对于公路环形交叉(亦称“入口让路”环形交叉)适用于一条四车道公路和一条双车道公路相交的交叉，

以及两条高峰小时不明显的四车道公路相交的交叉。

城市环形交叉口适用于中小城市和大城市的非中心区等交通量不大、信号灯设置不方便的交叉口、四路以上的交口以及有特殊景观要求的交叉口。

在城市道路规划设计时,道路交叉口的形式可依照《城市道路交通规划设计规范》的规定,按表11-12(1)及表11-12(2)办理。

表11-12(1)　　大、中城市道路交叉口的形式

相交道路	快速路	主干路	次干路	支　路
快速路	A	A	A,B	—
主干路		A,B	B,C	B,D
次干路			C,D	C,D
支　路				D,E

注:A为立体交叉口;B为展宽式信号灯管理平面交叉口;C为平面环形交叉口;D为信号灯管理平面交叉口;E为不设信号灯的平面交叉口。

表11-12(2)　　小城市的道路交叉口的形式

规划人口(万人)	相交道路	干　路	支　路
>5	干　路	C,D,B	D,E
	支　路		E
1~5	干　路	C,D,E	E
	支　路		E
<1	干　路	D,E	E
	支　路		E

注:同表11-12(1)。

11.5　交叉口的车道数和通行能力

11.5.1　交叉口的车道数

从渠化交通的要求来看,交叉口最好能设置几条专用车道,以便左、右转弯和直行的机动车辆和非机动车辆在驶近交叉口时,能在各自的专用车道上排列等候和行驶,避免互相干扰。但在交通量较小的道路上设置过多的车道,显然不经济,则可考虑在车道中混合行驶。

在确定交叉口的车道数和车道宽度时,必须考虑到我国城市目前自行车交通日益发展的客观需要。尽可能组织机动车和非机动车分流行驶,以保证交通安全。

所设置的车道数,其通行能力的总和必须大于高峰小时交通量的要求,否则,交叉口会产生交通拥挤和阻塞的现象。

交叉口的车道数可按以下方法确定:

首先选定交叉口的形式,然后根据设计年限的高峰小时交通量和不同行驶方向的交通组成,进行交通组织设计。由此初步定出车道数(该车道数也可直接取用路段上的设计车道数进行交通组织设计),按照所确定的交通组织设计方案,对初定的车道数进行通行能力的验算,如车道通行能力的总和小于高峰小时交通量的要求，则必须增加车道，重新验算，直到满足交通量的要求为止。

由于交叉口受到交通指挥信号的影响，在相同车道数的情况下，交叉口车道的通行能力一般总是比路段上车道的通行能力来得小，所以，交叉口的车道数不应少于路段上的车道数。为了能够充分发挥整条道路的通行能力，交叉口的设计通行能力应与路段上的通行能力相适应。即使近期的交通量没那么大，也应为远期的增设车道或拓宽车行道控制好用地。为了便于交通组织和提高通行能力，交叉口的车道数最好比路段上的车道数多设一条。

11.5.2　交叉口的通行能力

当交叉口采用自动信号灯管理交通时，交叉口的通行能力，决定于红绿灯信号的周期以及每一个周期内开放绿灯时所能通过的车辆数。

通常，信号灯管制的交叉口按停止(车)线法计算交叉口的设计通行能力，即以交叉口的停车线作为基准断面。凡是通过了停车线断面的车辆，即认为已通过了交叉口，据此来计算停车线断面上不同行驶方向车道的1h最大通过量，即得该车道的通行能力。

我国现行的交通指挥信号规则规定：

(1) 绿灯亮时，准许车辆、行人通行，但转弯的车辆不准妨碍直行的车辆和被放行的行人通行；

(2) 黄灯亮时，不准车辆、行人通行，但已越过停止线的车辆和已进入人行横道的行人可以继续通行；

(3) 红灯亮时，不准车辆、行人通行；

(4) 绿色箭头灯亮时，准许车辆按箭头所示方向通行；

(5) 黄灯闪烁时，车辆、行人须在确保安全的原则下通行。

右转弯车辆和T形路口右边无横道的直行车辆，遇有前面(2)、(3)项规定时，在不妨碍被放行的车辆和行人通行的情况下，可以通行。前两项规定亦适用于列队行走和赶、骑牲畜的人员。

通常采用的三显示交通信号为红、绿、黄三色(图11-58)，多用于交通繁忙的交叉口，其中黄灯显示起清除车辆作用，出现的顺序为绿、黄、红，并周而复始。

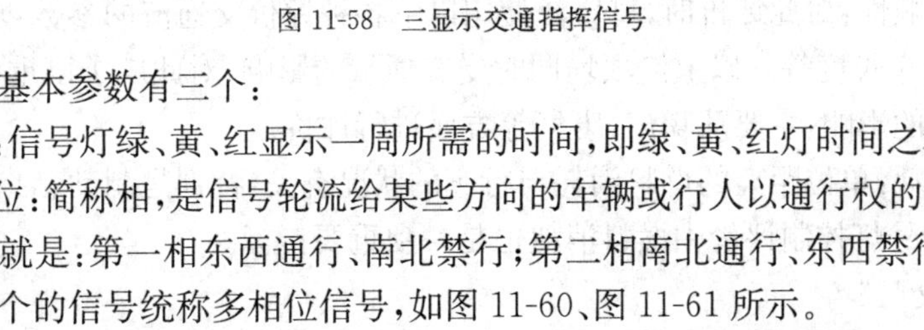

图11-58　三显示交通指挥信号

交通信号的基本参数有三个：

(1) 周期长：信号灯绿、黄、红显示一周所需的时间，即绿、黄、红灯时间之和。

(2) 信号相位：简称相，是信号轮流给某些方向的车辆或行人以通行权的一种次序。最常用的两相位信号就是：第一相东西通行、南北禁行；第二相南北通行、东西禁行，如图11-59所示。相位超过两个的信号统称多相位信号，如图11-60、图11-61所示。

多相位信号尚有各信号相的次序安排问题。信号相位越多，交通越安全，但交叉路口的通行能力则相应降低。

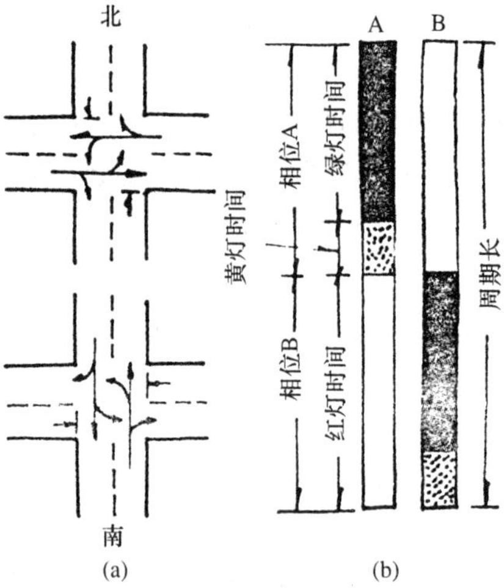

图 11-59　两相位信号控制

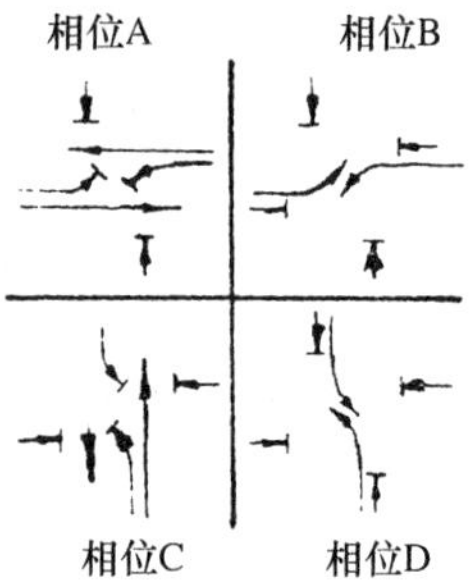

图 11-60　四相位交通信号控制

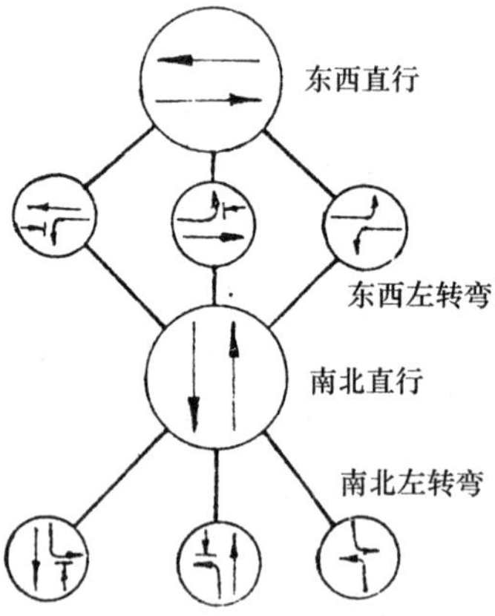

图 11-61　八相位交通信号控制

(3) 绿信比:是一个相位的绿灯时间与周期时间之比,一般用百分比(%)来表示。

此外,用以线控制或面控制的系统协调联动信号还有一个参数,即相位差,它表示相邻两个交叉路口同一方向或同一相的绿灯起始时间之差,是使联动信号提高通行效率的重要参数。

设置信号灯的目的是希望交通能安全和通畅。但若信号灯设置不当,反而会造成多余的车辆延误和交通事故。某处是否需实施信号控制,主要是考察该处交通繁忙程度和事故多少。因此,在装灯之前,必须进行必要的论证。

道路交通使用信号控制后,要对其控制效果进行评价,并据此逐渐改善控制方式,从而提高控制效果。在评价交通信号控制时,可从以下几个方面进行考察:

(1) 安全性:主要评价使用或改进信号控制前后的交通安全效果。评价时使用的资料一般为交通事故档案。考察期至少要 6 个月。同时还要搜集与事故有关的资料:① 路线的车辆行驶公里数、横穿交通量等交通条件;② 道路宽度、视距、横穿设施各种交通分流程度等道路条件;③ 时间、气候、气象条件。

(2) 交通平顺性:对此评价时,可广泛使用以下各种评价交通流的参数:旅行时间、延误时间、停车次数、阻车长度等。以上诸项均同时受交通量的影响,对此应予以重视。

(3) 对环境的影响:主要从噪声、废气等方面进行评价。

(4) 燃料消耗:单位距离的燃料消耗与行车的状况有关,特别是制动、启动耗油量较大,故对于交叉路口信号灯控制评价中燃料消耗也是一项重要指标。

1. 十字形交叉

十字形交叉口的设计通行能力为各进口道设计通行能力之和。

(1) 各种直行车道的设计通行能力

① 直行车道设计通行能力按下式计算：

$$N_s = 3\,600\psi_s[(t_g - t_1)/t_{is} + 1]/t_c \tag{11-3}$$

式中　N_s——一条直行车道设计通行能力(辆/h)；

t_c——信号周期(s)；

t_g——信号周期内的绿灯时间(s)；

t_1——变为绿灯后第一辆车启动并通过停止线的时间(s)，可采用 2.3 s；

t_{is}——直行或右行车辆通过停止线的平均间隔时间(s/辆)，以小客车为准时，可采用 2.5 s；以大型车为主时，可采用 3.5 s；

ψ_s——直行车道通行能力折减系数，可采用 0.90；

$\frac{t_g - t_1}{t_{is}}$——绿灯时间内连续车流通过停止线的时间间隔数；

$\frac{t_g - t_1}{t_{is}} + 1$——绿灯时间通过的车辆数；再乘以每小时周期数$\frac{3600}{t_c}$及折减系数 ψ_s，即为车道的设计通行能力。

② 直右车道的设计通行能力按下式计算：

$$N_{sr} = N_s \tag{11-4}$$

式中　N_{sr}——一条直右车道的设计通行能力(辆/h)。

③ 直左车道的设计通行能力按下式计算：

$$N_{sl} = N_s(1 - \beta_1'/2) \tag{11-5}$$

式中　N_{sl}——一条直左车道的设计通行能力(辆/h)；

β_1'——直左车道中左转车所占比例。

④ 直左右车道设计通行能力按下式计算：

$$N_{slr} = N_{sl} \tag{11-6}$$

式中　N_{slr}——一条直左右车道的设计通行能力(辆/h)。

(2) 进口道设有专用左转与专用右转车道时，设计通行能力应按本面车辆左、右转比例计算。先计算本面进口道的设计通行能力，再计算专用左转及专用右转车道的设计通行能力。

① 进口道设计通行能力按下式计算：

$$N_{elr} = \sum N_s/(1 - \beta_1 - \beta_r) \tag{11-7}$$

式中　N_{elr}——设有专用左转、右转车道时，本面进口道的设计通行能力(辆/h)；

$\sum N_s$——本面直行车道设计通行能力之和(辆/h)；

β_1——左转车占本面进口道车辆的比例；

β_r——右转车占本面进口道车辆的比例。

② 专用左转车道设计通行能力按下式计算：

$$N_1 = N_{elr}\beta_1 \tag{11-8}$$

式中　N_1——专用左转车道的设计通行能力(辆/h)。

③ 专用右转车道设计通行能力按下式计算：

$$N_r = N_{elr}\beta_r \tag{11-9}$$

式中　N_r——专用右转车道的设计通行能力(辆/h)。

(3) 进口道设有专用左转车道而未设专用右转车道时，专用左转车道的设计通行能力 N_1

按本面左转车辆比例 β_l 计算,如下式:

$$N_{el}=\sum N_{sr}/(1-\beta_l) \tag{11-10}$$

式中 N_{el}——设有专用左转车道时,本面进口道设计通行能力(辆/h);

$\sum N_{sr}$——本面直行车道及直右车道设计通行能力之和(辆/h)。

$$N_l=N_{el}\beta_l \tag{11-11}$$

(4) 进口道设有专用右转车道而未设专用左转车道时,专用右转车道的设计通行能力 N_r 按本面右转车辆比例 β_r 计算,如下式:

$$N_{er}=\sum N_{sl}/(1-\beta_r) \tag{11-12}$$

式中 N_{er}——设有专用右转车道时,本面进口道的设计通行能力(辆/h);

$\sum N_{sl}$——本面直行车道及直左车道设计通行能力之和(辆/h)。

$$N_r=N_{er}\beta_r \tag{11-13}$$

(5) 在一个信号周期内,对面到达的左转车超过3~4辆时,应折减本面各种直行车道(包括直行、直左、直右及直左右等车道)的设计通行能力。

当 $N_{le}>N'_{le}$ 时,本面进口道的设计通行能力按下式折减:

$$N'_e=N_e-n_s(N_{le}-N'_{le}) \tag{11-14}$$

式中 N'_e——折减后本面进口道的设计通行能力(辆/h);

N_e——本面进口道的设计通行能力(辆/h);

n_s——本面各种直行车道数;

N_{le}——本面进口道左转车道的设计通行能力(辆/h);

$$N_{le}=N_e\beta_e \tag{11-15}$$

N'_{le}——不折减本面各种直行车道设计通行能力的对面左转车数(辆/h)。当交叉口小时为 $3n$;交叉口大时为 $4n$。n 为每小时信号周期数。

【例题】 如图11-62所示十字形交叉口,求该交叉口的设计通行能力。已知每个信号周期绿灯时间为25 s,黄灯时间为5 s,红灯时间为30 s(图11-63)。右转及左转车各占本面的15%,$t_1=2.3$ s,$t_{is}=2.5$ s,$\varphi_s=0.9$。

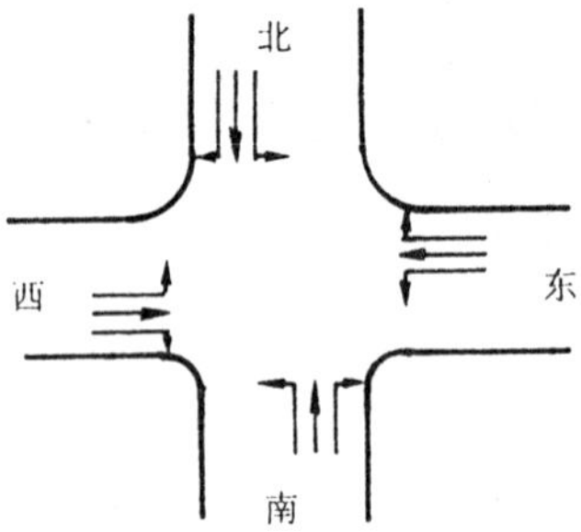

图11-62

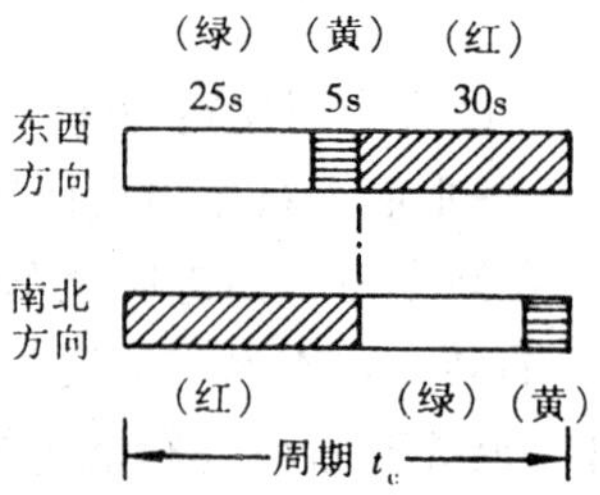

图11-63

解 (1) 直行车一条车道的设计通行能力

$$N_s=3\,600\varphi_s[(t_g-t_1)/t_{is}+1]/t_c$$
$$=3\,600\times0.9[(25-2.3)/2.5+1]/(25+30+5)=544\text{ 辆/h}$$

(2) 本面进口道的设计通行能力

$$N_{elr}=\sum N_s/(1-\beta_l-\beta_r)=544/(1-0.15-0.15)=777\text{ 辆/h}$$

(3) 专用左转车道的设计通行能力

$$N_l=N_{elr}\beta_l=777\times15\%=117\text{ 辆/h}$$

(因 $N_l<4\times60$,不必折减直行车道的设计通行能力。)

(4) 专用右转车道的设计通行能力

$$N_r=N_{elr}\beta_r=777\times15\%=117\text{ 辆/h}$$

(5) 交叉口总通行能力

$$4\times777=3108\text{ 辆/h}$$

2. T 形交叉

T 形交叉设有信号灯时,设计通行能力为各进口道设计通行能力之和。

(1) 情况 1,如图 11-64 所示。总设计通行能力为 A,B,C 各进口道通行能力之和。还应验算 C 进口道左转车对 B 进口道通行能力的折减。

① A 进口道设计通行能力按式(11-3)计算;

② B 进口道为直右车道,设计通行能力用式(11-4)计算;

③ C 进口道为直左车道,设计通行能力用式(11-5)计算,当 C 进口道每个信号周期的左转车超过 3～4 辆时,应折减 B 进口道的设计通行能力,用式(11-14)计算。

(2) 情况 2,如图 11-65 所示。总设计通行能力为 A,B,C 各进口道通行能力之和,并应验算 C 进口道左转车对 B 进口道设计通行能力的折减。

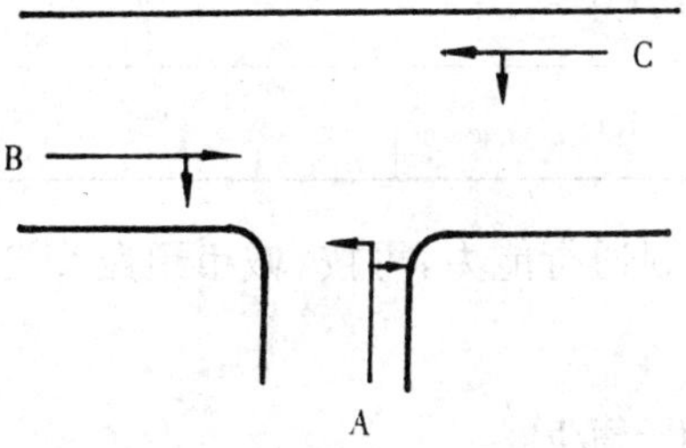

图 11-64

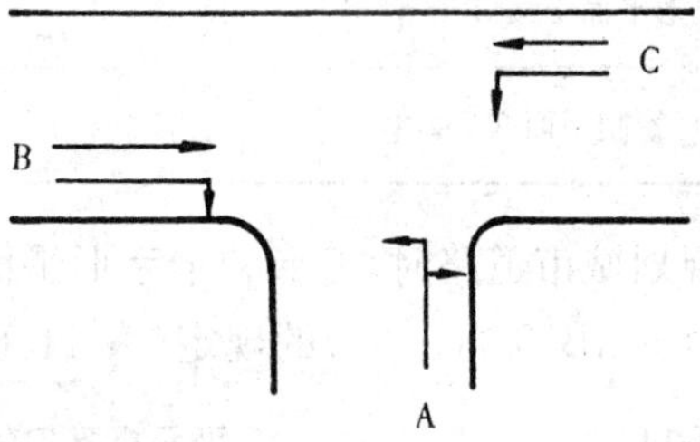

图 11-65

① A 进口道设计通行能力按式(11-3)计算;

② B 进口道设计通行能力按式(11-12)计算,式中 N_{sl} 为本面直行车道的设计通行能力;

③ C 进口道的直行车辆不受红灯信号控制,通行能力有较大提高,但交叉口的设计通行能力应受交通特性的制约。如直行车道的车流与对向车流大致相等时,则 C 进口道的设计通行能力可采用 B 进口道的数值。当 C 进口道每个信号周期的左转车超过 3～4 辆时,应折减 B 进口道的设计通行能力,用式(11-14)计算。

【例题】 如图 11-65 所示 T 形交叉情况 2 图式,已知信号周期 BC 方向绿灯时间为 40 s,红灯时间为 30 s,A 面绿灯时间为 25 s,黄灯时间为 5 s,左右转车辆各占本面的 15%,$t_1=2.3$ s,$t_{is}=2.5$ s,$\varphi_s=0.9$,试求 T 形交叉口总设计能力。

解　(1) 求 A 面设计通行能力。因 A 面左、右转车辆,在绿灯放行时不受任何干扰,通过

停止线的设计通行能力相当于直行方向的设计通行能力，即

$$N_s=3\,600\times0.9\times[(25-2.3)/2.5+1]/(40+30+5)=435(\text{辆/h})$$

(2) 求B面设计通行能力，即

$$N_s=3\,600\times0.9\times[(40-2.3)/2.5+1]/(40+30+5)=695(\text{辆/h})$$

$$N_{er}=N_s/(1-\beta_r)=695/(1-0.15)=818(\text{辆/h})$$

(3) 求C面设计通行能力。C进口道直行车辆可不受红灯制约，但交叉口设计通行能力受交通特性制约，随机到达交叉口直行车道的车流C面与B面大致相等，因此，C面直行车流量可等于B面的直行车流量，即

$$N_{el}=N_s(1-\beta_l)=695/(1-0.15)=818(\text{辆/h})$$

(4) 验算C面左转车是否超过每个周期3~4辆，而需折减B面的设计通行能力。

$$N_{le}=N_{el}\beta_l=818\times0.15=123(\text{辆/h})$$

$$N'_{le}=3n=3\times\frac{3\,600}{40+30+5}=144(\text{辆/h})$$

因 $N_{le}<N'_{le}$，不必折减B面直行车道的设计通行能力。

(5) T形交叉口总的设计通行能力为

$$435+818+818=2017(\text{辆/h})$$

计算平面交叉口的通行能力时，车辆的换算系数按表11-13规定。

表11-13　　平面交叉口车种换算系数

交叉口形式 \ 车种	小客车	普通汽车	铰接车
环形平面交叉口	1	1.4	2
信号灯管制平面交叉口	1	1.6	2.5

在规划城市道路时，T形和十字形平面交叉口的规划通行能力，可按《城市道路交通规划设计规范》(GB50220—95)的规定(表11-14)参考采用。

表11-14　　平面交叉口的规划通行能力(千辆/h)

相交道路等级	交叉口形式			
	T形		十字形	
	无信号灯管理	有信号灯管理	无信号灯管理	有信号灯管理
主干路与主干路	—	3.3~3.7	—	4.4~5.0
主干路与次干路	—	2.8~3.3	—	3.5~4.4
次干路与次干路	1.9~2.2	2.2~2.7	2.5~2.8	2.8~3.4
次干路与支路	1.5~1.7	1.7~2.2	1.7~2.0	2.0~2.6
支路与支路	0.8~1.0	—	1.0~1.2	—

注：① 表中相交道路的进口道车道条数：主干路为3~4条，次干路为2~3条，支路为2条；
② 通行能力按小客车计算。

按车道的通行能力和交通量的要求来确定车行道的车道数和宽度，这仅仅是从交通这个矛盾的主要方面来考虑的；此外，还应结合车辆的交通组织、相交道路的等级、交叉口周围的建筑等方面来综合确定。

11.6　交叉口的视距

对无交通控制(没有信号和停车标志控制)的平交路口，特别在交通量少的情况下，交叉视距可采用各相交道路的停车视距 $s_{停}$。由停车视距($s_{停}$)所组成的三角形称为视距三角形(图 11-66)，在视距三角形的范围内不能有任何阻碍司机视线的障碍物。

视距三角形应以最不利的情况来绘制，绘制的方法和步骤如下：

(1) 首先计算或确定停车视距 $s_{停}$，计算方法参见第四章。规范值见表 11-15。

(2) 根据交叉口的具体情况，找出行车可能的最危险冲突点。例如：

十字形交叉口，最危险的冲突点是在最靠右边的第一条直行机动车道的轴线与相交道路最靠中心的一条左转车道的轴线所构成的交叉点(图 11-66)。

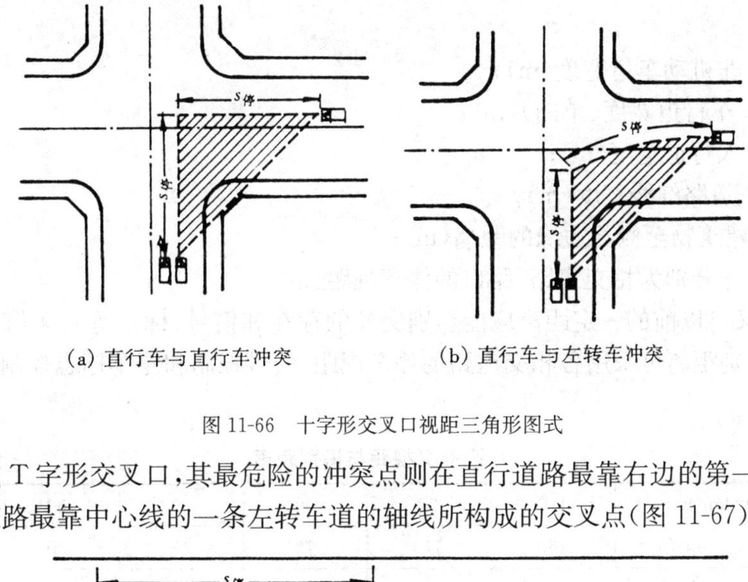

(a) 直行车与直行车冲突　　(b) 直行车与左转车冲突

图 11-66　十字形交叉口视距三角形图式

Y 字形或 T 字形交叉口，其最危险的冲突点则在直行道路最靠右边的第一条直行车道的轴线与相交道路最靠中心线的一条左转车道的轴线所构成的交叉点(图 11-67)。

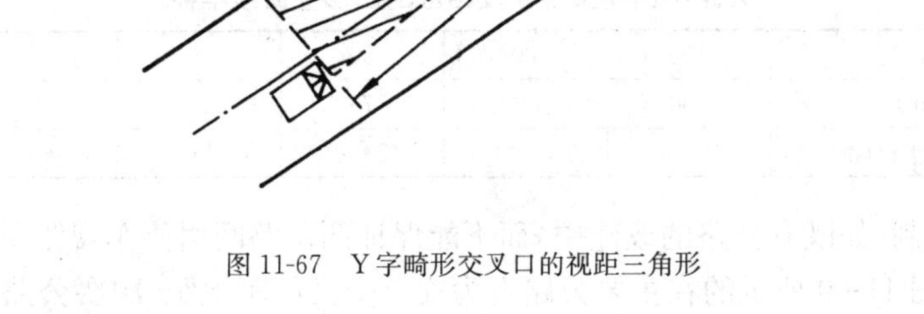

图 11-67　Y 字畸形交叉口的视距三角形

(3) 从最危险的冲突点向后沿行车的轨迹线(可取行车的车道中线)各量取停车视距$s_{停}$值。

(4) 连接末端,在三条线所构成的视距范围内,不准有阻碍视线的障碍物存在。

"十"字形交叉路口视距截角图式见图11-68。

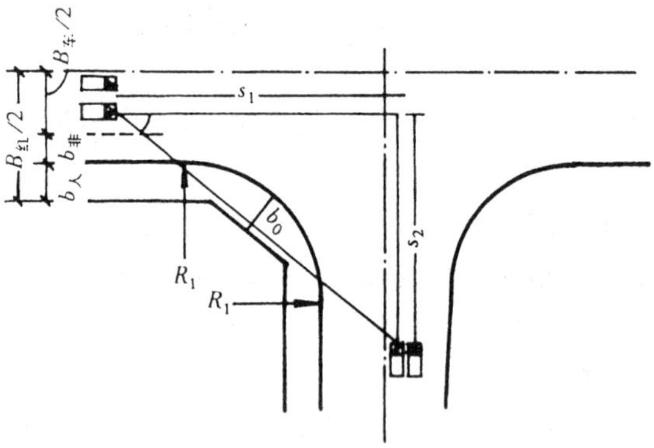

图11-68　视距三角形路口截角示意图

图中:$b_{非}$—非机动车道宽度(m);

$B_{车}$—车行道宽度(单向)(m);

$b_{人}$—人行道宽度(m);

$B_{红}$—道路红线宽度(m);

b_0—建筑物至侧石边缘的距离(m);

s_1,s_2—分别为相交道路、路口的停车视距(m)。

在平面交叉口以前的一定距离应能识别交叉的存在和信号、标志等。无信号控制和停车控制的交叉,识别距离可采用各相交道路的停车视距,信号控制和停车标志控制的识别距离规定见表11-15。

表11-15　　平面交叉视距与识别距离

计算行车速度(km/h)		100	80	60	40	30	20
停车视距(m)	一般值	160	110	75	40	30	20
	低限值	120	75	55	30	25	15
信号控制的识别距离(m)		—	350	240	140	100	60
停车标志控制的识别距离(m)		—	—	105	55	35	20

对于公路平面交叉视距及相应的凸形竖曲线半径规定见表11-16。

表11-16　　公路平面交叉视距及相应的凸形竖曲线半径

设计速度(km/h)	100	80	60	40	30	20
停车视距(m)	160	110	75	40	30	20
凸形竖曲线最小半径(m)	10700	5100	2400	700	400	200

当受条件限制(如既有公路的改建中)而不能保证两岔路间由停车视距所组成的通视三角区时,应保证如图11-69所示的在主要公路上为安全交叉停车视距,次要公路上至主要公路边

车道中心线为 5～7m 所组成的三角区内保持通视。安全交叉停车视距值规定见表 11-17。

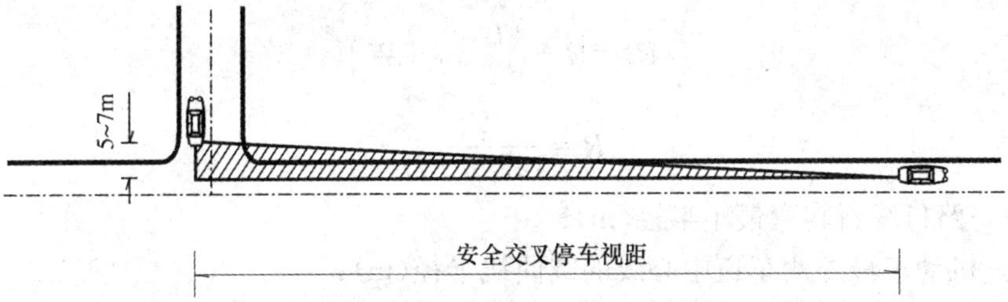

图 11-69　安全交叉停车视距三角区

表 11-17　　**安全交叉停车视距**

设计速度(km/h)	100	80	60	40	30	20
停车视距(m)	160	110	75	40	30	20
安全交叉停车视距(m)	250	175	115	70	55	35

11.7　交叉口转角的缘石半径

为了保证各种右转弯车辆能以一定的速度顺利地转弯，交叉口转角处的缘石应做成圆曲线或多圆心复曲线(图 11-70)等，一般多采用圆曲线。转角处的半径 R_1 称为缘石半径(图 11-71)。

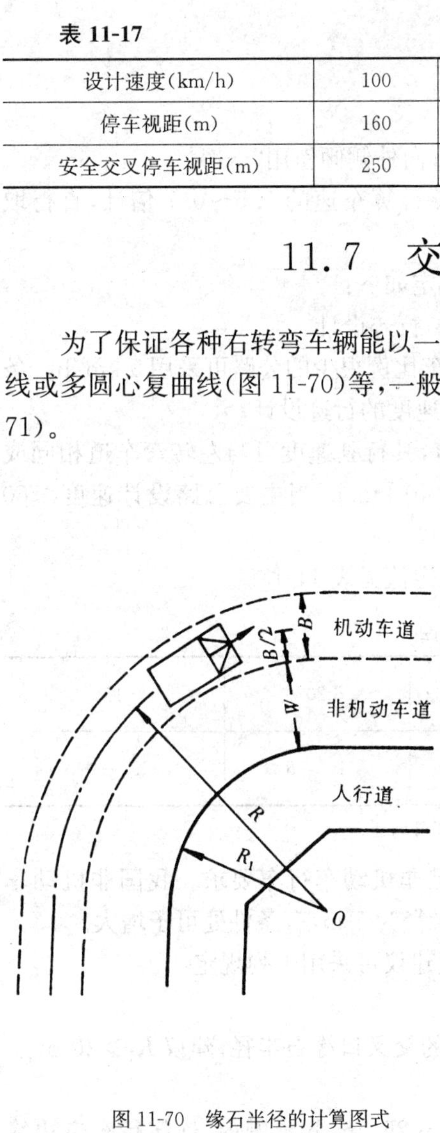

图 11-70　缘石半径的计算图式

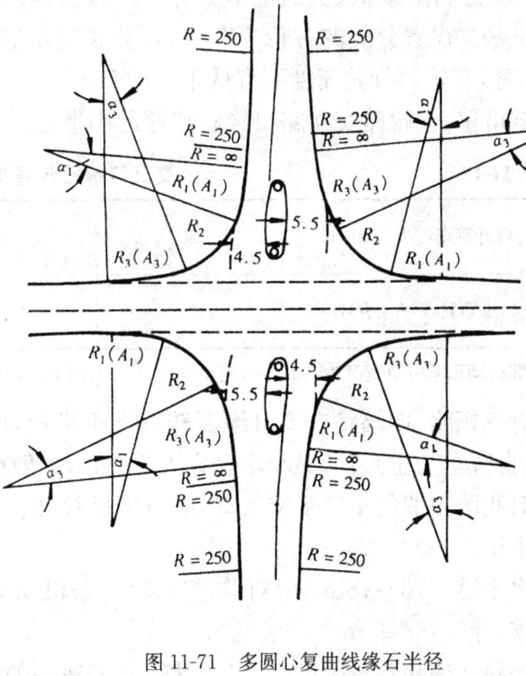

图 11-71　多圆心复曲线缘石半径

在有非机动车行驶的交叉口上，应根据交叉道路的性质和非机动车交通量的要求，设置适当宽的非机动车道，在一般情况下，应考虑至少能有两辆自行车并排通过。当直线部分的非机动车道较宽时，一般至少应采用 $W=3.0$ m。

单幅路、双幅路交叉路口缘石转弯最小半径按下式计算：

$$R_1=R-\left(\frac{B}{2}+e+W\right) \tag{11-16}$$

$$R=\frac{V_1^2}{127(\mu\pm i)} \tag{11-17}$$

式中 R_1——路口缘石转弯最小半径(m)；

R——机动车最外侧车道中心线的圆曲线半径(m)；

B——最外侧机动车道的宽度(m)一般取 $B=3.5$(m)；

e——最外侧机动车道的加宽值(m)；

W——路口转弯处非机动车道宽度(m)；

V_1——路口车辆右转弯计算行车速度(km/h)；

μ——横向力系数,可取0.15；

i——交叉路口路面横坡度,向内侧倾斜用"+"号；向外侧倾斜用"－"号。

城市平面交叉路口范围内的计算车速 V 按各级道路计算车速的0.5～0.7倍计,直行取高值,转弯取低值。

公路平交转弯曲线所采用的设计车型及行驶速度规定如下：

(1) 各级公路,应以表2-2中的鞍式列车(总长16 m)行迹设计。

(2) 左转变曲线的行驶速度采用5～15 km/h;大型车比例很少的公路可采用5 km/h。条件受限制时,可采用载重汽车(总长12 m)以较低速行驶速度的行迹设计。

(3) 公路等级低、交通量不大时,可不设右转弯车道,其行驶速度可与左转弯车道相同或略高一些。设置分隔的右转弯车道,行驶速度不宜大于40 km/h;当主要公路设计速度≤60 km/h时,右转弯行驶速度不宜低于它的50%。

城市单、双幅路交叉路口缘石转弯最小半径,规范规定值见表11-18。

表11-18　交叉口缘石转弯最小半径

右转弯计算车速 V_1(km/h)	30	25	20	15
交叉口缘石转弯半径 R_1(m)	33～38	20～25	10～15	5～10

* 非机动车车行道宽度为6.5 m时用小值,2.5 m时用大值,其余宽度可内插。

对三幅路、四幅路交叉口缘石转弯最小半径,应满足非机动车行车要求。我国非机动车(多以自行车为主)转弯最小半径宜大于3 m,一般最小半径为5 m,有条件处可予增大。

对我国一般的十字形交叉口,缘石半径 R_1 的最小值建议可采用下列规定：

主干道　20～25 m
次干道　10～15 m
支　路　6～9 m

但对单进口道(一条机动车道)的交叉口缘石半径,建议 $R_1>20$ m。

公路加铺转角式平面交叉口,其转弯车速一般在10～25 km/h范围内,连接行车道边缘的曲线半径应符合表11-19的规定。

在转弯车辆较多、车速较高的公路交叉路口,可采用设分车岛、划分车道等措施,而设置分道转弯式交叉,如图11-72所示。分道转弯的转弯半径 R 应根据转弯车速计算或确定,其值可参考平面交叉所规定的圆曲线半径，见表 11-20。

表 11-19　　**加铺转角式边缘的圆曲线半径**

公路等级		二		三		四	
		平原微丘	山岭重丘	平原微丘	山岭重丘	平原微丘	山岭重丘
右转弯车速(km/h)		20～25	15～20	15～20	15	10～15	10
不同交叉角的圆曲线半径(m)	45°	27～35	25～27	25～27	25	27～25	27
	60°	23～32	17～23	17～23	17	20～17	20
	80°	20～30	13～20	13～20	13	12～13	12
	90°	19～30	12～19	12～19	12	10～12	10
	100°	19～29	11～19	11～19	11	9～11	9
	120°	18～29	10～18	10～18	10	8～10	8
	135°	18～28	10～18	10～18	10	7～10	7

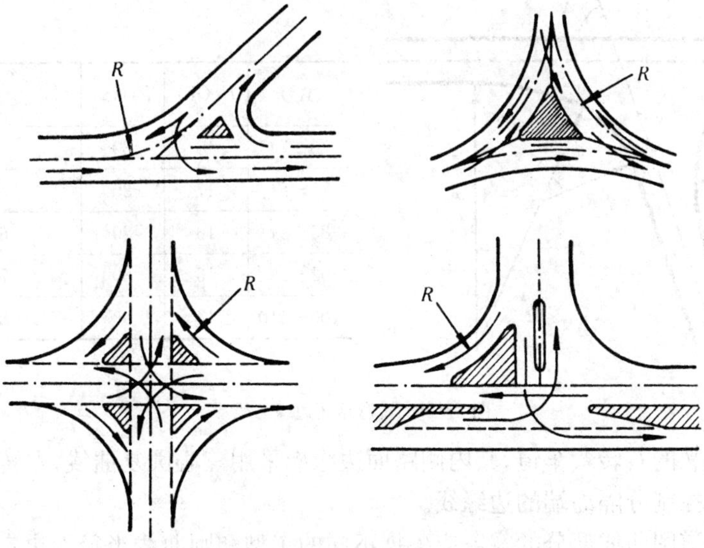

图 11-72　分道转弯式交叉

表 11-20　　**平面交叉圆曲线最小半径**

计算行车速度(km/h)	主要公路(m)		次要公路(m)
	一般值	极限值	
100	460	380	—
80	280	230	—
60	150	120	60
40	60	50	30
30	30	25	15
20	15	12	15

公路转弯路面内缘的最小圆曲线半径和线形要求规定如下：

(1) 鞍式列车在各种转弯速度情况下,路面内缘的最小圆曲线半径规定见表 11-21。

表 11-21　　路面内缘的最小半径

转弯速度(km/h)	≤15	20	25	30	40	50	60	70
最小半径(m)	15	20 (15)	25 (20)	30	45	60	75	90
最小超高(%)	2	2	2	2	3	4	5	6
最大超高(%)	一般值:6　　极限值:8							

注:条件受限制时,可采用括号内的值。

(2) 转弯路面边缘线形应符合车辆转弯时的行迹。

非渠化平面交叉以载重汽车为主,转弯路面边缘半径可采用 15m 的圆曲线。当按鞍式列车设计时,路面边缘应采用如图 11-73 所示的复曲线。

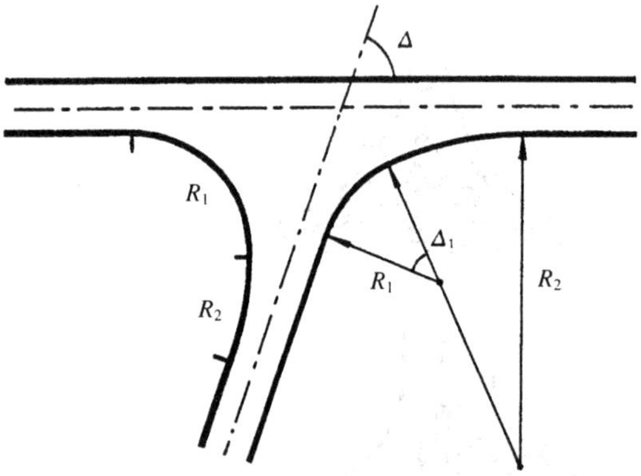

Δ(°)	R_1(m)	R_2(m)	$Δ_1$
70～74	18	80	53°30′～58°50′
75～84	17	80	58°55′～68°00′
85～91	16	80	69°00′～75°00′
92～99	15	80	76°00′～83°00′
100～110	14	90	84°00′～95°00′

图 11-73　转弯路面边缘的线形

渠化平面交叉的右转弯车道,其内侧路面边缘应采用三心圆复曲线;左转弯内侧路面边缘以一单圆曲线来控制分隔岛端的边缘线。

公路转弯车道圆曲线部分的宽度应根据不同的车型和圆曲线半径而决定。图 11-74 所示平面交叉,其转弯车道宽度可按表 11-22 采用。

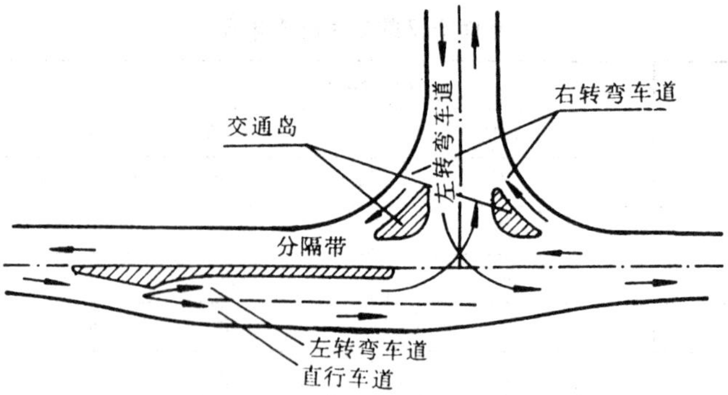

图 11-74　转弯车道

表 11-22　　**转弯车道圆曲线部分的宽度**

转弯圆曲线半径（m）	圆曲线部分宽度（m）	
	牵引式半挂车	载重汽车
＞13～＜14	8.5	5.5
＞14～＜15	8.0	
＞15～＜16	7.5	5.0
＞16～＜17	7.0	
＞17～＜19	6.5	
＞19～＜21	6.0	4.5
＞21～＜25	5.5	
＞25～＜30	5.0	4.0
＞30～＜40	4.5	
＞40～＜60	4.0	3.5
＞60	3.5	

平交范围转弯车道的加宽可采用第四章单车道部分的加宽值。其超高值由于转弯车速较低可采用较小的超高坡度。

11.8　平面交叉处公路的平纵线形

11.8.1　平面线形

(1) 平面交叉范围内两相交公路应正交或接近正交，且平面线形宜为直线或大半径曲线，不宜采用需设超高的曲线半径。

(2) 新建公路与等级较低的现有公路斜交时，应对次要公路在交叉前后一定范围内作局部改线，使交叉的交角不小于 70°。

T 形交叉中次要公路扭正改线（图 11-75）时，引道曲线与交叉中转弯曲线间应留长度不小于 25 m 的直线。当次要公路为二级公路时，引道曲线的半径应不小于 80 m；次要公路为三级及三级以下的公路时，此曲线半径应不小于 40～50 m。

当按公路性质和交通量需作渠化处理时，一般可保持钝角右弯车道的基本线形，并通过合理布置交通岛来保证其他转弯车道所需的线形，如图 11-76 所示。当斜交过甚时，钝角右转弯应改为 S 形曲线，以避免过大的导流岛。

斜交十字交叉中次要公路扭正应符合图 11-77 的要求。交点不变时（图 11-77(a)），次要公路的每一岔中需增设两个曲线，其中离交叉较远的曲线，其半径应不小于该公路的一般最小半径，并按要求设置缓和曲线；靠近交叉的曲线，其半径应不小于 45 m，并在远离交叉一端设置缓和曲线。改移交点时（图 11-77(b)），只在次要公路的一岔上出现 S 曲线，半径的要求同上。

(3) 受条件限制而不能按上述扭正十字交叉时，可将次要公路的两岔单独改线而组成如图 11-78 所示的两个错位的 T 形交叉。其中逆错位交叉只限于次要公路的过境交通量比例很小的情况下。

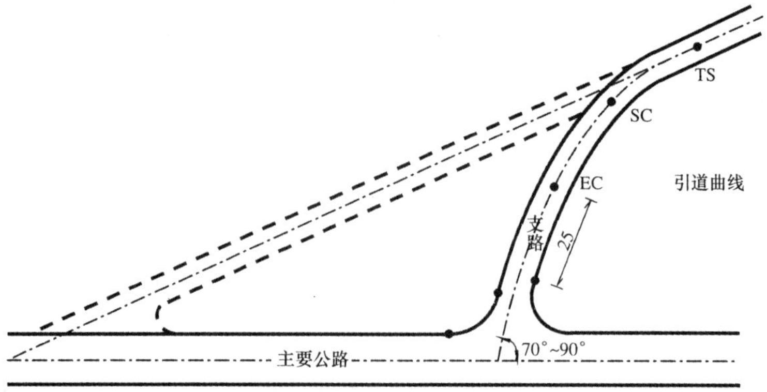

图 11-75　T 形交叉中斜交的扭正

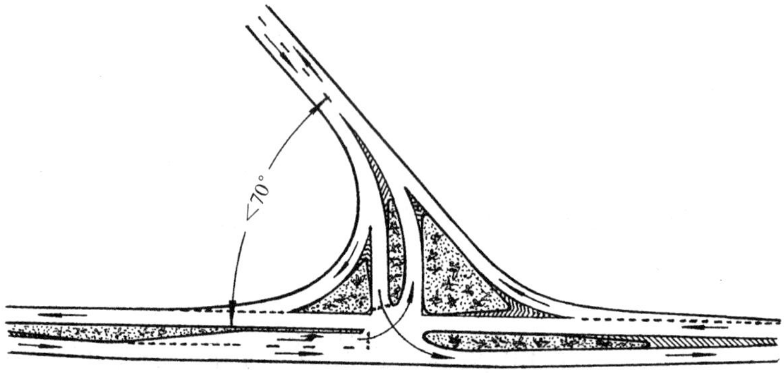

图 11-76　以渠化处理满足转弯所需的线形

错位交叉中，交角为 90°，次要公路引道的线形要求与斜交 T 形交叉扭正时相同。

(4) 当既有公路提高等级，扩容改建或路面大修时，为扭正交叉的改线中应采用较高的线形指标和作较长路段的改移。

11.8.2　纵面线形

(1) 平面交叉范围内，两相交公路的纵面宜平缓。纵面线形应满足停车视距的要求。

(2) 主要公路在交叉范围内的纵坡应在 0.15%～3%的范围内；次要公路紧接交叉的引道部分应以 0.5%～2.0%的上坡通往交叉，如图 11-79 所示。

(3) 主要公路在交叉范围内的圆曲线设置超高时，次要公路的纵坡应服从主要公路的横坡。若次要公路在交叉前后相当长的范围内纵坡的趋势与主要公路的横坡相反，则次要公路应设置 S 形竖曲线，如图 11-80 所示。

11.9　交叉口拓宽设计

当交叉口车行道的宽度不足时，为了提高交叉口的通行能力，常采用向道路的一侧或两侧拓宽的办法，增辟左、右转专用车道。

11.9.1　拓宽车道和拓宽位置

交叉口的拓宽取决于进口道各向的交通量、交通组织方式和车道的通行能力。增辟左、右

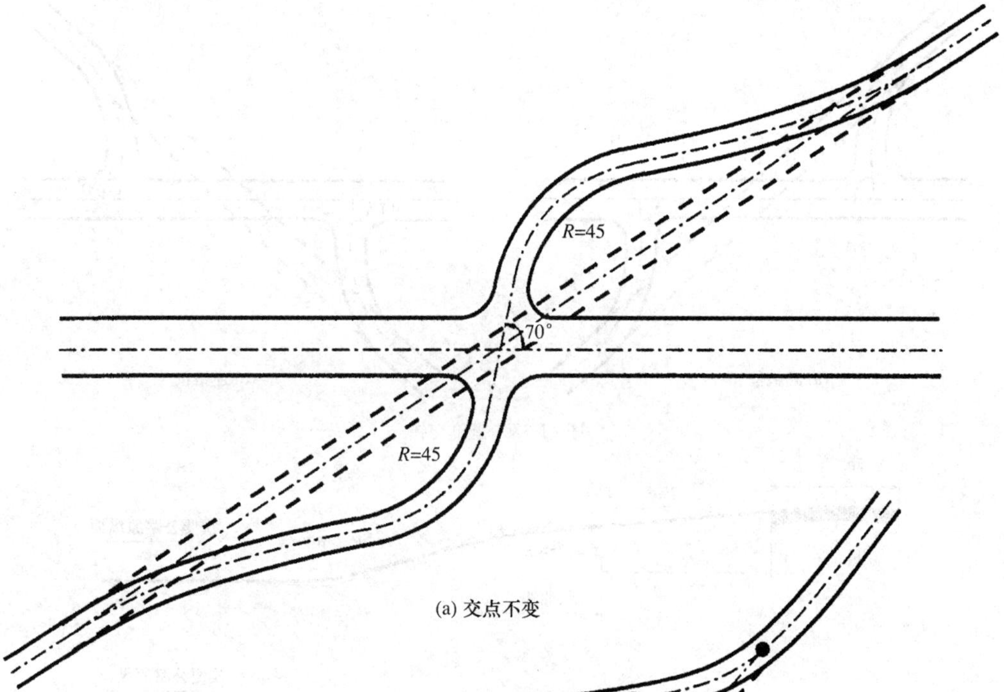

(a) 交点不变

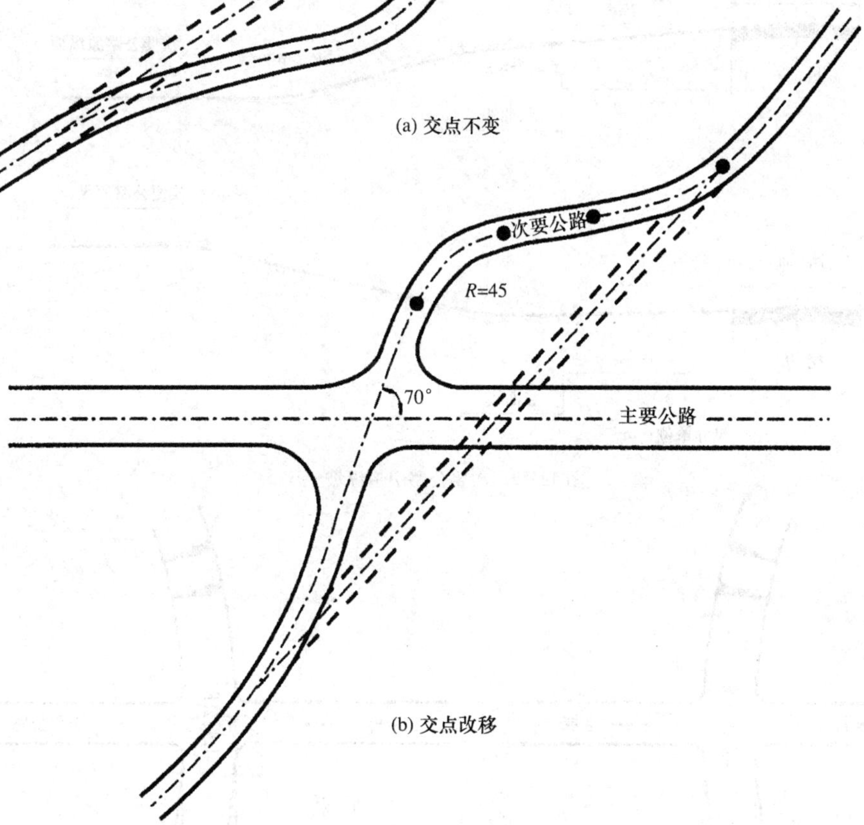

(b) 交点改移

图 11-77　斜交十字交叉的扭正

转专用车道的目的是为了提高交叉口的通行能力。

(1) 高峰小时一个信号周期进入交叉口的左转车辆多于 3 或 4 辆(小交叉口为 3,大交叉口为 4)时,应增设左转专用车道。设置方式可将原路中线向左偏移或借用中间分隔带。

高峰小时一个信号周期进入交叉口右转车辆多于 4 辆时,应增设右转专用车道。

(2) 交叉口进口道车道宽度,小型汽车车道可采用 3 m,混入普通汽车和铰接车的车道与左、右转专用车道可采用 3.5 m,最小为 3.25 m。设置方式可调整进口道范围内的车道宽度

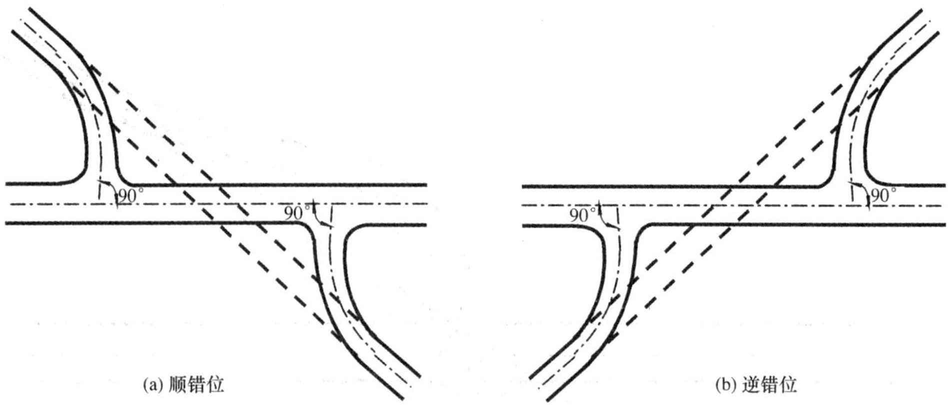

图 11-78　错位交错

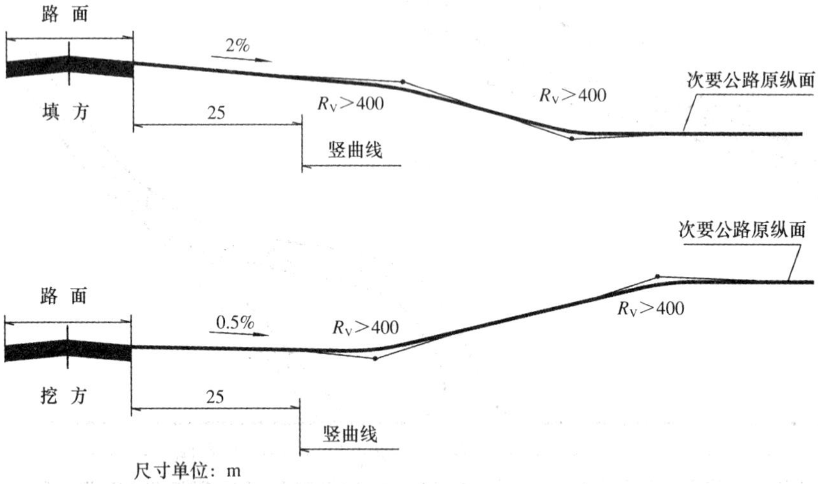

图 11-79　次要公路引道纵坡

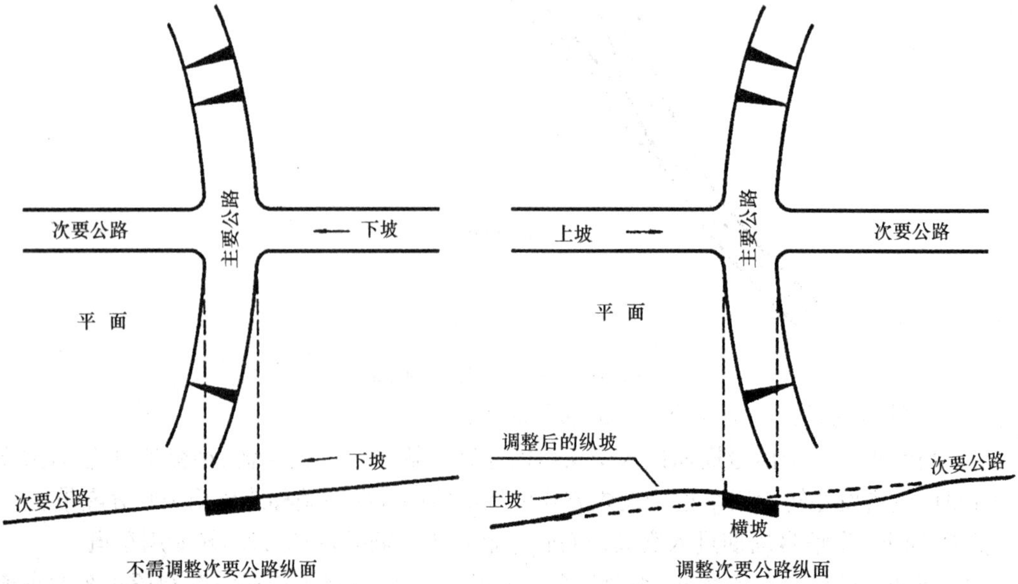

图 11-80　次要公路设置 S 形竖曲线

及压缩右侧道路的绿带，但不应压缩人行道宽度。

11.9.2　拓宽车道长度的计算

拓宽车道的长度 l'_w 值(图 11-81)，应能使右转车辆(如向进口道的左侧拓宽，则为左转车辆)从最大的候车车列的尾车驶入拓宽的车道，其长度为

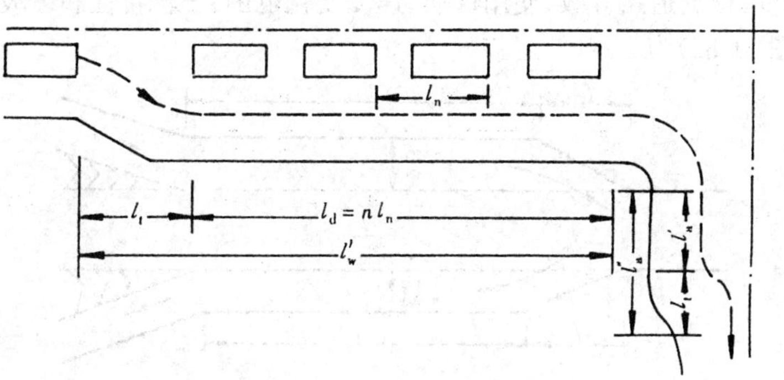

图 11-81　交叉口拓宽的计算图式

$$l'_w = l_d + l_t = nl_n + l_t \tag{11-18}$$

式中　n——一个信号周期的红灯和黄灯时间内到达最右侧直行车道的停候车数(辆)；

l_n——停候车辆的平均车头间隔(m)。与车型和停候间隔的不均匀状况有关，通过调查确定，一般 l_n 值：小客车为 6 m，大型车为 12 m；

l_t——过渡段长度，可采用横移一个车道所需时间 3 s 计算。

l_n，l_t 为定值，所以 l'_w 值取决于 n 值：

$$n = \frac{n_v}{n_s} \cdot \frac{t_c - t_g}{t_c} K_1 K_2 \quad (\text{辆}) \tag{11-19}$$

式中　n_v——平均每个信号周期到达的车辆数(辆)；

t_c——交通信号周期(s)；

t_g——每个信号周期内的绿灯时间(s)；

n_s——直行车道数；

K_1——每个周期到达车辆的不均匀系数，一般可采用 1.25；

K_2——最右侧车道停车长度的不均匀系数，可采用 1。

为了不影响相交道路上的直行车流，相交路口也拓宽加设一加速车道，该加速车道长度为 l''_a，即

$$l''_a = l'_a + l_t = \frac{v_2^2 - v_1^2}{2a} + l_t \quad (\text{m}) \tag{11-20}$$

式中　l'_a——车辆加速所需长度(m)；

l_t——过渡段长度(m)，同前；

v_1——车辆右转时的初速度(m/s)；

v_2——车辆加速后的末速度(m/s)；

a——车辆平均加速度(m/s^2)。

一般情况下，进口段长度 $l'_w=50\sim75$ m，出口段长度 $l''_a=20\sim40$ m，增辟段的宽度应不小于3.5 m。

平面交叉在需要加速合流和减速分流处，应设置加速或减速的变速车道。变速车道的线形应满足车辆在合流、分流和变速行驶中各处对速度的要求。变速车道由加(减)速车道段和渐变段组成。变速车道的宽度一般为3.5 m。

变速车道长度，根据道路等级、使用性质、速度变化范围、车辆特性和纵坡等因素经计算确定。其计算式(图11-82)为

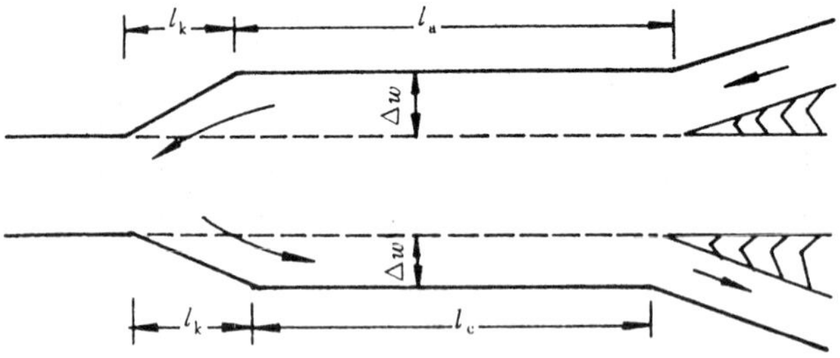

图11-82 变速车道长度

$$l_{变}=\frac{V_2^2-V_1^2}{26a}+l_k \tag{11-21}$$

式中 $l_{变}$——变速车道长度(m)；

V_1，V_2——分别为变速之初速度和末速度(km/h)；

a——加速或减速值(m/s^2)，规定：主要公路(次要公路)加速度为1.0 m/s^2(1.5 m/s^2)，减速度为2.5 m/s^2(3.0 m/s^2)；

l_k——渐变段长(m)，即横移一个车道所需之长度，可采用表11-23值或按下式计算：

$$l_k=V\frac{\Delta w}{6} \tag{11-22}$$

其中 V——计算车速(km/h)；

Δw——变速车道宽度(m)。

表11-23　　渐变段最小长度 l_k

设计速度(km/h)	100	80	60	40
渐变段长度(m)	60	50	40	30

变速车道为等宽车道时，渐变段长度 l_k 按表11-23采用。

变速车道为非等宽渐变式时，其长度应不小于按减速时1.0 m/s或加速时0.6 m/s的侧移率变换车道的计算值。

渠化十字交叉中，当次要公路为二级公路时，右转进入次要公路的加速车道宜采用渐变式变速车道；当次要公路为三、四级公路时，渐变式变速车道的长度可小于按侧移率算得的值，但不应小于50 m。

交通量不大，因非机动车和行人穿越需要设置转角导流岛时，可不设右转弯变速车道，而采用图11-32(b)中所示的“最小设计”。

依公式计算可得出规范所列表11-5所示一般情况下的变速车道长度(渐变段长度另加)。

11.10　环形交叉口设计

11.10.1　环形交叉口设计的主要内容

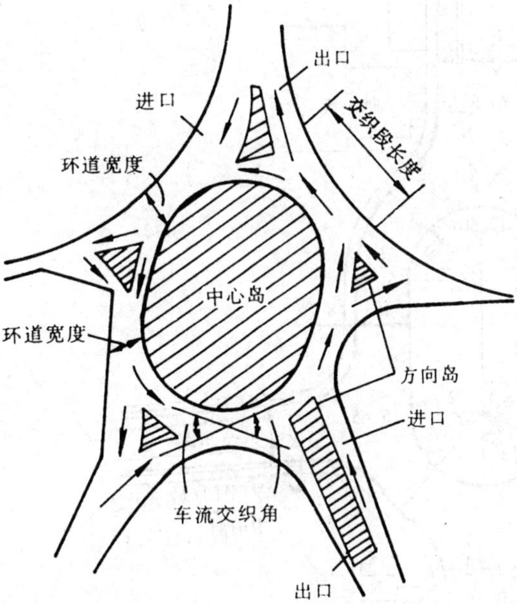

图 11-83　环形交叉口组成示意图

1. 中心岛的形状和尺寸

环形交叉是在交叉口中央设置一个中心岛，用环道组织渠化交通，驶入交叉口的车辆，一律绕岛作逆时针单向行驶，至所要去的路口离岛驶出。环形交叉口的组成如图 11-83 所示。

中心岛的形状和尺寸的确定，必须保证车辆能按一定车速以交织方式行驶来代替一般交叉口的车流交叉，即必须同时能满足行车速度以及进环和出环的车辆在环道上行驶时互相变换车道所需的交织距离的要求。

按中心岛直径大小分为三类：常规环形交叉口、小型环形交叉口、微型环形交叉口。

常规环形交叉口中心岛直径大于 25 m，交织段比较长，进口引道不拓宽成喇叭；小型环形交叉口中心岛直径小于 25 m，引道进口加宽，做成喇叭形；微型环形交叉口中心岛直径一般小于 4 m。

中心岛的形状有圆形、椭圆形、卵形、方形圆角等，它主要取决于相交道路的等级和角度，一般常用圆形。

根据行车速度所要求的圆形中心岛半径 R_d 可按第四章圆曲线半径计算，但因为绕岛行驶的车辆，是在紧靠中心岛的车道宽度 b 的中间行驶，实际采用的 R 值应减去$\frac{b}{2}$，即

$$R_d=\frac{V_r^2}{127(\mu\pm i)}-\frac{b}{2}\ \text{(m)} \tag{11-23}$$

式中　V_r——环道计算车速(km/h)。一般可采用相交道路路段计算车速的 0.7；

μ——横向力系数，取 0.14～0.18；

i——环道横坡，可取 1.5%，形成超高时取正值，形成反超高时取负值；

b——靠中心岛内侧车道宽度(m)，考虑加宽值在内可采用 5.5 m。图 11-84 为南京市鼓楼环形交叉口布置图。

公路平面环形交叉，又称作“入口让路”环形交叉，意即到达入口的车辆发现左方环道上有车辆，且无插入间隙时，应在入口等候，待机入环。入口应偏斜并拓宽为多车道，如图 11-85 所示。

对于公路平面环形中心岛的直径宜不小于 10 m。最小可采用 5 m，其形状除特殊需要者外，均应为圆形。

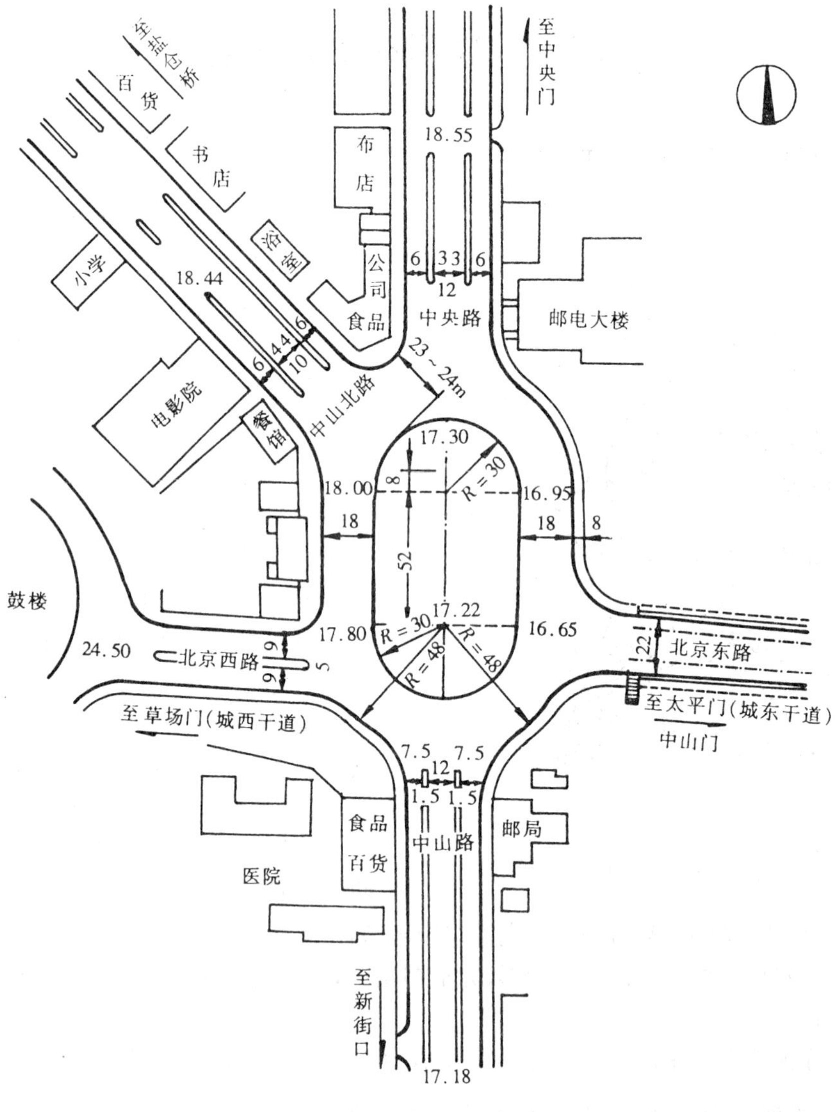

图 11-84　南京市鼓楼环形交叉口布置图(单位:m)

公路平面环交入口应符合如下要求:

(1) 入口应右偏且呈曲线形,并使入口左路缘的延长线不与中心岛相割。

(2) 入口应增辟车道而成喇叭状。增辟的车道数至少为 1,最多为 2。入口车道总数不应大于 4。

(3) 停车线处的车道宽度为 3.00 mm。增辟车道起点的宽度为 2.50 m。拓宽有效长度为 25 m,如图 11-86 所示。

(4) 入口圆曲线半径为 10~100 m,并以 20 m 为宜。

(5) 除三岔交叉外,入口与邻接的出口之间应避免采用短的反向曲线,而应以一条直线将入口圆曲线和出口圆曲线连接起来。必要时应增大出口圆曲线的半径。

出口不增辟车道,但应拓宽车道,并用 1∶15~1∶20 的渐变率收敛到下游正常行车道的宽度。

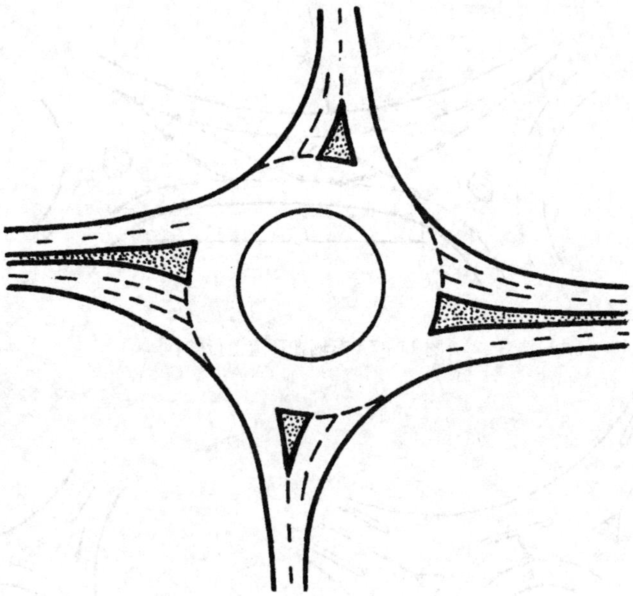

图 11-85　“入口让路”环形交叉

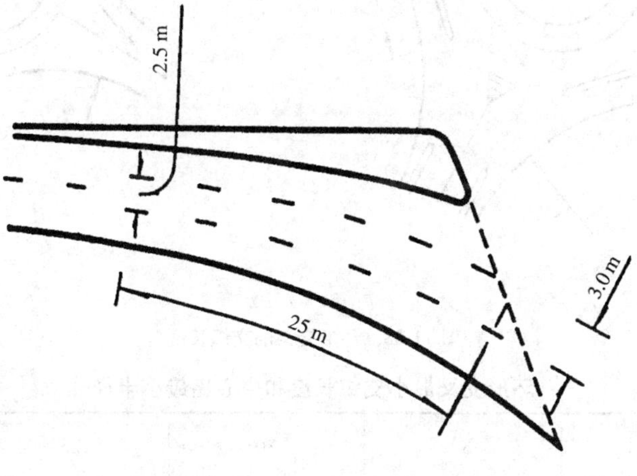

图 11-86　“入口让路”环形交叉的入口

2. 交织长度

进环和出环的两辆车辆，在环道行驶时互相交织，交换一次车道位置所行驶的路程，称为交织长度。交织长度的大小主要取决于车辆在环道上的行驶速度，应能满足汽车以一定车速相互交织并连续行驶，最小应不小于 4 s 的行驶距离。当两个路口之间有足够距离，此时在该环道上行驶的车辆，均可在合适的时机互相交织，该段距离即为交织段长度(图 11-87)，交织段长度的位置如图 11-88 所示。

中心岛的半径必须满足两个路口之间的最小交织段长度的要求(表 11-24)，否则，行驶中需要互相交织的车辆就要在环道上停车等让，不符合环形交叉口连续交通的原则。

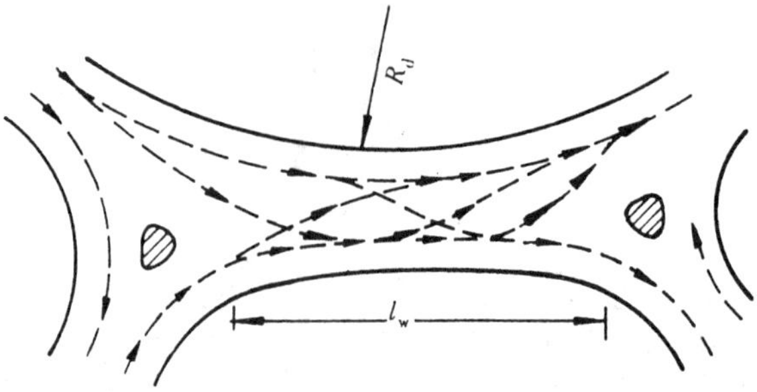

图 11-87　车辆在环道上行驶

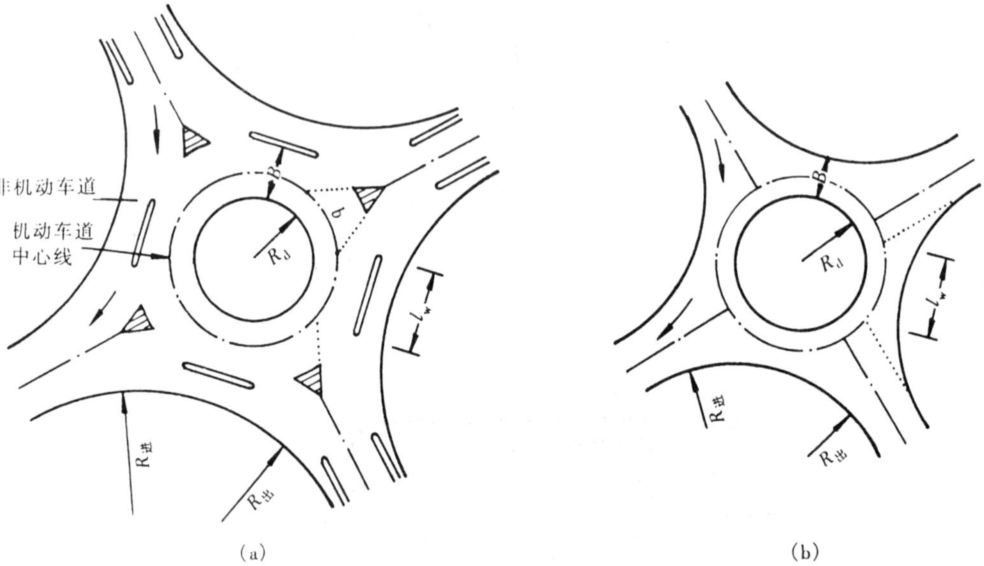

图 11-88　环形交叉的交织长度

表 11-24　　环形交叉最小交织长度和中心岛最小半径

环道计算车速 V_r(km/h)	35	30	25	20
横向力系数 μ	0.18	0.18	0.16	0.14
最小交织长度 l_w(m)	40～45	35～40	30	25
中心岛最小半径 R_d(m)	50	35	25	20

* 中心岛半径按 $i=1.5\%$计算。

在进行环交中心岛半径设计时,一般应先定出交织段长度。通常可有如下两种方法:一是按进交叉口道路的机动车道边线的延长线和环道中心线相交的两个交点之间的车道中心线来标定,此法有利于计算,并适用于无导向岛的环形交叉口;二是按导向岛端部的延长线与环道中心线交点之间的距离来标定,此法适用于机、非混行的环形交叉口。

按交织段长度所要求的中心岛半径 R_d 可根据图 11-88 所示,近似地按交织段长度所围成的圆周大小来计算,即

$$R_d=\frac{nl_w+\sum b}{2\pi}-\frac{B}{2}(\text{m}) \tag{11-24}$$

式中　l_w——两相邻进口道之交织长度(m)；

n——相交道路条数；

$\sum b$——各进口道导流岛底两端部延长线与环道中心线交点距离之和，或相交道路宽度之和(m)。

由以上公式可知，当相交道路的条数越多(即 n 越大)，则要求中心岛的半径 R_d 就越大，这样，将大大增加交叉口用地面积，此时，也大大增加绕岛车辆的行程，这样很不经济，也很不合理。因此，环形交叉口的相交道路最好不多于六条。

如按行车速度已确定中心岛半径 R_d，其交织段长度 l_w 是否符合要求，可按下式近似验算：

$$\left.\begin{aligned}l_w&=\frac{2\pi}{n}\left(R_d+\frac{B}{2}\right)(\text{m})\\ \text{或}\quad l_w&=\frac{2\pi\alpha}{360^\circ}\left(R_d+\frac{B}{2}\right)(\text{m})\end{aligned}\right\} \tag{11-25}$$

式中，α 为相邻道路中心线所形成的交角(°)。当夹角不相等时，应采用最小夹角值。

一般在设计四条道路相交的环形交叉口时，所采用的中心岛半径都应按公式(11-23)和公式(11-24)或公式(11-25)验算，选取较大者。

我国大、中城市目前所采用的圆形中心岛直径一般多数为 40～60 m，只有个别城市早先修建的采用了较大的直径，如长春市人民广场的环岛直径为 220 m。根据观测试验结果，在城市道路上选用环形交叉口，其中心岛直径以采用 40～80 m 为宜。

3. 交织角

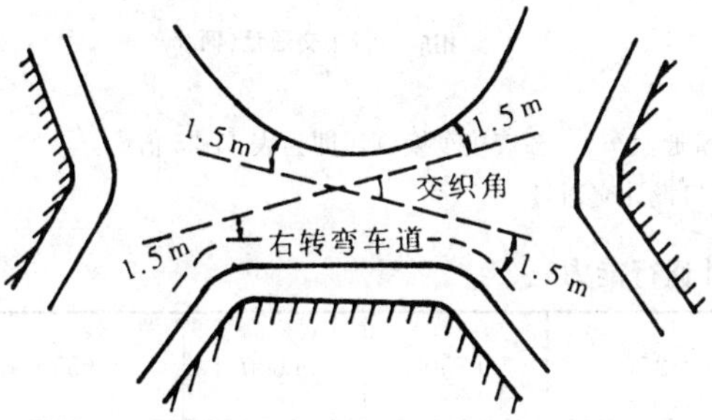

图 11-89　交织角的绘制

交织角是进环车辆与环交驶出车辆轨迹的相交角度。交织角是检验车辆在环道上交织行驶时的安全情况。它以右转弯车道的外缘1.5 m和中心岛缘石外 1.5 m 的两条切线的交角来表示(图 11-89)，交织角的大小取决于环道的宽度和交织段长度。

交织角过大，行车易出事故，一般限制在40°以内。交织角越小越安全，但因此交织段长度和中心岛直径就要增大，占地也增多。交织角最好选择在 20°～30°之间。

4. 环道的宽度

环道的宽度决定于相交道路的交通量和交通组织。

一般是将靠近中心岛的一条车道作绕行之用，靠最外面一条车道供右转弯，当中再加一条车道作交织之用，这样，环道上一般是三条车道即可。根据观测证明，当车道数从两条增加到三条(包括右转弯车道)时，通行能力提高得最为显著；当车道数在四条以上时，则通行能力增加不多。因此，环道上不宜设计太多的车道，一般设计三条车道(未计非机动车道)即足够；如交织段长度较长，一般大于 60 m 时，可考虑布置两条交织车道，环道上共四条车道。如相交道路的车行道较窄，也可采用两条车道。环道上的车道宽度必须按照弯道加宽值予以加宽。

我国经验:当中心岛半径为20～40 m时,机动车道总宽度可为16 m。

非机动车道宽度应不小于交汇道路中的最大非机动车道宽度,也不宜超过8 m。

机非分隔时可用分隔带(物)或标线分隔,分隔带宽度应≥1 m。

环道外侧人行道宽度不宜小于各交汇道路中的最大人行道宽度。

环道纵坡不宜大于2%,横坡宜采用双向横坡。

综上所述,环道总宽度 $B_{环}$ 可用下式表示:

$$B_{环}=nb_1+C+W \tag{11-26}$$

式中 n——为环道上的机动车道数;

b_1——为加宽后的机动车道宽度(m);

C——为分隔带宽度(m);

W——为非机动车道宽度(m)。

一般当环形交叉口的设计交通量符合表11-25和图11-90的规定值时,环道总宽如取18～20 m,即可满足行车要求。

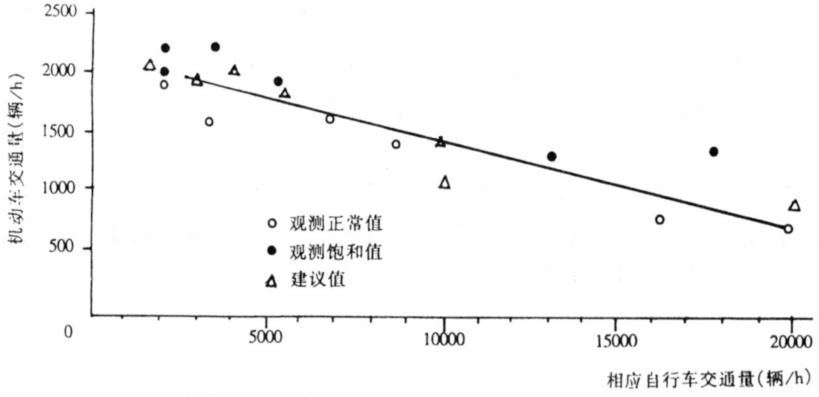

注:机动车数值为混合交通量,按30%小客车、60%普通汽车、10%铰接车换算后即为表11-25值。

图11-90 环形交叉口设计交通量

表11-25 **环形交叉口设计通行能力**

机动车车行道的设计通行能力(辆/h)	2700	2400	2000	1750	1600	1350
相应的自行车数(辆/h)	2000	5000	10000	13000	15000	17000

注:① 表列值包括15%的右转车辆,右转车辆为其他比例时,应另行计算。

② 本表是按中心岛半径为20～25 m、环道宽度18～20 m、交织长度30 m左右四路交汇环形交叉口观测研究确定。其中车型按30%小客车、60%普通汽车、10%铰接车而定出。

③ 本表适用于交织长度 l_w=25～30 m。当 l_w=30～60 m时,表中设计通行能力应进行修正。即随着交织长度 l_w 的加大,将提高环道的车速,并使环交的通行能力增加。修正系数 ψ_w 按下式计算,即 $\psi_w=3l_w/(2l_w+30)$。

公路平面环交规定:

环道宽度应为各岔中最大入口宽度的1～1.2倍。一般情况下,环道宜为三车道的宽度。当某一个入口的右转弯交通量占50%或达300辆/h时,应增辟与环道间有"V"形标线导流岛分隔的右转弯车道,如图11-91所示。

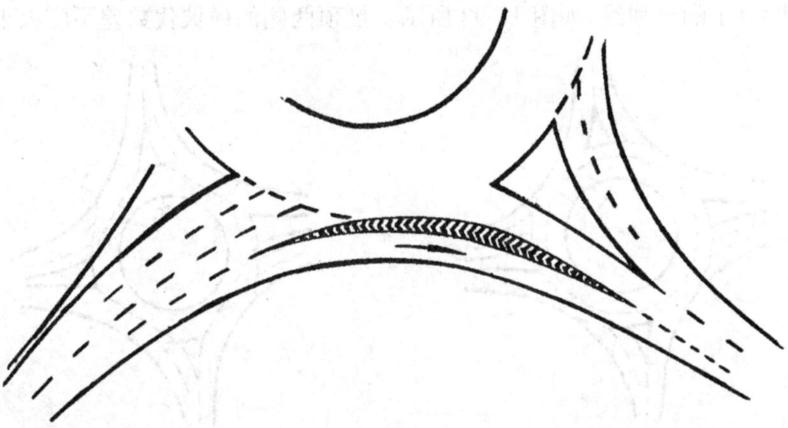

图 11-91　右转弯车道

5. 环道进、出口的曲线半径

环道进、出口的曲线半径决定于环道的设计车速。为了使环道上的车速比较一致，对入环车辆的车速应加以限制，因此，环道进口的曲线半径应接近于或小于中心岛半径。环道出口的曲线半径可较进口的曲线半径大些，以便车辆加速驶出，保持交叉口畅通。各相交道路的进口曲线半径不能相差太大，以免造成入环车速的很大差别，影响环道的行车安全。

6. 环道的横断面

环道的横断面形状与行车平稳和排水的关系很大。通常横断面的路拱脊线是设在交织车道的中间(图 11-92)，在进、出环道处，横坡度的变化应较缓和。中心岛的四周应设置雨水口，以保证环道上积水的排除。在进、出口之间无交通的地方可设置三角形的方向岛。

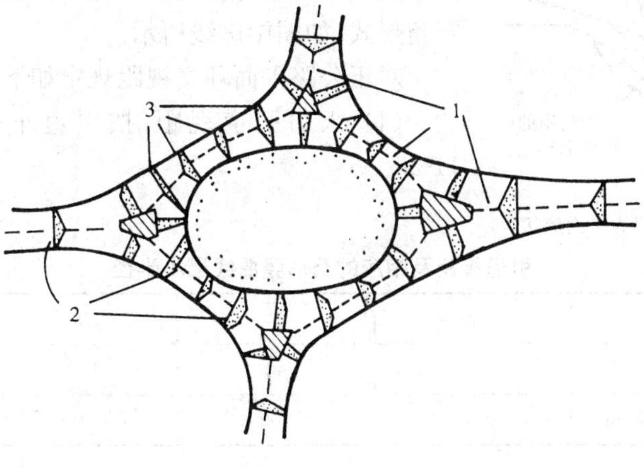

1—路拱脊线；2—水平线；3—环道路面断面形状

图 11-92　环道的路拱脊线

公路规定：

(1) 环道的横坡宜为 2%。最大不超过 2.5%，最小以不妨碍排水为原则。

(2) 环道不设置超高。出、入口曲线上应设置与行驶速度和圆曲线半径相应的超高。

(3) 环道的横断面应为拱形。拱顶线为入口和出口之间车流偏斜岛端部的连线，或环道宽度从里到外2∶1的分划线,如图11-93所示。拱顶两侧的横坡代数差不应大于5%。

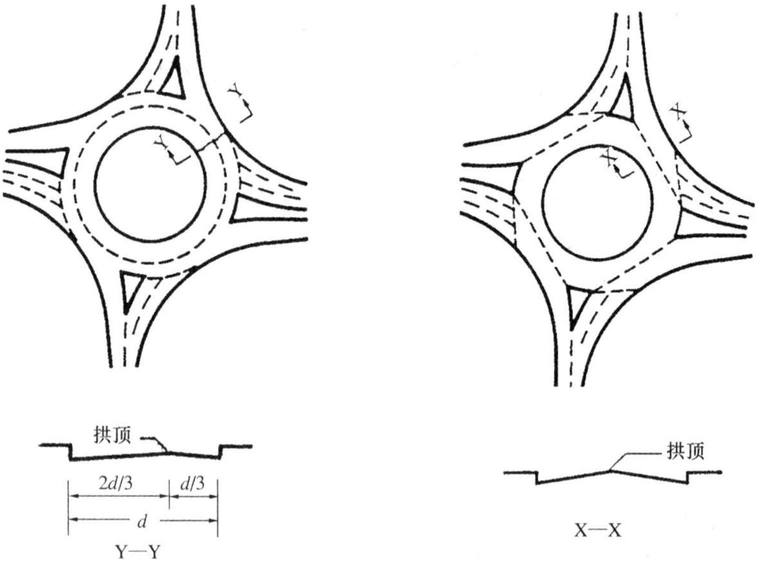

图11-93　环道横断面及其拱顶线

7. 环道的外缘石

环道外缘石平面形式各地多做成反向曲线(图11-94),这只是为了适应外形美观,从交通的观点来看是不合理的。实际观测证明,这种形状的环道外侧有20%的路面是从来无车行驶的。因此,环道的外缘石宜采用直线圆角形式,如图中虚线所示。

对于公路平面环交视距规定如下:

(1) 入口引道视距:按引道车速相应的视距见表11-26。

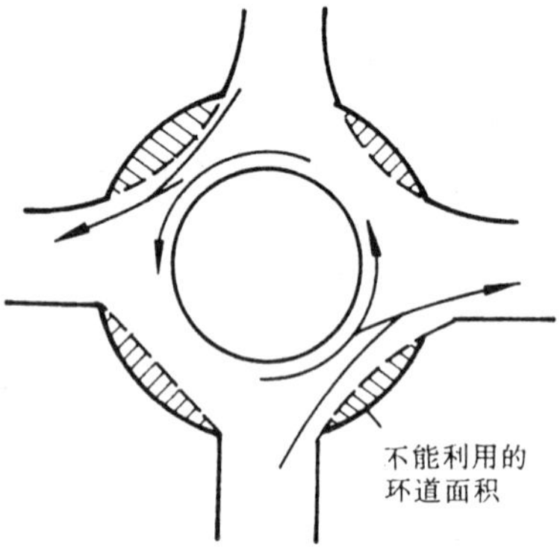

图11-94　环道的外缘石平面形状

表11-26　　引道视距及相应的凸形竖曲线最小半径

设计速度(km/h)	60	40	30	20
引道视距(m)	75	40	30	20
引道凸形竖曲线最小半径(m)	2400	700	400	200

(2) 左方视距:到达"让路"停车线的车辆,其驾驶者应能看清楚他左方直至前一个入口或左方50 m(取其中之小者)范围内环道的整个宽度。

(3) 前方视距:到达"让路"停车线的车辆,其驾驶者应能看清楚他前方直至下一个出口或前方50 m (取其中小者)范围内环道的整个宽度。

(4) 环行视距:环上行驶的车辆,其驾驶者应能看清楚他前方直至下一个出口或前方50 m (取其中小者)范围内环道的整个宽度。

综合上述,进行环形交叉环道设计时,一般应满足以下各点要求:

(1) 环道的车行道可根据交通流的情况，采用机动车与非机动车混行或分行布置。分行时分隔带宽度应大于或等于 1.0 m；

(2) 机动车道数一般采用三条。车道宽度应考虑车道加宽，非机动车道宽度不应小于交汇道路中的最大非机动车道宽度，也不宜超过 8 m；

(3) 环岛上不应布置人行道，以免行人穿过环道，如有特殊要求允许行人到环岛上时，应做人行地道，环道外侧的人行道宽度，不宜小于各交汇道路中的最大人行道宽度；

(4) 环道外缘的平面线形不宜设计成反向曲线。进口缘石半径应满足路口右转车速要求。出口缘石半径应大于或等于进口缘石半径；

(5) 环道纵坡不宜大于 2%，横坡宜采用两面坡；

(6) 为了保证行车安全，在环道上应满足绕行车辆的停车视距要求。

8. 环岛的通行能力

前面已分析，所有驶入环形交叉口的车辆都必须绕中心岛作逆时针行驶，所有直行和左转的车辆都必须作交织行驶。因此，供直行和左转车辆行驶的车道数不论设计多少条，在交织段长度小于 2 倍的最小交织段长度时，其通行能力最多只能达到一条车道的最大理论值。

现以四路交汇的环形交叉口为例(11-95(a))来求算其总的通行能力。

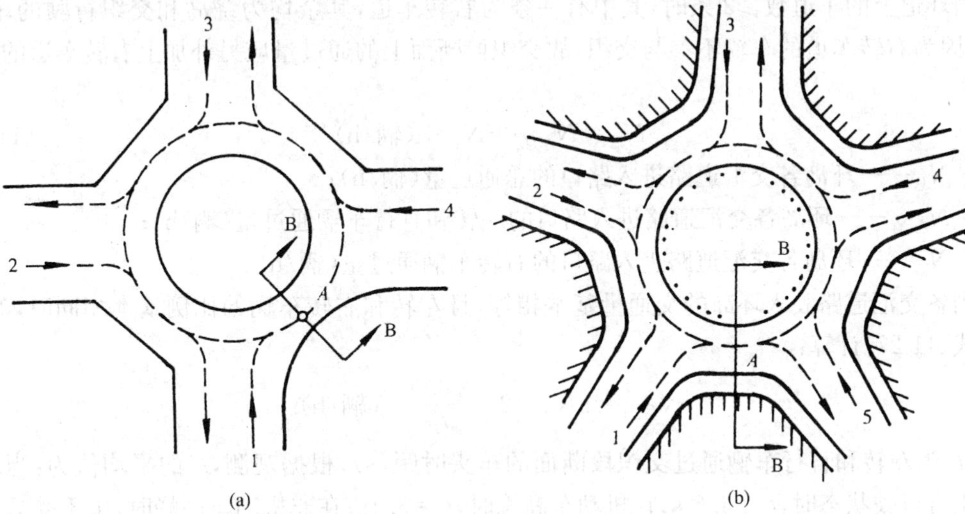

图 11-95　环形交叉口通行能力的计算图式

取任意交织段断面 B—B。如环道上仅布置一条机动车道，则所有通过 B—B 断面的左、直、右行车辆都必须顺序驶过汇合点 A。

此时，各条道路的车辆通过汇合点 A 的通过量 N_A 为

$$N_A = N_{1右} + N_{1直} + N_{1左} + N_{2直} + N_{2左} + N_{3左}$$

其中第 4 条道路进环的车辆不通过 A 点。

由以上关系式可以看出，汇合点 A 一小时的通过量 N_A 取决于各进口道车流的数量和比例。

一般各个进口道驶入的车辆数都差不多，现假设各进口道的左、直、右行的交通量各自相等，则上式可得

$$N_A=N_{右}+2N_{直}+3N_{左}$$

一般各进口道的左转和右转车辆也是差不多的,现也假设它们的交通量相等,即 $N_{左}=N_{右}$,则

$$N_A=2(N_{右}+N_{直}+N_{左})$$

因为整个环岛总的通过量 $N_{环}$ 为

$$N_{环}=4(N_{右}+N_{直}+N_{左})$$

所以

$$\frac{N_{环}}{N_A}=\frac{4(N_{右}+N_{直}+N_{左})}{2(N_{右}+N_{直}+N_{左})}=2$$

故

$$N_{环}=2N_A \tag{11-27}$$

同理,可求得五条道路交汇的环形交叉的环道总通过量(图 11-95(b)):

$$N_{环}=2N_A$$

即环形交叉口在下列条件下:各进口道的左、直、右行交通量各自相等,左转与右转车辆的比例也一样,则不论交汇的道路是四条还是五条,其环岛的总通过量总是等于交织段断面通过量的两倍。

当环道上的车道数≥2条时,其中有一条为右转车道,其余均为绕岛和交织行驶的车道。此时,因为右转车道的车辆不参与交织,故交织段断面上的通过量应另外加上右转车道的通过量,即

$$N_{总}=N_{左、直}+N_{右}\quad(辆/h) \tag{11-28}$$

式中 $N_{总}$——环岛各交汇道路进入路口的总通过量(辆/h);

$N_{左、直}$——环岛各交汇道路进入路口的左转和直行车辆通过量(辆/h);

$N_{右}$——环岛各交汇道路进入路口的右转车辆通过量(辆/h)。

当各交汇道路驶入环岛的交通量基本相等,且左转和右转车辆的比例基本相同时,$N_{左、直}$ 可用式(11-27)计算:

$$N_{左、直}=2N_A=2\times\frac{3\,600}{t_i}\quad(辆/h)$$

式中,t_i 为左转和直行车辆通过交织段断面的车头时距(s),根据观测,t_i 的平均值为:当环岛处于正常行驶状态时,$t_i=3.6$ s;在机动车高峰时,$t_i=3.1$s;在非机动车高峰时,由于受非机动车的干扰影响,$t_i=3.6\sim3.9$ s。$N_{右}$ 的数值可按右转车辆在总交通量中所占的百分比 P 进行计算:

$$N_{右}=N_{总}\ P=(N_{左、直}+N_{右})P$$

故

$$N_{右}=N_{左、直}\frac{P}{1-P}$$

因为

$$N_{总}=N_{左、直}+N_{右}=N_{左、直}+N_{左、直}\frac{P}{1-P}$$

以 $N_{左、直}=\dfrac{7\,200}{t_i}$ 代入,可得环形交叉口总的通行能力 $N_{总}$ 为

$$N_{总}=\frac{7\,200}{t_i(1-P)}\quad(辆/h) \tag{11-29}$$

对 $N_{总}$ 考虑两个影响因素:

(1) 交织段长度影响系数 ψ_w

大交织段长度的通过量比小交织段长度的通过量大。根据观测:如以交织段长度等于 30 m(环道平均车速为 17 km/h)时的通过量为 1,则交织段长度等于 60 m(环道平均车速为 20 km/h)时的通过量为 1.2,故可得交织段长度在 30～60 m 范围内的交织段长度影响系数 ψ_w 为

$$\psi_w=\frac{3l_w}{2l_w+30}$$

式中,l_w 为交织段长度(m)。

当 $l_w>60$ m 时,按上式算得的 ψ_w 值,只能参考选用。

(2) 车辆分布不均影响系数 $\beta(\beta=0.85)$

考虑上述影响系数,则得环形交叉口的可能通行能力 $N_{总}$ 为

$$N_{总}=\frac{7\,200}{t_i(1-P)}\cdot\frac{3l_w}{2l_w+30}\beta\quad(辆/h)\tag{11-30}$$

式(11-30)中的参数系按大型车占 60%、小型车占 30%、拖拉车占 10%的比例求得。

环形交叉的设计通行能力见表 11-25 规定。

11.10.2　环形交叉口的优缺点和适用条件

环形交叉和其他平交形式相比,有一些特有的优点,但也有不少缺点限制了这种交叉形式的使用。环形交叉的优缺点如下所述:

1. 优点

(1) 驶入交叉口的各种车辆,不论左、右转和直行车辆,都不需停车,可同时有秩序地连续不断地通行,节约时间,尤其适用于左转车辆较多的情况;

(2) 车辆在环道上行驶的车流方向一致,有利于渠化交通,且交叉行驶的车流以较小的交织角向同一方向交织行驶,避免了交叉冲突点,减少交通事故,提高了行车安全性;

(3) 交通组织简便,尤其对五条以上的道路交叉和畸形交叉口,更为有效;

(4) 中心岛绿化能起美化环境作用,在风景区和靠近城镇处采用环形交叉,可增加美观。

2. 缺点

(1) 占地面积较大,对旧城改建较难实现,特别是多路相交的大型环形交叉,增加了车辆绕岛行驶距离。关于城市环形平面交叉口的规划用地面积,可参见规范所列(表 11-27)。

表 11-27　　平面交叉口规划用地面积($10^4\times m^2$)

城市人口(万人) / 相交道路等级	T字形交叉口			十字形交叉口			环形交叉口		
	>200	50～200	<50	>200	50～200	<50	中心岛直径(m)	环道宽度(m)	用地面积($10^4\times m^2$)
主干路与主干路	0.60	0.50	0.45	0.80	0.65	0.60	—	—	—
主干路与次干路	0.50	0.40	0.35	0.65	0.55	0.50	40～60	20～40	1.0～1.5
次干路与次干路	0.40	0.30	0.25	0.55	0.45	0.40	30～50	16～20	0.8～1.2
次干路与支路	0.33	0.27	0.22	0.45	0.35	0.30	30～40	14～18	0.6～0.9
支路与支路	0.20	0.16	0.12	0.27	0.22	0.17	25～35	12～15	0.5～0.7

(2) 由于车辆在环道上绕岛行驶及受交织的限制,故车速较低,通行能力不大。一般适应

的交通量以机动车1000～2700辆/h,自行车不大于5000辆/h为宜。

(3) 有大量非机动车交通和行人交通的交叉口,不宜采用环形交叉;

(4) 工程造价高于其他平面交叉。

3. 适用条件

根据环形交叉口上述的优缺点,环形交叉口的适用条件应是:

(1) 环形交叉路口适用于多条道路交汇及转弯交通量较大的路口,相邻道路中心线之间的夹角宜大致相等;

(2) 快速路与交通量大的主干道不宜采用环形交叉;

(3) 纵坡≥3%时,不宜采用环形交叉;

(4) 规划需修建立体交叉时,环形平面交叉路口可作为过渡形式,预留改建为环形立体交叉的可能性。

此外,在桥头引道上,也不宜采用环形交叉,因为它使在引道下坡的车辆等于走小半径的反向曲线,这对行车安全是很不利的。

11.11 公路与铁路、乡村道路及管线的平面交叉

11.11.1 公路与铁路平面交叉设计要点

(1) 公路与铁路平面相交时,应设置道口,其交叉角以正交为宜。斜交时,其锐角应不小于70°;受地形条件或其他特殊情况限制时,应不小于60°。

(2) 道口应设置在汽车瞭望视距不小于表11-28规定值的地点。瞭望视距为汽车驾驶者在距道口相当于该级公路停车视距不小于50 m处,能看到两侧铁路上火车的范围。

表11-28 汽车瞭望视距

路段旅客列车设计行车速度(km/h)	140	120	100	80
汽车瞭望视距(m)	470	400	340	270

① 道口不得设置在铁路站场、道岔、桥头、隧道洞口及有调车作业的地段附近。

② 受地形等条件限制汽车在距铁路最外侧钢轨5 m处停车后,汽车驾驶者的侧向瞭望视距小于表11-28规定的道口必须设置看守。

道口附近的铁路路线以直线为宜。公路路线宜为直线,道口两侧公路的直线长度,由最外侧钢轨算起,不应小于50 m。

(3) 道口两侧公路的水平路段长度(不包括竖曲线),从铁路最外侧钢轨外侧算起,不应小于16 m。紧接水平路段的公路纵坡,不应大于3%;当受地形条件及其他特殊情况限制时,不得大于5%。

对于重车驶向道口一侧的公路下坡路段,紧邻道口水平路段的纵坡不应大于3%。

(4) 道口应设置坚固、平整、稳定且易于翻修的铺砌层,其长度应延伸至钢轨以外2.0 m。

道口两侧公路在距铁路钢轨外侧20 m范围内,宜铺筑中级以上路面。

道口铺砌宽度和公路引道宽度均不应小于相交公路的路基宽度。

公路、铁路相接近时的要求

① 公路、铁路相接近时，两者的用地界之间宜保持一定的间隔，高速公路、一级公路不应小于 10 m，二、三、四级公路不应小于 5 m。当地形条件及其他特殊情况限制时，应保证公路、铁路各自设施不受影响和排水系统的独立完整。

② 公路、铁路相接近时，下列情况应设防眩设施：

火车机车眩光对高速公路、一级公路的行车有干扰的路段。

火车机车眩光对二级公路和交通繁忙的三级公路的行车有严重干扰的路段。

11.11.2　公路与乡村道路平面交叉设计要点

（1）平面交叉以正交为宜，当必须斜交时，其锐角应不小于 70°；受地形条件或其他特殊情况限制时，应不小于 60°。

（2）交叉处公路两侧的乡村道路直线长度应各不小于 20 m。

（3）交叉处公路两侧应分别设置不小于 10 m 的水平段。紧接水平段的纵坡不应大于 3%，困难地段不应大于 6%。

（4）平面交叉处应使驭手或驾驶者在距交叉 20 m 处，能看到两侧二、三级公路停车视距并不小于 50 m 范围内的汽车，如图 11-96 视线范围内不得有障碍物。

（5）经常有履带耕作机械通行时，交叉范围内的公路路面、路肩应进行加固。公路路基边缘外侧的乡村道路应各有不小于 10 m 的加固段。

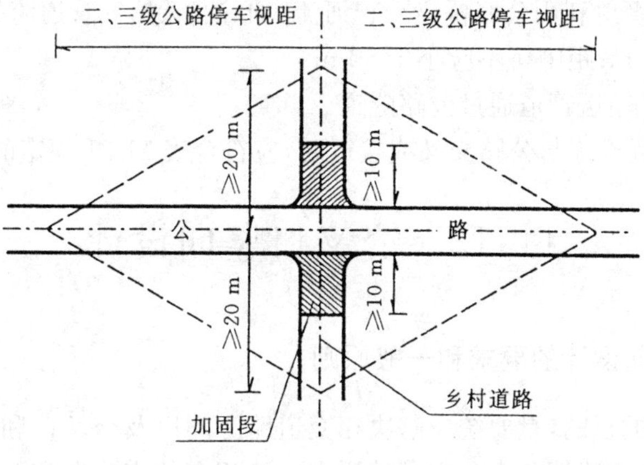

图 11-96　乡村道路平面交叉视距三角形和加固段

11.11.3　公路、管线交叉设计要点

（1）公路与架空送电线路交叉时，以正交为宜，必须斜交时，其交叉的锐角应不大于 70°，受限制时，应不小于 60°。

（2）公路从架空送电线路下穿过的，应从导线最大弧垂与杆塔间通过，并使送电线路导线与公路交叉处的距路面的垂直距离不小于表 11-29 规定值。

表 11-29　架空送电线路导线距路面的最小垂直距离

架空送电线路标称电压(kV)	35～110	154～220	330	500
距路面最小垂直距离(m)	7.0	8.0	9.0	14.0

(3) 架空送电线路导线与公路交叉处距路面的垂直距离应按最大弧垂时该点的标高确定。

最大弧垂应由电力相关部门根据最高气温或覆冰或最大风情时计算确认后提供,以作为交叉点导线标高的设计依据。

(4) 公路与原油天然气输送管道交叉时,应取垂直交叉。必须斜交时,宜不小于60°,受限制时应不小于45°。

公路与原油天然气输送管道接近时,油、气管道防护带外缘距公路用地范围外侧边缘线之间必须留足表11-30规定的安全距离。

表11-30　　公路与油、气管道接近时安全距离

	高速公路 一级公路	二、三、四级公路		
		路　基	大、中桥	小　桥
输油管道(m)	100	10	100	50
输气管道(m)	100	20	100	50

(5) 各种管线跨越(穿越)公路的设施,不得侵入公路建筑限界,不得妨碍公路交通安全、损害公路设施,也不得对公路及其设施形成潜在威胁。

管道穿越高速公路、一级公路时应设置地下管道;二、三、四级公路应设置套管。管道与套管应按相应公路等级的车辆荷载等级进行验算。

严禁天然气输送管道利用公路桥梁跨越河流。原油、天然气管道跨越河流时,管道距大桥的距离,不应小于100 m;距中桥不应小于50 m。

严禁原油、天然气输送管道通过公路隧道。

(6) 各种管线工程设施与公路交叉或接近时,应符合表11-31规定的要求。

11.12　交叉口竖向设计

11.12.1　交叉口竖向设计的要求和一般原则

交叉口竖向设计的目的,是要统一解决相交道路之间以及交叉口和周围建筑物之间在立面位置上的行车、排水和建筑艺术三方面的要求。使相交的道路在交叉口内能有一个平顺的共同面,便利车辆和行人交通;使交叉口范围内的地面水能迅速排除;使车行道和人行道的各点标高能与建筑物的地面标高相协调而具有良好的空间观感。

交叉口的竖向设计,在很大程度上取决于相交道路的等级、交通量、横断面形状、纵坡的方向和大小,以及当地的地形情况。设计时首先应照顾主要道路上的行车方便;在不影响主要道路行车方便的前提下,也应适当改动主要道路的纵、横坡,以照顾次要道路和行车方便。交叉口竖向设计的一般原则如下:

(1) 主、次道路相交,主要道路的纵横坡度一般均保持不变(非机动车道纵坡、横坡可变),次要道路的纵横坡度可适当改变;

(2) 同级道路相交,纵坡一般不变,横坡可变;

(3) 路口设计纵坡不宜太大,一般不大于2%,困难情况下,不大于3%;

(4) 交叉口竖向设计标高应与四周建筑物地坪标高相协调;

表 11-31　各种管线与公路交叉或接近时的基本要求

<table>
<tr><td rowspan="2">项　目</td><td colspan="2">电　讯　线</td><td colspan="7">架　空　送　电　线　路</td><td colspan="2">原油、天然气管输送管道</td></tr>
<tr><td>明线线路</td><td>埋式电缆</td><td>3 kV 以下</td><td>3～10 kV</td><td>35～66 kV</td><td>110 kV</td><td>220 kV</td><td>330 kV</td><td>500 kV</td><td>跨越工程</td><td>穿越工程</td></tr>
<tr><td>导线或接线在跨越档内接头</td><td colspan="2">—</td><td colspan="3">高速公路一、二级公路：不得接头</td><td colspan="4">高速公路、一级公路：不得接头</td><td colspan="2">—</td></tr>
<tr><td>交叉角</td><td colspan="2">应正交，斜交时应≥45°</td><td colspan="7">宜正交，斜交时>45°</td><td colspan="2">应正交，斜交时≥60°</td></tr>
<tr><td rowspan="2">最小垂直距离（m）</td><td colspan="2" rowspan="2">距路面≥5.5</td><td colspan="7">距　路　面</td><td rowspan="2">石油管道底距路面≥5.5
天然气管道底距路面≥6.0</td><td rowspan="2">管顶距路面基底≥1.0
管顶距边沟沟底≥0.5</td></tr>
<tr><td>6</td><td>7</td><td>7</td><td>7</td><td>8</td><td>9</td><td>14</td></tr>
<tr><td rowspan="4">最小水平距离（m）</td><td colspan="2" rowspan="4">公路用地以外≥1.0</td><td colspan="7">应设在公路用地范围以外</td><td colspan="2" rowspan="4">高速公路、一级公路：
油、气管道>100
二、三、四级公路：
油、气管道距大、中桥>100
油、气管道距小桥>50
输油管道距公路用地界边缘>10，天然气输送管道距公路用地界边缘>20</td></tr>
<tr><td>1</td><td>1.5</td><td colspan="5">交叉：8.0，平行：最高杆（塔）高</td></tr>
<tr><td colspan="6">条　件　受　限　制　时</td><td rowspan="2">高速公路、一级公路：15.0
二、三、四级公路：8.0</td></tr>
<tr><td>0.5</td><td>0.5</td><td>5.0</td><td>5.0</td><td>5.0</td><td>6.0</td></tr>
</table>

(5) 为了保证交叉口排水流畅,设计时至少应有一条道路的纵坡离开交叉口。如遇困难地形,例如交叉口设在盆形的地形,所有道路纵坡都向着交叉口时,必须预先考虑修筑地下排水管道和设置进水口;

(6) 合理确定变坡点和布置雨水口。

在交叉口布置进水口,应不使地面水流过交叉口的行人横道,也不应使地面水在交叉口内积水或流入另一条道路。为此,进水口应设在交叉口行人横道的前面能截住来水的地方和竖向设计的低洼处。

11.12.2 交叉口竖向设计的几种基本形式

交叉口竖向设计的形式,在很大程度上取决于地形,以及和地形相适应的相交道路的纵、横断面。如以十字形交叉口为例,根据相交道路纵坡方向的不同,竖向设计有以下六种基本形式:

1. 相交道路的纵坡全由交叉口中心向外倾斜(图11-97)

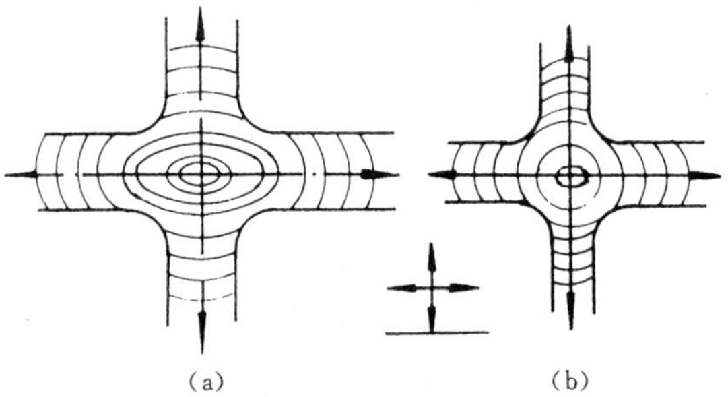

图11-97 在凸形地形处交叉口的竖向设计

设计时把交叉口上的坡度做成与相交道路上同样的坡度,往往只需调整一下接近交叉口时的道路横坡即可。让地面水向交叉口四个街角的街沟排除,不需设置进水口。

图11-97(a)为主-主交叉;图11-97(b)为主-次交叉。两者的竖向设计都可设计成相同的立面形式。

2. 相交道路的纵坡全向交叉口中心倾斜(图11-98)

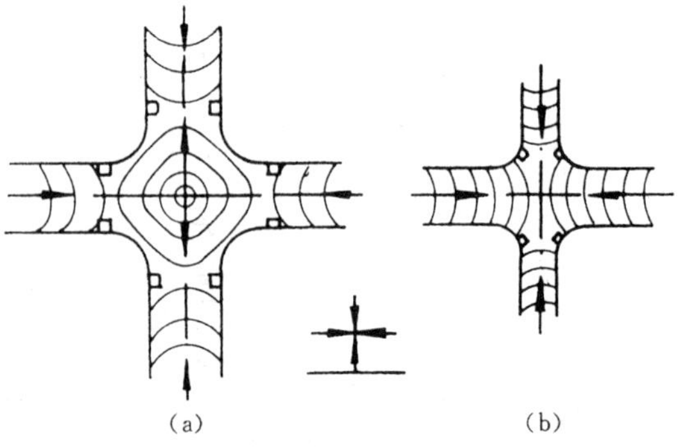

图11-98 在凹形地形处交叉口的竖向设计

在这种情况下,地面水都向交叉口集中,因此,必须设置地下排水管排泄地面水。为避免雨水积聚在交叉口中心,还应将交叉口中心做得高些,在交叉口四个角上的低洼处设置进水口。此时街道纵坡必然有所改变，对行车和排水都不利，应尽量避免；最好能争取有一条主要街道的纵坡向外倾斜，即把其纵坡转折点设在远离交叉口的地方。

图 11-98(a)为主-主交叉；图 11-98(b)为主-次交叉。

3. 三条道路的纵坡由交叉口向外倾斜，而另一条道路的纵坡向交叉口倾斜(图11-99)

图 11-99(a)为主-主交叉；图 11-99(b)和图 11-99(c)为主-次交叉。

交叉口中有一条道路位于地形分水线上就形成这种形式。设计时应将纵坡向着交叉口的道路的路脊线在交叉口处分向三个方向，相交道路的横断面均不变。在纵坡向着交叉口的路口上的行人横道的上侧设置进水口，使街沟的地面水不流过行人横道的交叉口，以免影响行人和车辆交通。

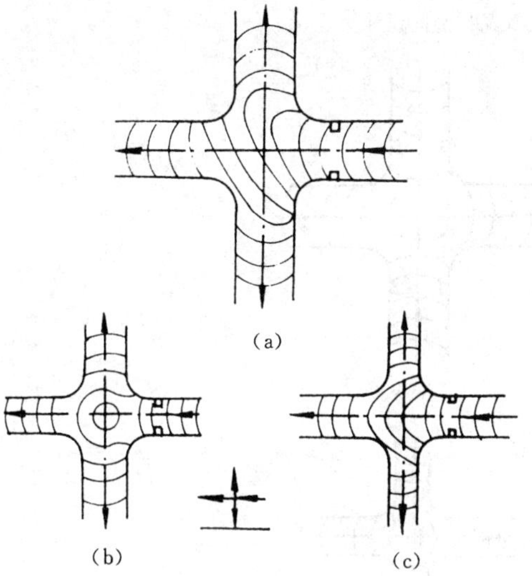

图 11-99　在分水线地形上的交叉口竖向设计

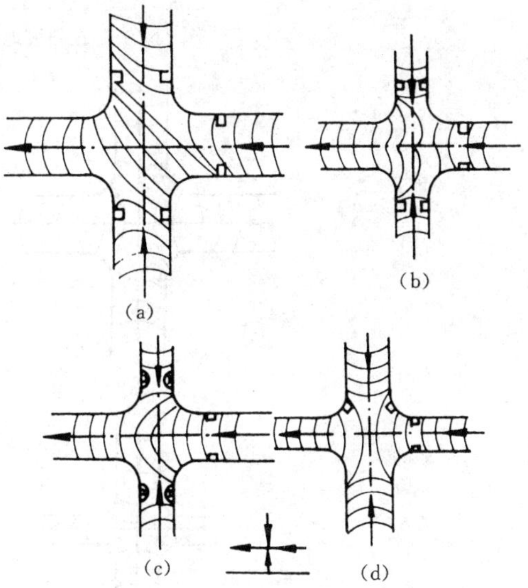

图 11-100　在谷线地形上的交叉口竖向设计

4. 三条道路的纵坡向交叉口倾斜，而另一道路的纵坡由交叉口向外倾斜(图 11-100)

图 11-100(a)为主-主交叉；图 11-100(b)，(c)，(d)为主-次交叉。

交叉口中有一条道路沿谷线上，则次要道路进入交叉口前在纵断面上产生转折点而形成过街横沟，对行车不利，应尽量使纵坡的变坡点离交叉口远些，在那里插入竖曲线。

5. 相邻两条道路的纵坡向交叉口倾斜，而另外两条道路的纵坡由交叉口向外倾斜(图 11-101)

交叉口位于斜坡地形上就形成这种形式。设计时相交道路的纵坡均不变，按照天然地形，将两条道路的横坡在进入交叉口前逐渐向相交道路的纵坡方向倾斜，而在交叉口上形成一个单向倾斜的斜面。在进入交叉口的行人横道的上侧设置进水口。

图 11-101(a)为主-主交叉；图 11-101(b)，(c)为主-次交叉。

6. 相对两条道路的纵坡向交叉口倾斜，而另外两条道路的纵坡由交叉口向外倾斜(图 11-102)

交叉口位于马鞍形地形上就是这种形式。

图 11-102(a)，(b)为主-主交叉；图 11-102(c)，(d)为主-次交叉。

除以上六种基本形式外，还有一种特殊形式，即交叉口位于水平的地形上，在这种情况下，

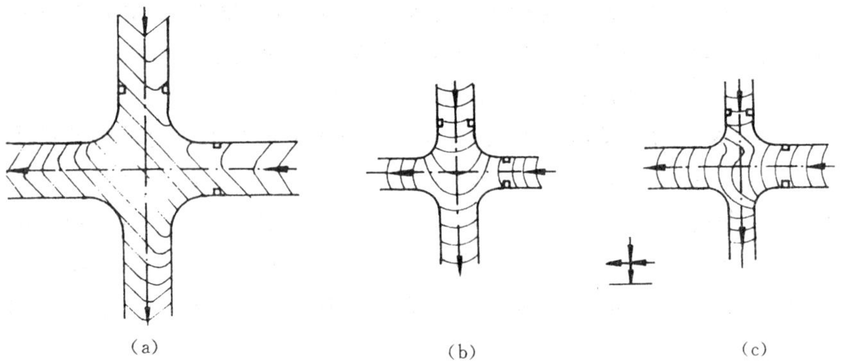

图 11-101　在斜坡地形上的交叉口竖向设计

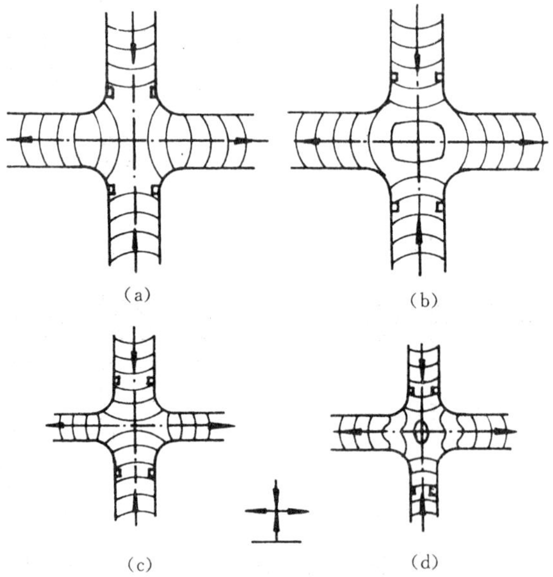

图 11-102　在马鞍形地形上的交叉口竖向设计

只要把交叉口的设计标高稍微抬高一些,就可设计成如图 11-97 所示的第一种形式。必要时,也可以不改变纵坡,而将相交道路的街沟都设计成锯齿形,用以排除地面水。

从以上所列的竖向设计图形可以看出,竖向设计图形不同,使用效果也有差异,最主要的原因是与相交道路纵坡方向的组合有密切关系。所以,如果要获得理想的竖向设计效果,在进行纵断面设计时,就要为竖向设计创造好条件。

11.12.3　交叉口竖向设计的步骤和方法

交叉口的竖向设计有三种方法:方格网法、设计等高线法、方格网设计等高线法三种。方格网法是在交叉口的设计范围内,以相交道路的中心线为坐标基线打方格网,方格网线的尺寸一般为 5 m×5 m 或 10 m×10 m,并平行于路中线;斜交道路应选便于施工放线测量的方向,测出方格点上的地面标高,并求出其设计标高,从而算出施工高度(参阅图 11-106)。设计等高线法是在交叉口的设计范围内,选定路脊线和划分标高计算线网,算出路脊线和标高计算线上各点的设计标高,最后勾画出设计等高线,并算出各点的施工高度(图 11-124)。设计等高线法的主要优点是比方格网法能更加清晰地反映出交叉口的设计地形，其缺点是设计等高线上的各点标高位置不易放样。故通常是两种方法结合使用(方格网设计等高线法)，取长补短，即：采用设计等高线法设计，为了便于施工测量放样，用方格网标出各点的地面标高、设计标高和施工标高。方格网设计等高线法，主要用于大型的主要交叉口和广场的竖向设计。对一般交叉口的竖向设计，通常都采用设计等高线法或方格网法。

现把方格网设计等高线法竖向设计的步骤和方法介绍如下(注：如采用方格网法，则不需勾画设计等高线；如采用设计等高线法，可不划方格网，只要加注一些特征点的设计标高即可)：

1. 收集资料

包括：①测量资料：一般常用 1∶500 或 1∶200 的地形图，在图上以相交道路的中心线为坐标基线打方格网，方格的大小视相交道路的等级(主要的或次要的)、地形和设计精度的要求而定，一般采用 5 m×5 m，10 m×10 m，特别情况可酌情增减，方格网线与路中心线平行，如道路斜交，则应选便于施工测量放样的方向，并测出方格点上的地面标高；②交通资料：交通量和交通组成(直行左、右转弯的比例)；③排水资料：已建或拟建的排水管道位置；④道路资料：道路等级、宽度、纵坡、横坡、交叉口控制标高和四周建筑物标高。

2. 绘出交叉口平面图

包括路中心线，车行道和行人道的宽度，缘石半径，方格线。

3. 确定交叉口的设计范围

设计范围一般为缘石半径的切点以外 5～10 m(即相当一个方格)，这是考虑到自双向横坡逐渐过渡到单向横坡所需要的一定距离，并应与相交道路的路面标高完全衔接。

4. 确定竖向设计的图式

根据相交道路的等级、纵坡方向和地形，确定采用的竖向设计等高线形式(图 11-97 至图 11-102)，并选定相邻等高线的高差 h(一般为 0.02～0.10 m，取偶数便于计算)。

5. 路段设计等高线的绘制

绘制交叉口范围的设计等高线(图 11-103)，应先根据道路的脊线和控制标高，按需要的设计等高线间距计算路段相邻等高线之间的水平距离，结合地形采用合宜的交叉口竖向图式，再计算与绘制交叉口等高线。

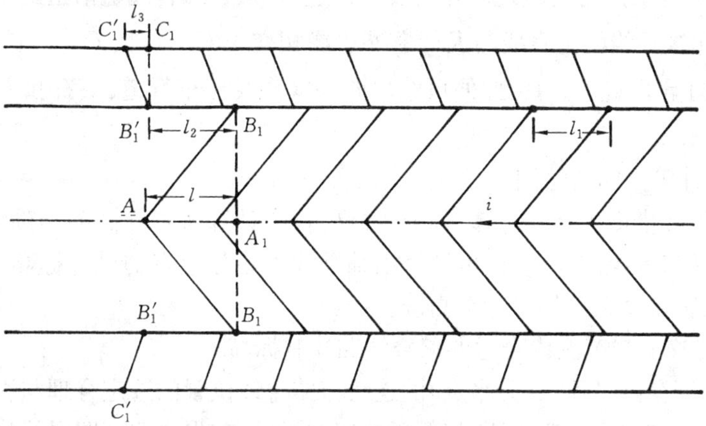

图 11-103　路段上设计等高线的绘制

一般路脊线是对向行车轨迹的分界线。

交叉口竖向设计的关键是选定合宜的路脊线和标高计算(辅助)线网。

道路的纵坡、横断面形式及路拱横坡确定后,可按需要的设计等高线间距,计算出车行道、街沟及人行道的设计等高线的水平距离。

对于路脊线 $$l=\frac{Bi_0}{2i} \tag{11-31}$$

对于街沟 $$l_1=\frac{h}{i} \tag{11-32}$$

对于缘石 $$l_2=\frac{h_1}{i} \tag{11-33}$$

对于人行道 $$l_3=\frac{bi_1}{i} \tag{11-34}$$

式中 l——车行道上同一等高线与两侧街沟的交点到路脊上该等高线顶点的水平距离;

l_1——路脊线或街沟处相邻两等高线之间的水平距离;

l_2——同一等高线在街沟边到缘石顶面的水平距离;

l_3——同一等高线与缘石顶面和人行道外边缘的交点,沿道路纵向的水平距离;

h——设计等高线间距;

h_1——缘石高度;

i——车行道、人行道和街沟的纵坡;

i_0——车行道的路拱横坡度;

i_1——人行道横坡;

B——车行道宽度;

b——每侧人行道宽度。

根据上述计算,便可绘制出图11-103所示路段的设计等高线图。首先绘制道路的平面中线、缘石线和人行道边缘线。然后根据控制点标高和设计等高线间距在中线上找一相应点 A,由 A 点顺道路上坡方向量距离 $AA_1=l$,过 A_1 点作道路中线的垂直线与两侧缘石线相交于 B_1 点,连接 AB_1,即可得车行道上的设计等高线。再过 B_1 点在缘石线上沿道路下坡方向量 $B_1B_1'=l_2$,再过 B_1' 点作缘石线的垂直线与人行道外边缘相交于 C_1 点,由 C_1 点在人行道外边缘线上沿道路下坡方向量 $C_1C_1'=l_3$,由此便可绘出同一等高线在车行道、缘石和人行道的位置,即为 $C_1'B_1'B_1AB_1B_1'C_1'$。

6. 交叉口设计等高线的绘制

交叉口竖向设计借助于标高计算(辅助)线网,作为计算各点标高的辅助线。根据相交道路的纵横坡及交叉口的控制标高,便可计算出辅助线上各相应点的设计标高,然后,将各高程相同的点连接,便得到交叉口的设计等高线。

(1) 首先选定交叉口范围内合适的路脊线和控制标高

所谓路脊线,即是路拱顶点(分水点)的连线。路脊线位置的选定合理与否,将直接影响交叉口上的排水、行车和立面美观。所以,要做好竖向设计,首先要选好路脊线位置。

在交叉口上,相交道路的路中心线交汇于一点时,一般说来,路中心线即为其路脊线,路脊线的交点即为其控制标高。

在斜交的 T 字形交叉口上，相交的道路虽然必交于一点，但当斜交的偏角过大时，其路中心线就不宜作为路脊线，应加以调整，如图 11-104 中所示的 AB'。修正路脊线的起点 A，一般取在缘石转弯半径的切点断面处，B' 的位置则应选在双向车流的中间位置（车行道中间）为原则（图 11-104）。

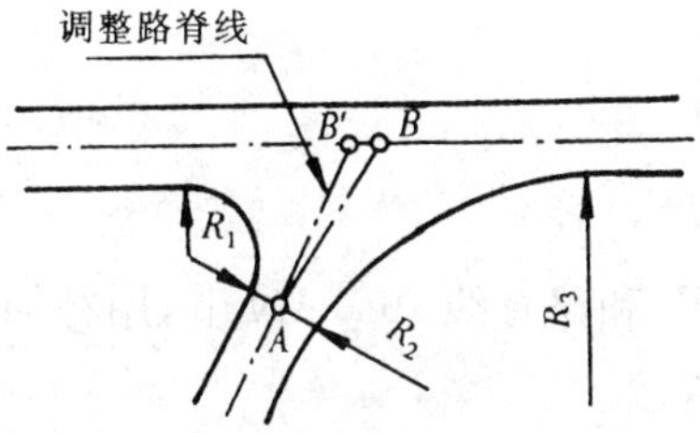

图 11-104　调整路脊线

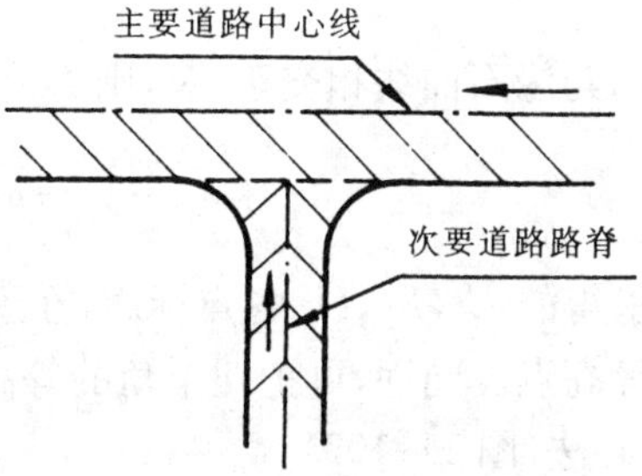

图 11-105　路脊线交点位移

当主要干道与次要道路相交时，在一般情况下，对主、次道路的行车方便宜尽可能都照顾到。在特殊情况下，如果主要干道的交通量和车速占压倒优势，要求主要干道上的横坡不变，此时，次要道路的路脊线只能交至主要干道的车行道边线（图 11-105），但这样的竖向设计，使次要道路形成过街横沟，对行车排水都不利，应尽量避免为宜。

选定路脊线的基本原则是：既要考虑行车平顺又要考虑整个交叉口的均衡美观。一般来说，路脊线常是对向车辆行驶轨迹的分界线。

交叉口的控制标高，应根据相交道路的纵坡、交叉口四周地形、路面厚度和建筑物的布置等综合考虑确定。在确定相交道路中心线交点的控制标高时，不宜使相交道路的纵坡值相差太大，其差值一般要求不大于 0.5%，有可能的话，应尽量使交叉口处相交道路的纵坡大致相等，这有利于竖向设计的处理。

(2) 确定标高计算线网，并计算标高计算线上各点的设计标高

只有路脊线上的设计标高，还不能足够反映交叉口设计范围内的竖向设计地形，还必须算出路脊线以外各点的设计标高。

标高计算线网是竖向设计中计算交叉口范围内各点标高必不可少的辅助线。标高计算线网的确定可以采用如下几种方法：

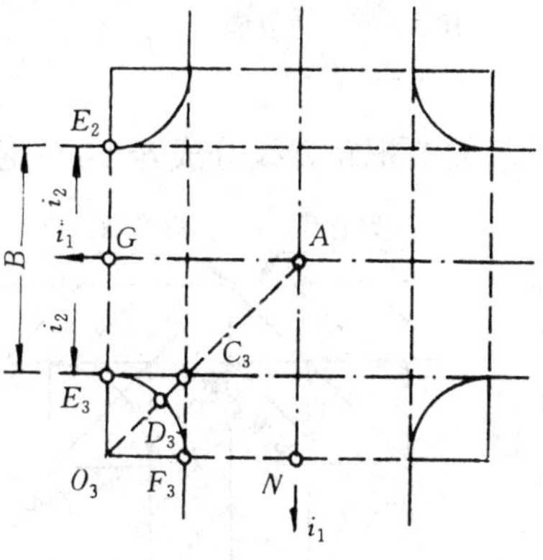

图 11-106　方格网法设计标高的计算图式

① 方格网法（图 11-106）

在交叉口平面图上，平行于道路中心线画出 5 m×5 m 或 10 m×10 m 的方格网线，遇特殊情况，方格网的大小也可酌情增减，如道路斜交，方格网线应选在便于施工测量放线的方向。方格网法适宜用在道路正交的交叉口。

根据路脊线交点 A 的控制标高 h_A，可逐一求出以下各点的设计标高。

缘石半径切点横断面上的三点标高：

$$h_G = h_A - \overline{AG}i_i$$

$$h_{E_3}(\text{或 } h_{E_2}) = h_G - \frac{B}{2}i_2 \qquad (11\text{-}35a)$$

同理,可求得 F_3,N 等点的标高。

根据以上已求得 A,E_3,F_3 的点的控制标高,则可算出交叉口范围内的标高点。

缘石延长线交点 C_3 的标高:按 E_3 算出 C_3 点的标高如不相等时,则取其平均值,故

$$h_{C_3}=\frac{(h_{E_3}+Ri_1)+(h_{F_3}+Ri_1)}{2} \tag{11-35b}$$

连接 A,O_3,与缘石曲线相交于 D_3,则 D_3 点的标高为

$$h_{D_3}=h_A-\frac{h_A-h_{C_3}}{\overline{AC_3}}\overline{AD_3} \tag{11-35c}$$

根据求得的 E_3,F_3,D_3 各点标高,在缘石曲线 E_3F_3 和路脊线 AG,AN 上,用补插法求出所需要的等高点。同理,可把四个角的等高点都算出来。

② 圆心法(图11-107)

在路脊线上根据施工的需要每隔一定距离(或等分)定出若干点,把这些点分别与相应的缘石转弯半径的圆心连成直线(只画到缘石曲线上即可),这样,就形成以路脊线为分水线、以路脊线交点为控制中心的标高计算线网。

③ 等分法(图11-108)

把交叉口范围内的路脊线等分为若干份,然后在相应的缘石曲线上也分成同样数量的等分,顺序连接这些等分点,即得交叉口的标高计算线网。

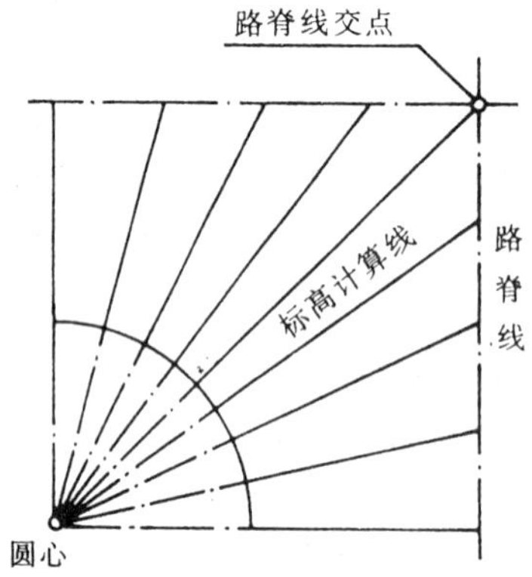

图11-107　圆心法

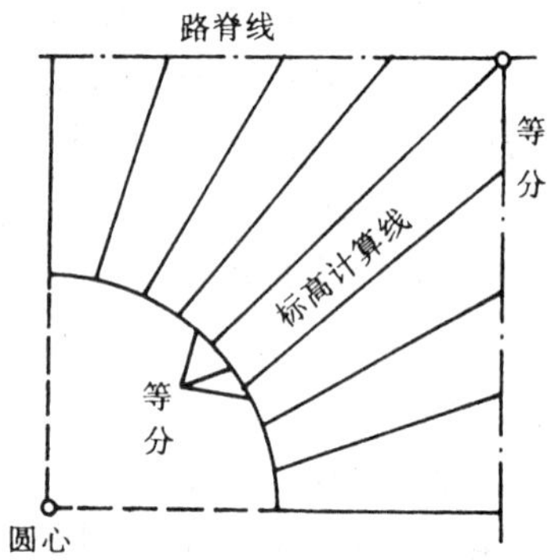

图11-108　等分法

④ 平行线法(图11-109)

先把路脊线交点与各转角的圆心连成直线,然后根据施工需要把路脊线分成若干点,通过这些点作平行线交于缘石曲线,即得标高计算线网。

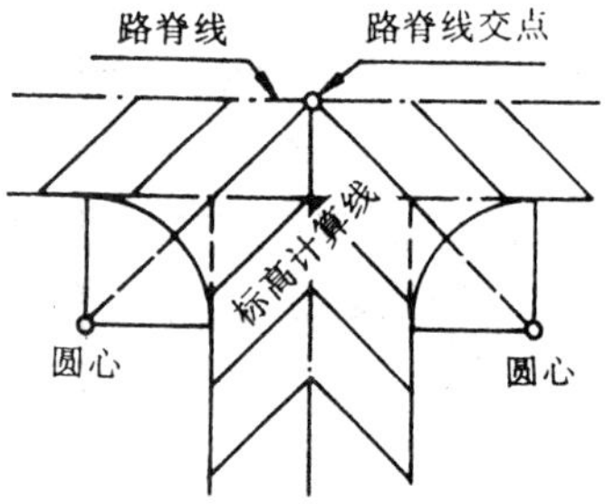

图11-109　平行线法

从以上划分标高计算线网的四种图形可以看出,标高计算线所在位置,即是用于计算该断面路拱设计标高的依据,而标准的路拱横断面应是与车辆的行驶方向相垂直,所以,如果所确定的标高计算线位置不与行车方向垂直,即标高计算线与要求的路拱横断面并不在同一位置上,那么,按选用的路拱方程式计算出来的路拱标高,将不是正确的路拱形状。因此,不论选用哪一种形式,都应力求使标高计算

线处于行车方向垂直的位置，同时，还要便于计算。根据这个要求，在上述确定标高计算线网的四种方法中，通常采用等分法。

当主要道路与次要道路相交而主要道路的交叉口横坡不变时，则路脊线的交点即要移到次要道路的路脊线与主要道路的车行道边线的交点上（图 11-105），此时的标高计算线网不论采用哪一种方法拉线，都必须自移位后的路脊线交点拉出。

每条标高计算线上标高点的数目，可根据路面宽度、施工需要和设计等高线的数量来决定。凡路宽的、施工精度要求较高的则标高点数可多些；反之，则可少些。

标高点高程的计算，一般是采用下列公式的抛物线路拱形式来计算（图 11-110）：

$$y=\frac{h_1}{B}x+\frac{2h_1}{B^2}x^2 \tag{11-36}$$

$$y=\frac{h_1}{B}x+\frac{4h_1}{B^3}x^3 \tag{11-37}$$

式中　h_1——标高计算线两端的高差或路拱高度（m），$h_1=\frac{Bi}{2}$；

B——车行道宽度（m）；

i——路拱横坡。

上列公式可根据路面工程的类型来采用，一般 14 m 宽以下的中级、低级路面采用公式（11-36），14m 宽以下的高级路面及次高级路面采用公式（11-37）。

为便于计算，可把公式（11-36）和公式（11-37）按照图 11-111 所示标高点数的划分制成计算表（表 11-32）。

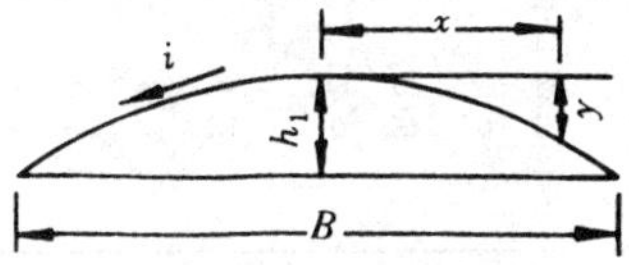

图 11-110　路拱标高计算图式

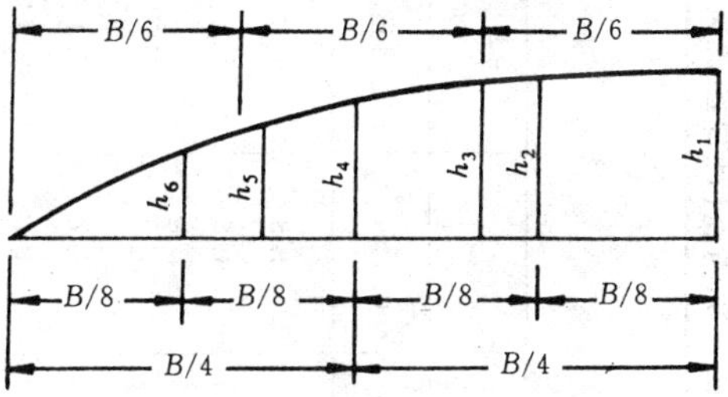

图 11-111　标高点数的划分

确定了路脊线和标高计算线网，根据所定的控制标高，即可算出每条标高计算线两端点的设计标高。因为标高计算线的位置是作为计算路拱的断面位置，所以标高计算线两端点（其中一端位于路脊线上）的标高之差，即是路拱的高度 h_1（图 11-110）。根据 h_1 值和所选用的路拱形式，即可利用表 11-32 或路拱方程式算出每条标高计算线上各等分点的设计标高。

7. 勾画交叉口上的设计等高线

参照已知的竖向设计图式和形状，把各等高点连接起来，即得初步的、以设计等高线表示的交叉口竖向设计图。

8. 按行车平顺和排水迅速的要求，调整等高线的疏密（一般是当中疏，边沟密）和均匀变化，调整个别不合理的标高，补设进水口

检查方法：用大三角板或直尺沿行车方向、横断面方向或任一方向，检查设计等高线的分布是否合理，以判别纵坡、横坡和合成坡度是否满足行车和排水要求。最后再检查街沟线上的纵坡能否顺利排水，以及进水口的布置是否合理。

表 11-32　　路拱标高点(计算图式见图 11-111)的计算表(单位:cm)

$y=\frac{h_1}{B}x+\frac{2h_1}{B^2}x^2$						$y=\frac{h_1}{B}x+\frac{4h_1}{B^2}x^3$					
h_1	h_2	h_3	h_4	h_5	h_6	h_1	h_2	h_3	h_4	h_5	h_6
	$0.844h_1$	$0.778h_1$	$0.625h_1$	$0.445h_1$	$0.344h_1$		$0.867h_1$	$0.815h_1$	$0.688h_1$	$0.518h_1$	$0.414h_1$
3	2.5	2.3	1.9	1.3	1.0	3	2.6	2.4	2.1	1.6	1.2
4	3.4	3.1	2.5	1.8	1.4	4	3.5	3.3	2.8	2.1	1.7
5	4.2	3.9	3.1	2.2	1.7	5	4.3	4.1	3.4	2.6	2.1
6	5.1	4.7	3.8	2.7	2.1	6	5.2	4.9	4.1	3.1	2.5
7	5.9	5.4	4.4	3.1	2.4	7	6.1	5.7	4.8	3.6	2.9
8	6.8	6.2	5.0	3.6	2.8	8	6.9	6.5	5.5	4.1	3.3
9	7.6	7.0	5.6	4.0	3.1	9	7.8	7.3	6.2	4.7	3.7
10	8.4	7.8	6.3	4.5	3.4	10	8.7	8.2	6.9	5.2	4.1
11	9.3	8.6	6.9	4.9	3.8	11	9.5	9.0	7.6	5.7	4.6
12	10.1	9.3	7.5	5.3	4.1	12	10.4	9.8	8.3	6.2	5.0
13	11.0	10.1	8.1	5.8	4.5	13	11.3	10.6	8.9	6.7	5.4
14	11.8	10.9	8.8	6.2	4.8	14	12.1	11.4	9.6	7.3	5.8
15	12.7	11.7	9.4	6.7	5.2	15	13.0	12.2	10.3	7.8	6.2
16	13.5	12.4	10.0	7.1	5.5	16	13.9	13.0	11.0	8.3	6.6
17	14.3	13.2	10.6	7.6	5.8	17	14.7	13.9	11.7	8.8	7.0
18	15.2	14.0	11.3	8.0	6.2	18	15.6	14.7	12.4	9.3	7.5
19	16.0	14.8	11.9	8.5	6.5	19	16.5	15.5	13.1	9.8	7.9
20	16.9	15.6	12.5	8.9	6.9	20	17.3	16.3	13.8	10.4	8.3

续表

$y=\frac{h_1}{B}x+\frac{2h_1}{B^2}x^2$						$y=\frac{h_1}{B}x+\frac{4h_1}{B^2}x^3$					
h_1	h_2	h_3	h_4	h_5	h_6	h_1	h_2	h_3	h_4	h_5	h_6
	$0.844h_1$	$0.778h_1$	$0.625h_1$	$0.445h_1$	$0.344h_1$		$0.867h_1$	$0.815h_1$	$0.688h_1$	$0.518h_1$	$0.414h_1$
21	17.7	16.3	13.1	9.3	7.2	21	18.2	17.1	14.4	10.9	8.7
22	18.6	17.1	13.8	9.8	7.6	22	19.1	17.9	15.1	11.4	9.1
23	19.4	17.9	14.4	10.2	7.9	23	19.9	18.7	15.8	11.9	9.5
24	20.3	18.7	15.0	10.7	8.3	24	20.8	19.6	16.5	12.4	9.9
25	21.1	19.5	15.6	11.1	8.6	25	21.7	20.4	17.2	13.0	10.4
26	21.9	20.2	16.3	11.6	8.9	26	22.5	21.2	17.9	13.5	10.8
27	22.8	21.0	16.7	12.0	9.3	27	23.4	22.0	18.6	14.0	11.2
28	23.6	21.8	17.5	12.5	9.6	28	24.3	22.8	19.3	14.5	11.6
29	24.5	22.6	18.1	12.9	10.0	29	25.1	23.6	20.0	15.1	12.0
30	25.3	23.3	18.8	13.4	10.3	30	26.0	24.5	20.6	15.5	12.4
31	26.2	24.1	19.3	13.8	10.7	31	26.9	25.3	21.3	16.1	12.8
32	27.0	24.9	20.0	14.2	11.0	32	27.7	26.1	22.0	16.6	13.2
33	27.9	25.7	20.7	14.7	11.4	33	28.6	26.9	22.7	17.1	13.7
34	28.7	26.5	21.3	15.1	11.7	34	29.5	27.7	23.4	17.6	14.1
35	29.5	27.2	21.9	15.6	12.0	35	30.3	28.5	24.1	18.1	14.5

9. 根据等高线的标高,用补插法求出方格点上的设计标高

最后可以求出施工高度(它等于设计标高减去地面标高),以符合施工要求。

以上为方格网设计等高线法,适用于大型、复杂的交叉口和广场竖向设计。对于一般简单的交叉口也可采用特征标高点(如在纵、横坡方向选点)表示,路宽的、复杂的,则点数可多些,路窄的、简单的,则点数可少些。

根据设计经验,在平面交叉口竖向设计中,应掌握以下几项要点:

(1) 在交叉口相交道路中的纵坡差不宜太大,尽可能使相交道路的纵坡大致相等;

(2) 为了便于排水,车行道两侧的平石边沟的纵坡不宜小于0.3%,缘石(侧石)高度控制在0.10~0.20 m;

(3) 在一般平坦地形的城市交叉口,其竖向设计的形状宜采用伞形形式,即把交叉口的中心标高稍微抬高一些向四周倾斜(图11-97),这种形式的竖向设计,对排水、行车、美观和衔接处理均有利;

(4) 在交叉口范围内的横坡要求平缓,一般情况其横坡不大于路段设计横断面的横坡;

(5) 交叉口对角线上的横坡宜控制在1%左右,如定得太大的话,则在其他方向上的横坡就更大,对交通不利。

公路平面交叉的立面设计可有如下处理方式:

(1) 采用"主路优先"交通管理方式的交叉,应使主要公路的横断面贯穿交叉,而调整次要公路的纵断面以适应主要公路的横断面,如图11-112所示;当调整纵面有困难时,应同时调整两公路的横断面,如图11-113所示。

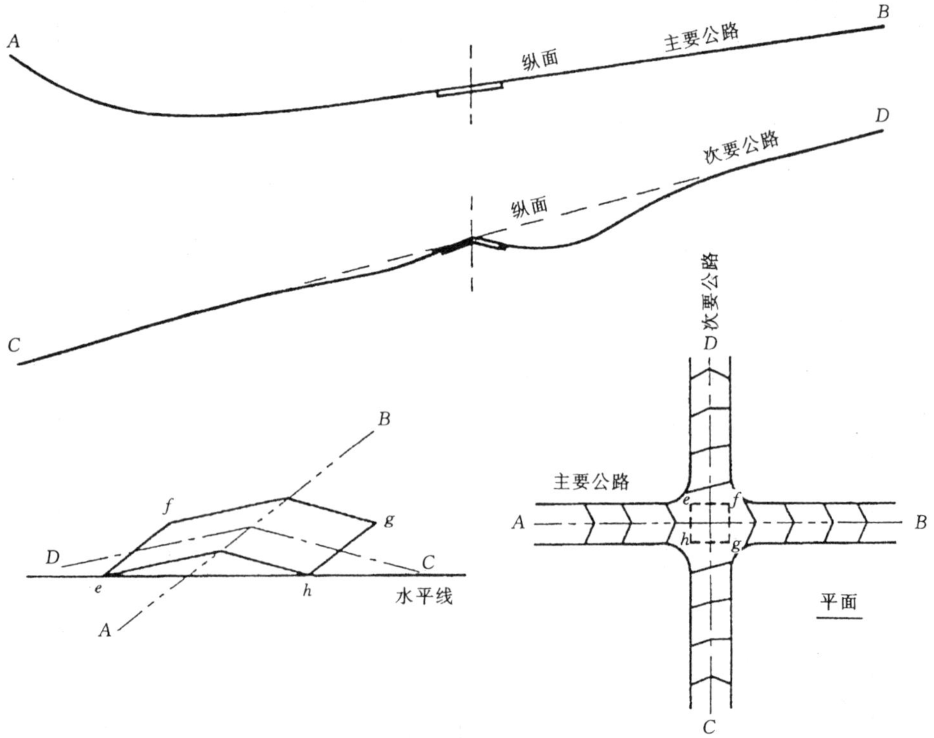

图11-112 "主路优先"交叉中调整次要公路的纵坡

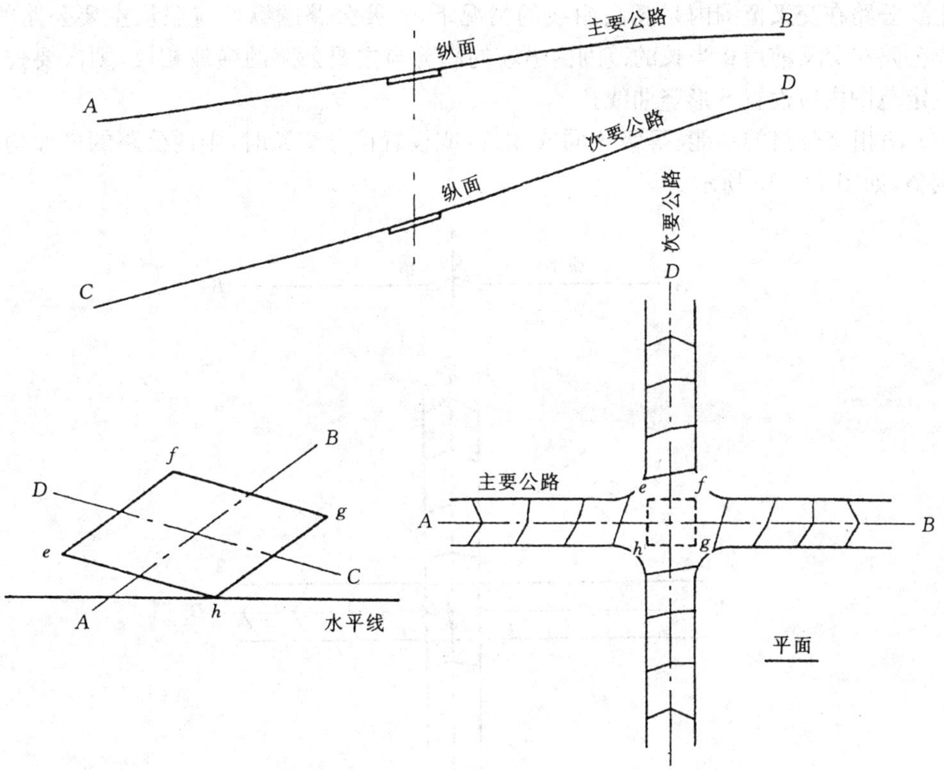

图 11-113　“主路优先”交叉中同时调整两相交公路的横坡

(2) 主要公路设超高时,应根据次要公路纵面的情况而按图 11-114 所示方式处理立面。

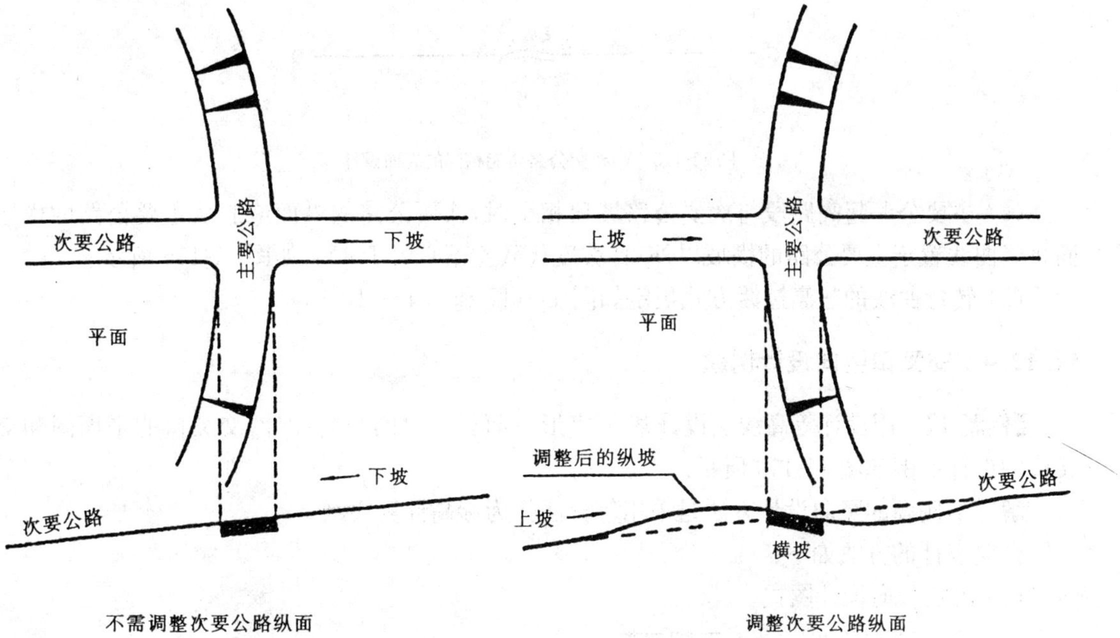

图 11-114　次要公路纵面的调整

主要公路在交叉范围内是超高曲线的情况下,次要公路的纵坡应服从主要公路的横坡。若次要公路在交叉前后相当长的范围内纵坡的趋势与主要公路的横坡相反,则次要公路在引道的一定范围内应设置S形竖曲线。

(3) 两相交公路的功能、等级相同或相近,或设置信号交叉时,则两公路的横面均应作适当的调整,如图11-115所示。

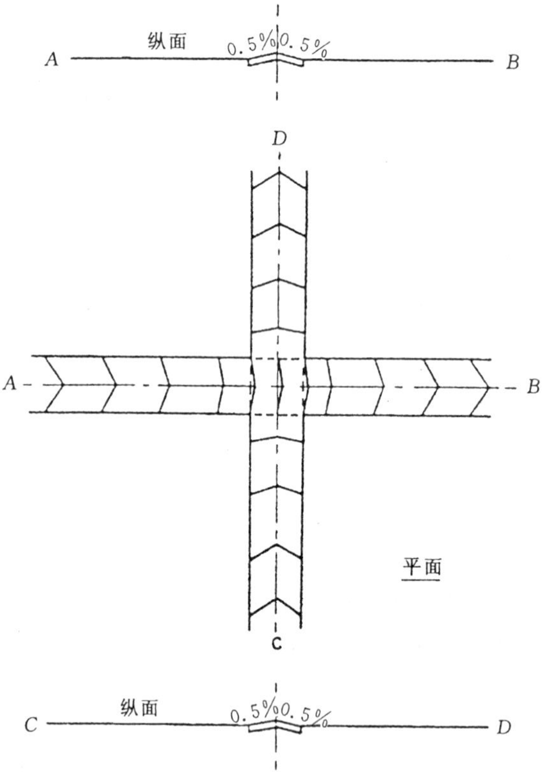

图11-115　两相交公路功能相同的立面设计

(4) 主要公路超高路段与次要公路坡顶相交时,次要公路的纵面应服从主要公路的横坡而将竖曲线置于主要公路的横坡以外,且坡度代数差不宜大于4%,如图11-116所示。

(5) 转弯曲线的超高过渡方式规定如图11-117和图11-118。

11.12.4　交叉口竖向设计例题

【例题1】 用设计等高线法设计某Y字形平面交叉口的竖向设计,交叉口的平面图和交叉口的设计范围如图11-119所示。

解　本例题的竖向设计方法是采用等分法作为标高计算线网。

竖向设计的方法如下:

(1) 确定竖向设计图式

根据相交道路的纵坡方向 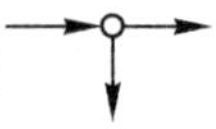 和兼顾相交道路的行车平顺,采用如图11-101(a)上半部的竖向设计图式,按等高线法设计,选用等高线高差 $h=0.10$ m。

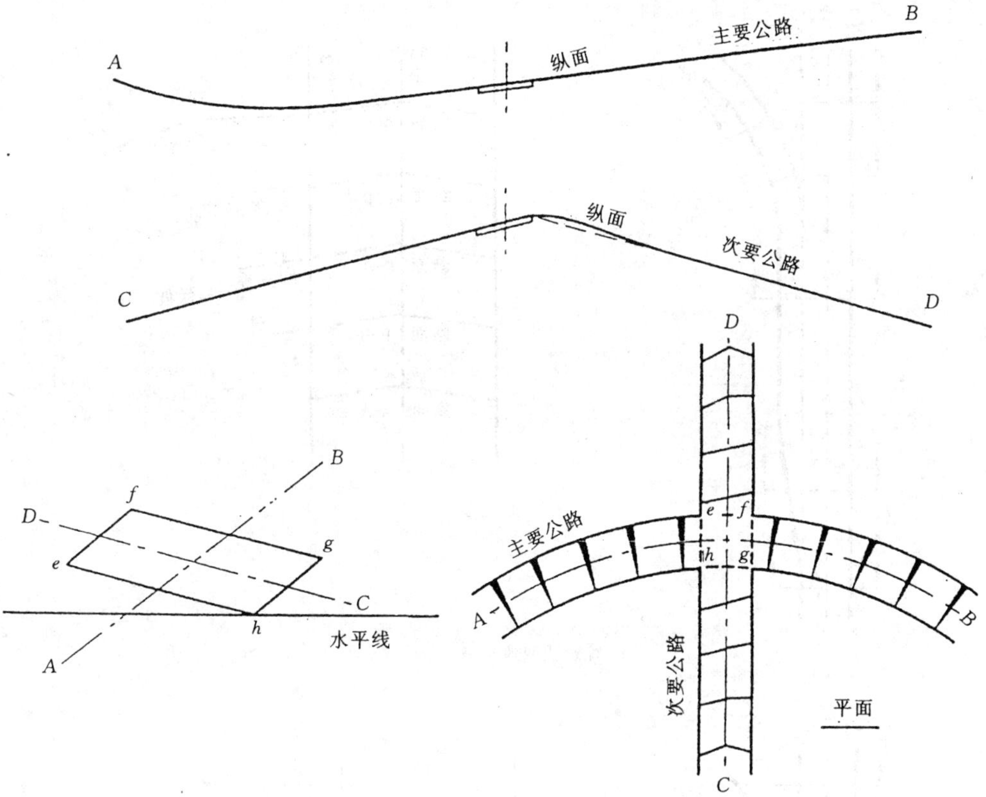

图 11-116　次要公路服从主要公路的立面设计

(2) 确定路脊线和控制标高

为了使交叉口上的路拱匀称及便于行车和排水，选定的三条路脊线(AC，BC，DC)均偏离原路中心线，基本上位于对向车辆行驶轨迹的分界线上，三条路脊线交于 C 点，大致位于交叉口的中心。经推算求得 C 点的控制标高 $h_C=3.75$ m。

(3) 确定标高计算线网

选用等分法。根据 C 点控制标高先算出三条路脊线两端的标高，然后进行等分。例如路脊 AC，已知 $h_C=3.75$ m，根据纵坡和距离算得 $h_A=3.45$ m，因此，AC 应等分为

$$\frac{h_C-h_A}{h}+1=\frac{3.75-3.45}{0.10}+1=4(\text{等分})$$

同理，可求得另外两条路脊线上的等分点。

过 C 点向街沟线(侧石线)作垂直线(或与圆曲线半径的圆心连接)分别交于 E，F，G，然后把街沟线上的各段长度也按相邻的路脊线等分数进行同样数量的等分。最后把路脊线上的等分点与街沟线上相对应的等分点连接起来，即得等分法的标高计算线网，如图 11-119 所示。

(4) 计算各等分点的设计标高

计算之前，首先要检查路脊线和街沟线的纵坡是否满足行车和排水的要求。因为路脊线的两端标高是按纵坡推算，照理是没问题的。这里主要是检查街沟线纵坡是否满足排水要求，如 $i<0.3\%$，则要考虑调整标高还是设计锯齿形街沟，如何布置分水点和集水点(进水口)等。

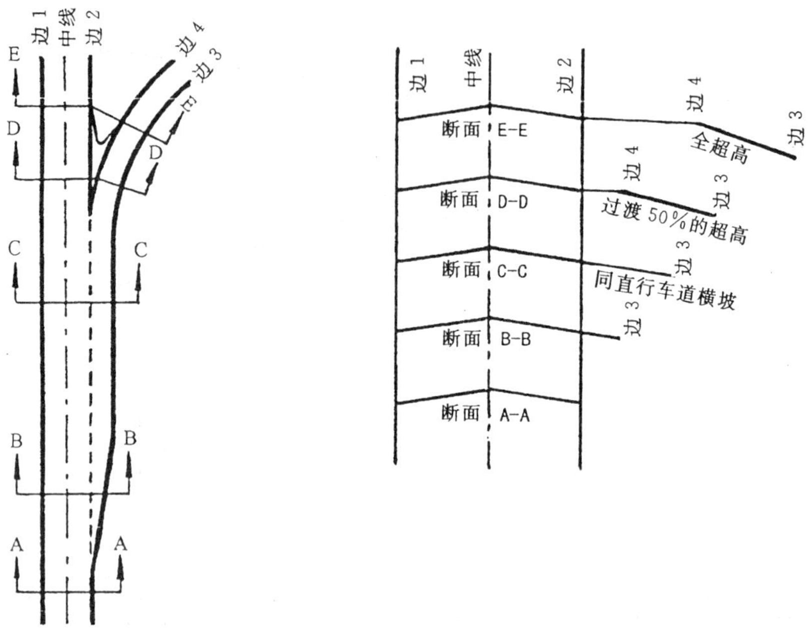

(a) 等宽式变速车道

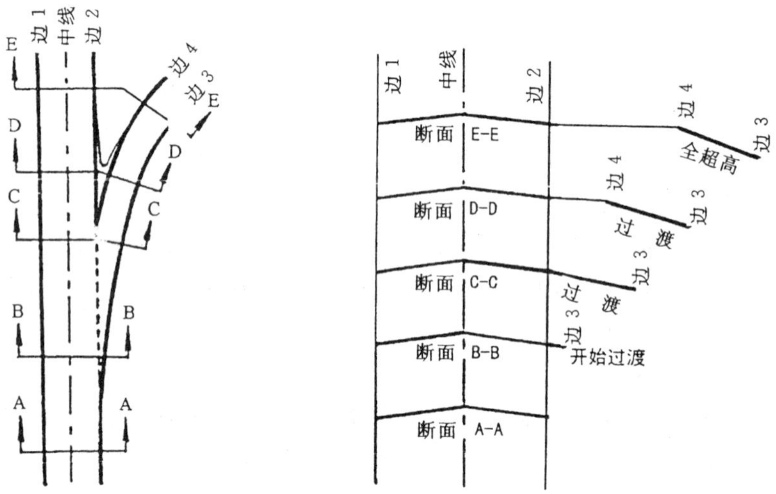

(b) 渐变式变速车道

图 11-117 公路为直线时转弯曲线的超高过渡

待街沟线的排水措施和标高解决了,即可计算标高计算线网上所有等分点的设计标高(计算从略)。

(5) 计算标高计算线上的路拱标高

因为标高计算线的位置相当于路拱断面的位置,是作为路拱标高的计算依据。本例题的车行道路拱是采用双向倾斜的抛物线路拱,故所有标高计算线均相当于半个路拱,位于路脊线的一端为路拱的中央,位于街沟线的一端为路拱终点,所以,标高计算线两端的标高之差,即是路拱的高度 h_1。

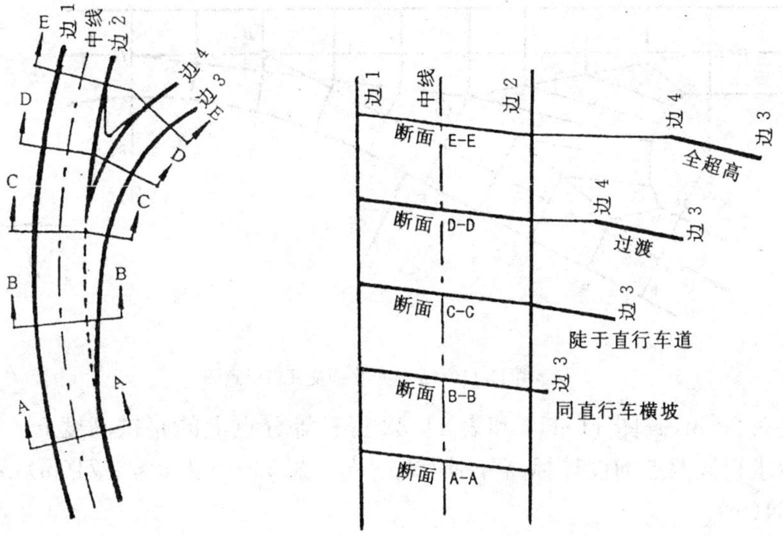

(a) 右弯公路，渐变式变速车道

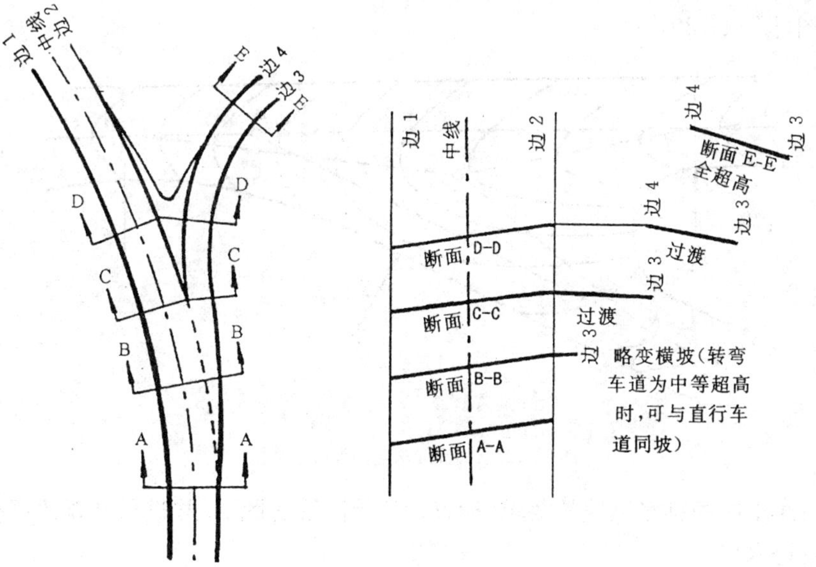

(b) 左弯公路，渐变式变速车道

图 11-118　公路为曲线时转弯曲线的超高过渡

例如：CE 的路拱高度 $h_1=h_C-h_E=3.75-3.53=0.22(\mathrm{m})$。

本交叉口为高级路面。选用式(11-37)的路拱方程式，利用表 11-32 分别计算标高计算线上的路拱标高，每条标高计算线应计算几个等分点的标高，则取决于需要内插的等高线数目。

例如：CE 需内插等高线的数目为 $n=\dfrac{h_1}{h}=\dfrac{0.22}{0.10}\approx 2$ 条，则 CE 应等分为 $n+1=2+1=3$ 等分。

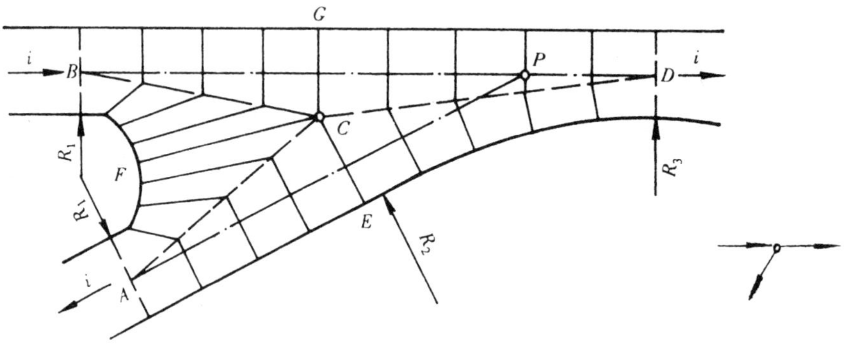

图 11-119 Y字形平面交叉口示意图

据 $h_1=0.22$ m，查图 11-111 和表 11-32 得三等分点上的路拱高度 $h_3=0.179$ m，$h_5=0.114$ m，故求得该两点的设计标高分别为 $h_E+h_3=3.53+0.179\approx3.71$(m)；$h_E+h_5=3.53+0.114\approx3.64$(m)。

同理，可求得所有标高计算线上相应等分点的设计标高。

(6) 勾画设计等高线

参照已知的竖向设计图式和形状，把各等高点连接起来，即得出以设计等高线表示的交叉口竖向设计图(图 11-120)。

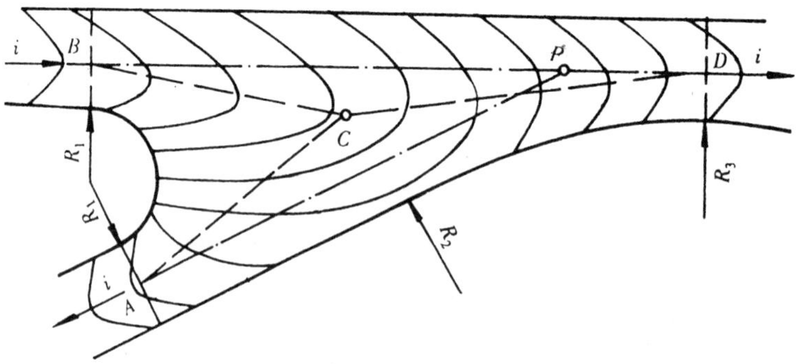

图 11-120 等高线法竖向设计示意图

(7) 按行车平顺和排水迅速的要求，检查设计等高线的图形，并进行必要的调整。

(8) 布置进水口。

(9) 绘出交叉口的竖向设计图(标高计算线网及其标高可不绘出)。

如交叉口范围很大，为便于施工测量放线，可加绘方格网，测出方格点的地面标高，并根据设计等高线的标高，用补插法求出方格点上的设计标高，最后算出施工高度，供施工使用。

如交叉口的路面为水泥混凝土路面，则应按水泥混凝土板的需要进行划块，根据设计等高线的标高，把各个板角的设计标高用插入法算出，并写在图上，供施工使用。

【例题 2】 某交叉口的竖向设计图式选定如图 11-121 所示。已知相交道路的路中心线、街沟纵坡 $i_1=i_3=0.03$，路面横坡 $i_2=0.02$，车行道宽度 $B=15$ m。缘石半径 $R=10$ m。交叉口中心标高为 2.05 m，等高线间距采用 0.10 m，试绘制交叉口的竖向设计图。

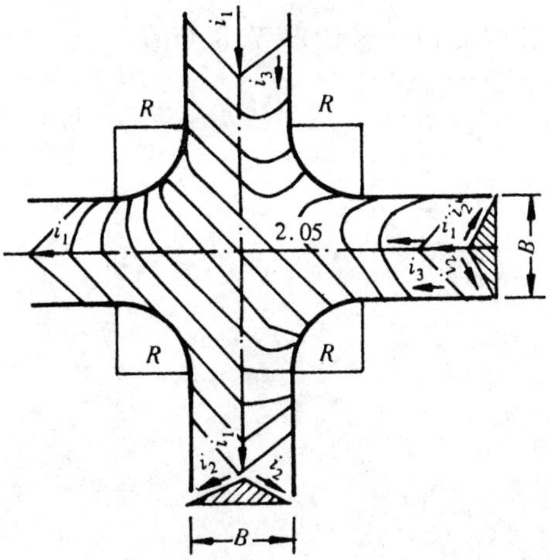

图 11-121　单向倾斜的竖向设计图式

解　本例题所采用的竖向设计方法是画方格线网，并把缘石曲线上的标点平均分配。

交叉口的竖向设计图可按下列步骤绘制(图 11-122)：

(1) 画路段上的设计等高线

$$l_1=\frac{h_1}{i_1}=\frac{0.10}{0.03}=3.33(\text{m})$$

$$l_2=\frac{Bi_2}{2i_3}=\frac{15\times 0.02}{2\times 0.03}=5.00(\text{m})$$

(2) 画交叉口上的设计等高线

① 根据交叉口中心标高，求出 F_3，N，F_4 三点标高。

$$h_N=h_A-AN\times i_1=2.05-17.5\times 0.03$$
$$=1.52(\text{m})$$

$$h_{F_3}(\text{或 }h_{F4})=h_N-\frac{B}{2}\times i_2$$
$$=1.52-\frac{15}{2}\times 0.02=1.37(\text{m})$$

同理，可求出 h_{E_4}(或 h_{E_1})$=2.43$ m，h_{F_1}(或 h_{F_2})$=2.43$ m，h_{E_2}(或 h_{E_3})$=1.37$ m

② 根据 A，F_4，E_4 点的标高，求交叉口范围内等高点的变化。

$$h_{C_4}=\frac{(h_{F_4}+Ri_1)+(h_{F_4}-Ri_1)}{2}$$
$$=\frac{(1.37+10\times 0.03)+(2.43-10\times 0.03)}{2}$$
$$=\frac{1.67+2.13}{2}=1.90(\text{m})$$

$$h_{D_4}=h_A-\frac{h_A-h_{C_4}}{h_{C_4}}AD_4$$
$$=2.05-\frac{2.05-1.90}{\frac{7.5}{\cos 45^\circ}}\times\left[\frac{7.5}{\cos 45^\circ}+\left(\frac{10}{\cos 45^\circ}-10\right)\right]$$
$$=2.05-\frac{0.15}{10.61}\times 14.76=1.84(\text{m})$$

同理　　$h_{C_2}=h_{C_4}=1.90$ m　　$h_{C_3}=1.67$ m　　$h_{C_1}=2.13$ m

　　　　$h_{D_2}=h_{D_4}=1.84$ m　　$h_{D_3}=1.52$ m　　$h_{D_1}=2.16$ m

③ 根据 F_4，D_4，E_4 各点标高，求出缘石曲线上的各个等高点。

$$F_4D_4, D_4E_4 \text{ 的弧长 } L=\frac{1}{8}(2\pi R)=\frac{1}{8}(2\times3.1416\times10)=7.85(\text{m})$$

F_4D_4 间应有设计等高线为$\frac{1.84-1.37}{0.10}\approx5$(根)

等高线的平均间距为$\frac{7.85}{5}=1.57$(m)

同理,D_4E_4 间应有设计等高线为$\frac{2.43-1.84}{0.10}\approx6$(根)

等高线的平均间距为$\frac{7.85}{6}\approx1.31$(m)

F_3D_3, D_3E_3 间应有设计等高线为$\frac{1.52-1.37}{0.10}\approx2$(根)

等高线的平均间距为$\frac{7.85}{2}\approx3.93$(m)

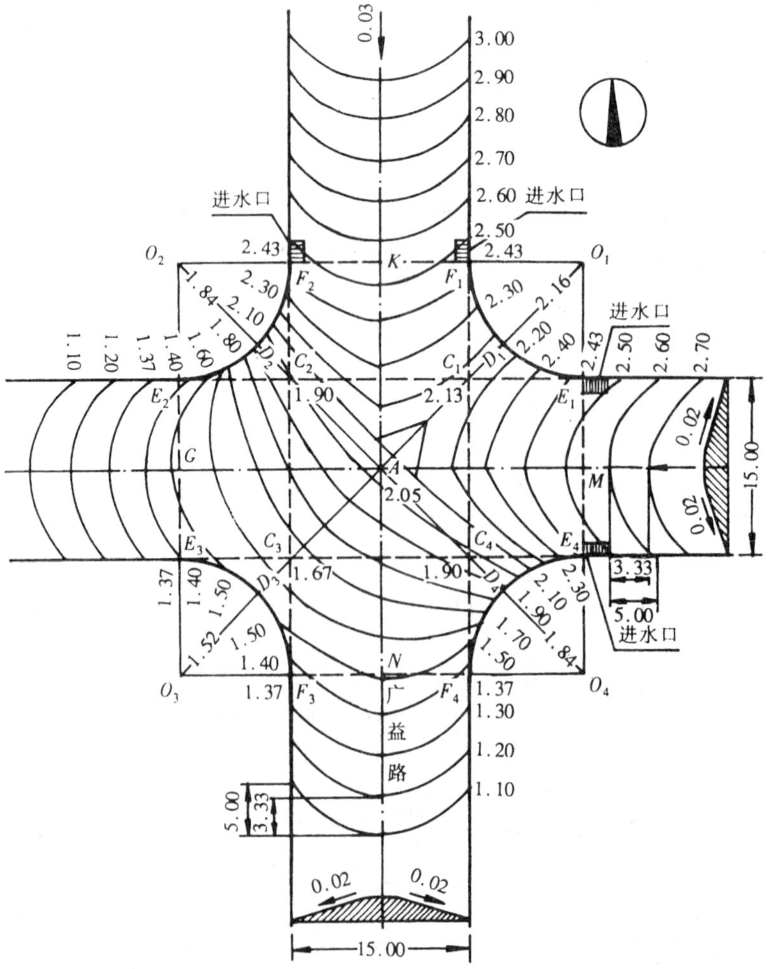

图 11-122 交叉口竖向设计图

E_1D_1，D_1F_1 间应有设计等高线为$\frac{2.43-2.16}{0.10}\approx 3$(根)

等高线的平均间距为$\frac{7.85}{3}\approx 2.62$(m)

④ 根据 A,M,K,G,N 各点标高，分别求出路脊线 AM,AK,AG,AN 的等高点(计算从略)。

⑤ 根据以上求出的各点标高绘出等高线，经合理调整后即得如图 11-122 所示的竖向设计图。

【例题 3】 现有某市纬 1 路(车行道宽度 14 m)改建，它与经 1 路(车行道宽度 12 m)正交，设计该交叉口的竖向设计图。

解 本例题的竖向设计方法采用同心圆法作为标高计算线图。它的竖向设计方法概述如下：

(1) 根据相交道路的平面、纵断面和横断面设计资料绘出交叉口平面图(包括路中心线、车行道和人行道宽度、缘石半径、进水口等)，并标上有关标高。

根据纬 1 路的纵断面设计标高(图 11-123)，在交叉口平面图上标上路中心线标高及街沟进水口标高(图 11-124)。纵断面上北街沟桩号 1+440 处进水口已在交叉口设计范围内，故其标高应结合交叉口综合考虑(根据侧平石街沟排水纵坡不宜小于 0.3%设置分水点，确定其位置及标高)。

交叉口西北角在经 1 路施工范围处，原有道路的街沟标高为 5.08 m，并向南下方泄水，故设计时应顺坡引入进水口。

东北角经 1 路有进水口标高为 5.04 m，纬 1 路桩号 1+485 处的北面有进水口标高为 5.00 m(图 11-124)，在此两个进水口之间设置分水点，使两边街沟纵坡相同(水泥混凝土平石纵坡≮0.3%，方块石街沟纵坡≮0.4%)，分水点位置的计算方法详见第五章。

(2) 确定交叉口设计范围。

纬 1 路：桩号 1+425～1+475 为交叉口范围。

经 1 路：路北取东北角标高为 5.03 m 的进水口横断面为施工范围；路南取大致与路北对称的地方为施工范围(图 11-124)。

(3) 确定标高计算线网，划分标高计算线上的标高点数，计算各标高点的高程。

本例题的标高计算线网采用圆心法，以相交道路的路中心线为路脊线，把它若干等分(本例题每等分取 8 m)，与相应的转角圆心连成直线，即得圆心法的标高计算线网。

再根据每条标高计算线的长短取其中点或三等分点(如标高计算线长还可多布置几个点)作为标高布置点。

然后根据每条标高计算线两端(即路脊线上的各点与相应连接的缘石曲线上的各点)的标高差值 h_1，按照所选用的路拱抛物线计算公式分别算出所有标高布置点的高程。本例题是采用公式(11-37)计算各标高点的高程，在图 11-124 中括号内所示数字即为计算标高。

(4) 画交叉口的设计等高线。

当上述各标高点的高程计算完成后，交叉口设计范围内的设计高程已初步确定，但这些高程是否恰当，还不能完全凭计算的无误来判定，因此需要将已算得的高程绘制其相应的等高线图，然后从等高线的图形来审查各点高程是否匀称协调，如有矛盾，则应根据等高线要求予以调正，使其成为完美的设计。

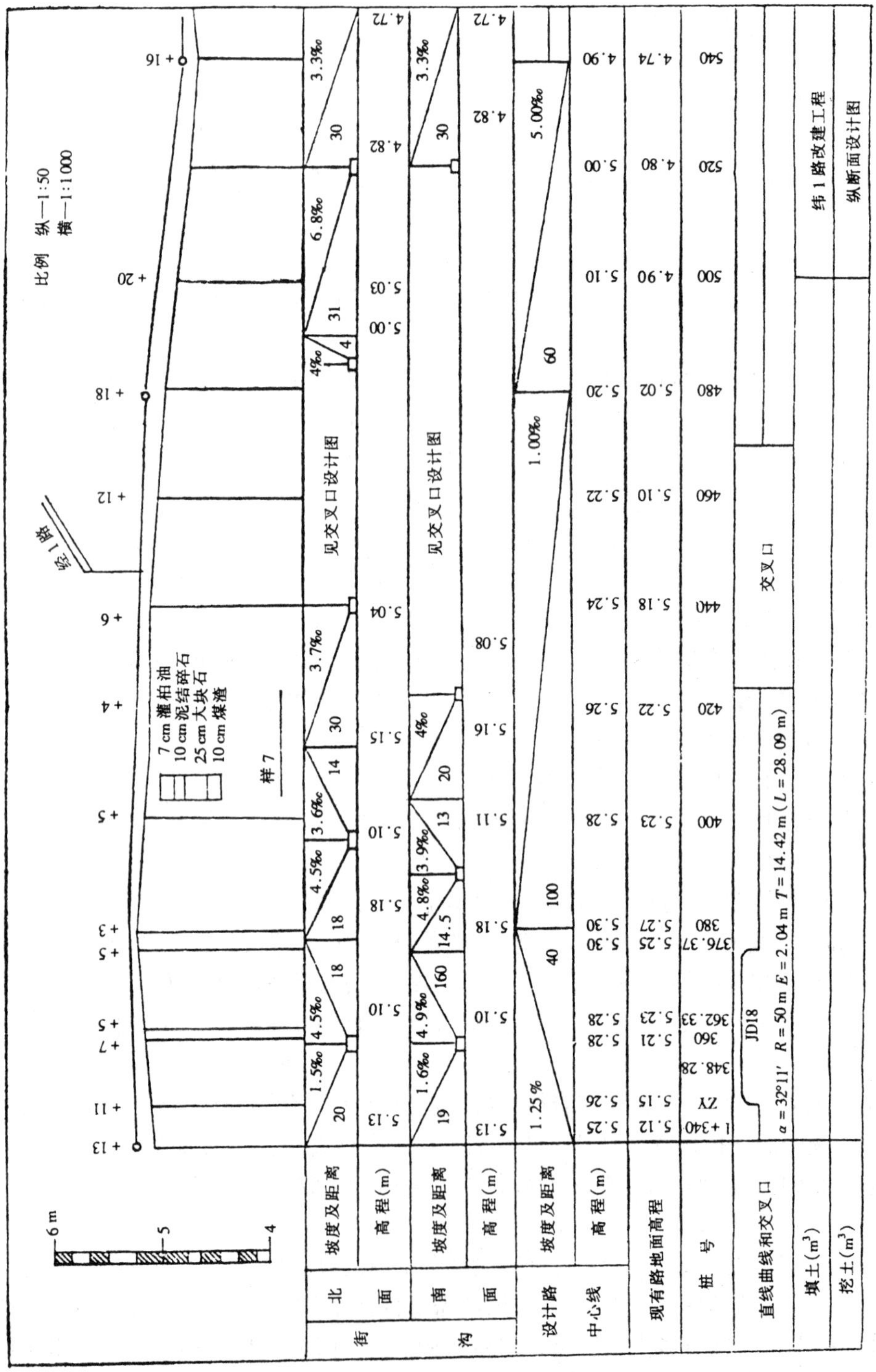

图 11-123 城市道路纵断面设计图

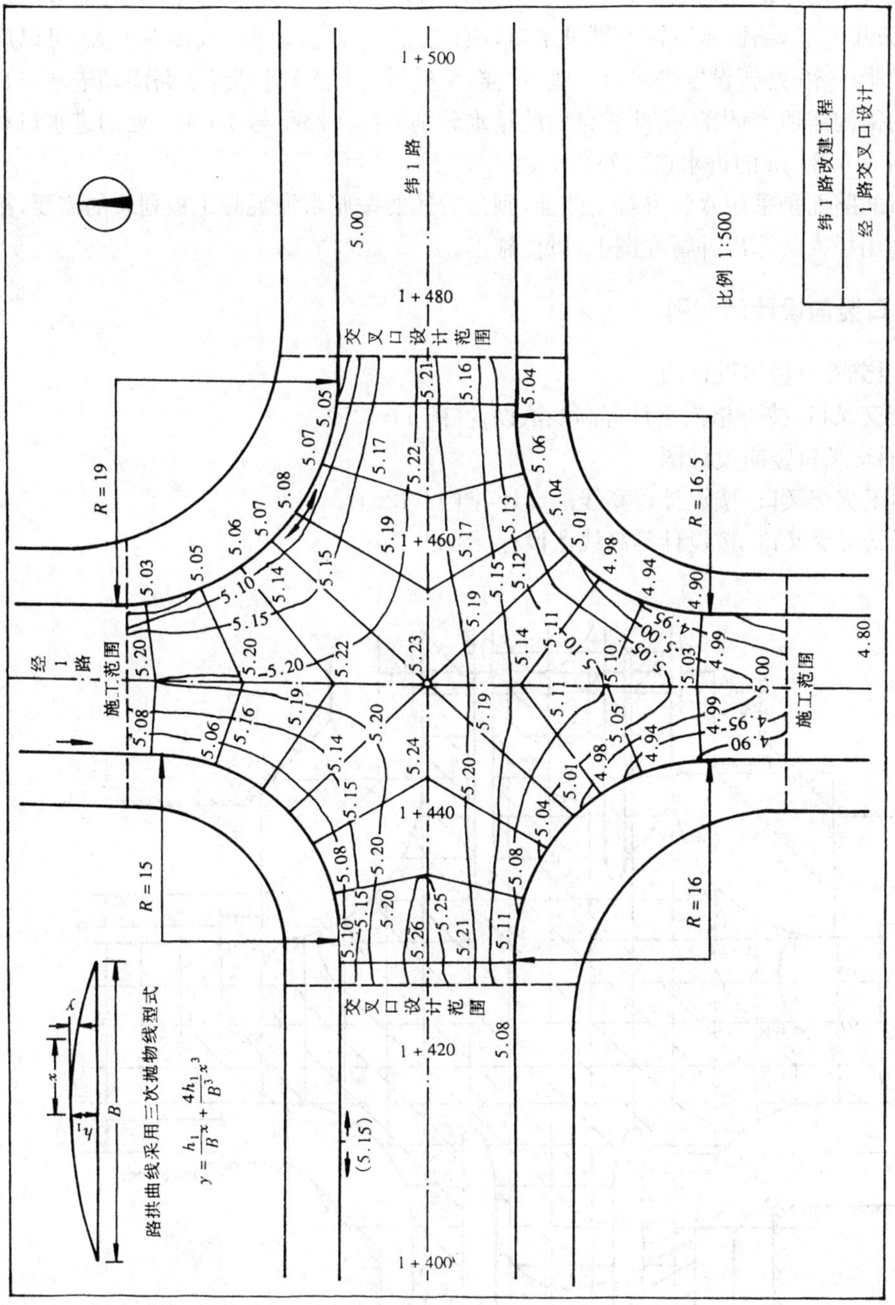

图 11-124　城市道路平面交叉口设计图

画等高线可用插入法。本例题选定相邻等高线的高差为 0.05 m,取等高线标高为 4.90,4.95,5.00,5.05,…,5.25 分别连成等高线。

(5) 根据等高线图形,调整个别不合理的高程。

调整本交叉口东南角上一进水口,路东离雨水进水口 5 m 处设分水点,向南由于道路纵坡较大,故不能设排水点,路面水直泻南端进水口,故此进水口泄流范围小,作用不大,可以废除。建议在桩号 1+480 处新设置进水口一座,这样,从桩号 1+480 处到经 1 路南端进水口止的一段范围内的街沟需适当调正,使此段路面的排水分别向纬 1 路桩号 1+480 处的进水口和纬 1 路南端标高为 5.80 m 的进水口两处泄水。

如果交叉口的路面是采用水泥混凝土路面,则最后还要按照水泥混凝土板划块的需要,把各个板角的标高用插入法算出并写在图上,以便施工。

11.12.5 交叉口竖向设计示例图

1. 柔性路面交叉口竖向设计图

十字形正交交叉口,按方格网设计等高线法设计(图 11-125)。

2. 刚性路面交叉口竖向设计图

(1) 十字形正交交叉口,按设计等高线法设计(图 11-126)。

(2) Y 字形斜交交叉口,按设计等高线法设计(图 11-127)。

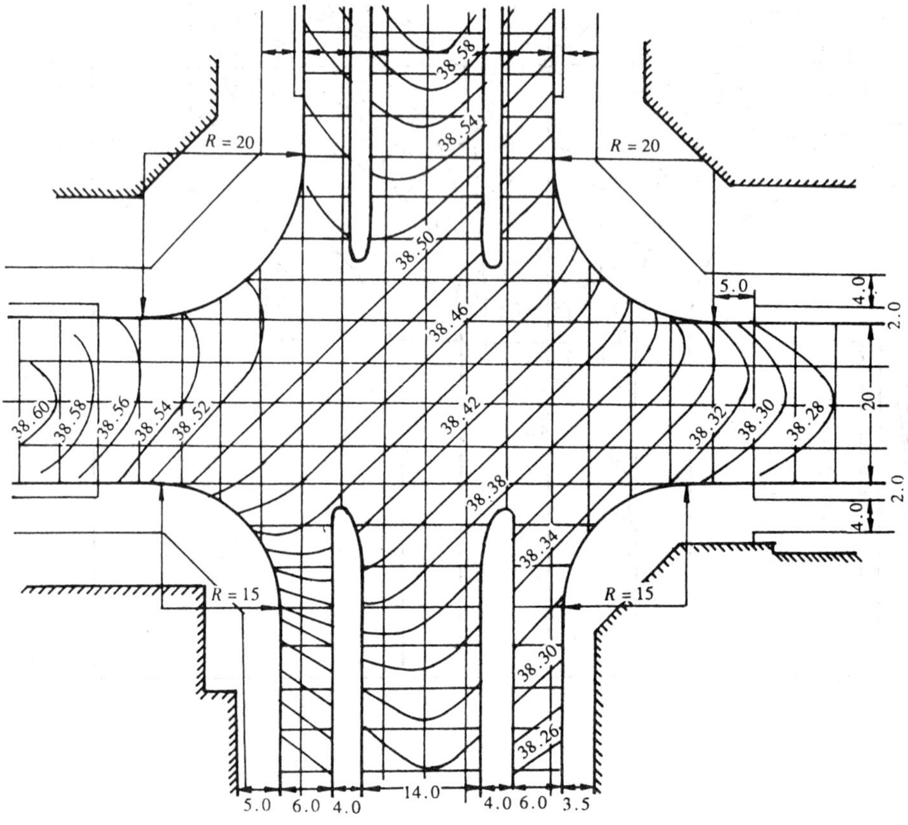

图 11-125　沥青路面路口等高线设计例

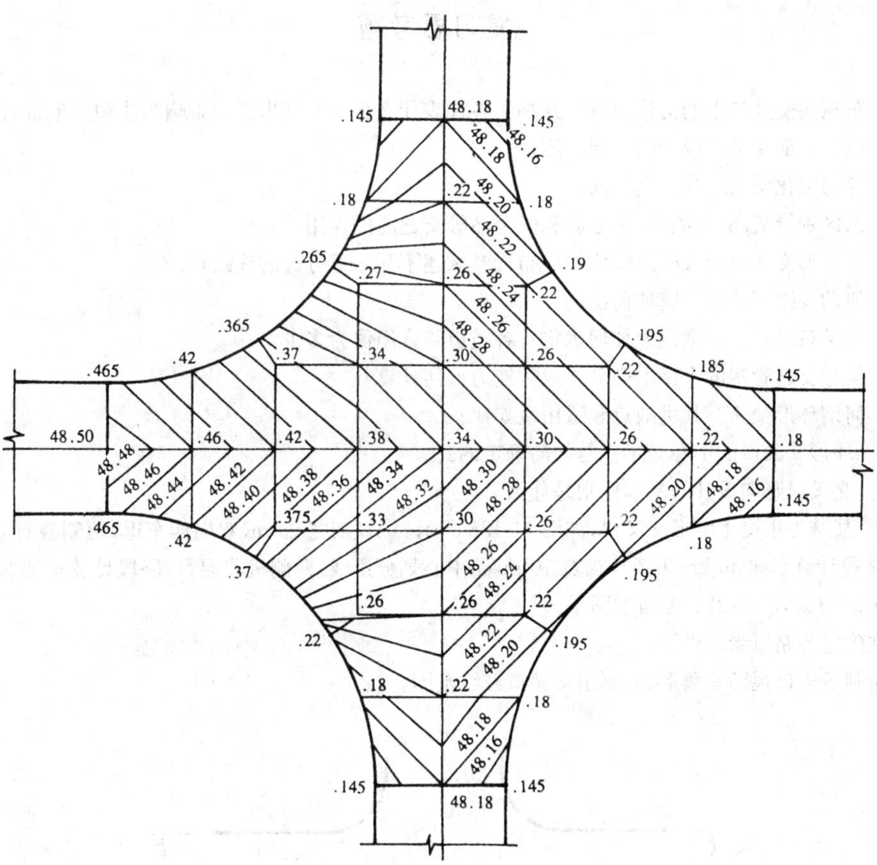

图 11-126　水泥混凝土路面路口等高线设计图

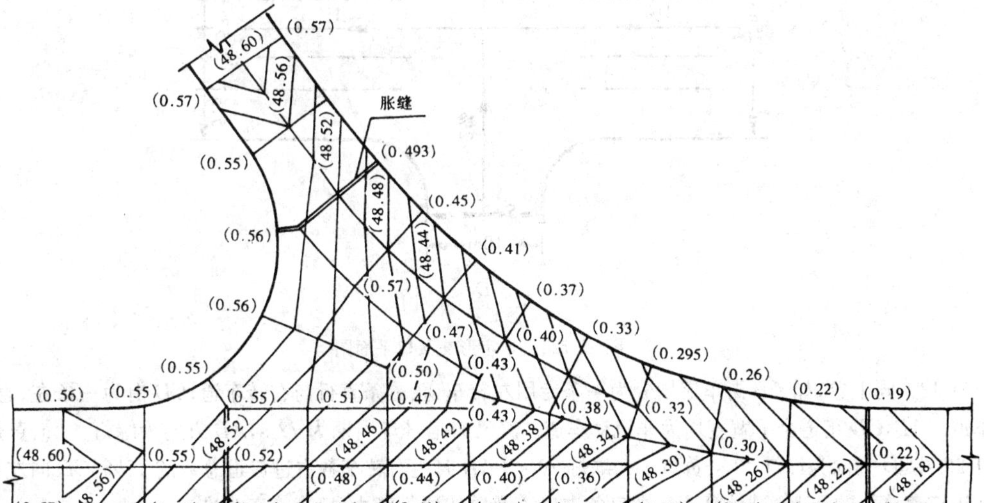

注:1. 凡(　)内数字均指设计标高,以 m 计;
　2. 比例—1:500。

图 11-127　水泥混凝土路面路口等高线设计图

复习思考题

11-1　车辆在交叉口上的交错点有哪几种？各代表什么含义？列出它们影响车速和产生事故的次序。

11-2　试述平面交叉口设计的主要内容。

11-3　何为渠化交通？其作用如何？

11-4　试区别导流岛、分隔岛、中心岛和安全岛等交通岛的作用。

11-5　十字形交叉口行人横道线应如何布置？试述不同布置方式的优缺点。

11-6　何谓视距三角形？应如何绘制？

11-7　交叉口缘石半径理论上如何确定？各类道路常用值为多少？

11-8　信号交通管制的十字形交叉口通行能力如何计算？

11-9　何谓环形交叉？其优缺点和适用性如何？

11-10　环形交叉口的中心岛半径是如何确定的？

11-11　交叉口竖向设计的基本原则是什么？

11-12　某城市正交十字形交叉口，如图 11-128 所示。*AB* 街宽 25 m(双向四车道，两侧各有 5.5 m 非机动车道)，路段计算车速 40 km/h；*CD* 街宽 10 m，路中心划分道线，两侧机非混行，路段计算车速为 30 km/h。设计纵坡 $i_{AB}=1\%$，$i_{CD}=2\%$，方向如图示。

(1) 试确定各路口缘石半径；

(2) 绘制各进口视距三角形，并画出交叉口红线范围。

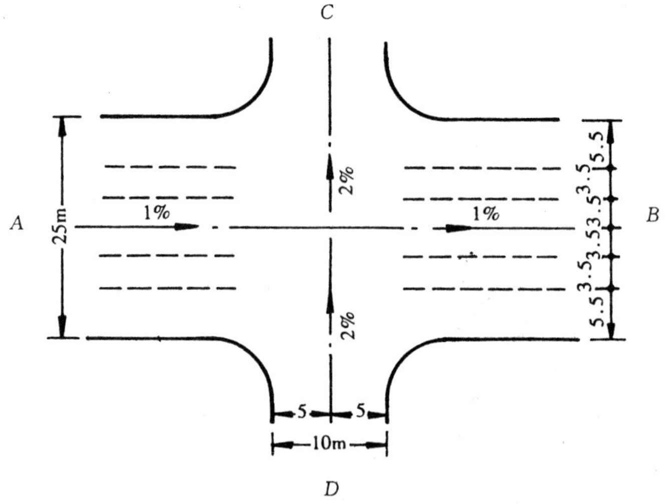

图 11-128　十字形交叉口平面图

11-13　同上题，如 *AB* 街车道划分为一条专用左转车道、一条直行与右转车道；*CD* 街为一条左、直、右合用车道。*AB*、*CD* 街道余下宽度均为非机动车道。交叉口信号灯周期为 72 s，*AB* 方向为绿灯 40 s、黄灯 3 s、红灯 29 s；*CD* 方向为红灯 43 s、黄灯 3 s、绿灯 26 s。*AB* 向左右转车各占进口道总数的 15%，*CD* 向左右转车各占进口道总数的 25%，试计算该交叉口各进口道及总的通行能力(以小汽车为准)。

第 12 章 道路立体交叉设计

12.1 概述

道路立体交叉是利用空间完成两条或两条以上道路的交叉，在交叉区域内，利用构造物使相交的道路与道路(或铁路)在不同标高的平面上相互交叉的连接形式。立体交叉是高等级道路(高速公路、一级公路和城市快速道路等)重要的组成部分，在道路交通中起着非常重要的作用，它取代了平面交叉口的信号管理，消除或减少了冲突点，方便了相交道路车辆的出入，使车辆能连续稳定地通过交叉口，大大提高了车速和道路的通行能力，为车辆的快速、安全、经济、舒适行驶提供了保证。

互通立交往往占用土地较多，投资较大，不易改建，对周边环境影响也较大，故在建设立交前应进行交通量、交通类型、造价、地形、用地、环境协调等多方面综合考虑，并根据路网规划，经过技术、经济及环境效益的比较和分析后确定。

12.1.1 立体交叉的组成

一般道路立体交叉的组成如图 12-1 所示。按立交内容一般可分为主线、匝道、出入口、变速车道等，按道路的结构形式可分为道路和结构(桥梁、地道)两大部分。

1. 主线

指立交范围内立体交叉相交的道路，是立体交叉的主体部分。

2. 匝道

指立交范围内供相交主线道路转弯车辆行驶的连接道，是立体交叉的重要组成部分。

3. 出入口

由主线驶入匝道的路口为出口，由匝道驶入主线的路口为入口。

4. 变速车道

在主线出口前、入口后供车辆变速行驶需要设置的附加车道称为变速车道。变速车道分减速车道和加速车道两种，出口端为减速车道，入口端为加速车道。

5. 匝道分(汇)流鼻端部(匝道端部)

把邻近主线出入口的部分统称为匝道分(汇)流鼻端部(匝道端部)，包括匝道渐变段、变速车道和匝道端点。

除以上主要组成部分外，立体交叉有时根据车道数平衡及归并出入口需要设置辅助车道、集散车道。同时在立体交叉范围内还需设置绿化、排水、照明、交通工程等辅助设施。立交范围内的主线、匝道、变速车道等按照立交总体布置的需要可采用道路或桥梁(地道)结构形式。

道路立体交叉的设计范围一般是指各相交道路出入口变速车道渐变段顶点以内包含的主线、匝道等的全部区域。

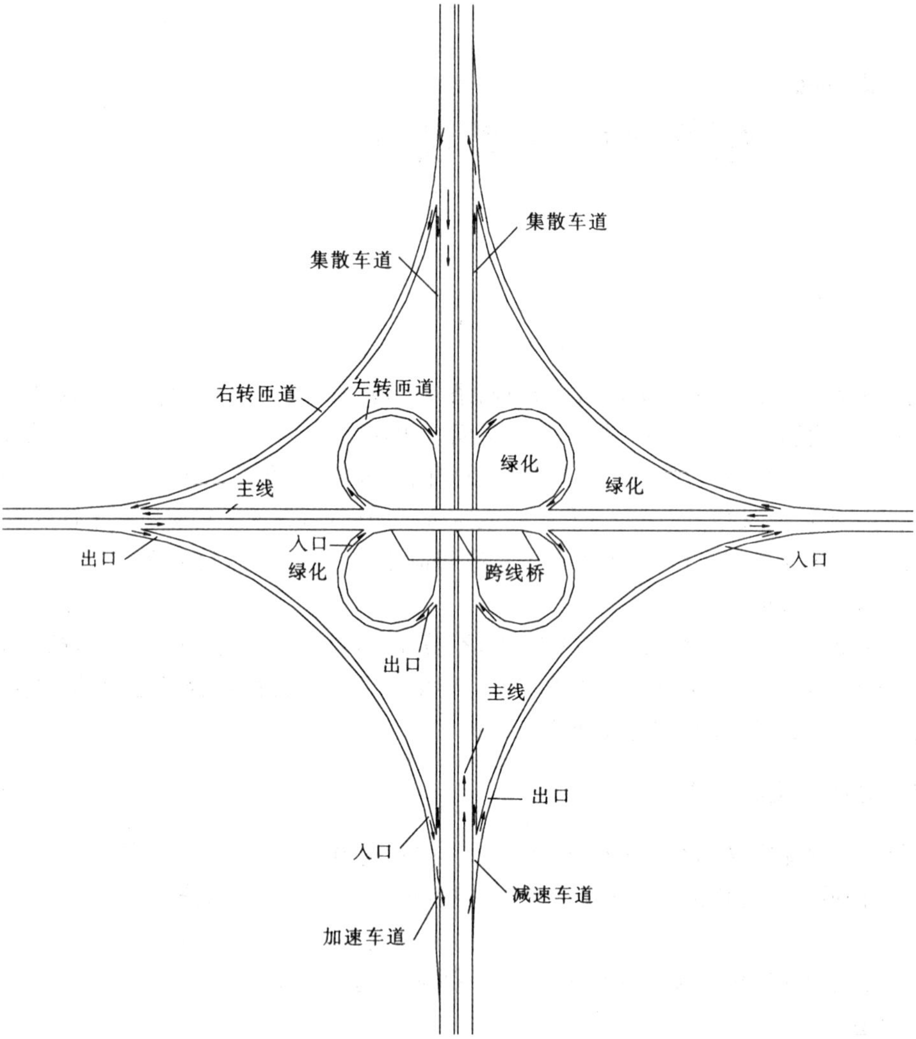

图 12-1 道路立体交叉的组成

12.1.2 城市道路立体交叉与公路立体交叉的主要特点

城市道路立体交叉和公路立体交叉的主要组成部分和设计方法是一致的,但由于受地形、地物、用地、交通组成、收费制式、环境要求及技术标准等的影响,二者设计的重点和考虑的因素有所不同,各具特点。

城市道路立体交叉一般计算速度较低,交通组织较为复杂,存在非机动车、行人,横断面形式较多,受用地和建筑限制较大,地下管线多,环境要求高,一般不收费,相邻立体交叉间距较小,施工时要考虑维持原有交通和快速施工,立体交叉形式复杂、多样。

公路立体交叉一般地物障碍少,用地较松,计算速度较高,线形指标也较高,交通组成较为简单,占地也较多,一般需设收费站,两立体交叉间的间距较大,施工时维持原有交通的要求较低,立体交叉形式较简单。

12.2　立体交叉的分类

立体交叉的种类繁多，名称也不统一，通常按交通功能不同分为分离式立交和互通式立交两大类。

12.2.1　分离式立交

分离式立交是指相交道路在空间上彼此分离、上下道路间无匝道相互连接，交通不能转换的交叉形式。根据跨越方式的不同分为上跨式分离式立交和下穿式分离式立交。

1. 上跨式分离式立交

当分离式立交相交道路中的一条道路采用跨线桥形式跨越另一条道路时，称为上跨式分离式立交，如图 12-2 所示。

2. 下穿式分离式立交

当分离式立交相交道路中的一条道路采用地道（或隧道）形式下穿另一条道路时，称为下穿式分离式立交，如图 12-3 所示。

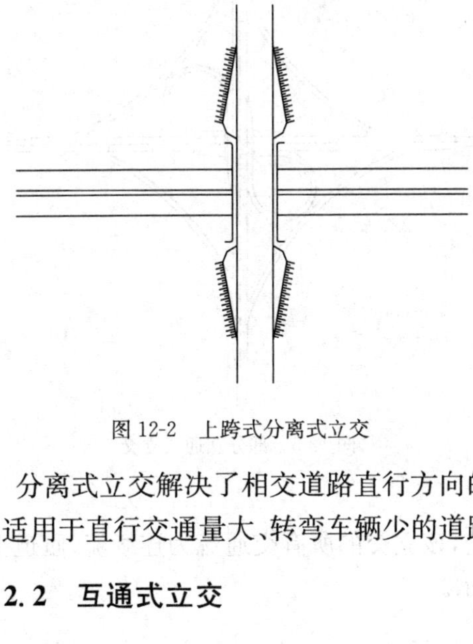

图 12-2　上跨式分离式立交

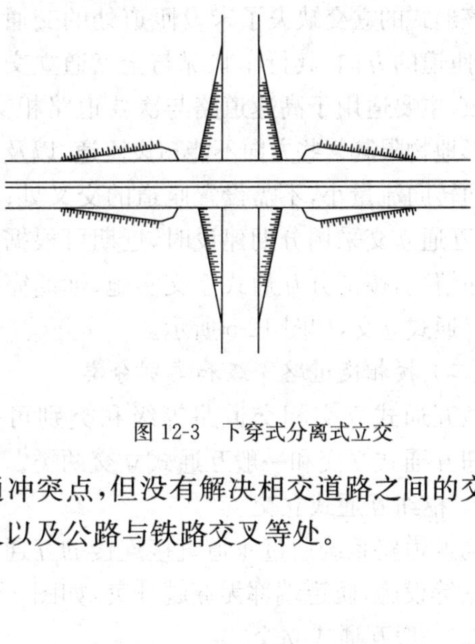

图 12-3　下穿式分离式立交

分离式立交解决了相交道路直行方向的交通冲突点，但没有解决相交道路之间的交通转换，适用于直行交通量大、转弯车辆少的道路交叉以及公路与铁路交叉等处。

12.2.2　互通式立交

互通式立交是指相交道路在空间上分离、上下道路间用匝道全部或部分连接的交叉形式。可根据不同方式进行分类。

（一）按交通功能分类

按互通式立交交通功能的完善程度可分为全互通式立交和部分互通式立交两类。

1. 全互通式立交

相交道路全部行车方向用匝道连接，交通完全沟通，无冲突点的交叉形式称为全互通式立交。该形式立交交通功能齐全，道路各个方向行车干扰小，行车安全、快速，通行能力大。它是一种比较完善的高级形式立体交叉，适用于高速道路之间或高速道路与其他交通量大的高等级道路相交处。其代表形式有喇叭形、苜蓿叶形、Y 形、X 形、涡轮式、组合式等。该形式的立交一般占地多,造价高,如图 12-4 所示。

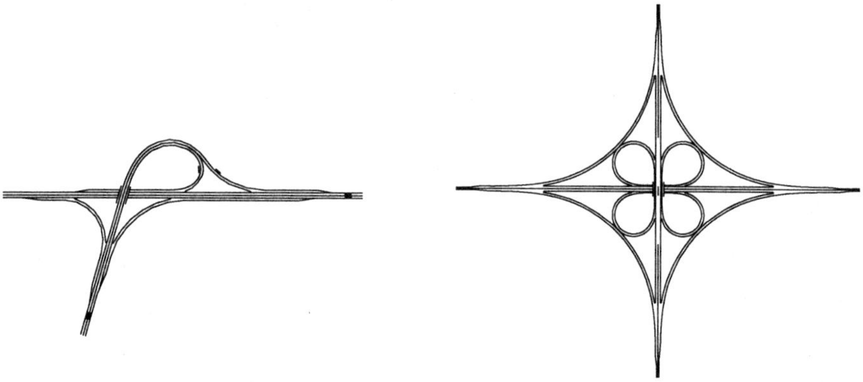

图 12-4　全互通式立交

2. 部分互通式立交

相交道路部分行车方向用匝道连接,能沟通部分方向交通的交叉形式称为部分互通式立交。该形式的立交缺失了未设匝道处的交通流向,设匝道的方向,其行车状况与全互通立交基本一致,主要适用于高速道路与次要道路相交、受地形地物限制某些方向不能布设匝道,以及某些方向转向流量小,不需设置匝道的交叉处;有时,当互通立交采用分期建设时,近期可根据交通分布情况,按部分互通式立交实施,远期完善为全互通式立交,如图 12-5 所示。

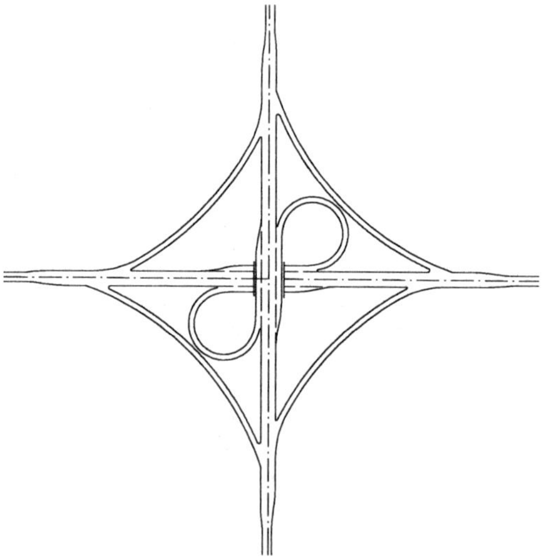

图 12-5　部分互通式立交

(二) 按相交道路等级和类别分类

按互通式立交相交道路等级和类别可分为枢纽互通式立交和一般互通式立交两类。

1. 枢纽互通式立交

高速道路系统通过匝道直接连接的互通式立交,该立交的所有交通流为连续流,匝道上无收费站等设施,匝道端部无穿越冲突,如图 12-6 所示。

2. 一般互通式立交

一般互通式立交为除枢纽互通式立交以外的其他互通式立交,常用于高等级公路、城市快速路与二级公路及其以下等级公路和高等级公路、城市快速路与城市主干道及以下等级道路交叉处,形式上可为全互通也可为部分互通,允许匝道设收费站,除高等级道路上的出入口以外允许有平面交叉,如图 12-7 所示。

(三) 按其他方式分类

立体交叉还可以按以下几种方式分类。

1. 按几何形状分类

(1) 三路 T 形立体交叉,如喇叭形、半定向形、定向形、环形、子叶形立体交叉等;

(2) 三路 Y 形立体交叉,如喇叭形、定向形立体交叉等;

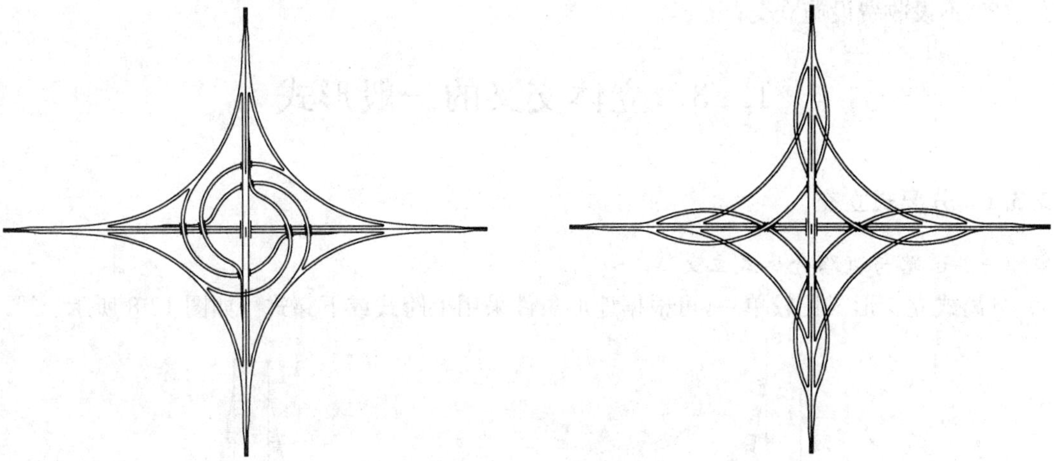

图 12-6　枢纽互通式立交

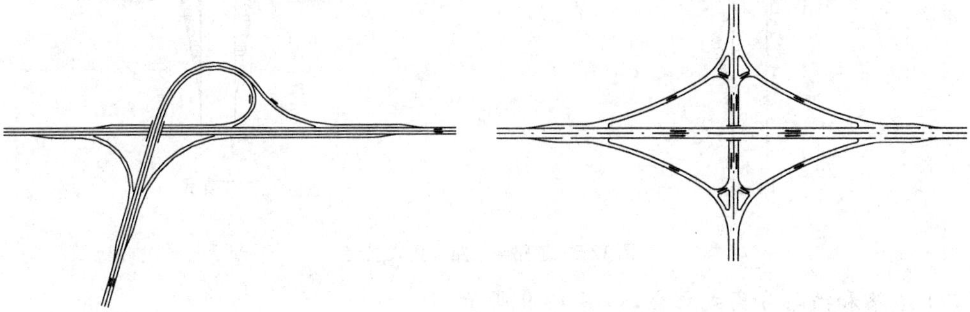

图 12-7　一般互通式立交

(3) 四路十字立体交叉，如菱形、苜蓿叶形、半定向涡轮形、环形、定向形立体交叉等。

2. 按交汇道路的条数分类

(1) 三路立体交叉，由三条道路交汇于一处的立体交叉；

(2) 四路立体交叉，由四条道路交汇于一处的立体交叉；

(3) 多路立体交叉，由五条及五条以上道路交汇于一处的立体交叉。

3. 按层数分类

(1) 双层式立体交叉；

(2) 三层式立体交叉；

(3) 多层式立体交叉。

4. 按用途分类

(1) 公路立体交叉，指城镇范围以外公路与公路的立体交叉；

(2) 城市道路立体交叉，指城镇范围以内城市道路的立体交叉；

(3) 铁路立体交叉，指道路与铁路的立体交叉；

(4) 人行立体交叉，供行人(有时含非机动车)横跨道路的人行天桥或人行地道。

5. 按收费设施分类

(1) 设收费设施立交；

(2)不设收费设施立交;

12.3　立体交叉的一般形式

12.3.1　分离式立交

(一)道路与道路分离式立交

分离式立交形式比较单一,可根据地形条件采用上跨式或下穿式。如图12-8所示。

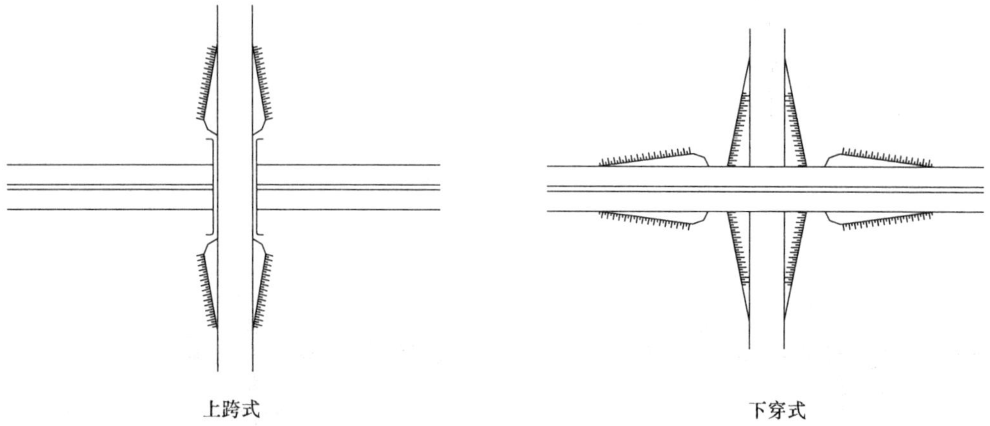

图12-8　道路与道路分离式立交

(二)道路和铁路分离式立交,如图12-9所示。

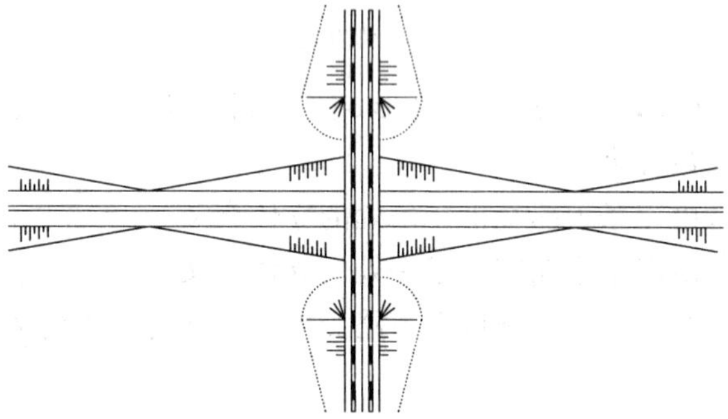

图12-9　道路和铁路分离式立交

(三)自行车、行人分离式立交(自行车、行人天桥或地道),如图12-10所示。

12.3.2　互通式立交

(一)喇叭形立体交叉

图12-11是三路立体交叉的代表形式,它是用一个环形(转向约为270°)左转匝道和一个半定向式左转匝道来实现车辆左转弯的完全互通式立体交叉。喇叭形立体交叉可分为A式和B式,经左转匝道驶入主线为A式,驶出时为B式。

喇叭形立交有如下特点:各转向方向均有匝道,完全互通,交通功能完善,无冲突点和交织

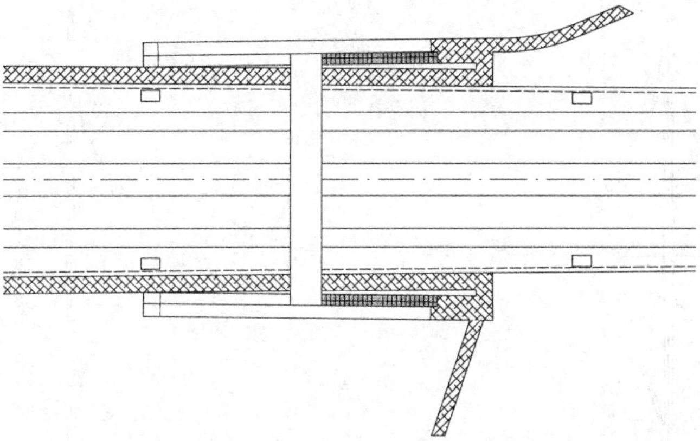

图 12-10　自行车、行人分离式立交

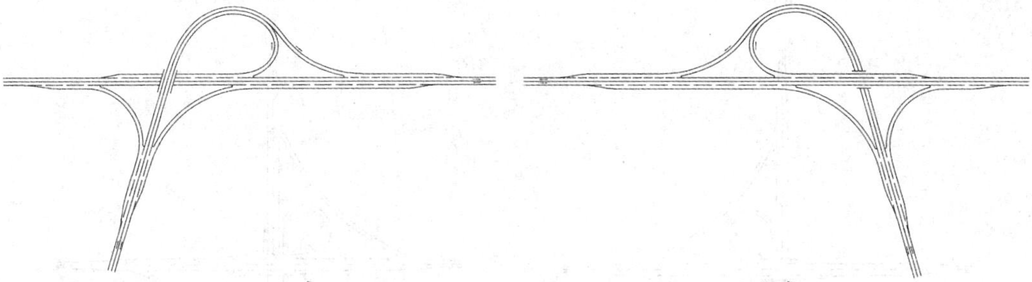

图 12-11　喇叭式立体交叉

段，行车时干扰小，行车安全性高，通行能力大，除环形匝道外，其他匝道都能为转弯车辆提供较高速度的定向或半定向行驶；只需一座跨线构造物，投资较省；结构简单，造形美观，行车方向容易辨别，易于集中设置收费设施；但该立交环形匝道半径往往较小，线形指标较低，行车速度低，左转车辆绕行距离较长。适用于设收费站的一般互通式立交。

布设时应将环形匝道设在交通量较小的匝道上，主线左转弯交通量大时宜采用 A 式，反之可采用 B 式，当交叉口为十字交叉时，可采用双喇叭立交。通常情况下，一般道路上对转弯交通视野有利，下穿时宜斜交或弯穿。

（二）苜蓿叶式立体交叉

该立交形式是四路立体交叉中最典型的互通式立体交叉之一。如图 12-12 所示，图(a)为标准形，图(b)为带集散车道形，图(c)为部分苜蓿叶式形。

该立交用四个环形匝道连通左转车流，四个右转匝道连通右转车流来实现所有转向车流的运行，故为平面形似苜蓿叶的全互通式立体交叉。该立交各匝道相互独立，无冲突点，交通运行连续，仅需一座跨线构造物，造价较低。但立体交叉占地面积大，左转车辆绕行距离长，环形匝道车速较低，两条主线存在交织，限制了立体交叉的通行能力，同时该立交匝道出入口布置分散，不利于收费站的布设，多适用于不设收费站的一般互通式立体交叉。

为了消除主线上的交织，避免双重出口而使标志简化，提高立体交叉的通行能力和行车安全，常在正线的外侧加设集散车道，使出入口及交织段集中在集散车道上；由于存在交织，立交

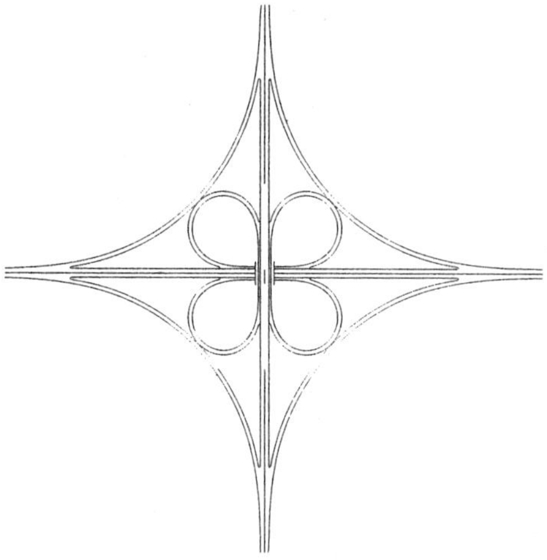

(a) 标准形

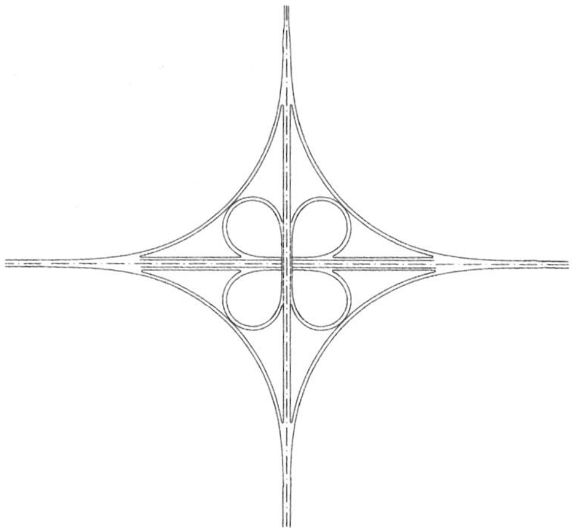

(b) 带集散车道形

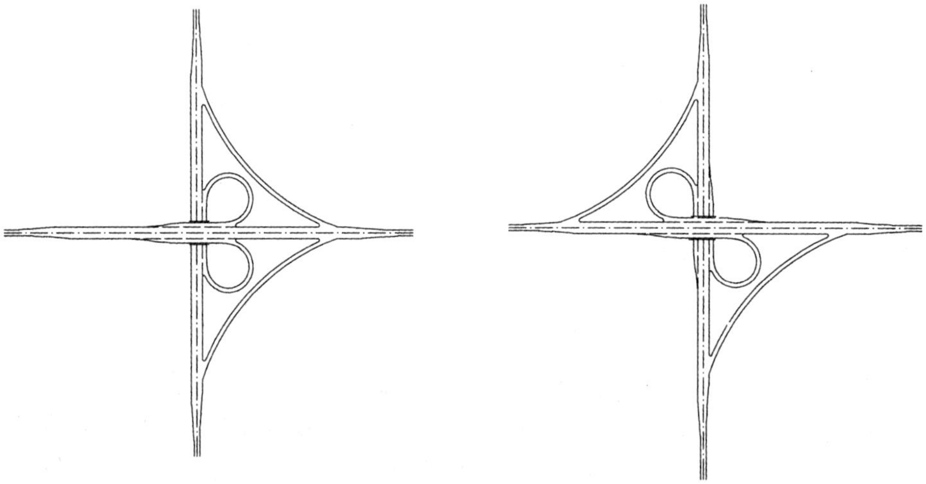

(c) 部分苜蓿叶式形

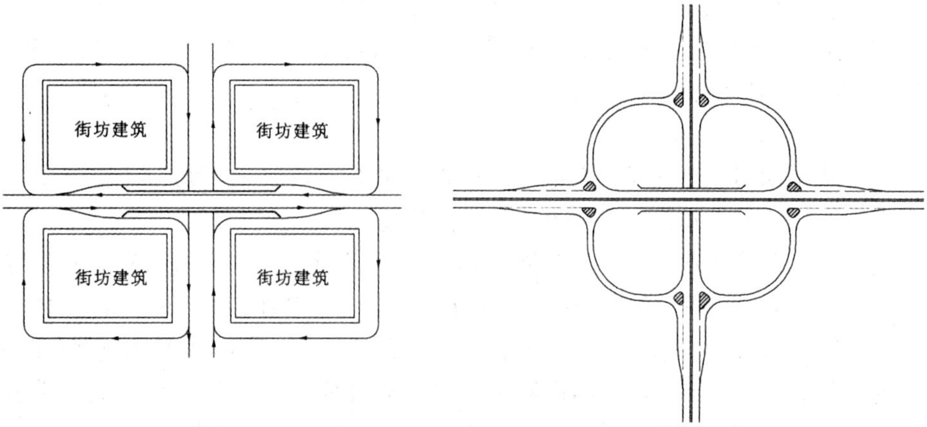

(d) 利用周边街坊道路作为匝道组成的苜蓿叶式立交

图 12-12　苜蓿叶式立体交叉

的通行能力受到限制，因而这种形式的立交不能作为枢纽互通式立体交叉使用。部分苜蓿叶式立体交叉某些车流方向没有匝道而不能互通，交通功能不全，甚至在某些匝道与交叉线衔接处采用平面交叉，允许存在冲突点，具体设计时，可按交通状况和用地条件确定。

城市区域布置苜蓿叶式立体交叉时，由于用地条件限制较大，有时也可利用周边街坊道路作为匝道功能，组成苜蓿叶式立交，如图 12-12(d)所示。

（三）菱形立交

菱形立交是由四条匝道实现所有方向车流互通的立交形式，其特点是：结构简单，只有一座跨线桥，占地少、工程量小，车辆绕行距离短，但由于匝道不足，匝道与相交道路均为平交，匝道转弯半径小，匝道车速低，不利于收费站布设。此立交形式比较适用于高等级道路与低等级道路交叉处，为一般互通式立交的常用形式，见图 12-13(a)，(b)，(c)。

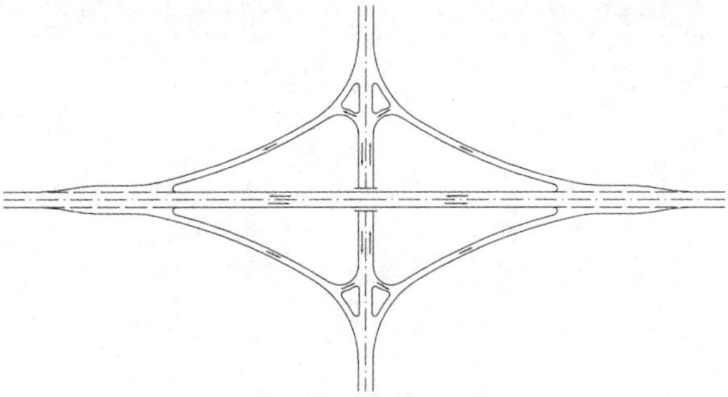

(a) 典型的菱形立交

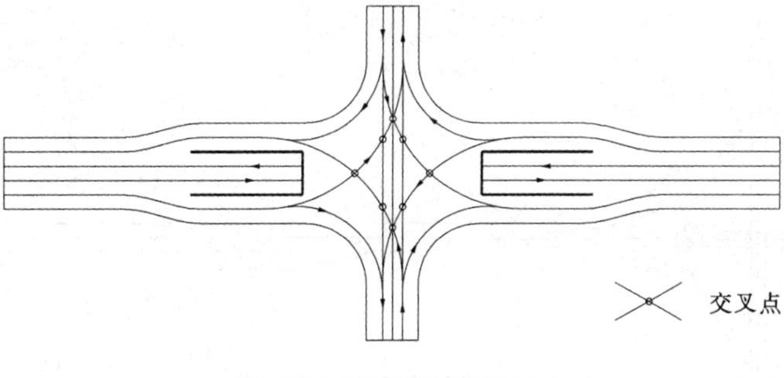

(b) 两层式平行匝道菱形立交

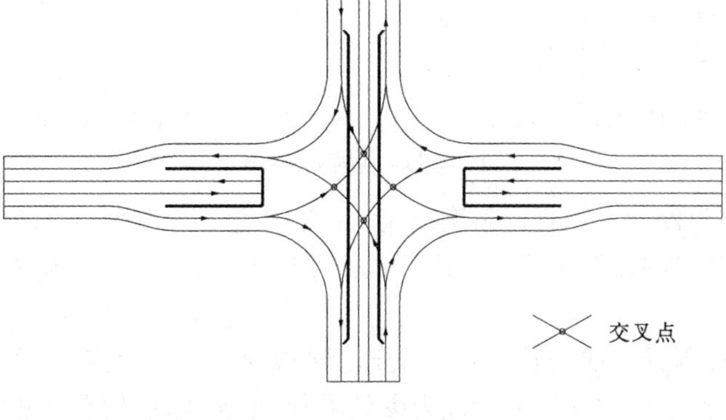

(c) 三层式平行匝道菱形立交

图 12-13　菱形立交

城市范围内,受用地的限制,一般采用平行匝道的菱形立交,见图12-13(b),(c)。当两条正线中一条流量大,一条流量小时,可采用两层式,当两条正线流量均比较大时,可采用三层式;三层式菱形立交,保证了相交的两条正线直行车流不受干扰,但增加了一座跨线桥,工程费用增大。

(四) 环形立交

相交道路的转向车流轨迹线因匝道不足而共同使用,匝道段形成交织的交叉形式,称为环形立体交叉。如图12-14所示,其中图(a),(b),(c)分别为三路、四路、多路环形立体交叉。

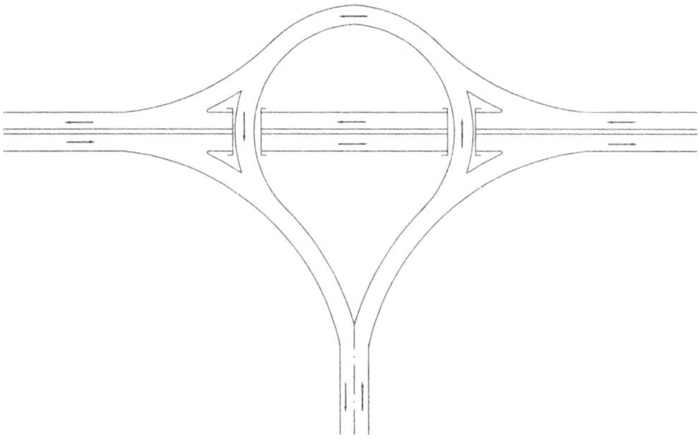

(a) 三路环形立体交叉

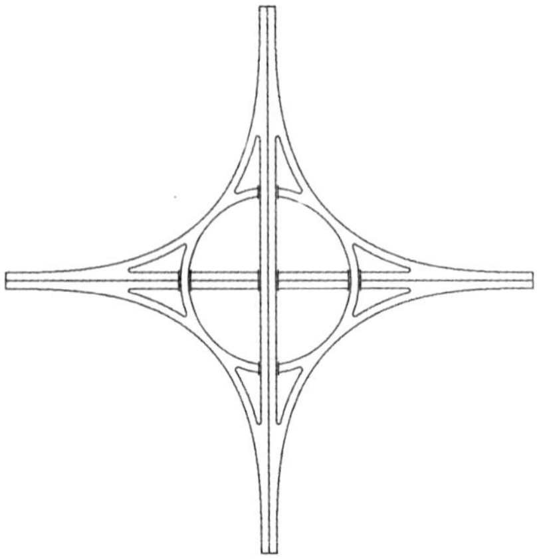

(b) 四路环形立体交叉

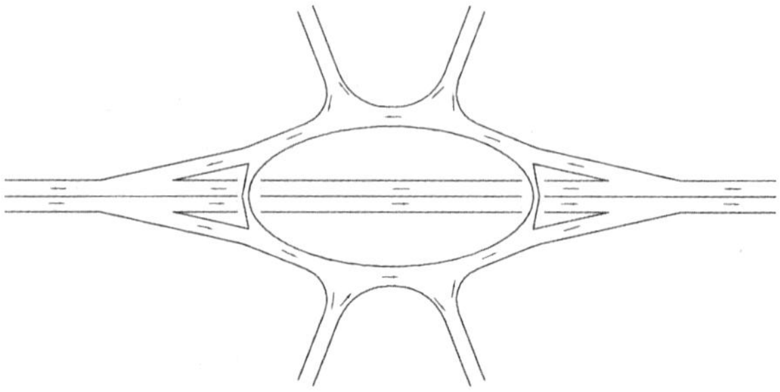

(c) 多路环形立体交叉

图12-14　环形立体交叉

环形立体交叉,为保证主线直行车流快速、畅通,由主线下穿或上跨环道而构成。次要道路的直行车流和交叉口的左转车流一律绕环道作单向逆时针行驶,车流在环道内相互交织,直至所去的路口离去。

环形立体交叉能保证主线快速、畅通,交通组织方便,无冲突点,行车较安全,占地较少。但环道上为交织运行,次要道路的通行能力受到限制,车速较低,构造物较多,左转车辆绕行距离长。环形主体、交叉多用于城市道路特别是多路交叉的互通立交。

环形立体交叉形式多样,有圆形、椭圆形、长方形等不同形状,有二层、三层、四层等,当相交主线交通量均较大时,可采用三层式,两条主线采用跨线桥,转向交通走环道,或四层式,两条主线及转向车辆均设跨线桥，地面层供辅道车辆或非机动车行驶。

采用环形立体交叉时，必须根据相交道路的性质、远期交通量大小进行比较研究，并根据环道交织段的通行能力决定方案形式。

（五）涡轮式立体交叉

是由四条半直连式左转匝道组成的一种互通式立体交叉，见图 12-15。

图 12-15　涡轮式立体交叉

该形式立体交叉均为半定向匝道，平曲线半径较大，匝道车速较高，纵坡较和缓；主线左右转匝道合并为一个出口，便于行车时识别；车辆进出主线安全通畅；无冲突，无交织，通行能力较大；但左转弯车辆绕行距离较长，需建两层式跨线构造物 5 座，占地面积大，造价较高；适用于转弯车速较低的枢纽互通式立体交叉。

（六）直连式（定向式）立体交叉

直连式（定向式）立体交叉是用直连匝道或半直连匝道来实现车辆左转的全互通式立体交叉。在三路四路及多路交叉中均可采用，三路四路直连式立交为常用形式。

图 12-16 为直连式立交，图(a)为 T 形半直连式立交，图(b)为 Y 形直连式立交，图(c)为四路直连式立交。

这种立体交叉能为转弯车辆设置定向或半定向匝道，能提供各方向自由流畅的运行，每处左右转弯进口和出口都合并成一个进出口，转弯模式统一，行车方向明确，便于识别；匝道转弯半径大，车速高，通行能力大；无交织，无冲突点，行车安全；路径短捷，主线外侧占地宽度较小，为标准最高的互通式立交。该立交跨线构造物多，造价较高。一般适用于各向交通量均大的枢纽互通式立体交叉。

（七）混合式立体交叉

左转匝道既有半直连式匝道，又有环形匝道，且环形匝道不超过两条，布置在对角象限中的立交形式，它适用于一个或两个左转弯交通量较小的互通式立交，如图 12-17 所示。

（八）复合式立体交叉

当两处互通式立交相距很近而不能保证应有的立交间距时，可在两立交的直行车道旁设

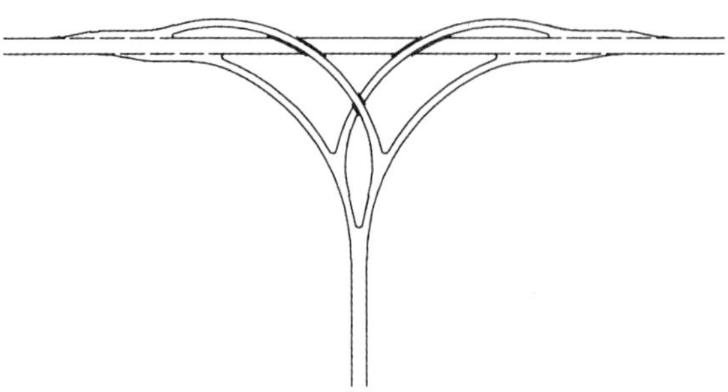

(a) T 形半直连式立交

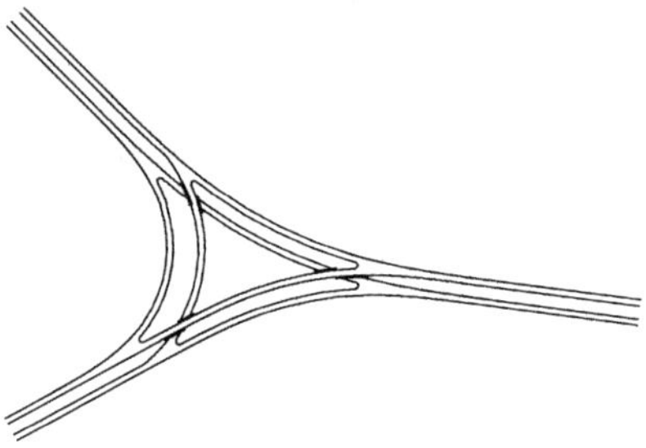

(b) Y 形直连式立交

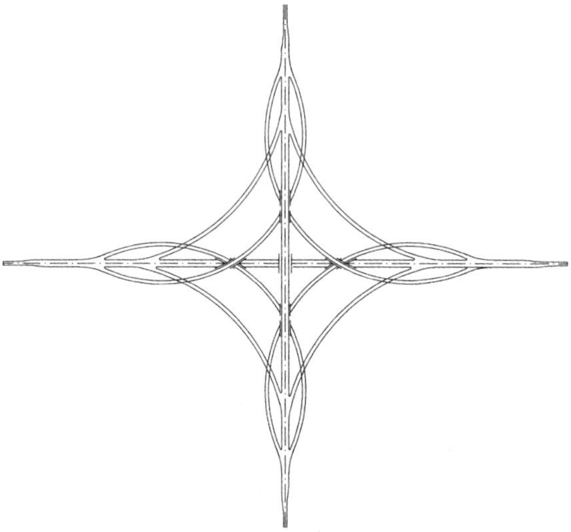

(c) 四路直连式立交

图 12-16　直连式(定向式)立体交叉

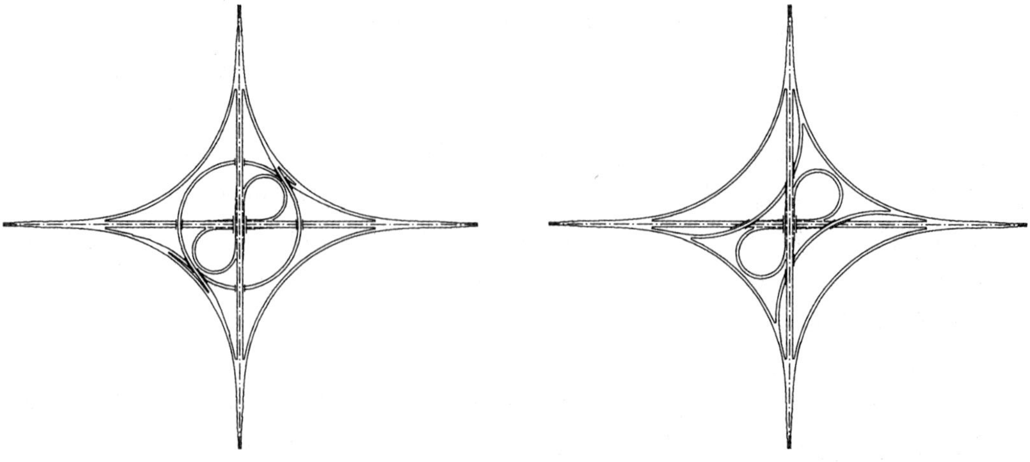

图 12-17　混合式立体交叉

置分隔的集散道，将两个立交的出入口串连起来，使主线的行驶方向上只保留一对出入口或减少某些出入口，形成一个复合式立交。对于出入交通量较大的复合式立交，应采用匝道间的立体分离等措施避免交织，如图 12-18 所示。

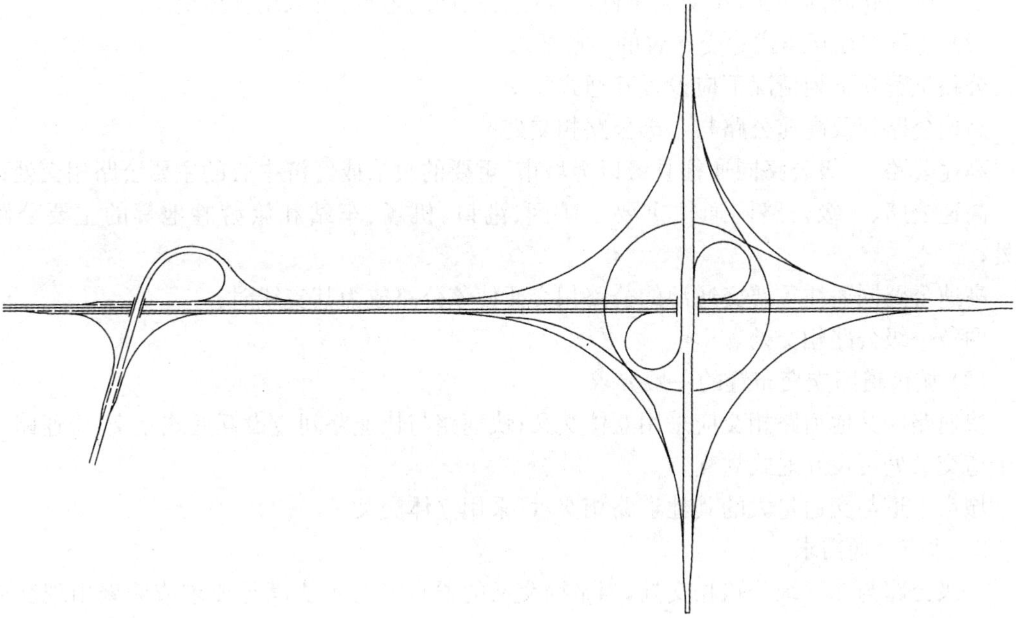

图 12-18　复合式立体交叉

12.4　立体交叉的规划布置与方案设计

道路交叉口是路网中的节点，立交在路网节点中起到交通枢纽的作用，是路网重要组成部分。因此，在路网规划时就应考虑立交的布置，对其修建的位置、数目、间距、形式及条件等按照路网总体规划要求作出合理的布置。

12.4.1　立体交叉的规划布置

无论是公路还是城市道路，立体交叉是影响工程投资、交通功能以及周边环境等十分重要的工程措施；从交通方面看，立交建成后，一方面会大大提高立交节点处通行能力，缓解交叉口的交通，另一方面，由于该交叉口交通状况的改善，又会提高该交叉口的交通吸引力，增加交叉口的交通量，影响立交周边的交叉口和路网的交通状况；从工程方面看，立交占地面积大，投资成本高，结构复杂，特别是对于中心城区的大型立交，往往受到立交四周用地和建筑的限制，一旦建成，改造难度很大；因此，做好立体交叉的规划布置，是做好立交设计和建设的前提和基础。

做好立交的规划布置，一般应遵循以下原则。

1. 符合规划路网要求

规划路网是道路及立交设计和建设的最主要依据，立体交叉的规划布置工作，首先应根据已批准的规划路网进行。

(1) 公路立交布置的一般要求

高速公路同其他公路相交必须采用立体交叉;

一级公路与交通量大的其他公路相交,宜采用立体交叉;

二三级公路间的交叉,在交通条件需要或有条件的地点,可采用立体交叉。

(2) 公路工程互通式立交布置的一般要求

公路工程在下列情况下应设置互通式立交:

高速公路间及高速公路与一级公路相交处;

高速公路、一级公路同通往县级以上城市、重要的政治或经济中心的主要公路相交处;

高速公路、一级公路同通往重要工矿区、港口、机场、车站和旅游胜地等的主要公路相交处;

高速公路同通往重要交通源的公路相交而使该公路成为其支线时;

两条一级公路相交处。

(3) 城市道路立交布置的一般要求

快速路同其他道路相交应采用立体交叉;快速路与快速路间应设互通式立交;快速路与城市干道交叉处可设互通式立交;

城市干道与交通量大的其他道路相交,可采用立体交叉。

2. 适应交通需求

一级公路与二三级公路相交处,当平面交叉的通行能力不能满足要求或频繁出现交通事故时,应设置互通式立交;

城市主干道之间及其与其他道路相交时,应首先进行平面交叉的渠化设计、增加入口车道数,以及调整交叉口信号灯配时等措施以满足交叉口的设计通行能力和服务水平。只有在采用了以上措施后平面交叉仍难以适应横向交通和转向交通时(包括各入口的通过能力和延误指标)才考虑设置立体交叉,在平面交叉口设计时应注意交叉口处的非机动车及行人的横向干扰和交叉车流中是否存在较大比例的重型载重车等各种因素的影响。

12.4.2 立体交叉的间距

确定互通式立体交叉的间距时,主要应考虑以下影响因素:

1. 满足线形标准,保证驾驶员安全操纵的要求

互通式立体交叉,尤其是多层式立体交叉因其纵断面起伏较大,纵坡较长,立体交叉间距必须满足路线纵坡变化的需要,以保证驾驶员安全操纵。

2. 满足沿线交通或地区开发的要求

高等级道路的交通影响(吸引或疏解交通)主要通过互通立交来实现,合适的立交间距能有效地起到均匀交通、带动沿线地区开发的作用。

3. 满足交织段长度的要求

相邻立体交叉之间,除了要设置必需的加、减速车道以外,在两个立交的出入口之间还要有足够的交织段长度,以保证进出立交车辆的正常交织;交织段是从前一个立体交叉匝道上车辆驶入正线的合流点到后一个立体交叉正线上车辆驶入匝道的分流点之间的距离。

4. 满足设置交通设施的要求

相邻立体交叉之间的距离,应满足设置标志标线等交通设施的最小距离要求。

对互通式立体交叉的间距，高速公路规定在大城市、主要产业区附近为 5～10 km，其他地区为 15～25 km，最大间距以不超过 30 km 为宜；为避免交织运行影响车流平稳的最小间距不应小于 4 km，当路网结构或其他条件受限制时，经论证立交间距可适当减小，但加速车道渐变段终点至下一个立交减速车道渐变段起点的距离不得小于 1000 m，当间距规定了最小值时，应将两座独立的立交合并为一座复合式立交；城市道路中，一般互通式立交与一般互通式立交最小间距为 1.5 km；一般互通式立交与枢纽互通式立交最小间距为 2.5 km。枢纽互通式立交与枢纽互通式立交最小间距为 3 km。

12.4.3　立体交叉方案设计

立交方案是立交设计的关键，方案合理与否，不仅影响立体交叉本身的交通功能、技术标准、行车安全和工程经济等，而且还会影响立交周边区域路网及交叉口的交通状况及市容环境等；合理的立交方案，不但可在经济的工程造价下提供交叉口高效、安全、畅通、舒适的交通条件和协调的环境条件，同时也有利于改善周边路网和交叉口的交通状况。

（一）影响立体交叉方案设计的主要因素

1. 规划因素

规划方面的因素有规划道路等级、规划立交等级、规划用地面积及形态、立交周边的规划土地性质及规划重大公建设施等。

2. 道路因素

道路方面因素有道路性质、宽度、主要技术标准、近远期实施要求、收费要求等。

3. 交通因素

交通因素有现状及远景各个方向的交通量、交通组成及交通空间及时间分布特征等。

4. 自然因素

有地形、地质、水文、气象等。

5. 环境因素

环境方面的因素有立交周边的土地性质、建筑、设施、文物古迹等。

6. 经济因素

经济方面的因素主要有立交投资额、主要经济指标如土建工程经济指标、征地拆迁经济指标、环境保护指标等。

7. 其他因素

政府部门的批复、主管部门的要求、相关部门的要求和意见等。

（二）立体交叉方案设计的基本原则

互通式立体交叉方案设计应根据道路条件、交通状况，结合自然、环境、经济等条件综合考虑，并遵循下列基本原则：

1. 立体交叉方案应满足路网布局和规划要求，力争与周边路网立交、交叉口相协调，以提高整个路网的通行能力。

2. 一条道路或一个区域范围内立交，其匝道进出口形式力求统一，并力争采用单出入口形式。

3. 立体交叉方案应考虑相交道路的等级、性质、功能等，适应交通量发展，确保行车安全、通畅和车流的连续。交通量大、设计速度高的行车方向，线形指标应采用高值、路线应短捷、纵坡应平缓;车辆组成复杂时要考虑个别交通特性的需要。城市道路,应充分考虑非机动车和行人的行驶要求,确保非机动车和行人便捷、安全通行。

4. 立体交叉方案应与立体交叉所在地的自然条件和环境条件相适应,充分考虑区域规划、地形地质条件、可能提供的用地范围、周围建筑物及设施分布等。在满足交通要求的前提下综合分析研究,力求合理利用地形、地质条件,减少征地、拆迁,与周围环境相协调,造形美观,结构新颖而合理。

5. 立体交叉方案应考虑近远期结合的必要性和可行性,做到既满足近期交通需求,减少初期投资,又为远期交通发展提供改扩建的可能。

6. 立体交叉方案应结合是否收费和实行的收费制式布置。

7. 立体交叉方案应便于施工,以缩短工期,保证施工安全。

8. 立体交叉结构形式应经济合理,降低工程造价。

(三) 立体交叉方案设计的方法步骤

1. 收集必要的基础资料

首先收集与立交方案设计有关的基础资料,如区域规划、用地规划、地形地貌、交通量、地质水文、地上地下公用设施、技经指标、环境要求等资料,为立交方案设计作准备。

2. 确定立交等级及功能要求

根据相交道路等级及在路网中的作用,确定立交的交通功能和等级;交通功能方面首先确定是分离式立交还是互通式立交,互通式立交是枢纽互通式立交还是一般互通式立交,是公路立交还是城市道路立交,是收费立交还是不收费立交,城市道路立交有无非机动车和行人的通行要求等。

3. 拟定立交方案的控制条件

根据规划用地、地形地貌、地质、地上地下公用设施、环境要求等情况,拟定控制性用地、控制性建筑、控制性公用设施及控制性环境要求等作为立交方案设计的控制性条件。

4. 初拟立体交叉的方案

根据确定的立交等级、功能要求、控制性条件,初拟立交方案。立交方案可在一般立交形式基础上,结合具体的控制条件进行。

根据影响立体交叉的主要因素,表12-1列出了常用立体交叉形式的选择条件(相交路按六车道设计,交通量为当量小客车数)可供参考。

5. 拟定立交结构及其他配套设施方案

在拟定的立交总体布置方案基础上,对立交结构形式、排水设施等进行方案设计,提出满足功能要求、经济合理、施工方便并与环境协调的方案。

6. 通过方案比选,提出推荐方案

经过立体交叉总体方案及结构选择,会产生多个有比较价值的立体交叉方案。必须对多方案进行技术、经济、效益的比较,选择合理的立体交叉形式和适当的规模,提出满足交通功能要求、适合现场条件、造型美观、投资少并与环境协调的推荐方案。

为了达到立交方案设计的要求和目的,尽管影响立交方案选择的因素很多,但一般只从技术、经济、社会效益、环境影响等方面进行评价和比选,并提出推荐方案。

(1) 交通适用性

立交的交通适用性是立交方案成立的前提和基础,也是立交最重要的内在质量,它一般包含以下一些内容。

表 12-1　**互通式立体交叉适用性参考表**

项目 立交形式	设计速度(km/h)			交叉口总通行能力(辆/h)	占地面积(hm^2)
	直行	左转	右转		
定向形立体交叉	80～100	70～80	70～80	13000～15000	8.5～12.5
苜蓿叶式立体交叉	60～80	30～40	30～40	9000～13000	7.0～9.0
部分苜蓿叶式立体交叉	30～80	25～35	30～40	6000～8000	3.5～5.0
菱形立体交叉	30～80	25～35	25～35	5000～7000	2.5～3.5
三四层式环形立体交叉	60～80	25～35	25～31	7000～10000	4.0～4.5
喇叭形立体交叉	60～80	30～40	30～40	6000～8000	3.5～4.5
三路环形立体交叉	60～80	25～35	25～35	5000～7000	2.5～3.0
三路子叶式立体交叉	60～80	25～35	25～35	5000～7000	3.0～4.0
三路定向形立体交叉	80～100	70～80	70～80	8000～11000	6.0～7.0

立交的通行能力和服务水平：立交通行能力大小、服务水平高低是交通适用性最重要的指标；立交通行能力一般分主线、匝道、出入口几个部分，一般情况下，出入口通行能力较小，起控制作用；

主线行车速度：立交主线路段行车速度，不仅影响主线的行车效率和通行能力，在某种程度上还影响社会效益；

匝道标准：主要评价指标有匝道行车速度、匝道绕行距离。

线形标准：立交平纵线形标准是影响行车安全、舒适性的重要指标；良好的线形指标，不但有利于行车安全和舒适，也有利于减小驾驶员行车疲劳、减少油耗。

(2) 工程经济性

工程经济性一般从两个方面来评价：

工程建设费：包括建筑安装费、征地拆迁费等所有为立交建设需要的费用，是影响工程经济的主体部分；

运行管理费：指立交维持日常运行需要的费用，主要有运行费、管理费等。

(3) 施工便易性

施工便易性指标主要包括施工技术难度、施工交通组织及影响程度、工期等内容；

施工技术难度包括施工技术力量要求、施工设备要求等。

(4) 环境协调性

包括立交对周边自然环境和生态环境的协调与影响、对周边地块的分隔,征地、拆迁影响等。

以上内容的分析评价,可采取对每一指标提出权重和评分的方法,计算出每个方案的总分,按分值大小提出推荐方案,该方法比较直观,但权重的分配难度较大;目前,工程界较多采用由专家组通过各指标的综合评定,提出推荐方案。

12.4.4 立体交叉的设计资料和设计步骤

(一) 设计资料

在立体交叉设计之前,应通过实地勘测、调查收集下列所需设计资料:

1. 自然资料

测绘立体交叉范围的1:500~1:2000地形图,详细标注建筑物的建筑线、种类、层高、地上及地下各种杆线、管线等地物;调查并收集用地发展规划、水文、地质、土壤、气象资料;收集附近的国家控制点和水准点等。

2. 交通资料

收集各转弯及直行交通量、交通组成;推算远景规划交通量;绘制交通量流量流向图;调查非机动车和行人流量等。

3. 道路资料

调查相交道路的等级、平纵面线形、横断面形式和尺寸;相交角度、控制坐标和标高;路面类型及厚度;确定净空高度、设计荷载、设计速度及平纵横指标等。

4. 排水资料

收集立体交叉所在区域的排水系统、制式、现状和规划;各管渠位置、埋深和尺寸。

5. 文书资料

收集设计任务书,上级主管部门的具体批复、要求、意见及有关文件等。

6. 其他资料

调查取土、弃土和材料来源;施工单位、季节、工期和交通组织与安全。

(二) 设计步骤

1. 分析交通资料,包括现状和预测设计年交通量及交叉口的流量流向。

(1) 绘制交叉口流量流向图。

(2) 按各流向高峰每小时交通量计算占交叉口交通量的比例,分析交叉口运行特征,确定主流向或优先行驶流向。

2. 按控制地形和地物(包括不良地质控制范围),设定交叉口几何设计控制点。

3. 根据交叉地区可能影响设计的现有和规划路网情况及在路网中交叉口的交通功能,选择确定交叉口类型及立交等级和形式。

4. 按地形图绘制适应交通需求和符合实际的几种可能交叉设计比较方案,简易略图。贯彻由简单到复杂,由平面到互通的原则。

5. 分析各种比较方案,并选其中两种或两种以上交叉设计比较方案,进一步研究和绘制初步平面布置图和纵断布置图。

6. 根据立交形态按流量大小、按比例采用不同粗细线条绘制其主线和各个匝道的流量流向分配图，以验证匝道选型和流量是否匹配，以提供作为立交方案中各项设计特征指标计算的依据。

7. 对每种交叉设计比较方案中各项设计特征指标，通行能力，交通量，服务水平，运行特征，总体适应性，施工期间的交通组织和分期施工的可能性等方面作出评价。

8. 根据各比较方案的平面布置图，计算征地面积和用地范围，拆迁工程量，投资概算。

9. 在以上步骤完成的基础上，提出推荐方案。

10. 确定采用方案。通过专家论证、征询有关方面意见并经主管部门审查后确定立交方案。

11. 详细测量。对采用方案实地放线并详细测量，进一步收集技术设计所需的全部资料。

12. 技术设计。完成全部施工图的设计和工程预算。

12.5　互通式立交主线及匝道设计

12.5.1　立交主线设计

互通式立交范围内有较多的出入口，主线应有足够的视距，以保证驾驶员作出准确的反应和判断，确保行车安全，为此，立交范围内主线的平曲线半径、竖曲线半径、最大纵坡较主线标准段有更高要求。

1. 平曲线半径

互通式立交范围的主线平曲线半径如果太小，设在曲线外侧的匝道出入口，以及加减速车道与主线的横坡值相差较大，影响驶出驶入车辆的安全，超高过渡设置也有困难。因此，互通式立交的主线横坡应尽量控制在 3%以下。设计车速比较低时(50 km/h 或 60 km/h)，可适当放大到 4%～5%，并据此计算平曲线半径的允许值。

2. 竖曲线半径

互通式立交全部设在主线的大半径凹形竖曲线半径之内时，驾驶员可清晰地辨认出立交位置，作出操纵判断。当立交设在主线小半径的凸形竖曲线之内或以后时，立交就可能全部或部分被遮挡，因此，立交范围内凸形竖曲线半径应达到一定值，以保证足够的视距。

3. 最大纵坡

交通事故与主线的纵坡有很大关系，立交范围内主线纵坡过大，会严重影响行车安全；互通式立交下坡坡度较大时，对驶出互通式立交的汽车减速不利，其结果将由于车速过大，车辆在驶出主线时易失去控制和稳定性；上坡坡度较大时，驶入主线的汽车不易加速，这不仅要延长加速车道的长度，而且即使加速车道长度得到保证，当大型车速还未增加到规定速度就与主线汇流，也会造成交通事故，因此主线的最大纵坡应规定在适当范围内。

4. 互通式立交范围内主线的主要技术指标

互通式立交范围内的主线技术指标采用如表 12-2 所示。

5. 主线横断面

互通式立交范围内主线横断面应和主线标准段一致，无特殊情况技术标准可按主线横断面技术标准采用，枢纽型立交范围主线横断面应和主线一致，保持车道数和硬路肩连续。

表 12-2　　互通式立体交叉范围内的主线技术指标

设计速度(km/h)			120	100	80	60	50
最小圆曲线半径(m)		一般值	2000	1500	1100	500	300
		极限值	1500	1000	700	350	200
最小竖曲线半径(m)	凸形	一般值	45000	25000	12000	6000	4000
		极限值	23000	15000	6000	3000	2000
	凹形	一般值	16000	12000	8000	4000	3000
		极限值	12000	8000	4000	2000	1500
最大纵坡(%)		一般值	2	2	3	4	4.5(4)
		极限值	2	2	4(3.5)	5	5.5(4.5)

注:当主线以较大的下坡进入立交,且所接的减速车道为下坡,同时,后随的匝道线形指标较低时,主线的纵坡不得大于括号内的值。

12.5.2　匝道设计

匝道是互通式立体交叉不可缺少的组成部分,是供上、下相交道路转弯车辆行驶的连接道。匝道设计合理与否直接影响立体交叉的功能、行车安全和工程投资等。因此,匝道设计应根据确定的立交等级、规划交通量及通行能力,进行合理的布置并采用合适的标准。

(一) 匝道设计速度

匝道设计速度主要是根据立体交叉等级、类型、转弯交通量的大小以及用地和建设费用等条件选定。由于匝道布设受立体交叉形式、地形、用地和建设费用等限制,其平、纵线形指标都较主线低。因此,匝道的设计速度也应较主线低,但降低不得过大,以免车辆在离开或进入主线时急剧减速或加速,导致行车危险,降低通行能力。匝道设计速度一般较低,为主线设计速度的50%~70%,尤其是用于匝道位于高速道路到较低速道路的上坡道情况时。

各互通式立体交叉的匝道设计速度与立交的形式密切相关,因此通常立交匝道设计车速和形式应同时加以研究,尤其是枢纽互通式立交的设计。

采用环形匝道时,为了行车安全和少占土地,规定其内环形匝道车速不大于40 km/h。

公路和城市道路互通式立体交叉匝道设计速度的规定如表12-3和表12-4所示。

表 12-3　　公路立体交叉匝道设计速度

匝道形式		直连式	半直接式	环形匝道
匝道设计速度(km/h)	枢纽互通式立交	80,60,50	80,60,50,40	40
	一般互通式立交	60,50,40	60,50,40	40,35,30

表 12-4　　城市道路立体交叉匝道设计速度

被交道路设计速度(km/h)	主线设计速度(km/h)				
	120	80	60	50	40
80	60～40	50～40	/		/
60	50～40	45～35	40～30	/	/
50	/	40～30	35～25	30～20	
40	/	/	30～20	30～20	25～20

选用匝道设计速度时应遵循以下原则：

1. 右转匝道应尽量采用上限或中间值；

2. 直连式或半直连左转匝道宜采用上限或中间值；

3. 匝道设计速度是指匝道线形指标最小处所能保持的最大安全速度，并保证其余路段上的指标与匝道变速行驶的要求相适应。接近自由流出入口附近的匝道部分应有较高的设计速度；接近收费站或平面交叉的匝道端部，设计速度可酌情降低。

（二）匝道设计

1. 匝道的组成

匝道是供上、下相交道路转弯车辆行驶的连接道，由三个组成部分：

(1) 匝道与主线的分流点；

(2) 匝道行车道；

(3) 匝道与主线分(汇)流鼻点(分合流点)。

一般的匝道与高等级道路设计成允许高速合流和分流以便对连接的高等级道路上的交通流产生的影响减到最少，匝道分(汇)流鼻点分合流点的几何设计(加速车道，减速车道的长度，收敛角或发散角，主线和匝道相对坡度，出入口形式，匝道车道数)都会影响匝道的使用。

2. 匝道运行特性

匝道和主线的分合流点是两股车流汇聚区域，在合流区，匝道上的车辆试图在主线车道中寻找入口或"间隙"插入，受匝道驶入交通的影响，在合流区主线车流进行车道重分布，为避免合流区交通紊乱和冲突，主线方向驾驶员常常在合流前变道，对主线交通产生影响；在分流区，驶出匝道基本作用是分流，驶出的车辆必须占用靠近匝道的车道，车辆在分流区进行车道重分布，在驶出车道是双车道时分流行驶的影响会波及到主线的几个车道。

3. 匝道基本形式

互通式立交匝道形式分右转匝道和左转匝道两大类，如图 12-19、图 12-20 所示。

(1) 右转匝道

(a) 直连式右转匝道：直接实施右转(最常用形式)。

(b) 半直连式右转匝道(迂回定向匝道)：为了减少占地沿环形匝道迂回右转。

(c) 环形右转匝道：并入环行左转匝道实施右转。

(2) 左转匝道

左转匝道一般可根据匝道的交通流量大小、服务水平高低依次选用直连式匝道、半直连式匝道、环形匝道。

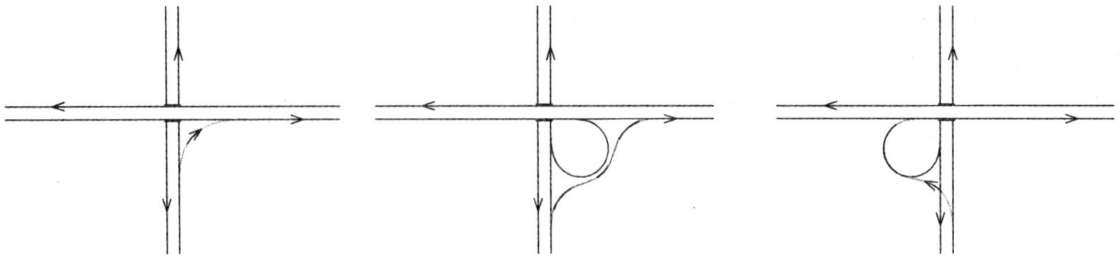

(a) 直连式右转匝道　　(b) 半直连式右转匝道　　(c) 环形右转匝道

图 12-19　右转匝道

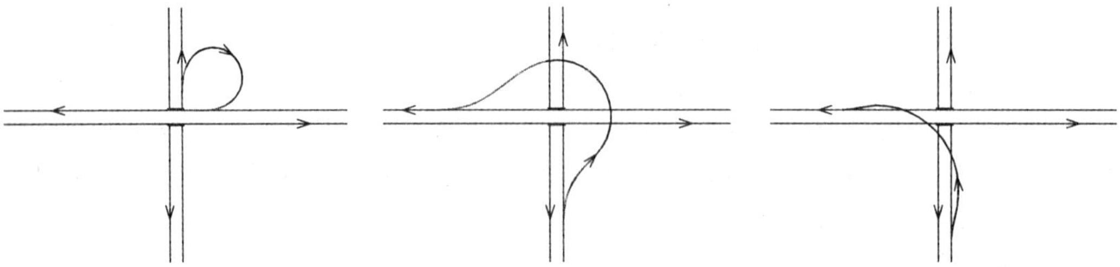

(a) 环形匝道　　(b) 半直连式匝道　　(c) 直连式匝道

图 12-20　左转匝道

(a) 环形匝道：为了实施左转行驶，从主线行车到右侧驶离主线后，大约向右转 270°构成环形左转弯的匝道。

(b) 半直连式匝道(半定向匝道)：为了实施左转行驶，从主线行车道右侧驶离主线后，前进方向大致不变，跨过相应道路然后向左的左转变匝道形式。

(c) 直连式匝道(定向匝道)：为了实施左转行驶，从主线行车道左侧驶离主线，在主线上直接实施左转的匝道形式。

(3) 半直连式、直连式匝道还有因出入口形式不同而产生的变型(图 12-21)。

在主线右侧车道驶出，主线左侧车道驶入，图(a)，(b)。

在主线左侧车道驶出，主线右侧车道驶入，图(c)。

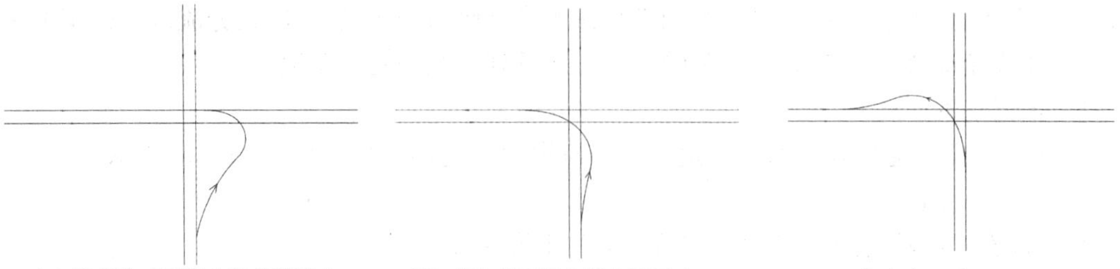

(a) 半直连式匝道左侧车道驶入　　(b) 直连式匝道左侧车道驶入　　(c) 直连式匝道左侧车道驶出

图 12-21　左转匝道的变形形式

4. 匝道平面线形

互通式立交匝道平面线形设计，应根据相交道路的等级和性质所确定的互通式立体交叉的等级，依据预测的交通量的大小、地形、用地条件、地下管网设置等因素来确定立交匝道类型及其曲线半径，使其适应行驶速度的变化，保证车辆连续安全的运行。

(1) 匝道平曲线最小半径

匝道的平面线形和路线一样对汽车安全、顺利、舒适行驶具有重要作用，平面线形：直线、圆曲线和缓和曲线，尤其是圆曲线和缓和曲线的确定是以设计车速为主要依据的，匝道圆曲线最小半径和匝道计算行车速度的关系，根据汽车在弯道上行驶时的力系平衡分析计算匝道平曲线最小半径。

匝道圆曲线最小半径最小值采用对应设计车速的最大超高横坡和容许横向力系数值时所需的半径，而最小半径一般值对应采用一般容许超高及与之舒适性水平相匹配的横向力系数值时所需的半径，不设超高最小半径，对应于匝道设计标准横坡 $i=-0.02$ 时所需的半径值。

匝道圆曲线设计容许的最大超高横坡和容许横向力系数决定了匝道圆曲线的最小半径。由于地域、气候的不同，采用不同的最大超高横坡和容许横向力系数，也有不同圆曲线最小半径限制，表 12-5 为公路立体交叉匝道圆曲线最小半径，通常应选用大于一般值的半径，当受地形条件或其他特殊情况限制时，方可采用最小值。冰冻积雪地区不得采用最小值。

表 12-5　　公路立交匝道圆曲线最小半径

匝道设计速度(km/h)		80	70	60	50	40	35	30
圆曲线最小半径(m)	一般值	280	210	150	100	60	40	30
	最小值	230	175	120	80	50	35	25

城市道路立体交叉圆曲线最小半径的规定如表 12-6，选用时宜采用大于或等于表列超高 $i_h=2\%$ 的最小半径，有条件的地方可采用不设超高的最小半径。

表 12-6　　城市道路立交匝道圆曲线半径及平曲线最小长度

匝道设计速度(km/h)	60	50	45	40	35	30	25	20
横向力系数	0.18						0.16	0.14
超高 $i_h=6\%$的最小半径(m)	120	80	65	50	40	30	20	15
超高 $i_h=4\%$的最小半径(m)	130	90	75	60	45	35	25	20
超高 $i_h=2\%$的最小半径(m)	145	100	80	65	50	40	30	20
不设超高的最小半径(m)	180	125	100	80	60	45	35	30
平曲线最小长度(m)	100	85	75	65	60	50	40	35

(2) 匝道缓和曲线参数

车辆在匝道上由直线段驶入圆曲线、由圆曲线驶入直线段或大半径圆曲线与小半径圆曲线之间应设置缓和曲线，缓和曲线采用回旋线，以满足车辆行驶轨迹和离心力渐变的特性。

曲线超高之间或曲线超高与直线双向路拱横坡之间的缓和段以及曲线平面加宽的宽度和直线路段宽度过渡段所需要的缓和段，均应在缓和曲线范围中完成。

① 匝道缓和曲线最小长度

缓和曲线最小长度确定,必须使离心加速度变化率不超过一定限度,且在方向操作上要有合理的时间。

匝道缓和曲线长度、回旋线参数应不小于表12-7所列值。

表12-7　　匝道回旋线参数及长度

匝道设计速度(km/h)	80	70	60	50	40	35	30
回旋线参数 A(m)	140	100	70	50	35	30	20
回旋线长度(m)	70	60	50	40	35	30	25

反向曲线间的两个回旋线,其参数宜相等或相近;相差较大时,大小两个参数之比不宜大于2,回旋线长度还应满足超高过渡的需要。

② 分流鼻处缓和曲线参数

在分流鼻处,匝道平曲线的最小参数应不小于表12-8所列值。

表12-8　　分流鼻处,匝道平曲线的最小参数

主线设计速度(km/h)		120	100	≤80
曲率半径(m)	一般值	350	300	250
	极限值	300	250	200
回旋线参数(m)	一般值	140	120	100
	极限值	120	100	80

③ 匝道复曲线圆弧长度

匝道中径向连接的复曲线,其大小半径之比不应大于1.5,否则应设缓和曲线。复曲线圆弧长度不宜小于表12-9所列值。

表12-9　　匝道复曲线圆弧长度

半径(m)		≥150	125	100	75	60	50
圆弧长度(m)	一般值	60	50	45	35	30	20
	最小值 70	45	35	30	25	20	15

5. 匝道纵断面线形

(1) 匝道最大纵坡

互通式立交一般交通量大,行驶车种复杂,为保证行车安全,立交匝道最大纵坡值按互通式立交等级,匝道计算行车速度采用不同标准;匝道因受上下线标高的限制,为克服高差、节省用地和减少拆迁,并考虑匝道上车速较低,故匝道纵坡一般比主线纵坡大。

公路互通式立交匝道最大纵坡不应大于表12-10所列值。

表 12-10　　公路立体交叉匝道量大纵坡

匝道设计速度(km/h)			80,70	60,50	40,35,30
最大纵坡(%)	出口匝道	上坡	3	4	5
		下坡	3	3	4
	入口匝道	上坡	3	3	4
		下坡	3	4	5

因地形困难或用地紧张时可增大1%。非冰冻积雪地区在特殊困难情况下可增加2%。

城市道路立体交叉匝道的最大纵坡不应大于表12-11的规定。若机动车与非机动车在匝道上混行时,考虑非机动车的行车要求,最大纵坡应按非机动车车行道的规定,一般不宜大于3%。

表 12-11　　城市道路互通立交匝道最大纵坡

匝道计算行车速度(km/h)	80	70	60	≤40
一般地区最大纵坡(%)	4	5	5	6(6.5)
积雪冰冻地区最大纵坡(%)	4	4	4	4

以小汽车行驶为主的直线形匝道困难路段最大纵坡度可用表中括号值。

(2) 匝道竖曲线半径

在纵断面纵坡的变坡点应设竖曲线,在匝道纵断面设计中竖曲线的设计受很多因素制约;其中离心力大小,在凸形竖曲线中表现为失重,对凹形竖曲线中表现为增重,对司乘人员及汽车悬挂系统不利;匝道长度及视距是决定竖曲线最小长度和半径的主要因素;匝道各设计速度对应的竖曲线最小半径及最小长度见表12-12。

表 12-12　　匝道竖曲线的最小半径及长度

匝道设计速度(km/h)			80	70	60	50	40	35	30
竖曲线最小半径(m)	凸形	一般值	4500	3500	2000	1600	900	700	500
		最小值	3000	2000	1400	800	450	350	250
	凹形	一般值	3000	2000	1500	1400	900	700	400
		最小值	2000	1500	1000	700	450	350	300
竖曲线最小长度(m)		一般值	100	90	70	60	40	35	30
		最小值	75	60	50	40	35	30	25

设计时应尽量采用大于或等于一般值的竖曲线半径,特殊困难时可适当减小,但不得低于表12-12中所列最小值。

(3) 分流鼻附近竖曲线半径和长度

分流鼻附近竖曲线半径和长度应不小于表12-13所列值。

6. 互通式立交匝道纵断面设计要点

(1) 匝道纵断面线形应平缓,避免不顺适的急剧变化及反坡;为满足匝道上车辆经常变速行驶的行车要求,应尽量避免断背纵坡线(两同向竖曲线间隔一短直线段),特别是凹形地带所造成的不良的视觉。

(2) 匝道驶入主线附近的纵断面线形,宜与主线有一定长度的平行段,充分保证主线上的视距,使车辆能自然顺适地驶入主线。

表12-13　　分流鼻附近匝道竖曲线半径及长度

主线设计速度(km/h)		120	100	80	60
凸形竖曲线半径(m)	一般值	3500	2000	1600	900
	最小值	2000	1400	800	450
凹形竖曲线半径(m)	一般值	2000	1500	1400	900
	最小值	1500	1000	700	450
竖曲线长(m)	一般值	90	45	60	40
	最小值	60	50	40	35

(3) 在匝道端部分流(合流)点处,车速往往超过匝道设计车速(主线高速行驶惯性或提前加速由加速车道尽快进入主线),所以尽量采用较大半径的竖曲线,匝道中间难以避免反坡时,凸形竖曲线应具有较大的半径,尤其在其后不远有反向平曲线或匝道分合流的情况下。

(4) 出口匝道宜为上坡匝道。

(5) 上坡加速或下坡减速的匝道,应采用较缓的纵坡,尽量避免采用最大值。

(6) 匝道中设收费站时,邻近收费广场的路段,其纵坡应平缓,不得以较大的下坡驶进收费广场。

7. 匝道横断面及加宽

(1) 匝道横断面组成

匝道横断面由车道、路缘带、硬路肩和土路肩(城市道路不设)组成,对向分离的双车道匝道还应包括中央分隔带。各组成部分的尺寸规定如下。

车道宽度为3.5 m。

路缘带宽度为0.50 m。

左侧硬路肩(包括路缘带)的宽度为1.0 m。

右侧硬路肩(包括路缘带)的宽度:不设紧急停车带时为1.0 m,设紧急停车带时一般为2.5 m,特殊困难路段为1.5 m,或2.0 m(对向分隔式双车道时)。

土路肩的宽度一般为0.75 m,特殊困难路段中,在不设路侧护栏的情况下为0.5 m。中央分隔带的宽度一般为1.0 m。

(2) 匝道横断面类型及选用原则

匝道横断面基本可分为单车道匝道、无紧急停车带的双车道匝道、设紧急停车带的双车道匝道、对向分隔式双车道匝道四种，如图 12-22 所示。

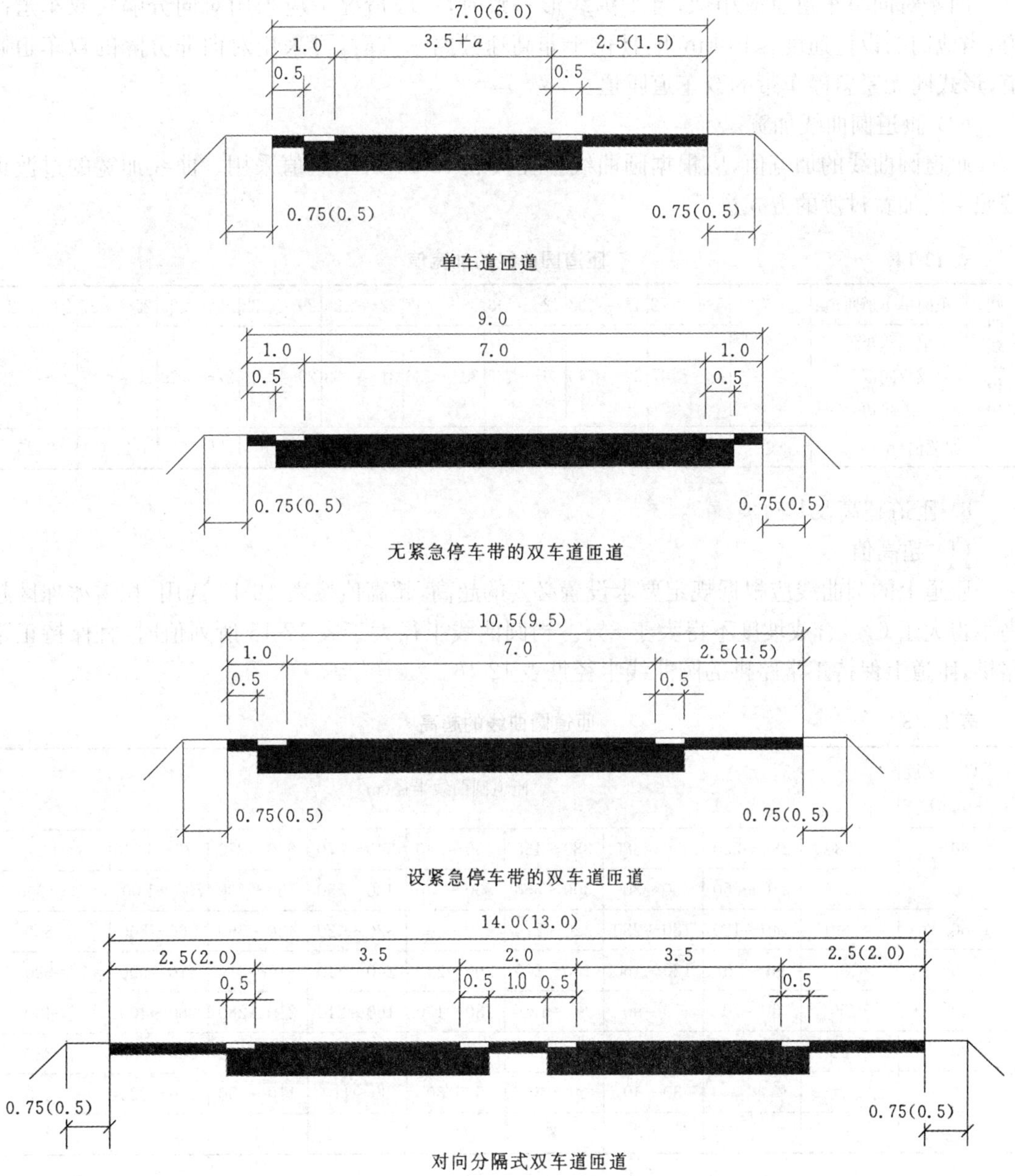

图 12-22　匝道横断面类型(单位:m)

匝道横断面可按下列原则选用：

当交通量小于 200 pcu/h 或交通量为 200～1 200 pcu/h 且匝道长度小于 600 m 时，应采用单车道匝道；

当交通量大于 1 500 pcu/h，小于 1 500 pcu/h 时，应采用无紧急停车带的双车道匝道；

当交通量为200～1200 pcu/h，匝道长度大于或等于600 m时，应考虑超车需要，应采用无紧急停车带的双车道匝道，但此时采用单车道出入口；

当交通量大于1200 pcu/h时，应采用设紧急停车带的双车道匝道；

两条对向单车道匝道相依，且平纵线形一致时，一般情况下应采用对向分隔式双车道匝道；当他们的设计速度≤40 km/h，且位于非高速公路一方时，可采用对向非分隔的双车道匝道，形式同无紧急停车带的双车道匝道。

(3) 匝道圆曲线加宽

匝道圆曲线的加宽值，应根据圆曲线半径按表12-14所示数值采用。曲线加宽的过渡可按照主线加宽过渡的方式进行。

表12-14　　匝道圆曲线的加宽值

圆曲线半径(m)	单向单车道匝道	≥72	58～<72	48～<58	42～<48	36～<42	32～<36	29～<32	27～<29	25～<27	23～<25
	单向双车道或双向双车道匝道	≥47	43～<47	39～<43	36～<39	33～<36	31～<33	29～<31	27～<29	26～<27	25～<26
加宽值(m)		0	0.25	0.5	0.75	1.0	1.25	1.5	1.75	2.0	2.25

8. 匝道超高及其过渡

(1) 超高值

匝道上的圆曲线应根据规定要求设置必要的超高，超高值按表12-15选用，积雪冰冻区超高不得大于6%，合成坡度不得大于8%。当圆曲线半径大于表12-15所列值时，宜保持正常路拱，匝道上保持正常路拱的圆曲线半径见表12-16。

表12-15　　匝道圆曲线的超高

匝道设计速度(km/h)	匝道圆曲线半径(m)								
80	<280	280～330	330～380	380～450	450～540	540～670	670～870	870～1240	>1240
70	<210	210～250	250～300	300～350	350～430	430～550	550～700	700～1000	>1000
60	<140	140～180	180～220	220～270	270～330	330～420	420～560	560～800	>800
50	<90	90～120	120～160	160～200	200～240	240～310	310～410	410～590	>590
40	<50	50～70	70～90	90～130	130～160	160～210	210～280	280～400	>400
35	<40	40～50	50～60	60～90	90～110	110～140	140～220	220～280	>280
30		/	30～40	40～60	60～80	80～110	110～150	150～220	>220
超高(%)	10	9	8	7	6	5	4	3	2

表12-16　　匝道上保持正常路拱的圆曲线半径(mm)

匝道设计速度(km/h)	80	70	60	50	40	35	30
保持正常路拱(2%)的圆曲线半径(m)	3500	2600	2000	1300	800	650	500

(2) 超高过渡段

匝道上直线与超高圆曲线间或两超高不同的圆曲线间，应设置超高过渡段，其长度应根据设计速度、横断面类型、旋转轴的位置以及超高渐变率等因素确定。超高过渡段长度计算公式与主线相同。

匝道超高过渡应平顺缓和，不产生扭曲突变。一般以正线边线不动并作为匝道超高的旋转轴，沿超高过渡段逐渐变化，直至达到圆曲线内的全超高。

(3) 超高过渡方式

超高方式与主线相同，即根据实际条件在匝道上以行车道中心线旋转或以路缘带外边线旋转两种。超高过渡方法视匝道平面线形而定，有缓和曲线时，超高过渡在回旋线的全长或部分范围内进行；无缓和曲线时，可将所需过渡段长度的 1/3～1/2 插入圆曲线，其余设在直线上；两圆曲线径相连接时，可将过渡段的各半分别置于两圆曲线内。

9. 匝道视距

(1) 停车视距

单向单车道匝道主要满足停车视距；单向双车道匝道一般快、慢车分道行驶，可不考虑超车视距；双向双车道匝道一般应设中间隔离设施，也不存在会车和超车问题。所以，匝道全长只需满足停车视距要求。匝道停车视距如表 12-17，积雪冰冻地区应大于括号内数值。

表 12-17　　匝道停车视距

匝道设计速度(km/h)	80	70	60	50	40	35	30
停车视距(m)	110 (135)	95 (120)	75 (100)	65 (70)	40 (45)	35	30

(2) 识别视距

主线上分流鼻之前应有判断出口所需的视距，一般情况下宜大于表 12-18 所列值，条件限制时，应大于 1.25 倍的主线停车视距。

表 12-18　　识别视距

主线设计速度(km/h)	120	100	80	60
识别视距(m)	350～460	290～380	230～300	170～240

10. 匝道平、纵线形组合设计

匝道平、纵线形不但要满足有关规定，同时其平、纵线形组合设计也应满足一定的要求，使匝道立体线形平顺无扭曲，视野开阔，行车安全舒适，视觉美观，并与主线衔接处及周围环境协调配合。匝道平、纵线形组合设计的原则和要点与主线线形组合基本相同，但应注意进出口的平、纵组合处理。

在出口处，若是越过凸形竖曲线以下坡驶入匝道时，坡顶之后的平曲线不应突然出现在驾驶员眼前，应将凸形竖曲线加长以增大视距，使驾驶员能及早发现平曲线的起点和方向，并有足够的反应和安全运行时间。在入口处，若由匝道上坡驶入主线时，应将出入口附近的匝道纵断面与邻近主线基本一致，以保证驾驶员对主线前后有良好的视距。

12.6 匝道端部设计

匝道端部是邻近主线出入口部分的统称，包括匝道渐变段、变速车道、匝道端点。

在匝道端部汽车要作变速、分流、合流等复杂运动，是汽车驶出、驶入主线争夺时间和空间的场所，是互通式立交易发生交通阻塞和交通事故的部位，故设计时应给予特别注意。

匝道端部可以根据端部变速车道的外形分为平行式和直接式。也可根据端部变速车道车道数分成单车道和多车道型。

端部设计的一般原则是：出入顺适、安全，线形与主线协调一致，出入口标识清晰，主线与匝道间应能相互通视。

12.6.1 出入口设计

(1) 互通式立交设计中应尽量避免左侧入口和出口，左侧匝道设置会破坏整条路线上互通式立交出入位置的统一性，尤其是在市区互通式立交的间距密集，只能在短距离内指示立交出口的情况下，左出口、右出口混用会引起驾驶混乱，引起主线直行车辆行驶迟疑不决。

枢纽互通立交匝道的出入口，应设置在主线行车道右侧，受条件限制的特殊情况，出入口只能设置在主线行车道左侧时，应把左侧出入口按主线车道分流或合流岔口形式设计并设足够长的辅助车道。

(2) 出入口端部位置应明显及易于识别

匝道出入口端部位置应明显，出口匝道端部必须使主线行驶车辆的驾驶员从很远就能识别，预先作出判断；减速车道的路面标线必须明显和主线区分，使之很易区别出减速车道，并能防止主线车辆误入减速车道。

① 一般情况宜将出口设置在跨线桥等构造物前，困难地段可把变速车道大部分设置在跨线桥前，目的是防止跨线桥结构的阻碍，看清出口匝道的起点和匝道平曲线方向。

② 一般情况宜将出口设置在凸形竖曲线上坡道上，当设置在凸形竖曲线下坡道处，应将凸形竖曲线设置得长些以增大视距，使驾驶员能看清出口端部变速车道渐变段的起点和匝道平曲线的方向。

③ 入口端部宜设在主线下坡路段，以便于重型车辆利用下坡加速，并在入口端点应保持充分的视距，见图12-23(汇流鼻前通视三角区)，以便匝道上汇流车辆能调整车流汇入主线车流中。

(3) 匝道出入口端部，在变速车道终点，应设置一条缓和曲线，使分合流点处具有较大的曲率半径，并使曲率变化适应行驶方向和速度的变化，见图12-24。

12.6.2 分流鼻端设计

与主线分流的出口匝分流鼻端处，匝道行驶车速较高，必须考虑行车的安全，为了防止汽车对端部撞击，一般推荐采用车道边缘留出端点余宽的方法，并在分流鼻端后方的主线侧通过一定渐变率，使误认减速车道一边的车辆，能安全回到主线一边，并在分流鼻端后一定范围设置缘石使其轮廓醒目，易于识别。

枢纽互通式立交主线与驶出匝道的出口分流鼻端处，当需给误行车辆提供返回余地时，行

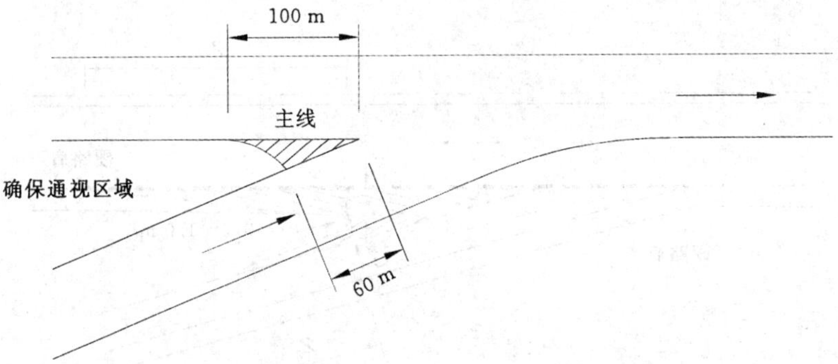

图 12-23　汇流鼻前通视三角区

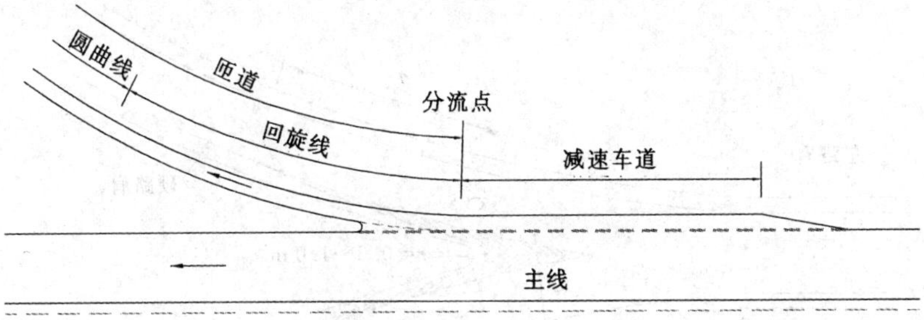

图 12-24

车道边缘宜加宽一定偏量值，并用圆弧连接主线和匝道路面的边缘如图 12-25 所示。偏置值和分流鼻端半径规定见表 12-19。

表 12-19　分流点处偏置值与端部半径

分流方向	主线偏置值 C_1(m)	匝道偏置值 C_2(m)	鼻端半径 r(m)
驶离主线	≥3.0	0.6～1.0	0.6～1.0
主线相互分岔	1.80		0.6～1.0

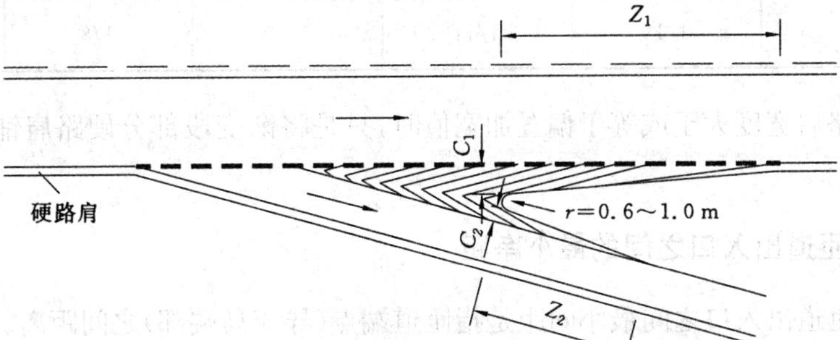

(a) 硬路肩较窄时

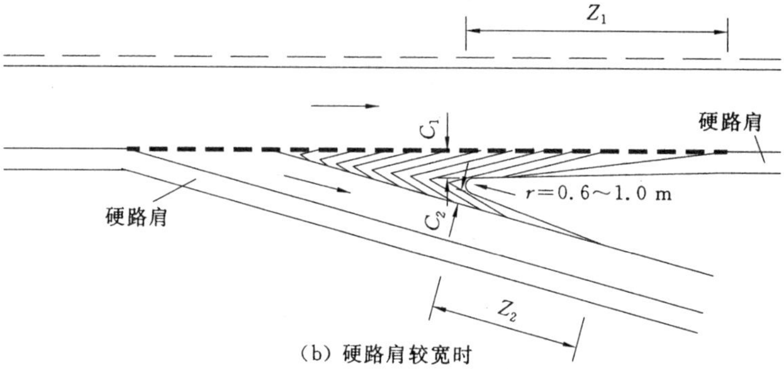

(b) 硬路肩较宽时

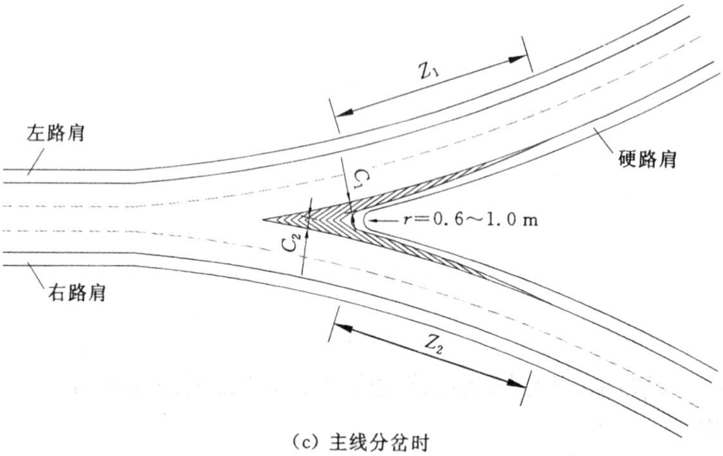

(c) 主线分岔时

图 12-25　分流鼻端处的铺面偏置加宽

楔形端端部后的过渡长度 $Z1$,$Z2$ 根据表 12-20 的渐变率计算。

表 12-20　　分流鼻端偏置加宽渐变率

设计速度(km/h)	120	100	80	60	≤40
渐变率	1/12	1/11	1/10	1/8	1/7

当主线硬路肩宽度大于或等于偏置加宽值时,只是将渐变段部分硬路肩铺成与行车道路面相同的结构。

12.6.3　相邻匝道出入口之间的最小净距

立交邻近匝道出入口之间最小间距是指匝道端点(导流岛端部)之间距离。

我国高速公路上如图 12-26(a),(b),(c)所示的各种相邻出、入口之间和匝道上相邻出、入口之间距离应不小于表 12-21 所列值。

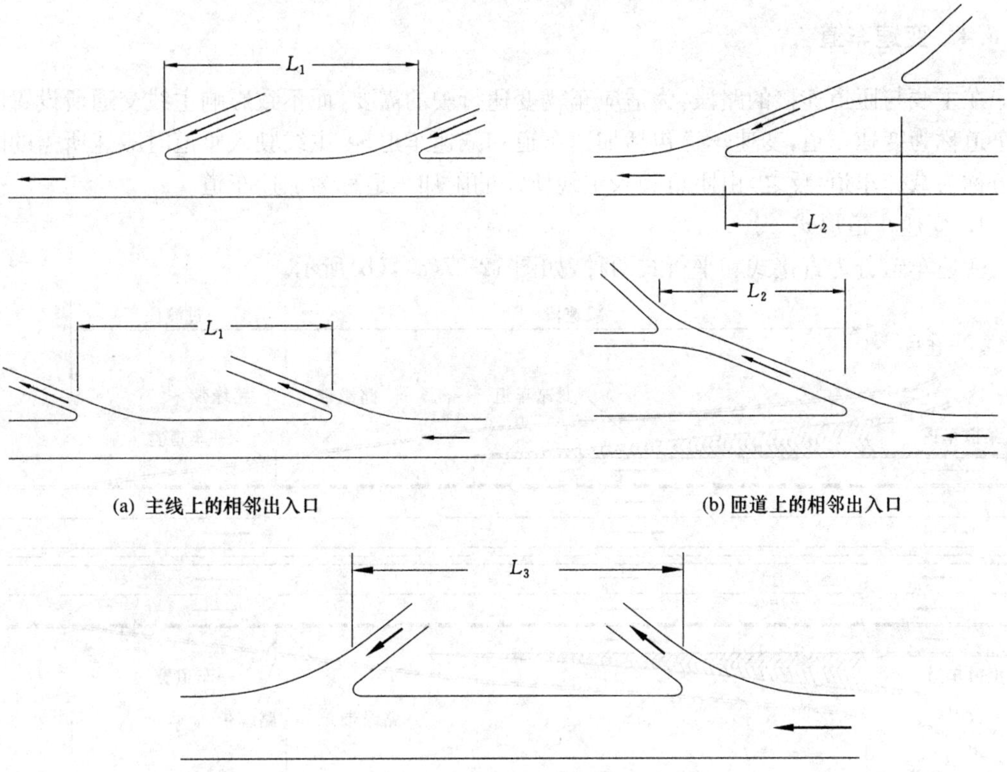

(a) 主线上的相邻出入口　　(b) 匝道上的相邻出入口

(c) 主线上的出口至入口

图 12-26　相邻出入口形式

表 12-21　　高速公路相邻出入口最小间距

主线设计速度(km/h)				120	100	80
间距(m)	L_1	一般值		350	300	250
间距(m)	L_1	最小值	干线	300	250	200
间距(m)	L_1	最小值	支线	240	220	200
间距(m)	L_2	一般值		300	250	200
间距(m)	L_2	最小值	枢纽立交	240	200	200
间距(m)	L_2	最小值	一般立交	180	160	160
间距(m)	L_3	一般值		200	150	150
间距(m)	L_3	最小值	干线	150	150	120
间距(m)	L_3	最小值	支线	120	120	100

12.6.4 变速车道

在主线与匝道连接的路段,为适应车辆变速行驶的需要,而不致影响主线交通所设置的附加车道称为变速车道,变速车道包括加速车道和减速车道,由主线驶入匝道时减速所需的附加车道称为减速车道,反之,由匝道驶入主线所需的附加车道称为加速车道。

1. 变速车道形式

变速车道分为直接式和平行式两种,如图12-27(a),(b)所示。

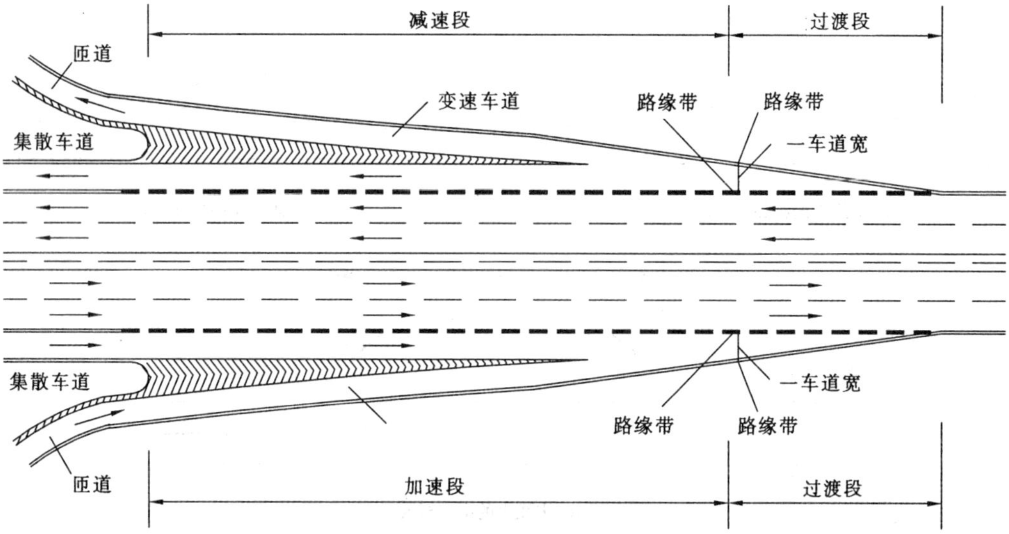

(a) 直接式变速车道

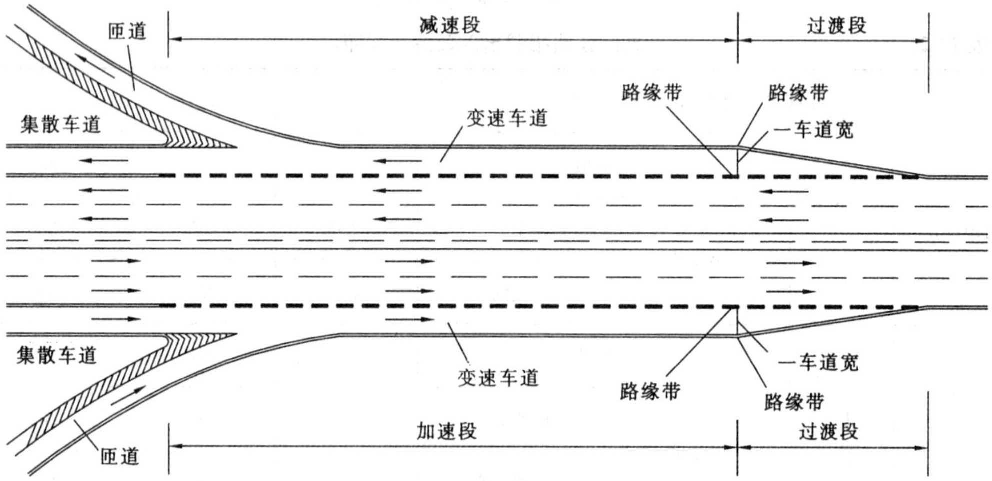

(b) 平行式变速车道

图12-27

城市互通立交中减速车道一般采用直接式,加速车道一般采用平行式。特点是车道划分明确,行车容易辨认,但车辆行驶轨迹呈反向曲线对行车不利。

直接式是根据直接以平缓的角度出入主线原理进行设计;其特点是线形平顺并与行车轨

迹吻合，对行车有利，但起点不易识别；平行式是以增设一条平行主线的变速车道的方式构成。平行式特点是车道划分明确，行车容易辨认，但车辆行驶轨迹呈反向曲线对行车不利。

直接式变速车道能提供驾驶员合适的直接驶离主线的行车轨迹，从而减少由于在直行主线车道上开始减速而引起尾部碰撞事故的发生，适用于减速车道或双车道的加速车道。

平行式变速车道其行驶轨迹是一条 S 型曲线，可能导致减速车道车辆在直行主线上减速而发生追尾冲突，且平行式加速车道能给汇流车辆提供更多的时间和机会去寻找直行交通车流中间隙，故加速车道宜采用平行式。

当主线为小半径左转曲线时，其右方的减速车道应为平行式；减速车道接环形匝道时，不得采用平行式。

2. 主线为曲线时变速车道线形

(1) 平行式变速车道

与主线线形为直线时一样，主线为曲线时的平行式变速车道线形一般与主线曲线平行。平行式变速车道同匝道曲线连接，见图 12-28。

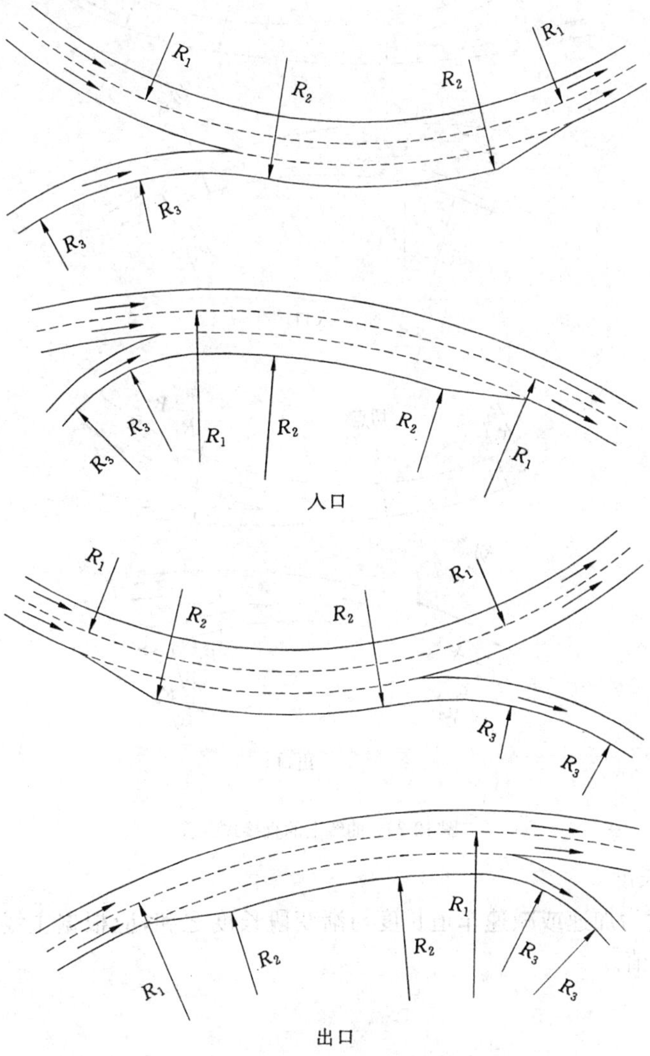

图 12-28　曲线上的平行式匝道

当为同向时，宜采用卵形回旋线或复合形回旋线连接；当主线圆曲线半径 $R_1>1\,500$ m 时，在分流点处可视 $R_1\approx\infty$ 而作完整的回旋线(以分岔点为起点)。

当为反向时，宜采用 S 形回旋线连接；当主线圆曲线半径 $R_1>2\,000$ m 时在分岔点处可视 $R_1\approx\infty$ 而以分岔点作起点作完整回旋线。

(2) 直接式变速车道

由于弯道上主线与变速车道的曲率差很小，直接式变速车道线形一般可采用与主线为直线时相同的宽度渐变率顺主线线性变宽接出或接入，也可按图 12-29 所示内切圆法曲线接入或接出主线。当主线位于回旋线范围内时，变速车道亦可采用同一参数的回旋线。但宽度渐变率应符合表 12-22 的规定。直接式变速车道与匝道曲线连接，可按平行式变速车道的连接方式处理。

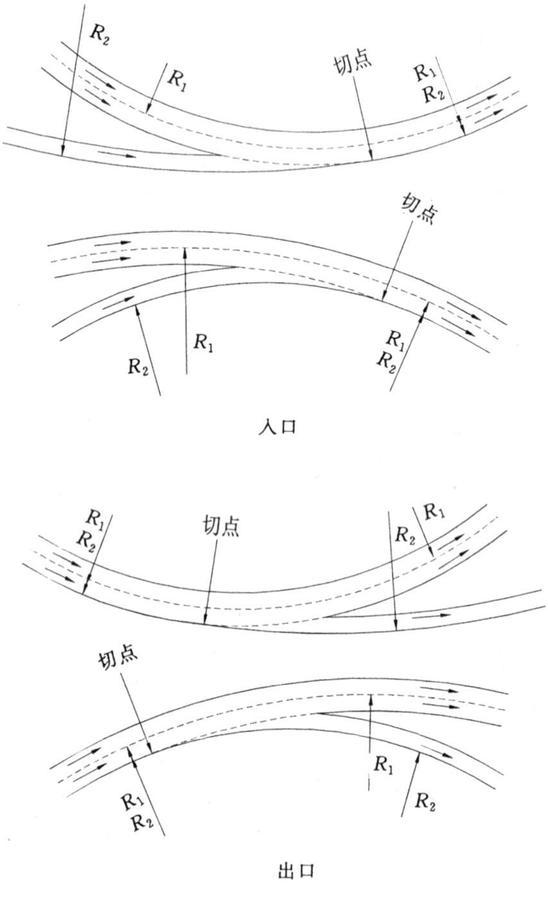

图 12-29　曲线上的直接式匝道

3. 变速车道长度

变速车道长度为加速或减速车道长度与渐变段长度之和，应根据主线计算行车速度采用大于表 12-22 所列值。

表 12-22　　变速车道长度及出、入口渐变率

<table>
<tr><td colspan="3">主线设计速度(km/h)</td><td>120</td><td>100</td><td>80</td><td>60</td></tr>
<tr><td colspan="2" rowspan="2">减速车道长度(m)</td><td>单车道</td><td>145</td><td>125</td><td>110</td><td>95</td></tr>
<tr><td>双车道</td><td>225</td><td>190</td><td>170</td><td>140</td></tr>
<tr><td colspan="2" rowspan="2">加速车道长度(m)</td><td>单车道</td><td>230</td><td>200</td><td>180</td><td>155</td></tr>
<tr><td>双车道</td><td>400</td><td>350</td><td>310</td><td>270</td></tr>
<tr><td colspan="2">平行式渐变段长度(m)</td><td>单车道</td><td>90</td><td>80</td><td>70</td><td>60</td></tr>
<tr><td rowspan="3">渐变率</td><td rowspan="2">出口</td><td>单车道</td><td>1/25</td><td>1/22.5</td><td>1/20</td><td>1/17.5</td></tr>
<tr><td>双车道</td><td>1/22.5</td><td>1/20</td><td>1/17.5</td><td>1/15</td></tr>
<tr><td>入口</td><td>单车道
双车道</td><td>1/45</td><td>1/40</td><td>1/37.5</td><td>1/35</td></tr>
</table>

下坡路段的减速车道和上坡路段的加速车道，其长度应按表 12-23 所列值的修正系数予以修正。

表 12-23　　变速车道长度的修正系数

主线平均坡度(%)	0＜i≤2	2＜i≤3	3＜i≤4	4＜i≤6
下坡减速车道修正系数	1.00	1.10	1.20	1.30
上坡加速车道修正系数	1.00	1.20	1.30	1.40

变速车道长度的选用除应符合以上规定的最小长度要求外，还应结合主线和匝道的设计速度、交通量、大型车比例等对变速车道长度进行验算，必要时增长变速车道的长度。

4. 变速车道横断面设置

变速车道宜设一条车道，宽度为单车道宽，其位置自主线的路缘带外侧算起。变速车道外侧应另加路缘带(与高速公路相接时为紧急停车带)，见图 12-30。

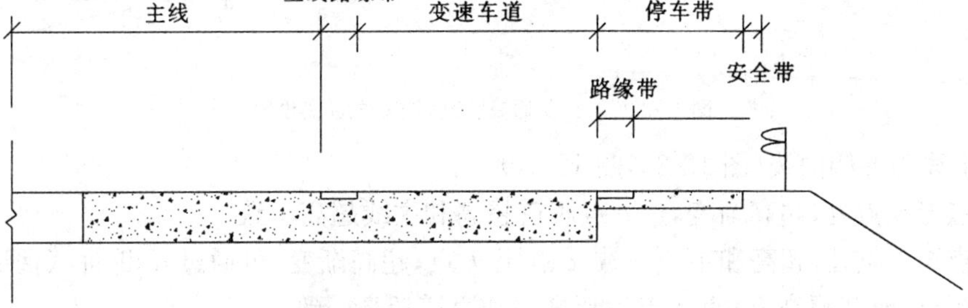

图 12-30　变速车道处断面

变速车道设一条车道，因交通量必须设双车道变速车道时，变速车道由 3.5 m 改为 2 m×

3.5 m宽度,车道长度按表 12-22 有关变速车道为双车道的长度取值。

5. 变速车道超高过渡

变速车道超高过渡设计,就是解决匝道三个组成部分路段,出口端部,匝道本身,入口端部的设计车速与匝道曲率和其相适应的超高和超高过渡。

(1) 主线为直线

主线为直线的直接式出口,匝道第一曲线出现在分流鼻和汇流鼻以外,应在变速车道全长范围内采用与主线相同的正常横坡,见图 12-31。

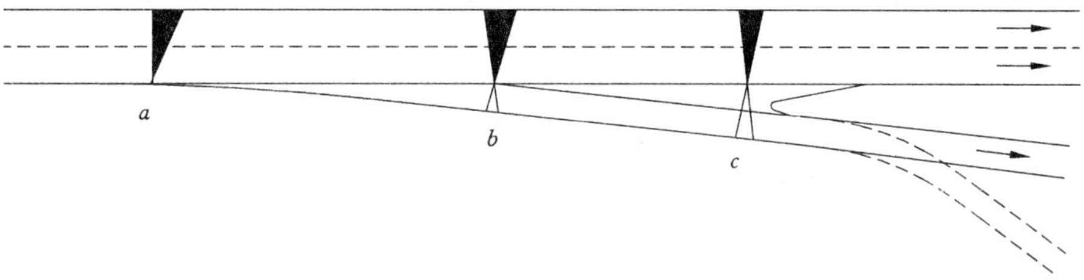

图 12-31 直线段直接式出口

主线为直线的平行式出口,在 b 点,直行道路的正常路拱延伸至辅助车道路面上。在 c 点,路拱线可开始逐步变化,并开始对出口曲线设置超高。在 d 点,转移拱顶线中的两个转折点 E,F 有助于在鼻端附近设全超高,如图 12-32 所示。

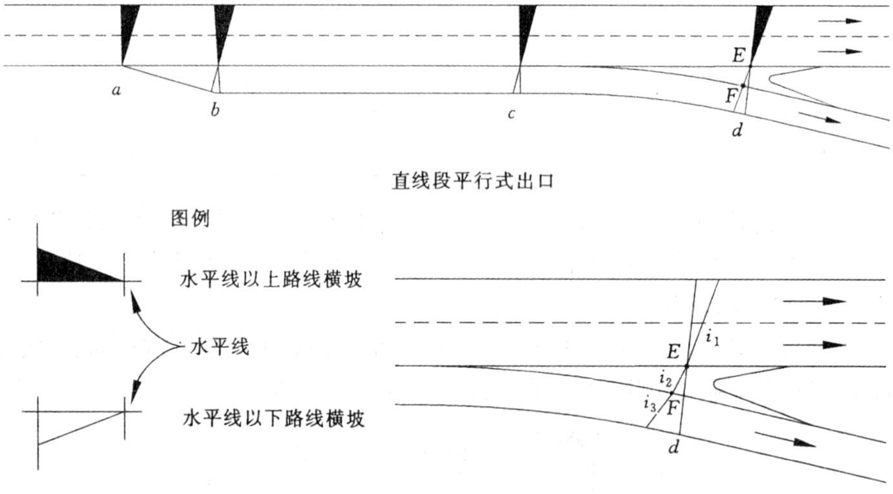

图 12-32 自由交通流匝道端部处的超高设置

(2) 主线为外侧曲线(图 12-33,图 12-34)

在 a 点至 b 点处,超高渐变,达 b 点匝道超高和主线超高一致。

在 a 点至 c 点处,超高和主线一致,c 点至 d 点,超高渐变,可通过 d 断面,划线区,E 和 F 拱顶两转折点,改变超高率,使 d 点后超高率和匝道超高一致。

(3) 主线为内侧曲线(图 12-35)

匝道曲率设计要尽可能平缓,从 d 点至 c 点,匝道变速段超高渐变过渡到全超高,a,b 点处已处于全超高段。

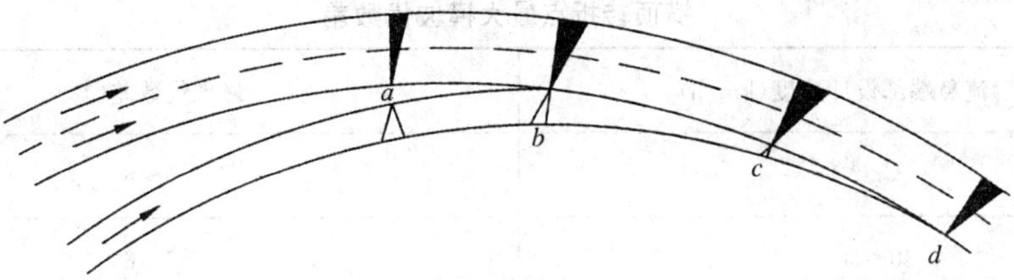

图 12-33　曲线段直接式入口

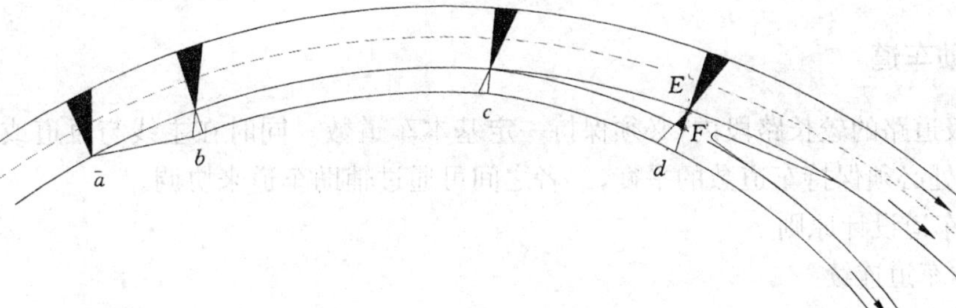

图 12-34　曲线段平行式出口

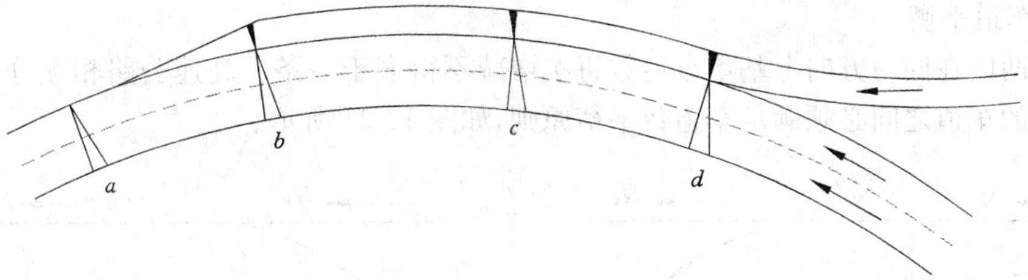

图 12-35　曲线段外侧平行式入口

(4) 苜蓿叶形环道的典型设计(图 12-36)

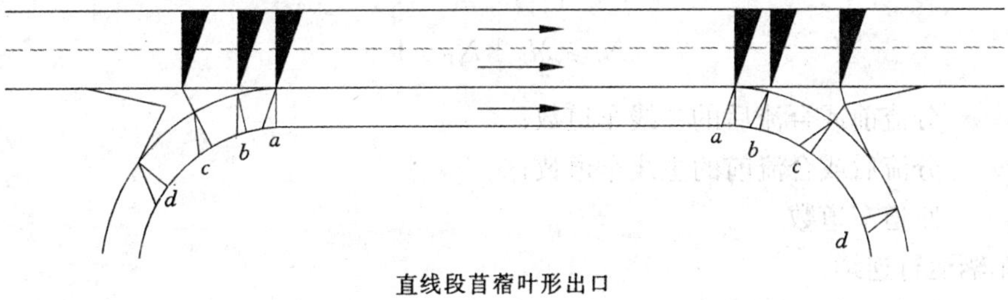

直线段苜蓿叶形出口

图 12-36　自由交通流匝道端部处的超高设置

超高过渡特点,在 b 点处,超高设置成匝道超高率的一半值,由 d 点至 b 点为超过渐变过渡到超高值 1/2,b 点至 a 点再过渡至路段标准横坡,特殊状况,可在平行车道全长范围内进行超高横坡的变化。

(5) 横顶转折点最大横坡

横顶转折点最大横坡代数差控制值见表 12-24。

表 12-24　　横顶转折点最大横坡代数差

分(汇)流鼻端部设计速度(km/h)	最大代数差(%)
≤30	5~8
30~50	5~6
≥50	4~5

12.6.5　辅助车道

在高等级道路的较长路段内,必须保持一定基本车道数。同时在主线与匝道或匝道与匝道的分、合流处必须保持车道数的平衡,二者之间可通过辅助车道来协调。

1. 辅助车道设计原则

(1) 基本车道连续

属于干线的道路(高速公路、一级公路、城市快速路),在相当长的路段或全线应保持一定的基本车道数,基本车道数是道路相当长的路段内根据设计交通流量与通行能力分析所必需的车道数。

(2) 车道平衡

相邻两段在同一方向上基本车道数每次增减不得多于一条。高速公路相互分岔、汇合时分合流部的车道之间必须满足车道数平衡原则,如图 12-37 所示。

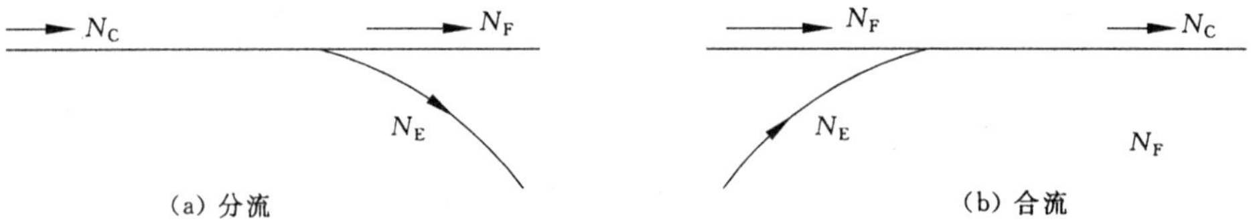

图 12-37

$$N_C \geqslant N_F + N_E - 1$$

式中　N_C——分流前或合流后的主线车道数;

N_F——分流后或合流前的主线车道数;

N_E——匝道车道数。

(3) 车辆运行连续

对枢纽互通式立交,为保障立交的正常运行和交通流畅,除要遵循主线基本车道连续、右侧出入、车道平衡、互通式立交匝道出入口最小间距外,还要遵循运行连续(交通行驶连续行驶轨迹不中断)原则,如图 12-38 所示。运行连续是指沿指定路线全长的定向行驶轨迹的保证。

2. 主线分合流处辅助车道

在分、合流处,既要保持车道数平衡,又要保持基本车道数的连续,如果二者发生矛盾时,可通过在分流点前与合流点后的主线上增设辅助车道的办法来解决,见图 12-39。

图中:N_b 为基本车道数。

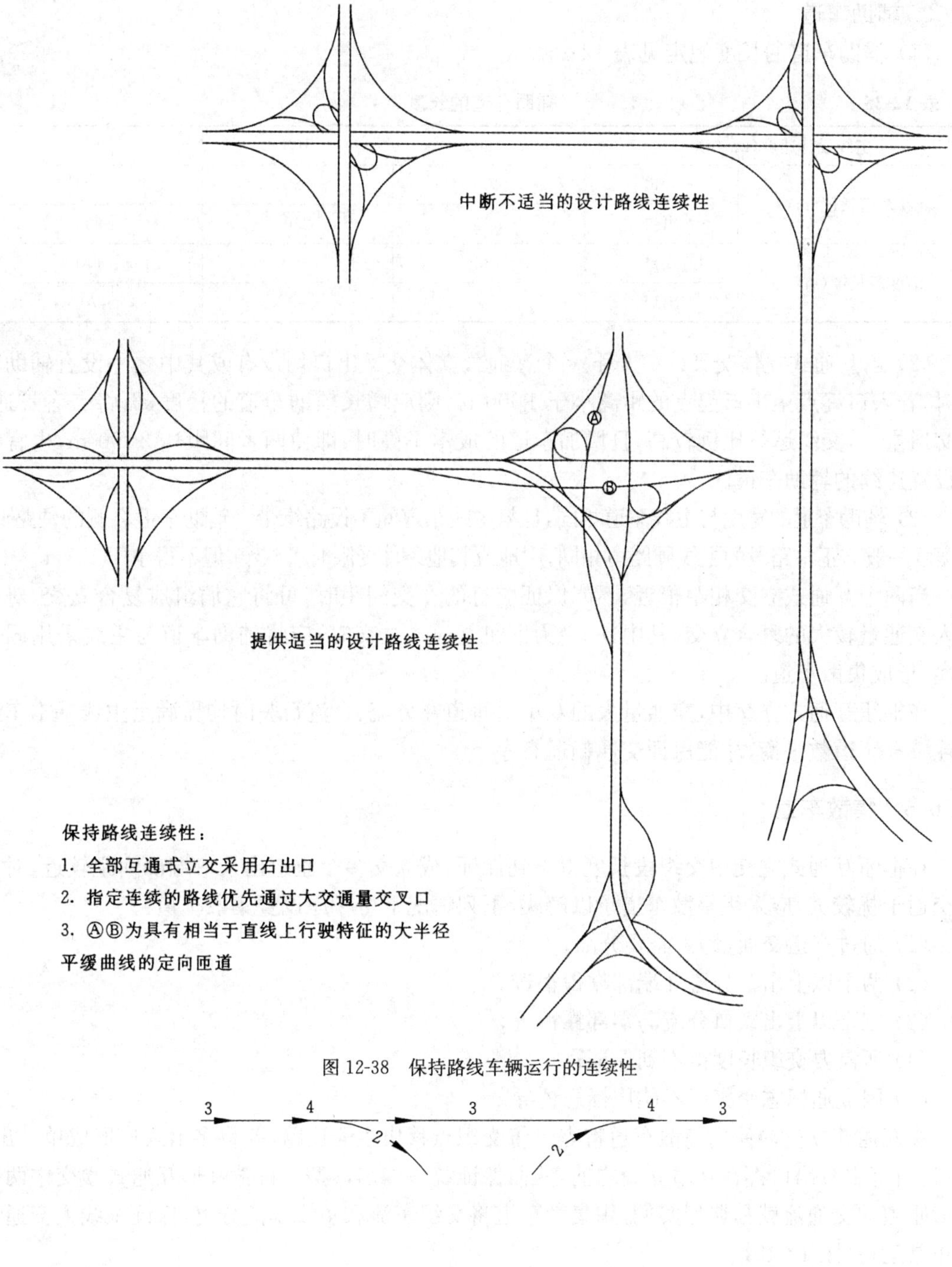

图 12-38　保持路线车辆运行的连续性

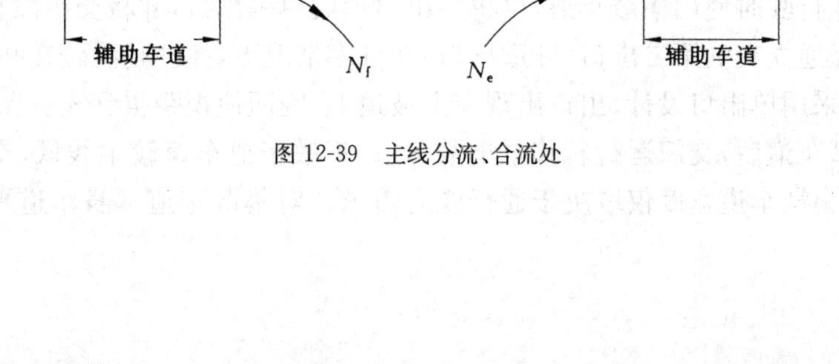

图 12-39　主线分流、合流处

3. 辅助车道

(1) 辅助车道的长度规定见表12-25。

表12-25　辅助车道的长度

主线设计速度(km/h)		120	100	80
辅助车道长度(m)	入口	400	350	300
	出口	300	250	200
渐变段长度(m)	入口	180	160	140
	出口	90	80	70

(2) 当互通式立体交叉入口与下一个互通式立体交叉出口均设有或其中之一设有辅助车道时，若入口终点至出口起点的距离小于1000 m，则应增长辅助车道的长度，而将二者贯通。当交通量大，交织运行比例较高，且增加车道的成本不高时，即使两者间距达2000 m，也宜考虑设置连续的辅助车道。

(3) 辅助车道的宽度与主线车道相同，且与主线车道间不设路缘带。辅助车道右侧的硬路肩，其宽度一般与正常路段的主线硬路肩相同，用地或其他条件受限时可减窄，但不得小于1.5 m。

当两个互通式立交相距很近，不能保证应有的立交间距时，可将它们组成复合立交，对于出入交通量较大的复合立交(其中，一个为枢纽互通式立交时)应将辅助车道与主线采用固定隔离，形成集散车道。

在枢纽互通式立交中，交通量大的双车道匝道在分流、合流行驶时均需满足主线基本车道数连续和车道数平衡，才能保证交通畅通有序。

12.6.6 集散车道

在枢纽互通式立交中交织段长度得不到保证，或立交多个匝道出入口端部间距较近，对主线交通干扰较大，应采用集散车道予以解决，下列情况下可考虑设置集散车道：

(1) 通过车道交通量大，需要分离；

(2) 两个以上出口分流岛端部靠得很近；

(3) 三个以上出入口分流岛端部靠得近；

(4) 所需要交织长度得不到保证；

(5) 因交通标志密集而不能用标志诱导。

在互通式立交内使用集散车道特点是将交织点移出主线道路，并将多出入口形成单一出、入口，所有主线出口都在互通立交之前，从而保证统一的出口型。苜蓿叶形互通式立交中两条环形匝道的交通流就是典型实例，用集散车道将交织车流和主线车流分离，保证主线大交通量的正常运行(图12-40)。

苜蓿叶形互通式立交的环道在靠近外侧直行车道处构成交织段，在直行车道中产生相当大的加速和减速行驶时使用集散车道，可将多出口形成单一出口，并将交织段转移到集散道路上。苜蓿叶形互通立交的第二出口(环道出口)在许多情况下，往往是隐蔽在凸形竖曲线之后，视距不易保证，采用单出口设计，出口出现在上坡道上，因而使视距得到充分保证。

设置集散型车道后，交织运行转移至集散车道，集散车道车速较主线低，交织运行在减速状态下进行，故集散车道宽度仅取决于通行能力需求。对集散车道本身车道平衡原则不作硬

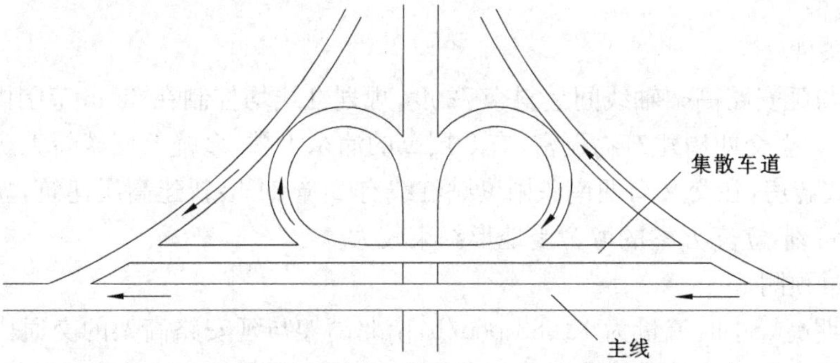

图 12-40　集散车道

性规定，但出入口处应按辅助道路的车道平衡原则才能保证交通畅通有序。

集散车道，特别是运用于一座以上互通式立交的集散车道，往往包含了多个出入口，交通流向复杂。交通标志设置不当，就会出现运行问题，故集散车道的标志设置应给予高度重视。

工程实例一：延安路-南北高架立交

1. 立交等级

延安路-南北高架立交位于成都路、延安路交叉口，该立交是上海市中心城区两条快速路的重要交通枢纽点，根据立交所处的地理位置、相交道路的等级和在路网中的重要性，立交等级确定为枢纽互通式立交。

2. 设计标准(表 12-26)

立交主线设计车速为 60 km/h，主线净空≥5.0 m，主线最小半径为 1000 m。

表 12-26　　**延安路-成都路立交线形标准表**

项　目	高架道路	匝　道	地面道路
设计速度(km/h)	60	35	40
平曲线半径：			
不设缓和曲线最小半径(m)	1 000		500
不设超高最小半径(m)	600	60	300
设超高最小半径(m)	150	45	70
平曲线最小长度(m)	100	60	70
小转角(<7°)平曲线最小长度(m)	700/a	400/a	500/a
最大超高横坡(%)	4	4	2
超高渐变率	1/250	1/85	1/1 000
最大纵坡(%)	4	6	2
一般最小竖曲线半径(m)：			
凸形	1 800	450	600
凹形	1 500	550	700
竖曲线最小长度(m)	50	30	35
加减速车道：			
加速车道长度(m)	190		
减速车道长度(m)	65		
过渡段长度(m/每车道)	50		

3. 立交选型

(1) 用地条件

南北高架与延安路高架轴线间呈斜交72度,规划红线均控制在65 m范围内,交叉口规划半径仅为80 m。立交四周建筑物稠密,有8层高的浦东大楼,多幢5层楼新工房,其余大多为2至3层的老式砖房,在交叉口西南象限紧贴红线有2幢24层新建高层建筑,立交占地很小,设计条件极为苛刻,立交方案的取舍受地形约束较大。

(2) 交通量预测

该立交远期高峰小时流量为12683 pcu/h,南北高架与延安路高架的交通比重为54∶45,南北高架流量略大于延安路高架流量。南北高架的直行流量占进口总流量的58%,延安路高架的直行流量占进口总流量的53%,因此首先应保证该节点直行车流的流量。

(3) 设计要求

该节点为高架系统的中心,应为各个方向的交通提供互通、便利、安全的条件;在不破坏立交总体造型、不增加桥下净空的前提下设置人行设施,以确保行人安全通行。由于该立交地处闹市中心,它不仅是一项交通设施,也应成为市中心区的建筑景点和公共绿地;同时考虑到该地区位于市中心黄金地段,建筑密度大,土地价值高,立交方案应尽量减少拆迁量和用地。

(4) 立交总体布置

根据总体规划,结合交通发展需求及特殊设计环境,立交形式在多方案比选基础上,采用直连式互通式立交方案。总体布置为:第一层为地面道路,第二层为东西向延安路高架主线,与延安路隧道连接纵向起伏高差较小,第三层为南北高架转向延安路高架的左、右转匝道,第四层为延安路高架转向南北高架的左、右转匝道,顶层为南北高架。图12-41为建成的延安路-南北高架定向型互通式立交。

图12-41 建成后的延安路-南北高架定向型互通式立交

4. 横断面布置

(1) 南北高架道路和延安路高架道路采用双向六车道横断面，标准宽度为25.5 m，即中央分隔墙0.5 m，两侧各0.5 m(路缘带)＋3.5 m＋3.75 m＊2(车道)＋0.5 m(路缘带)＋0.5 m(防撞栏杆)。

(2) 立交范围内南北高架直行车道设置双向四车道，标准宽度18 m，即中央分隔带0.5 m，两侧各0.5 m路缘带＋(3.5 m＋3.75 m)＊2＋(0.5 m路缘带＋0.5 m防撞栏杆)＊2。

(3) 匝道横断面布置。根据车道数验算结果，有些匝道从通行能力看，仅需设置单车道，但从减少车辆抛锚堵车，便于车辆超车方面考虑，以设置双车道为宜。此外，按规范要求，单车道匝道路面宽度不应小于7 m，则相应的双车道压道路面宽度也仅需7.5 m，因此上述匝道设置为单向双车道，具体布置为：

双车道匝道：0.5 m(防撞栏杆)＋0.25 m(路缘带)＋3.5 m＊2(车道)＋0.25 m(路缘带)＋0.5m (防撞栏杆)

(4) 横坡；

高架道路为2%

匝道为4%。

(5) 立交层次与匝道半径：地面道路为第一层，延安中路高架为第二层，成都路南北高架为第五层，标高为34 m，南向西左转匝道与北向东左转匝道位于第三层，标高为20 m，弯道平曲线半径130 m；东向南左转匝道与西向北左转匝道位于第四层，标高为27 m，弯道平曲线半径为55 m；东向北与西向南右转匝道平曲线半径为125 m，南向东与北向西右转匝道平曲线半径为80 m；该层位布置使小半径55 m的匝道处于上坡行驶，对交通安全较为有利。

5. 桥面纵坡

延安路高架纵坡为0.3%～0.5%排水，成都路高架立交主线最大纵坡为4.2%，定向匝道最大纵坡为6%；匝道与主线连接处最大纵坡为4.2%。该立交上下总高度为32 m。

6. 合理处理加宽段的边缘线形

多层立交的道路线形不仅在桥面上反映出来，而且从地面上由下向上可明显地见到上层构筑的外部轮廓，所以要慎重处理各处线形变化的衔接，特别是加宽段宜处于曲线范围，以免产生别扭的感觉。弯道范围内加宽边线的过渡不可采用直线过渡或抛物线过渡；而应用圆曲线或缓和曲线过渡。

7. 墩柱结构

大型立交的地面道路各为八条机动车道，为减少地面墩柱并节省地下空间而留出地下管线的位置，故立交中央设置了直径为4.2m的圆柱形中央墩柱，用以支撑第二到第五层的四层桥面，在其四周设置四个T形墩柱，每一个T形墩柱支撑两条左转弯匝道，其他墩柱为矩形截面，其上为预应力混凝土单室筒支箱梁，其下基础主要为打入桩。

图12-42为上海市延安路-南北高架立交互通式立交平面布置图。

工程实例二：某地两条高速公路交叉

1. 设计条件

平原地区，两条高速公路交叉，无用地限制。

2. 交叉道路概况

两条高速公路相交，南北向为双向四车道断面，东西向为双向六车道断面，设计速度为

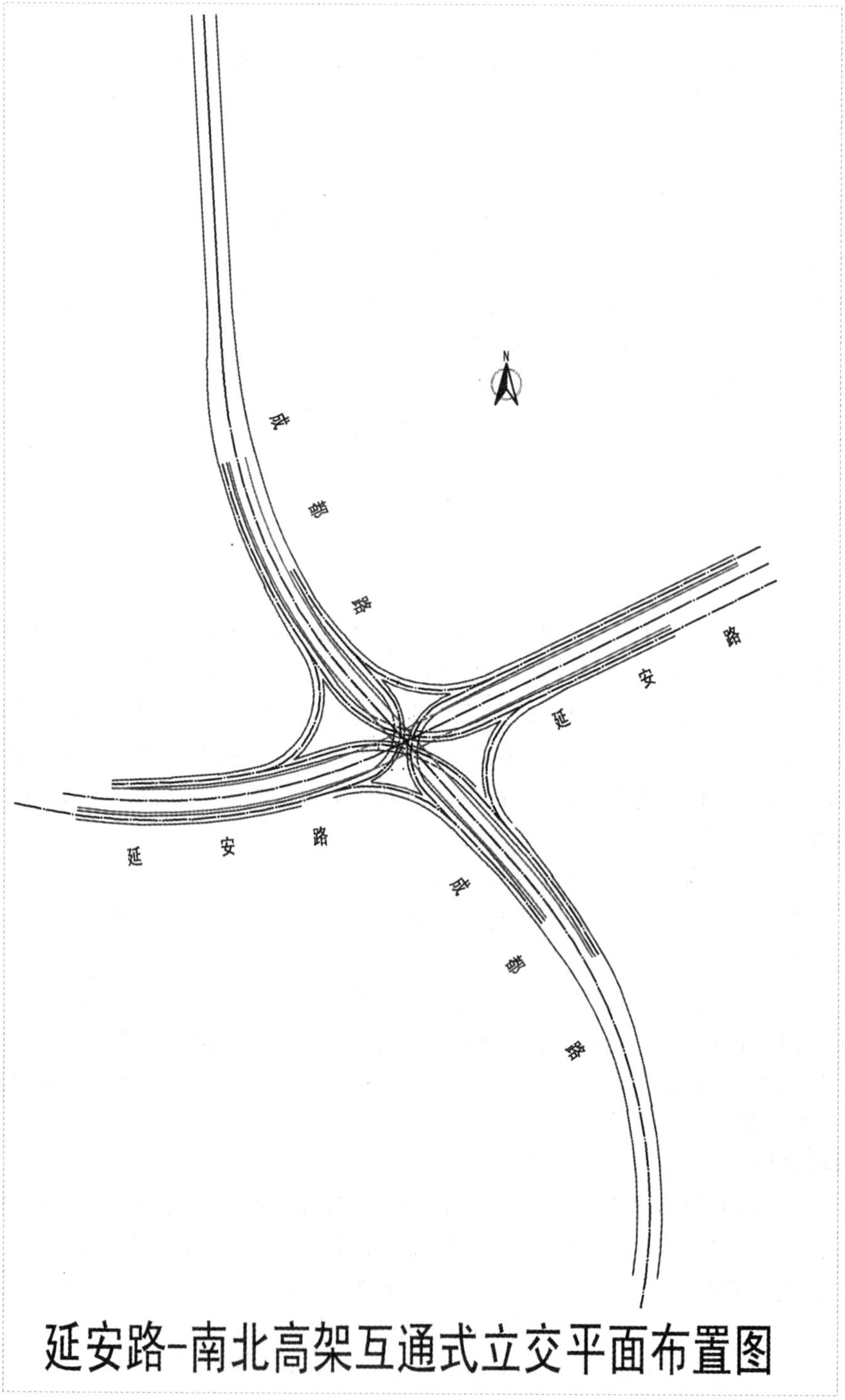

图 12-42　上海市延安路-南北高架立交互通式立交平面布置图

100 km/h。

3. 交通量预测与流量流向分析

(1) 交通量预测

依据交通量预测资料，远期交叉口高峰小时流量合计为 9420 pcu/h。

(2) 流量流向分析(图 12-43 交叉口远期机动车高峰小时预测流量流向图、表 12-27 交叉口主要流量流向分析表)。

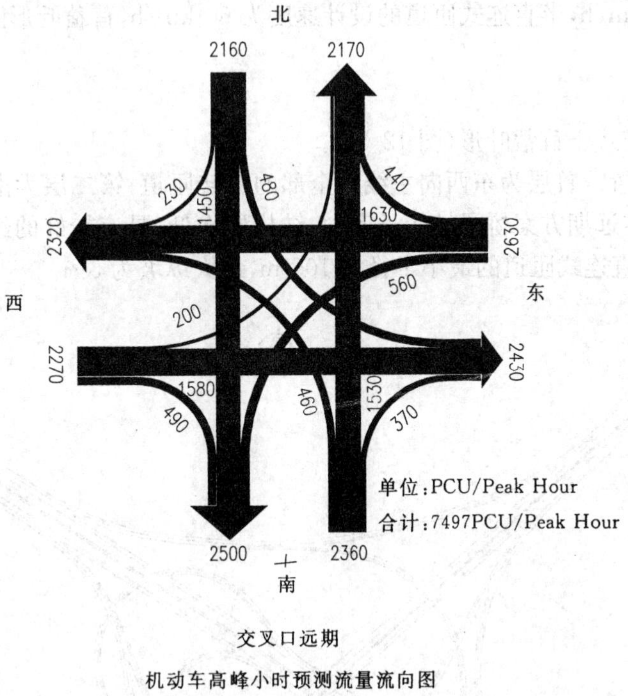

图 12-43　交叉口远期机动车高峰小时预测流量流向图

表 12-27　　**交叉口主要流量流向分析表**

进口 / 出口	东		西		北		南	
	流量 (pcu/h)	比例 (%)	流量 (pcu/h)	比例 (%)	流量 (pcu/h)	比例 (%)	流量 (pcu/h)	比例 (%)
西	1630	17.3	—	—	230	2.44	460	4.88
东	—	—	1580	16.77	480	5.10	370	3.93
北	440	4.67	200	2.12	—	—	1350	14.33
南	560	5.94	490	5.20	1450	15.39	—	—

所有流量中，东西直行交通量最大，3210 pcu/h，占总流量的 33.07%，其次为南北直行交通量，2800 pcu/h，占总流量的 29.72%；转向交通量中，各转方向交通量均较小，东～南方向流量最大，占总流量的 5.94%，西 ～南方向流量次之，占总流量的 5.20%。

4. 互通立交方案

(1) 立交等级

该立交为高速公路与高速公路相交，定为枢纽互通式立交。由于转向交通量较小，所以，各匝道均采用单车道断面。对于主线分流段，由于左右转匝道合并驶出，交通量较大，所以采用双车道断面。立交布置两个方案进行比较。主线的计算行车速度为 100 km/h，直连式匝道的设计速度为 70 km/h，半直连式匝道的设计速度为 60 km/h，苜蓿叶形匝道的计算行车速度为 40 km/h。

(2) 方案设计

方案一：半直连式＋苜蓿叶形(图 12-44)。

立交分二层布置。首层为东西向主线及全部的右转匝道；第二层为南北向主线及所有左转匝道。其特点是：远期方案桥梁结构长度少，结构层次低，具有较好的经济性。苜蓿叶形匝道半径为 60 m，半直连式匝道的最小半径为 105 m，最大纵坡为 5%。

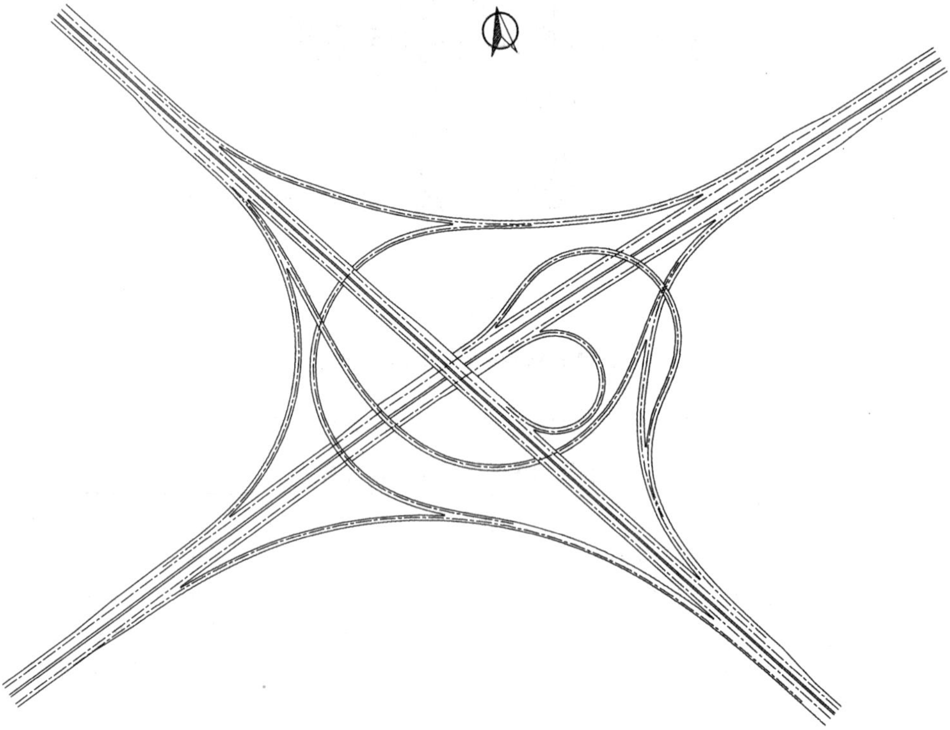

图 12-44 立交方案一

方案二：二层涡轮形立交(图 12-45)。

南北向主线上跨东西向主线。设四支左转涡轮形匝道，使其下穿南北向主线后上跨东西向主线或上跨东西向主线后下穿南北向主线。其特点是：层次少，造型对称、美观，线形顺适、流畅，桥梁结构高度低。最小平曲线半径为 120 m，最大纵坡为 5%，线形标准较高。

(3) 方案设计(表 12-28)

经综合比选，推荐方案二。

5. 立交推荐方案设计

(1) 线形设计

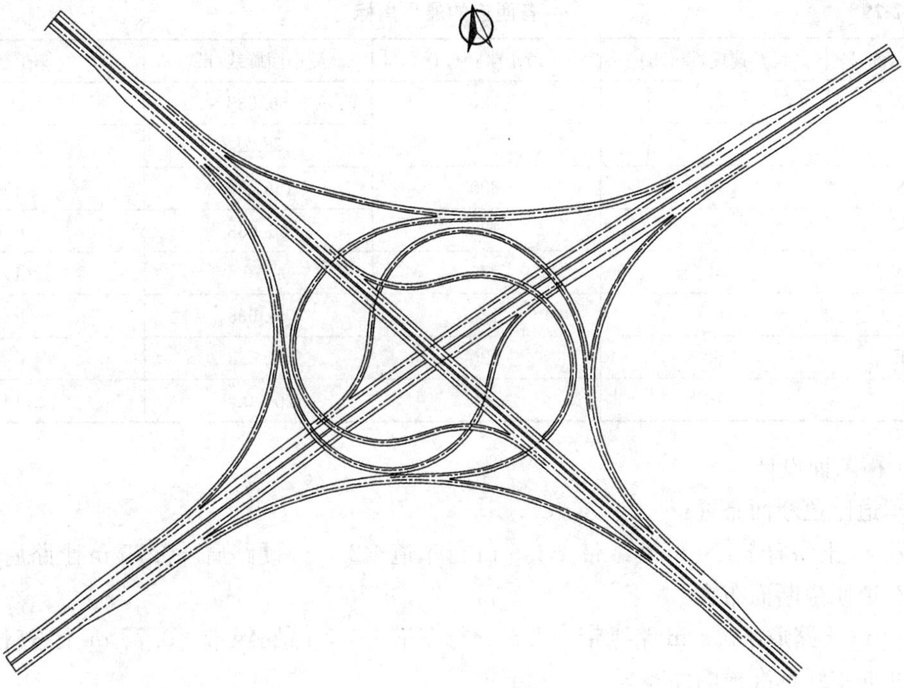

图 12-45　立交方案二

表 12-28　**方案比较表**

	方案一	方案二
立交形式	半直连式＋苜蓿叶形	二层涡轮形
交通组织及功能	良好	良好
道路面积(m^2)	92136	93075
桥梁面积(m^2)	23258	22026
占地面积(m^2)	277620	263259
房屋拆迁量	较大	较小
环境影响程度	小	小
工程造价	较小	小

主线驶出匝道均为双车道，驶入主线的匝道均为单车道。

各匝道采用的最小指标见表12-29。

表12-29 各匝道的最小指标

匝道名称	设计速度(km/h)	最小半径(m)	最小回旋线(m)	车道数
WN	60	120	66.633	1
WS	70	500	278.288	2(1)
EN	70	300	156.294	2(1)
ES	60	120	66.633	1
NW	70	275	230	2(1)
SW	60	120	66.633	1
NE	60	120	67.528	1
SE	70	250	201.026	2(1)

(2) 横断面设计

单车道匝道断面布置:

0.75 m土路肩+1.0 m路缘带+3.5 m行车道+2.5 m硬路肩+0.75 m土路肩

双车道匝道断面布置:

0.75 m土路肩+0.5 m路缘带+7.5 m行车道+0.5 m路缘带+0.75 m土路肩

南北向主线标准横断面布置:

1.0 m土路肩+3.0 m硬路肩+7.5 m行车道+0.75 m路缘带+3.0 m中央分隔带+0.75 m路缘带+7.5 m行车道+3.0 m硬路肩+1.0 m土路肩

东西向主线标准横断面布置:

1.0 m土路肩+3.0 m硬路肩+11.25 m行车道+ 0.75 m路缘带+3.0 m中央分隔带+0.75 m路缘带+11.25 m行车道+3.0 m硬路肩+1.0 m土路肩

(3) 立交服务水平评价(表12-30)

表12-30 立交服务水平评价

	远期高峰小时交通量(pcu/h)	车道数	服务水平
WN	200	1	二
WS	690(490)	2(1)	一
EN	1 000(440)	2(1)	一
ES	560	1	二
NW	710(230)	2(1)	一
SW	460	1	二
NE	480	1	二
SE	830(370)	2(1)	一
东进口	2630	3	一
东出口	2430	3	一
西进口	2270	3	一
西出口	2320	3	一

从表 12-30 可见，立交主线服务水平为一级，所有匝道服务水平均达到二级。经分析，本互通式立交设计目标年的服务水平可达二级服务水平的要求。

12.7　分离式立体交叉

分离式立交是指相交道路在空间上彼此分离、上下道路间无匝道相互连接，交通不能转换的交叉形式。根据跨越方式的不同可分为上跨式分离式立交和下穿式分离式立交。

12.7.1　分离式立体交叉设置条件

(1) 高速公路与其他各级道路相交处，均应设立体交叉，其中除了设置互通式立交的地点以外，其他地点均应设分离式立交。

(2) 一级公路与交通量大的其他道路相交，宜设立体交叉，其中除了设置互通式立交的地点以外，其他地点宜设分离式立交。

(3) 二三级公路间、城市干道间的交叉，在交通条件需要或有条件时，可设分离式立交。

12.7.2　分离式立交形式选择

分离式立交采用上跨或下穿方式，应综合考虑以下因素，经技术、经济论证后确定。

(1) 两相交道路的平面线形和纵坡设计的组合，应使整个工程的造价最低、占地和拆除最少；

(2) 不良地基条件下，主要公路宜下穿；

(3) 交叉附近需与既有公路设置平面交叉或为路旁用户提供出、入口的公路宜下穿；

(4) 交通量大的道路宜下穿；

(5) 同已城镇化的道路相交时，新建道路宜上跨；

(6) 在城市区域，当立交周边环境要求较高且有实施条件时，应优先考虑采用下穿分离式立交；

(7) 结合地形、已建工程现状或发展规划，使之同周围环境相协调。

12.7.3　分离式立交设计要点

(1) 主要道路的平面、纵面线形应保持直捷、顺适。两相交道路不得因设立交而使平、纵面线形过于弯曲、起伏；

(2) 两相交道路以正交或接近正交为宜，且交叉附近平面线形宜为直线或不设超高的大半径曲线；

(3) 分离式立交部分技术标准应与路段技术标准一致或相协调，被交道路技术标准应满足规划或批复要求；

(4) 分离式跨线桥的桥面雨水应通过管道引至桥下排水沟(管)，不得散排；下穿式地道雨水当无法自排时，应设置泵站集中排放；

(5) 跨线桥的桥型应简洁、明快、轻巧，跨径布置应和谐并与周围环境相协调；

(6) 分离式立交远期计划改为互通式立交时，应按分期修建设计并预留工程建设条件。

12.8 道路与铁路、乡村道路及管线交叉

12.8.1 道路与铁路交叉

道路与铁路交叉不存在设置连接道问题,形式简单。道路与铁路交叉分为平面交叉(又称道口)和立体交叉两种。

(一) 设置条件

一般根据道路和铁路的等级、交通量、安全、经济等因素综合确定是采用平面交叉还是立体交叉。原则上应优先考虑设置立体交叉。

高速公路、一级公路和快速路与铁路交叉时,必须设置立体交叉。道路同准高速铁路、路段旅客列车设计速度为140 km/h的一级铁路交叉,也必须设置立体交叉。其他各级道路与铁路交叉,符合下列情况之一者,应设置立体交叉:

(1) 铁路同二级公路交叉时;

(2) 路段旅客列车设计速度为120 km/h的铁路与公路交叉时;

(3) 由于铁路调车作业对道路上车辆会造成较严重延误时;

(4) 铁路有大量调车作业且对公路车辆、行人时间延误严重时;

(5) 地形条件适宜修建立体交叉而工程规模相对较小时;

(6) 受地形等条件限制,采用平面交叉会危及公路行车安全时。

(二) 道路与铁路立体交叉设计要点

道路与铁路立体交叉形式有道路上跨或下穿两种,应根据总体规划,并考虑瞭望条件、地下设施、地形、地质、水文、环境、施工等因素综合比较后确定。

1. 平面要求

立体交叉范围平面线形及与桥头直线距离应分别符合道路与铁路路线设计的要求,并以直线为宜;高速公路、一级公路应满足停车视距要求,二、三、四级公路应满足会车视距;道路引道范围内不得另有平面交叉。

2. 纵面要求

道路上跨时,其桥上和引道纵坡应符合道路有关规定。道路下穿时,纵坡不宜大于4%;当非机动车多时不宜大于3%;当机、非分离行驶时,二者可在不同标高上。

3. 横断面要求

无论道路上跨或下穿,行车道宽度都不应缩减;人行道宽度可视人流量而定,但每侧不应小于1.5 m。各组成部分宽度发生变更时应在引道上设置过渡段。

4. 净空要求

道路上跨时,跨线桥的孔径应根据地形、地质情况和桥下净空要求等确定。桥下净空高度应符合铁路1435 mm标准轨距建筑限界有关规定。

当道路下穿时,铁路跨线桥桥下净空的宽度应包括该道路横断面的所有组成部分。净高应符合道路建筑限界的规定。三四级公路行车道部分的净高不应小于5.0 m。

5. 路基路面要求

道路的路面应铺筑次高级以上路面。下穿的道路应考虑地面水、地下水、毛细水和冰冻作

用对路基强度和稳定性的影响，并采取相应措施。

6. 排水要求

立体交叉范围内的排水设计，应满足铁路和公路的排水要求。

7. 安全防护要求

公路上跨铁路路段旅客列车设计行车速度 140 km/h 路段时，跨线桥应设防撞护栏和防落网；铁路上跨高速公路、一级公路时，其跨线桥应设防落网。

12.8.2　道路与乡村道路交叉

乡村道路泛指位于村镇之间供机动车、非机动车及行人通行的非等级道路。乡村道路分为机动车通行道路和非机动车与行人通行道路两类。

(一) 设置条件

(1) 高速公路、一级公路与乡村道路交叉时必须设置立体交叉；

(2) 二三四级公路与乡村道路交叉应设平面交叉，地形条件有利或道路交通量大时，可设立体交叉；

(3) 城镇或人口稠密的村落或学校附近宜设置供行人通行的人行地道或人行天桥；

(二) 设计要点

公路与乡村道路相交，当交角小于 45°、合并相邻乡村道路或地形地貌不适合设立交时，对乡村道路可予以改线，但改线后的平纵技术指标不应低于原有乡村道路；

通道处的平面线形应为直线，其两端直线长不应小于 20 m；

通道净空：拖拉机、畜力车通道大于等于 2.7 m，农用汽车通道大于等于 3.2 m，人行通道大于等于 2.2 m，宽度大于等于 4.0 m；

下穿通道应设置必要的排水设施、照明设施；

人行天桥：净宽大于等于 3.0 m，其坡度不应陡于 1∶7，如允许自行车通行，其坡度不应陡于 1∶4；当人行通道上跨高速公路、一级公路时，应设防落网。

12.8.3　道路与管线交叉

与道路相交的管线主要有给水管、污水管、雨水管、燃气管、暖气管、输油管、电力线、电信线等。根据管线的布设方式，可有地下埋设和空中架设两种。敷设在地面以下的称为地下管线；架设在地面的称为地上杆线。

(一) 道路与管线交叉的一般要求

1. 道路与架空送电线路交叉

为确保行车安全和架空送电线路的正常使用，道路从架空送电线路下穿时，应从导线最大弧垂与杆塔间通过，并使送电线路导线与道路交叉处距离的最小垂直距离不小于表 12-31 的规定。

表 12-31　　架空送电线路导线距路面的最小垂直距离

架空送电线路标称电压(kV)	110	220	330	500
距路面最小垂直距离(m)	7.0	8.0	9.0	14.0

2. 道路与地下管线交叉

公路与原油、天然气输送管道交叉时，应取垂直交叉，必须斜交时，不应小于 60°。

公路与原油、天然气输送管道接近时,油、气管道防护带外缘距公路用地范围外侧边缘线之间必须留规定的安全距离。

3. 天然气输送管道不得利用公路桥跨越河流,公路隧道中不得放置原油、天然气管道。

4. 各种管线与公路交叉或接近时应满足表11-31的要求(见第11章表11-31)。

复习思考题

12-1　简述枢纽互通式立交和一般互通式立交的特点和适用条件。

12-2　简述苜蓿叶形互通式立交和喇叭形互通式立交的特点和适用条件,如何避免苜蓿叶形互通式立交主线的交织。

12-3　简述公路互通式立交和城市互通式立交的主要特点。

12-4　简述设计互通式立交需要收集的基础资料和设计步骤。

12-5　简述互通式立交方案评价方法和主要评价内容。

12-6　试画出符合下列条件的所有适合的立交方案(用地均不受限制)。

1. 两条转向流量均衡的快速路相交。

2. 两条高速公路相交,一、三象限左转流量较小,二、四象限左转流量较大。

3. 城市主干路与城市主干路相交,总流量为7000 pcu/h,其中一条直行流量占40%,另一条占30%,左右转弯流量占30%。

4. 高速公路与二级相交,进、出高速公路需收费。

5. 城市快速路与城市主干路相交,一、三象限左转流量很小,可考虑通过路网解决。

6. 三条主干路相交,形成六路交叉,其中一条主干路直行流量较大。

12-7　何为变速车道?有哪几种类型?

参 考 文 献

[1] 交通运输部. 公路工程技术标准(JTG B01—2014)[S]. 北京:人民交通出版社,2014.
[2] 交通部. 公路路线设计规范(JTG B20—2005)[S]. 北京:人民交通出版社,2005.
[3] 交通部. 公路勘测规范(JTG C10—2007)[S]. 北京:人民交通出版社,2007.
[4] 交通部. 公路勘测细则(JTG/T C10—2007)[S]. 北京:人民交通出版社,2007.
[5] 交通部. 公路工程基本建设项目设计文件编制办法[S]. 北京:人民交通出版社,2007.
[6] 交通部. 公路工程设计文件图表示例[M]. 北京:人民交通出版社,1987.
[7] 城市道路设计规范(JTJ37—90). 北京:中国建筑工业出版社,1990.
[8] 城镇道路工程技术标准(2007年9月征求意见稿). 北京:2007.
[9] 城市道路交通规划设计规范(GB 50220—95). 北京:中国计划出版社,1995.
[10] 交通部. 公路路基设计规范(JTJ013—95). 北京:人民交通出版社,1996.
[11] 交通部. 公路建设项目环境影响评价规范(JTG B03－2006). 北京:人民交通出版社,2006.
[12] 交通部. 公路环境保护设计规范(JTJ/T 006—98). 北京:人民交通出版社,1998.
[13] 张金水,张廷楷. 道路勘测与设计[M]. 上海:同济大学出版社,2005.
[14] 杨少伟. 公路勘测设计[M].2版. 北京:人民交通出版社,2004.
[15] 黄兴安. 公路与城市道路设计手册[M]. 北京:中国建筑工业出版社,2005.
[16] 刘旭吾. 互通式立交线形设计与施工[M]. 北京:人民交通出版社,1997.
[17] 徐家钰,程家驹. 道路工程[M].2版.上海:同济大学出版社,2004.
[18] 方守恩. 高速公路[M]. 2版.北京:人民交通出版社,2002.
[19] 严作人,孙立军. 道路工程经济与管理[M]. 上海:同济大学出版社,1995.
[20] 交通部. 公路工程地质遥感勘察规范(JTG/T C21－01－2005). 北京:人民交通出版社,2005.
[21] 雒应,许娅娅. 公路测设新技术[M]. 北京:人民交通出版社,2006.
[22] 符锌砂. 公路航空摄影测量与遥感[M]. 北京:人民交通出版社,2003.
[23] 郭腾峰,等. 道路三维集成CAD技术[M]. 北京:人民交通出版社,2006.
[24] 胡长顺,黄辉华. 高等级公路路基路面施工技术[M]. 北京:人民交通出版社,1994.
[25] 大塚胜美,等. 公路线形设计[M]. 北京:人民交通出版社,1981.
[26] 日本道路协会. 日本公路技术标准的解说与运用[M].北京:人民交通出版社,1980.
[27] 日本道路协会. 回旋线手册(修订版)[M]. 北京:人民交通出版社,1980.
[28] 交通部. 公路基本建设工程概、预算编制办法[M]. 北京:人民交通出版社,1986.
[29] 余志生. 汽车理论(修订本)[M]. 北京:机械工业出版社,1990.
[30] 索尔特.R.J. 道路交通分析与设计[M]. 北京:建筑工业出版社,1982.
[31] 美国各州公路与运输工作者协会. 公路与城市道路几何设计[M]. 西安:西北工业大学

工业出版社,1988.
[32] 路线(公路路线手册)[M]. 北京:人民交通出版社,1979.
[33] 北京市市政设计院. 城市道路设计手册(上、下册)[M]. 北京:建筑工业出版社,1985.
[34] 交通部. 公路建设项目可行性研究报告编制办法[M]. 北京:人民交通出版社,1988.
[35] 交通部. 公路建设项目可行性研究报告编制办法(讨论稿). 2001.
[36] 贺栓海,等. 道路立交的规划与设计[M]. 北京:人民交通出版社,1994.
[37] 陈洪仁. 道路交叉设计[M]. 北京:人民交通出版社,1991.
[38] 交通部. 公路项目安全性评价指南(JTG/T B05—2004)[S]. 北京:人民交通出版社,2004.
[39] 国家发展改革委员会,建设部. 建设项目经济评价方法与参数[M]. 3版. 北京:中国计划出版社,2006.